BDIZ EDI

Bundesverband der implantologisch tätigen Zahnärzte in Europa e.V.
European Association of Dental Implantologists

Abrechnungshandbuch Implantologie

Stand: 1. Oktober 2004

A

basic.dent-Verlag · Berlin

Abrechnungshandbuch Implantologie

Herausgeber

Bundesverband der implantologisch tätigen Zahnärzte in Europa e.V. (BDIZ)
European Association of Dental Implantologists

Unter Mitarbeit von

Marlies Bartels

Christian Berger

Helmut B. Engels

Maike Erbsen

Detlef Gurgel

Hans-Jürgen Hartmann

Bernd Kreusser

Monika Laaß

Heimo Mangelsdorf

Jörg Neugebauer

Hans-Joachim Nickenig

Thomas Ratajczak

Sabine Schmidt

Stefan Stelzl

Susanna Zentai

Joachim Zöller

Redaktion: Thomas Ratajczak

Impressum

Herausgeber:	BDIZ/EDI – Bundesverband der implantologisch tätigen Zahnärzte in Europa e.V. / European Association of Dental Implantologists Am Kurpark 5 53177 Bonn-Bad Godesberg
Erscheinungsdatum:	1. Auflage / Oktober 2004
Redaktion:	Dr. Thomas Ratajczak
Verlag:	basic.dent – Verlag, Berlin
Herstellung:	Koelblin-Fortuna-Druck GmbH Aschmattstr. 8 76532 Baden-Baden
ISBN	3-00-014596-6

Wichtiger Hinweis:
Die Zahnmedizin als Wissenschaft ist im ständigen Fluss. Die im Buch genannten oder gezeigten Implantatsysteme wurden nicht nach fachlichen oder qualitativen Kriterien ausgewählt, sondern mit Rücksicht auf die Illustration der behandelten Abrechnungsfragen. Mit ihrer Aufnahme ist keinerlei Auswahl oder gar Qualitätsaussage beabsichtigt. Umgekehrt ist mit der Nichtaufnahme von Systemen auch keine negative Aussage verbunden.

Die Wiedergabe von Gebrauchsnamen, Handelsnamen, Warenbezeichnungen usw. in diesem Werk berechtigt auch ohne besondere Kennzeichnung nicht zu der Annahme, dass solche Namen im Sinne der Warenzeichen- und Markenschutz-Gesetzgebung als frei zu betrachten wären und daher von jedermann benutzt werden dürften..

Die Deutsche Bibliothek – CIP-Einheitsaufnahme

Abrechnungshandbuch Implantologie / Herausgeber: Bundesverband der implantologisch tätigen Zahnärzte in Europa e.V. – Europäischer Verband der implantologisch tätigen Zahnärzte; Redaktion: Thomas Ratajczak – 1. Aufl. 2004 basic.dent-Verlag, Danckelmannstr. 9, 14059 Berlin

ISBN 3-00-014596-6

Printed in Germany

Vorwort

Die Abrechnung privatärztlicher und privatzahnärztlicher Leistungen ist in der Bundesrepublik Deutschland bislang an Gebührenordnungen (GOÄ und GOZ) gebunden. Der Rahmen der Liquidationsfreiheit ist auf den 1,0- bis 3,5-fachen Steigerungssatz begrenzt. Allerdings können nach § 2 Abs. 1 und 2 GOZ zusätzliche Vereinbarungen im Rahmen eines Einzelleistungsvertrags für den jeweiligen Behandlungsfall getroffen werden.

Das Autorenteam des BDIZ/EDI hat sich der Aufgabe angenommen, im Bereich der implantologischen Therapien alle wichtigen Behandlungen gebührenmäßig zu erfassen, verständlich zu definieren und zu interpretieren.

An dieser Stelle sei den Autoren für die Bereitschaft zur der immensen Arbeit mit diversen zeitaufwändigen Sitzungen sowie der Bereitstellung des umfangreichen Bildmaterials herzlich gedankt.

Zum besseren Verständnis ist nicht nur die reine Aneinanderreihung von Gebührenziffern vorgenommen worden, sondern es wurden häufig vorkommende Versorgungsstandards mittels klinischer Bilder untermauert. Die jeweiligen Versorgungssituationen sind aber keinerlei Verpflichtungen zur Therapie, sondern müssen im Einzelfall den jeweiligen Situationen sowohl unter anamnestischen, klinischen und implantatprothetischen Aspekten angepasst werden.

Implantatprothetik bedeutet die Versorgung von dentalen Implantaten und unter Umständen der Verbindung mit eigenen Parodontien. Allerdings sollte hierbei den allgemeinen Richtlinien von normal prothetischen Suprakonstruktionen Folge geleistet werden. Es wird sehr bewusst zwischen **IMPLANTATPROTHETIK** und **PROTHETIK** unterschieden, weil die Erstellungsart in der Versorgung und Form der Befestigung wesentliche Unterschiede auch in der Kostenstruktur beinhaltet.

Allerdings möchte ich bereits hier darauf hinweisen, dass auch das Erstattungsverhalten und die Rechtsauffassung floatend ist, d. h. was heute noch nach unserer Auffassung abrechenbar und auch teilweise rechtskräftig entschieden ist, kann morgen durch ein entsprechendes Gerichtsurteil untersagt werden.

Ich hoffe, dieses Abrechnungswerk des BDIZ/EDI wird Ihnen bei Ihrer implantologischen Arbeit hilfreich sein und zur Eindeutigkeit bei den Liquidationen beitragen.

Bedanken darf ich mich für die freundliche Unterstützung der DZR GmbH, welche die Herausgabe dieses Werkes erleichtert hat.

Bonn-Bad Godesberg, im September 2004

Helmut B. Engels
Vorsitzender des BDIZ/EDI

Kapitelübersicht

Ausführliches Inhaltsverzeichnis

Anschriften der Mitarbeiter / Autoren

Marlies **Bartels**, Zahnärztin, Generalsekretärin des BDIZ/EDI
Alleestr. 6, 53879 Euskirchen

Christian **Berger**, Zahnarzt für Oralchirurgie, Stv. Vorsitzender des BDIZ/EDI, Vizepräsident der Bayerischen Landeszahnärztekammer und 1. Vorsitzender des Zahnärztlichen Bezirksverbandes Schwaben
Königstr. 20, 87435 Kempten

Dipl. Ing. Dr. med. dent. Helmut B. **Engels**, Zahnarzt, Vorsitzender des BDIZ/EDI
Am Kurpark 5, 53177 Bonn – Bad Godesberg

Dr. iur. Maike **Erbsen**, Rechtsanwältin
Kanzlei Ratajczak Wellmann & Partner, Wegenerstr. 5, 71063 Sindelfingen

Dr. iur. Detlef **Gurgel**, Rechtsanwalt
Kanzlei Ratajczak Wellmann & Partner, Wegenerstr. 5, 71063 Sindelfingen

Dr. med. dent. Hans-Jürgen **Hartmann**, Zahnarzt
Graf-Vieregg-Str. 2, 82327 Tutzing

Dr. med. Dr. med. dent. Bernd **Kreusser**, Arzt für Mund-, Kiefer- und Gesichtschirurgie, Beisitzer im Vorstand des BDIZ/EDI
Friedrichstr. 19, 63739 Aschaffenburg

PD Dr. med. habil Monika **Laaß**, Zahnärztin, Vorstandsbeauftragte für Öffentlichkeitsarbeit und Beisitzerin im Vorstand des BDIZ/EDI, Lehrbeauftragte an der Charité
Kurfürstendamm 139, 10711 Berlin

Dr. med. dent. Heimo **Mangelsdorf**, Zahnarzt, Schatzmeister des BDIZ/EDI
Königstr. 76, 90402 Nürnberg

Dr. med. dent. Jörg **Neugebauer**, Zahnarzt, Wissenschaftlicher Mitarbeiter Klinik und Poliklinik für Zahnärztliche Chirurgie und für Mund-, Kiefer- und Plastische Gesichtschirurgie der Universität zu Köln
Direktor: Univ.-Professor Dr. Dr. J. E. Zöller, Kerpener Str. 32, 50931 Köln

Dr. med. dent. Hans-Joachim **Nickenig**, Zahnarzt für Öffentliches Gesundheitswesen
Freiheitsstr., 63, 53843 Troisdorf

Dr. iur. Thomas **Ratajczak**, Rechtsanwalt, Fachanwalt für Sozialrecht, Justitiar des BDIZ/EDI, Lehrbeauftragter an der Fachhochschule Neu-Ulm
Kanzlei Ratajczak Wellmann & Partner, Wegenerstr. 5, 71063 Sindelfingen

Sabine **Schmidt**, Zahnarzthelferin, Nonnenbergstr. 23, 71384 Weinstadt
DZR Deutsches Zahnärztliches Rechenzentrum GmbH, Marienstr. 10, 70178 Stuttgart

Dr. iur. Stefan **Stelzl**, Rechtsanwalt, Fachanwalt für Sozialrecht
Kanzlei Ratajczak Wellmann & Partner, Wegenerstr. 5, 71063 Sindelfingen

Dr. iur. Susanna **Zentai**, Rechtsanwältin
Kanzlei Ratajczak Wellmann & Partner, Wiener Platz 4, 51065 Köln

Prof. Dr. med. Dr. med. dent. Joachim **Zöller**, Direktor der Klinik und Poliklinik für zahnärztliche Chirurgie und MKG-Chirurgie, Beisitzer im Vorstand des BDIZ/EDI
Kerpener Straße 62, 50937 Köln

Abkürzungsverzeichnis

A.	Auflage
a.A.	anderer Ansicht
aaO.	am angegebenen Ort
AbgrV	Abgrenzungsverordnung vom 12.12.1985
a.F.	alte Fassung
AG	Amtsgericht
AGB	Allgemeine Geschäftsbedingungen
AGBG	Gesetz zur Regelung des Rechts der Allgemeinen Geschäftsbedingungen vom 09.12.1976
AGI	Arbeitsgemeinschaft Implantologie
AHRS	Arzthaftpflichtrechtsprechung (Entscheidungssammlung), Kennziffer
AK Blut	Arbeitskreis Blut
AMG	Arzneimittelgesetz vom 24.08.1976
ARB 2000	Allgemeine Rechtschutzversicherungsbedingungen, Ausgabe 2000
ArztR	Arztrecht (Zeitschrift), Jahrgang, Seite
AVB	Allgemeine Versicherungsbedingungen
AWMF	Arbeitsgemeinschaft der wissenschaftlichen medizinischen Fachgesellschaften
B	Brückenglied (in Zahnschemata)
BAnz.	Bundesanzeiger (Zeitschrift), Jahrgang, Nr., Seite
BayÄBl	Bayerisches Ärzteblatt (Zeitschrift), Jahrgang, Seite
BayObLG	Bayerisches Oberstes Landgericht
BÄO	Bundesärzteordnung vom 16.04.1987
BB	Betriebs-Berater (Zeitschrift), Jahrgang, Seite
BDIZ	Bundesverband der niedergelassenen implantologisch tätigen Zahnärzte in Deutschland e.V.[1]
BDIZ/EDI	Bundesverband der implantologisch tätigen Zahnärzte in Europa e.V.
BDIZ-Jahrbuch	Jahrbuch des BDIZ/EDI, Jahrgang, Seite
BDIZ-konkret	Zeitschrift des BDIZ/EDI, Jahrgang, Heft, Seite
BDO	Bundesverband Deutscher Oralchirurgen e.V.
BEB	Bundeseinheitliches Benennungsliste für zahntechnische Leistungen
BEL II	Bundeseinheitliches Leistungsverzeichnis für zahntechnische Leistungen
BEMA	Einheitlicher Bewertungsmaßstab für vertragszahnärztliche Leistungen
BezirksBG	Bezirksberufsgericht
BG	Berufsgericht
BGB	Bürgerliches Gesetzbuch vom 18.08.1896
BGBl.	Bundesgesetzblatt
BGH	Bundesgerichtshof
BGHR	Rechtsprechung des Bundesgerichtshof (Entscheidungssammlung)
BGHSt	Entscheidungen des Bundesgerichtshofs in Strafsachen, Amtliche Sammlung, Band, Seite
BGHZ	Entscheidungen des Bundesgerichtshofs in Zivilsachen, Amtliche Sammlung, Band, Seite
BhV	Beihilfevorschriften
BK-Bearbeiter	Berliner Kommentar zum Versicherungsvertragsgesetz
Bl.	Blatt
BlStSozArbR	Blätter für Steuerrecht, Sozialversicherung und Arbeitsrecht (Zeitschrift), Jahrgang, Seite
BM	Brückenglied aus Metall
BMGS	Bundesministerium für Gesundheit und Soziale Sicherung
BMV-Ä	Bundesmantelvertrag – Ärzte vom 19.12.1994
BMV-Z	Bundesmantelvertrag – Zahnärzte vom 13.11.1985
BO	Berufsordnung
BPflV	Bundespflegesatzverordnung vom 26.04.1994
BRAGO	Bundesgebührenordnung der Rechtsanwälte vom 26.07.1957
BR-Drs.	Bundesratsdrucksache
BSG	Bundessozialgericht
BSGE	Entscheidungen des Bundessozialgerichts, Amtliche Sammlung, Band, Seite
BT-Drs.	Bundestagsdrucksache
BUGO-Ä	Bundesgebührenordnung für Ärzte, BGBl 1965, 89
BUGO-Z	Bundesgebührenordnung für Zahnärzte vom 18.03.1965
BVerfG	Bundesverfassungsgericht
BVerfGE	Entscheidungen des Bundesverfassungsgerichts, Amtliche Sammlung, Band, Seite

[1] Name des BDIZ/EDI bis zur Satzungsänderung 2003.

BVerwG	Bundesverwaltungsgericht
BVMKG	Bundesverband Deutscher Ärzte für Mund-, Kiefer- und Gesichtschirurgie e.V. (jetzt DGMKG)
BZÄK	Bundeszahnärztekammer
BZB	Bayerisches Zahnärzteblatt (Zeitschrift), Jahrgang, Heft, Seite
Cp	Caries profunda
CT	Computertomogramm
DB	Der Betrieb (Zeitschrift), Jahrgang, Seite
ders.	derselbe
DFZ	Der Freie Zahnarzt (Zeitschrift), Jahrgang, Heft, Seite
DGI	Deutsche Gesellschaft für Implantologie im Zahn-, Mund- und Kieferbereich e.V.
dgl.	dergleichen
DGMKG	Deutsche Gesellschaft für Mund-, Kiefer- und Gesichtschirurgie (Kranio-Maxillo-Faziale Chirurgie), Gesamtverband der Deutschen Fachärzte für Mund-Kiefer-Gesichtschirurgie e.V. – Sektion Bundesverband
DGZI	Deutsche Gesellschaft für Zahnärztliche Implantologie e.V.
DGZMK	Deutsche Gesellschaft für Zahn-, Mund- und Kieferheilkunde e.V.
d.h.	das heißt
Diss.	Dissertation
DKG	Deutsche Krankenhausgesellschaft
DZW	Die Zahnarztwoche (Wochenzeitung), Ausgabe, Seite
E	Zu ersetzender Zahn (in Zahnschemata)
EBM	Einheitlicher Bewertungsmaßstab für vertragsärztliche Leistungen
EDA	European Dental Association e.V.
EDI	Europäischer Verband der implantologisch tätigen Zahnärzte
eG	Eingetragene Genossenschaft
EGZPO	Gesetz betreffend die Einführung der Zivilprozessordnung vom 30.01.1877
EKV-Ä	Bundesmantelvertrag – Ärzte-/Ersatzkassen vom 01.07.1994
EKV-Z	Zahnarzt-Ersatzkassenvertrag vom 29.11.1963
f	fehlt (in Zahnschemata)
f.	folgende Seite
FAL	Funktionsanalytische Leistungen
ff.	fortfolgende Seiten
FVDZ	Freier Verband Deutscher Zahnärzte e.V.
GAFZ	Gesetz zur Anpassung der Finanzierung von Zahnersatz vom 01.10.2004 (3. Lesung)
GBR	Guided Bone Regeneration
GE	Grundeinheit
GenG	Gesetz betreffend die Erwerbs- und Wirtschaftsgenossenschaften vom 01.05.1889
GewStG	Gewerbesteuergesetz vom 01.12.1936
GesR	GesundheitsRecht (Zeitschrift), Jahrgang, Seite
GG	Grundgesetz vom 23.05.1949
GHI	Gutachterhandbuch Implantologie
GKG	Gerichtskostengesetz vom 15.12.1975
GKV	Gesetzliche Krankenversicherung
GmbH	Gesellschaft mit beschränkter Haftung
GMG	Gesundheitssystemmodernisierungsgesetz vom 17.10.2003
GOÄ	Gebührenordnung für Ärzte vom 18.12.1995
GOI	Gesellschaft für Orale Implantologie
GOZ	Gebührenordnung für Zahnärzte vom 22.10.1987
GTR	Guided Tissue Regeneration
GU	GOZ-Urteile, hrsg. von der Zahnärztekammer Nordrhein
GVG	Gerichtsverfassungsgesetz vom 09.05.1975
GWB	Gesetz gegen Wettbewerbsbeschränkungen vom 26.08.1998
H	komplett gegossene Halte- und Stützvorrichtung (in Zahnschemata)
HbsAg	Hepatitis B-Virus Antigen
HCV	Hepatitis C-Virus
HE	Hounsfield-Einheit
HeilBGE	Entscheidungen der Berufsgerichte für die Heilberufe (Entscheidungssammlung)

HIV	Human Immundeficiency Virus
HKP	Heil- und Kostenplan
Hs.	Halbsatz
i	Implantat (in Zahnschemata)
idF	in der Fassung
idR	in der Regel
Implantologie Journal	Implantologie Journal (Zeitschrift), Jahrgang, Heft, Seite
i.S.	in Sachen
i.S.d.	im Sinne des
ITN	Intubationsnarkose
i.V.m.	in Verbindung mit
K	Krone (in Zahnschemata)
Kap.	Kapitel
KBV	Kassenärztliche Bundesvereinigung
KFO	Kieferorthopädie
KG	Kommanditgesellschaft
KG Berlin	Kammergericht Berlin
KHEntgG	Krankenhausentgeltgesetz vom 23.04.2002
KHG	Krankenhausfinanzierungsgesetz vom 10.04.1991
KHK	Kriminalhauptkommissar
KK	Karlsruher Kommentar zur Strafprozessordnung
KM	Metallkeramikverblendkrone (in Zahnschemata)
KStG	Körperschaftssteuergesetz vom 31.08.1976
KVEG	Krankenversicherungsentlastungsgesetz vom 22.12.1981
KZBV	Kassenzahnärztliche Bundesvereinigung
KZV	Kassenzahnärztliche Vereinigung
L	Leitsatz / Leitsätze
LBG	Landesberufsgericht
LE	Leistungseinheit
LG	Landgericht
LPartG	Lebenspartnerschaftsgesetz vom 16.02.2001
LSG	Landessozialgericht
LZK	Landeszahnärztekammer
M	Metallkeramikverblendung (in Zahnschemata)
MBKK	Musterbedingungen Krankheitskosten- und Krankenhaustagegeldversicherung
MBKK 76	Musterbedingungen Krankheitskosten- und Krankenhaustagegeldversicherung Ausgabe 1976
MBKK 94	Musterbedingungen Krankheitskosten- und Krankenhaustagegeldversicherung Ausgabe 1994
MBO-Z	Musterberufsordnung für Zahnärzte und Zahnärztinnen idF vom 29.06.2002
MDK	Medizinischer Dienst der Krankenversicherung
MDR	Monatsschrift für Deutsches Recht (Zeitschrift), Jahrgang, Seite
Med	Medikamentöse Einlage
MedR	Medizinrecht (Zeitschrift), Jahrgang, Seite
MPG	Medizinproduktegesetz vom 02.08.1994
m.w.N.	mit weiteren Nachweisen
MVZ	Medizinisches Versorgungszentrum
NA-Beschluss	Nichtannahme-Beschluss
n.F.	neue Fassung
NJW	Neue Juristische Wochenschrift (Zeitschrift), Jahrgang, Seite
NJW-RR	Neue Juristische Wochenschrift Rechtsprechungsreport (Zeitschrift), Jahrgang, Seite
NStZ	Neue Zeitschrift für Strafrecht (Zeitschrift), Jahrgang, Seite
n.v.	nicht veröffentlicht
NVwZ	Neue Zeitschrift für Verwaltungsrecht, Jahrgang, Seite
NVwZ-RR	Neue Zeitschrift für Verwaltungsrecht Rechtsprechungsreport, Jahrgang, Seite
NWVBl	Nordrhein-Westfälische Verwaltungsblätter (Zeitschrift), Jahrgang, Seite
NZS	Neue Zeitschrift für Sozialrecht (Zeitschrift), Jahrgang, Seite
O	Verbindungsvorrichtung (in Zahnschemata)
o.ä.	oder ähnlich(es)
ÖD	Öffentlicher Dienst (Zeitschrift), Jahrgang, Seite

o.g.	oben genannten
OHG	Offene Handelsgesellschaft
OK	Oberkiefer
OLG	Oberlandesgericht
OLG-Rp	Rechtsprechungsreport des Oberlandesgerichts (Zeitschrift), Jahrgang, Seite
OP	Operation
OPG	Orthopantomogramm
OVG	Oberverwaltungsgericht
PAR	Parodontalbehandlung
PCCS	Platelet Concentrate Collection System
Phys	Zusätzliche Anwendung anerkannter physikalisch-chemischer Methoden
PharmaR	Pharma Recht (Zeitschrift), Jahrgang, Seite
PKV	Private Krankenversicherung
PRP	Platelet Rich Plasma
PRGF	Platelet Rich in Growth Factors
Quintessenz	Monatszeitschrift für die gesamte Zahnmedizin, Jahrgang, Seite
RabattG	Rabattgesetz vom 25.11.1993
RKI	Robert-Koch-Institut
r+s	Recht und Schaden (Zeitschrift), Jahrgang, Seite
RVG	Rechtsanwaltsvergütungsgesetz vom 05.05.2004
Rz	Randziffer
s.	siehe
S.	Seite(n)
SchlHA	Schleswig-Holsteinische Anzeigen, Justizministerialblatt für Schleswig-Holstein (Zeitschrift), Jahrgang, Seite
SG	Sozialgericht
SGb	Die Sozialgerichtsbarkeit (Zeitschrift), Jahrgang, Seite
SGB V	Sozialgesetzbuch V. Buch (Recht der gesetzlichen Krankenversicherung) vom 20.12.1988
SGB X	Sozialgesetzbuch X. Buch (Verwaltungsverfahren) vom 18.08.1980
SGG	Sozialgerichtsgesetz vom 03.09.1953
SIS	Sinus-Implantat-Stabilisator
s.o.	siehe oben
SozR	Sozialrecht – Entscheidungssammlung des Bundessozialgerichts
StGB	Strafgesetzbuch vom 15.05.1871
StV	Der Strafverteidiger (Zeitschrift), Jahrgang, Seite
s.u.	siehe unten
T	Teleskopkrone (in Zahnschemata)
TFG	Transfusionsgesetz vom 01.07.1998
TFG-E	Novelle zum Transfusionsgesetz (Kabinettentwurf)
TK	Teleskopkrone (in Zahnschemata)
TV	Teleskopkrone in Kunststoffverblendung
u.a.	unter anderem
UA	Urteilsausfertigung
u.E.	unseres Erachtens
UK	Unterkiefer
UstG	Umsatzsteuergesetz vom 26.11.1979
u.U.	unter Umständen
V	Kunststoffverblendung (in Zahnschemata)
VBlBW	Verwaltungsblätter Baden-Württemberg (Zeitschrift), Jahrgang, Seite
VerBAV	Veröffentlichungen des Bundesaufsichtsamtes für das Versicherungswesen (Zeitschrift), Jahrgang, Seite
VersR	Versicherungsrecht (Zeitschrift), Jahrgang, Seite
VG	Verwaltungsgericht
VGH	Verwaltungsgerichtshof
vgl.	vergleiche
v.H.	vom Hundert
VitE	Vitalexstirpation

VMK	Verblendmetallkeramik
Vorbem.	Vorbemerkung
VVG	Versicherungsvertragsgesetz vom 30.05.1908
VVG-E	Versicherungsvertragsgesetz – Entwurf der Neufassung 2004
WF	Wurzelkanalfüllung
WiStG	Wirtschaftsstrafgesetz vom 03.06.1975
wistra	Zeitschrift für Wirtschafts- und Steuerstrafrecht, Jahrgang, Seite
WK	Wurzelkanalbehandlung
Zahnarztmagazin	Zahnarztmagazin (Zeitschrift), Jahrgang, Heft, Seite
Zahnärzte-ZV	Zulassungsverordnung für Vertragszahnärzte vom 28.05.1957
ZÄK	Zahnärztekammer
ZBR	Zeitschrift für Beamtenrecht, Jahrgang, Seite
ZBW	Zahnärzteblatt Baden-Württemberg (Zeitschrift), Jahrgang, Heft, Seite
ZE	Zahnersatz
ZFE	Zeitschrift für Familien- und Erbrecht, Jahrgang, Seite
ZHG	Zahnheilkundegesetz vom 31.03.1952
ZInsO	Zeitschrift für das gesamte Insolvenzrecht, Jahrgang, Seite
ZIP	Zeitschrift für Wirtschaftsrecht und Insolvenzpraxis, Jahrgang, Seite
ZM	Zahnärztliche Mitteilungen (Zeitschrift), Jahrgang, Heft, Seite
ZMGR	Zeitschrift für das gesamte Medizin- und Gesundheitsrecht, Jahrgang, Seite
ZPO	Zivilprozessordnung vom 12.09.1950
z.T.	zum Teil
ZwVerwVO	Zwangsverwalterverordnung vom 19.12.2003
ZWR	Zahnärztliche Weltrundschau/Deutsches Zahnärzteblatt (Zeitschrift), Jahrgang, Seite
ZZI	Zeitschrift für Zahnärztliche Implantologie, Band (Jahrgang), Heft, Seite

Literaturverzeichnis

Adelt	Zur Gewährung von Preisnachlässen durch zahntechnische Laboratorien an Zahnärzte, BlStSozArbR 1983, 167
Anhalt/Dieners	Handbuch des Medizinprodukterechts, 1.A., 2003
Arbeitsgemeinschaft Rechtsanwälte im Medizinrecht (Hrsg.)	Der medizinische Sachverständige – Richter in Weiß?, 1995 (Schriftleitung: Ratajczak/Schwarz-Schilling)
Arbeitsgemeinschaft Rechtsanwälte im Medizinrecht e.V. (Hrsg.)	Leitlinien, Richtlinien und Gesetz, 2003 (Schriftleitung: Ratajczak/Stegers)
Arbeitsgemeinschaft Rechtsanwälte im Medizinrecht (Hrsg.)	Medizinische Notwendigkeit und Ethik, 1998, S. 5 (Schriftleitung: Ratajczak/Schwarz-Schilling)
Arbeitsgemeinschaft Rechtsanwälte im Medizinrecht e.V. (Hrsg.)	Risiko Aufklärung, 2001, (Schriftleitung: Ratajczak/Stegers)
Bach	Medizinisch notwendige Heilbehandlung und stationäre Nulldiät – zugleich Anmerkung zum Urteil des BGH vom 29.11.1978, VersR 1979, 221 – VersR 1979, 792
Bach/Moser	Private Krankenversicherung, 3.A., 2002
BDIZ (Hrsg.)	Gutachterhandbuch Implantologie, 1.A., 2002 (zitiert: GHI)
BDIZ (Hrsg.)	Weißbuch Implantologie, 1.A., 2000
Bergmann	Aufklärung über Therapiealternativen jenseits der Systemgrenzen?, in Arbeitsgemeinschaft Rechtsanwälte im Medizinrecht e.V. (Hrsg. – Schriftleitung: Ratajczak/Schwarz-Schilling), Medizinische Notwendigkeit und Ethik, 1998, S. 151
Beyer-Jupe	Anmerkung zu AG Potsdam, Urteil vom 31.03.2004 – 20 C 390/03–, ZMGR 2004, 171
Brück/Hess/Klakow-Franck/Warlo	Kommentar zur Gebührenordnung für Ärzte, Stand Oktober 2003
Butzer/Kaltenborn	Die demokratische Legitimation des Bundesausschusses, MedR 2001, 333
Dahm	Rabattierung und Vorteilsgewährung bei Erbringung ärztlicher Laborleistungen, MedR 1994, 13
Dahm	Zur Problematik der Gewährung von Preisnachlässen und Zuwendungen im Gesundheitswesen, MedR 1992, 250
Deutsch/Ratzel/Lippert	Medizinproduktegesetz, 1.A., 2002
Deutsch/Spickhoff	Medizinrecht, 5.A., 2003
Dueland	Warum Implantate? Medizinische Begründung für Implantate, Hrsg.: DGI e.V.
Engels	Handbuch zum BDIZ/EDI Implantatregister, 4.A., 2003
Erman-Bearbeiter	Bürgerliches Gesetzbuch, 10.A., 1999
Esser (Hrsg.)	GOZ-Lexikon, Stand Juli 2004

Falkenthal	Materialkosten und BGH-Rechtsprechung, ZBW 2004, Heft 9, S. 46
Foitzik/Findeisen/Staus	Knochenregeneration mit PRP, Implantologie Journal 2003, Heft 5, S. 24
Francke/Hart	Gutachten zur Charta der Patientenrechte, 1999
Funke	Privates Gebührenrecht, 1988
Graf	Indikationen und Kontraindikationen zur Implantation, in BDIZ (Hrsg.), Weißbuch Implantologie, 1.A., 2000, S. 40
Griebau	§ 4 Abs. 2a GOÄ – Das Zielleistungsprinzip als Instrument der Leistungskürzung durch Privatversicherer, ZMGR 2004, 30
Hahn	Die Analogiebildung im zahnärztlichen Gebührenrecht, dargestellt an den Fragen der Abrechenbarkeit der professionellen Zahnreinigung und der Exzision von Schleimhaut oder Granulationsgewebe nach der Gebührenordnung für Zahnärzte (GOZ), MedR 1998, 354
Harneit/Poetsch	Die Bedeutung des § 4 Abs. 2a GOÄ/§ 4 Abs. 2 Satz 2 GOZ in der Systematik des (zahn-)ärztlichen Gebührenrechts, GesR 2004, 11
Hart	Ärztliche Leitlinien – Definitionen, Funktionen, rechtliche Bewertungen, MedR 1998, 8
Hart	Organisationsaufklärung – Zum Verhältnis von Standardbehandlung, Organisationspflichten und ärztlicher Aufklärung, MedR 1999, 47
Hartmann (Hrsg.)	Aktueller Stand der Implantologie, Stand Juni 2004
Helle/Haindl	Die Unzulässigkeit der Wiederverwendung von Einmal-Medizinprodukten, MedR 2001, 411
Henrichs	Ausschluss besonderer medizinischer Behandlungsmethoden in der privaten Krankenversicherung – kein Erstattungsanspruch für Außenseitermethoden, VersR 1990, 464
Hill/Schmidt	Medizinprodukterecht, Stand Juli 2003
Hoffmann	Gebührenordnung für Ärzte 3.A., 2003
Honsell (Hrsg.)	Berliner Kommentar zum Versicherungsvertragsgesetz, 1.A., 1999
Jessnitzer/Frieling	Der gerichtliche Sachverständige, 10.A., 1992
Jungbecker	Formulargestützte Aufklärung, in Arbeitsgemeinschaft Rechtsanwälte im Medizinrecht e.V. (Hrsg. – Schriftleitung: Ratajczak/Stegers), Risiko Aufklärung, 2001, S. 31
Kastenbauer/Pillwein/Rat (Hrsg.)	Die richtige Honorarabrechnung des Zahnarztes, Stand: Mai 2004
Kaufmann	Anmerkung zu LG Hagen, Urteil vom 30.10.2001 – 1 S 122/01 –, VersR 2002, 744
Katzenmeier	Arzthaftung, 1.A., 2002

Knott-Thiemann	Die Einlösung des Behandlungsanspruchs in der privaten Krankenversicherung, in Arbeitsgemeinschaft Rechtsanwälte im Medizinrecht e.V. (Hrsg. – Schriftleitung: Ratajczak/ Schwarz-Schilling), Medizinische Notwendigkeit und Ethik, 1998, S. 35
Kölsch	Ärztliche Vergütungsvereinbarung nach § 2 GOÄ und AGB-Gesetz, NJW 1985, 2172
Krieger	Die Behandlungsverweigerung bei Kassenpatienten, MedR 1999, 519
Krousky	Gleichbehandlung auf der Strecke geblieben, ZM 94 (2004), Nr. 17 vom 01.09.2004, S. 116
Kullmann/Bischoff/Dressler/Pauge (Hrsg.)	Arzthaftpflichtrechtsprechung, Stand Juli 2004
Lang/Schäfer/Stiel/Vogt	Der GOÄ-Kommentar, 2.A., 2002
Larenz	Methodenlehre der Rechtswissenschaft, 4. A., 1979
Laufs/Uhlenbruck (Hrsg.)	Handbuch des Arztrechts, 3.A., 2002
Lennartz	Ein Urteil mit vielen Fragezeichen, DFZ 2004, Heft 9, S. 25
Liebold/Raff/Wissing	Kommentar zur GOZ, Stand März 2003
Meurer	Gebührenordnung für Zahnärzte – GOZ, 2.A., 1991
Michalski	(Zahn-)Ärztliche Aufklärungspflicht über die Ersatzfähigkeit von Heilbehandlungskosten, VersR 1997, 137
Miebach	Das „Zielleistungsprinzip" – eine der wichtigsten Grundregeln bei der Anwendung der Gebührenordnung für Ärzte, MedR 2003, 88
Müller-Wabnitz	Kriminalität oder Grauzone im Gesundheitswesen, NJW 1984, 1785
Narr/Hess/Nösser/Schirmer	Ärztliches Berufsrecht, Stand April 2003
Partenheimer	Indikationen und Kontraindikationen, in Hartmann (Hrsg.), Aktueller Stand in der Implantologie, Stand Juni 2004
Patt	Rechtliche Grenzen der Preisgestaltung von Privatkliniken. MedR 2002, 180
Pauly	Medizinisch notwendige Heilbehandlung in der privaten Krankenversicherung nach dem Urteil des BGH vom 26.3.1993 zur „Wissenschaftlichkeitsklausel", VersR 1996, 1323
Pfeiffer (Hrsg.)	Karlsruher Kommentar zur Strafprozessordnung und zum Gerichtsverfassungsgesetz mit Einführungsgesetz, 5.A., 2003
Pohl	Darf ein Zahnarzt Rabatte entgegennehmen, muss er sie weitergeben und versteuern?, ZM 1982, 2085
Prölss/Martin	Versicherungsvertragsgesetz, 27.A., 2004
Ratajczak	Anforderung von Behandlungsunterlagen durch die private Krankenversicherung, BDIZ-konkret 1997, Heft 1, S. 24

Ratajczak	Anmerkung zu der Entscheidung des OLG Celle vom 10.01.2000 – 1 U 100/98 –, BDIZ-konkret 2000, Heft 1, S. 39
Ratajczak	BGH schränkt Abrechenbarkeit von Materialkosten ein: Keine Lagerhaltungskosten berechnen, DZW 2004, Nr. 28 vom 07.07.2004, S. 5
Ratajczak	Anmerkung zu der OLG Köln vom 01.07.1996 – 5 U 196/95 –, VersR 1997, 1362, BDIZ-konkret 1998, Heft 2, S. 32
Ratajczak	Der Behandlungsanspruch des Patienten aus juristischer Sicht, in Arbeitsgemeinschaft Rechtsanwälte im Medizinrecht e.V. (Hrsg. – Schriftleitung: Ratajczak/Schwarz-Schilling), Medizinische Notwendigkeit und Ethik, 1998, S. 5
Ratajczak	Der Schweinezyklus in der Aufklärungsrechtsprechung, in Arbeitsgemeinschaft Rechtsanwälte im Medizinrecht e.V. (Hrsg. – Schriftleitung: Ratajczak/Stegers), Risiko Aufklärung, 2001, S. 1
Ratajczak	Die Abrechnung von Materialkosten nach dem BGH-Urteil vom 27.05.2004, BDIZ-konkret 2004, Heft 3
Ratajczak	Die Entwicklung der Rechtsprechung zur Erstattung hochwertiger zahnärztlicher Versorgungsformen, BDIZ-konkret 2001, Heft 4, S. 34
Ratajczak	Die GOZ-Abrechnung, Teil II, Zahnarztmagazin 1995, Heft 4, S. 7
Ratajczak	Dokumentation zahnärztlicher Behandlung, BDIZ-konkret 2003, Heft 2, S. 37
Ratajczak	Ersatz von Auslagen – Zur (analogen) Anwendung des § 10 GOÄ, BDIZ-konkret 1997, Heft 2, S. 20
Ratajczak	Implantate sind notwendige Versorgung, kein Luxus – Die neue Rechtslage nach der Entscheidung des Bundesgerichtshofs vom 12.03.2003, BDIZ-konkret 2003, Heft 2, S. 48 = BDIZ-Jahrbuch 2003, S. 136
Ratajczak	Laborpreisabsprachen, Zahnarztmagazin 1998, Heft 1, S. 38
Ratajczak	Leitlinien schaffen Haftungsrisiken, BDIZ-Jahrbuch 2003, S. 104
Ratajczak	Leitlinien und Haftung in der Zahnmedizin, BDIZ-konkret 2002, Heft 3, S. 30
Ratajczak	Medizinische Notwendigkeit implantatgetragener Versorgung, BDIZ-konkret 2003, Heft 2, S. 48
Ratajczak	Mitgliederumfrage zum Erstattungsverhalten der PKVen, BDIZ-Jahrbuch 2003, S. 63
Ratajczak	Neuere Rechtsprechung zum Zahnarztrecht, Zahnarztmagazin 1994, Heft 3, S. 5
Ratajczak	Zielleistungsprinzip, BDIZ-konkret 2002, Heft 4, S. 17
Ratajczak/Stegers	Medizin-Haftpflichtschäden, 1989
Ratzel	Knochenersatzmaterialien und PRP, Dental Magazin 2004, Heft 4
Rieger (Hrsg.)	Lexikon des Arztrechts, 2.A., Stand April 2004

Rubehn — Konsequenzen aus BGH-Urteil, DFZ 2004, Heft 9, S. 24

Schelling — Die Pflicht des Arztes zur wirtschaftlichen Aufklärung im Lichte zunehmender ökonomischer Zwänge im Gesundheitswesen, MedR 2004, 422

Schelp — Zur Verfassungsmäßigkeit der Festbetragsregelung für Arzneimittel, NZS 1997, 155

Schlenker — Validierung einer quantifizierenden in vivo Darstellung der subchondralen Mineralisierung des Tibiaplateaus, Diss., 2003

Schmid — Medizinisch notwendige Heilbehandlung und private Krankenversicherung, NJW 1981, 2504

Schnapp — Die Stellung der Zahntechniker im Leistungssystem der gesetzlichen Krankenversicherung, SGb 1989, 361

Schönke-Schröder — Strafgesetzbuch, 26.A., 2001

Schüssler — Die In-Vitro-Fertilisation als medizinisch notwendige Heilmaßnahme – Ein Beitrag zur Problematik des Versicherungsschutzes, VersR 1986, 322

Spiekermann — Allgemeine und medizinische Kontraindikationen, in Implantologie, 1994

Staudinger-Bearbeiter — Kommentar zum BGB, 12.A.

Steffen/Dressler — Arzthaftungsrecht, Neue Entwicklungslinien der BGH-Rechtsprechung, 9.A., 2002

Tiemann — Das Recht in der Arztpraxis, 1984

Tiemann — Kriminalität oder Grauzone im Gesundheitswesen, Entgegnung auf Müller-Wabnitz, NJW 1984, 2621

Tiemann/Grosse — Kommentar zur Gebührenordnung für Zahnärzte, 2.A., 1990

Tuschen/Quaas — Bundespflegesatzverordnung, 5.A., 2001

Uleer/Miebach/Patt — Abrechnung von Arzt- und Krankenhausleistungen, 2.A., 2000

Ullmann — Einige rechtliche Aspekte zu dem Verteilungsmechanismus zwischen Zahnarzt und Zahntechniker, MedR 1996, 341

Voß — Kostendruck im Arzthaftungsrecht, 1999

Wezel-Liebold — Handkommentar zum EBM und zur GOÄ, Stand Juli 2004

Weibrich/Buch/Kleis/Hitzler — Eigenherstellung von Platelet-Rich Plasma mit dem Platelet-Concentrate-Collection-System®, ZZI 17 (2001), S. 116

Weißauer — Honorarvereinbarung nach der neuen GOÄ, Anästhesie und Intensivmedizin 1983, 51

Wienke — Leitlinien als Mittel der Qualitätssicherung in der medizinischen Versorgung, MedR 1998, 172

Zach — Die Honorarhaftung des Patientengatten, DZW Nr. 37 vom 08.09.2004, S. 12

Zahnärztekammer Nordrhein	Zusammenstellung bisher vorliegender GOZ-Urteile (Redaktion: Dierks), 6.A., 2002 (zitiert: GU), Ergänzung 2003, (zitiert: GU 2003)
Zentai	Die Entscheidung des BGH zur Materialabrechnung, Spitta-Praxisbrief Juli 2004
Zimmermann/Bender/Eckstein	Rechtliche Rahmenbedingungen der autologen Hämotherapie, Teil 2, BayÄBl 2002, 356
Zöller-Bearbeiter	Zivilprozessordnung, 24.A., 2004

Hinweise zum Gebrauch des Handbuchs

Unter allen denkbaren Gebieten des Medizinrechts ist das Gebührenordnungsrecht das unangenehmste und trockenste Gebiet. Niemand mag sich gern damit befassen. Fragt man auf Fortbildungsveranstaltungen Zahnärzte (und Ärzte) danach, wie viele von ihnen sich schon persönlich mit den einschlägigen Gebührenordnungen BEMA und GOZ sowie Teilen der GOÄ für die Zahnärzte, EBM und GOÄ für die Ärzte befasst haben, bekennen sich selten mehr als 10 – 20 % der Teilnehmer. Die große Mehrheit verlässt sich darauf, dass die Abrechnungshelferin schon weiß, wie die Leistungen abzurechnen sind. Das ist aus der Sicht der Gerichte ein geradezu unverzeihliches Defizit. Denkt man aber auch nur ein wenig über die tatsächliche Situation der Berufsangehörigen nach, dann wird rasch klar, dass sich hierin ein strukturelles Defizit artikuliert, welches sich durch das ganze Zahnmedizin- ebenso wie das Medizinstudium zieht: die fehlende juristische neben der fehlenden betriebswirtschaftlichen Teilausbildung. Das Hochschulstudium bereitet den (Zahn)Mediziner auf eine Kliniklaufbahn vor, nicht aber auf die Niederlassung. Dieses Defizit wird auch nicht – wie die Rechtsprechung ohne nähere Begründung und sachlich zu Unrecht anzunehmen pflegt[2] – durch die der Zulassung zur vertrags(zahn)ärztlichen Versorgung vorausgehende Absolvierung (Absitzung) eines Einführungslehrgangs behoben oder auch nur minimal gemindert.

Das Abrechnungshandbuch Implantologie versucht, dieses Defizit von einem anderen Ansatz her anzugehen. Es wendet sich dabei primär an den implantologisch tätigen Zahnarzt, den Zahnarzt für Oralchirurgie und den Arzt für Mund-, Kiefer- und Gesichtschirurgie sowie das Abrechnungsteam. Für diesen Adressatenkreis wird die Abrechnung der implantologisch-chirurgischen und der implantologisch-prothetischen Behandlung Schritt für Schritt als Interaktion zwischen zahnmedizinischem Behandlungsvorgang und gebührenordnungsrechtlicher Bewertung aufbereitet, dargestellt und so transparent gemacht.

Die Abrechnung folgt der Leistung!

Auf diesem Grundsatz beruhen alle Gebührenordnungen. Nur sind in den Gebührenordnungen nicht immer die Leistungen so beschrieben, dass die Abrechnung ohne weiteres erkennbar aus ihnen folgt oder auch nur klar ist, welche Leistung abrechenbar ist und welche nicht. Fehlt es aber – wie häufig in der Implantatchirurgie – überhaupt an unmittelbar einschlägigen Gebührenziffern und hat deshalb die Abrechnung in Analogie zu anderen Gebührenziffern der GOZ bzw. der GOÄ zu erfolgen, öffnet sich ein weites Feld der Unsicherheit, in dem sich zahlreiche offene Fragen tummeln bis hin zu dem vor allem von den privaten Krankenversicherungen mit Hingabe bemühten sog. Zielleistungsprinzip oder die neuerdings vom OLG Hamm vertretene Auffassung, dass nach In-Kraft-Treten der GOZ im Jahr 1988 entwickelte Therapien auf dem Gebiet der Zahnheilkunde (hier: Aufbringen von Emdogain®) in analoger Anwendung nur nach den Gebührennummern der GOZ, nicht aber der GOÄ abgerechnet werden könnten.[3]

Das Abrechnungshandbuch Implantologie hält den Grundsatz, dass die Abrechnung der Leistung folgt, durchgehend ein und stellt deshalb den Abrechnungspositionen die jeweilige Leistung voraus. Die einzelnen Behandlungsabschnitte werden – ausgehend von einer radiologisch aussagekräftig untergelegten Fallgestaltung – mit für die Behandlungssituation typischen Bildern unterlegt. Die Bilder erlauben dem Zahnarzt und seinem Team, optisch den Behandlungsfall zu verfolgen und zeigen auf, wann ein zahnärztlicher Behandlungsabschnitt gebührenrechtlich beginnt, wann er endet und der nächste Abschnitt beginnt. Besonderer Wert wird dabei auf die Herausarbeitung der **selbständig** abrechenbaren Leistungen gelegt. Die dazu ergangene

[2] S. z.B. BSG, Urteil vom 25.10.1989 – 6 RKa 28/88 –, BSGE 66, 6; LSG Rheinland-Pfalz, Urteil vom 23.03.2000 – L 5 KA 22/99 –, n.v.; Revision zurückgewiesen durch BSG, Urteil vom 14.03.2001 – B 6 KA 36/00 R –, MedR 2002, 42.

[3] OLG Hamm, Urteil vom 07.11.2003 – 20 U 56/03 –, VersR 2004, 501.

grundlegende Entscheidung des Bundesgerichtshofs vom 13.05.2004[4] ist ebenso eingearbeitet wie die Entscheidung des Bundesgerichtshofs vom 27.05.2004[5] zu den Material- und Lagerhaltungskosten und die Entscheidung des Bundesgerichtshofs vom 27.04.2004[6] zu Rabatten, Kick backs und sonstigen Vergünstigungen sowie als neueste Entscheidung das Urteil des BGH vom 06.07.2004[7] zur Zahnarzthaftung, welches im Rahmen der Aufklärung über Behandlungsalternativen für neue Tendenzen sorgen wird.

Für das Abrechnungshandbuch wurden typische Fälle ausgesucht. Nach dieser Vorgabe erfolgte auch die Auswahl der Bilder. Nicht der Extremfall ist die Leitlinie, sondern der Normalfall soll wiedergegeben werden. An Extremen soll sich das Recht nicht bilden, Extreme taugen weder zur Auslegung von Gebührenordnungen noch zur Illustration der Zahnmedizin, sondern bestenfalls für Anekdoten. Die Bildauswahl erfolgte nicht unter dem Aspekt besondere Ästhetik, sondern Illustration des Themas.

Das Abrechnungshandbuch Implantologie wird natürlich auch dem Gutachter wertvolle Dienste leisten.

Die Zielsetzung dieses Abrechnungshandbuches bedingt – was schon in den einleitenden Hinweisen zum Gutachterhandbuch Implantologie angemerkt wurde –, dass alle an der Schnittstelle Zahnmedizin / Recht Arbeitenden von dem Abrechnungshandbuch profitieren werden. Was dem Zahnarzt nützt, nützt natürlich auch dem Gutachter, dem Richter, der das Verfahren führt, und den Anwälten, die in einem solchen Verfahren auftreten, und nicht zuletzt den Sachbearbeitern der privaten Krankenversicherungen. Es gibt kein Wissen, dessen Vermittlung nicht altruistische Effekte erzeugen kann.

Den Kernpunkt des Abrechnungshandbuches bilden die Abrechnungskommentierungen. Diese sind entsprechend der zahnärztlichen Behandlungssystematik aufgeschlüsselt, beginnend mit der **Anamnese und dem Beratungsgespräch** (Kapitel D – S. 110 ff.), dem **Kostenvoranschlag** bzw. **Heil- und Kostenplan** (Kapitel E – S. 119 ff.), den eigentlichen **implantologischen und implantatchirurgischen Gebührenziffern** (Kapitel G bis Kapitel K – S. 146 – 234), einem kurzen Abschnitt zur **kieferorthopädischen Implantologie** (Kapitel L – S. 235 f.), den derzeit in der Diskussion befindlichen BEMA-Positionen für die Behandlung von Patienten im Rahmen des Ausnahmekataloges (BEMA Teil 6 Implantologie), von dem allerdings zum Zeitpunkt der Fertigstellung des Abrechnungshandbuches noch nicht bekannt ist, ob er nun so, wie er dem Erweiterten Bundesausschuss am 05.11.2003 zur Beschlussfassung als gemeinsamer Antrag von KZBV und Spitzenverbänden der Krankenkassen vorgelegt worden war, auch verabschiedet werden wird (Kapitel M – S. 237 ff.), und einem ausführlichen Kapitel mit Berechnungsbeispielen (Kapitel N – S. 246 ff.).

Das Abrechnungshandbuch führt in die rechtlichen **Grundlagen der Abrechnung** ein (Kapitel B – S. 4 ff.), gibt Hinweise zu den **Indikationen** und **Indikationseinschränkungen** in der zahnärztlichen Implantologie (Kapitel C – S. 81 ff.) und gibt praktische Tipps zum Umgang mit kostenerstattenden Stellen (Kapitel Q – S. 283 ff.). In dem umfangreichen Kapitel S (S. 308 ff.) wird den nach der Entscheidung des BGH vom 27.05.2004[8] besonders brisant gewordenen Fragen der Materialkosten und im anschließenden Kapitel T (S. 332 ff.) u.a. der Lagerhaltungskostenthematik nachgegangen. Das Abrechnungshandbuch umfasst auch Abrechnungshinweise zu in der Implantologie eingesetzten neueren Verfahren (Kapitel R – S. 293 ff.).

Anders als im Gutachterhandbuch Implantologie sind die **Urteile** nur teilweise in einem gesonderten Kapitel (Kapitel U – S. 346 ff.) veröffentlicht, im Übrigen den jeweiligen Gebührenziffern bzw. Behandlungsabschnitten zugeordnet, zu denen sie sachlich gehören. Die unter-

---

4 BGH, Urteil vom 13.05.2004 – III ZR 344/03 –, VersR 2004, 1135 = Kapitel U III.1, S. 360.

5 BGH, Urteil vom 27.05.2004 – III ZR 264/03 –, VersR 2004, 1138 = Kapitel U IV.18, S. 368.

6 BGH, Beschluss vom 27.04.2004 – 1 StR 165/03 –, GesR 2004, 371 = Kapitel U VI.7, S. 376.

7 BGH, Urteil vom 06.07.2004 – VI ZR 266/03 –, VersR 2004, 1180 = Kapitel F IV., S. 126.

8 BGH, Urteil vom 27.05.2004 – III ZR 264/03 –, VersR 2004, 1138 = Kapitel U IV.18, S. 368.

schiedliche Behandlung folgt aus dem anders gearteten Inhalt des vorliegenden Werkes. Die Juristen pflegen in einem solchen Fall zu sagen, die Unterschiede liegen in der Natur der Sache.

Die meisten Entscheidungen wurden – wie schon im Gutachterhandbuch Implantologie – redaktionell besonders aufbereitet. Die in den Urteilen vorgenommenen Hervorhebungen mittels Fettdruck und Unterstreichungen sind idR nicht in den Urteilsoriginalen enthalten, sondern für die Zwecke dieses Abrechnungshandbuchs zur besseren Lesbarkeit und Verständlichkeit der Textpassagen und zur Erleichterung eines schnellen Auf- und Wiederfindens vorgenommen worden. Um das Auffinden der ausführlicher im Handbuch aufbereiteten Entscheidungen zu erleichtern, ist ein **Entscheidungsregister** beigefügt (S. 387 ff.).

Die Entscheidungen sind nach gutem juristischem Gebrauch zitiert. Dies macht das Handbuch auch für Richter und mit der Materie befasste Rechtsanwälte und Sachbearbeiter interessant.

Ergänzt wird das Abrechnungshandbuch durch mehr als 80 ausführliche **Bilddokumentationen**, eine Anzahl von **Checklisten** und Mustern von Heil- und Kostenplänen sowie sonstigen Formularen (insbesondere im Kapitel F – S. 124 ff. und im Kapitel N – S. 246 ff.). Abgerundet wird es durch ein bewusst ausführlich gestaltetes **Sachverzeichnis** (S. 392 ff.) sowie einen **Bildnachweis** (S. 382 ff.).

Für alle Hinweise zur Verbesserung des Abrechnungshandbuches Implantologie für eine künftige zweite Auflage danken wir sehr.

Interessiert sind wir an allen Abrechnungsziffern betreffenden Entscheidungen. Hierbei bitten wir um Hinweise auf die Entscheidung oder um die Übersendung einer Kopie an die Geschäftsstelle des BDIZ/EDI, Am Kurpark 5, 53177 Bonn-Bad Godesberg.

Das Handbuch berücksichtigt in seiner Kommentierung bereits das am 01.10.2004 vom Deutschen Bundestag in 3. Lesung verabschiedete **Gesetz zur Anpassung der Finanzierung von Zahnersatz** (BT-Drs. 15/3681 und 15/3834), das wir hier mit GAFZ abkürzen, und entspricht damit dem Stand von Gesetzgebung und Rechtsprechung von Anfang Oktober 2004. Da das Gesetz als nicht zustimmungspflichtig angesehen wird, ist damit zu rechnen, dass es in der am 01.10.2004 vom Deutschen Bundestag beschlossenen Fassung in Kraft treten wird. Das Abrechnungshandbuch unterstellt durchgehend, dass das GAFZ kommen wird. Allerdings hat das GAFZ auf die implantologische Abrechnung keine Auswirkungen. Auswirkungen gibt es im Bereich der Implantatprothetik.

Das GAFZ ändert die ab 01.01.2005 vorgesehene Finanzierung des Zahnersatzes, belässt es aber im Übrigen bei der gesetzlichen Neuregelung des Zahnersatzes, also vor allem bei der Festzuschussregelung.[9] Abgeschafft wird durch das GAFZ vor allem die durch die GMG eingeführte gesonderte Zahnersatzversicherung und damit auch die durch das GMG herbeigeführte eigentliche Neuerung im System der gesetzlichen Krankenversicherung, nämlich das generelle Wahlrecht zwischen GKV und PKV hinsichtlich des Abschlusses einer (privaten) Zahnersatzversicherung. Der Zahnersatz wird für GKV-Patienten weiterhin ausschließlich über die GKV abgewickelt, sofern sie nicht von den Wahlmöglichkeiten des § 55 Abs. 4 und 5 SGB V. Gebrauch machen. Daraus ergeben sich Folgeänderungen für den Abschluss von Behandlungsverträgen bei der Implantatprothetik, nicht aber für die eigentliche implantologische Versorgung. Bei der Implantatprothetik wird die Abrechnung der Suprakonstruktion bei Kassenpatienten ab 01.01.2005 generell über den Heil- und Kostenplan erfolgen und damit auch nach BEMA-Sätzen vergütet werden, es sei denn, der Zahnarzt schließt mit dem Patienten unter Beachtung des Wirtschaftlichkeitsgebotes (§ 12 SGB V) auch insoweit einen privaten Behandlungsvertrag. Hierzu enthalten § 55 Abs. 4 und 5 SGB V interessante Optionen. Dann erfolgt die Abrechnung nicht nur der implantologischen Versorgung nach GOZ und GOÄ, sondern auch der implantatprothetischen Versorgung ausschließlich nach GOZ.

---

[9] S. dazu näher Kapitel B III.4, S. 14 ff.

Kapitel A Einleitung

Das Abrechnungshandbuch Implantologie ist ein interdisziplinärer Kommentar zu den bei der implantologisch-chirurgischen und implantologisch-prothetischen Versorgung von Patienten abrechenbaren Leistungen und damit ein Teilkommentar zu den Gebührenordnungen GOZ, GOÄ und BEMA.

Für die Abrechnung der zahnärztlichen Behandlung gilt im Allgemeinen die GOZ, soweit es sich nicht um die Behandlung von Kassenpatienten handelt, die grundsätzlich nach BEMA abzurechnen ist. Bei der implantologischen Behandlung spielt der BEMA als Folge der Regelung in § 28 Abs. 2 Satz 9 SGB V naturgemäß derzeit eine geringe Rolle. Dies wird sich aber ab 01.01.2005 jedenfalls für die Suprakonstruktion ändern und – je nachdem, ob es zu einer Aufnahme von Sachleistungspositionen für die Ausnahmeindikationen nach den zu § 28 Abs. 2 Satz 9 SGB V erlassenen Richtlinien in den BEMA kommt – auch für die eigentliche implantologische Behandlung einschließlich der Implantatchirurgie.

Für die implantat-chirurgische Behandlung spielt als Ausnahme von der allgemeinen Regel der Abrechnung nach GOZ in großem Maße die Abrechnung nach GOÄ eine Rolle, während die Anwendbarkeit des BEMA – jedenfalls zur Zeit der Erstellung dieses Abrechnungshandbuches – noch ungewiss ist und im Interesse nicht zuletzt der betroffenen Patienten hoffentlich abgewendet werden kann. Das Abrechnungshandbuch kommentiert dennoch den für die gesamte Implantatchirurgie vorgesehenen BEMA Teil 6 vorsorglich.

Die GOZ gilt zurzeit in ihrer am 01.01.1988 in Kraft getretenen Fassung. In all den Jahren gab es bei ihr nur drei Änderungen.

(1) Änderungen der BPflV führten zur Änderung des § 7 GOZ.

(2) Im Zuge der Einführung sog. Standardtarife durch § 257 Abs. 2a SGB V zum 01.01.2000 wurde § 5a GOZ eingefügt.

(3) Als Folge der Umstellung von DM auf den € wurde der Punktwert in § 5 Abs. 1 Satz 3 GOZ von 11 DPf auf 5,62421 Eurocent umgewandelt.

Schon der folgende Satz, der eine Abrundungsregel für „*Bruchteile von Pfennigen auf volle Pfennigbeträge*“ enthält, blieb unverändert, obwohl es seit 2002 keine Pfennige als gültige Währungseinheit mehr gibt. Eine Punktwertanpassung gab es in den Jahren seit 1988 nicht, ebenso wenig eine Anpassung des Gebührenverzeichnisses. Es ist kein Trost, dass das Beharrungsvermögen der GOZ 1965 bis zu ihrer Ablösung durch die GOZ immerhin 22 Jahre gedauert hatte und eine GOZ-Novellierung ab dem Jahr 2005, also nach (schon) 17 Jahren mit Rücksicht auf die Neufassung der Zahnersatzregelungen in den §§ 55 ff. SGB V zu erwarten ist. Die GOZ 1965 enthielt für den Zahnarzt ganz andere Möglichkeiten, auf Veränderungen zu reagieren, bis hin zur völligen Abdingung der Gebührenpositionen.

Die Änderungsfreudigkeit bei der GOÄ ist demgegenüber geradezu groß. Der grundlegenden Novellierung der GOÄ zum 01.01.1983 folgte eine erneute grundlegende Überarbeitung zum 01.10.1996. Dabei wurde auch der Punktwert von 10 DPf nach der GOÄ 1983 auf 11,4 DPf nach der GOÄ 1996 angehoben und beträgt nunmehr 5,82873 Cent. Das war nach 13 Jahren immerhin eine Anhebung um 14 %, während die Anhebung bei den Zahnärzten bisher ausblieb. Rechnet man den Inflationsausgleich seit 1988 mit der einzigen Vorgabe hinzu, dass die Leistung heute noch denselben Wert habe wie 1988, müsste ein Zahnarzt rund 39 % mehr verlangen, also statt des 2,3-fachen Steigerungsfaktors den 3,2-fachen Steigerungsfaktor abrechnen.

Das Bundesverfassungsgericht hat in einem Beschluss vom 19.10.2000 erstmals entschieden, dass gesetzliche Honorierungsregelungen eine **auskömmliche Vergütung** gewährleisten müssen.[10] Es ging dabei um die Vergütung eines Rechtsanwalts als Zwangsverwalter. Aus der Fallkonstellation ergibt sich, dass die **konkrete Tätigkeit angemessen vergütet** werden muss und es nicht darauf ankommt, ob der Rechtsanwalt insgesamt mit seiner anwaltlichen Tätigkeit ein angemessenes Einkommen erzielen kann. Übersetzt auf den (zahn)ärztlichen Bereich ist also darauf abzustellen, ob die in den Gebührenordnungen enthaltenen Leistungen je für sich angemessen vergütet sind. Der Zahnarzt muss sich **nicht** auf eine **Mischkalkulation** verweisen lassen.[11]

Das Bundesverfassungsgericht hat am 13.02.2001, also knapp vier Monate später, in einer denkwürdigen Kammerentscheidung eine die lang andauernde Untätigkeit des Gesetzgebers in Sachen Anpassung des Punktwertes nach § 5 Abs. 1 Satz 3 GOZ anprangernde Verfassungsbeschwerde mit folgender Begründung nicht zur Entscheidung angenommen[12]:

> Eine Verletzung von Grundrechten und grundrechtsgleichen Rechten ist nicht ersichtlich, solange der Beschwerdeführer von den Gestaltungsmöglichkeiten, die ihm die Gebührenordnung für Zahnärzte eröffnet, keinen Gebrauch macht.

In einer Entscheidung desselben Gerichts aus dem Jahre 2002 hatte sich der Erste Senat mit einer anwaltlichen Honorarvereinbarung zu befassen und u.a. zu den verfassungsrechtlichen Anforderungen an die Prüfung von Vergütungsregelungen ausgeführt[13]:

> Der Schutzbereich von Art. 12 Abs. 1 GG ist berührt. Vergütungsregelungen und hierauf gründende Entscheidungen, die auf die Einnahmen, welche durch eine berufliche Tätigkeit erzielt werden können, und damit auch auf die Existenzerhaltung von nicht unerheblichem Einfluss sind, greifen in die Freiheit der Berufsausübung ein.

Diese Aussage und die weiteren Ausführungen in dieser Entscheidung sollten sowohl für den Verordnungsgeber der neuen GOZ wie für die Gerichte bei der Auslegung der Gebührenordnungen Leitschnur sein. Da sie kaum bekannt sind, seien sie im Wortlaut hier wiedergegeben:

> b) Auslegung und Anwendung des Gesetzesrechts sind Aufgabe der Fachgerichte und können vom Bundesverfassungsgericht – abgesehen von Verstößen gegen das Willkürverbot – nur darauf überprüft werden, ob sie Auslegungsfehler enthalten, die auf einer grundsätzlich unrichtigen Anschauung von der Bedeutung des betroffenen Grundrechts, insbesondere vom Umfang seines Schutzbereichs, beruhen. Das ist der Fall, wenn die von den Fachgerichten vorgenommene Auslegung der Norm die Tragweite des Grundrechts nicht hinreichend berücksichtigt oder im Ergebnis zu einer unverhältnismäßigen Beschränkung der grundrechtlichen Freiheit führt (vgl. BVerfGE 85, 248 [257 f.]; 87, 287 [323]).
> c) Das angegriffene Urteil hält einer verfassungsrechtlichen Prüfung anhand dieses Maßstabs nicht stand. Die Tragweite der Berufsausübungsfreiheit der Beschwerdeführerin wurde nicht hinreichend berücksichtigt. Ersichtlich hat das Oberlandesgericht nicht beachtet,

---

10 BVerfG, Beschluss vom 19.10.2000 – 1 BvR 2365/98 –, ZinsO 2001, 463; im folgend BGH, Beschluss vom 12.09.2002 – IX ZB 39/02 –, NJW 2003, 212; BGH, Urteil vom 13.05.2004 – III ZR 344/03 –, VersR 2004, 1135 = Kapitel U III.1, S. 360.

11 Das wird in der Entscheidung des BGH vom 13.05.2004 – III ZR 344/03 –, VersR 2004, 1135 = Kapitel U III.1, S. 360 zutreffend berücksichtigt und umgesetzt. Demgegenüber vertritt das Bundessozialgericht in ständiger Rechtsprechung die Auffassung, der vertrags(zahn)ärztlichen Vergütung liege eine Mischkalkulation zugrunde, weshalb es „*durchaus Leistungen geben kann, bei denen selbst für eine kostengünstig organisierte Praxis kein Gewinn zu erzielen ist*“ (BSG, Urteil vom 14.03.2001 – B 6 KA 54/00 R –, NJW 2002, 238; BSG, Urteil vom 14.03.2001 – B 6 KA 36/00 R –, MedR 2002, 42). Hier gibt es deutliche Divergenzen im rechtlichen Ausgangspunkt zwischen BVerfG und BGH auf der einen sowie dem BSG auf der anderen Seite.

12 BVerfG, Beschluss vom 13.02.2001 – 1 BvR 2311/00 –, n.v.; bemerkenswert ist, dass der BGH im Urteil vom 13.05.2004 – III ZR 344/03 –, VersR 2004, 1135 = Kapitel U III.1, S. 360 demgegenüber feststellt, dass dem Arzt nicht angesonnen werden könne, durch Abschluss von Gebührenvereinbarungen nach § 2 GOÄ/GOZ für eine angemessene Honorierung seiner Leistungen Sorge zu tragen.

13 BVerfG, Beschluss vom 12.08.2002 – 1 BvR 328/02 –, NJW 2002, 3314.

> dass Vergütungsregelungen und hierauf gestützte Entscheidungen in die Freiheit der Berufsausübung eingreifen und dass dieser Grundrechtsbezug in die Auslegung der angewandten Vorschriften in zweifacher Weise hätte einfließen müssen.

Es ging in dieser Entscheidung um die Rechtsgültigkeit einer anwaltlichen Honorarvereinbarung. Dem BVerfG liegt derzeit ein Verfahren vor, in dem es um die Anforderungen an die Rechtsgültigkeit zahnärztlicher Honorarvereinbarungen nach § 2 GOZ geht.[14] Hier hat sich, wie im Kapitel zur Honorarvereinbarung näher dargelegt wird[15], in der Rechtsprechung eine Situation herausgebildet, in der die Rechtsgültigkeit einer Honorarvereinbarung zwischen Verstoß gegen die Vorgaben des § 2 GOZ und die Vorgaben des AGBG pendelt, mit vertretbarer Richtigkeitsgewähr aber nicht mehr vorausgesagt werden kann, ob sie von den Gerichten als gültig anerkannt wird.

Gebührenordnungen sind nicht dazu gemacht, die interpretatorischen Fähigkeiten von Versicherungssachbearbeitern oder Juristen zu testen, sondern den Normadressaten den Weg zur ordnungsgemäßen Abrechnung ihrer Leistungen zu sichern. Sie sind dabei so auszulegen, dass die gesetzlichen Vorgaben eingehalten werden. Die gesetzliche Vorgabe für die GOZ findet sich in § 15 ZHG:

> **§ 15 ZHG**
> Die Bundesregierung wird ermächtigt, durch Rechtsverordnung mit Zustimmung des Bundesrates die Entgelte für zahnärztliche Tätigkeit in einer Gebührenordnung zu regeln. In dieser Gebührenordnung sind Mindest- und Höchstsätze für die zahnärztlichen Leistungen festzusetzen. Dabei ist den berechtigten Interessen der Zahnärzte und der zur Zahlung der Entgelte Verpflichteten Rechnung zu tragen.

Die berechtigten Interessen der Zahnärzte bestehen darin, für ihren Aufwand leistungsadäquat honoriert zu werden. Die berechtigten Interessen der zur Zahlung der Entgelte Verpflichteten bestehen nicht darin, dass der Aufwand, den sie für die Leistung erbringen müssen, als Folge der Geldentwertung und der Nichtanpassung der GOZ wenigstens an die Lebenshaltungskostenentwicklung seit 1988 immer geringer wird. Keinem Richter, der über Abrechnungsstreitigkeiten zu entscheiden hat, wurde vom Gesetzgeber zugemutet, seit vielen Jahren mit nominal unverändertem Gehalt auszukommen und die Folgen der Geldentwertung, der Lebenskostensteigerung und der Steigerung der gesamten Praxisbetriebskosten aus seinem Vermögen zu tragen.

---

14 BVerfG – 1 BvR 1437/02 –. Wir rechnen mit einer Entscheidung noch im Laufe des Jahres 2004.

15 S. u. Kapitel B XI, S. 37 ff.

Kapitel B Rechtliche Grundlagen der Abrechnung

I. Allgemeines

Zivilrechtlich wird der zahnärztliche Behandlungsvertrag als Dienstvertrag im Sinne der allgemeinen Vorschriften der §§ 611 – 630 BGB gewertet.[16] Dies gilt auch, wenn sich die Behandlung nur auf die „*Verschönerung des Gebisses*" bezieht.[17] Als Konsequenz dieser Einordnung in das Dienstvertragsrecht schuldet der Zahnarzt nur die Durchführung der vereinbarten **Behandlung** an sich, hingegen **nicht** den **Erfolg** seiner Leistung. Dass das Implantat einheilt und nicht wieder entfernt werden muss, ist zwar die gemeinsame Erwartungshaltung von Patient und Zahnarzt, nicht aber der vom Zahnarzt rechtlich geschuldete Behandlungserfolg. Die Nichteinheilung führt nicht automatisch zum Wegfall des Vergütungsanspruchs, sondern nur dann, wenn sie auf vermeidbare Fehler (Behandlungsfehler) des Zahnarztes zurückzuführen ist.

Die Vergütung der zahnärztlichen Leistungen richtet sich nach der dienstvertragsrechtlichen Vorschrift des § 612 Abs. 1 und 2 BGB.

> **§ 612 BGB Vergütung**
> (1) Eine Vergütung gilt als stillschweigend vereinbart, wenn die Dienstleistung den Umständen nach nur gegen eine Vergütung zu erwarten ist.
> (2) Ist die Höhe der Vergütung nicht bestimmt, so ist bei dem Bestehen einer Taxe die taxmäßige Vergütung, in Ermangelung einer Taxe die übliche Vergütung als vereinbart anzusehen.
> (3) …

Taxen i.S. des § 612 Abs. 2 BGB sind nur nach Bundes- oder Landesrecht erlassene und festgelegte Gebührenordnungen, die feste Höchst- oder Mindestsätze darstellen. GOZ, GOÄ und BEMA sind solche *taxmäßigen Vergütungen* i.S. des § 612 BGB.[18] Damit spielt für die Honorarabrechnung des Zahnarztes der zweite Absatz des § 612 BGB die entscheidende Rolle. Soweit sein Anwendungsbereich reicht, muss die zahnärztliche Honorarabrechnung nach den Vorgaben dieser Taxen, also nach GOZ, GOÄ und BEMA, bei den MKG-Chirurgen ggf. auch nach EBM erfolgen.

II. Anwendungsbereich der GOZ

1. Wer darf nach GOZ abrechnen?

Die GOZ ist als Folge des § 15 ZHG die grundlegende Gebührenordnung für zahnärztliche Leistungen. § 1 Abs. 1 GOZ bestimmt, dass sich die Vergütung der beruflichen Leistungen der Zahnärzte nach der GOZ richtet, soweit nicht durch Bundesgesetz etwas anderes bestimmt ist.

> **§ 1 Abs. 1 GOZ**
> Die Vergütungen für die beruflichen Leistungen der Zahnärzte bestimmen sich nach dieser Verordnung, soweit nicht durch Bundesgesetz etwas anderes bestimmt ist.

[16] Grundlegend BGH, Urteil vom 09.12.1974 – VI ZR 182/73 –, NJW 1975, 305 = Ratajczak/Stegers, Rz. 848; OLG Düsseldorf, Urteil vom 02.02.1984 – 8 U 71/83 00 –, VersR 1985, 456.

[17] OLG Zweibrücken, Urteil vom 10.03.1983 – 4 U 76/82 –, NJW 1983, 2094.

[18] OLG Düsseldorf, Urteil vom 27.09.2001 – 8 U 181/00 –, MedR 2002, 310 = GHI, S. 287 = GU, S. 103 f.

2. Exkurs: Rechtliche Grundlagen der Abrechnung bei Kassenpatienten

Eine durch Bundesgesetz geregelte Abweichung von § 1 GOZ enthält § 87 Abs. 2 Satz 1 SGB V, der für die Behandlung von Versicherten der gesetzlichen Krankenkassen den Anwendungsbereich der GOZ verschließt.

> **§ 87 Abs. 2 Satz 1 SGB V**
> Der einheitliche Bewertungsmaßstab bestimmt den Inhalt der abrechnungsfähigen Leistungen und ihr wertmäßiges, in Punkten ausgedrücktes Verhältnis zueinander.

Für die Abrechnung der bei dieser Patientengruppe erbrachten Leistungen gilt der BEMA bzw. für MKG-Chirurgen auch der EBM, soweit der BEMA bzw. bei MKG-Chirurgen auch der EBM eine abrechenbare Gebührenziffer enthält. Allerdings reicht das Vorhandensein einer BEMA-Ziffer für die Abrechenbarkeit nicht aus. Eine über die KZV abrechenbare Leistung liegt stets nur vor, wenn die Leistung nach den Kriterien des in § 12 Abs. 1 SGB V enthaltenen Wirtschaftlichkeitsgebots eine vertragszahnärztliche Leistung ist.

> **§ 12 Abs. 1 SGB V**
> Die Leistungen müssen ausreichend, zweckmäßig und wirtschaftlich sein; sie dürfen das Maß des Notwendigen nicht überschreiten. Leistungen, die nicht notwendig oder unwirtschaftlich sind, können Versicherte nicht beanspruchen, dürfen die Leistungserbringer nicht bewirken und die Krankenkassen nicht bewilligen.

Zwischen § 87 Abs. 2 Satz 1 SGB V und § 12 Abs. 1 SGB V besteht folgender Zusammenhang, der zugleich die zwingende Grenze zur Privatbehandlung von Kassenpatienten definiert:

Jede wirtschaftliche Leistung ist eine vertragszahnärztliche Leistung, <u>wenn</u> sich dafür im BEMA eine Gebührenposition findet; aber eine Leistung ist <u>nicht</u> deshalb wirtschaftlich, weil sich im BEMA eine Gebührenposition findet.

Allein die Tatsache, dass eine zahnärztliche Leistung den Inhalt der Leistungslegende einer Ziffer des BEMA erfüllt, hat nicht zur zwingenden Folge, dass dem Vertragszahnarzt insoweit ein Honoraranspruch gegen seine Kassenzahnärztliche Vereinigung zusteht.[19] Die Therapiefreiheit des Vertragszahnarztes zu Lasten der gesetzlichen Krankenversicherung findet ihre gesetzliche Grenze im Wirtschaftlichkeitsgebot.[20] Der Grundsatz der Therapiefreiheit berechtigt den Zahnarzt – wie die Rechtsprechung dies auszudrücken pflegt – nicht, der Solidargemeinschaft der Versicherten unwirtschaftliche Kosten zu verursachen.[21]

3. Berufliche Leistungen

Die GOZ erfasst im Grundsatz alle Leistungen, die durch **niedergelassene Zahnärzte** erbracht werden. Niedergelassen sind Zahnärzte, die in eigener Praxis **selbständig** tätig sind. Die Leistungen angestellter Zahnärzte sind von Rechts wegen Leistungen, die der jeweilige Arbeitgeber, also der niedergelassene Zahnarzt erbringt. Angestellte Ärzte haben im niedergelassenen Bereich keine eigene Abrechnungsberechtigung und sie kann ihnen auch nicht wirksam erteilt werden. Möglich ist nur, dass diese in Stellvertretung für den anstellenden Zahnarzt abrechnen.

Erbringen bei einer **GmbH** oder gar einer **Aktiengesellschaft** angestellte Zahnärzte Leistungen, handelt es sich um Leistungen der anstellenden Gesellschaft. Für diese gilt die GOZ nicht, weil es sich bei den Leistungen der Gesellschaft nicht um „*berufliche Leistungen der Zahnärz-*

---

[19] BSG, Urteil vom 20.03.1996 – 6 RKa 85/95 –, MedR 1997, 187.

[20] BSG, Beschluss vom 13.03.2001 – 6 BKa 49/90 –, n.v.; BSG, Urteil vom 25.09.2000 – B 1 KR 24/99 R –, SGb 2001, 639.

[21] BSG, Urteil vom 15.04.1980 – 6 RKa 5/79 –, BSGE 50, 84.

te", sondern um berufliche Leistungen der Gesellschaft handelt. Die Gesellschaft kann und muss auf der Grundlage des § 612 BGB abrechnen. Dabei wird sie gut daran tun, sich an den Größen der GOZ etc. zu orientieren, weil diese wesentliche Hinweise für die angemessene Vergütung geben. Um direkt nach GOZ etc. abrechnen zu können, muss dies jedoch im Behandlungsvertrag mit dem Patienten vereinbart werden.

Zahnärzte an **Krankenhäusern** und **Kliniken** müssen nach GOZ etc. ihre Leistungen abrechnen, sofern sie über eine eigene Abrechnungsberechtigung (Nebentätigkeitserlaubnis erforderlich) verfügen und die erbrachte Leistung in den Nebentätigkeitsbereich fällt. Sind die zahnärztlichen Leistungen Bestandteil der Krankenhausleistung, scheidet die unmittelbare Abrechnungsmöglichkeit nach GOZ etc. dagegen aus. Auch Krankenhäuser und Kliniken können aber die Abrechnung nach GOZ vereinbaren, sollten dabei aber bedenken, dass ihre Betriebskosten nicht effektiv über die Gebührensätze der GOÄ/GOZ abgedeckt werden können. Gerade Privatkliniken übersehen diesen Aspekt leider nicht selten.[22]

Für diese **juristischen Personen** gilt grundsätzlich weder die GOZ noch die GOÄ, solange diese die Leistung selbst abrechnen. Der BEMA gilt in der Praxis für juristische Personen bisher schon deshalb nicht, weil juristische Personen keine Zulassung zur vertragszahnärztlichen Versorgung erhalten können und die allein denkbare Ermächtigung nach § 95 Abs. 1 SGB V als **ermächtigte Einrichtung** in der Praxis keine Rolle spielt. Für diese Einrichtungen gilt als Abrechnungsgrundlage § 612 BGB unmittelbar.[23]

Dagegen gelten GOZ, GOÄ, BEMA und ggf. EBM für Zahnärzte, die zivilrechtlich in der Rechtsform einer **Personengesellschaft** zusammenarbeiten, also entweder als Gesellschaft bürgerlichen Rechts oder als Partnerschaftsgesellschaft und damit – vertragszahnarztrechtlich – in der Form der Gemeinschaftspraxis (§ 33 Abs. 2 Zahnärzte-ZV) bzw. berufsrechtlich in der Form der Berufsausübungsgemeinschaft (§ 14 Abs. 1 MBO-Z).[24]

Seit 01.01.2004 gibt es für den vertragszahnärztlichen Bereich eine Erweiterung in den Möglichkeiten beruflicher Kommunikation durch die Einführung des **Medizinischen Versorgungszentrums** (MVZ). Dieses nimmt als solches an der vertragszahnärztlichen Versorgung teil. Es kann sich nach § 95 Abs. 1 Satz 3 SGB V *„aller zulässigen Organisationsformen bedienen"*, worunter neben der Gesellschaft bürgerlichen Rechts (GbR) und der Partnerschaftsgesellschaft vor allem die GmbH und die Aktiengesellschaft zu verstehen sind.[25] Für die Abrechnung ambulanter vertragszahnärztlicher Leistungen muss – unabhängig von der Frage der Rechtsform, in welcher das MVZ betrieben wird – die Abrechnung nach BEMA bzw. EBM erfolgen. Für die privatzahnärztliche Behandlung ergeben sich aber durch die Zulassung eines MVZ keine Änderungen gegenüber dem vorstehenden, wenn das MVZ nicht in der Rechtsform der GbR oder der

---

22 S. zu der Frage der Kostenkalkulation einer Privatklinik insbesondere BGH, Urteil vom 12.03.2003 – IV ZR 278/01 –, VersR 2003, 581 = Kapitel U II.1, S. 346.

23 Die Gebührenordnungen gelten auch für *„ärztlich geleitete Einrichtungen"* nicht unmittelbar. Werden für diese Pauschalvergütungen mit den Krankenkassen vereinbart, verlangt das BSG aber, dass diese sich an den Gebührenordnungen für die Behandlung von Kassenpatienten orientieren (BSG, Beschluss vom 20.01.1999 – B 6 KA 82/97 –, NZS 1999, 623).

24 Die in § 14 Abs. 1 MBO-Z enthaltene Unterscheidung in Gemeinschaftspraxis und Zahnärztepartnerschaft ist irrelevant. Es handelt sich dabei um eine rechtlich völlig missglückte Differenzierung. Die Bezeichnung als Gemeinschaftspraxis ist auch bei der Partnerschaftsgesellschaft zulässig (vgl. OLG Schleswig, Urteil vom 18.09.2002 – 2 W 80/02 –, NJW-RR 2003, S. 173; BSG, Urteil vom 16.07.2003 – B 6 KA 34/02 R –, MedR 2003, 575; BSG, Urteil vom 16.07.2003 – B 6 KA 49/02 R –).

25 Nicht dagegen die Kommanditgesellschaft (KG) und die Offene Handelsgesellschaft (OHG), weil es beim Betrieb eines MVZ nicht um den Betrieb eines Handelsgewerbes geht. Die eingetragene Genossenschaft (eG) scheidet aus, weil es neben dem „Geschäftsbetrieb" MVZ nicht noch eigenständige Praxen gibt (s. § 1 Abs. 1 GenG).

Die gesetzliche Neuregelung wirft sehr viele Fragen auf, namentlich und sehr grundsätzlich zum Verhältnis von Bundesrecht und Landesrecht. Die Art und Weise der Zusammenarbeit von Ärzten bzw. Zahnärzten ist im Berufsrecht geregelt. Das Berufsrecht ist originäres Landesrecht. Hier kann der Bundesgesetzgeber keine Vorgaben machen. Es könnte also sein, dass – falls es nicht zu einer Harmonisierung des Landesrechts durch die Kammern oder durch die Gerichte kommt – MVZ in den einzelnen Bundesländern unterschiedlich organisiert werden müssen.

Partnerschaftsgesellschaft betrieben wird. Nur bei diesen beiden Rechtsformen erfolgt die Abrechnung unmittelbar nach GOZ bzw. GOÄ.

4. GOZ als Regelgebührenordnung

Die **GOZ** ist rechtlich – wenn auch angesichts des Zahlenverhältnisses der Kassen- zu Privatpatienten nicht faktisch – die **Regelgebührenordnung**, der BEMA die Ausnahme. Dieses Regel-Ausnahme-Verhältnis hat auch beim Kassenpatienten Bedeutung, wenn dieser ohne Krankenversichertenkarte sich behandeln lässt. Dann ist der Zahnarzt berechtigt, sofortige Bezahlung nach GOZ zu verlangen.[26] Wird die Chipkarte nicht innerhalb von 10 Tagen vorgelegt, wird aus der zunächst nur vorläufig nach GOZ abgerechneten Leistung eine endgültige Privatleistung.

Das Regel-Ausnahme-Verhältnis sollte im Bereich des Zahnersatzes ab 01.01.2005 wieder gelten. Nach der im GMG enthaltenen Regelung wäre die Behandlung von Kassenpatienten, die ihren Zahnersatz bei einer privaten Krankenversicherung versichert haben, nach GOZ abzurechnen gewesen, eben weil es sich dabei um die Regelgebührenordnung handelt, während die Abrechnung der bei einer gesetzlichen Krankenversicherung privat versicherten Kassenpatienten nach BEMA vorzunehmen wäre (§ 87 Abs. 1a Satz 1 SGB V idF ab 01.01.2005).

Nach dem GAFZ besteht für Kassenpatienten ab 01.01.2005 kein Wahlrecht bei der Zahnersatzversicherung. Die prothetische Regelversorgung auf Implantaten ist über Heil- und Kostenplan nach BEMA abzurechnen, sofern der Patient nicht von den Möglichkeiten des § 55 Abs. 4 oder 5 SGB V Gebrauch macht. Dies bedeutet – sieht man von der erweiterten Aufnahme von Suprakonstruktionen auf Implantaten in den Leistungskatalog der GKV ab –, dass die Abrechnung wie bisher zu handhaben ist.

Die GOZ gilt für alle ambulanten Leistungen, für die nicht der BEMA gilt, soweit die Behandlung nach den Regeln der zahnmedizinischen Wissenschaft notwendig (indiziert) ist.[27]

Nach GOZ sind damit abzurechnen:

(1) alle Behandlungen bei privat versicherten Patienten,
(2) alle Behandlungen bei beihilfeberechtigten Patienten,
(3) alle Behandlungen bei Selbstzahlern,
(4) alle Behandlungen bei sonstigen Patienten, die sich (zumindest teilweise) privatzahnärztlich behandeln lassen wollen.

5. Mehrkostenvereinbarung

5.1 Gesetzliche Mehrkostenregelungen

Während die vorstehend genannten ersten drei Gruppen in der Praxis selten Abgrenzungsprobleme aufwerfen, ist dies bei der vierten Gruppe häufig der Fall. Wichtigster Fall der vierten Gruppe ist die **Mehrkostenvereinbarung** nach § 28 Abs. 2 Satz 2 SGB V. Das GMG hat auch hier Änderungen gebracht. In § 28 SGB V sind sie allerdings nur klarstellender Natur im Zusammenhang mit der ab 01.01.2005 durch das GMG ursprünglich vorgesehenen sog. Privatisierung des Zahnersatzes. Die die Mehrkostenregelungen betreffenden Bestimmungen blieben unverändert und werden auch durch das GAFZ nicht geändert.

> **§ 28 Abs. 2 Sätze 2 – 5 SGB V**
> Wählen Versicherte bei Zahnfüllungen eine darüber hinausgehende Versorgung, haben sie die **Mehrkosten** selbst zu tragen. In diesen Fällen ist von den Kassen die vergleichbare preisgünstigste plastische Füllung als Sachleistung abzurechnen. In Fällen des Satzes 2 ist vor Beginn der Behandlung eine schriftliche Vereinbarung zwischen dem Zahnarzt und dem Versicherten zu treffen. Die **Mehrkostenregelung** gilt nicht für Fälle, in denen intakte plastische Füllungen ausgetauscht werden.

[26] S. § 8 Abs. 4 BMV-Z, § 9 Nr. 3 EKV-Z.

[27] S. dazu Kapitel B IV, S. 22 ff.

Beim Zahnersatz findet sich die Mehrkostenregelung derzeit in § 30 Abs. 3 SGB V.

> **§ 30 Abs. 3 SGB V (bis 31.12.2004)**
> Wählen Versicherte einen über die Versorgung nach Absatz 1 hinausgehenden Zahnersatz, erhalten sie die Leistungen nach Absatz 1 im Rahmen der vertragszahnärztlichen Versorgung. Die **Mehrkosten** der zusätzlichen, über die Versorgung nach Absatz 1 hinausgehenden Leistungen haben sie selbst in vollem Umfang zu tragen.

Ab 01.01.2005 gilt bei Zahnersatzbehandlungen die neue Mehrkostenregelung des § 55 Abs. 4 SGB V.[28]

> **§ 55 Abs. 4 SGB V (ab 01.01.2005)**
> Wählen Versicherte einen über die Regelversorgung gemäß § 56 Abs. 2 hinausgehenden gleichartigen Zahnersatz, haben sie die **Mehrkosten** gegenüber den in § 56 Abs. 2 Satz 10 aufgelisteten Leistungen selbst zu tragen.

Die Neuregelung in § 55 Abs. 4 SGB V übernimmt im Wesentlichen das geltende Recht gemäß § 30 Abs. 3 SGB V. Sie betrifft den über die Regelversorgung nach § 56 Abs. 2 SGB V hinausgehenden gleichartigen Zahnersatz. Gleichartig ist Zahnersatz nach Ansicht des Gesetzgebers, wenn er die Regelversorgung umfasst, jedoch zusätzliche Versorgungselemente wie zum Beispiel zusätzliche Brückenglieder sowie zusätzliche und andersartige Verankerungs- bzw. Verbindungselemente aufweist. Mehrkosten entstehen nur insoweit, als zahnärztliche Leistungen anfallen, die nicht nach § 56 Abs. 2 Satz 10 SGB V aufgelistet sind. Hier wird noch einiges an Klärungsbedarf entstehen. Darauf soll im Rahmen dieses Abrechnungshandbuches aber nur hingewiesen werden.

Noch weitergehend öffnet § 55 Abs. 5 SGB V den privatzahnärztlichen Bereich:

> **§ 55 Abs. 5 SGB V (ab 01.01.2005)**
> Die Satzungen haben eine Erstattung der bewilligten Festzuschüsse nach Absatz 1 Satz 2 bis 7, Absatz 2 und 3 für die Fälle vorzusehen, in denen eine von der Regelversorgung nach § 56 Abs. 2 abweichende, andersartige Versorgung durchführt wird.

Das Gesetz verpflichtet die Krankenkassen, auch dann die Festzuschüsse zu zahlen, wenn eine völlig andere Versorgung durchgeführt wird, als sie nach den Richtlinien vorgesehen ist. Das ist die Einführung einer Zuzahlungsregelung zu jeder Art von prothetischer Versorgung.

Durch das GAFZ wird § 55 Abs. 5 SGB V wie folgt neu gefasst:

> **§ 55 Abs. 5 SGB V idF des GAFZ (ab 01.01.2005)**
> Die Krankenkassen haben die bewilligten Festzuschüsse nach Absatz 1 Satz 2 bis 7, den Absätzen 2 und 3 in den Fällen zu erstatten, in denen eine von der Regelversorgung nach § 56 Abs. 2 abweichende, andersartige Versorgung durchgeführt wird.

In den praktischen Auswirkungen für Kassenpatienten und Vertragszahnärzte bringt das GAFZ insofern aber keine Unterschiede zu der durch das GMG vorgenommenen Neuregelung.

5.2 Abrechnung der Mehrkostenvereinbarung

Die Behandlung aufgrund einer Mehrkostenvereinbarung mischt bei Füllungen, in der Zahnprothetik und bei der Versorgung mit Kronen die vertragszahnärztliche mit der privatzahnärztlichen Behandlung. Den meisten Zahnärzten ist zwar geläufig, dass die Mehrkostenvereinbarung eine Vereinbarung von privatzahnärztlichen Behandlungsleistungen ist. Es wurde aber vielfach dar-

[28] § 55 Abs. 4 SGB V wird durch das am 01.10.2004 vom Deutschen Bundestag in 3. Lesung verabschiedete Gesetz zur Anpassung der Finanzierung von Zahnersatz (GAFZ) nicht verändert.

aus nicht der Schluss gezogen, dass die Mehrkostenvereinbarung deswegen nach GOZ mit allen für eine GOZ-Honorarabrechnung zu beachtenden Formvorschriften abzurechnen ist.

Für die Mehrkosten bei Füllungen und bei der derzeitigen Zahnersatzregelung stellt mittlerweile § 87a Satz 1 SGB V explizit klar, dass diese nach der GOZ abzurechnen sind.

> **§ 87a Satz 1 SGB V**
> Abrechnungsgrundlage für die Mehrkosten nach § 28 Abs. 2 Satz 2 und § 30 Abs. 3 Satz 2 ist die Gebührenordnung für Zahnärzte.

Das gilt generell für die Mehrkostenvereinbarung nach geltendem Recht wie nach künftigem Recht. Es genügt **nicht**, wenn – wie man das leider häufig sieht – auf der Eigenanteilsrechnung nach BEMA eine zusätzliche Position Mehrkostenvereinbarung auftaucht, in der nur derselbe Eurobetrag angegeben ist, der schon in der Mehrkostenvereinbarung enthalten ist.

Die Mehrkostenvereinbarung ersetzt **nicht** die in die Honorarrechnung aufzunehmende besondere Begründung nach § 10 Abs. 3 Satz 1 GOZ bei Überschreiten des 2,3-fachen Steigerungssatzes. Sie ersetzt schließlich **nicht** die Honorarvereinbarung nach § 2 GOZ.

6. Kostenerstattung

Die bisher geltenden Regelungen zur Kostenerstattung sind in § 13 Abs. 2 SGB V mit Wirkung ab dem 01.01.2004 neu gefasst und erweitert worden.

> **§ 13 Abs. 2 SGB V**
> Versicherte können anstelle der Sach- oder Dienstleistungen Kostenerstattung wählen. Sie sind von ihrer Krankenkasse vor ihrer Wahl zu beraten. Eine Beschränkung der Wahl auf den Bereich der ambulanten Behandlung ist möglich. Nicht im Vierten Kapitel genannte Leistungserbringer dürfen nur nach vorheriger Zustimmung der Krankenkasse in Anspruch genommen werden. Eine Zustimmung kann erteilt werden, wenn medizinische oder soziale Gründe eine Inanspruchnahme dieser Leistungserbringer rechtfertigen und eine zumindest gleichwertige Versorgung gewährleistet ist. Die Inanspruchnahme von Leistungserbringern nach § 95b Abs. 3 Satz 1 im Wege der Kostenerstattung ist ausgeschlossen. Anspruch auf Erstattung besteht höchstens in Höhe der Vergütung, die die Krankenkasse bei Erbringung als Sachleistung zu tragen hätte. Die Satzung hat das Verfahren der Kostenerstattung zu regeln.

6.1 Entwicklung der Kostenerstattung

Vor 1993 konnten nur freiwillig Versicherte der Ersatzkassen die privat(zahn)ärztliche Behandlung mit Kostenerstattung wählen. Das entsprechende Recht war in den Satzungen verankert.

Das Gesundheitsstrukturgesetz (GSG) hatte ab 01.01.1993 dieses Wahlrecht im Zuge des vorgesehenen Krankenkassenwettbewerbs <u>auf Drängen der Primärkassen</u> den <u>freiwillig</u> Versicherten <u>aller</u> Krankenkassen eingeräumt. In der Gesetzesbegründung wird deutlich, dass es den Primärkassen dabei um den kasseninternen Wettbewerb ging:

> Die Neuregelung klärt die Rechtslage bei der Kostenerstattung für alle freiwillig Versicherten. Sie führt zur Gleichbehandlung aller Krankenkassen und schafft Chancengleichheit der Krankenkassen im **Wettbewerb** um freiwillige Mitglieder.

Durch das 2. GKV-NOG wurde mit Wirkung ab 01.07.1997 die Benachteiligung der Pflichtversicherten gegenüber den freiwillig Versicherten beendet. In der **Gesetzesbegründung** zu § 13 Abs. 2 SGB V in der Neufassung hieß es:

> Die gesetzlichen Krankenkassen konnten bisher zwar im Rahmen von Erprobungsregelungen die Kostenerstattung auch für Pflichtversicherte zulassen. Von dieser Möglichkeit haben jedoch nur verhältnismäßig wenige Kassen Gebrauch gemacht.

> Viele pflichtversicherte Mitglieder der gesetzlichen Krankenversicherung sehen in der allein den freiwilligen Mitgliedern eingeräumten Möglichkeit der Kostenerstattung ein ungerechtfertigtes Privileg. Unabweisbare Gründe, die Differenzierung beizubehalten, gibt es nicht. Im Gegenteil: Die Möglichkeit der Wahl der Kostenerstattung für alle Versicherten verstärkt das Prinzip der Eigenverantwortung. **Frei die Versorgungsform wählen zu können, entspricht der Vorstellung vom mündigen Bürger,** der selbst entscheidet, was für ihn zweckmäßig ist. Die Entscheidung für die Kostenerstattung kann zudem das Kostenbewußtsein der Versicherten verstärken. Deshalb soll sie allen Versicherten angeboten werden.

Nach der Bundestagswahl 1998 wurde wieder die Rechtslage vor dem 01.07.1997 hergestellt. Seit dem 01.01.2004 gilt wiederum das Recht zur Wahl der Kostenerstattung für alle Versicherten. Zur Begründung verwendet der Gesetzgeber dieselben Sätze wie 1997:

> **Frei die Versorgungsform wählen zu können, entspricht der Vorstellung vom mündigen Bürger**, der selbst entscheidet, was für ihn zweckmäßig ist. …

6.2 Wahlbereich der Kostenerstattung

Das Gesetz geht davon aus, dass man die Kostenerstattung auch allein für den ambulanten Bereich wählen kann. Die Praxis der Krankenkassen wehrt sich – mit Unterstützung des Bundesgesundheitsministeriums – gegen die Wahl der Kostenerstattung z.B. nur für den zahnärztlichen Bereich oder gar – was in der ersten Hälfte des Jahres 2004 ein sehr heiß diskutiertes Thema war – nur für den Bereich der Kieferorthopädie.

Der Gesetzeswortlaut scheint eindeutig. § 13 Abs. 2 Satz 3 SGB V bestimmt:

> Eine Beschränkung der Wahl auf den Bereich der ambulanten Behandlung ist möglich.

Das scheint zunächst gegen die Aufteilung der ambulanten Behandlung in einen ärztlichen und zahnärztlichen Bereich, ggf. die Unterteilung innerhalb der Bereiche zu sprechen. In der ansonsten ja doch außergewöhnlich umfangreichen Gesetzesbegründung des GMG finden sich dazu nur folgende Ausführungen:

> Den Versicherten wird zudem die Möglichkeit eingeräumt, ihre Wahl der Kostenerstattung auf den Bereich der ambulanten Behandlung zu beschränken. Während in diesem Fall nach einer entsprechenden Wahlentscheidung für ambulante Leistungen das Kostenerstattungsprinzip gilt, bleibt es für stationäre Leistungen beim Sachleistungsprinzip.
>
> Nicht möglich ist es allerdings, die Wahl der Kostenerstattung auf bestimmte ambulante Leistungen zu beschränken. Vielmehr hat sich auch eine auf ambulante Leistungen beschränkte Wahl der Kostenerstattung auf sämtliche ambulante Leistungen zu erstrecken.

Diese Sätze sind eine Beschreibung des Gesetzestextes, aber keine Begründung. Sie widersprechen der fundamentalen und richtigen (Wieder-)Erkenntnis des Gesetzgebers, dass *„frei die Versorgungsform wählen zu können ... der Vorstellung vom mündigen Bürger"* entspricht, *„der selbst entscheidet, was für ihn zweckmäßig ist"*.

Die nur eingeschränkte Einräumung des Rechts auf Kostenerstattung ist eine Einschränkung der Freiheitsrechte des Kassenpatienten, die einer Rechtfertigung bedarf. Es gibt keinen denkbaren Grund, die Entscheidung nicht wenigstens zwischen ärztlicher und zahnärztlicher Behandlung offen zu lassen. Es gibt noch nicht einmal Budgetgründe, die eine Beschränkung erzwängen; denn die Frage, welche Vergütung der Kassenpatient erstattet erhält, ist bei der Behandlung durch Vertragszahnärzte von der Frage, wie viel der Vertragszahnarzt im Ergebnis nach Abzug von HVM-, Budget- und Degressionsbeträgen an Vergütung erhält, ohne weiteres zu trennen.

Gibt es keinen rechtfertigenden Grund, das Wahlrecht zu beschränken, ist die Beschränkung verfassungswidrig (Art. 2 Abs. 1 GG – verfassungsrechtliche Gewährleistung der allgemeinen Handlungsfreiheit).

6.3 Gegenstand der Kostenerstattungsleistung

Unsicherheit besteht schon vielfach darüber, welche Optionen die Kostenerstattung dem Kassenpatienten überhaupt gibt. Das Gesetz ist hier explizit. Die Kostenerstattung ist nur Surrogat der Sachleistung. Ein Kassenpatient, der Kostenerstattung wählt, hat also nur Anspruch auf diejenige Behandlung, die er als Sachleistung bekäme.

Dass es dennoch Unterschiede geben kann (und soll), folgt nicht unmittelbar aus dem Gesetzestext, sondern aus der anderen Art der Honorarberechnung. Ein Kassenpatient, der Kostenerstattung wählt, erhält auf die Privatrechnung *„höchstens“* den Betrag erstattet, den die Krankenkasse bei Erbringung als Sachleistung zu tragen hätte (§ 13 Abs. 2 Satz 7 SGB V).

Das hat zwei wichtige Konsequenzen:

(1) Was nicht Sachleistung sein kann, wird auch dann nicht von der Krankenkasse bezuschusst, wenn der Patient Kostenerstattung wählt. Implantate außerhalb des Ausnahmeindikationskataloges nach § 28 Abs. 2 Satz 9 SGB V, Funktionsanalysen (§ 28 Abs. 2 Satz 8 SGB V), kieferorthopädische Behandlungen bei Erwachsenen ohne Erfordernis einer Kombi-Therapie (§ 28 Abs. 2 Sätze 6 und 7 SGB V) sind auch bei Wahl der Kostenerstattung vom Kassenpatienten selbst zu bezahlen. Er erhält nach § 13 Abs. 2 SGB V auch nicht höhere Zuschüsse zu Inlays als nach § 28 Abs. 2 Satz 3 SGB V vorgesehen.

(2) In den Bereichen, die es auch in der Sachleistung gibt, bekommt der Patient dagegen bei privatzahnärztlicher Behandlung den Kostenzuschuss nach BEMA – abzüglich der Verwaltungskostenabzüge, der Abzüge für fehlende Wirtschaftlichkeitsprüfungen und der Praxisgebühr (§ 13 Abs. 2 Satz 8 SGB V).

Die Wahl der Kostenerstattung bedeutet, dass der Patient die Praxisgebühr nicht bezahlen muss. Sie wird ihm aber von der Erstattungsleistung abgezogen (§ 28 Abs. 4 Satz 3 SGB V).

Die Kostenerstattung macht den Kassenpatienten zwar im Verhältnis zum Vertragszahnarzt uneingeschränkt zum Privatpatienten[29], aber nicht hinsichtlich Grund und Höhe des ihm gegen die Krankenkasse zustehenden Erstattungsanspruchs. Der Erstattungsanspruch entsteht nur, soweit die Behandlung im Grunde eine vertragszahnärztliche Behandlung ist. Das alte Prinzip der Grund- und Wahlleistung lässt sich mit der Kostenerstattung verwirklichen. Mit ihr lässt sich aber nicht der Leistungsumfang der gesetzlichen Krankenversicherung ausdehnen.

Bei Wahl der Kostenerstattung gilt das Wirtschaftlichkeitsgebot des § 12 SGB V. Leistungen, die im Einzelfall unwirtschaftlich oder medizinisch nicht notwendig sind, sind deshalb über den Weg der Kostenerstattung nicht bezuschussungsfähig. Das bedeutet, der Patient behält seinen Zuschussanspruch bei der normalen endodontischen Behandlung, wenn er diese aufwändigst privat durchführen lässt, nicht aber, wenn nach den Richtlinien (Wirtschaftlichkeitsgebot) die Extraktion die einzige Alternative wäre. Dass es hierbei immer wieder zu erheblichen Unterschieden zwischen rechtlichem Gebot und tatsächlicher Handhabung der Krankenkassen kommt, sei nicht verschwiegen.

6.4 Höhe der Erstattungsleistungen

Die Krankenkassen dürfen kraft Gesetzes *„höchstens“* so viel erstatten, wie sie bei Sachleistungsbehandlung zu bezahlen hätten. Die Höhe dieser Erstattungsbeträge ergibt sich zum einen aus dem BEMA und dem Punktwert, zum anderen aus den Satzungsregelungen der Krankenkassen.

Nach § 13 Abs. 2 Satz 7 SGB V besteht der Anspruch auf Erstattung *„höchstens“* in Höhe der äquivalenten Sachleistungsvergütung. Der Gesetzgeber schreibt in § 13 Abs. 2 Satz 8 SGB V vor, dass die Krankenkassen in ihren Satzungen *„ausreichende Abschläge vom Erstattungsbetrag für Verwaltungskosten und fehlende Wirtschaftlichkeitsprüfungen sowie vorgesehene Zuzahlungen vorzusehen“* haben.

Die Wahl der Kostenerstattung wird in der Regel davon abhängen, welche konkreten Vorteile der Zahnarzt dem Patienten dafür gewähren kann.

---

[29] Es entfällt u.a. die Wirtschaftlichkeitsprüfung nach § 106 SGB V.

Das Bundesverfassungsgericht hat dazu in einem Beschluss vom 05.03.1997[30] zwei Leitsätze veröffentlicht, die in ihrer argumentativen Deutlichkeit für sich sprechen und keiner ergänzenden Kommentierung bedürfen:

> 1. Das Wirtschaftlichkeitsgebot markiert die finanziellen Grenzen, die der Leistungspflicht der gesetzlichen Krankenversicherung von der Belastbarkeit der Beitragszahler und der Leistungsfähigkeit der Volkswirtschaft gezogen sind.
> 2. Das Selbstbestimmungsrecht des Patienten bei der Therapiewahl (§ 2 Abs. 1 GG) wird durch das Wirtschaftlichkeitsgebot kostenmäßig begrenzt.

Wählt der Patient Kostenerstattung, dann wird die sich aus dem Wirtschaftlichkeitsgebot für ihn ergebende Beschränkung gesprengt. Er kann – in den aufgezeigten Grenzen – eine bessere Behandlung wählen, ohne auf den Kassenzuschuss verzichten zu müssen. Für den Vertragszahnarzt geht es bei der Anwendung der Kostenerstattung um folgende Fragen:

- Wie mache ich es dem Kassenpatienten „plausibel", Kostenerstattung zu wählen?
- Welche besondere Gegenleistung erhält er dafür? Z.B. besondere Sprechstundenzeiten? Worin unterscheidet sich die Behandlung in der zahnmedizinischen Dienstleistung?
- Welchen GOZ-Steigerungsfaktor lege ich zugrunde?

Hier ist zwischen dem 1,0-fachen und dem 3,5-fachen Satz nach der GOZ zunächst einmal alles möglich.

Die Erfahrungen aus den Jahren seit 1993 zeigen, dass viele Zahnärzte sich bemüht haben, die nach dem BEMA anfallenden Gebühren 1:1 in GOZ-Gebühren umzurechnen mit der Konsequenz, dass manche Praxen Steigerungsfaktoren bis zur 4. Stelle hinter dem Komma errechnet haben. Das ist nicht sinnvoll. Es erscheint ausgesprochen kontraproduktiv, die als wesentlich besser bezeichnete privatzahnärztliche Behandlung zu BEMA-Sätzen anzubieten; denn wenn das betriebswirtschaftlich geht, dann müsste es auch in der Sachleistung machbar sein. Wichtig ist, dass der Patient darüber informiert wird, mit welchen Kosten er schlussendlich in etwa zu rechnen hat. Das Angebot einer zur Behandlung als Kassenpatient identischen Leistung wird keinen Patienten verlocken, ggf. aus der eigenen Tasche zusätzlich etwas bezahlen zu müssen. Das macht er nur, wenn er sich dafür die gesamte Leistungspalette der privatzahnärztlichen Versorgung „*kaufen*" kann. Gerade diese Option soll ihm mit § 13 Abs. 2 SGB V eingeräumt werden. Im zahnärztlichen Beratungsgespräch ist der Patient auf die Selbstbeteiligung ebenso hinzuweisen wie ggf. auch auf die Notwendigkeit höherer als der 2,3-fachen Steigerungssätze. Dass solche Hinweise am besten schriftlich erfolgen, versteht sich von selbst. Sie sollten in jedem Fall **dokumentiert** werden.

6.5 Zusammenfassung

Mit einem klaren Praxiskonzept lassen sich die Probleme der Kostenerstattung lösen. Man braucht eigentlich nur zwei Dinge im Auge zu behalten:

- Die Kostenerstattung soll dem Kassenpatienten weitgehend die Behandlungsmöglichkeiten des Privatpatienten eröffnen.
- Es handelt sich um ein alleiniges Wahlrecht des Patienten.

III. Nachweis des privaten Behandlungsvertrages

Wenn der Zahnarzt seine gebührenrechtlichen Ansprüche aus der privaten Behandlungsvereinbarung gegen seinen Patienten durchsetzen möchte, muss er den Nachweis für diese Vereinba-

[30] BVerfG, Beschluss vom 05.03.1997 – 1 BvR 1068/96 –, MedR 1997, 318.

rung bringen. Im Einzelfall kann es schwierig sein, zu beweisen, dass es zwischen dem Zahnarzt und dem Patienten überhaupt zu dem Abschluss eines privaten Behandlungsvertrages gekommen ist.

1. Vertragsabschlussfreiheit als Grundsatz

Der Zahnarzt kann grundsätzlich mit jedem Patienten private Behandlungsverträge abschließen. Der Versicherungsstatus spielt dafür zunächst keine Rolle. Er beschränkt nicht die Möglichkeit des Patienten als Staatsbürger, Verträge nach seinem Belieben abzuschließen.

2. Restriktionen bei Kassenpatienten

Restriktionen zum Abschluss privater Behandlungsverträge ergeben sich aber für Vertragszahnärzte bei Kassenpatienten aus der sich aus § 95 Abs. 3 SGB V ergebenden Verpflichtung, Kassenpatienten im Rahmen des Sachleistungssystems zu behandeln, solange sie nicht klar zum Ausdruck bringen, dass sie als Privatpatienten behandelt werden wollen. Dabei enthalten § 95 Abs. 3 SGB V und die korrespondierenden Normen in den Bundesmantelverträgen[31] eine zweifache Verpflichtung:

- Ein Kassenpatient muss grundsätzlich behandelt werden, es sei denn, die Behandlung ist dem Vertrags(zahn)arzt im Einzelfall aus besonderen Gründen unzumutbar. Man spricht insoweit von einem Kontrahierungszwang. Er hat allerdings nicht Anspruch auf sofortige Behandlung oder auf Behandlung in Bereichen, die in der Praxis generell nicht angeboten werden. Der Behandlungsanspruch beschränkt sich auch nur auf den Inhalt des Leistungskataloges der gesetzlichen Krankenversicherung unter Beachtung des Wirtschaftlichkeitsgebotes.
- Die Behandlung eines Kassenpatienten darf nicht aus wirtschaftlichen Gründen abgelehnt und die Behandlung als Privatpatient angeboten werden.

Darüber hinaus ist in diesem Zusammenhang auf die §§ 4 Abs. 5 BMV-Z; §§ 8 Abs. 2 u. 3, 9 Abs. 3 EKV-Z hinzuweisen, die ein **Verbot des Verlangens** von durch die Versicherten zu leistenden **Zuzahlungen** enthalten.

Als wichtige Gründe für eine Ablehnung der Behandlung eines Kassenpatienten werden – außerhalb von Notfallsituationen – insbesondere angesehen:

- Fehlendes Vertrauensverhältnis zwischen Zahnarzt und Patienten, insbesondere auch bei querulatorischem und sonst unqualifiziertem Verhalten des Patienten;
- Nichtbefolgen zahnärztlicher Anordnungen durch den Patienten (fehlende Compliance);
- Verlangen des Patienten nach einer unzweckmäßigen, nicht notwendigen oder unwirtschaftlichen Behandlung (Konsequenz aus § 12 Abs. 1 Satz 2 SGB V);
- weite Entfernung zwischen der Praxis des Arztes und der Wohnung des Patienten, sofern andere Vertragsärzte näher wohnen und kein Notfall vorliegt;
- Verlangen eines Patienten nach einer Behandlung außerhalb des Fachgebietes des Arztes;
- unberechtigtes Verlangen des Patienten nach Verschreibung eines bestimmten Medikaments.[32]

Darüber hinaus ist anerkannt, dass der Vertragszahnarzt bei Arbeitsüberlastung die Behandlung weiterer Patienten ablehnen kann, wenn ansonsten die sorgfältige Behandlung der bereits vorhandenen Patienten beeinträchtigt wäre. Allerdings müsste eine echte Überlastung vorliegen.

---

[31] S. § 4 Abs. 7 Satz 1 BMV-Z; § 4 Nr. 1 EKV-Z.

[32] Vgl. z.B. Krieger, Die Behandlungsverweigerung bei Kassenpatienten, MedR 1999, 519 [520]; Narr/Hess/Nösser/Schirmer, Rz. B 115.

Der Vertragszahnarzt dürfte dann auch keine Privatpatienten mehr annehmen. Ansonsten läge keine Überlastung vor, die Ablehnung der Kassenpatienten wäre unzulässig.[33]

Unter Hinweis auf das Verbot des Verlangens von durch die Versicherten zu leistenden Zahlungen in Verbindung mit der eben genannten Beschränkung, die Behandlung eines Versicherten nur in begründeten Fällen ablehnen zu dürfen, hat das Bundessozialgericht in drei Urteilen vom 14.03.2001 ein **Ablehnungsrecht allein aus wirtschaftlichen Gründen verneint**.[34]

Das BSG hat darin ausdrücklich festgestellt, dass finanzielle Aspekte wie die vermeintlich unzureichende Honorierung einer Einzelleistung im Vertragsarztrecht den Arzt **nicht** berechtigen, einem Kassenpatienten gesetzlich vorgesehene Leistungen nur außerhalb des Systems der vertragsärztlichen Versorgung zukommen zu lassen oder gänzlich zu verweigern. Nach Auffassung des BSG mögen Ärzte, die die Vergütung im vertragsärztlichen Bereich teilweise oder generell für unzureichend halten, auf ihre Zulassung verzichten und ihre Dienstleistungen allein privatärztlich anbieten. Solange sie an der Vertragsarztzulassung festhielten, könne es keinem Zweifel unterliegen, dass sie auch die mit den vom BSG in ständiger Rechtsprechung betonten Vorteilen der Einbindung in das Sondersystem GKV korrespondierenden Verpflichtungen, vor allem die ihnen obliegende Behandlungspflicht, in systemkonformer Weise zu erfüllen haben.

3. Implantatchirurgie

Diese Restriktionen spielen im Bereich der Implantatchirurgie praktisch keine Rolle. Sie werden theoretisch nur in den Ausnahmeindikationsfällen des § 28 Abs. 2 Satz 9 SGB V relevant. Da für die Behandlung dieser kleinen Patientengruppe aber hochspezielle fachliche Kenntnisse erforderlich sind, sind die meisten Vertragszahnärzte schon aus fachlichen Gründen berechtigt, die Behandlung abzulehnen – dürfen sie dann allerdings auch nicht privat dem Patienten anbieten.

Alle anderen implantatchirurgischen Leistungen sind nicht Leistungsinhalt der gesetzlichen Krankenversicherung. Jeder darauf abzielende Behandlungsvertrag ist damit automatisch ein privatzahnärztlicher Behandlungsvertrag. Allerdings sollte man als Zahnarzt sicherstellen, dass der Patient, der sich mit Implantaten behandeln lässt, weiß, dass es sich um eine Privatleistung handelt. Ein kurzer Hinweis in der Dokumentation (z.B.: *„Patient über Kostentragung informiert“*) reicht völlig aus.

4. Implantatprothetik

Für die implantatprothetische Behandlung von Kassenpatienten – und nur bei diesen – sollte es nach dem GMG zum 01.01.2005 Neuerungen geben, die allerdings den Abschluss privater Behandlungsvereinbarungen berührt hätten. Nach dem das GAFZ die Wahlmöglichkeiten bei der Zahnersatzversicherung wieder abschafft, bleibt insoweit alles beim Alten.[35]

Die Suprakonstruktion auf Implantaten ist – das ist neu – ab 01.01.2005 generell eine Leistung der gesetzlichen Krankenversicherung. Die den Leistungsinhalt der GKV regelnde Grundsatznorm des § 27 Abs. 1 SGB V wird um eine neue Ziffer 2a erweitert.

§ 27 Abs. 1 Satz 1 Nr. 2a SGB V
Versicherte haben Anspruch auf Krankenbehandlung, wenn sie notwendig ist, um eine Krankheit zu erkennen, zu heilen, ihre Verschlimmerung zu verhüten oder Krankheitsbeschwerden zu lindern. Die Krankenbehandlung umfasst …
2. zahnärztliche Behandlung,
2a. Versorgung mit Zahnersatz einschließlich Zahnkronen und **Suprakonstruktionen**, …

33 Vgl. Krieger, aaO.

34 BSG, Urteil vom 14.03.2001 – B 6 KA 54/00 R –, BSGE 88, 20 = MedR 2002, 37; BSG, Urteil vom 14.03.2001 – B 6 KA 36/00 R –, MedR 2002, 42 und BSG, Urteil vom 14.03.2001 – B 6 KA 67/00 R –, MedR 2002, 47.

35 S. dazu oben Kapitel B II.4, S. 7.

Zugleich erhält die die vertragszahnärztliche Behandlung näher konkretisierende Norm des § 28 Abs. 2 SGB V ab 01.01.2005 einen ebenfalls die Suprakonstruktion erfassenden erweiterten Inhalt.

> **§ 28 Abs. 2 Satz 1 SGB V**
> Die zahnärztliche Behandlung umfasst die Tätigkeit des Zahnarztes, die zur Verhütung, Früherkennung und Behandlung von Zahn-, Mund- und Kieferkrankheiten nach den Regeln der zahnärztlichen Kunst ausreichend und zweckmäßig ist; sie umfasst auch konservierend-chirurgische Leistungen und Röntgenleistungen, die im Zusammenhang mit Zahnersatz einschließlich Zahnkronen und **Suprakonstruktionen** erbracht werden.

Die ab 01.01.2005 an die Stelle der bisherigen prozentualen Beteiligung der Krankenkassen an den Kosten der Prothetik tretenden Festzuschüsse erfassen ebenfalls die Suprakonstruktion.

> **§ 55 Abs. 1 Satz 1 SGB V idF des GMG**
> Die Krankenkasse hat in ihrer Satzung nach den Vorgaben in Satz 2 bis 7 befundbezogene Festzuschüsse bei einer medizinisch notwendigen Versorgung mit Zahnersatz einschließlich Zahnkronen und Suprakonstruktionen (zahnärztliche und zahntechnische Leistungen) für die Fälle vorzusehen, in denen eine zahnprothetische Versorgung notwendig ist und die geplante Versorgung einer Methode entspricht, die gemäß § 135 Abs. 1 anerkannt ist.

Das am 01.10.2004 vom Deutschen Bundestag verabschiedete GAFZ fasst § 55 Abs. 1 SGB V mit folgenden Wortlaut neu, aber in seinem die Behandlung betreffenden Kern unverändert:

> **§ 55 Abs. 1 Satz 1 SGB V idF des GAFZ**
> Versicherte haben nach den Vorgaben in den Sätzen 2 bis 7 Anspruch auf befundbezogene Festzuschüsse bei einer medizinisch notwendigen Versorgung mit Zahnersatz einschließlich Zahnkronen und Suprakonstruktionen (zahnärztliche und zahntechnische Leistungen) in den Fällen, in denen eine zahnprothetische Versorgung notwendig ist und die geplante Versorgung einer Methode entspricht, die gemäß § 135 Abs. 1 anerkannt ist.

Nach § 55 Abs. 1 Satz 1 SGB V müssen die gesetzlichen Krankenkassen ihren Versicherten ab 01.01.2005 bei Zahnersatz Festzuschüsse leisten. Die im GMG vorgesehene Zahnersatzversicherung als obligatorische Satzungsleistung wird durch das GAFZ wieder abgeschafft. Die in diesem Abrechnungshandbuch dargestellte Systematik der Festzuschüsse wird aber unabhängig von diesen Gesetzesquerelen unverändert am 01.01.2005 in Kraft treten. Die Festzuschüsse werden eine Versorgung umfassen, die auch Suprakonstruktionen beinhaltet.

Nach dem GMG hing die Frage, ob der Zahnarzt mit dem Kassenpatienten über die Implantatprothetik ab 01.01.2005 eine private Behandlungsvereinbarung abschließen muss, davon ab, wie sich der Kassenpatient versichert hatte. Hätte er sich bei seiner gesetzlichen Krankenkasse privat versichert, erfolgte die Abrechnung der Behandlung nach BEMA. Die entsprechenden Gebührenpositionen für die Implantatprothetik sind in den BEMA bereits aufgenommen. Wäre der Kassenpatient dagegen ab 01.01.2005 bei einer privaten Krankenversicherung für Zahnersatz versichert, erfolgte die implantatprothetische Behandlung als privatzahnärztliche Behandlung und die Abrechnung nach GOZ. In diesem Fall wäre also ein echter privatzahnärztlicher Behandlungsvertrag abgeschlossen worden. Nach dem GAFZ ist die Suprakonstruktion nach BEMA abzurechnen. Ausnahmen bestehen nur, wenn sich der Kassenpatient für eine Behandlung nach § 55 Abs. 4 oder 5 SGB V entscheidet. Darüber ist er zu beraten.

Nach den durch das GAFZ vorgenommenen Änderungen wird die Suprakonstruktion in den in den Festzuschuss-Richtlinien[36] festgelegten Fällen Kassenleistung und ist bei Kassenpatienten wie bisher über die Kassenzahnärztliche Vereinigung abzurechnen. Das durch das GMG für

[36] Auszugsweise abgedruckt im Kapitel B XXV.4, S. 77.

die Zahnersatzversicherung eingeführte Wahlrecht für Kassenpatienten zwischen GKV und PKV wird durch das GAFZ wieder abgeschafft. Diejenigen, die schon Zahnersatzversicherungsverträge abgeschlossen haben, erhalten ein Sonderkündigungsrecht (Art. 3a GAFZ).

5. Schriftform

Der Behandlungsvertrag bedarf im Gegensatz zur Honorarvereinbarung nach § 2 GOZ grundsätzlich **nicht** der **Schriftform**! Das gilt sowohl für den privatzahnärztlichen als auch für den vertragszahnärztlichen Behandlungsvertrag.

Der Behandlungsvertrag darf nicht mit der Honorarvereinbarung nach § 2 GOZ verwechselt werden!

Von dieser Regel gibt es im Bereich der privatzahnärztlichen Behandlung keine Ausnahmen. Der Schriftform bedarf auch nicht der Behandlungsvertrag über eine das Maß des medizinisch Notwendigen hinausgehende Versorgung im Sinne des § 1 Abs. 2 Satz 2 GOZ. Enthält ein solcher Behandlungsvertrag die Erbringung von Leistungen, die weder im Gebührenverzeichnis zur GOZ noch im Gebührenverzeichnis zur GOÄ enthalten sind, bedarf die Vergütungsabsprache der Schriftform. Diese Schriftform ist konstitutiv in dem Sinne, dass eine Abrechnung der Leistungen ohne den schriftlich vereinbarten Heil- und Kostenplan ausscheidet (§ 2 Abs. 3 Satz 1 GOZ). Wird die Schriftform nicht eingehalten, ist aber nur die Vergütung nicht durchsetzbar, der mündlich abgeschlossene Behandlungsvertrag bleibt wirksam.[37]

Die eine zeitlang in § 30 Abs. 4 Satz 3 SGB V vorgeschriebene Schriftform für die **Mehrkostenvereinbarung** bei der Kombination von vertragszahnärztlichen Leistungen der Prothetik mit privatzahnärztlichen Leistungen ist seit 03.01.1998 aufgehoben. Dagegen schreibt § 28 Abs. 2 Satz 4 SGB V die Schriftform für Füllungssurrogate weiterhin vor. Das frühere Schriftformerfordernis des § 30 Abs. 4 Satz 3 SGB V wurde nach Ablauf der generellen Zahnersatzbehandlung im Wege der Kostenerstattung durch die Notwendigkeit der Erstellung eines von der Krankenkasse zu genehmigenden Heil- und Kostenplanes ersetzt (§ 30 Abs. 4 Satz 1 SGB V idF ab 01.01.1999).

Mit Wirkung ab 01.01.2005 entfällt das indirekte Schriftformerfordernis des Heil- und Kostenplans als gesetzliche Vorgabe. Auch für die Mehrkostenvereinbarung (§ 55 Abs. 4 SGB V idF ab 01.01.2005) und die Behandlung aufgrund sog. freier Vereinbarung (§ 55 Abs. 5 SGB V idF vom 01.01.2005) besteht kein Schriftformerfordernis. Daran ändert auch das GAFZ nichts. Es bleibt allerdings wie bisher bei den schriftlich abzufassenden Heil- und Kostenplänen nach Maßgabe der Regelungen in den Bundesmantelverträgen, soweit die Behandlung nach BEMA abzurechnen ist.

Für die implantologische Behandlungsvereinbarung bei Kassen- wie bei Privatpatienten gibt es also kein gesetzliches Schriftformerfordernis.

Dennoch ist die **Vereinbarung eines schriftlichen Behandlungsvertrages** gerade bei den implantologisch-prothetischen Versorgungen **dringend anzuraten**.

Schriftform erfordert, dass die Behandlungsvereinbarung vom Patienten und vom Praxisinhaber bzw. Behandler unterzeichnet wird (2 Unterschriften!).

In den Gesamtverträgen (§ 4 Abs. 5b BMV-Z und § 8 Nr. 3 EKV-Z) ist die Schriftform für private Behandlungsvereinbarungen als *Soll*-Bestimmung enthalten, also nicht zwingend. Dies ist in den Gesamtverträgen der Vertragsärzte anders geregelt.[38]

---

37 Vgl. zum ähnlichen Problem bei unwirksamen anwaltlichen Erfolgshonorarvereinbarungen BGH, Urteil vom 23.10.2003 – IX ZR 270/02 –, NJW 2004, 1169: „*Die Nichtigkeit der auf ein unzulässiges Erfolgshonorar gerichteten Vereinbarung führt nicht zur Gesamtnichtigkeit des Anwaltsvertrages. Dem Rechtsanwalt bleibt in einem solchen Falle sein Anspruch auf die gesetzlichen Gebühren.*“

38 S. § 18 Abs. 1 Nr. 2 BMV-Ä, § 21 Abs. 1 Nr. 2 EKV-Ä: schriftliche Bestätigung zwingend.

6. Behandlungsvertrag und Versicherungsschutz

Der Nachweis des Abschlusses eines privaten Behandlungsvertrages bereitet vor allem dann Schwierigkeiten, wenn es bei Kassenpatienten um einen hohen Eigenanteil oder darum geht, dass eine bestimmte Behandlung ganz privat und damit ohne Zuschuss seitens der Krankenkasse vereinbart werden soll. Davon werden Kassenpatienten auch bei den Implantaten anscheinend immer mal wieder überrascht. Misslich wird es für den Zahnarzt, wenn er dem Patienten erklärt hat, er gehe von einem Ausnahmeindikationsfall nach § 28 Abs. 2 Satz 9 SGB V aus, und ihn dann sofort behandelt und nicht das obligatorische Gutachterverfahren[39] abwartet. Verliert der Patient den Streit mit seiner Krankenkasse um die Behandlungskostenübernahme, erhält der Zahnarzt kein Honorar für seine implantologische Behandlung.

Bei **Privatpatienten** gibt es Probleme, wenn die privaten Krankenversicherungsbedingungen keinen vollen oder jedenfalls nicht Deckungsschutz in dem Umfang gewähren, den der Patient und möglicherweise auch der behandelnde Zahnarzt vorausgesetzt haben. Das Problem stellt sich im Zusammenhang mit implantologischen Leistungen oft bei der Interpretation des Begriffes Zahnersatz.

Der Begriff Zahnersatz umfasst weder nach dem allgemeinen Sprachgebrauch noch nach dem spezifisch zahnärztlichen Sprachgebrauch die Implantation oder gar die implantatchirurgischen Begleitoperationen. Dennoch sehen die Gerichte bei Formulierungen in Versicherungstarifen wie *„Aufwendungen für Zahnersatz“* teilweise die Implantate und die Begleitleistungen als *„Zahnersatz“* an, weil diese Maßnahmen getroffen werden, um Zahnersatz zu integrieren. Das OLG Düsseldorf entschied am 04.04.2000[40]:

> Fallen unter den Versicherungsschutz einer Krankheitskostenzusatzversicherung bei stationärer Heilbehandlung nach den Tarifbestimmungen „die Aufwendungen im Krankenhaus für Unterkunft und Verpflegung sowie für Behandlung – jedoch nicht für Zahnbehandlung, Zahnersatz, Zahn- und Kieferregulierung“, so erfasst der Ausschluss „für Zahnersatz“ auch die seiner Vorbereitung dienende Sinusliftoperation und Insertion von Implantaten, nicht hingegen die Kosten für die stationäre Unterbringung und Verpflegung.

Diese Entscheidung ist – wie so viele – sehr auf den Einzelfall der Tarifbedingungen abgestellt, die an Unverständlichkeit oft kaum noch zu übertreffen sind. Dasselbe Gericht hatte in einem Urteil vom 07.05.1996 zu etwas anders lautenden Tarifbedingungen entschieden[41]:

> Eine Bestimmung in den AVB des Versicherers, nach der abweichend von der Systematik der GOZ zu den Zahnersatzleistungen auch das Einsetzen von Prothesen, Stiftzähnen, Brücken und Kronen einschließlich der hiermit in Zusammenhang stehenden Vor- und Nachbehandlung gehört, ist wirksam.

Nach den Anforderungen, welche der Bundesgerichtshof im Urteil vom 12.03.2003[42] an die Klarheit von Krankenversicherungsbedingungen gestellt hat, wird man die Implantate als Zahnersatz bzw. Aufwendungen für Zahnersatz interpretierende Rechtsprechung für überholt ansehen müssen. Privat versicherte Patienten haben Anspruch auf eine klare Sprache in den Versicherungsbedingungen, die der *„durchschnittliche Versicherungsnehmer“* versteht. Wenn die Implantate nur mit einem geringeren Erstattungssatz versichert sein sollen, dann muss der Versicherer das klar und deutlich in den Versicherungstarif schreiben.

---

39 S. Abschnitt VII Nr. 4 der Richtlinien, Kapitel B XXV.2, S. 73 f.

40 OLG Düsseldorf, Urteil vom 04.04.2000 – 4 U 71/99 –, VersR 2001, 447.

41 OLG Düsseldorf, Urteil vom 07.05.1996 – 4 U 43/95 –, VersR 1997, 217 = GU, S. 91 = Kapitel F XII.22, S. 139.

42 BGH, Urteil vom 12.03.2003 – IV ZR 278/01 –, VersR 2003, 581 = Kapitel U II.1, S. 346.; ebenso streng auch BGH, Urteil vom 03.03.2004 – IV ZR 25/03 –, VersR 2004, 588.

7. Wirtschaftliche Beratungspflicht

Bei der sog. wirtschaftlichen Beratungspflicht des Zahnarztes handelt es sich um eine Nebenpflicht aus dem Behandlungsvertrag.[43] Der Patient muss vor Behandlungsbeginn darüber informiert werden, welche Kosten im Zusammenhang mit der Zahnbehandlung in etwa für ihn entstehen werden. Besonders wichtig ist für den Patienten die Information, mit welchem Anteil er persönlich belastet wird oder werden könnte. Das richtet sich allerdings nach Art der Versicherung, Inhalt des Versicherungsvertrages, genauer, des versicherten Tarifs und mitunter nach dem Erstattungsverhalten einzelner Versicherungsgesellschaften.

Die Rechtsprechung ist sich darin einig, dass diese Beratungspflicht „*nicht überspannt werden darf*", d.h. sie darf nicht so weit reichen, dass der Zahnarzt zum versicherungsrechtlichen Berater seines Patienten wird.[44] Andererseits ist gerade in neueren Urteilen eine Tendenz zu erkennen, dem Patienten über diese wirtschaftliche Beratungs- und Aufklärungspflicht das finanzielle Risiko seiner Entscheidungen abzunehmen. Dabei ist eine Tendenz zu erkennen, die an die Beratungspflicht von Kassenpatienten höhere Anforderungen stellt als an die Beratungspflicht von privatversicherten Patienten.[45] Begründet wird dies u.a. mit der Erwartungshaltung des Kassenpatienten, dass er für die Behandlungskosten selbst nicht aufkommen muss.

Diese Entwicklung ist als sehr kritisch zu beurteilen, unterstellt sie doch dem (Zahn)Arzt Kenntnisse, die dieser in der Regel nicht hat. Das Arzt-Patienten-Verhältnis ist streng zu trennen von dem Patienten-Versicherungs-Verhältnis. Nur der Patient ist Vertragspartner seiner Versicherung und auch nur er kann sich mit seiner Versicherung auseinandersetzen. Der Zahnarzt ist generell kein Sachwalter fremder Vermögensinteressen.[46] Gleichwohl ist der Zahnarzt verpflichtet, zumindest auf mögliche Schwierigkeiten bei der Erstattung aufmerksam zu machen, sofern er diese kennt. Dies empfiehlt sich auch, um das Arzt-Patienten-Verhältnis zu stärken und den Patienten auf eventuelle Auseinandersetzungen bei der Kostenerstattung vorzubereiten.[47]

Die Rechtsprechung postuliert, dass der (Zahn)Arzt auf Bedenken hinsichtlich der Kostentragungspflicht Dritter (gesetzliche Krankenkassen, private Krankenversicherer, Beihilfestellen) hinweisen muss, wenn er als Behandler „*den Umständen nach begründete Zweifel haben* [muss], *ob der private Krankenversicherer des Patienten die Behandlung als notwendig ansehen und die Kosten dafür übernehmen wird*".[48]

So muss der Zahnarzt den Patienten darüber informieren, dass seine gesetzliche Krankenkasse die prothetische Versorgung nicht übernehmen muss. Für zu weitgehend halten wir aber die Auffassung, dass er ihn auch darüber informieren muss, dass die Krankenkasse die Behandlung nicht bezahlen muss, wenn sie vom Patienten grundlos abgebrochen wird.[49] Aus der Sicht des Patienten klänge eine solche Erklärung als der Versuch, ihn von seiner Entscheidung abzubringen. Der Patient wird dabei auch nicht unzumutbar belastet. Der die Behandlung übernehmende Zahnarzt muss einen neuen Heil- und Kostenplan erstellen. Es ist Aufgabe der Krankenkasse, vor Genehmigung des Plans ihr Mitglied über die Konsequenzen des Behandlerwechsels zu informieren.

---

[43] Grundlegend AG Köln, Urteil vom 06.06.1980 – 120 C 154/80 –, NJW 1980, 2756; s. aus jüngster Zeit AG Rheda-Wiedenbrück, Urteil vom 13.03.2003 – 4 C 212/02 –, MedR 2004, 110.

[44] Vgl. KG Berlin, Urteil vom 21.09.1999 – 6 U 261/98 –, VersR 2000, 89.

[45] S. dazu z.B. AG Pforzheim, Urteil vom 07.05.2002 – 8 C 221/01 –, MedR 2003, 234; zustimmend Schelling, MedR 2004, 422.

[46] Laufs, in Laufs/Uhlenbruck, § 65 Rz. 17; Deutsch/Spickhoff, Rz. 212. Die vom BGH in seinem Urteil vom 25.11.2003 – 4 StR 239/03 –, NJW 2003, 454 im Grundsatz bejahte Pflicht, dass ein (Zahn)Arzt Vermögensinteressen der Krankenkassen als Folge der Besonderheiten des vertrags(zahn)ärztlichen Versorgungssystems zu beachten hat, ist auf das zivilrechtliche Verhältnis Zahnarzt – Patient nicht zu übertragen.

[47] OLG Köln, Urteil vom 21.10.1985 – 7 U 50/85 –, VersR 1987, 514 = Ratajczak/Stegers, Rz. 305.

[48] Vgl. BGH, Urteil vom 01.02.1983 – VI ZR 104/81 –, VersR 1983, 443 = Ratajczak/Stegers, Rz. 302; zustimmend Schelling, MedR 2004, 422 [427].

[49] So aber AG Nordhorn, Urteil vom 17.12.1998 – 3a C 1319/98 –, NJW 2000, 1799.

Der Zahnarzt darf sich nicht darauf verlassen, dass der Patient von sich aus nach der auf ihn zukommenden finanziellen Belastung fragt.[50] Die Rechtsprechung steht auf dem Standpunkt, dass dem (Zahn)Arzt – aber nur, soweit die wirtschaftliche Beratungspflicht reicht – eine solche Aufklärungspflicht zuzumuten ist und ihn nicht von der Ausführung seiner Hauptverpflichtungen aus dem Behandlungsvertrag abhält.

Die wirtschaftliche Aufklärung des Patienten, die – wie die allgemeine Aufklärung über Risiken usw. – in der Behandlungsdokumentation unbedingt festgehalten werden sollte, liefert später einen zusätzlichen Hinweis auf den Abschluss eines Behandlungsvertrages.

Dokumentiert werden sollte auch in geeigneter Weise – z.B. über ein Informationsblatt, wie es derzeit vom BDIZ/EDI zur Weitergabe an privatversicherte Patienten entwickelt wird – oder durch Hinweis auf dem Behandlungsplan, dass der Patient auf die Möglichkeit der Abklärung der Behandlungskostenübernahme vor Durchführung der Behandlung hingewiesen wurde. Diese Kenntnis muss man zwar bei privatversicherten Patienten voraussetzen. Der dennoch erfolgende Hinweis schadet aber nicht und bewahrt den Zahnarzt insoweit vor Misslichkeiten.

Dass der Zahnarzt den Patienten insoweit nicht ordnungsgemäß aufgeklärt hat, muss allerdings – im Gegensatz zur Beweislast bei sonstigen Aufklärungspflichten, insbesondere der Risikoaufklärung – der Patient beweisen.[51]

8. Wahlleistungsvereinbarung

Eine gesetzlich geregelte Pflicht zur an finanziellen Interessen des Patienten orientierten Beratung mit im Einzelnen besteht etwa vor Abschluss einer Wahlleistungsvereinbarung gem. § 22 Abs. 2 Satz 1, 2. Hs. BPflV bzw. dem wortlautidentischen § 17 Abs. 2 Satz 1 KHEntgG.

> **§ 17 Abs. 2 Satz 1 KHEntgG Wahlleistungen**
> Wahlleistungen sind vor der Erbringung schriftlich zu vereinbaren; der Patient ist vor Abschluß der Vereinbarung über die Entgelte der Wahlleistungen und deren Inhalt im einzelnen zu unterrichten.

Die Pflicht, den Patienten über die Entgelte der Wahlleistungen und deren Inhalt zu unterrichten, wird vielfach dadurch erfüllt, dass man dem Patienten Gelegenheit zur Einsicht in die Gebührenordnungen gibt.[52] Um dem Wildwuchs der Anforderungen mancher Gerichte an den Abschluss wirksamer Wahlleistungsvereinbarungen etwas Einhalt zu gebieten, hat der Bundesgerichtshof am 08.01.2004 entschieden, dass der Abschluss einer wirksamen Wahlleistungsvereinbarung nicht voraus setzt, dass dem Patienten vor Abschluss der Vereinbarung, wie bei einem Kostenvoranschlag nach § 650 BGB, detailliert und auf den Einzelfall abgestellt die Höhe der voraussichtlich entstehenden Arztkosten mitgeteilt wird.[53] Allerdings verlangt der BGH bei der Wahlleistungsvereinbarung nach wie vor eine Reihe von Informationen an den Patienten, die den nachstehend wiedergegebenen Leitsätzen seiner Entscheidung vom 27.11.2003 zu entnehmen sind.

> 1. Der Patient muss vor Abschluss einer Wahlleistungsvereinbarung nicht in Form eines Kostenanschlages über die voraussichtliche Höhe der Arztkosten unterrichtet werden, da bei ärztlichen Wahlleistungen nicht der geschuldete „Endpreis", sondern nur die Art und Weise des Zustandekommens dieses Preises erläutert werden muss.

---

50 BGH, Urteil vom 01.02.1983 – VI ZR 104/81 –, VersR 1983, 443 = Ratajczak/Stegers, Rz. 302.

51 Vgl. z.B. BGH, Urteil vom 01.02.1983 – VI ZR 104/81 –, VersR 1983, 443; LG Köln, Urteil vom 11.05.1989 – 25 O 177/88 –, VersR 1989, 1265; **a.A.** AG Göppingen, Urteil vom 10.11.1995 – 12 C 1913/95 –, NJW-RR 1996, 346 (für einen Heilpraktiker); Michalski, (Zahn-)Ärztliche Aufklärungspflicht über die Ersatzfähigkeit von Heilbehandlungskosten, VersR 1997, 137.

52 Hier ist manches streitig, vgl. BGH, Urteil vom 09.11.1989 – IX ZR 269/87 –, VersR 1990, 91; BGH, Urteil vom 19.12.1995 – III ZR 233/94 –, VersR 1996, 1157; OLG Düsseldorf, Urteil vom 23.04.1998 – 8 U 171/97 –, VersR 1999, 496; Tuschen/Quaas, S. 411.

53 BGH, Urteil vom 08.01.2004 – III ZR 375/02 –, VersR 2004, 1007.

> 2. Eine Wahlleistungsvereinbarung, die ohne hinreichende vorherige Unterrichtung des Patienten über die Entgelte der Wahlleistungen und deren Inhalte abgeschlossen worden ist, ist unwirksam.
> 3. Die Anforderungen an den Umfang der Unterrichtungspflicht unterscheiden sich bei nichtärztlichen und ärztlichen Wahlleistungen. Die Inanspruchnahme ärztlicher Wahlleistung ist aus der Natur der Sache schwieriger vorherzusehen. Aus diesem Grund kann die gesetzliche Unterrichtungspflicht „im Einzelnen" sich nicht auf konkret beabsichtigte Behandlungsmaßnahmen beziehen.
> 4. Wegen der gesetzlich vorgeschriebenen Unterrichtungspflicht „im Einzelnen" genügt aber auch ein bloßer Hinweis auf die GOÄ nicht. Maßstäbe für den Umfang der Unterrichtungspflicht sind das Informationsbedürfnis des Patienten und die Praktikabilität einer Unterrichtungsmethode durch das Krankenhaus.
> 5. Ausreichend ist eine schriftliche Unterrichtung jedenfalls dann, wenn sie das Wesen einer wahlärztlichen Leistung und die Preisbildungskriterien der GOÄ beschreibt und wenn darauf hingewiesen wird, dass die Vereinbarung eine erhebliche finanzielle Mehrbelastung zur Folge haben kann und dass sich die Vereinbarung auf die gesamte Wahlleistungskette bezieht. Außerdem ist der Hinweis erforderlich, dass die GOÄ auf Wunsch eingesehen werden kann.[54]

Nach Ansicht des Amtsgerichts Pforzheim ist eine Klausel in einer Wahlleistungsvereinbarung, wonach für den Fall, dass keine Kostenübernahmeerklärung seitens einer privaten Krankenversicherung vorgelegt wird, der Patient selbst zur Zahlung des Krankenhausentgelts verpflichtet ist, überraschend i.S. des § 3 AGBG und damit unwirksam.[55]

Kurz hingewiesen werden soll im Rahmen dieses Handbuchs auf die von der Rechtsprechung sehr kritisch gesehene Stellvertreterproblematik. Der Patient unterschreibt eine Wahlleistungsvereinbarung in der Erwartung, vom leitenden (Zahn)Arzt behandelt zu werden und wird dann vom Oberarzt behandelt. Das OLG Köln akzeptiert den Zusatz unter eine bereits unterschriebene Wahlleistungsvereinbarung, wonach der Oberarzt anstelle des Chefarztes behandelt, nur, wenn diese erneut von Patient und Chefarzt unterzeichnet wird.[56]

9. Mithaftung von Ehegatten

Ein besonderes Problem stellt sich dann, wenn ein Ehepartner sich privatzahnärztliche behandeln lässt, selbst aber gar nicht oder nicht ausreichend versichert ist, angeblich oder tatsächlich auch mittellos ist und der andere Ehegatte sich auf den Standpunkt stellt, die Honorarabrechnung ginge ihn nichts an. Hier kann § 1357 Abs. 1 BGB helfen. Früher sprach man insoweit von Schlüsselgewalt.

> **§ 1357 Abs. 1 BGB Geschäfte zur Deckung des Lebensbedarfs**
> (1) Jeder Ehegatte ist berechtigt, Geschäfte zur angemessenen Deckung des Lebensbedarfs der Familie mit Wirkung auch für den anderen Ehegatten zu besorgen. Durch solche Geschäfte werden beide Ehegatten berechtigt und verpflichtet, es sei denn, dass sich aus den Umständen etwas anderes ergibt.

Voraussetzung für die Anwendung des § 1357 BGB ist zunächst eine gültige Ehe, die Eheleute dürfen auch nicht schon bei Beginn der Behandlung getrennt leben.

Das Gesetz stellt auf „*Geschäfte zur angemessenen Deckung des Lebensbedarfs der Familie*" ab. Darunter können auch zahnärztliche Behandlungen fallen. Nach der ständigen Rechtsprechung sind medizinisch gebotene (zahn)ärztliche Behandlungen ohne Inanspruchnahme von Sonderleistungen grundsätzlich eine Maßnahme zur angemessenen Deckung des Bedarfs der

54 BGH, Urteil vom 27.11.2003 – III ZR 37/03 –, VersR 2004, 1005.

55 AG Pforzheim, Urteil vom 07.05.2002 – 8 C 221/01 –, MedR 2003, 234.

56 OLG Köln, Urteil vom 24.11.2003 – 5 U 107/03 –, NJW-RR 2004, 1136.

Familie. Hierbei kommt es nicht darauf an, ob die mit der Behandlung verbundenen erheblichen Kosten die finanziellen Möglichkeiten der Eheleute sichtlich übersteigen. Werden hingegen kostspielige Wahlleistungen vereinbart, sind diese von § 1357 BGB nur erfasst, wenn sie auch den wirtschaftlichen Lebensverhältnissen der Familie entsprechen.[57] Übersteigen die Behandlungskosten die wirtschaftliche Leistungsfähigkeit der Familie, entfällt die Mithaftung des Ehegatten.[58]

Ein Risiko besteht hier vor allem bei hochpreisigen zahnärztlichen Behandlungen, also auch bei größeren implantatgetragenen Versorgungen.[59] Hier ist es **unbedingt ratsam**, sich vor Beginn der Behandlung die schriftliche Behandlungsvereinbarung auch vom (verdienenden) Ehegatten mit abzeichnen zu lassen.

Sieht der Zahnarzt aber aufgrund des Auftretens keinen Anlass zu Bedenken, dann kann dies u.U. die Mithaftung des anderen Ehepartners herbeiführen.[60] So hat das Amtsgericht Mönchengladbach die Mithaftung aufgrund des großspurigen Auftretens eines Patienten oder gesteigerten Anspruchsdenkens für möglich.[61]

Hat ein getrennt lebende Partner bei Beginn einer zahnärztlichen Behandlung als Versicherung die private Krankenversicherung des Gatten/der Gattin angegeben und gebeten, die Arztrechnungen an ihn/sie zu schicken, hat er nach Ansicht des OLG Hamm gleichwohl einen Behandlungsvertrag geschlossen, aus dem er selbst verpflichtet ist, denn er hat nicht für den Zahnarzt erkennbar ausschließlich in fremden Namen gehandelt. Weder die Angabe der privaten Krankenversicherung des Partners noch die Bitte, Rechnungen an diesen zu richten, noch die erkennbare Interessenlage vermögen einen ausschließlichen Fremdbindungswillen des Patienten hinreichend zu verdeutlichen.[62]

Erklärt eine Patientin gegenüber ihrem Zahnarzt, sie sei nicht mehr selbst, sondern über ihren berufstätigen Ehemann krankenversichert, werden die Versicherungsdaten des Ehemanns angegeben und diesem die Liquidationen erteilt, der sie auch bei der Versicherung einreicht und deren Erstattung entgegennimmt, so haftet die Patientin nach Ansicht des OLG Köln nicht selbst für das Zahnarzthonorar.[63]

10. Mithaftung von Lebenspartnern

Die Mithaftung von Lebenspartnern ist in § 8 Abs. 2 LPartG durch Verweisung auf § 1357 BGB entsprechend der Mithaftung von Eheleuten geregelt. Voraussetzung für das Eingreifen des LPartG ist allerdings die Abgabe einer entsprechenden Erklärung über die Eingehung einer Lebenspartnerschaft vor der zuständigen Behörde (§ 1 Abs. 1 Satz 3 LPartG). Bloßes Zusammenleben führt zu keiner Mithaftung.

---

57 Vgl. OLG Celle, Urteil vom 26.08.2002 – 1 U 15/02 –, ZFE 2003, 151 L; OLG Düsseldorf, Urteil vom 17.12.1992 – 8 U 267/91 –, OLG-Rp Düsseldorf 1993, 186 L; OLG Schleswig, Urteil vom 19.03.1993 – 4 U 60/92 –, SchlHA 1993, 113.

58 Vgl. BGH, Urteil vom 27.11.1991 – XII ZR 226/90 –, NJW 1992, 909; OLG Saarbrücken, Urteil vom 12.04.2000 – 1 U 771/99 - 191 –, MedR 2001, 141; OLG Köln, Urteil vom 07.10.1998 – 5 U 174/97 –, NJW-RR 1999, 733.

59 Vgl. OLG Schleswig, Urteil vom 19.03.1993 – 4 U 60/92 –, SchlHA 1993, 113.

60 Vgl. BGH, Urteil vom 13.02.1985 – IVb 72/83 –, VersR 1985, 545.

61 LG Mönchengladbach, Urteil vom 06.05.2004 – 4 S 146/03 –, mitgeteilt von Zach, DZW 2004, Nr. 37 vom 08.09.2004, S. 12.

62 OLG Hamm, Urteil vom 28.04.1997 – 3 U 239/96 –, VersR 1997, 1360.

63 OLG Köln, Urteil vom 19.05.1993 – 27 U 1/93 –, MDR 1993, 1057.

IV. Abrechnungsvoraussetzungen nach GOZ

Zentrale Vorschrift der GOZ ist § 1 Abs. 2 Satz 1:

> **§ 1 Abs. 2 Satz 1 GOZ**
> Vergütungen darf der Zahnarzt für Leistungen berechnen, die nach den Regeln der zahnärztlichen Kunst für eine notwendige Versorgung erforderlich sind.

Die Abrechenbarkeit nach GOZ setzt damit im Normalfall voraus, dass die Behandlung

- nach den Regeln der zahnmedizinischen Wissenschaft
- notwendig

und die durchgeführten Behandlungsmaßnahmen

- erforderlich sind.

Sind diese Anforderungen erfüllt, ist der Honoraranspruch des Zahnarztes gerechtfertigt. Dies muss nicht gleichbedeutend mit der Erstattungsfähigkeit seitens der privaten Krankenversicherung oder der Beihilfe sein.

Die Auseinandersetzung mit den privaten Krankenversicherungen hat in der Regel die Frage der „medizinischen Notwendigkeit" zum Gegenstand. Beispielsweise wird häufig argumentiert, eine implantologische Versorgung eines zahnlosen Oberkiefers in Kombination mit einem festsitzenden Zahnersatz sei auf nur vier Implantaten ausreichend, während acht Implantate über das Maß des medizinisch Notwendigen hinausgingen.

Für die Frage der Erstattung durch die private Krankenversicherung ist nicht ohne weiteres der Begriff der „medizinischen Notwendigkeit" i.S. der GOZ maßgeblich. Für die Erstattungsfähigkeit kommt es auf die „objektive medizinische Notwendigkeit" an. Diese ist seit der Entscheidung des BGH vom 12.03.2003[64] im Regelfall mit der zahnmedizinischen Indikation gleichzusetzen.

V. Auslegung von Gebührenordnungen

1. Praktische Probleme

Die Auslegung der ärztlichen und zahnärztlichen Gebührenordnungen ist für Juristen ein ausgesprochen schwieriges Problem, in dem sich gleich mehrere Defizite ihrer Ausbildung bemerkbar machen. Dem Juristen, insbesondere dem Richter, fehlt idR schon die Kenntnis der medizinischen Vorgänge, die von einer Gebührenziffer erfasst werden. Er kennt meist noch nicht einmal näher den Text der Gebührenordnungen, weil sie ihm auch in den Gerichtsbibliotheken nicht greifbar sind. Das ist keine Richterschelte, sondern ein Umstand, den man täglich beobachten kann. Fast kein Honorarprozess kommt ohne ein Gutachten aus, in dem der (zahn)ärztliche Gutachter vom Gericht beauftragt wird, nachzuprüfen, ob die streitigen Gebührenziffern nach der GOZ bzw. GOÄ abrechenbar sind.

Das AG Charlottenburg hatte – um ein typisches Beispiel aufzugreifen – in einem Deckungsprozess zwischen Patienten (Versicherungsnehmer) und privater Krankenversicherung den in solchen Fällen idR obligaten Beweisbeschluss erlassen und einen Zahnarzt als Gutachter beauftragt. Der Beschluss lautete auszugsweise:

---

[64] BGH, Urteil vom 12.03.2003 – IV ZR 278/01 –, VersR 2003, 581 = Kapitel U II.1, S. 346; s. dazu unten Kapitel B VI., S. 26 ff.

> In Sachen G. ./. Y. Krankenversicherung AG soll Beweis erhoben werden über die Behauptungen des Klägers, die folgenden Rechnungspositionen des Zahnarztes Dr. M. seien medizinisch notwendige Heilbehandlungen und in der angesetzten Höhe nach der GOZ/GOÄ abrechenbar gewesen: … [es folgt dann eine lange Auflistung von Gebührenziffern, beginnend mit der GOZ 003 und endend mit Laborpositionen].

Der Sachverständige hatte sein Gutachten erstattet, die Abrechenbarkeit der Gebührenpositionen bestätigt und wurde daraufhin von der Versicherung nachträglich als befangen abgelehnt. Statt diesen Antrag zu bescheiden, passiert etwas sehr kurioses. Das Gericht erlässt – mittlerweile besetzt durch einen neuen Richter – folgenden Hinweisbeschluss:

> 1. Das Gericht weist auf Folgendes hin:
> a) Das Gutachten des Sachverständigen dürfte nicht verwertbar sein, da es sich bei den Fragen, die dem Sachverständigen zur Begutachtung vorlagen, durchweg um Rechtsfragen handelte. Daraus erklärt sich nach Ansicht des Gerichts auch der ungewöhnliche Ton des Gutachtens. Das Gericht beabsichtigt daher das Gutachten unberücksichtigt zu lassen.
> b) Die Beklagte erhält Gelegenheit binnen 2 Wochen den Befangenheitsantrag gegen den Gutachter zurück zu nehmen; anderenfalls wird darüber durch Beschluss entschieden.
> c) Die Kosten des Gutachtens dürften nach § 8 GKG niederzuschlagen sein.[65]

Das AG Charlottenburg hat darin durchaus Recht, dass Gutachter fachliche und nicht rechtliche Fragen zu lösen haben. Die deutsche Rechtsprechungspraxis macht, ausgehend von dem römisch-rechtlichen Grundsatz, dass der Richter das Recht kennt (iura novit curia), von der Möglichkeit der Erstattung von Rechtsgutachten fast nur Gebrauch, wenn es um die Feststellung nichtdeutschen Rechts, nichtdeutscher Rechtsregeln und nichtdeutscher Rechtspraxis geht.

Im Rechtsstreit Patient (Versicherungsnehmer) ./. PKV hat der erste Teil der im Beweisbeschluss des AG Charlottenburg vom 15.04.2003 gestellten Frage seine Berechtigung. Die Frage der medizinischen Notwendigkeit ist eines der Hauptprobleme in solchen Auseinandersetzungen, zumal die Versicherung in diesem Fall das Urteil des BGH vom 12.03.2003 noch nicht berücksichtigt haben konnte. Mit der Beantwortung dieser Teilfrage ist aber noch keine Erkenntnis über die in solchen Fällen stets auch bestrittene korrekte Abrechnung nach GOZ bzw. GOÄ gewonnen. Kommt der Gutachter zum Ergebnis, dass die Behandlung nicht medizinisch notwendig war, stellt sich im Deckungsprozess die Frage nach der korrekten Abrechnung nicht mehr. Kommt er zum Ergebnis, dass die Behandlung notwendig war, ist dennoch zu klären, nach welchen Gebührenziffern die Behandlung abzurechnen ist.

Diese Frage kann ein Gericht nicht ohne Fachgutachter klären.[66] Der Gutachter kann die Frage nicht beantworten, ohne seinerseits den Wortlaut der Gebührenziffer auszulegen und anzuwenden. Das ist eine **gutachterliche** Tätigkeit, die auf der Trennlinie zwischen Medizin und Recht verläuft und notwendigerweise beide Bereiche berührt, also sowohl fachlich als auch **rechtsgutachterlich** ist. Das wird besonders deutlich beim Streit um die Auslegung der GOZ 905 (was ist eigentlich ein Sekundärteil, was bedeutet Auswechseln) und bei der Abrechnung von Analogpositionen nach § 6 Abs. 2 GOZ.

Aufgabe des Gerichtes ist es, die Ausführungen des Gutachters nachzuvollziehen. Das kann und muss ein Gericht schon aus verfassungsrechtlichen Gründen (Art. 92 und 97 GG vertrauen die Recht sprechende Gewalt den Richtern an) auch dann, wenn das Gutachten – systembedingt – rechtsgutachterliche Ausführungen enthält. Das ist im Medizinrecht ohnehin eher die Regel als die Ausnahme. Wie sollte ein Gutachter seine Beurteilung, ob eine Behandlung fehlerhaft erfolgt ist oder nicht, begründen, wenn er sich nicht mit den rechtlichen Anforderungen an das Vorliegen eines Behandlungsfehlers befassen dürfte? Die rechtlichen Anforderungen geben ihm

65 AG Charlottenburg, Beschluss vom 04.05.2004 – 204 C 672/02 –.

66 Das ist für den BGH geradezu selbstverständlich, s. z.B. die Ausführungen in BGH, Urteil vom 13.05.2004 – III ZR 344/03 –, VersR 2004, 1135 = Kapitel U III.1, S. 360 und BGH, Urteil vom 27.05.2004 – III ZR 264/03 –, VersR 2004, 1138 = Kapitel U IV.18, S. 368.

die Vorgaben, an denen er die medizinische Beurteilung, z.B. Fehler oder nur Missgeschick, ausrichten soll.

Das Gericht muss darauf achten, dass es bei der Urteilsfindung nicht zum bloßen „*Sprachrohr des Sachverständigen*" wird.[67] Der BGH hat in einer ein Strafverfahren betreffenden schon sehr alten Entscheidung sich bemüht, die Abgrenzung der Aufgaben des Richters zu den Aufgaben des Sachverständigen zu formulieren:

> Der verfahrensrechtliche Ausgangspunkt für die Beurteilung liegt darin, dass der Tatrichter zu einem eigenen Urteil auch in schwierigen Fachfragen verpflichtet ist. Er hat die Entscheidung auch über diese Fragen selbst zu erarbeiten, ihre Begründung selbst zu durchdenken. Er darf sich dabei vom Sachverständigen nur helfen lassen. Je weniger sich der Richter auf die bloße Autorität des Sachverständigen verlässt, je mehr er den Sachverständigen nötigt, ihn – den Richter – über allgemeine Erfahrungen zu belehren und mit möglichst gemeinverständlichen Gründen zu überzeugen, desto vollkommener erfüllen beide ihre verfahrensrechtliche Aufgabe.[68]

Dieser Versuch des Bundesgerichtshofs, die Arbeitsteilung Richter – Gutachter klarzustellen, ist ebenso umfassend akzeptiert wie in der Praxis – gerade in die Medizin betreffenden Zusammenhängen – missachtet, weil die vom BGH geforderte „*eingehende Nachprüfung*" wiederum Kenntnisse in der Sache (dem Fachgebiet) erfordert, so dass es – wenn überhaupt – meist bei einer Plausibilitätskontrolle bleibt.[69] In Arzthaftungsverfahren versucht der BGH, diesem Dilemma mit der Forderung nach Fachkammern und Fachsenaten[70] sowie der ungeachtet der zum 01.01.2002 erfolgten Novellierung der ZPO weiterhin bestehenden Abneigung gegen Einzelrichterverhandlungen[71] zu entgehen, verbunden mit der Hoffnung, dass auf die Materie spezialisierte Richter zur Wahrnehmung ihrer eigentlichen richterlichen Aufgaben auch in diesen Spezialmaterien tatsächlich besser in der Lage sind. Im Gebührenrecht wäre eine solche Spezialisierung nicht weniger erforderlich, scheitert aber bisher an Gründen der Gerichtsorganisation und anderem mehr.

Auch wenn dies umgesetzt wäre, würde der Honorargutachter um die Auseinandersetzung mit eigentlich rechtlichen Fragestellungen nicht herumkommen.[72]

2. Auslegungsgrundsätze

Für die Auslegung von Gebührentatbeständen gibt es anerkannte Grundsätze, die sich allerdings danach unterscheiden, ob es sich um die den Zivil- und Verwaltungsgerichten vorbehaltene Auslegung der GOÄ und GOZ handelt oder die den Sozialgerichten vorbehaltene Auslegung des EBM und des BEMA.

Die Auslegung durch die Zivilgerichte erfolgt, soweit es um die Interpretation von GOÄ und GOZ geht, im Wesentlichen nach den Grundsätzen, die generell für die Auslegung von Gesetzen gelten. Maßgebend ist primär der Wortlaut der Gebührenziffer, dann die Systematik, in der sie eingebunden ist[73], und der Zweck der Norm (Teleologie).[74]

---

[67] Vgl. Jessnitzer/Frieling, Rz. 234; Katzenmeier, S. 397.

[68] BGH, Urteil vom 26.04.1955 – 5 StR 86/55 –, BGHSt 8, 113.

[69] Vgl. zu dieser Problematik eingehend und mit zahlreichen Nachweisen Katzenmeier, S. 398; Arbeitsgemeinschaft Rechtsanwälte im Medizinrecht (Hrsg.), Der medizinische Sachverständige – Richter in Weiß?, 1995.

[70] Beginnend mit BGH, Urteil vom 24.06.1980 – VI ZR 7/79 –, VersR 1980, 940 = Ratajczak/Stegers, Rz. 540; BGH, Urteil vom 29.01.1985 – VI ZR 69/83 –, VersR 1985, 343 = Ratajczak/Stegers, Rz. 692.

[71] Vgl. Steffen/Dressler, Rz. 631a f.; aus der umfangreichen Rechtsprechung sei hingewiesen auf BGH, Urteil vom 30.05.1989 – VI ZR 200/88 –, VersR 1989, 851; BGH, Urteil vom 26.10.1993 – VI ZR 155/92 –, VersR 1994, 52.

[72] Das bereitet in der Praxis auch kaum Probleme. Insofern ist der Beschluss des AG Charlottenburg ein Kuriosum. Selbst die Berufsgerichte der Tierärzte, in 1. Instanz mit einem Berufsrichter und 2 Tierärzten besetzt, haben keine Bedenken, zur Auslegung der Gebührenordnung für Tierärzte sich von Kollegen ein Gutachten erstatten zu lassen (z.B. BezirksBG für Tierärzte in Stuttgart – BBG 5/03 –).

[73] BGH, Urteil vom 13.05.1992 – IV ZR 213/91 –, VersR 1992, 950.

Dabei lässt sich die Rechtsprechung von **drei Zielvorgaben** leiten:

(1) Die Gebührenordnungen sollen als gesetzliche Preisvorschriften gewährleisten, dass (im Wesentlichen) gleichartige bzw. gleichwertige ärztliche Leistungen (im Wesentlichen) **gleich vergütet** werden.
(2) Die Gebührenordnungen sollen eine **angemessene Vergütung** der Leistungen sicherstellen.[75]
(3) Eine vom (Zahn)Arzt vorgenommene **vertretbare Auslegung** der Gebührenordnung soll grundsätzlich akzeptiert werden.[76]

Die Sozialgerichtsbarkeit steht demgegenüber auf dem – allerdings nicht einheitlich durchgehaltenen – Standpunkt, dass den Gerichten bei der Auslegung von Gebührenordnungen Zurückhaltung auferlegt ist[77] und deshalb grundsätzlich allein der Wortlaut der Gebührenziffer maßgeblich ist, mag das Ergebnis im Einzelnen auch befremden.[78] Zur Begründung beruft sich das Bundessozialgericht auf den vertraglichen Charakter der Bewertungsmaßstäbe und Gebührenordnungen und dem damit einhergehenden Vorrang der Vertragspartner der vertragsärztlichen Versorgung bei der Festlegung des Inhalts und des Umfangs der vertragsärztlichen Leistungen. Ausnahmen hiervon seien nur in seltenen Fällen denkbar, etwa wenn die zur Bewertung der ärztlichen Leistungen aufgerufenen Selbstverwaltungsorgane ihren Regelungsspielraum überschreiten oder ihre Bewertungskompetenz missbräuchlich ausüben. Die Selbstverwaltungsorgane seien nicht befugt, den der Honorierung (zahn)ärztlicher Leistungen regelmäßig zugrunde liegenden Bewertungsmaßstab nach Belieben auszugestalten, insbesondere von einer Ergänzung offenbar widersprüchlicher oder lückenhafter Regelungen abzusehen.[79] Es sei in erster Linie Aufgabe der Bewertungsausschüsse, unklare Regelungen der Gebührenordnung zu präzisieren. Wegen der aus funktionalen Gründen gebotenen Zurückhaltung der Gerichte bei der Auslegung der Gebührenordnungen könne eine systematische Interpretation lediglich i.S. einer Gesamtschau der im inneren Zusammenhang stehenden vergleichbaren oder ähnlichen Gebührenregelungen erfolgen, um mit ihrer Hilfe den Wortlaut der Leistungslegende klarzustellen. Eine entstehungsgeschichtliche Auslegung unklarer oder mehrdeutiger Regelungen komme nur insoweit in Betracht, als Dokumente vorliegen, in denen die Urheber der Bestimmungen diese in der Zeit ihrer Entstehung erläutert haben. Die Leistungsbeschreibungen dürften auch weder ausdehnend ausgelegt noch analog angewandt werden. Aufgrund dessen sei es ausgeschlossen, unter Hinweis auf eine tatsächlich bestehende oder nur behauptete übereinstimmende medizinisch-wissenschaftliche Auffassung erweiterte Abrechnungsmöglichkeiten damit zu begründen, die Terminologie der Gebührenordnungen werde der medizinischen Realität nicht gerecht.[80]

Die Argumentation des Bundessozialgerichts ist auf die Sondersituation des Vertrags(zahn)arztrechts zugeschnitten. Die dort bestehenden Gebührenordnungen sind nicht Bundesgesetze im (zumindest) materiellen Sinn, die GOZ mittlerweile auch im formellen Sinn[81], sondern werden vom Bewertungsausschuss vereinbart bzw. vom Erweiterten Bewertungsausschuss festgesetzt (§ 87 Abs. 6 SGB V). Hierbei handelt es sich um, Gremien, deren demokrati-

---

74 Beispiel hierfür ist die Entscheidung des BGH vom 13.06.2002 – III ZR 186/01 –, VersR 2002, 1030.

75 Zu (1) und (2) s. BGH, Urteil vom 18.09.2003 – III ZR 389/02 –, VersR 2004, 338.

76 Vgl. etwa BVerwG, Urteil vom 17.02.1994 – 2 C 10/92 –, NJW 1994, 3023; s. dazu näher Kapitel B X, S. 36 f.

77 S. z.B. BSG, Urteil vom 01.08.1991 – 6 RKa 15/90 –, BSGE 69, 166; BSG, Urteil vom 31.01.2001 – B 6 KA 5/00 R –, MedR 2001, 471.

78 S. z.B. die Entscheidung des BSG vom 13.05.1998 – B 6 KA 34/97 R –, ArztR 1999, 49 zur Wurzelspitzenresektion (BEMA 54b).

79 S. z.B. BSG, Urteil vom 20.12.1995 – 6 RKa 64/94 –, ArztR 1996, 290.

80 Vgl. BSG, Urteil vom 25.08.1999 – B 6 KA 32/98 R –, SozR 3-5533 Nr. 2449 Nr. 1.

81 S. die im Kapitel A , S. 1 zusammengefassten Änderungen der GOZ jeweils durch formelle Bundesgesetze. Eine Rückkehr zum einheitlichen Verordnungsrang ist bislang nicht erfolgt. Dagegen ist die GOÄ derzeit (nur) materielles Bundesrecht.

sche Legitimation seit Jahren in Frage gestellt ist.[82] Diese Legitimationsproblematik gibt es weder bei GOÄ noch bei der GOZ. Bei beiden ursprünglich als Rechtsverordnung erlassenen Normwerken ist schon im Ansatz kein Grund ersichtlich, auf GOÄ und GOZ nicht die allgemeinen Auslegungsgrundsätze für Gesetze anzuwenden. Diese sind Wortlaut, Systematik, Zweck und Historie, wobei es heutzutage generell immer schwieriger wird, den vom Gesetzgeber gedachten Sinn und Zweck einer Norm festzustellen, nachdem viele wichtige Details erst im Vermittlungsausschuss geregelt und die dort vorherrschenden Motive nicht festgehalten werden.

Das OLG Düsseldorf hat am 27.09.2001[83] in einer bemerkenswerten Entscheidung aus den ersten beiden o. unter Ziffer 2.1 formulierten Grundsätzen eine weit reichende Schlussfolgerung gezogen:

> Ist das in einer ärztlichen Gebührenordnung für eine Leistung festgelegte Honorar nicht – oder nicht mehr – sachgerecht, stellt die Gebührenordnung keine angemessene Vergütung („Taxe") i.S. des § 612 BGB dar. Die entstehende Lücke muss in Anwendung des § 6 Abs. 2 GOÄ dadurch geschlossen werden, dass das angemessene Honorar durch eine **analoge Berechnung** anhand gleichwertiger Leistungen bestimmt wird.

Es ging dabei um die Abrechnung der Lebertransplantation nach GOÄ 3184. Das Gericht akzeptierte die Einschätzung, dass die Gebührenziffer im Hinblick auf die durchzuführenden ärztlichen Leistungen unangemessen sei, nachdem auch das Bundesgesundheitsministerium auf Anfrage die Notwendigkeit einer *„deutlichen"* Erhöhung der Vergütung gegenüber dem Gericht bestätigt hatte.

In diesem Punkt treffen sich die Haltungen der Zivil- und der Sozialgerichtsbarkeit jedenfalls in einem wichtigen Aspekt. Die Rechtsprechung der Sozialgerichte verlangt, dass der Bewertungsausschuss die Richtigkeit der Bewertungen bei Bedarf zeitnah überprüft und nicht einfach nur nichts tut. Das OLG Düsseldorf verlangt, dass der Gesetzgeber nicht einfach nur zusieht, wie die Bewertungen sich verschieben. Unterschiede bestehen in den Konsequenzen. Das OLG Düsseldorf billigt dem betroffenen Arzt eine Art **Selbsthilferecht** zu und akzeptiert, dass er für die Transplantation 22.000 Punkte zum 3,5-fachen Steigerungsfaktor berechnet, also die knapp 3-fache Punktemenge gegenüber der regulären Bewertung der GOÄ 3184 mit 7.500 Punkten ansetzt, wobei er sich dafür auf eine Empfehlung der Bundesärztekammer berufen konnte. Nur das Bundesverfassungsgericht ist bisher nicht bereit, in langer Untätigkeit des Gesetzgebers eine Verletzung von Grundrechten der Zahnärzteschaft zu sehen, solange die Zahnärzte *„von den Gestaltungsmöglichkeiten, die die Gebührenordnung für Zahnärzte eröffnet, keinen Gebrauch"* machen.[84]

VI. Medizinische Notwendigkeit in GOZ und MBKK

1. Honoraranspruch und Versicherungsschutz

Die privaten Krankenversicherungen stehen – ebenso wie die Beihilfestellen – auf dem Standpunkt und vertreten ihn auch gegenüber ihren Versicherten, dass nur das, was sie bezahlen (wollen), nach GOZ bzw. GOÄ auch abrechenbar sei. Diese Auffassung ist falsch. **Der Honoraranspruch nach GOZ ist unabhängig von der Erstattung** bzw. der Erstattungshöhe **seitens Dritter**.

Die privaten Krankenversicherungen übersehen den Umstand, dass der Begriff der „medizinischen Notwendigkeit" i. S. der GOZ weiter gefasst ist als der der privaten Krankenversicherungen. Das bedeutet, dass eine nach GOZ medizinisch notwendige Behandlungsmaßnahme abrechenbar,

82 S. grundlegend dazu LSG Niedersachsen, Urteil vom 23.02.2000 – L 4 Kr 130/98 –, MedR 2000, 425. S. dazu etwa Butzer/Kaltenborn, Die demokratische Legitimation des Bundesausschusses, MedR 2001, 333.

83 OLG Düsseldorf, Urteil vom 27.09.2001 – 8 U 181/00 –, MedR 2002, 310 = GHI, S. 287 = GU, S. 103 f

84 BVerfG, Beschluss vom 13.02.2001 – 1 BvR 2311/00 –, Kapitel A , S. 2.

aber nicht erstattungsfähig sein kann. Die Einstandspflicht der privaten Krankenversicherung setzt ein, wenn die Behandlung objektiv medizinisch notwendig ist, dann allerdings zwingend.[85]

2. Behandlungskosten

Nach der Entscheidung des BGH vom 12.03.2003[86] kann sich die private Krankenversicherung bei der Feststellung der medizinischen Notwendigkeit nicht (mehr) auf das bloße Kostenargument stützen. Das bedeutet, sie darf die Übernahme von Behandlungskosten nicht mit dem Hinweis ablehnen, eine kostengünstigere Maßnahme sei aus ihrer Sicht möglich und ausreichend:

> Mit der Wendung „medizinisch notwendige Heilbehandlung" in § 1 Abs. 2 Satz 1 MB/KK 76 hat der Versicherer keine Beschränkung seiner Leistungspflicht auf die kostengünstigste Behandlung erklärt

3. Kriterien medizinischer Notwendigkeit

Der BGH hat in einer 1986 verkündeten Entscheidung den Begriff der medizinischen Notwendigkeit i.S. der privaten Krankenversicherungsbedingungen wie folgt definiert:

> Von der Notwendigkeit einer Behandlung ist auszugehen, wenn es nach den objektiven medizinischen Befunden und wissenschaftlichen Erkenntnissen zum Zeitpunkt der Behandlung vertretbar ist, sie als medizinisch notwendig anzusehen. Das ist im Allgemeinen der Fall, wenn eine wissenschaftlich allgemein anerkannte Behandlungsmethode zur Verfügung steht, die geeignet ist, die Krankheit in dem beschriebenen Sinne zu heilen oder zu lindern.[87]

Diese beiden Sätze sind seitdem in zahllosen Entscheidungen wiederholt worden.

Der Bundesgerichtshof nennt in der zitierten Entscheidung **drei Anforderungskriterien** an die Behandlung, damit der private Krankenversicherungsschutz eingreift:

- objektiv
- vertretbar
- geeignet.

Mit dem Kriterium **objektiv** ist gemeint, dass weder der Patient noch der behandelnde (Zahn)Arzt die Frage der medizinischen Notwendigkeit verbindlich entscheiden können.[88]

Vertretbar ist die medizinische Notwendigkeit einer Heilbehandlung, die sowohl in begründeter und nachvollziehbarer als auch wissenschaftlich fundierter Vorgehensweise das zugrunde liegende Leiden diagnostisch hinreichend erfasst und eine ihm adäquate, geeignete Therapie anwendet.[89] Nützlichkeit allein reicht noch nicht.[90]

Der BGH[91] formulierte hierzu im Jahre 1996:

> Die objektive Vertretbarkeit der Behandlung ist bereits dann zu bejahen, wenn sie nach medizinischen Erkenntnissen im Zeitpunkt ihrer Vornahme als wahrscheinlich geeignet ange-

---

85 BGH, Urteil vom 10.07.1996 – IV ZR 133/95 –, VersR 1996, 1224.

86 BGH, Urteil vom 12.03.2003 – IV ZR 278/01 –, VersR 2003, 581 = Kapitel U II.1, S. 346.

87 BGH, Urteil vom 17.12.1986 – IVa ZR 78/85 –, VersR 1987, 278.

88 Vgl. Bach/Moser, § 1 MB/KK, Rz. 41.

89 Vgl. Bach/Moser, § 1 MB/KK, Rz. 46.

90 Vgl. etwa LG Berlin, Urteil vom 22.12.1988 – 7 S 35/88 –, VersR 1989, 795.

91 BGH, Urteil vom 10.07.1996 – IV ZR 133/95 –, VersR 1996, 1224.

sehen werden konnte, auf eine Verhinderung der Verschlimmerung einer Erkrankung oder zumindest auf ihre Verlangsamung hinzuwirken.

Geeignet ist die Behandlung, wenn mit Bezug zur richtigen Diagnose insgesamt ein Konzept zur qualifizierten, d.h. vollständigen und baldmöglichen Heilung des Patienten verfolgt wird. Letzteres wird in der Regel bejaht, wenn eine für die entsprechende Krankheitsbehandlung **wissenschaftlich allgemein anerkannte Methode** angewandt wird.[92]

Nach höchstrichterlicher Rechtsprechung[93] bedeutet dies aber nicht, dass die Notwendigkeit einer Heilbehandlung nach wissenschaftlichen Maßstäben eindeutig festgestellt werden muss, da dies im Hinblick auf die in der medizinischen Wissenschaft vielfach zutage tretenden Unsicherheiten zu einer Entwertung des Krankenversicherungsschutzes, der zur Absicherung des Versicherungsnehmers im Krankheitsfall dienen soll, führen würde. Unter Berücksichtigung dieses Gesichtspunktes sei es deshalb für die Bejahung des Begriffs der medizinischen Notwendigkeit als Voraussetzung eines Leistungsanspruchs in der Krankenversicherung ausreichend, aber auch erforderlich, dass es nach dem **objektiven** medizinischen Befund und den wissenschaftlichen Erkenntnissen zum maßgeblichen Zeitpunkt des Beginns der Behandlung **vertretbar** ist, eine Behandlung als **notwendig** einzustufen.

Dass hier die Rechtsprechung eine tautologische Argumentation vornimmt, sei betont. Was „*vertretbar*" ist, ist nicht „*objektiv*", sondern eben „*subjektiv*". Eine Methode ist entweder **objektiv** medizinisch notwendig oder sie ist **vertretbar**. Der Begriff der Vertretbarkeit enthält notwendigerweise ein **subjektives** Gestaltungselement. Es widerspricht der allgemeinen Logik, die objektive Richtigkeit mit subjektiven Annahmen zu begründen.[94]

Objektiv würde voraussetzen, dass es im konkreten Fall nur eine richtige Entscheidung gibt, während die Rechtsprechung es ausdrücklich billigt, dass die privaten Krankenversicherer Behandlungskosten übernehmen, wenn deren Sinnhaftigkeit nur aus ex ante-Sicht plausibel erschien.[95] Die Rechtsprechung räumt dem Patienten und seinem Arzt damit ungeachtet ihres verbal anders lautenden Ausgangspunktes einen Beurteilungsspielraum und – wenn man es ganz genau nehmen will – sogar ein Tatsachenermessen ein; denn es ist unvermeidbar, dass schon die Feststellung des Krankheitsbefundes und damit der Tatsachenbasis der Behandlungsplanung einem Interpretationsspielraum unterliegt.

4. Schulmedizin – Außenseitermethoden – Wissenschaftlichkeitsklausel

An den **wissenschaftlich nicht allgemein anerkannten Behandlungsmethoden** lassen sich am deutlichsten die Unterschiede zwischen GOZ und den MBKK darlegen. Zwar ist die bisherige Wissenschaftlichkeitsklausel in § 5 Abs. 1 lit. f MBKK[96] durch die Entscheidung des BGH vom 23.06.1993[97] für nichtig erklärt worden. Sie ist aber zwischenzeitlich durch eine neue Vorschrift ersetzt worden mit folgendem Wortlaut:

> **§ 4 Abs. 6 MBKK 94**
> Der Versicherer leistet im vertraglichen Umfang für Untersuchungs- und Behandlungsmethoden und Arzneimittel, die von der **Schulmedizin** überwiegend anerkannt sind. Er leistet

---

92 Vgl. BGH, Urteil vom 17.12.1986 – IVa ZR 78/85 –, MedR 1987, 182 [183] (s. GHI, Kapitel M VI.2, S. 160 f.).

93 BGH, Urteil vom 29.05.1991 – IV ZR 151/90 –, Vers 1991, 987; OLG Karlsruhe, Urteil vom 21.03.1996 – 12 U 168/95 –, VersR 1997, 562 = BDIZ-konkret 1998, Heft 1, S. 36 = GHI, S. 258 = GU, S. 17.

94 S. dazu näher Ratajczak, Der Behandlungsanspruch des Patienten aus juristischer Sicht, S. 5 [7]; Knott-Thiemann, Die Einlösung des Behandlungsanspruchs in der privaten Krankenversicherung, S. 35 ff.; Pauly, Medizinisch notwendige Heilbehandlung in der privaten Krankenversicherung nach dem Urteil des BGH vom 26.3.1993 zur „Wissenschaftlichkeitsklausel", VersR 1996, 1323.

95 Vgl. z.B. OLG Köln, Urteil vom 11.04.1994 – 5 U 80/93 –, VersR 1995, 447; LG Düsseldorf, Urteil vom 23.08.2000 – 11 O 355/96 –, n.v.

96 Allgemeine Versicherungsbedingungen für die Krankheitskosten- und Krankenhaustagegeldversicherung.

97 BGH, Urteil vom 23.06.1993 – IV ZR 135/92 –, VersR 1993, 957.

> darüber hinaus für Methoden und Arzneimittel, die sich in der Praxis als ebenso Erfolg versprechend bewährt **haben** oder die angewandt werden, **weil** keine schulmedizinischen Methoden oder Arzneimittel zur Verfügung stehen; der Versicherer **kann** jedoch seine Leistungen auf den Betrag **herabsetzen**, der bei der Anwendung vorhandener schulmedizinischer Methoden oder Arzneimittel angefallen wäre.

Die Rechtsprechung hält diese auch als **Schulmedizinklausel** bezeichnete Einschränkung für rechtlich zulässig.[98]

Die durch Fettdruck hervorgehobenen Bestandteile der Wissenschaftlichkeitsklausel stellen eine Einschränkung der Leistungspflicht der privaten Krankenversicherungen dar, für i.S. der GOZ (bzw. der GOÄ) notwendige Leistungen zu bezahlen.

> **Die Abrechenbarkeit der Leistungen nach GOZ wird durch die Schulmedizinklausel nicht eingeschränkt, sondern nur die Erstattungsfähigkeit.**

Die Probleme, die sich bei der Abrechnung von Leistungen durch die PKV etwa aus dem Bereich der **Naturheilkunde**, z.B. der Elektroakupunktur nach Voll[99], der Bioresonanz[100], der Neuraltherapie[101] – früher auch auf dem Gebiet der zahnärztlichen Implantologie – ergeben, haben ihren Grund auch in den nicht ganz deckungsgleichen Begriffen der medizinischen Notwendigkeit i.S. der GOZ einerseits und der MBKK andererseits.

5. Versicherungsschutz des Patienten

Den Honoraransprüchen des Zahnarztes gegen den Privatpatienten aus dem Behandlungsvertrag (bzw. der GOZ) entsprechen nicht zwangsläufig Deckungsansprüche des Patienten aus dem Versicherungsvertrag mit seiner privaten Krankenversicherung.

Man spricht davon, dass zwischen Behandlungsvertrag auf der einen Seite und Versicherungsvertrag bzw. Beihilfeverhältnis auf der anderen Seite **keine Kongruenz** besteht [102]

Dies bedeutet, dass die vom behandelnden Zahnarzt dem Patienten empfohlenen und vom Patienten akzeptierten Diagnose- und Therapiemaßnahmen nicht automatisch medizinisch notwendig i.S. der privaten Krankenversicherungsbedingungen sind. Soweit sie aber zahnmedizinisch indiziert sind, kann im Regelfall von einer medizinischen Notwendigkeit ausgegangen werden.[103]

Der Privatpatient kann nicht über seine Versicherungsansprüche verfügen. Dies ist, da auch die private Krankenversicherung in ihren Tarifen jeweils (mehr oder weniger große) Solidargemeinschaften[104] organisiert, ohne weiteres einsehbar. Es reicht nicht aus, dass Patient und Zahn-

---

98 Vgl. BGH, Urteil vom 30.10.2002 – IV ZR 60/01 –, VersR 2002, 1546; zuvor schon OLG Frankfurt/M., Urteil vom 18.04.2001 – 7 U 154/99 –, VersR 2001, 848; OLG Hamburg, Urteil vom 23.01.2001 – 9 U 327/99 –, VersR 2001, 849; OLG Köln, Urteil vom 26.03.2001 – 5 U 140/00 –, VersR 2001, 851.

99 Ablehnend z.B. KG Berlin, Urteil vom 25.08.1998 – 6 U 7063/97 –, VersR 2001, 178; OLG Frankfurt/M., Urteil vom 25.09.2002 – 7 U 120/97 –, VersR 2003, 585; für den Bereich der GKV ablehnend BSG; Beschluss vom 29.09.1998 – B 1 KR 36/97 B –, n.v.

100 Ablehnend dazu z.B. OLG Saarbrücken, Urteil vom 27.02.2002 – 5 U 804/98-71 –, VersR 2002, 1015; für den Bereich der GKV ablehnend BSG; Beschluss vom 29.09.1998 – B 1 KR 36/97 B –, n.v.; BSG, Urteil vom 19.02.2003 – B 1 KR 18/01 R –, NZS 2004, 99.

101 Vg. z.B. LG Stuttgart, Urteil vom 01.03.1991 – 21 O 562/87 –, MedR 1992, 48.

102 Vgl. BGH, Urteil vom 14.12.1977 – IV ZR 12/76 –, VersR 1978, 271 [272]; Bach/Moser, § 1 MB/KK, Rz. 77.

103 BGH, Urteil vom 12.03.2003 – IV ZR 278/01 –, VersR 2003, 581 = Kapitel U II.1, S. 346.

104 Diese aus dem Sozialversicherungsrecht stammende Formulierung findet auch im Versicherungsvertragsrecht Verwendung und beschreibt die Situation durchaus treffend, vgl. Bach/Moser, § 1 MB/KK, Rz. 34; Schmid, Medizinisch notwendige Heilbehandlung und private Krankenversicherung, NJW 1981, 2504; Schüssler, Die In-Vitro-Fertilisation als medizinisch notwendige Heilmaßnahme – Ein Beitrag zur Problematik des Versicherungsschutzes, VersR 1986, 322 [323]; Henrichs, Ausschluss besonderer medizinischer Behandlungsmethoden in der privaten Krankenversicherung – kein Erstattungsanspruch für Außenseitermethoden, VersR 1990, 464.

arzt mit bestimmten Leistungen einverstanden sind, damit die private Krankenversicherung die in Anspruch genommenen Leistungen bezahlen muss.

Für den Leistungsanspruch des Patienten aus seinem Versicherungsverhältnis ist grundsätzlich nur die sog. **objektive medizinische Notwendigkeit** der Leistungen entscheidend. Es bleibt nach dem Urteil des Bundesgerichtshofs vom 12.03.2003[105] Extremsituationen vorbehalten, dass sich der Patient den Einwand aus § 242 BGB entgegenhalten lassen muss, er verstoße mit seinem Verlangen der Kostenübernahme für eine (zahn)ärztliche Behandlung gegen Treu und Glauben.

6. Einschränkung des Versicherungsschutzes nach § 242 BGB

6.1 Grundsatz

Der Bundesgerichtshof hält eine Begrenzung des Versicherungsschutzes nach § 242 BGB im Grundsatz für möglich:

> Das private Versicherungsverhältnis untersteht in besonderem Maße den Grundsätzen von Treu und Glauben. Der Versicherungsnehmer muß bei der Inanspruchnahme einer besonders kostenträchtigen und nicht vital lebensnotwendigen Behandlung in angemessener Weise Rücksicht auf den Versicherer und die Versichertengemeinschaft nehmen. Der Versicherer braucht deshalb jedenfalls ganz unverhältnismäßige Kosten dafür nicht zu erstatten.[106]

Die Norm ist Zahnärzten in der Regel nicht bekannt und wird deshalb hier abgedruckt.

> **§ 242 BGB Leistung nach Treu und Glauben**
> Der Schuldner ist verpflichtet, die Leistung so zu bewirken, wie Treu und Glauben mit Rücksicht auf die Verkehrssitte es erfordern.

Dem Nichtjuristen erschließen die wenigen Worte dieses kurzen Satzes nicht, dass es sich dabei um eine der fundamentalsten Rechtsnormen des deutschen Rechts handelt. § 242 BGB enthält ein allgemeines Rechtsprinzip, welches für alle Bereiche des Rechts Geltung beansprucht. Die Norm ist so etwas wie der Kant'sche Imperativ des Rechts. Der Versicherungsschutz kann nach der Entscheidung des BGH vom 12.03. 2003 auch bei an sich medizinisch notwendigen Behandlungen versagt werden, wenn diese so extrem teurer als gleichwertige Behandlungsalternativen sind, dass die Forderung nach Kostenübernahme gegen „*Treu und Glauben*" verstoßen würde.

6.2 Das Urteil des OLG Köln vom 13.07.1995

Ein solcher Extremfall dürfte nach den Informationen, die sich der Entscheidung des OLG Köln vom 13.07.1995[107] entnehmen lassen, Grundlage für die sog. Luxusrechtsprechung der Kölner Gerichte geworden sein.[108] Der Sachverhalt wird nachstehend wiedergegeben. Gerade in der nachfolgend aufgezeigten Diskussion um die Einführung eines § 186 Abs. 3 in das Versicherungsvertragsgesetz[109] erscheint es geboten, sich den ungewöhnlichen **Sachverhalt** vor Augen zu führen, der zu dieser ungewöhnlichen Entscheidung geführt hat und sicher auch nach den Kriterien der BGH-Entscheidung vom 12.03.2003 zum gleichen Ergebnis für den Patienten führen würde.

[105] BGH, Urteil vom 12.03.2003 – IV ZR 278/01 –, VersR 2003, 581 = Kapitel U II.1, S. 346.

[106] BGH, Urteil vom 12.03.2003 – IV ZR 278/01 –, VersR 2003, 581 = Kapitel U II.1, S. 346; ebenso BGH, Urteil vom 17.12.1986 – IVa ZR 78/85 –, VersR 1987, 278.

[107] OLG Köln, Urteil vom 13.07.1995 – 5 U 94/93 –, VersR 1995, 1177 = Kapitel U II.11, S. 355.

[108] S. dazu Ratajczak, Die Entwicklung der Rechtsprechung zur Erstattung hochwertiger zahnärztlicher Versorgungsformen, BDIZ-konkret 2001, Heft 4, S. 34.

[109] S. dazu Kapitel B VIII., S. 33 ff.

Der 1926 geborene klagende Patient A. war bei dem beklagten Versicherer B. krankheitskostenversichert, und zwar für die Kosten zahnärztlicher Behandlung nach Tarif ZM 2, gemäß dem die Aufwendungen bei Zahnbehandlung, Zahnersatz, Zahnkronen, funktionsanalytischen, funktionstherapeutischen und implantologischen Leistungen nebst zahntechnischen Laborarbeiten und Materialien, soweit sie zu den üblichen Preisen berechnet sind, zu 75 % erstattet werden. Ende 1988/Anfang 1989 begab sich der Kläger wegen Beschwerden mit dem vorhandenen festsitzenden Zahnersatz im Unterkiefer in die Behandlung des Zahnarztes C, der dem Deckungsprozess auf Seiten des Klägers als Streithelfer[110] beigetreten ist. Die Brücke mußte entfernt werden. Ferner mußten mehrere Zähne des Unterkiefers extrahiert werden. Aufgrund der Beratung durch den Streithelfer entschloß sich der Kläger, der für den Oberkiefer damals schon eine herausnehmbare Vollprothese hatte, zu einem auf Implantaten gestützten festsitzenden Zahnersatz im Unterkiefer unter Einbindung der restlichen Unterkieferzähne.

Der Streithelfer erstellte im März 1988 einen Heil- und Kostenplan, den der Kläger bei der Beklagten einreichte. Nachdem die Beklagte am 31.03.1988 die zugrundeliegenden Röntgenaufnahmen zur Einsichtnahme angefordert hatte, teilte sie dem Streithelfer – u.a. unter Hinweis darauf, daß die medizinische Notwendigkeit der vorgesehenen Behandlung nicht hinreichend belegt sei – mit, sie habe ein Gutachten in Auftrag gegeben. Dieses Gutachten wurde unter dem 07.07.1988 von Prof. Dr. D. erstattet mit dem Ergebnis, daß die Eingliederung zahnärztlicher Implantate beim Kläger aufgrund des guten Knochenangebots zwar grundsätzlich möglich, jedoch keiner der angeführten Indikationsbereiche gegeben sei und ein an den Zähnen 42, 43 und 44 verankerter, herausnehmbarer teleskopierender Zahnersatz geeignet und ausreichend sei. Nachdem der Streithelfer dem Kläger mitgeteilt hatte, die Frage der Leistungsverpflichtung bei implantologischen Maßnahmen werde von anderen privaten Krankenversicherern nach Änderung der GOZ (Einführung der GOZ 1988) einhellig befürwortet, wurde am 26.08.1988 – die Leistung GOZ 900 war bereits im März 1988 erbracht worden – mit dem Präparieren der Knochenkavitäten begonnen.

Der Streithelfer stellte dem Kläger bis einschließlich 03.10.1989 insgesamt **77.724,99 DM** (= 39.740,16 €) in Rechnung, davon 33.051 DM (=16.898,71 €) mit dem Hinweis, daß die Krankenversicherung auf diese Leistung keine Erstattung vornehme. Der Kläger beanspruchte im vorliegenden Rechtsstreit Erstattung von 75 % des verbleibenden Betrags, abzüglich der von der Beklagten – unter Zugrundelegung einer prothetischen Versorgung gemäß dem vorgenannten Gutachten – vor und nach Rechtshängigkeit erbrachten Leistungen von insgesamt 5675,99 DM. Der Kläger machte – unterstützt durch den Streithelfer – geltend, die von dem Streithelfer vorgenommene Behandlung sei medizinisch notwendig gewesen.

Das OLG Köln kam zum Ergebnis, dass eine teleskopgetragene Versorgung alles in allem Kosten von ca. 7.567,98 DM (= 3.869,45 €) verursacht hätte. Die Kosten der Gesamtversorgung lagen also um den Faktor 10,2, die Kostend der reinen implantatprothetischen Versorgung um den Faktor 5,9 über den Kosten einer vom OLG Köln nach Befragung von Sachverständigen als gleichwertig erachteten konventionellen Versorgung. Es soll an dieser Stelle nicht die Gleichwertigkeitsfeststellung durch das OLG Köln in Frage gestellt werden. Wenn man die vom OLG Köln ermittelten Tatsachen als richtig zugrunde legt, dann fällt in der Tat das Verständnis dafür schwer, die Versicherung mit den 6-fachen Kosten einer gleichwertigen Versorgung belasten zu dürfen.

7. Honoraranspruch des Zahnarztes

Für das Bestehen des Honoraranspruches des Zahnarztes gegen den Patienten reicht die (einfache) **zahnmedizinische Notwendigkeit**.

Das wird von den privaten Krankenversicherungen leider gerne übersehen. Nicht nur die gesetzlichen Krankenkassen, auch die privaten Krankenversicherungen tun sich mit dem Einges-

---

110 S. zu den Fragen der Streitverkündung im Honorarprozess unten Kapitel B XVIII., S. 62 ff.; im Deckungsprozess ergeben sich insoweit keine grundlegenden Besonderheiten.

tändnis schwer, dass nicht alle zahnmedizinisch sinnvollen Leistungen vom Deckungsschutz umfasst sind.

VII. Evidenzbasierte Zahnmedizin

Ein Schlagwort der letzten Jahre lautet die Forderung nach nur evidenzbasierten Behandlungen. Sie findet sich in zahlreichen Gesetzesbegründungen und hat als Schlagwort auch in Abrechnungsüberlegungen der privaten Krankenversicherungen Einzug gehalten.

Die Forderung nach evidenzbasierter Medizin ist schon dogmatisch-wissenschaftlich ein Problem; denn die hohen Evidenzklassen mit Doppelblindstudien lassen sich in der Praxis angesichts der rasanten Entwicklung des medizinischen Fortschritts kaum noch umsetzen. Studien über 10 Jahre sind in den meisten Fächern schon deshalb sinnlos geworden, weil sich in einer solch langen Zeit die Grundlagen völlig verändert haben. Man denke nur an die Entwicklung der Materialien in der Implantologie und der Implantatchirurgie.

Deshalb sei an dieser Stelle die Warnung der Arbeitsgemeinschaft der wissenschaftlichen medizinischen Fachgesellschaften aus ihrer „Leitlinie für Leitlinien", Stand Februar 2000 wiedergegeben[111]:

Leitlinien und „Evidence Based Medicine"

Leitlinien der 3. Entwicklungsstufe müssen die vorliegenden wissenschaftlichen Erkenntnisse („evidence"(XX)) in ihre Empfehlungen explizit einbeziehen. Dazu gehören gesichertes Wissen aus den Grundlagenfächern, systematisch gesammeltes Wissen aus Anwendungserfahrung und Wissen aus den Ergebnissen fachgerecht durchgeführter klinischer Studien. Dabei ist die Bewertung vorliegender Studienergebnisse hinsichtlich ihrer Relevanz für die ärztliche Entscheidungsfindung im Einzelfall das zentrale Problem, das sich nicht durch die schematische Anwendung von Tabellen mit „Evidenzgraden" lösen läßt.

Zwar mag sich der wissenschaftliche Wert unterschiedlicher Studientypen für die Beantwortung der jeweiligen Fragestellung in einer Rangskala (verschiedene Fragestellungen => unterschiedliche Rangskalen!!) darstellen lassen, doch für die Bewertung der Studienergebnisse hinsichtlich ihrer Bedeutung für die im medizinischen Alltag notwendige Entscheidungsfindung im Einzelfall können solche Rangskalen sogar irreführend sein und zu falschen Empfehlungen führen (so können beispielsweise je nach Fragestellung die Daten aus breit angelegten Kohortenstudien eine vielfach höhere klinische Relevanz haben als Daten aus kontrollierten klinischen Studien an hochselektionierten, kleinen und damit nicht repräsentativen Patientenkollektiven) (6). St. Schoenbaum auf der Leeds Castle Conference (1999): *„In most circumstances one must, in developing a guideline, take all of the evidence and then go beyond it one way or another."*

Deshalb empfiehlt die AWMF dringend, diese Form der „evidence based medicine" in der 3. Entwicklungsstufe von Leitlinien nur als ein Element neben Logikanalyse, Konsens, Entscheidungsanalyse und „outcome"-Analyse zu begreifen

Auf die zunehmende Relevanz von Leitlinien in der (Zahn)Arzthaftung wurde bereits an anderer Stelle hingewiesen.[112]

Die Beurteilung, ob der Einsatz einer neuen Behandlungsmethode oder neuer Materialien *„den Regeln der zahnärztlichen Kunst"* i.S. des § 1 Abs. 2 Satz 1 GOZ entspricht, ist eine Frage, welche sich an die Wissenschaft richtet und die im Streitfall vor Gericht durch Gutachter entschieden wird. Die zahnmedizinischen wissenschaftlichen Gesellschaften haben zwischenzeitlich erkannt, dass sie hier eine wichtige Aufgabe haben und zu Neuentwicklungen Stellung beziehen müssen. Die medizinische Notwendigkeit der gewählten Behandlungsmethode setzt i.S.

---

111 Quelle: http://leitlinien.net.

112 Ratajczak, Leitlinien und Haftung in der Zahnmedizin, BDIZ-konkret 2002, Heft 3, S. 30; ders., Leitlinien schaffen Haftungsrisiken, BDIZ-Jahrbuch 2003, S. 104; vgl. zum Problem die Beiträge in Arbeitsgemeinschaft Rechtsanwälte im Medizinrecht e.V. (Hrsg.), Leitlinien, Richtlinien und Gesetz, 2003; Hart, Ärztliche Leitlinien – Definitionen, Funktionen, rechtliche Bewertungen, MedR 1998, 8, Wienke, Leitlinien als Mittel der Qualitätssicherung in der medizinischen Versorgung, MedR 1998, 172.

der MBKK nach der Rechtsprechung voraus, dass diese auf einem nach medizinischen Erkenntnissen nachvollziehbaren Ansatz beruht, der die prognostizierte Wirkweise der Behandlung erklären kann und wahrscheinlich macht.[113] Für den Bereich der GOÄ/GOZ wird man schon genügen lassen müssen, dass die Behandlungsmethode bzw. der Einsatz des Materials als (zahn)medizinisch vernünftig bezeichnet werden muss.

VIII. Medizinische Notwendigkeit der implantatgetragenen Versorgung

Seit 1995 befasste sich die Rechtsprechung mit der Erstattungsfähigkeit hochwertiger Versorgungsformen unter dem Stichwort *„medizinische Notwendigkeit“*. Ausgangspunkt wurde eine Entscheidung des OLG Köln vom 13.07.1995.[114] Gerade diese erste Entscheidung hat in der Folgezeit sehr viel Verunsicherung hervorgerufen. Sie wurde in der Praxis der privaten Krankenversicherer umgehend umgesetzt, soweit sie gegen die Zahnärzteschaft gemünzt schien. Erst in den letzten Jahren ist zu dieser die Erstattungsfähigkeit sehr restriktiv handhabenden, auf dem Ist-Zustand ohne Rücksicht auf den zahnmedizinischen Fortschritt beharrenden, vielfach implantatprothetische Versorgungsformen erfassenden Rechtsprechung eine Gegenbewegung entstanden. Man vermisst aber die entsprechende Bereitwilligkeit der privaten Krankenversicherungen, die neue Entwicklung zugunsten ihrer Versicherten ebenso ergebnisoffen aufzugreifen und umzusetzen wie die heute noch vielfach zitierte Entscheidung des OLG Köln, die – was stets übersehen wird – einen Extremfall betraf und sich schon deshalb nicht zur Verallgemeinerung eignet.[115]

Die gesamte einschlägige Rechtsprechung ist wegen ihrer besonderen Bedeutung für die implantologische Behandlung zumindest auszugsweise unten im Kapitel U II. (S. 346 ff.) veröffentlicht. Sie schien durch die Entscheidung des BGH vom 12.03.2003[116] überholt zu sein.[117] Nun liegt aber seit dem 19.04.2004 der Abschlussbericht der Kommission zur Reform des Versicherungsvertragsrechts vor. Darin findet sich der Vorschlag für einen neu zu schaffenden § 186 Abs. 3 VVG mit folgendem Text:

> **§ 186 Abs. 3 VVG-E**:
> Der Versicherer ist nach Absatz 1 und 2 nur insoweit zur Leistung verpflichtet, als die Heilbehandlung oder sonstige Leistung sowie die Aufwendungen hierfür auch nach **wirtschaftlichen Maßstäben** notwendig sind. Die **wirtschaftliche Notwendigkeit** fehlt nur, wenn unter mehreren in gleicher Weise geeigneten Maßnahmen der Heilbehandlung oder sonstigen Leistungen nicht diejenige gewählt wird, welche die **geringeren Kosten** verursacht, oder wenn die Aufwendungen für die Heilbehandlung oder sonstigen Leistungen in einem unangemessenen Verhältnis zu den erbrachten Leistungen stehen.[118]

Zur Begründung dieser Klausel finden sich unter der Überschrift *„Medizinische Notwendigkeit und Wirtschaftlichkeitsgebot“* folgende Ausführungen:

> a) Wenn bei gegebener Indikation mehrere medizinisch gleichwertige Behandlungsmöglichkeiten zur Verfügung stehen, die sich kostenmäßig aber erheblich unterscheiden, besteht eine Leistungspflicht des Krankenversicherers nur für die kostenmäßig günstigere Behandlung. Dies ist herrschende Meinung, auf die sich die bisherige Leistungspraxis der Versi-

---

113 Vgl. z.B. KG Berlin, Urteil vom 25.08.1998 – 6 U 7063/97 –, VersR 2001, 178.

114 OLG Köln, Urteil vom 13.07.1995 – 5 U 94/93 –, VersR 1995, 1177 = Kapitel U II.11, S. 355.

115 S. die Anmerkung zu dieser Entscheidung im GHI, S. 258 sowie oben Kapitel B VI.6.9, S. 30.

116 BGH, Urteil vom 12.03.2003 – IV ZR 278/01 –, VersR 2003, 581 = Kapitel U II.1, S. 346.

117 S. zu dieser Entscheidung ausführlich Ratajczak, Implantate sind notwendige Versorgung, kein Luxus – Die neue Rechtslage nach der Entscheidung des Bundesgerichtshofs vom 12.03.2003, BDIZ-konkret 2003, Heft 2, S. 48 = BDIZ-Jahrbuch 2003, S. 136.

118 Kommissionsbericht, S. 549 des Umdrucks.

cherer stützte. Gesicherte Rechtslage aufgrund bisheriger BGH-Rechtsprechung war ferner, dass ein im Verhältnis zum medizinischen Behandlungsumfang überhöhter Vergütungsansatz vom Versicherer nicht zu ersetzen ist (Übermaßvergütung).

Beide Rechtspositionen hat der BGH völlig überraschend kürzlich mit seinem Urteil v. 12.03.2003 (IV ZR 278/01) aufgegeben. Er lehnt zur erstgenannten Frage die herrschende Meinung ab und gibt zur zweiten Frage seine bisherige Rechtsprechung auf.

b) Das Urteil erschwert nachhaltig das Bemühen der Krankenversicherer bzw. macht es ihnen unmöglich, die überproportionale Krankheitskostenentwicklung durch wirkungsvolles Leistungsmanagement ohne medizinische Qualitätseinbußen zu bekämpfen und damit im Interesse der Versicherten einen nachhaltigen Beitrag zur Stabilisierung der Beiträge zu leisten. Die schon von der Expertenkommission ausgesprochene und von der VVG-Kommission bestätigte Empfehlung, der PKV rechtliche Möglichkeiten an die Hand zu geben, um die Kostenentwicklung wirksamer steuern zu können, wird in ihr Gegenteil verkehrt. Deshalb ist es erforderlich, im Zusammenhang mit der medizinischen Notwendigkeit der Heilbehandlung gesetzlich auch ein allgemeines Wirtschaftlichkeitsgebot für Behandlungsumfang und Aufwendungen hierfür zu verankern. Der PKV als einem unter Vertragsfreiheit stehenden System wird der notwendige Spielraum dadurch eingeräumt werden, dass die AVB die medizinische Notwendigkeit und Wirtschaftlichkeit auch weiter fassen können, so dass auch echte *Luxus*-Medizin (im Sinne medizinisch nicht indizierter, sondern einfach nur unnötig teurer Medizin) oder teure alternative Heilmethoden (für die ein wissenschaftlich fundierter Wirksamkeitsnachweis fehlt) versichert werden können. Auch muss – wie bisher – die Möglichkeit für Tarife eröffnet bleiben, über den Regelsätzen der Gebührenordnungen liegende Vergütungen für medizinische Leistungen zu versichern.

c) Damit die Ergänzung des Gesetzes nicht nur auf neue Verträge beschränkt bleibt, soll eine Überleitungsvorschrift die Möglichkeit einräumen, die AVB entsprechend dieser Gesetzesergänzung mit Wirkung für die vorhandenen Versicherungsverhältnisse zu ändern. Eine unvertretbare Benachteiligung der bisher Versicherten ist damit nicht verbunden, weil lediglich diejenige Rechtslage wieder hergestellt wird, von der nach der bisher herrschenden Meinung auszugehen war.[119]

Diese Entwicklung ist der Versuch, Rechtsprechung durch den Gesetzgeber und gleich noch mit Wirkung für den sog. Bestand an Versicherungsverträgen zu korrigieren. Der BGH hat am 12.03.2003 allenfalls insofern „*völlig überraschend*" gehandelt, als er die privaten Krankenversicherer daran erinnerte, dass auch für sie der Grundsatz des *pacta sunt servanda* gilt und es ihnen freisteht, ihre Verträge so klar zu fassen, dass ein „*durchschnittlicher Versicherungsnehmer*" verstehen kann, was und zu welchen Bedingungen versichert ist. „*Völlig überraschend*" war nicht die Entscheidung des BGH vom 12.03.2003, sondern die vorstehend erwähnte Entscheidung des OLG Köln vom 13.07.1995, mit der – ohne jede Grundlage in den Versicherungsbedingungen – die sog. Luxusrechtsprechung begründet wurde. Dabei hätte in dem Fall des OLG Köln ohne weiteres der Rekurs auf § 242 BGB ausgereicht.[120] Wenn die Kosten der in Betracht kommenden (gleichwertigen, nicht nur vergleichbaren!)Versorgungsmöglichkeiten in der Tat um den Faktor 6 oder gar 10 auseinander liegen, wie in der Entscheidung des OLG Köln festgestellt, dann spricht alles dafür, dass der versicherte Patient sich nach Treu und Glauben darauf verweisen lassen muss, mit diesen Kosten nicht die Solidargemeinschaft der im selben Tarif Versicherten belasten zu dürfen. Diese Verteidigungslinie ist den privaten Krankenversicherungen auch durch die Entscheidung des BGH vom 12.03.2003 explizit bestätigt worden. Stattdessen versuchen sie nun, das aus dem ganz anderen Rechtskreis der gesetzlichen Krankenversicherung stammende Wirtschaftlichkeitsgebot systemfremd in der privaten Krankenversicherung zu verankern. Das wirft dann doch die nahe liegende Frage auf, warum sich Patienten noch privat gegen Krankheit versichern sollten, wenn die Leistungen nur den Leistungen der gesetzlichen Krankenversicherung entsprechen. In jedem Fall bedeutet diese Entwicklung, dass die im Gutachterhandbuch Implantologie ausführlich referierte neuere Rechtsprechung zur me-

[119] Kommissionsbericht, S. 186 f. des Umdrucks.

[120] S. dazu oben Kapitel B VI.6.2, S. 30 f.

dizinischen Notwendigkeit der Implantatversorgung bald wieder Bedeutung erlangen und fortgesetzt werden könnte. Daher wird im nachfolgenden Abschnitt IX. (S. 35) die entsprechende Checkliste aus dem Gutachterhandbuch Implantologie abgedruckt. Der Druck der privaten Krankenversicherer auf den Gesetzgeber wird möglicherweise noch durch ein Urteil des Bundesgerichtshofs vom 16.06.2004 verstärkt werden, welches die Prämienerhöhung in der privaten Krankenversicherung deutlich schwieriger macht, als dies in der Vergangenheit gehandhabt wurde.[121] Der Bundesgerichtshof fordert hier größere Transparenz und sachlich fundierte Begründungen.

Neben diesem Druck auf den Gesetzgeber laufen Versuche, die Allgemeinen Versicherungsbedingungen unter Bezugnahme auf § 178g Abs. 3 VVG anzupassen. Derzeit (bei Redaktionsschluss) geht es bei einigen Versicherern als direkte Reaktion auf das BGH-Urteil vom 12.03.2003 um die Einführung einer Angemessenheitsklausel und damit einer Leistungsbeschränkung bei Privatkliniken. Die Angemessenheitsklausel versucht, Aspekte des Wirtschaftlichkeitsgebotes nach § 12 SGB V in das private Krankenversicherungsverhältnis zu implementieren, also dasselbe, was über § 186 Abs. 3 VVG-E generell und für alle Leistungsbereiche erreicht werden soll. Im zahnärztlichen Bereich soll die Erstattung von Sachkosten auf die Kostensätze einer Sachkostenliste beschränkt werden. Wegen dieser Vorhaben laufen bereits Gerichtsverfahren, die aber noch alle nicht abgeschlossen sind.[122]

Dass in diese Regulierungen seitens der Versicherer Treuhänder eingeschaltet werden, ist nur bedingt geeignet, Misstrauen zu reduzieren, vor allem wenn man weiß, dass Treuhänder nicht selten aus dem kleinen Kreis der die Versicherungswirtschaft betreuenden Anwaltskanzleien genommen werden. Treuhand setzt Distanz und Objektivität voraus. Dass dem in der Realität nicht zwangsläufig so ist, u.U. wegen der Auswahl des Treuhänders strukturell so gar nicht sein kann, dürfte den BGH mit zu seiner Entscheidung vom 16.06.2004[123] veranlasst haben.

Die neuere Rechtsprechung bis zur Entscheidung des BGH vom 12.03.2003, beginnend vor allem mit dem Urteil des AG Kiel vom 05.06.1997[124], ging auf **Gutachter** zurück, die sich die Mühe gemacht haben, **sorgfältig**, **nachvollziehbar** und für den Laien **transparent** zu ergründen und darzulegen, warum die höherwertige Versorgungsform besser ist als die preiswertere, und sich hierbei nicht mit Schlagworten begnügt haben, sondern mit einer sorgfältigen **wissenschaftlichen Argumentation** aus der Sicht des Praktikers. Dieser Weg hat Erfolg. Gerichte entscheiden nicht nach Gutdünken, sondern nach geltendem Recht. In zahnärztlichen Honorarprozessen folgt das Recht den Geboten der zahnmedizinischen Notwendigkeit, nicht umgekehrt.

IX. Checkliste zur medizinischen Notwendigkeit der Implantatversorgung

Die in den im Kapitel U II. (ab S. 346) abgedruckten Entscheidungen wiedergegebenen wesentlichen Kriterien zur Beurteilung der Gleichwertigkeit der zahnmedizinischen Versorgung sind in der nachstehenden Checkliste alphabetisch zusammengestellt:

- ❑ Biomechanik
- ❑ Fremdkörpergefühl
- ❑ Gefahr sprachfunktioneller Beeinträchtigungen
- ❑ Kaukraft
- ❑ Knochenschwund (Gefahr der Kieferatrophie)
- ❑ Langzeiterfolg
- ❑ Lebensdauer der Versorgungsalternativen
- ❑ Nachbehandlungsfrequenzen

---

121 BGH, Urteil vom 16.06.2004 – IV ZR 117/02 – NJW 2004, 2679.

122 S. z.B. LG Köln – 26 O 225/04 –.

123 BGH, Urteil vom 16.06.2004 – IV ZR 117/02 –, NJW 2004, 2679.

124 AG Kiel, Urteil vom 05.06.1997 – 118 C 197/95 –, Kapitel U II.4, S. 354 = GHI, S. 260 (ausführlich) = GU, S. 25.

- ❑ Nachsorgeaufwand
- ❑ keine Opferung gesunder Zahnsubstanz
- ❑ Reinigungsfähigkeit
- ❑ Statische Vorteile der implantatgetragenen Versorgung
- ❑ Tragekomfort
- ❑ Zustand und Belastung der Restzähne.

Diese Aufzählung ist nicht abschließend. Die einzelnen Kriterien sind auch nicht zwangsläufig gleichgewichtig noch müssen sie alle erfüllt sein. Ein (nicht aber das) Hauptkriterium ist die Vergleichbarkeit des auf die erwartete Lebensdauer einer Versorgung bezogenen Gesamtkostenaufwandes. Ein weiteres Hauptkriterium sind die Auswirkungen der Versorgungsalternativen auf die vorhandene Zahn- und Knochensubstanz. Angesichts der ständig steigenden Lebenserwartung muss Vorsorge dafür getragen werden, dass auch im hohen Alter der Patient noch kau- und sprachfunktionell vernünftig versorgt werden kann. Was kau- und sprachfunktionell eine angemessene Versorgung darstellt, unterliegt dem Wandel des zahnmedizinischen Fortschritts. Von der schleimhautgetragenen Prothese würde heute nur noch ein Zyniker schwärmen, vor 50 Jahren war sie bei Zahnlosigkeit noch praktisch alternativlos.

X. Vertretbarkeit der GOZ-Auslegung

Das subjektive Gestaltungselement der *Vertretbarkeit* wird in der Rechtsprechung mittlerweile im Zusammenhang mit ärztlichen und zahnärztlichen Abrechnungen verstärkt als Entscheidungskriterium herangezogen.

Das BSG hat im Urteil vom 29.11.1991[125] entschieden, dass die Krankenkassen u.U. verpflichtet sind, alternative Behandlungsmethoden [hier: biologische Zytostatika] zu bezahlen und hat dem Arzt einen relativ breiten, von Verwaltung und Gerichten nicht überprüfbaren Spielraum bei der Beurteilung belassen, welche Chancen er aufgrund der Verordnung eines solchen Mittels einem Heilungs-, Besserungs- oder Linderungserfolg bei einem Patienten einräumt. Es fordert nur, dass die ärztliche Beurteilung medizinisch *vertretbar* sein müsse und definiert die Vertretbarkeit dahingehend, dass *ernstzunehmende Gründe* für sie sprechen müssten.[126]

Das BVerwG hat in sieben Urteilen vom 17.02.1994[127], die in der ärztlichen und zahnärztlichen Fachpresse vielfach kommentiert und – nur teilweise zu Recht – als Fortschritt begrüßt worden sind, sich mit der beihilferechtlichen Erstattung von GOÄ- und GOZ-Abrechnungen befasst und dabei ebenfalls auf den Begriff der Vertretbarkeit abgestellt. Es hat entschieden, dass Aufwendungen für zahnärztliche Leistungen, deren Berechnung auf einer zweifelhaften Auslegung der einschlägigen Gebührenordnung beruhen, beihilferechtlich schon dann als angemessen anzusehen sind, wenn der vom Arzt in Rechnung gestellte Betrag einer **zumindest vertretbaren** Auslegung der Gebührenordnung entspricht **und** (!) der beihilfepflichtige Dienstherr nicht für rechtzeitige Klarheit über seine Auslegung gesorgt hat.

Die zuletzt zitierte Ansicht des BVerwG birgt erheblichen Konfliktstoff für das Verhältnis Zahnarzt – Beihilfepatient. Das oberste deutsche Verwaltungsgericht erlaubt es dem Dienstherrn, **mit verbindlicher Wirkung** für den Umfang des Beihilfeanspruchs zu definieren, **wie die GOZ bzw. die GOÄ richtig auszulegen ist**! Nach der Rechtsprechung des BVerwG haben die Beihilferichtlinien „*quasi-normativen Charakter*".[128] Wo hier die Grenzen zulässiger Regelung liegen, die in der Vergangenheit eine ständige Minimierung der beihilfemäßig gedeckten

---

125 BSG, Urteil vom 29.11.1991 – 3 RK 8/90 –, NJW 1992, 1584 [1585].

126 Das BSG hat also in dieser Entscheidung – wenn auch nicht explizit – die in der Zivilrechtsprechung zu den privaten Krankenversicherungsbedingungen herausgearbeitete Definition der objektiven medizinischen Notwendigkeit aufgegriffen und in das Recht der gesetzlichen Krankenversicherung eingeführt.

127 Vgl. etwa BVerwG, Urteil vom 17.02.1994 – 2 C 10/92 –, NJW 1994, 3023.

128 Vgl. z.B. BVerwG, Urteil vom 27.11.2003 – 3 C 38/02 –, NVwZ 2004, 1003.

Aufwendungen im Krankheitsfalle fast nach Art einer Salamitaktik bedeutete, ist bislang nicht geklärt. Ob das BVerfG auch heute noch an seiner extremen Zurückhaltung hinsichtlich der Rechtskontrolle der Beihilfevorschriften[129] festhalten würde, erscheint zumindest fraglich. Die unteren Instanzen der Verwaltungsgerichte sind jedenfalls nicht alle bereit, den beihilfeberechtigten Patienten von den Entwicklungen der modernen Zahnheilkunde ohne weiteres auszuschließen, wie sogleich noch näher dargelegt werden wird.

Der Streit wird damit vom Beihilfeträger auf das Verhältnis Zahnarzt – Patient und damit vor die Gerichte und somit letztlich auf die Gutachter verlagert. Konsequenz derartiger Auslegungsbefugnis ex officio wäre es, dass die meisten Zahnärzte sich bei der Abrechnung an die behördliche – und u.U. von Bundes- zu Landesbehörde bzw. von einem Bundesland zum anderen verschiedene – GOZ-Auslegung halten müssten oder Streit mit dem Patienten riskieren; denn die Auslegung ex officio bindet allenfalls den beihilfeberechtigten Patienten, nicht den Zahnarzt.

Hierzu ist kritisch anzumerken, dass die Aufgabe der Gerichte zur Rechtsauslegung im Beihilfebereich in rechtlich sehr bedenklicher Weise mit verbindlicher Wirkung auf den Dienstherrn delegiert wird. Vor Gericht könnte der Beihilfepatient dann nur noch eine willkürliche Auslegung der GOZ durch den Dienstherrn rügen.

Zum Glück für die beihilfeberechtigten Patienten setzen sich auch die Verwaltungsgerichte nicht sehenden Auges über zahnmedizinische Indikationen hinweg. In der Praxis hat sich mittlerweile gezeigt, dass eine überzeugende **gutachterliche Argumentation** auf der Basis des Standes der zahnmedizinischen Wissenschaft in der Lage ist, den an fiskalischen Interessen orientierten Beschränkungen der Beihilferichtlinien wirksam entgegenzutreten.[130]

Das BVerwG hat die vom Bundesinnenministerium veröffentlichten „*Hinweise zu den Beihilfevorschriften*“, die ausdrücklich feststellten, dass die Tatsache der ambulanten Ausführung einer Operation[131] nicht als Begründung für ein Überschreiten des Schwellenwertes (2,3) ausreiche, als zulässig akzeptiert.[132]

XI. Honorarvereinbarung nach § 2 GOZ

1. Honorarvereinbarung nach § 2 Abs. 1 GOZ

Die Honorarvereinbarung wird in § 2 GOZ bzw. § 2 GOÄ geregelt. Der erste Absatz beider Paragraphen bestimmt zunächst, dass eine Honorarvereinbarung nur über die Höhe der Vergütung, also über den Steigerungssatz erfolgen kann. Die GOÄ macht dazu noch eine Reihe von weiteren einschränkenden Ausnahmen, die in die GOZ bisher nicht übernommen sind.

§ 2 Abs. 1 GOZ	**§ 2 Abs. 1 GOÄ**
Durch Vereinbarung kann eine von dieser Verordnung abweichende Höhe der Vergütung festgelegt werden.	Durch Vereinbarung kann eine von dieser Verordnung abweichende Gebührenhöhe festgelegt werden. Für Leistungen nach § 5 a ist eine Vereinbarung nach Satz 1 ausgeschlossen. Die Vereinbarung einer abweichenden Punktzahl (§ 5 Abs. 1 Satz 2) oder eines abweichenden Punktwerts (§ 5 Abs. 1 Satz 3) ist nicht zulässig. Notfall- und akute Schmerzbehandlungen dürfen nicht von einer Vereinbarung nach Satz 1 abhängig gemacht werden.

[129] Vgl. z.B. BVerfG, Beschluss vom 12.08.1977 – 2 BvR 1063/76 –, ZBR 1978, 37.

[130] S. dazu insbesondere VG Arnsberg, Urteil vom 01.12.1999 – 2 K 2545/98 –, GHI, S. 271; VG Minden, Urteil vom 02.02.2000 – 4 K 1056/98 –, BDIZ-konkret 2000, Heft 2, S. 46 = BDIZ Jahrbuch 2002, S. 85 = GHI, S. 272.

[131] Nach Auffassung des Bundesinnenministeriums!

[132] BVerwG, Urteil vom 17.02.1994 – 2 C 10/92 –, NJW 1994, 3023.

Nach der vor 1987 geltenden Regelung konnte demgegenüber durch Honorarvereinbarung die Geltung der GOÄ bzw. der GOZ vollständig abgedungen werden. Das BVerfG hat diese Beschränkung des Rechts der freien Honorarvereinbarung durch Beschluss vom 19.04.1991 gebilligt.[133]

Nach § 2 Abs. 2 GOZ wie nach § 2 Abs. 2 GOÄ muss die Honorarvereinbarung

- vor Beginn der Behandlung[134]
- individuell und
- schriftlich

abgeschlossen werden.

§ 2 Abs. 2 GOZ	**§ 2 Abs. 2 GOÄ**
[1]Eine Vereinbarung nach Absatz 1 zwischen Zahnarzt und Zahlungspflichtigem ist vor Erbringung der Leistung des Zahnarztes in einem Schriftstück zu treffen. [2]Dieses muss die Feststellung enthalten, dass eine Erstattung der Vergütung durch Erstattungsstellen möglicherweise nicht in vollem Umfang gewährleistet ist. [3]Weitere Erklärungen darf die Vereinbarung nicht enthalten. [4]Der Zahnarzt hat dem Zahlungspflichtigen einen Abdruck der Vereinbarung auszuhändigen.	[1]Eine Vereinbarung nach Absatz 1 Satz 1 ist nach persönlicher Absprache im Einzelfall zwischen Arzt und Zahlungspflichtigem vor Erbringung der Leistung des Arztes in einem Schriftstück zu treffen. [2]Dieses muss neben der Nr. und der Bezeichnung der Leistung, dem Steigerungssatz und dem vereinbarten Betrag auch die Feststellung enthalten, dass eine Erstattung der Vergütung durch Erstattungsstellen möglicherweise nicht in vollem Umfang gewährleistet ist. [3]Weitere Erklärungen darf die Vereinbarung nicht enthalten. [4]Der Arzt hat dem Zahlungspflichtigen einen Abdruck der Vereinbarung auszuhändigen.

Zwischen beiden Normen bestehen ungeachtet der unterschiedlichen Textlängen inhaltlich keine relevanten Unterschiede.

Nach der Rechtsprechung des BGH ist es nicht zulässig, generell dieselben Steigerungssätze (z.B. für alles 4,0) zu vereinbaren.[135]

Erst recht nicht zulässig ist die Vereinbarung von Steigerungssätzen für Materialkosten[136], was leider auch immer wieder bei Honorarabrechnungen zu monieren ist.[137]

Mit der Honorarvereinbarung nach § 2 GOZ kann grundsätzlich nur ein anderer Steigerungsfaktor vereinbart werden. Die einzige, aber weitreichende Ausnahme davon bildet § 2 Abs. 3 GOZ.

2. Vorsorgliche Honorarvereinbarung nach § 2 Abs. 1 GOZ

In diesem Zusammenhang sei darauf hingewiesen, dass ein Ausweg aus dem Dilemma für vorsichtigere Zahnärzte, die beim Abschluss einer Honorarvereinbarung nach § 2 Abs. 1 GOZ besondere Akzeptanzprobleme in ihrer Klientel sehen, der Abschluss einer vorsorglichen Honorarvereinbarung nach § 2 Abs. 1 GOZ sein kann. Die GOZ schließt eine solche Vereinbarung, die nur für den Fall gilt, dass die normale Gebührenabrechnung nicht in allen Punkten halten sollte, nicht aus. Gesehen haben wir sie bisher zwar noch nie, aber die durch die Entscheidungen

133 BVerfG, Beschluss vom 19.04.1991 – 1 BvR 1301/89 –, NJW 1992, 737.

134 Das bedeutet nicht schon vor der ersten Untersuchung, sondern vor Beginn der konkreten – ggf. zusammenhängenden – Behandlung.

135 Vgl. BGH, Urteil vom 30.10.1991 – VIII ZR 51/91 –, VersR 1992, 185.

136 S. dazu näher unten Kapitel S VI.4, S. 326.

137 Von dieser Problematik strikt zu trennen ist die Berechnung sog. Regie- bzw. Lagerhaltungskosten. Dazu näher u. Kapitel T I, S. 332.

des BGH vom 13.05.2004[138] zur selbständigen Leistung und vom 27.05.2004[139] zu den Materialkosten eingeleitete Periode der Unsicherheit kann mit einer solchen Vereinbarung zumindest in ihren Auswirkungen minimiert werden.

Eine vorsorglich getroffene Honorarvereinbarung unterscheidet sich nicht von einer normalen Honorarvereinbarung. Schwierig zu entscheiden ist die Auswahl der Gebührenziffern, deren Steigerungsfaktoren ggf. massiv über den 3,5-fachen Satz hinaus erhöht werden sollen, um den Gesichtspunkten Material- und Lagerhaltungskosten einerseits und Abrechnung nur selbständiger Leistungen andererseits Rechnung zu tragen.

In einem mit Rücksicht auf § 2 Abs. 2 Satz 3 GOZ gesondert zu unterschreibenden Schriftstück muss lediglich vereinbart werden:

> Die am [Datum] getroffene Honorarvereinbarung nach § 2 Abs. 1 GOZ gilt nur für den Fall, dass die regulär nach Maßgabe der Gebührenordnung für Zahnärzte [Ärzte] erfolgende Gebührenabrechnung ganz oder teilweise nicht wirksam sein sollte.

3. Honorarvereinbarung nach § 2 Abs. 3 GOZ

> **§ 2 Abs. 3 GOZ**
> Auf Verlangen des Zahlungspflichtigen können Leistungen im Sinne von § 1 Abs. 2 Satz 2, die weder im Gebührenverzeichnis noch im Gebührenverzeichnis der Gebührenordnung für Ärzte enthalten sind, und ihre Vergütung abweichend von dieser Verordnung in einem Heil- und Kostenplan schriftlich vereinbart werden. Der Heil- und Kostenplan muss vor Erbringung der Leistung erstellt werden; er muss die einzelnen Leistungen und Vergütungen sowie die Feststellung enthalten, dass es sich um Leistungen auf Verlangen handelt und eine Erstattung möglicherweise nicht gewährleistet ist. § 6 Abs. 2 bleibt unberührt.

Die GOÄ enthält keine vergleichbare Regelung.

Wenn folgende vier **Faktoren** zusammen kommen:

- es liegt eine selbständige Leistung vor,
- die Behandlung übersteigt das Maß des medizinisch Notwendigen,
- der Patient verlangt eine solche Behandlung,
- die Leistung ist weder im Gebührenverzeichnis zur GOZ noch dem zur GOÄ enthalten,

kann eine gänzlich freie Vereinbarung getroffen werden.[140] Auch die Vereinbarung eines **Pauschalhonorars** ist dann ausnahmsweise[141] zulässig.

Es ist nur aus vermeintlichen Abrechnungsvereinfachungsgründen nachzuvollziehen, dass alle Neuentwicklungen auf dem Gebiet der Heilkunde bei Ärzten und Zahnärzten nach GOZ- oder GOÄ-Positionen abgerechnet werden, die dafür meist nicht oder nur bedingt passen, anstatt die

---

[138] BGH, Urteil vom 13.05.2004 – III ZR 344/03 –, VersR 2004, 1135 = Kapitel U IV.18, S. 368.

[139] BGH, Urteil vom 27.05.2004 – III ZR 264/03 –, VersR 2004, 1138 = Kapitel U III.1, S. 360.

[140] Vgl. Liebold/Raff/Wissing, GOZ, § 2 Rz. 31; Tiemann/Grosse, S. 28.

[141] Innerhalb des Anwendungsbereiches der GOZ/GOÄ ist die Vereinbarung eines Pauschalhonorars unzulässig, vgl. BVerfG, Beschluss vom 19.04.1991 – 1 BvR 1301/89 –, NJW 1992, 737; Ärztegericht des Saarlandes, Urteil vom 19.07.1967 – ÄG 2/86 –, HeilBGE A 2.8 Nr. 1.1; LG Stuttgart, Urteil vom 12.10.1984 – 6 S 16/84 –, NJW 1985, 688; LG Stuttgart, Urteil vom 14.12.1990 – 9 O 283/90 –; BG für Heilberufe beim VG Kassel, Urteil vom 26.07.1989 – 13/88 –, HeilBGE A 2.8 Nr. 1.27; LBG für Heilberufe beim VGH Kassel, Urteil vom 06.11.1991 – LBG 2874/89 –, ArztR 1992, 203; Begründung zum Regierungsentwurf der GOZ, BR-Drs 276/87 vom 26.06.1987, S. 58; Erman/Hanau, § 612 BGB Rz. 14; Funke, S. 77; Kölsch, Ärztliche Vergütungsvereinbarung nach § 2 GOÄ und AGB-Gesetz, NJW 1985, 2172; Liebold/Raff/Wissing, § 2 Rz. 8; Wezel-Liebold, Anm. zu § 2 GOÄ; **a.A.** Tiemann, Das Recht in der Arztpraxis, S. 191; Weißauer, Honorarvereinbarung nach der neuen GOÄ, Anästhesie und Intensivmedizin 1983, 51. Zulässig ist die Vereinbarung von Pauschalhonoraren dagegen für ärztlich geleitete Einrichtungen (s. BSG, Beschluss vom 20.01.1999 – B 6 KA 82/97 –, NZS 1999, 623) und natürlich für juristische Personen, die zahnärztliche Dienstleistungen durch angestellte Zahnärzte erbringen und diese im eigenen Namen abrechnen.

Chancen des § 2 Abs. 3 GOZ zu ergreifen.[142] Weite Bereiche der Naturzahnheilkunde und der gesamte Bereich der professionellen Zahnreinigung unterfallen eigentlich dem § 2 Abs. 3 GOZ.[143]

XII. Analogberechnung nach § 6 Abs. 2 GOZ

Von der Vereinbarung nach § 2 Abs. 3 GOZ strikt zu trennen ist die Analogberechnung nach § 6 Abs. 2 GOZ.

> **§ 6 Abs. 2 GOZ**
> Selbständige zahnärztliche Leistungen, die erst nach In-Kraft-Treten dieser Gebührenordnung aufgrund wissenschaftlicher Erkenntnisse entwickelt werden, können entsprechend einer nach Art, Kosten- und Zeitaufwand gleichwertigen Leistung des Gebührenverzeichnisses für zahnärztliche Leistungen berechnet werden.

Die Analogberechnung ist nur unter folgenden drei Voraussetzungen zulässig:

- Es muss sich um eine selbständige Leistung handeln, die
- nach dem 01.07.1988 auf Grund wissenschaftlicher Erkenntnisse entwickelt wurde, und
- medizinisch notwendig i.S. des § 1 Abs. 2 Satz 1 GOZ ist.

Das Stichtagskriterium ist untauglich. Wann sind Leistungen „*entwickelt*“? Genügt es, dass eine Universität diese Leistungen testet oder bedeutet „*entwickelt*“, dass die Leistung zum Stichtag 01.07.1988 schon allgemein wissenschaftlich anerkannt sein musste?[144] In der Literatur wird zum Teil nur eine „*gewisse Praxisreife*“ verlangt.[145]

Richtig erscheint der Ansatzpunkt der Regierungsbegründung zur GOZ, den Stichtag mit der erfolgten allgemeinen wissenschaftlichen Anerkennung zu verknüpfen.[146]

Tiemann/Grosse weisen auf die Abrechnungsproblematik der 1988 schon praktizierten, aber in der GOZ nicht erwähnten Therapien hin, z.B. der myofunktionellen Therapie.[147] Fordert man für die Analogberechnung das Fehlen der allgemeinen wissenschaftlichen Anerkennung vor dem 01.07.1988, dann sind diese Leistungen analog abrechenbar. Verlangte man dagegen nur eine „*gewisse Praxisreife*“ und verzichtete auf die wissenschaftliche Anerkennung, dann wären solche Therapien nicht analog und damit nur nach § 2 Abs. 3 GOZ abrechenbar.

Die Frage der Analogberechnung darf nicht mit dem Nachweis der medizinischen Notwendigkeit vermischt werden. Medizinisch notwendig können auch wissenschaftlich nicht allgemein anerkannte Methoden (oft als **Außenseitermethoden** bezeichnet) sein.[148]

Bei der Honorarabrechnung können Leistungen, die zeitaufwändig, aber Bestandteil einer Leistungsziffer der Gebührenordnung sind, nicht analog einer anderen Gebührenposition abge-

---

[142] In diesem Punkt unterscheidet sich die GOZ erheblich von der GOÄ. Dort besteht in solchen Fällen nur die Möglichkeit der Analogabrechnung. Vollständig von der GOÄ lösen kann sich der Arzt nicht (vgl. Brück/Hess/Klakow-Franck/Warlo, § 1 Anm. 8; Funke, S. 60).

[143] Für die professionelle Zahnreinigung kann also ein Pauschal- oder auch ein Stundenhonorar verlangt werden. Allerdings ist dies nach dem Gesetz jeweils **schriftlich** zu vereinbaren. Die Verletzung der Schriftform bedeutet, dass der Patient bezahltes Honorar drei Jahre (früher waren es 30 Jahre!) lang zurückfordern kann (vgl. OLG Köln, Urteil vom 10.02.1993 – 27 U 188/92 –, MedR 1993, 349; s. dazu Ratajczak, Neuere Rechtsprechung zum Zahnarztrecht, Zahnarztmagazin 1994, Heft 3, S. 50 [55]). S. dazu eingehend Kapitel P (S. 280 ff.).

[144] So die Begründung zum Regierungsentwurf der GOZ, aaO., S. 71.

[145] So Liebold/Raff/Wissing, § 6 Rz. 11.

[146] Begründung zum Regierungsentwurf der GOZ, aaO., S. 71.

[147] Tiemann/Grosse, S. 45.

[148] Vgl. OLG Köln, Urteil vom 30.10.1996 – 5 U 88/96 –, VersR 1997, 729; OLG Köln, Urteil vom 23.06.1999 – 5 U 232/98 –, VersR 2000, 42; KG Berlin, Urteil vom 25.08.1998 – 6 U 7063/97 –, VersR 2001, 178.

rechnet werden (§ 4 Abs. 2 Satz 2 GOZ – Grundsatz der Abrechnung nur selbständiger Leistungen – sog. Zielleistungsprinzip[149]). Zeitaufwändige Leistungen müssen vielmehr über den Steigerungssatz sachgerecht bewertet werden. Falls dieser nicht ausreicht, bleibt nur die Möglichkeit der Vereinbarung nach § 2 GOZ

Bei der Frage der Analogabrechnung nach § 6 Abs. 2 GOZ hat das OLG Hamm kürzlich eine völlig neue Fragestellung aufgeworfen. Es ist der Auffassung, dass nach In-Kraft-Treten der GOZ 1988 entwickelte Therapien auf dem Gebiet der Zahnheilkunde (es ging um Emdogain®) nur in analoger Anwendung der Gebührenziffern des Leistungsverzeichnisses zur GOZ, nicht aber in Analogie zur GOÄ abgerechnet werden können.

Begründet wird diese Entscheidung unter Hinweis darauf, dass der Verordnungsgeber in der GOZ alle berechnungsfähigen zahnärztlichen Leistungen aufgenommen habe. Das OLG Hamm sieht zwar, dass § 6 Abs. 1 GOZ auf die GOÄ verweist und führt aus:

> Auf der Grundlage des eindeutigen Verordnungswortlauts wird daher auch vertreten, dass die Gebührennummern der GOZ, ergänzt um solche aus der GOÄ gem. § 6 Abs. 1 GOZ, vollständig und abschließend sind und Analogien über den Anwendungsbereich des § 6 Abs. 2 GOZ hinaus nicht zulassen (Meurer, § 6 Anm. 5). Dieser Meinung schließt sich der Senat an.[150]

Das für den konkreten Fall gefundene Ergebnis zur Abrechnung von Emdogain® analog GOZ 411 soll hier nicht in Frage gestellt werden. Das entspricht einer verbreiteten Empfehlung. Die generelle Schlussfolgerung des Gerichts ist jedoch nicht ganz offenkundig falsch.

> **§ 6 Abs. 1 GOZ**
> Erbringt der Zahnarzt Leistungen, die in den Abschnitten B I und II, C, D, E, V und VI, J, L, M unter den Nummern 4113 und 4700, N sowie O des Gebührenverzeichnisses für ärztliche Leistungen aufgeführt sind, sind die Vergütungen für diese Leistungen nach den Vorschriften der Gebührenordnung für Ärzte in der jeweils geltenden Fassung zu berechnen.

Der vorstehend wiedergegebene Wortlaut des § 6 Abs. 1 GOZ ergibt zum einen, dass die GOZ nicht alle von Zahnärzten abrechenbaren Leistungen erschöpfend aufzählt, weil sonst die Verweisung auf die entsprechenden Gebührenabschnitte der GOÄ keinen Sinn machte. Zahnärzte dürfen auch im Rahmen der GOÄ nur Leistungen erbringen, die i.S. des § 1 Abs. 3 ZHG und des Art. 5 Abs. 1 der Richtlinie 78/687/EWG zahnärztliche Leistungen sind.[151] Weder werden Zahnärzte zu Ärzten, soweit sie nach GOÄ abrechnen dürfen, noch werden zahnärztliche Leistungen zu ärztlichen Leistungen, wenn sich die Abrechnungsgrundlage hierfür nur in der GOÄ findet. Sie bleiben zahnärztliche Leistungen. Besonders im Bereich der zahnärztlichen Chirurgie wird deutlich, dass zahllose Leistungen auch ansatzweise im Gebührenverzeichnis zur GOZ berücksichtigt sind.[152]

Die GOÄ wird – aus Gründen, die nur der Verordnungsgeber kennt – häufiger reformiert als die GOZ. Träfe die Auffassung des OLG Hamm zu, dann könnten selbständige zahnärztliche Leistungen, die i.S. des § 6 Abs. 2 GOZ ab 01.01.1988 neu entwickelt wurden, auch dann nur analog der GOZ-Positionen abgerechnet werden, wenn das Leistungsverzeichnis der GOÄ dazu mittlerweile eine Gebührenposition, z.B. im Bereich der mund-, kiefer- und gesichtschirurgischen Leistungen enthielte. Man müsste dafür aber in § 6 Abs. 1 GOZ zum einen die Zeitbegrenzung des Abs. 2 hineininterpretieren. Das widerspräche aber dem klaren Wortlaut des

---

149 S. sogleich Kapitel B XIV, S. 43 ff.

150 OLG Hamm, Urteil vom 07.11.2003 – 20 U 56/03 –, VersR 2004, 501.

151 OLG Zweibrücken, Urteil vom 21.08.1998 – 2 U 29/97 –, MedR 1999, 219 = BDIZ-konkret 1998, Heft 3, S. 24.

152 S. dazu insbesondere die Behandlungen, um deren Zuordnung zum grundsätzlich den Zahnärzten eröffneten Behandlungsbereich es in der Entscheidung des OLG Zweibrücken vom 21.08.1998 – 2 U 29/97 –, MedR 1999, 219 = BDIZ-konkret 1998, Heft 3, S. 24 ging.

Abs. 1, der auf das Gebührenverzeichnis zur GOÄ in seiner „*jeweils geltenden Fassung*“ verweist, also zukünftige Änderungen bereits einschließt. Im Sinne des § 6 Abs. 2 GOZ ist auch der durch § 6 Abs. 1 GOZ teilweise eröffnete Leistungskatalog der GOÄ Teil des „*Gebührenverzeichnisses für zahnärztliche Leistungen.*“

Die Auffassung des OLG Hamm berücksichtigt auch nicht, dass neu entwickelte Leistungen nur eine Variation schon in der GOZ bzw. der GOÄ beschriebener Leistungen sein können. Bei ihnen stellt sich – bei vernünftiger Auslegung des § 6 Abs. 2 GOZ – die Frage der Analogie nicht.

Damit ist folgende Abgrenzung zwischen § 6 Abs. 1 und Abs. 2 GOZ gesetzeskonform:

- Alle zahnärztlichen Leistungen, die in dem Gebührenverzeichnis zur GOZ ihren Niederschlag finden, sind – soweit die Voraussetzungen des § 1 Abs. 2 GOZ erfüllt sind und kein Anwendungsfall des § 2 Abs. 3 GOZ gegeben ist – nach GOZ abzurechnen, ohne dass es darauf ankommt, wann diese entwickelt wurden.
- Alle zahnärztlichen Leistungen, die im Gebührenverzeichnis der GOÄ ihren Niederschlag finden, sind – mit den in der vorhergehenden Aufzählung bereits genannten Einschränkungen – nach GOÄ abzurechnen, ohne dass es darauf ankommt, wann diese entwickelt wurden.
- Im Sinne des § 6 Abs. 2 GOZ neu entwickelte zahnärztliche Leistungen, die weder im Gebührenverzeichnis zur GOÄ noch im Gebührenverzeichnis zur GOZ enthalten sind, aber die Voraussetzungen des § 1 Abs. 2 GOZ erfüllen und nicht unter § 2 Abs. 3 GOZ fallen, sind analog zu dem nach § 6 Abs. 1 GOZ eröffneten Leistungskatalog der GOÄ abzurechnen, sofern sich darin eine den Kriterien des § 6 Abs. 2 GOZ genügende Leistungsziffer findet. Ist dies nicht der Fall, erfolgt die Abrechnung analog zu GOZ-Positionen.

XIII. Abgrenzung GOZ – GOÄ

Die Abgrenzung zwischen § 6 Abs. 1 und Abs. 2 GOZ wirft notwendigerweise auch die Frage nach der Abgrenzung zwischen GOZ und GOÄ auf, insbesondere nach einem Wahlrecht zwischen beiden Gebührenordnungen, wenn eine zahnärztliche Leistungsbeschreibung nach beiden Gebührenverzeichnissen abrechenbar ist.

Hierzu wird die Auffassung vertreten, dass in einem solchen Fall der Zahnarzt es sich aussuchen kann, ob er nach GOZ oder nach GOÄ abrechnet.[153] Es mag sich dabei um ein eher theoretisches Problem handeln. Die Rechtslage aber ist eindeutig. Die GOZ ist zur GOÄ lex specialis. Dies folgt schon aus § 15 ZHG. Soweit die GOZ eine die Behandlung zutreffend erfassende Leistungsbeschreibung enthält, ist aus gesetzessystematischen Gründen eine Abrechnung nach GOÄ ausgeschlossen.

Fehlt es an der zutreffenden Erfassung, dann besteht in der Tat eine Art Wahlrecht. Der Zahnarzt ist gehalten, „*die erbrachte zahnärztliche Leistung unter dem Aspekt der am nahesten kommenden Leistungslegende der einzelnen Gebührenziffern zu bedenken*“.[154] Gleichzeitig darf er aber eine Auslegung der Gebührenverzeichnisse wählen, die „*vertretbar*“ ist.[155] Beides zusammen führt zu einer gewissen Unschärfe in der Anwendung der Gebührenordnungen. Insoweit kann man durchaus von einem beschränkten Wahlrecht des Zahnarztes zwischen GOZ und GOÄ reden.

---

153 So z.B. Liebold/Raff/Wissing, § 6 GOZ, Rz. 8.

154 So richtig Heberer, in Esser, § 6 GOZ, Rz. 3.

155 S. dazu näher Kapitel B X, S. 36 f.

XIV. Selbständige Leistungen – Zielleistungsprinzip

1. Einleitung

Nachdem der Bundesgerichtshof in seiner Entscheidung vom 12.03.2003[156] den Bemühungen um die Neudefinition der medizinischen Indikation nach Aspekten abstrakter Wirtschaftlichkeit eine Absage erteilt hat, rückt ein anderer von den privaten Krankenversicherungen seit einigen Jahren forcierter Gesichtspunkt in das Zentrum der Auseinandersetzungen um zahnärztliche Gebührenabrechnungen. Postuliert wird ein Zielleistungsprinzip als ein neues und die GOZ wie die GOÄ beherrschendes Prinzip.[157] In einer Urteilsanmerkung[158] von Frau Rechtsanwältin Kaufmann, Mitarbeiterin in der jedenfalls die meisten privaten Krankenversicherer typischerweise in diesen Verfahren vertretenden Anwaltskanzlei, heißt es lapidar:

> Nach dem der GOZ zugrunde liegenden Zielleistungsprinzip (§ 4 Abs. 2 S. 2) darf der Zahnarzt Gebühren für eine Leistung, die Bestandteil oder eine besondere Ausführung einer anderen Leistung ist, nicht gesondert in Rechnung stellen, sofern er für diese bereits eine Gebühr berechnet.

In einem wohl aus Textbausteinen zusammengesetzten Schriftsatz derselben Kanzlei heißt es[159]:

> Gemäß § 4 Abs. 2 Satz 1 GOZ darf der Arzt Gebühren nur für selbständige Leistungen berechnen. Nach § 4 Abs. 2a Satz 1 GOZ ist eine Leistung unselbständig und nicht gesondert abrechenbar, wenn sie Bestandteil oder eine besondere Ausführung einer anderen abrechnungsfähigen Leistung ist (Zielleistungsprinzip).

Sieht man einmal davon ab, dass es einen § 4 Abs. 2a GOZ <u>nicht</u> gibt, kann man den Ausführungen zustimmen, wenn der Begriff Zielleistungsprinzip ein – wenn auch überflüssiges – Synonym für den Grundsatz sein soll, dass nur selbständige Leistungen abrechenbar sind.

Damit ist aber kein „neues“ Rechtsprinzip gegeben, sondern eine mit einem neuen Wort bezeichnete rechtliche Banalität. Also postuliert die Anwaltskanzlei weiter:

> Maßgeblich für eine solche Zuordnung ist, ob nach dem technischen Ablauf der Leistungserbringung eine Leistung nicht erbracht werden kann, ohne den Leistungsinhalt einer anderen Leistungsposition mit zu erbringen. Nicht gesondert abrechenbar sind sog. Vorbereitungs-, Hilfs- und Begleitleistungen. Nach der GOZ ist eine Leistung dann Bestandteil einer anderen Leistung, wenn
> - die anatomischen und/oder funktionell physiologischen Bedingungen eine so enge Zusammengehörigkeit aufweisen, dass, bezogen auf den einzelnen Krankheitsfall, eine Leistung nicht ohne die andere bewirkt werden kann oder
> - der Wortlaut einer Leistungslegende oder einer Anmerkung eine Leistung als Bestandteil einer anderen Leistung deklariert.

Zitiert wird dazu eine Passage aus dem Kommentar von *Brück/Hess/Klakow-Franck/Warlo*. Wer diesen Kommentar kennt, weiß, dass dieser sich ausschließlich mit der GOÄ beschäftigt und zur GOZ nichts aussagt.

Der Bundesgerichtshof hat sich – soweit ersichtlich zum ersten Mal – in einer Entscheidung vom 13.05.2004[160] mit dem Begriff Zielleistungsprinzip befasst.

---

[156] BGH, Urteil vom 12.03.2003 – IV ZR 278/01 –, VersR 2003, 581 = Kapitel U II.1, S. 346 ff; s. dazu Ratajczak, BDIZ-konkret 2003, Heft 2, S. 48.

[157] S. dazu z.B. Griebau, § 4 Abs. 2a GOÄ – Das Zielleistungsprinzip als Instrument der Leistungskürzung durch Privatversicherer, ZMGR 2004, 30; Ratajczak, Zielleistungsprinzip, BDIZ-konkret 2002, Heft 4, S. 17.

[158] Kaufmann, Anmerkung zu LG Hagen, Urteil vom 30.10.2001 – 1 S 122/01 –, VersR 2002, 744.

[159] Aus einem Schriftsatz an das AG Forchheim vom 21.08.2002 – 70 C 623/02 –.

[160] BGH, Urteil vom 13.05.2004 – III ZR 344/03 –, VersR 2004, 1135 = Kapitel U III.1, S. 360.

2. Die gesetzliche Ausgangssituation

Die PKVen leiten das von ihnen und ihnen nahe stehenden Autoren gesehene neue Prinzip vor allem aus § 4 Abs. 2a GOÄ her. *Miebach* bezeichnet es gar als eines der wichtigsten Grundregeln bei der Anwendung der GOÄ.[161] Diese Bestimmung wurde in die GOÄ erst durch die Gesetzesänderung zum 01.01.1996 eingefügt. Sie regelt aber nicht eigentlich Neues, sondern bringt nur eine Übernahme des § 4 Abs. 2 Satz 2 GOZ sowie eine ergänzende Klarstellung. Das wird besonders deutlich, wenn man die korrespondierenden Textabschnitte aus GOÄ und GOZ einander synoptisch gegenüberstellt. Die Textunterschiede sind in blauer Schrift hervorgehoben.

§ 4 Abs. 2 Satz 1 GOÄ	**§ 4 Abs. 2 Satz 1 GOZ**
Der Arzt kann Gebühren nur für selbständige ärztliche Leistungen berechnen, die er selbst erbracht hat oder die unter seiner Aufsicht nach fachlicher Weisung erbracht wurden (eigene Leistungen).	[1]Der Zahnarzt kann Gebühren nur für selbständige zahnärztliche Leistungen berechnen, die er selbst erbracht hat oder die unter seiner Aufsicht nach fachlicher Weisung erbracht wurden (eigene Leistungen).
§ 4 Abs. 2a Sätze 1 und 2 GOÄ	**§ 4 Abs. 2 Satz 2 GOZ**
[1]Für eine Leistung, die Bestandteil oder eine besondere Ausführung einer anderen Leistung nach dem Gebührenverzeichnis ist, kann der Arzt eine Gebühr nicht berechnen, wenn er für die andere Leistung eine Gebühr berechnet. [2]Dies gilt auch für die zur Erbringung der im Gebührenverzeichnis aufgeführten operativen Leistungen methodisch notwendigen operativen Einzelschritte.	[2]Für eine Leistung, die Bestandteil oder eine besondere Ausführung einer anderen Leistung nach dem Gebührenverzeichnis ist, kann der Zahnarzt eine Gebühr nicht berechnen, wenn er für die andere Leistung eine Gebühr berechnet.

Die aus der Tabelle ablesbaren Differenzen sind minimal. Schon die Einleitung des 2. Satzes zu § 4 Abs. 2a GOÄ knüpft mit den Worten „*Dies gilt auch*" an den ersten Satz und damit an den Rechtszustand an, der in der GOZ schon immer und auch heute noch gilt. Mit § 4 Abs. 2a Satz 2 GOÄ wurde nicht ein neues Abrechnungs- oder auch nur Auslegungsprinzip eingeführt, sondern nur unterstrichen, was sich auch sonst nach allgemeinen Auslegungsgrundsätzen schon ergibt:

- Eine Leistung, die Bestandteil einer anderen Leistung ist, ist keine selbständige Leistung.
- Eine Leistung, die nur eine besondere Ausführung einer anderen Leistung ist, ist ebenfalls keine selbständige Leistung.

Der Gesetzeswortlaut erstreckt mit der Einführung des § 4 Abs. 2a Satz 2 GOÄ den Grundsatz der Abrechenbarkeit nur selbständiger Leistungen auf den operativen Bereich. Dabei handelt es sich um eine Klarstellung. Sind die methodisch notwendigen operativen Einzelschritte Bestandteile einer anderen Leistung, dann sind sie nicht gesondert abrechenbar. Darauf musste man auch ohne gesetzliche Klarstellung kommen.

Der Begriff Zielleistung findet sich als solcher nur in den die chirurgischen Leistungen enthaltenden Allgemeinen Bestimmungen zum Abschnitt L des Gebührenverzeichnisses der GOÄ:

Zur Erbringung der in Abschnitt L aufgeführten typischen operativen Leistungen sind in der Regel mehrere operative Einzelschritte erforderlich. Sind diese Einzelschritte methodisch notwendige Bestandteile der in der jeweiligen Leistungsbeschreibung genannten Zielleistung, so können sie nicht gesondert berechnet werden.

[161] Miebach, Das „Zielleistungsprinzip" – eine der wichtigsten Grundregeln bei der Anwendung der Gebührenordnung für Ärzte, MedR 2003, 88.

Brück/Hess/Klakow-Franck/Warlo führen zu § 4 Abs. 2a Satz 2 GOÄ aus[162]:

> Abs. 2a S. 2 wiederholt die in Satz 1 bereits enthaltene grundsätzliche Aussage über die nicht gesondert berechnungsfähigen Leistungsbestandteile einer vom Arzt berechneten Leistung ausdrücklich für operative Leistungen. Methodisch notwendige operative Einzelschritte zur Erbringung einer im Gebührenverzeichnis genannten operativen Zielleistung können danach nicht neben der Gebühr für die Zielleistung berechnet werden. Dies ist systematisch richtig, erfordert aber, dass die Zielleistung in ihrer Bewertung die methodisch ihr zuzuordnenden Einzelschritte umfasst. Dies ist jedoch bei einer Vielzahl neuerer Operationen nicht geschehen, weswegen die Aufnahme dieser im Grundsatz richtigen Regelung zunächst bis zu einer Überarbeitung des Abschnittes L zurückgestellt werden sollte. Auf Verlangen des Bundesrates ist sie jedoch genommen worden, ohne dass die Bewertungen von operativen Zielleistungen hieran ausgerichtet worden sind. Dies wird in der praktischen Anwendung zu Problemen führen, da von der bestehenden Bewertung her nicht davon ausgegangen werden kann, dass z.B. alle einer Endoprothese methodisch zuzuordnenden Einzelschritte mit einer Bewertung von ca. 600 DM abgegolten sind.

Diese Hinweise sind in mehrfacher Hinsicht bedeutsam. Die Aufnahme des § 4 Abs. 2a Satz 2 GOÄ hätte nach der Interpretation der PKVen eine massive Abwertung operativer Leistungen zur Folge gehabt. Dass derartiges beabsichtigt war, ergibt sich auch nicht ansatzweise aus den Begründungen zu den verschiedenen Entwürfen der GOÄ-Novelle 1996. Die GOÄ ist jedoch, wie sich aus § 6 Abs. 2 GOÄ ergibt, ebenso wie die GOZ dem Grundsatz der nach „*Art, Kosten und Zeitaufwand*" angemessenen Vergütung verpflichtet. Bei der Festsetzung der Vergütung ist auch den „*berechtigten Interessen der Zahnärzte*" (§ 15 Satz 2 ZHG) bzw. der Ärzte (§ 11 Satz 3 BÄO) Rechnung zu tragen.

Dass die Auslegung die Einkommenschancen betreffender Vorgänge bei Freiberuflern – also auch bei Zahnärzten – den verfassungsrechtlichen Vorgaben des Art. 12 GG (Berufsausübungsfreiheit) genügen muss, ist eine in Vergessenheit geratene Selbstverständlichkeit, an die das BVerfG[163] immer wieder erinnern muss:

> Der Schutzbereich von Art. 12 Abs. 1 GG ist berührt. Vergütungsregelungen und hierauf gründende Entscheidungen, die auf die Einnahmen, welche durch eine berufliche Tätigkeit erzielt werden können, und damit auch auf die Existenzerhaltung von nicht unerheblichem Einfluss sind, greifen in die Freiheit der Berufsausübung ein.

Auch Gebührenordnungen sind so auszulegen, dass sie nicht den Anspruch der Zahnärzte und Ärzte auf eine sachgerechte Honorierung ihrer Leistungen verletzen.[164] Dem wäre aber so, wenn sich die Rechtsauffassung der PKVen durchsetzte. Das Amtsgericht Krefeld hat in einer Entscheidung vom 30.11.1992 das Problem zutreffend auf den Punkt gebracht[165]:

> § 4 Abs. 2 GOZ spricht nicht vom „Ziel" einer Behandlung, sondern vom Bestandteil der Behandlung. **Dass das „Zielleistungsprinzip" keine tragfähige Begründung ist, ergibt sich einleuchtend aus folgender Überlegung**: **Je weiter und höher** das Ziel der Behandlung festgesetzt würde, **desto weniger** Gebührentatbestände wären selbständig abrechenbar. Abrechenbar wäre dann nur der letzte Behandlungsschritt. **Dies kann aber nicht richtig sein.**

162 Brück/Hess/Klakow-Franck/Warlo, § 4 Rz. 6.

163 BVerfG, Beschluss vom 12.08.2002 – 1 BvR 328/02 –, NJW 2002, 3314; BVerfG, Beschluss vom 15.12.1999 – 1 BvR 1904/05 u.a. –, BVerfGE 101, 331.

164 Vgl. BGH, Urteil vom 13.05.2004 – III ZR 344/03 –, VersR 2004, 1135 = Kapitel U III.1, S. 360.

165 AG Krefeld, Urteil vom 30.11.1992 – 7 C 449/92 –, GU, S. 86.

Das Landgericht Halle hat in einem Urteil vom 30.10.2003 den vorstehend angeführten Gesichtspunkt der verfassungskonformen Interpretation von Gebührenordnungen aufgegriffen und ausgeführt:

> Bei dieser rein sprachlichen Analyse kann man aber auch nach der Rechtsauffassung der Kammer nicht stehen bleiben. Vielmehr sind die Vorschriften der §§ 4 Abs. 2 a, 6 Abs. 2 GOÄ in Verbindung mit den entsprechenden Leistungsbeschreibungen verfassungskonform im Lichte der Erfordernisse der Art. 12 GG, aber auch Art. 1 und 2 GG auszulegen. Zwar ist es grundsätzlich Aufgabe des Verordnungsgebers, die Zielleistungen womöglich gerade im Hinblick auf den medizinischen Fortschritt neu festzulegen. Die Gerichte sind aber gehalten, im Wege der verfassungsgemäßen Auslegung eine angemessene Vergütung der Leistungen sicherzustellen, vgl. BGH, NJW 2003, 212 [214].[166]

Die vom LG Halle in Bezug genommene Entscheidung betrifft die vom BGH entschiedene Frage der Anpassung der Zwangsverwaltervergütung an die gegenwärtigen wirtschaftlichen Verhältnisse im Wege verfassungskonformer Anwendung der Zwangsverwalterverordnung von 1970. Darin führt der Bundesgerichtshof in bemerkenswerter Klarheit zur Funktion staatlich festgelegter Gebührenansätze aus:

> Allerdings könnte § 24 ZwVerwVO gegen Art. 12 Abs. 1 GG verstoßen, wenn er die Gerichte nötigte, zu geringe und dadurch die Berufsausübung beeinträchtigende Vergütungen festzusetzen. Um ein solches Ergebnis zu verhindern, hätten die Gerichte vorrangig zu versuchen, im Wege verfassungskonformer Auslegung der Norm eine angemessene Vergütung sicherzustellen; die Gerichte wären an die Vergütungsregelung einer Verordnung dann nicht mehr gebunden, wenn sie zu unangemessenen Folgen führte (BVerfG, ZIP 1989, 382 [383]). Maßstab dafür ist der Grundsatz der Verhältnismäßigkeit: In die Berufsfreiheit könnte insbesondere eingegriffen werden, wenn die festzusetzende Vergütung nicht einmal die Selbstkosten des Berufsangehörigen deckte (BVerfGE 85, 329 [334 f.]). Die festzusetzende Vergütung soll eine auskömmliche Berufsausübung ermöglichen (vgl. BVerfG, ZInsO 2001, 463 [464]).[167]

Dem ist für den Bereich der GOÄ und insbesondere den Bereich der GOZ nichts mehr hinzuzufügen.

3. Selbständige Leistung

Die Schwierigkeiten liegen darin, die selbständige Leistung von der unselbständigen Leistung abzugrenzen. Der Begriff der Zielleistung liefert dazu keine greifbaren Anhaltspunkte, was besonders deutlich wird, wenn man die unten wiedergegebene gewundene Argumentation des Kommentars von *Lang et al.* betracht. Es handelt sich insbesondere nicht um ein medizinisches Abgrenzungskriterium.[168] Die Wurzelbehandlung liefert dafür ein klassisches Beispiel.

Sie beginnt in der Regel mit der VitE (GOZ 235 = BEMA 28), gefolgt von der WK (GOZ 241 = BEMA 32), ggf. der Phys (GOZ 242; bis 31.12.2003 im BEMA als Nr. 33 enthalten), meist einer oder mehrerer Med (GOZ 243 = BEMA 34) und endet mit der WF (GOZ 244 = BEMA 35). Die Behandlung des Zahnes geht in der Regel mit der Unterfüllung und der Füllung (GOZ 209, 211) weiter. Aus der Sicht des Patienten ist erst dann das Problem behoben. Dennoch handelt es sich jeweils um gesondert abrechenbare, weil selbständige Leistungen. Dass die Unterfüllung nicht gesondert abrechenbar ist, ergibt sich aus den Gebührenziffern GOZ 209 und 211. Die Unterfüllung ist in diesem Sinne Durchgangsleistung.

---

166 LG Halle, Urteil vom 30.10.2003 – 2 S 106/03 –, ZMGR 2004, 73 [74]).

167 BGH, Beschluss vom 12.09.2002 – IX ZB 39/02 –, BGHZ 152, 18 = NJW 2003, 212.

168 Ebenso Hoffmann, GOÄ, 3.A., Stand Januar 2003, § 4 Rz. 1 Nr. 2; a.A. Brück/Hess/Klakow-Franck/Warlo, aaO., § 4 Rz. 4 unter 4.1.

Sowohl die GOZ wie die GOÄ (z.B GOÄ 2253) kennen eine Vielzahl von Durchgangsleistungen, die nicht selbständig abrechenbar sind. Der Verordnungsgeber des Gebührenverzeichnisses hat durchweg den gesetzlichen Vorgaben in § 4 Abs. 2 und 2a GOÄ bzw. § 4 Abs. 2 GOZ Rechnung getragen und die entsprechenden Leistungsausschlüsse explizit normiert. Insbesondere die GOÄ ist voll von expliziten Ausschlüssen der Nebeneinanderabrechnung. Unterstellt man dem Verordnungsgeber, dass diese Abrechnungsausschlüsse planvoll und mit Bedacht vorgenommen wurden, was man schon aus verfassungsrechtlichen Gründen muss, weil unter Beachtung des Legalitätsprinzips erlassene Rechtsnormen die Vermutung ihrer Verfassungsmäßigkeit und nicht ihrer Verfassungswidrigkeit in sich tragen, dann kann nach den Grundsätzen der systematischen Auslegung insoweit nur ein Schluss[169] gezogen werden:

Leistungen sind grundsätzlich nebeneinander abrechenbar, sofern keine Abrechnungsausschlüsse im Gebührenverzeichnis selbst enthalten sind.[170]

Daneben gibt es keinen rechtlichen Grund, als Gericht zusätzlich in das Gebührenverzeichnis mindernd einzugreifen.

So entschied das AG Iserlohn 1993 zu Recht[171]:

> Enthält das Gebührenverzeichnis keine ausdrückliche Regelung, ist regelmäßig davon auszugehen, dass jede im Gebührenverzeichnis enthaltene Gebühr neben jeder anderen berechnungsfähig ist.

Dem kann nicht entgegen gehalten werden, dass das sog. Zielleistungsprinzip erst mit § 4 Abs. 2a Satz 2 GOÄ in das Gebührenrecht aufgenommen wurde; denn das Zielleistungsprinzip ist – wie schon betont – nichts Neues, sondern unterstreicht nur den Charakter, dass nur selbständige Leistungen abrechenbar sind.

Das Landgericht Karlsruhe umschreibt dies in einer Entscheidung vom 28.03.2003 wie folgt:

> Das Zielleistungsprinzip als Grundregel der GOÄ bedeutet, dass jede Leistung, die keinen selbständigen Charakter hat, weil sie nur erbracht wird, um eine Maßnahme, die das Leistungsziel darstellt, zu erbringen, ohne die Zielleistung also nicht erbracht worden wäre, nicht gesondert neben dieser Zielleistung berechnet werden kann (vgl. Uleer/Miebach/Patt, Abrechnung von Arzt- und Krankenhausleistungen, 2. Aufl. 2000, S. 30, 33).
>
> Nach Auflassung von Uleer/Miebach (aaO., S. 33) kann es dabei keine Rolle spielen, ob es sich um einen standardmäßigen Teilschritt auf dem Weg zum Leistungsziel handelt, oder ob die Teilleistung fakultativ ist, d. h. nur in bestimmten (auch Ausnahme-) Fällen erbracht wird. Solchen Unterschieden werde nach der Systematik der GOÄ mit dem Steigerungsfaktor Rechnung getragen. Nach Auffassung der Beklagten sind demnach die streitigen Leistungen nicht getrennt abrechenbar. Der Auslegung von Uleer/Miebach steht jedoch der Wortlaut von § 4 Abs. 2a GOÄ sowie der allgemeinen Bestimmungen des Abschnittes L des Gebührenverzeichnisses gegenüber. Dort spricht die GOÄ nämlich gerade von „**methodisch** notwendigen" operativen Einzelschritten, gerade **nicht** von allen „**medizinisch** notwendigen" Schritten zur Herbeiführung des Operationserfolges. Der Begriff der methodisch notwendigen Einzelschritte ist enger. Zu den methodisch notwendigen operativen Einzelschritten gehören in jedem Fall die technisch und logisch zwingend vorausgehenden einzelnen Maßnahmen, wie beispielsweise der Schnitt zur Freilegung des Gelenks oder – bei einer Prothese – die vorher erfolgende Entfernung des durch die Prothese zu ersetzenden Körperteiles. Dabei ist, weil die GOÄ mit ihren Formulierungen auf die Methode, nicht

---

169 Ebenso Harneit/Poetsch, Die Bedeutung des § 4 Abs. 2a GOÄ/§ 4 Abs. 2 Satz 2 GOZ in der Systematik des (zahn) ärztlichen Gebührenrechts, GesR 2004, 11 [14]; **a.A.** insoweit offenbar LG Karlsruhe, Urteil vom 28.03.2003 – 1 S 106/02 –, MedR 2004, 63 [65].

170 Ebenso BGH, Urteil vom 13.05.2004 – III ZR 264/03 –, VersR 2004, 1138 = Kapitel U III.1, S. 360.

171 AG Iserlohn, Urteil vom 01.03.1993 – 40 C 758/92 –, GU, S. 86.

das medizinisch Notwendige abstellt, das Leistungsziel eng im gebührenrechtlichen Sinne zu betrachten.[172]

Das Landgericht Karlsruhe betont zu Recht den Unterschied zwischen methodisch und medizinisch notwendigen operativen Einzelschritten.
In welche Argumentationsnöte man kommt, wenn man den (zumindest teilweise) gegenteiligen Standpunkt vertreten will, zeigt anschaulich die Kommentierung zu § 4 Abs. 2a Satz 2 GOÄ von *Lang/Schäfer/Stiel/Vogt*:

> Als – gebührenrechtlich unselbstständiger – Bestandteil einer anderen Leistung ist eine Leistung grundsätzlich dann anzusehen, wenn ohne deren Leistungsinhalt die andere Leistung nach ihrem technischen Ablauf oder anderen für die Leistungserbringung bestimmenden Faktoren nicht erbracht werden kann. Insoweit liegt der Berechnungsfähigkeit von Gebühren das Zielleistungsprinzip zugrunde. Setzt die Erreichung des vollständigen Leistungsziels einer im Gebührenverzeichnis beschriebenen Leistung notwendigerweise flankierende Hilfs- oder Begleitverrichtungen voraus, sind diese mit der Gebühr für die umfassende Leistung *grundsätzlich* auch dann abgegolten, wenn einzelne dieser Hilfs- oder Begleitverrichtungen als Gebührenpositionen im Gebührenverzeichnis enthalten sind. Solche Gebührenpositionen sind *nur dann* eigenständig berechnungsfähig, wenn ihr Leistungsinhalt nicht im Rahmen einer umfassenderen Zielleistung als deren Bestandteil erbracht wird und somit seinerseits im konkreten Erbringungsfall die Voraussetzung der selbstständigen Leistung erfüllt. Ausnahmen von dem allgemeinen Grundsatz des Zielleistungsprinzips greifen *nur dann* Platz, wenn im Erbringungsablauf notwendigerweise zusammengehörige Leistungsinhalte nach dem *Inhaltsaufbau* des Gebührenverzeichnisses insbesondere wegen ihrer Zuordnung zu verschiedenen Fachgebieten (z.B. Anästhesieleistungen und Operationen) getrennt voneinander in verschiedene Gebührenpositionen aufgeteilt sind.
>
> Eine Reihe von Gebührenpositionen enthält in der Leistungsbeschreibung den ausdrücklichen Zusatz „als selbstständige Leistung". Diese können je nach ihrem Erbringungszusammenhang *sowohl* als gebührenrechtlich unselbständiger Bestandteil einer umfassenderen „Zielleistung" *als auch* losgelöst von einem solchen Leistungszusammenhang als eigenständige Leistung in Betracht kommen. Nur in dem letzteren Fall können solche Positionen als selbstständige Leistung berechnet werden; als Bestandteil einer Zielleistung sind sie nicht berechnungsfähig.[173] (Hervorhebung durch Kursivdruck nicht im Original)

Das Gebührenverzeichnis ist auszulegen und nicht die Umstände der Gebührenfindung, verlangt zurecht der Bundesgerichtshof in seiner Entscheidung vom 18.09.2003, unter Beachtung der gesetzlichen Vorgaben der nach Art, Kosten und Zeitaufwand angemessenen Vergütung und der verfassungsrechtlichen Vorgaben an die leistungsgerechte Vergütung.[174] Es muss, da es sich nicht primär an Juristen als Adressaten, sondern an Ärzte, Zahnärzte und Patienten richtet, für diesen Adressatenkreis verständlich sein. Schließlich besteht etwa vor Abschluss einer Wahlleistungsvereinbarung gem. § 22 Abs. 2 Satz 1, 2. Hs. BPflV die Pflicht, den Patienten über die Entgelte der Wahlleistungen und deren Inhalt zu unterrichten.[175]

4. Die Entscheidung des Bundesgerichtshofs vom 13.05.2004

Die Entscheidung des Bundesgerichtshofs vom 13.05.2004[176] bestätigt die vorstehend vertretene Linie. Um die Entscheidung zu verstehen, muss man die Geschichte des Falles beachten.

Geklagt hatte der Direktor der Klinik für Allgemeinchirurgie eines Universitätskrankenhauses auf der Grundlage einer Wahlleistungsvereinbarung. Er machte Honoraransprüche geltend, die

---

172 LG Karlsruhe, Urteil vom 28.03.2003 – 1 S 106/02 –, MedR 2004, 63 [65].

173 Lang/Schäfer/Stiel/Vogt, § 4 R. 33 f.

174 S. dazu BGH, Urteil vom 18.09.2003 – III ZR 389/02 –, VersR 2004, 338.

175 S. dazu näher oben Kapitel B III.8, S. 19.

176 Ebenso BGH, Urteil vom 13.05.2004 – III ZR 264/03 –, VersR 2004, 1138 = Kapitel U III.1, S. 360.

im Zusammenhang mit einer am 12.05.1997 wegen eines sporadischen medullären Schilddrüsenkarzinoms durchgeführten Radikaloperation mit Ausräumung der regionären Lymphstromgebiete einschließlich der zervikozentralen und der auf der rechten und linken Seite befindlichen zervikolateralen Kompartimente. Übliche Operationsmethode zum Zeitraum des Inkrafttretens der GOÄ 1982 war die Thyreoidektomie mit einer unsystematischen Lymphadenektomie. Durchgeführt wurde die Kompartmentausräumung, eine erst in den neunziger Jahren des vorigen Jahrhunderts entwickelte Operationsmethode. Soweit im Verfahren vor dem BGH noch von Interesse, berechnete er für die Operation – jeweils nach dem 3,5-fachen des Gebührensatzes –:

1x	GOÄ 2757	(Radikaloperation der bösartigen Schilddrüsengeschwulst – einschließlich Ausräumung der regionären Lymphstromgebiete und ggf. der Nachbarorgane: 3700 Punkte = 215,66 € im Einfachsatz)
3x	GOÄ 2760	(Ausräumung der regionären Lymphstromgebiete einer Halsseite, als selbständige Leistung: 1200 Punkte = 69,94 € im Einfachsatz,)
10x	GOÄ 2583	(Neurolyse, als selbständige Leistung: 924 Punkte = 53,86 € im Einfachsatz)
6x	GOÄ 2803	(Freilegung und/oder Unterbindung eines Blutgefäßes am Hals, als selbständige Leistung: 1480 Punkte = 86,27 € im Einfachsatz)

Amtsgericht und Landgericht haben dem Kläger über den vom Versicherer anerkannten Betrag hinaus **drei** Gebühren nach GOÄ 2760, weitere **sechs** Gebühren nach GOÄ 2583 und **vier** Gebühren nach GOÄ 2803 zugebilligt und der Klage in Höhe von 1.777,47 € nebst Zinsen entsprochen. Der BGH hielt dagegen die **zweifache** Abrechnung der GOÄ 2757 analog für richtig.

Liest man sich den Wortlaut der vier Gebührenziffern durch, die für die eine Leistung insgesamt 20x zur Abrechnung kamen, dann kommt man nicht um die Erkenntnis herum, dass der Wortlaut der GOÄ 2757 die GOÄ 2760 mit umfasst. Die Freilegung und Unterbindung von Blutgefäßen ist bei der Radikaloperation eines Strumatumors eine unvermeidbare Leistung. Die Neurolyse ist zwar nicht zwangsläufig erforderlich, lässt sich bei diesem Eingriff aber oft nicht vermeiden, wenn auch der 10-fache Ansatz erahnen lässt, dass als Neurolyse möglicherweise schon die bloße Darstellung eines Nerven abgerechnet wurde. Dies kann aber dahinstehen, denn die Neurolyse ist wie die weiteren Ziffern mit Ausnahme der GOÄ 2757 nur als selbständige Leistung abrechenbar.

Das bemerkenswerte an der BGH-Entscheidung vom 13.05.2004 ist, dass es zur zweifachen Abrechnung der GOÄ 2757 analog kam. Die Begründung soll im Folgenden sorgfältig analysiert werden.

Der BGH orientiert sich in seiner Begründung am Grundprinzip der selbständigen Leistung, welches er, seit es den § 4 Abs. 2a Satz 2 GOÄ gibt, mit Zielleistungsprinzip umschreibt. Für den BGH ist dieses Prinzip jedoch kein gesondertes (neues) Regulativ neben dem Grundsatz der selbständigen Leistung. So begründet er zum Verhältnis GOÄ 2757 zu GOÄ 2670:

> Die in der nachfolgenden Nr. 2760 beschriebene Ausräumung des regionären Lymphstromgebietes einer Halsseite ist daneben nicht berechenbar. Hierfür spricht zum einen, dass die in dieser Nummer beschriebene Leistung mit derselben Formulierung eingeschlossener Bestandteil der komplexen Leistung in Nr. 2757 ist, zum anderen, dass die Abrechnungsfähigkeit an dieser Stelle – ohne dass dies im Hinblick auf § 4 Abs. 2a Satz 1 und 2 GOÄ überhaupt nötig wäre –, noch einmal ausdrücklich an die selbständige Erbringung dieser Leistung geknüpft wird. Von einer selbständigen Erbringung kann jedoch nicht gesprochen werden, wenn die Leistung als Teil einer Leistung nach Nr. 2757 erbracht wird.

Zur Neurolyse hält der Bundesgerichtshof bei dieser Operation es für denkbar, sie für die Herauslösung „*des Nervus recurrens aus Narbengewebe bei Rezidiv-Struma*“ gesondert abzurechnen. In diesem Zusammenhang führt er aus,

> dass man als selbständige Leistung nur eine solche ansehen könne, die wegen einer eigenständigen medizinischen Indikation vorgenommen werde, und nicht, um beim Erreichen des Operationsziels benachbarte Strukturen zu schonen und nicht zu verletzen.

Der Gutachter hatte in dem Verfahren ausgeführt, dass die durchgeführte Kompartmentausräumung zwingend die langstreckige Freilegung von Nervenbahnen und Blutgefäßen voraussetze. Besteht ein solcher aus fachlichen Erwägungen untrennbarer Zusammenhang mit der als Hauptleistung durchgeführten Operation, können nach Ansicht des Bundesgerichtshofs die in Rede stehenden Teilleistungen GOÄ 2583 und GOÄ 2803 als Bestandteil der Komplexleistung GOÄ 2757 nicht gesondert abgerechnet werden.

Der Bundesgerichtshof nimmt damit nur dann eine Durchgangsleistung an, wenn die Miterbringung dieser Leistung nach medizinischen Maßstäben beim konkreten Eingriff zwingend ist.

Der Bundesgerichtshof prüft dann zustimmend folgende Argumentation des zweitinstanzlichen Gerichts:

> Das Berufungsgericht gelangt gleichwohl im Umfang der Empfehlung des Sachverständigen Dr. S. zu einer Abrechenbarkeit der Leistungen nach den Gebührennummern 2760, 2583 und 2803, weil es insoweit im Anschluss an dessen Gutachten ein Regelungsdefizit der Gebührenordnung annimmt, das durch eine verfassungskonforme Auslegung von § 4 Abs. 2a, § 6 Abs. 2 GOÄ geschlossen werden müsse, um eine leistungsgerechte Honorierung der ärztlichen Leistung sicherzustellen. Die Leistungslegende zu Nr. 2757 sei bei Einführung der Gebührenordnung für Ärzte im Jahr 1982 definiert worden und beziehe sich auf die damals – und auch heute noch vielfach – übliche Operationsmethode der Thyreoidektomie mit einer unsystematischen Lymphadenektomie.
>
> Demgegenüber habe der Kläger hier mit der Kompartmentausräumung eine Operationsmethode angewendet, die dem Verordnungsgeber noch nicht bekannt gewesen sei, weil sie erst in den neunziger Jahren des vorigen Jahrhunderts entwickelt worden sei. Diese Operationsmethode erfordere einen Umgang mit Gefäßen und Nerven, der in der Gebührennummer 2757 als solcher keinen Niederschlag gefunden habe. Dementsprechend habe der Sachverständige davon gesprochen, die in der Gebührennummer 2757 beschriebenen Leistungen stellten nur eine Teilmenge der hier vorgenommenen Operation dar. Während die in Nr. 2757 beschriebene Leistung einen **Zeitaufwand von zwei bis drei Stunden** erfordere, gehe es hier um eine Spezialoperation, die nur in wenigen, auf endokrine Chirurgie spezialisierten Kliniken in Deutschland durchgeführt werde und die einen **erheblichen zeitlichen und technischen Mehraufwand** mit sich bringe. Die Regelungen der Gebührenordnung für Ärzte, die im Bereich des hier operativ behandelten Organs der Schilddrüse seit 1982 unverändert geblieben seien, stünden bei ihrer starren Anwendung nicht nur der ausreichenden Berücksichtigung medizinischen Fortschritts entgegen, sondern würden auch dem Recht des einzelnen auf Leben und körperliche Unversehrtheit nicht gerecht und sicherten dem Arzt keine angemessene Vergütung seiner – gemessen an der Standardoperation 1982 – zusätzlichen Leistungen. Unter diesen Umständen sei es Aufgabe der Gerichte, eine leistungsgerechte Vergütung sicherzustellen. Da der Gebührenrahmen des § 5 GOÄ dem erhöhten Aufwand nicht Rechnung trage und Bedenken dagegen bestünden, den Arzt auf eine Honorarvereinbarung nach § 2 GOÄ zu verweisen, sei es gerechtfertigt, die Leistungen nach den Nummern 2760, 2583 und 2803 als selbständige anzuerkennen und sie im Wege der Analogberechnung für die Honorierung der neuen Operationsmethode mit heranzuziehen.

Der Bundesgerichtshof bestätigt „*den tatsächlichen Ausgangspunkt des Berufungsgerichts*". Richtig sei, dass der Verordnungsgeber bei der Novellierung der Gebührenordnung im Jahr 1982 ein neues Gebührenverzeichnis geschaffen habe, das sich in weiten Teilen an dem einheitlichen Bewertungsmaßstab der vertragsärztlichen Versorgung orientiert habe. Mit der 1996 in Kraft getretenen Änderung der GOÄ sei das Gebührenverzeichnis in verschiedenen Teilen überarbeitet worden, wobei die bis zu diesem Zeitpunkt von der Bundesärztekammer empfohlenen analogen Bewertungen in das Verzeichnis aufgenommen worden seien:

> Der Abschnitt L, an dessen Beginn im Zusammenhang mit der Neufassung in § 4 Abs. 2a Satz 2 GOÄ allgemeine Bestimmung zum Zielleistungsprinzip gestellt wurde, blieb hingegen weitgehend unverändert. Hieraus ergibt sich das Problem, dass ein einer Zielleistung zuzuordnender Einzelschritt nicht abrechnungsfähig ist, andererseits die Zielleistung in ihrer Bewertung – das ist ja der wesentliche Sinn ihrer Beschreibung – den ihr methodisch zuzuordnenden Einzelschritt möglicherweise nicht umfasst, etwa weil er bei ihrer Beschreibung noch nicht bekannt war. Eine Konstellation dieser Art hat das Berufungsgericht – sachverständig beraten – rechtsfehlerfrei festgestellt. Der Sachverständige hat die in der Gebührennummer 2757 beschriebene Operation anschaulich als **Teilmenge** der an der Beklagten vorgenommenen Operation bezeichnet und dabei insbesondere darauf hingewiesen, dass die systematische Kompartmentausräumung, die in den neunziger Jahren des vorigen Jahrhunderts für besondere klinische Konstellationen, vor allem bei fortgeschrittenen Karzinomen und für medulläre Schilddrüsenkarzinome entwickelt worden sei, einen Umgang mit Gefäßen und Nerven erfordere, den der Verordnungsgeber bei der Formulierung und der Bewertung der Gebührennummer 2757 nicht im Auge gehabt habe. Betrachte man als einen wesentlichen objektiv zu erhebenden Parameter den zeitlichen Mehraufwand einer solchen Operation, so liege dieser bei dem zwei- bis vierfachen der in der Gebührennummer 2757 beschriebenen Operation. Diesem Befund ist die Revision nicht entgegengetreten.

Der Bundesgerichtshof sah sich damit mit dem Problem konfrontiert, dass die Leistung nach den nicht in Frage gestellten Feststellungen des Gutachters unstreitig unangemessen bewertet war. Er weist in diesem Zusammenhang zunächst darauf hin, dass es primär Sache des Verordnungsgebers, also der Bundesregierung ist, „*nach Erlass der Verordnung eingetretene Veränderungen des technischen Standards oder der Fortentwicklung wissenschaftlicher Erkenntnisse zu bewerten*". Eine Bindung an die Verordnung bestehe nur dann nicht, wenn sie wegen Verstoßes gegen höherrangiges Recht – etwa Art. 3 oder Art. 12 GG – nichtig sei, was die Gerichte selbst feststellen könnten.[177] Mit seinen weiteren Ausführungen gibt der Bundesgerichtshof wichtige Fingerzeige für eine künftige gebührenrechtliche Argumentation:

> Dass die alleinige Honorierung der Operationsleistung nach der Nr. 2757 unter Ausschöpfung des Gebührenrahmens das Grundrecht des Klägers aus Art. 12 verletzten würde, weil die Vergütung nicht „auskömmlich" wäre[178], lässt sich auf der Grundlage des klägerischen Vorbringens nicht feststellen. Hierfür genügt nicht die Gegenüberstellung von Punktwerten der Operationsleistung nach der Nr. 2757 einerseits und der in den Nummern 2760, 2583 und 2803 andererseits. Diese Gegenüberstellung mag zwar ein Indiz dafür darstellen, dass bestimmte hier erbrachte Leistungen in der Gebührennummer 2757 keine Bewertung erfahren haben, und insoweit die Frage nach einer angemessenen und leistungsgerechten Vergütung aufwerfen. **Dass die Vergütung objektiv nicht auskömmlich wäre, könnte** jedoch **nur beurteilt werden, wenn Aufwand und Kostenstrukturen näher dargestellt wären.** In diese Überlegungen müssten auch die Honorierung entsprechender Leistungen in der vertragsärztlichen Versorgung und der Umstand einbezogen werden, dass Leistungen der genannten Art für gesetzlich Versicherte und Patienten, die keine wahlärztlichen Leistungen in Anspruch nehmen, als allgemeine Krankenhausleistungen durch den Pflegesatz oder Fallpauschalen abgegolten werden. … Der Senat folgt dem Berufungsgericht daher **nicht** darin, die vom Kläger erbrachte komplexe Operationsleistung **in ihre Einzelschritte** aufzugliedern **und letztere, obwohl sie im Verhältnis zur Komplexleistung nicht selbständige Leistungen darstellen, im Wege einer Analogberechnung einzeln zu honorieren**. Eine solche Lösung berücksichtigt nicht hinreichend die grundlegende Unterscheidung zwischen selbständigen und nicht selbständigen ärztlichen Leistungen und lässt daher außer Betracht, dass die Bewertung der Leistungen im Gebührenverzeichnis **nicht** in der Art eines **Baukastensystems** strukturiert ist.

---

177 BGH, Urteil vom 18.09.2003 – III ZR 389/02 –, VersR 2004, 338.

178 BVerfG, Beschluss vom 19.10.2000 – 1 BvR 2365/98 –, ZInsO 2001, 463; BGH, Urteil vom 12.09.2002 – IX ZB 39/02 –, NJW 2003, 212.

Der Bundesgerichtshof kann sich also die Addition der Abrechnung von Einzelschritten anstelle der Abrechnung einer Komplexleistung durchaus vorstellen, obwohl es eine Komplexleistungsziffer gibt (hier die GOÄ 2757), sofern der Nachweis der unangemessen niedrigen Vergütung erbracht werden kann. Dabei verweist der Bundesgerichtshof den Behandler zu Recht – anders als das Bundesverfassungsgericht in seinem Beschluss vom 13.02.2001[179] – nicht auf die sonstigen Möglichkeiten der Gebührenordnung, etwa die phantasievolle Begründung von Steigerungsfaktoren oder den Abschluss von Honorarvereinbarungen nach § 2 GOÄ/GOZ. Es sei nicht Aufgabe des § 5 Abs. 2 GOÄ, für eine angemessene Honorierung solcher Leistungen zu sorgen, für die eine Analogberechnung in Betracht kommt.[180] Ein solches Verständnis nähme dem Arzt die Möglichkeit, den Gebührenrahmen wegen anderer, gleichfalls vorliegender Umstände auszuschöpfen. Dem Arzt könne auch nicht angesonnen werden, sich in Fällen, in denen die Anwendung der Gebührenordnung für Ärzte wegen eines möglichen Regelungsdefizits Zweifel aufwerfe, durch Abschluss einer Vereinbarung ein angemessenes Honorar zu sichern:

> Würde der Arzt eine analoge Berechnung von Leistungspositionen für berechtigt halten, auf eine entsprechende Abrechnung jedoch zur Vermeidung von Streit verzichten wollen, könnte er das aus seiner Sicht angemessene Honorar nur durch die Vereinbarung von Steigerungsfaktoren erreichen, die unter Umständen erheblich über den Rahmen des § 5 Abs. 2 GOÄ hinausreichen. Abgesehen davon, dass eine solche Verfahrensweise auf Widerstand der privaten Krankenversicherer stoßen würde, liefe sie auch auf eine scheinbare Kommerzialisierung ärztlicher Leistungen hinaus, die die Tätigkeit des Arztes unzumutbar erschweren könnte.

Nachdem der Bundesgerichtshof sich damit die Möglichkeiten zur Lösung des Dilemmas weitgehend verbaut hat, kommt er zu einer verblüffenden und in ihrer Auswirkung auf die zahnärztlichen Gebührenabrechnungen kaum zu unterschätzenden Aussage, die auch dann Bedeutung behalten wird, sollte es in 2005 zur Verabschiedung einer neuen GOZ kommen:

→ Trotz der die Operation beschreibenden Leistungslegende der GOÄ 2757 und ungeachtet des § 4 Abs. 2a Satz 1 GOÄ (= § 4 Abs. 2 Satz 2 GOZ) hält er angesichts der in der Zwischenzeit entwickelten neuen Ausführungsweise eine analoge Abrechnung zu dieser Ziffer nach § 6 Abs. 2 GOÄ für möglich.

Die Begründung hierfür ist nahezu revolutionär:

> Für die Anwendung des § 6 Abs. 2 GOÄ kommt es daher darauf an, **dass die in Rede stehende Leistung eine andere als die im Leistungsverzeichnis beschriebene ist** und nicht nur eine besondere Ausführung der letzteren. **Wo die Grenze zwischen beidem liegt, lässt sich letztlich nicht ohne Einbeziehung wertender Gesichtspunkte bestimmen.** Auch wenn es bei der vorliegenden Operation im Ausgangspunkt um die in Nr. 2757 beschriebene Leistung ging, sind erhebliche Tätigkeiten im Bereich der Gebührennummern 2583 und 2803 erbracht worden, die die Leistungslegende der Nr. 2757 in ihrer Bewertung nicht umfasst. Die Operation hat ihre besondere Ausprägung durch die arbeits- und zeitaufwendige Ausräumung der Kompartimente erfahren, was bei einer wertenden Betrachtung von der in die Nr. 2757 als Nebenleistung einbezogenen Ausräumung der regionären Lymphstromgebiete so nicht umfasst wird. **Um dieses Defizit auszugleichen, andererseits dem Grundsatz der Nichtabrechenbarkeit unselbständiger Leistungen, die notwendiger Bestandteil der durchgeführten Operation sind, zu folgen, hält der Senat für die in der Bewertung der Komplexleistung nach der Nr. 2757 nicht hinreichend berücksichtigte Ausräumung der Kompartimente eine weitere – die Lücke füllende – analoge Abrechnung dieser Gebührennummer für gerechtfertigt.**

---

179 BVerfG, Beschluss vom 13.02.2001 – 1 BvR 2311/00 –, Kapitel A , S. 2.

180 BGH, Urteil vom 23.01.2003 – III ZR 161/02 –, VersR 2003, 633 = Quintessenz 2003, 889.

→ Der Bundesgerichtshof kommt also zur zweifachen Abrechenbarkeit der GOÄ 2757 für eine Leistung.

→ Er grenzt zwischen der besonderen Ausführung und der neuen Leistung sowohl nach **medizinisch-fachlichen**, als auch nach wertenden (**rechtlichen**) Gesichtspunkten ab,

→ Hauptgesichtspunkt ist für ihn die Frage der **angemessenen** Vergütung.

→ Entscheidend für deren Beurteilung ist die Einschätzung des **Gutachters**.

Das Gebührenverzeichnis der GOZ ist mittlerweile nahezu 17 Jahre alt. Die Implantologie steckte damals, vergleicht man sie mit den heute bestehenden Möglichkeiten, fast noch in den Kinderschuhen. Kein einziger der implantat-chirurgischen Eingriffe hat auch nur annähernd eine zutreffende Leistungsbeschreibung in der GOÄ, geschweige denn in der GOZ gefunden. Auch unter den Ziffern GOZ 900 ff. gibt es Leistungen, die als Folge der zwischenzeitlichen Entwicklung nicht mehr passen, so insbesondere GOZ 904 und 905, bei denen um die Mehrfachabrechnung deshalb gestritten wird, weil die Implantologie weit über den Stand des Jahres 1987 hinaus fortgeschritten ist und dies von den privaten Krankenversicherungen negiert wird. Liest man in der Entscheidung des Bundesgerichtshofs vom 13.05.2004 sorgfältig den Sachverhalt durch, muss man anmerken, dass die privaten Krankenversicherungen sich manchen Ärger ersparen würden, wenn sie ähnlich großzügig an die Honorierung von Abrechnungen herangingen, wie sie dies anscheinend gegenüber Hochschullehrern machen.

Klar ist nach dieser Entscheidung aber auch, dass man mit den Grundsätzen, die gemeinhin unter Zielleistungsprinzip verstanden werden, nicht weiter kommt; denn daraus lassen sich keine in der Praxis brauchbaren Anhaltspunkte für die Mehrfachabrechung von Leistungspositionen für dieselbe Leistung gewinnen.

Nach der vorstehend ausführlich gewürdigten Entscheidung des Bundesgerichtshofs kann man der Frage nach dem Zielleistungsprinzip mit mehr Gelassenheit entgegen sehen. Entscheidend ist, dass das Honorar angemessen ist. Das festzustellen und dem Gericht darzulegen ist primär Sache des (zahn)ärztlichen Gutachters.

5. Zusammenfassung

Zur Auslegung des Gebührenverzeichnisses bedarf es nicht des irreführenden Begriffs des Zielleistungsprinzips. Es genügt, wenn betont wird, dass nur selbständige Leistungen abrechenbar sind. Auf den Begriff selbst sollte man im Rechtsgebrauch ersatzlos verzichten.

Grundsätzlich ist jede Gebührenordnungsposition abrechenbar, wenn ihr Tatbestand erfüllt ist, es sei denn, die Leistungslegende nennt bereits selbst Ausschlüsse.

§ 4 Abs. 2a GOÄ bzw. § 4 Abs. 2 Satz 2 GOZ greifen als Korrektive ein, wenn entweder

- eine Teilleistung nach dem Wortlaut der Gebührenziffer oder aus fachlich-logischen Gründen in einer anderen Leistung enthalten ist, weil sonst diese Teilleistung (Schnittmenge) doppelt vergütet würde oder
- eine Hauptleistung methodisch nicht ohne eine andere Teilleistung erbracht werden kann, die Hauptleistung ohne die Teilleistung also stets unvollständig wäre.

In beiden Fällen kann bei der Teilleistung nicht von einer selbständigen Leistung gesprochen werden.

§ 4 Abs. 2a GOÄ bzw. § 4 Abs. 2 Satz 2 GOZ greifen nicht ein, wenn

- die Teilleistung nur aufgrund medizinischer Besonderheiten im Einzelfall erbracht werden muss;
- die Teilleistung erst nach der letzten Neufassung der GOÄ/GOZ i.S. des § 6 Abs. 2 GOZ entwickelt worden ist und nicht eine bisherige Teilleistung ersetzt, sondern über diese hinausgeht;

- die Teilleistung schon aufgrund ihrer Bewertung im Gebührenverzeichnis nicht Bestandteil der Hauptleistung sein kann. Eine Interpretation des Gebührenrechts, wonach die Hauptleistung geringer bewertet würde als eine in ihr enthaltene Teilleistung, verbietet sich aus systematischen Gründen von selbst.

6. Vorsorgliche Honorarvereinbarung nach § 2 Abs. 1 GOZ

In diesem Zusammenhang sei darauf hingewiesen, dass ein Ausweg aus dem Dilemma für vorsichtigere Zahnärzte, die beim Abschluss einer Honorarvereinbarung nach § 2 Abs. 1 GOZ besondere Akzeptanzprobleme in ihrer Klientel sehen, auch hier der Abschluss einer vorsorglichen Honorarvereinbarung nach § 2 Abs. 1 GOZ sein kann.[181]

XV. Honorarabrechnung

1. Gesetzliche Anforderungen

Die Honorarabrechnung muss nach § 10 Abs. 2 – 4 GOZ eine Vielzahl von formalen Vorgaben berücksichtigen.

§ 10 Abs. 2 – 4 GOZ
(2) Die Rechnung muss insbesondere enthalten:
1. das Datum der Erbringung der Leistung,
2. bei Gebühren die Nummer und die Bezeichnung der einzelnen berechneten Leistung einschließlich einer verständlichen Bezeichnung des behandelten Zahnes sowie den jeweiligen Betrag und den Steigerungssatz,
3. bei Gebühren für stationäre privatzahnärztliche Leistungen zusätzlich den Minderungsbetrag nach § 7,
4. bei Wegegeld nach § 8 den Betrag und die Berechnung,
5. bei Ersatz von Auslagen nach § 9 den Betrag und die Art der einzelnen Auslage sowie Bezeichnung, Gewicht und Tagespreis verwendeter Legierungen,
6. bei nach dem Gebührenverzeichnis gesondert berechnungsfähigen Kosten Art,
Menge und Preis verwendeter Materialien.
(3) Überschreitet die berechnete Gebühr nach Absatz 2 Nr. 2 das 2,3-fache des Gebührensatzes, ist dies schriftlich zu begründen. Auf Verlangen ist die Begründung näher zu erläutern. Die Bezeichnung der Leistung nach Absatz 2 Nr. 2 kann entfallen, wenn der Rechnung eine Zusammenstellung beigefügt ist, der die Bezeichnung für die abgerechnete Leistungsnummer entnommen werden kann. Bei Auslagen nach Absatz 2 Nr. 5 ist der Beleg oder ein sonstiger Nachweis beizufügen. Wurden zahntechnische Leistungen in Auftrag gegeben, ist eine den Erfordernissen des Absatzes 2 Nr. 5 entsprechende Rechnung des Dentallabors beizufügen; insoweit genügt es, in der Rechnung des Zahnarztes den Gesamtbetrag für diese Leistungen anzugeben. Leistungen, die auf Verlangen erbracht worden sind (§ 1 Abs. 2 Satz 2 und § 2 Abs. 3) sind als solche zu bezeichnen.
(4) Wird eine Leistung nach § 6 Abs. 2 berechnet, ist die entsprechend bewertete Leistung für den Zahlungspflichtigen verständlich zu beschreiben und mit dem Hinweis „entsprechend“ sowie der Nummer und der Bezeichnung der als gleichwertig erachteten Leistung zu versehen.

Diese Vorgaben werden heute bei den meisten EDV-Programmen berücksichtigt, so dass die früher häufig vorkommenden formalen Fehler der Gebührenrechnung langsam der Vergangenheit anzugehören scheinen.

[181] S. dazu o. Kapitel B XI.2, S. 38.

2. Checkliste Honorarabrechnung

Nach § 10 Abs. 2 und Abs. 3 GOZ muss die Honorarabrechnung folgende Angaben enthalten, sofern im Einzelfall relevant[182]:

(1) Datum der Erbringung der Leistung[183],
(2) Gebührenziffer nach GOZ/GOÄ, bei Analogberechnung mit dem Zusatz versehen: „entsprechend"[184],
(3) Leistungsbezeichnung der Gebührenziffer[185],
(4) bei Analogberechnung muss die tatsächlich erbrachte Leistung verständlich beschrieben **und** zusätzlich die Bezeichnung der analog abgerechneten Leistung angegeben werden[186],
(5) behandelter Zahn (Zahnbezug)[187],
(6) Steigerungssatz,
(7) €-Betrag für die Leistung[188],
(8) 15 %-iger Minderungsbetrag (§ 7 GOZ) bei Gebühren für stationäre Leistungen,
(9) Betrag des Wegegeldes nach § 8 GOZ,
(10) Berechnung des Wegegeldes nach § 8 GOZ,
(11) Betrag der Auslagen nach § 9 GOZ[189],
(12) Art der einzelnen Auslage,
(13) Bezeichnung verwendeter Legierungen,
(14) Gewicht verwendeter Legierungen,
(15) Tagespreis verwendeter Legierungen[190],

alternativ zu (11) – (15) bei Vergabe der Leistungen durch ein zahntechnisches Labor entsprechende Rechnung des Labors[191]

(16) Art der nach dem Gebührenverzeichnis gesondert berechneten Materialien,
(17) Menge der nach dem Gebührenverzeichnis gesondert berechneten Materialien,
(18) Preis der nach dem Gebührenverzeichnis gesondert berechneten Materialien,
(19) Begründung bei Überschreitung des 2,3-fachen Steigerungssatzes,
(20) Kennzeichnung der auf Verlangen des Patienten i.S. von § 1 Abs. 2 Satz 2, § 2 Abs. 3 GOZ erbrachten Leistungen.[192]

---

[182] Werden zahntechnische Leistungen nicht abgerechnet, sind auch die entsprechenden Informationen nicht anzugeben.

[183] Hiergegen wird vielfach verstoßen, wenn etwa bei prothetischer Versorgung sämtliche Leistungen unter dem Eingliederungsdatum abgerechnet werden.

[184] § 10 Abs. 4 GOZ.

[185] Statt dieser Angabe kann der Rechnung eine Zusammenstellung beigefügt werden, auf der die Bezeichnung mit Bezug zur Gebührennummer enthalten ist (§ 10 Abs. 3 Satz 3 GOZ). Bei Analogabrechnung muss dennoch die Art der tatsächlich durchgeführten Leistung in der Rechnung angegeben werden, die Bezeichnung der Analogziffer braucht dagegen nur in der Zusammenstellung enthalten zu sein.

[186] § 10 Abs. 4 GOZ.

[187] Lässt sich ein genauer Zahnbezug nicht herstellen, dann genügt die Angabe „*regio* ...".

[188] Nicht erforderlich ist die Angabe des €-Betrages für den Einfachsatz, sondern die Angabe des unter Berücksichtigung des gewählten Steigerungssatzes sich errechnenden Endbetrages (vgl. Regierungsbegründung zur GOZ, BR-Drs. 276/87, S. 77; Liebold/Raff/Wissing, § 10 Rz. 15).

[189] Der Rechnung ist ein Beleg oder sonstiger Nachweis über die Auslagen beizufügen (§ 10 Abs. 3 Satz 4 GOZ). Es kann sich dabei um die Rechnung eines zahntechnischen Labors oder um einen Eigenbeleg des Zahnarztlabors handeln (vgl. Liebold/Raff/Wissing, § 10 Rz. 19).

[190] Die Angaben zu (10) – (14) sind – sofern die Arbeit nicht im Eigenlabor gefertigt wurde – auch auf der Rechnung des zahntechnischen Labors anzugeben (§ 10 Abs. 3 Satz 5 GOZ).

[191] § 10 Abs. 3 Satz 5 GOZ.

[192] § 10 Abs. 3 Satz 6 GOZ.

3. Vereinbarung mit öffentlich-rechtlichen Kostenträgern

§ 10 Abs. 5 GOZ erlaubt, in Vereinbarungen mit öffentlich-rechtlichen Kostenträgern von den umfangreichen formalen Vorgaben an die Gebührenabrechnung abzuweichen.

> **§ 10 Abs. 5 GOZ**
> Durch Vereinbarung mit öffentlich-rechtlichen Kostenträgern kann eine von den Vorschriften der Absätze 1 bis 4 abweichende Regelung getroffen werden.

Es wäre also – etwa im Rahmen von Vereinbarungen zur integrierten Versorgung – ohne weiteres denkbar, dass die Rechnung auf „erlauben wir uns __ € zu berechnen" lautete. Warum allerdings eine solche Vereinbarung nur mit öffentlich-rechtlichen und nicht auch mit privatrechtlichen Kostenträgern möglich sein sollte, wodurch die Privilegierung ersterer sich gegenüber letzteren rechtfertigt, bleibt unerfindlich.

XVI. Verjährung der GOZ-/GOÄ-Honorarabrechnung

1. Allgemeines

Jedes „*Recht, von einem anderen ein Tun oder Unterlassen zu verlangen (Anspruch), unterliegt der Verjährung*". So bestimmt es § 194 Abs. 1 BGB. Es gibt zwar Ausnahmen. Im zahnärztlichen Honorarbereich spielen diese aber keine Rolle. Auch eine Forderung aus einer zahnärztlichen Honorarabrechnung ist ein Anspruch i.S. des § 194 Abs. 1 BGB.

Verjährung bedeutet nicht, dass die Forderung untergeht, sondern gibt dem Zahlungspflichtigen, also idR dem Patienten, nur das Recht, die Bezahlung zu verweigern (§ 214 Abs. 1 BGB). Man spricht insoweit von einer Einrede. Beruft sich der Patient nicht auf die Verjährungseinrede (auch nicht vor Gericht), wird er zur Zahlung verurteilt. Bezahlt er in Unkenntnis der Verjährung eine zahnärztliche Honorarabrechnung, kann er die Zahlung nicht mit der Begründung zurückverlangen, er hätte nicht bezahlt, wenn er gewusst hätte, dass die Rechnung verjährt ist (§ 214 Abs. 2 BGB).

2. Verjährungsfrist

Seit 01.01.2002 beträgt die **Verjährungsfrist** für zahnärztliche Honorarrechnungen **drei Jahre** (§ 195 BGB). Die früher in § 196 Abs. 1 Nr. 14 BGB geregelte zweijährige Frist wurde zum 31.12.2001 aufgehoben.

3. Beginn der Verjährung bei zahnärztlichen Honorarabrechnungen

§ 10 Abs. 1 GOZ knüpft die Fälligkeit der Abrechnung an die Erteilung einer den Vorschriften des § 10 Abs. 2 GOZ entsprechenden Abrechnung.[193]

> **§ 10 Abs. 1 GOZ**
> (1) Die Vergütung wird fällig, wenn dem Zahlungspflichtigen eine dieser Verordnung entsprechende Rechnung erteilt worden ist.

Eine Rechnung, die noch nicht fällig ist, kann nicht eingeklagt werden, aber auch nicht verjähren. Die Verjährung beginnt erst am 31.12. des Jahres, in dem eine ordnungsgemäße Abrechnung erteilt wurde (§ 199 Abs. 1 Nr. 1 BGB). Auf das Ende der Behandlung kommt es nicht an. Das kann im Einzelfall von Vorteil sein, weil ein wegen unkorrekter Abrechnung verlorener Honorarprozess nicht endgültig verloren ist.

---

193 Vgl. z.B. OLG Düsseldorf, Urteil vom 09.07.1992 – 8 U 111/91 –, VersR 1993, 970; LG München I, Urteil vom 18.11.2002 – 9 S 12869/01 –, NJW-RR 2003, 311.

4. Ablauf der Verjährung

Jede Honorarabrechnung verjährt getrennt. Eine sich über 4 Jahre hinstreckende Behandlung, die in 4 Einzelliquidationen abgerechnet wurde, verjährt also nicht zu einem bestimmten Zeitpunkt. Das Schicksal jeder einzelnen Rechnung ist getrennt zu verfolgen. Wird die Abrechnung allerdings für die gesamte Behandlung – was meist erheblichen Ärger mit den Patienten nach sich zieht – nach 4 Jahren erstmals erstellt, dann droht nicht der Verjährungs-, sondern allenfalls der Verwirkungseinwand.

5. Verwirkung

Unter Umständen droht die Einrede der **Verwirkung**, wenn man sich allzu viel Zeit mit der Abrechnung lässt. Die Rechtsprechung spricht davon, dass die Rechnung innerhalb angemessener Frist zu erstellen ist. Wann diese angemessene Frist verstrichen ist, lässt sich nur schwer sagen. Das LG Frankfurt/M. ließ in einer Entscheidung vom 12.02.1997 knapp 3 Jahre zwischen Behandlungsende und Rechnungsstellung nicht genügen[194], ebenso das LG Münster in einem Urteil vom 01.07.1999[195] und das OLG Nürnberg in einem Urteil vom 18.09.2000[196], das LG München I verneinte Verwirkung bei einer Frist von rund 2 Jahren nach Behandlungsende[197], das OLG Düsseldorf sah bei zwei Jahren bei im übrigen laufender Behandlung keine Probleme.[198]

6. Hemmung der Verjährung

6.1 Was bedeutet Hemmung?

Von der Hemmung der Verjährung spricht man, wenn die bereits begonnene Verjährungsfrist nicht weiterläuft. Das ist heute der Regelfall. Die im früheren Recht vorgesehene Unterbrechung der Verjährung heißt mittlerweile Neubeginn der Verjährung und ist die Ausnahme geworden. § 209 BGB bestimmt insoweit, dass der *„Zeitraum, während dessen die Verjährung gehemmt ist, ...in die Verjährungsfrist nicht eingerechnet wird*“.

Hemmung bedeutet, dass unter Umständen komplizierte Berechnungen erforderlich sind. Angenommen, die Honorarabrechnung wurde am 31.10.2002 erstellt, dann begann die Verjährung nach § 199 Abs. 1 Nr. 1 BGB mit dem 31.12.2002 und endet nach § 195 BGB – wenn nichts weiter passiert – nach 3 Jahren am 31.12.2005.

Laufen aber nun Verhandlungen über die Rechnung vom 01.01.2004 – 31.03.2004, dann ist nach § 203 BGB (s.u. Ziffer 6.2.1) während dieser 3 Monate der Lauf der Verjährungsfrist gehemmt. Diese 3 Monate sind zum ursprünglichen Ablauf der Frist am 31.12.2005 hinzuzurechnen, so dass die Frist nun am 31.03.2006 abläuft. Kommt es nach fruchtlosen Verhandlungen zu erneuten ernsthaften Verhandlungen oder gar zu einem Mahnverfahren oder einer Klage, tritt eine erneute Hemmung ein (s. § 204 Abs. 1 Nr. 1 bzw. 3 BGB – s.u. Ziffer 6.2.2), so dass die Berechnung des Ablaufs der Verjährungsfrist sich sehr verkomplizieren kann.

Nach früherem Recht gab es zahlreiche Möglichkeiten, die Verjährung zu unterbrechen. In all diesen Fällen lief die komplette Verjährungsfrist dann von neuem. Das ist heute nur noch in den Fällen des § 212 BGB (s. u. Ziffer 7, S. 59) so.

6.2 Die gesetzlichen Regelungen zur Hemmung der Verjährung

Der Lauf der Verjährungsfrist wird durch eine Vielzahl in den §§ 203 – 211 BGB einzeln aufgezählter Maßnahmen gehemmt. Soweit diese bei der Geltendmachung von zahnärztlichen Ho-

---

[194] LG Frankfurt/M., Urteil vom 12.02.1997 – 2/16 S 201/96 –, NJW-RR 1997, 1080.

[195] LG Münster, Urteil vom 01.07.1999 – 8 S 27/99 –, NJW-RR 1999, 1573.

[196] OLG Nürnberg, Urteil vom 18.09.2000 – 5 U 1991/00 –, ArztR 2001, 249.

[197] LG München I, Urteil vom 18.11.2002 – 9 S 12869/01 –, NJW-RR 2003, 311.

[198] S. dazu z.B. OLG Düsseldorf, Urteil vom 09.07.1992 – 8 U 111/91 –, VersR 1993, 970.

norarforderungen eine Rolle spielen können, sind sie nachstehend wiedergegeben und kurz kommentiert.

6.2.1 Hemmung durch Verhandlungen (§ 203 BGB)

§ 203 BGB Hemmung der Verjährung bei Verhandlungen
Schweben zwischen dem Schuldner und dem Gläubiger **Verhandlungen** über den Anspruch oder die den Anspruch begründenden Umstände, so ist die Verjährung gehemmt, bis der eine oder der andere Teil die Fortsetzung der Verhandlungen verweigert. Die Verjährung tritt frühestens drei Monate nach dem Ende der Hemmung ein.

Dass die Verjährung nicht weiterläuft, solange zwischen Zahnarzt und Patient oder Versicherer – sofern die Gespräche für den Patienten durch dessen Versicherer geführt werden – Verhandlungen über die Abrechnung geführt werden, leuchtet ohne weiteres ein.

6.2.2 Hemmung durch Rechtsverfolgung (§ 204 BGB)

§ 204 BGB Hemmung der Verjährung durch Rechtsverfolgung
(1) Die Verjährung wird gehemmt durch
1. die Erhebung der Klage auf Leistung oder auf Feststellung des Anspruchs, auf Erteilung der Vollstreckungsklausel oder auf Erlass des Vollstreckungsurteils,
2. …
3. die Zustellung des Mahnbescheids im Mahnverfahren,
4. die Veranlassung der Bekanntgabe des Güteantrags, der bei einer durch die Landesjustizverwaltung eingerichteten oder anerkannten Gütestelle oder, wenn die Parteien den Einigungsversuch einvernehmlich unternehmen, bei einer sonstigen Gütestelle, die Streitbeilegungen betreibt, eingereicht ist; wird die Bekanntgabe demnächst nach der Einreichung des Antrags veranlasst, so tritt die Hemmung der Verjährung bereits mit der Einreichung ein,
5. die Geltendmachung der Aufrechnung des Anspruchs im Prozess,
6. die Zustellung der Streitverkündung,
7. die Zustellung des Antrags auf Durchführung eines selbständigen Beweisverfahrens,
8. den Beginn eines vereinbarten Begutachtungsverfahrens oder die Beauftragung des Gutachters in dem Verfahren nach § 641a,
9. die Zustellung des Antrags auf Erlass eines Arrests, einer einstweiligen Verfügung oder einer einstweiligen Anordnung, oder, wenn der Antrag nicht zugestellt wird, dessen Einreichung, wenn der Arrestbefehl, die einstweilige Verfügung oder die einstweilige Anordnung innerhalb eines Monats seit Verkündung oder Zustellung an den Gläubiger dem Schuldner zugestellt wird,
10. …,
11. …,
12. …,
13. …
14. die Veranlassung der Bekanntgabe des erstmaligen Antrags auf Gewährung von Prozesskostenhilfe; wird die Bekanntgabe demnächst nach der Einreichung des Antrags veranlasst, so tritt die Hemmung der Verjährung bereits mit der Einreichung ein.
(2) Die Hemmung nach Absatz 1 endet sechs Monate nach der rechtskräftigen Entscheidung oder anderweitigen Beendigung des eingeleiteten Verfahrens. Gerät das Verfahren dadurch in Stillstand, dass die Parteien es nicht betreiben, so tritt an die Stelle der Beendigung des Verfahrens die letzte Verfahrenshandlung der Parteien, des Gerichts oder der sonst mit dem Verfahren befassten Stelle. Die Hemmung beginnt erneut, wenn eine der Parteien das Verfahren weiter betreibt.

Im Gegensatz zum früheren Recht unterbricht heute die Klagerhebung oder das Mahnverfahren nicht mehr die Verjährung, sondern hemmt sie nur.

6.2.3 Hemmung bei Leistungsverweigerungsrecht (§ 205 BGB)

§ 205 BGB Hemmung der Verjährung bei Leistungsverweigerungsrecht
Die Verjährung ist gehemmt, solange der Schuldner auf Grund einer Vereinbarung mit dem Gläubiger vorübergehend zur Verweigerung der Leistung berechtigt ist.

Ein Hauptanwendungsfall dieser Norm ist die Vereinbarung zwischen Zahnarzt und Patient, dass der Zahnarzt mit der Bezahlung seiner Honorarforderung zuwartet (im Rechtssinne: die Forderung stundet), bis der Prozess zwischen Patient und seiner PKV entschieden ist

6.2.4 Hemmung in Erbfällen (§ 211 BGB)

§ 211 BGB Ablaufhemmung in Nachlassfällen
Die Verjährung eines Anspruchs, der zu einem Nachlass gehört oder sich gegen einen Nachlass richtet, tritt nicht vor dem Ablauf von sechs Monaten nach dem Zeitpunkt ein, in dem die Erbschaft von dem Erben angenommen oder das Insolvenzverfahren über den Nachlass eröffnet wird oder von dem an der Anspruch von einem oder gegen einen Vertreter geltend gemacht werden kann Ist die Verjährungsfrist kürzer als sechs Monate, so tritt der für die Verjährung bestimmte Zeitraum an die Stelle der sechs Monate.

Hauptanwendungsfall ist, dass der Patient vor Bezahlung der Rechnung stirbt. Die Honorarforderung richtet sich dann gegen die Erben (auch dann, wenn der Patient privat krankenversichert ist!), deren Feststellung sehr mühsam werden kann.

7. Neubeginn der Verjährung

Das Gesetz lässt in den in § 212 BGB geregelten Fällen die Verjährung neu beginnen (die Fallgestaltungen des § 213 BGB sind bei (zahn)ärztlichen Honorarforderungen nicht vorstellbar).

§ 212 BGB Neubeginn der Verjährung
(1) Die Verjährung beginnt erneut, wenn
1. der Schuldner dem Gläubiger gegenüber den Anspruch durch Abschlagszahlung, Zinszahlung, Sicherheitsleistung oder in anderer Weise anerkennt oder
2. eine gerichtliche oder behördliche Vollstreckungshandlung vorgenommen oder beantragt wird.
(2) Der erneute Beginn der Verjährung infolge einer Vollstreckungshandlung gilt als nicht eingetreten, wenn die Vollstreckungshandlung auf Antrag des Gläubigers oder wegen Mangels der gesetzlichen Voraussetzungen aufgehoben wird.
(3) Der erneute Beginn der Verjährung durch den Antrag auf Vornahme einer Vollstreckungshandlung gilt als nicht eingetreten, wenn dem Antrag nicht stattgegeben oder der Antrag vor der Vollstreckungshandlung zurückgenommen oder die erwirkte Vollstreckungshandlung nach Absatz 2 aufgehoben wird.

Relevant ist für den praktischen Alltag vor allem § 212 Abs. 1 Nr. 1 BGB, weil die Nr. 2 die Zwangsvollstreckungsfälle betrifft und diese idR nicht durch Zahnärzte durchgeführt wird.

Die Nr. 1 hat Bedeutung für Ratenzahlungen. Jede Ratenzahlung auf eine Honorarforderung lässt die Verjährung neu beginnen.

8. Verjährung eines rechtskräftig festgestellten Anspruchs

Ein rechtskräftig festgestellter Anspruch, sei es durch ein Gerichtsurteil oder durch einen Vollstreckungsbescheid (das Mahnverfahren beginnt mit dem Antrag auf Erlass eines Mahnbescheides und endet mit der Zustellung des Vollstreckungsbescheides) verjährt in 30 Jahren. Aus einem rechtskräftig ergangenen Gerichtsurteil oder Vollstreckungsbescheid kann demzufolge ein Honoraranspruch auch noch innerhalb von 30 Jahren gegenüber dem Patienten geltend gemacht werden (§ 197 Abs. 3 BGB).

XVII. Durchsetzung der Honorarforderung

1. Allgemeines

Zahlt der Patient die Honorarabrechnung nicht freiwillig, gibt es zwei Wege für den Zahnarzt, an das Geld zu kommen:

- Mahnbescheid oder
- Klage.

Bei geringen Streitwerten (bis 750,00 €) muss nach dem Recht der meisten Bundesländer der Klage die erfolglose Durchführung eines Einigungsversuchs bei einer Gütestelle vorausgehen (§ 15a Abs. 1 Satz 1 Nr. 1 EGZPO). Das ist ein für Laien verhältnismäßig kompliziertes Verfahren, weshalb es sich zur Vermeidung einer solchen Prozedur anbietet, jede gerichtliche Auseinandersetzung um Honorarforderungen – sofern man nicht Abrechnungsunternehmen oder Anwälte einschalten will – nur per Mahnbescheid zu beginnen.

2. Beweisfragen

In der Vergangenheit wurde nur selten in Frage gestellt, ob der Zahnarzt die abgerechnete Leistung auch wirklich erbracht hat. Dieser Versuch dürfte als Folge eines Urteils des Amtsgerichts Potsdam vom 31.03.2004[199] künftig wohl häufiger unternommen werden. Bisher steht die Rechtspraxis auf dem Standpunkt, dass der Zahnarzt den Beweis für die Durchführung der abgerechneten Leistungen durch die Vorlage einer ordnungsgemäßen Behandlungsdokumentation führen kann. Der Bundesgerichtshof hatte hierzu gleich in seiner ersten Entscheidung zur Dokumentation vom 14.03.1978 festgestellt[200]:

> Einer ordnungsgemäßen, Vertrauenswürdigen Dokumentation im Operationsbericht, Krankenblatt oder Patientenkartei kann und soll der Tatrichter bis zum Beweis der Unrichtigkeit Glauben schenken. Die allgemeine Vertrauenswürdigkeit ist aber darzulegen und notfalls unter Beweis zu stellen.

In einem Urteil vom 10.03.1981[201] formulierte der Bundesgerichtshof:

> Im allgemeinen ist es angezeigt, einer insgesamt angemessenen und vollständigen ärztlichen Dokumentation, wie etwa einem detaillierten Operationsbericht, im Zweifel Vertrauen zu schenken.

Das Amtsgericht Potsdam verneint nun diese Privilegierung für den Fall der Abrechnung. Dies ist eine groteske Situation. Für den Beweis, dass die Behandlung zum einen überhaupt und zum anderen lege artis durchgeführt wurde, darf sich der (Zahn)Arzt auf seine Behandlungsdokumentation stützen. Stimmt man dem schon in den Hinweisen zum Gebrauch dieses Handbuchs postulierten Satz zu, dass die Abrechnung der Leistung folgt (s. o. S. XXXVI), dann ist bei ordnungsgemäßer Dokumentation mit dem aus der Behandlungsdokumentation[202] geführten Leistungsbeweis auch der für die Abrechenbarkeit zu führende Beweis erbracht. Mehr braucht es nicht und ist – abgesehen von einer Videodokumentation der Behandlung – auch kaum zu erbringen noch billigerweise zu erwarten.

---

[199] AG Potsdam, Urteil vom 31.03.2004 – 20 C 390/03 –, ZMGR 2004, 171; mit scharfer Kritik von Beyer-Jupe, ebd.

[200] BGH, Urteil vom 14.03.1978 – VI ZR 213/76 –, VersR 1978, 542 = Ratajczak/Stegers, Rz. 695.

[201] BGH, Urteil vom 10.03.1981 – VI ZR 202/79 –, VersR 1981, 730 = Ratajczak/Stegers, Rz. 642.

[202] S. dazu eingehend Ratajczak, Dokumentation zahnärztlicher Behandlung, BDIZ-konkret 2003, Heft 2, S. 37.

3. Mahnverfahren

Um einen Mahnbescheidsantrag zu stellen, braucht man keinen Anwalt. Geregelt ist das Mahnverfahren in den §§ 688 – 703d ZPO.[203] Den Mahnbescheidsantrag kann man als Zahnarzt ohne anwaltliche Hilfe stellen. Man sollte sich, ehe man dies das erste Mal macht, aber unbedingt beim für seinen Praxissitz zuständigen Amtsgericht danach erkundigen, wie das ablaufen muss; denn zwar ist eigentlich das Amtsgericht für die Durchführung des Mahnverfahren zuständig, in dessen Bezirk der Praxissitz liegt (§ 689 Abs. 2 Satz 1 ZPO), viele Bundesländer haben aber mittlerweile zentrale Mahngerichte eingerichtet. Das macht die Sache kompliziert.

Im Mahnverfahren erlässt das Amtsgericht, wenn alles stimmt, einen Mahnbescheid (§ 692 ZPO). Dagegen kann der Patient innerhalb von 14 Tagen nach der Zustellung Widerspruch einlegen (§ 694 Abs. 1 ZPO – die 14 Tage-Frist findet sich allerdings in § 692 Abs. 1 Nr. 3 ZPO).

Tut er das nicht, muss der Zahnarzt nach Ablauf dieser Frist den Erlass eines Vollstreckungsbescheides beantragen (§ 699 ZPO). Damit der Zahnarzt weiß, wann die 14 Tage-Frist für den Patienten abgelaufen ist, wird er über die Zustellung des Mahnbescheides informiert (§ 693 Abs. 2 ZPO). **Diese Frist muss der Zahnarzt selbst überwachen!**

Legt der Patient gegen den Mahnbescheid Widerspruch ein, sollte der Zahnarzt die sog. Durchführung des streitigen Verfahrens beantragen (§ 696 Abs. 1 Satz 1 ZPO), sonst passiert nichts mehr. Es kommt dann im Folgenden zu einem normalen Klageverfahren (s. dazu sogleich Ziffer 4).

Ist der Vollstreckungsbescheid erlassen, kann der Patient dagegen innerhalb von 14 Tagen Einspruch einlegen (§ 700 ZPO – die Einspruchsfrist ergibt sich aus § 339 Abs. 1 ZPO). Wird Einspruch eingelegt, kommt es auch ohne Zutun des Zahnarztes zum streitigen Verfahren (§ 700 Abs. 3 Satz 1 ZPO).

Das kann dem Zahnarzt aber egal sein; denn mit dem Vollstreckungsbescheid hat er zunächst einmal einen **Titel** in Händen, aus dem er vorläufig die Zwangsvollstreckung gegen den Patienten betreiben kann. Es ist dann Sache des Patienten, zu versuchen, die Einstellung der Zwangsvollstreckung zu erreichen (§ 719 ZPO)

Macht der Patient auch gegen den Vollstreckungsbescheid innerhalb der 14 Tage-Frist nichts, wird dieser rechtskräftig.

Alles in allem kann man sich als Zahnarzt in das Mahnverfahren einarbeiten, es erfordert jedoch eine eingehende Befassung mit der Materie und wird dann sicher zeitaufwändiger und damit – wenn der Grundsatz „Zeit ist Geld“ beachtet wird – im Zweifel teuerer als die Einschaltung eines Abrechnungsunternehmens oder eines Rechtsanwaltes.

4. Klage

Geht es um viel Geld und/oder steht schon fest, dass der Patient sich streiten will, dann ist der Mahnbescheidsantrag bestenfalls dazu geeignet, das Güteverfahren zu umgehen. Um den richtigen Prozess kommt der Zahnarzt aber nicht herum.

Bei der Klagerhebung ist zunächst zu prüfen, um welchen Betrag gestritten wird.

- Bis zu 5.000,00 €: Zuständigkeit der Amtsgerichte (§ 23 Nr. 1 GVG),
- Ab 5.000,01 €: Zuständigkeit der Landgerichte (§ 71 Abs. 1 GVG).

Ist die Klage vor einem Landgericht zu erheben, braucht man dazu zwingend einen Rechtsanwalt (§ 78 Abs. 1 Satz 1 ZPO).

Wer als (Zahn)Arzt vor dem Amtsgericht selbst klagen will – wovon wir abraten –, muss sich unbedingt wenigstens mit den Regelungen der §§ 253 – 297 ZPO vertraut machen. Nach einmaliger Lektüre dieser Normen wird der Rat, Klageverfahren nicht selbst zu führen, uneingeschränkt nachvollziehbar sein.

---

[203] Fundstelle im Internet: http://bundesrecht.juris.de/bundesrecht/zpo oder http://dejure.org/gesetze/ZPO.

Gewinnt der Zahnarzt den Prozess, hat er mit dem Urteil ebenfalls einen vollstreckungsfähigen Titel in Händen.

5. Zwangsvollstreckung

Titel sind nicht selbstvollziehend. Zahlt der Patient noch immer nicht, muss wohl oder übel die Zwangsvollstreckung eingeleitet werden.

Die Voraussetzungen der Zwangsvollstreckung lernen die Juristen bis zum Übelwerden: Titel + Klausel + Zustellung. Mit dem Recht der Zwangsvollstreckung befassen sich die §§ 704 – 934 ZPO. Die Lektüre ist durchaus zu empfehlen; denn daraus wird klar, dass man die Zwangsvollstreckung auf jeden Fall Profis überlassen sollte.

XVIII. Streitverkündung im Honorarprozess

1. Der Honorarprozess

Vom Honorarprozess redet man, wenn der Zahnarzt gegen den Patienten auf Zahlung des Honorars klagt oder der Patient bezahltes Honorar vom Zahnarzt gerichtlich zurückfordert. Im ersteren Verfahren ist der Patient gut beraten, seiner privaten Krankenversicherung (so er denn eine hat), den Streit zu verkünden.

Diese Prozessvariante ist dem Praxismarketing im Allgemeinen und der Vertrauensbeziehung zum behandelten Patienten im Besonderen allerdings idR abkömmlich. Deshalb versuchen Zahnärzte idR, den Patienten zu motivieren, seinerseits seine private Krankenversicherung zu verklagen. Diesen Prozess nennt man Deckungsprozess.

2. Der Deckungsprozess

Der Patient klagt gegen seine private Krankenversicherung idR zu einem der folgenden Zeitpunkte:

- Die Versicherung bezahlt die Rechnung nicht.
- Die Versicherung weigert sich schon, die Behandlung überhaupt zu übernehmen. Häufigstes Argument der Vergangenheit hierfür: Die Implantatbehandlung sei nicht medizinisch notwendig, weil zu teuer (Luxus).[204]

Aus Sicht des Patienten sind primär drei Prozessausgänge denkbar:

(1) Er verliert den Prozess gegen die Versicherung, weil die Behandlung medizinisch nicht notwendig war.
(2) Er verliert den Prozess hinsichtlich aller oder einiger der von der Versicherung beanstandeten Gebührenpositionen.
(3) Er verliert den Prozess nur, soweit er mehr als x % der Behandlungskosten eingeklagt hat.

In jedem dieser Fälle stellt sich die Frage, was daraus für das Verhältnis Patient – Zahnarzt folgt, insbesondere ob der Patient die Rechnung des Zahnarztes voll bezahlen muss.

Verliert der Patient den Prozess, weil er nur zu x % versichert ist (Variante 3), kann er daraus dem Zahnarzt nur dann einen Vorwurf machen, wenn dieser – wovor nur dringendst zu warnen ist – behauptet hatte, dass die Versicherung die Behandlung insgesamt bezahlen müsse. Eine solche Behauptung ist nur dann richtig, wenn der Patient einen 100 %-Tarif abgeschlossen hat, der auch noch die konkrete Behandlung erfasst. Dies festzustellen ist angesichts der Kompliziertheit wie Komplexität der Formulierungen in Krankenversicherungstarifen eine Wissen-

[204] S. dazu eingehend oben Kapitel B VIII, S. 33 ff. sowie die Urteile im Kapitel U II, S. 346 ff.

schaft für sich. Wenn den Patienten diese Frage interessiert, dann soll er sich mit seiner Versicherung deshalb in Verbindung setzen, möglichst vor Durchführung der Behandlung. Nur darüber sollte er aufgeklärt werden. Aussagen eines Zahnarztes zur Höhe des Versicherungsschutzes sind regelmäßig falsch und stellen zugleich eine Verletzung der sog. wirtschaftlichen Beratungspflicht dar. Sie können also den Honoraranspruch gefährden.

Verliert der Patient, weil die Behandlung nach Ansicht des Gerichts nicht medizinisch notwendig gewesen sei (Variante 1) oder die Honorarabrechnung nicht der GOZ entsprochen habe (Variante 2), dann ist er mit Einwendungen konfrontiert, die zugleich geeignet sind, die Gebührenabrechnung seines Zahnarztes ganz oder teilweise zu Fall zu bringen.

Zahlt der Zahnarzt nicht freiwillig zurück, kann der Patient auch ihn verklagen. In einem solchen Rückforderungsprozess droht dem Patienten das Risiko, dass das zweite Gericht und (ggf.) ein neuer Gutachter im Prozess zwischen ihm und dem Zahnarzt zu dem Ergebnis kommt, dass die Notwendigkeit gegeben und die Abrechnung nicht zu beanstanden ist.

Der Patient hätte dann den Prozess gegen den Versicherer <u>und</u> den Prozess gegen den Zahnarzt verloren, jeweils mit gegensätzlicher Begründung. Er würde also „*zwischen allen Stühlen sitzen*". Vor einer solchen Situation kann sich der Patient mit der Streitverkündung schützen.

3. Zulässigkeit der Streitverkündung

Die Streitverkündung ist der Versuch, einen Dritten in einen laufenden Prozess einzubinden. Damit man nicht willkürlich mit einem solchen Verfahren überzogen werden kann, schreibt § 72 ZPO vor, dass eine Streitverkündung nur zulässig ist, wenn eine Prozesspartei (Patient oder auch der Krankenversicherer) glaubt, sich für den Fall eines ihr ungünstigen Prozessausganges an einem Dritten schadlos halten zu können. Schadlos halten kann sich der Patient am Zahnarzt in jedem Fall, wenn er den Prozess in der Variante 2 verliert; denn dann hat er gegen den Zahnarzt Anspruch auf zumindest teilweise Freistellung vom Honoraranspruch bzw. Rückzahlung des überzahlten Honorars.

Zahlt der Patient die Honorarrechnung von vornherein nicht, so muss der Zahnarzt ihn verklagen. In einem solchen Fall wird der Patient dem Krankenversicherer den Streit verkünden, da der Patient für den Fall, dass er den Prozess gegen den Zahnarzt verliert, im Zweifel Deckungsansprüche gegen seine Versicherung hat.

Einzig die Konstellation einer Direktklage des Zahnarztes gegen den privaten Krankenversicherer mit Streitverkündung an den Patienten ist in der Regel nicht möglich, weil in allen privaten Krankenversicherungsbedingungen die Abtretung des sog. Deckungsanspruches, den der Patient gegen seine Krankenversicherung hat, vertraglich ausgeschlossen ist. Ein solcher vertraglicher Ausschluss ist rechtlich zulässig.

Der Dritte (Zahnarzt) kann dem Rechtsstreit beitreten, muss dies aber nicht. Er kann dem Rechtstreit auf Seiten des Patienten, aber auch auf Seiten des Versicherers beitreten.
Die entscheidende Frage lautet aber: Soll er beitreten?

4. Zeitpunkt der Streitverkündung

Die Streitverkündung kann frühestens mit Klageerhebung, aber auch noch bis zum rechtskräftigen Abschluss des Klageverfahrens erfolgen. Sinnvoll ist aber nur eine sehr frühe Streitverkündung.

5. Form der Streitverkündung

§ 73 ZPO bestimmt, dass die Streitverkündung in einem Schriftsatz zu erfolgen hat, in dem der Grund der Streitverkündung und die Lage des Rechtsstreites anzugeben ist. Durch diesen Schriftsatz soll derjenige, dem der Streit verkündet wird (im Normalfall also der Zahnarzt), in die Lage versetzt werden, zu erkennen, worum es geht und sich zu entscheiden, wie er reagieren will. In der Streitverkündungsschrift wird mitgeteilt, um welches Verfahren es sich handelt, worum gestritten wird und – ganz wichtig – wie weit das Verfahren bereits gediehen ist. Wenn es schon ein erstinstanzliches Urteil gibt oder das Beweisverfahren durch die Erstattung eines

Sachverständigengutachtens abgeschlossen wurde, so ist dies anzugeben, weil dies für die Entscheidung, ob man dem Rechtsstreit (noch) beitreten sollte, von großer Bedeutung ist.

6. Wirkung der Streitverkündung

Die Streitverkündung ist ein tückisches Instrument, weil sie eine Entscheidung erzwingt und jede Entscheidung mit erheblichen Konsequenzen sanktioniert.

Es gibt nur zwei Möglichkeiten, nämlich dem Rechtsstreit beizutreten oder dem Rechtsstreit nicht beizutreten. Tritt der Zahnarzt bei, bezeichnet man ihn als **Streithelfer**. Aus dieser Bezeichnung lässt sich schon ableiten, dass die Möglichkeiten, auf den Prozessverlauf Einfluss zu nehmen, begrenzt sind.[205]

Tritt der Zahnarzt dem Rechtsstreit bei, muss er sich entscheiden, auf welcher Seite er dem Rechtsstreit beitritt – natürlich im Regelfall auf Seiten des Patienten. Wendet aber die Versicherung gegen die Klage des Patienten ausschließlich Gesichtpunkte ein, die sich im Versicherungsvertragsverhältnis zwischen Patient und Versicherer abspielen, etwa (schlimmster aller Fälle) dass zum Zeitpunkt der Behandlung das Versicherungsverhältnis nicht mehr bestand, dann stellt sich natürlich die Frage, aus welchem Grunde und zu welchem Zweck der Zahnarzt dem Rechtsstreit auf Seiten des Patienten beitreten sollte.

Tritt der Zahnarzt dem Rechtsstreit nicht bei, so wird – wie es in § 74 Abs. 2 ZPO heißt – *„der Rechtsstreit ohne Rücksicht"* auf ihn fortgesetzt.

Tritt der Zahnarzt dem Rechtsstreit bei, so bestimmt sich nach § 74 Abs. 1 ZPO sein Verhältnis zu den beiden Prozessparteien (Patient wie Versicherer) nach den Grundsätzen über die Nebenintervention. Die beiden wichtigsten Wirkungen der Nebenintervention sind in §§ 67 und 68 ZPO geregelt.

§ 67 ZPO wird nur für den Fall wirksam, dass der Zahnarzt dem Rechtsstreit beitritt, die Wirkungen des § 68 ZPO treten unabhängig davon ein, ob der Zahnarzt nun beitritt oder nicht (§ 74 Abs. 3 ZPO).

Wichtigste Wirkung der Streitverkündung ist, dass der Zahnarzt, gleichgültig, ob er nun dem Rechtsstreit auf Seiten des Patienten beigetreten ist oder nicht, sich in einem evtl. Folgeprozess des Patienten gegen ihn nicht darauf berufen kann, dass das Urteil zwischen Patient und Versicherer falsch sei oder der Patient den Prozess deshalb verloren hat, weil er ihn schlecht geführt habe (§ 68 Abs. 1 ZPO). Der Gesetzgeber mutet dem Streitverkündetem allerdings nichts Unmögliches zu. Wird dem Zahnarzt der Streit erst so spät verkündet (z.B. kurz vor Rechtskraft), dass ihm ein Eingreifen in den laufenden Prozess gar nicht mehr möglich war, dann sind ihm alle Einwendungen gegen den Patienten offen.

Die Streitverkündung hat also eine zeitliche Dimension. Je später sie erfolgt, umso weniger Wirkung zeigt sie, mit der Konsequenz, dass anwaltlich gut vertretene Patienten mit der Klage gegen den Versicherer zugleich auch dem Zahnarzt den Streit verkünden.

7. Entscheidungskriterien pro und contra Beitritt

Die Frage, welche Konsequenz man aus einer Streitverkündung zieht, hängt zunächst einmal von der rechtlichen Beurteilung dessen ab, was im Verhältnis zwischen Patient und Versicherer läuft und an unangenehmen Konsequenzen zum Nachteil des behandelnden Zahnarztes drohen könnte. Diese Entscheidung sollte nicht ohne anwaltliche Beratung stattfinden, da ein Fehler an dieser Stelle in der Regel später nicht mehr korrigiert werden kann.

Wenn der Patient frühzeitig dem Zahnarzt den Streit verkündet, der Zahnarzt dem Rechtsstreit nicht beitritt und der Patient den Prozess verliert, weil nach Ansicht des Gerichtes die Honorarabrechnung falsch ist, dann hat der Zahnarzt im Folgeprozess nur noch wenige Verteidigungsmöglichkeiten. Er kann im Prinzip allenfalls den Nachweis führen, dass der Patient wusste, dass sein Versicherer die Rechnung nicht bezahlen musste und dennoch die Behandlung wollte. Lägen die Dinge eindeutig so, könnte man aus diesem Grund dem Rechtsstreit nicht bei-

205 S. als Beispiel für eine Streithilfe die oben im Kapitel B VI.6.2, S. 30 wiedergegebene Entscheidung.

treten. Allerdings müsste man dann schon wissen, auf welche Begründungen das Gericht denn alles so kommt. Verneint das Gericht auch die medizinische Notwendigkeit der Behandlung im Sinne des § 1 Abs. 2 Satz 1 GOZ und der ähnlich lautenden Regelung in § 1 Abs. 2 Satz 1 MBKK 94, dann kann der Zahnarzt im Folgeprozess des Patienten gegen ihn zwar immer noch den Nachweis führen, dass auch das dem Patienten bewusst war. Allerdings setzt eine solche Situation eine schriftliche Vereinbarung nach Maßgabe des § 1 Abs. 2 Satz 2 GOZ voraus. Fehlt diese, ist der Folgeprozess nicht zu gewinnen.

Dies bedeutet, dass im **Regelfall** der Zahnarzt bei Streitverkündung dem Rechtsstreit **auf Seiten des Patienten beitreten** sollte. Das gilt jedenfalls, sofern sich die nachstehende Hürde nicht als unüberwindbar darstellt.

Wer einem Rechtsstreit beitritt, ist mit einer Beschränkung seiner prozessualen Rechte konfrontiert (§ 67 ZPO). Der Zahnarzt muss nach Beitritt *„den Rechtsstreit in der Lage annehmen, in der er sich zur Zeit seines Beitritts befindet. Er ist berechtigt, Angriffs- und Verteidigungsmittel geltend zu machen und alle Prozesshandlungen wirksam vorzunehmen, insoweit nicht seine Erklärungen und Handlungen mit Erklärungen und Handlungen der Hauptpartei in Widerspruch stehen*“. Hauptpartei ist in unserem Beispielsfall der Patient.

Die Streitverkündung verpflichtet also im Falle des Beitritts den Zahnarzt zur **Widerspruchsfreiheit** in seine prozessualen Ausführungen gegenüber dem entsprechenden Vortrag des Patienten. Das kann erhebliche Probleme bereiten und ein Kriterium für eine ablehnende Entscheidung über den Beitritt werden.

Wird um die Frage der medizinischen Notwendigkeit gestritten (Variante 1), kann sich der Patient vernünftig verhalten und darlegen, dass diese gegeben sei. Eine solche Behauptung kann der Zahnarzt problemlos unterstützen.

Meint der Patient aber nur, die Versicherung müsse jede Behandlung bezahlen, kann der Zahnarzt einen solchen Anspruch nicht unterstützen, weil der Patient keinen Anspruch darauf hat, ohne medizinische Notwendigkeit zu Lasten seiner privaten Krankenversicherung versorgt zu werden. Wenn der Patient der Versicherung gar konzediert, es habe keine medizinische Notwendigkeit bestanden, darf der Zahnarzt als Folge der Beschränkung des § 67 ZPO nicht behaupten, es habe doch eine medizinische Notwendigkeit bestanden. Er würde sich sonst in Widerspruch zum Vortrag des Patienten setzen. Dann aber macht ein Beitritt keinen Sinn.

Behauptet der Patient die medizinische Notwendigkeit der Behandlung, sieht der Zahnarzt diese aber nicht und hat er den Patienten auch über die Nichtnotwendigkeit der Behandlung aufgeklärt, dann würde der Zahnarzt mit dem Beitritt die (falsche) Behauptung des Patienten unterstützen müssen. Damit verstieße er aber zum einen gegen die prozessuale Wahrheitspflicht und machte sich zum anderen ggf. der Beihilfe zum versuchten Versicherungsbetrug schuldig. Damit scheidet auch bei einer solchen Fallgestaltung der Beitritt aus.

Kommt ein Beitritt wegen des Gebots der Widerspruchsfreiheit nicht in Betracht, greifen die Wirkungen der Streitverkündung nicht.[206] Der Zahnarzt hat also in einem Folgeprozess mit dem Patienten alle Verteidigungsoptionen offen; denn er muss seinen Standpunkt zur Geltung bringen können, was er nicht kann, wenn er sich mit den Erklärungen seines Patienten im Deckungsprozess in Widerspruch setzen müsste, was ihm § 67 ZPO untersagt. Das wird leider immer wieder übersehen.

In Zahnarzthonorarstreitigkeiten können also ganz missliche Situationen entstehen, die zwar selten in der vorstehend geschilderten extremen Weise auftreten, aber häufig genug sich einstellen, weil der Anwalt des Patienten mit dem Zahnarzt nicht kooperiert oder nicht so ganz versteht, worauf es in diesen Verfahren eigentlich rechtlich ankommt.

Es ist daher in der Praxis für die Entscheidung, ob man dem Rechtsstreit auf Seiten des Patienten beitritt, durchaus von Bedeutung, ob der Anwalt des Patienten zu einem kooperativem Verhalten bereit ist, so dass die Prozessstrategie mit ihm besprochen und abgestimmt werden kann. In einem Verfahren, in dem es auf zahnmedizinische oder gebührenrechtliche Aspekte

[206] Vgl. BGH, Urteil vom 08.10.1981 – VII ZR 341/80 –, NJW 1982, 281 [282]; BGH, Urteil vom 2 .05.1987 – VII ZR 296/86 –, NJW 1988, 712 [713]; Zöller-Vollkommer, § 68 Rz. 5, 12.

ankommt, muss als Leitlinie klar sein, dass dann, wenn der Zahnarzt dem Rechtsstreit beitritt, der Anwalt des Zahnarztes federführend den weiteren Rechtsstreit gestalten kann. Nur ihm steht in der Regel das erforderliche Know-how zur Verfügung.

8. Weitere Rechte des Streitverkündeten

Solange und soweit sich der dem Rechtsstreit beigetretene Zahnarzt nicht mit den Handlungen und Erklärungen des Patienten in Widerspruch setzt, kann er den Prozess eigenständig führen. Er kann auch später ggf. Rechtsmittel gegen ein für den Patienten ungünstiges Urteil einlegen. Er kann aber jederzeit durch den Patienten ausgebremst werden, indem dessen Anwalt gegen seine Maßnahmen Widerspruch einlegt.

9. Verteidigung im Folgeprozess

Verliert der Patient den Erstprozess, in dem er dem Zahnarzt rechtzeitig den Streit verkündet hatte, dann sind die Verteidigungsmöglichkeiten des Zahnarztes im Folgeprozess beschränkt.

Ging der Prozess verloren, weil das Gericht die medizinische Notwendigkeit verneinte (Variante 1), dann sieht es im Regressprozess gegen den Zahnarzt für den Patienten idR gut aus. Der Zahnarzt müsste in einem solchen Fall einwenden, dass der Patient gewusst habe, die Behandlung sei medizinisch nicht notwendig und sie dennoch gewollt habe. Hatte er aber im Prozess des Patienten gegen den Versicherer vorgebracht, dass eine medizinisch notwendige Behandlung vorliege, dann setzte er sich nun in Widerspruch zum eigenen Sachvortrag. Auch enthält in solchen Fällen die Honorarabrechnung meist weder den Hinweis nach § 10 Abs. 3 Nr. 6 GOZ noch liegt eine schriftliche Vereinbarung nach § 2 Abs. 3 GOZ vor.

Sind gebührenrechtliche Fragen zu Ungunsten des Zahnarztes im Prozess zwischen Patient und Versicherer entschieden worden (Variante 2), dann muss er dies bei Streitverkündung gegen sich gelten lassen und verliert den entsprechenden Honoraranspruch.

Hat der Patient den Prozess verloren, weil die Behandlungskosten nur zu 25 % versichert waren, er aber 100 % der Rechnung eingeklagt hatte (Variante 3), dann hat der Patient in einem Folgeprozess gegen den Zahnarzt – von der kurz angesprochenen Verletzung der wirtschaftlichen Beratungspflicht abgesehen – allerdings keine Chancen. Dieses Risiko muss er selbst tragen.

10. Anwaltliche Beratung

Die Beratung mit dem Anwalt muss sich zunächst auf die Frage konzentrieren, ob dem Rechtsstreit beigetreten werden soll. Dazu ist vorab zu analysieren, was der Patient bisher vorgetragen hat und wie die Einwendungen des Versicherers lauten. Solange der Rechtsstreit sich jedenfalls auch um Fragen dreht, die die Behandlungssphäre des Zahnarztes betreffen, ist im Zweifel zum Beitritt zu raten. Wichtigste Ausnahme von diesem Grundsatz ist die sehr späte Streitverkündung, bei der es nicht mehr möglich erscheint, für den Zahnarzt noch sinnvoll vorzutragen. Zweitwichtigste Ausnahme ist der Fall, dass der Patient in der Klage gegen den Versicherer schon Vorwürfe gegen den behandelnden Zahnarzt erhebt. In diesem Fall kann man sich allenfalls überlegen, ob man dem Rechtsstreit auf Seiten des Versicherers beitritt.

XIX. Vorlage von Originalrechnungen

Ein seit Jahren bestehender Streitpunkt ist die von manchen Versicherern erhobene Forderung nach der Vorlage von Originalrechnungen. Gestützt wird die Argumentation auf § 10 Abs. 2 Ziffer 5 und § 10 Abs. 3 Satz 3 GOZ.

§ 10 Abs. 2 Ziffer 5 GOZ bestimmt, dass die Rechnung bei Ersatz von Auslagen nach § 9 GOZ den Betrag und die Art der einzelnen Auslage sowie Bezeichnung, Gewicht und Tagespreis verwendeter Legierungen enthalten muss. § 10 Abs. 3 Satz 3 GOZ nimmt hierauf Bezug und regelt darüber hinaus, dass bei Auslagen nach § 10 Abs. 2 Nr. 5 GOZ der Beleg *oder* ein sonstiger Nachweis beizufügen ist.

Bei der Berufung auf diese Regelungen der GOZ wird jedoch verkannt, dass diese nur dann anwendbar sind, wenn es sich um Auslagen im Sinne des § 9 GOZ handelt. Bei den Materialkosten, für die Originalrechnungen üblicherweise verlangt werden (Implantate, Implantatsets, Knochenersatzmaterialien) handelt es sich aber gerade nicht um Auslagen im Sinne von § 9 GOZ. § 9 GOZ findet nur Anwendung auf Auslagen für zahntechnische Leistungen, nicht aber auf Auslagen im Zusammenhang mit den implantologischen Leistungen nach dem Abschnitt K der GOZ. Insofern müssen die Rechnungen nicht den Anforderungen des § 10 Abs. 2 und 3 GOZ genügen.

Der BDIZ/EDI hat hinsichtlich der Frage, welche Anforderungen an die Rechnungslegung von Materialkosten außerhalb der gesetzlichen Regelungen des § 9 GOZ im Zusammenhang mit implantologischen Leistungen gestellt werden können, bereits am 21.05.1997 ein Rechtsgutachten[207] erstellen lassen, das zusammengefasst zu folgendem Ergebnis gekommen ist:

- Der behandelnde Zahnarzt darf beim Einkauf von Implantaten und Implantatteilen den Namen des Patienten, für den sie bestimmt sind, ohne dessen Einwilligung dem Lieferanten gegenüber nicht angeben. Andernfalls verstößt er gegen das Bundesdatenschutzgesetz und verletzt dazu das Arztgeheimnis (Rz. 24 ff., 28 des Gutachtens)
- Daraus folgt zwangsläufig, dass der Zahnarzt dem Patienten keine auf dessen Namen lautende Rechnung des Implantat-Lieferanten aushändigen und der Patient mithin eine solche seinem privaten Krankenversicherer nicht vorlegen kann (Rz. 1, 3 des Gutachtens)
- Der Verstoß gegen das Bundesdatenschutzgesetz und die Verletzung des Arztgeheimnisses durch eine unzulässige Weitergabe der Patientendaten hätten für den Zahnarzt zivil- wie auch strafrechtliche Konsequenzen (Rz. 31 ff. des Gutachtens).

XX. Wahl des Steigerungsfaktors

Die Rechtsprechung befasst sich immer wieder mit dem Ansatz der Steigerungsfaktoren. Den rechtlichen Rahmen für die Wahl des Steigerungsfaktors bestimmt § 5 Abs. 1 GOZ.

> **§ 5 Abs. 1 GOZ**
> Die Höhe der einzelnen Gebühr bemißt sich nach dem Einfachen bis Dreieinhalbfachen des Gebührensatzes. Gebührensatz ist der Betrag, der sich ergibt, wenn die Punktzahl der einzelnen Leistung des Gebührenverzeichnisses mit dem Punktwert vervielfacht wird. Der Punktwert beträgt 5,62421 Cent. Bei der Bemessung von Gebühren sind Bruchteile von Pfennigen auf volle Pfennigbeträge abzurunden.

Bemerkenswert daran ist die im dritten Satz erfolgte Umstellung auf Eurocent, während der vierte Satz weiterhin die Aufrundung auf volle Pfennigbeträge vorschreibt. Die rechtliche Grundlage für die Wahl des Steigerungsfaktors findet sich in § 5 Abs. 2 GOZ.

> **§ 5 Abs. 2 GOZ**
> Innerhalb des Gebührenrahmens sind die Gebühren unter Berücksichtigung der Schwierigkeit und des Zeitaufwandes der einzelnen Leistung sowie der Umstände bei der Ausführung nach billigem Ermessen zu bestimmen. Die Schwierigkeit der einzelnen Leistung kann auch durch die Schwierigkeit des Krankheitsfalles begründet sein. Bemessungskriterien, die bereits in der Leistungsbeschreibung berücksichtigt worden sind, haben hierbei außer Betracht zu bleiben. In der Regel darf eine Gebühr nur zwischen dem Einfachen und dem 2,3-fachen des Gebührensatzes bemessen werden; ein Überschreiten des 2,3-fachen des Gebührensatzes ist nur zulässig, wenn Besonderheiten der in Satz 1 genannten Bemessungskriterien dies rechtfertigen.

[207] Das Gutachten kann über die Geschäftsstelle des BDIZ/EDI gegen eine Schutzgebühr bezogen werden.

Um diese Norm gibt es viele und teilweise – sieht man die Realität des Abrechnungsgeschehens und die oben schon wiederholt näher beleuchtete Rechtsprechung zur Funktion von Gebührenordnungen – sehr weltfremd anmutende Entscheidungen. Diese Rechtsprechung wird zwar in der Praxis von allen Beteiligten zu Recht ignoriert. Sie soll aber dennoch dargestellt werden, vor allem deshalb, weil ihre Umsetzung dazu führen würde, dass GOZ-Leistungen weitgehend niedriger bewertet würden als BEMA-Leistungen, ein absurdes Ergebnis.

Die Rechtsprechung zur Überschreitung des Schwellenwertes ist teilweise sehr restriktiv. Das BVerwG hat in der zitierten Entscheidung vom 17.02.1994[208] die Auffassung vertreten, dass die Annahme von Besonderheiten gem. den Bemessungskriterien des § 5 Abs. 2 Satz 4 GOÄ, die ein Überschreiten des Schwellenwertes rechtfertigen, **nicht im Ermessen des (Zahn)Arztes stehe, sondern rechtlich voll nachprüfbar** sei. Sie habe nach dem sachlichen Zusammenhang der Vorschrift den Charakter einer **Ausnahme** und setze voraus, dass Besonderheiten gerade bei der Behandlung des betreffenden Patienten, abweichend von der großen Mehrzahl der Behandlungsfälle, aufgetreten sind. Dem Ausnahmecharakter des Überschreitens des Schwellenwertes widerspreche es, wenn schon eine vom Arzt allgemein oder häufig, jedenfalls nicht nur bei einzelnen Patienten wegen in ihrer Person liegender Schwierigkeiten angewandte Verfahrensweise bei der Ausführung einer im Gebührenverzeichnis beschriebenen Leistung als eine das Überschreiten des Schwellenwertes rechtfertigende Besonderheit angesehen würde.

Das BVerwG führt weiter aus:

> Bei dieser Auffassung geht der Senat mit dem Berufungsgericht davon aus, dass die **in der Regel einzuhaltende Spanne** zwischen dem einfachen und dem 2,3-fachen Gebührensatz vom Verordnungsgeber nicht nur für einfache oder höchstens durchschnittlich schwierige oder aufwendige Behandlungsfälle, sondern für die **große Mehrzahl aller Behandlungsfälle** zur Verfügung gestellt ist und in diesem Rahmen auch die Mehrzahl der schwierigeren oder aufwendigeren Behandlungsfälle abdeckt. Auch soweit es üblich geworden sein oder hingenommen werden sollte, dass Ärzte überwiegend ohne Rücksicht auf den Einzelfall den Schwellenwert [2,3] ansetzen, ändert dies nichts an der Rechtslage, insbesondere nicht daran, dass auch die Mehrzahl schwierigerer und aufwendigerer Behandlungsfälle im Rahmen der Regelspanne [1,0 – 2,3] abzugelten ist.

Das BVerwG nimmt dann Bezug auf ein Urteil des VG Gelsenkirchen vom 23.06.1989.[209] In dieser Entscheidung hatte das VG Gelsenkirchen die Auffassung vertreten, eine – auch schwierige und zeitaufwändige – ärztliche Verrichtung dürfe nur innerhalb der Regelspanne [1,0 – 2,3] abgerechnet werden, **solange** im Einzelfall diese Tätigkeit von den Leistungen des Gebührenverzeichnisses **umfassend** beschrieben werde. Eine in diesem Sinne schwierige Leistung dürfe höchstens mit dem obersten Wert der Regelspanne [2,3-facher Satz] berechnet werden.

Diese Rechtsauffassung deckt sich mit der Entscheidung des OLG Koblenz vom 19.05.1988[210], in der das OLG Koblenz die ansonsten in der Rechtspraxis nicht weiter angewandte Auffassung vertreten hat, dass ein nach den Bemessungskriterien des § 5 Abs. 2 GOÄ gegebener Fall von

- mittlerer Schwierigkeit,
- durchschnittlichem Zeitaufwand,
- normalen Umständen der Ausführung und
- üblichen örtlichen Verhältnissen

in der Mitte des Gebührenrahmens mit dem sog. **Mittelwert (1,8- bzw. für Laborleistungen 1,65-facher Satz**) anzusetzen sei. Dem Arzt sei es **verwehrt, schematisch** als Mittelwert den

[208] BVerwG, Urteil vom 17.02.1994 – 2 C 10/92 –, NJW 1994, 3023.

[209] VG Gelsenkirchen, Urteil vom 23.06.1989 – 3 K 1621/88 –, NWVBl 1990, 68.

[210] OLG Koblenz, Urteil vom 19.05.1988 – 6 U 286/87 –, NJW 1988, 2309.

1,8- bzw. 2,3-fachen Satz der Regelspanne zu berechnen. Das OLG Koblenz meinte weiter, dass für den Fall, dass ein solcher Mittelfall noch nicht vorliege, der Arzt die Regelspanne des § 5 Abs. 2 Satz 1 GOÄ nach unten (1,0- bis 1,8-facher Satz) auszuschöpfen habe.

Ergänzt wird diese Entscheidung noch dadurch, dass das OLG Koblenz den 1,8-fachen Mittelwert als eine **Beweislastgrenze** ansieht. Gründe für die Überschreitung des Mittelwerts habe im Rechtsstreit der Arzt, Gründe für das Unterschreiten der Patient darzulegen und zu beweisen.

Die gleiche Rechtsauffassung haben im Jahre 1989 das OLG Frankfurt/M.[211] sowie im Jahre 1987 das AG Essen[212] vertreten.

Das OLG Oldenburg[213] setzte 1995 diese Linie fort:

> Dem Zahnarzt steht bei der Wahl des Gebührenfaktors kein Ermessensspielraum zu, der ihn von einer besonderen Begründung enthebt. Vielmehr darf eine Abrechnung mit einem über dem Durchschnittsfaktor hinausgehenden Faktor nur bei besonderen, medizinisch erforderlichen Leistungen erfolgen, was einer speziellen inhaltlichen und nicht nur auf Leerformeln („erhöhter Zeitaufwand") beschränkten Begründung bedarf.

Nachgehakt hat in dieser Richtung das OLG Köln mit einer Entscheidung aus dem Jahre 1996[214] und darin folgende Auffassungen vertreten:

> 1. Die Abrechnung des 2,3-fachen Steigerungsfaktors (Regelhöchstsatz) setzt bereits einen über dem Durchschnitt liegenden Schwierigkeitsgrad der Behandlung oder einen über dem Durchschnitt liegenden Zeitaufwand voraus. Solche Besonderheiten liegen erfahrungsgemäß häufig vor.
> 2. Eine Überschreitung des 2,3-fachen Steigerungsfaktors ist nur bei Vorliegen einer außergewöhnlichen Besonderheit zulässig. Weitere Voraussetzung ist, dass der Zahnarzt den Patienten vor der kostenverursachenden Behandlung darauf hinweist, es sei mit einer außergewöhnlichen Besonderheit zu rechnen, die eine höhere Gebühr erfordert, es sei denn, dass diese nicht voraussehbar ist und sich erst während der Behandlung ergibt.

Aus diesen Entscheidungen hat sich in der Rechtsprechung die Beurteilung herauskristallisiert, den Mittelwert (2,3-fach) als eine Beweislastgrenze anzusehen. Der Zahnarzt muss im Streitfall beweisen, dass Gründe zur Überschreitung des Mittelwertes vorliegen, der Patient, wenn er meint, der Zahnarzt hätte nur unter dem Mittelwert abrechnen dürfen.[215]

XXI. Vergütungsvergleich BEMA – GOZ

Alle vorstehend angesprochenen Entscheidungen – die sich in der Rechtspraxis leicht durch etwas mehr Mühewaltung bei der Rechnungsstellung in ihren Auswirkungen vermeiden lassen – verkennen, dass sich die Gebührendistanz zwischen BEMA und GOZ in den Jahren seit 1987 drastisch verringert hat.[216] Der 1,8-fache Steigerungssatz nach GOZ ist bei den meisten Abrechnungspositionen heute unter BEMA, der 2,3-fache Steigerungssatz schon bei vielen, wie sich aus den nachstehenden zwei Tabellen ergibt.

Zu den beiden Tabellen ist anzumerken, dass nur bei den negativen Zahlen der GOZ-Abrechnungsbetrag höher als der BEMA-Betrag ist, wobei der Vergleich bei den Prothetikzif-

---

211 OLG Frankfurt/M., Urteil vom 24.05.1989 – 17 U 26/88 –, MedR 1989, 332.

212 AG Essen, Urteil vom 19.11.1987 – 20 C 5/87 –, NJW 1988, 1525.

213 OLG Oldenburg, Urteil vom 14.11.1995 – 5 U 100/95 –, OLG-Rp Oldenburg 1996, 54.

214 OLG Köln, Urteil vom 01.07.1996 – 5 U 196/95 –, VersR 1997, 1362 = BDIZ-konkret 1998, Heft 2, S. 31 = CHI, S. 297.

215 AG Krefeld, Urteil vom 20.01.2003 – 82 C 301/02 –, GU 2003, S. 5; VG Düsseldorf, Urteil vom 01.04.1996 – 10 K 5688/94 –, GU, S. 149.

216 S. zur Entscheidung des OLG Köln vom 01.07.1996 die kritische Anmerkung von Ratajczak, BDIZ-konkret 1998, Heft 2, S. 32.

fern BEMA 20b, 20c und 97a angesichts der mit der zum 01.01.2004 erfolgten Neufassung des BEMA schwieriger geworden ist. Die Absenkung der Bewertung im Prothetikbereich hat die Spanne zwischen GOZ und BEMA offenbar wieder etwas vergrößert.

Tabelle 1 Vergütungsvergleich BEMA – GOZ Steigerungsfaktor: 2,3

BEMA-Nr.	Punktzahl	Punktwert 0,8325 €[217]	GOZ-Nr.	Punktzahl	2,3-fach	± %
01	18	14,99 €	001	100	12,94 €	+15,84
13a	32	26,64 €	205 206	150 30	23,28 €	+14,41
25	6	5,00 €	233	110	14,23 €	-64,90
26	6	5,00 €	234	200	25,87 €	-80,69
28	18	14,99 €	236	110	14,23 €	+5,31
32	29	24,14 €	241	280	36,22 €	-33,34
47b	72	59,94 €	313	280	36,22 €	+65,49
48	78	64,94 €	304	540	69,85 €	-7,04
20b	158	116,16 €	221	1300	168,16 €	-30,92
20c	187	137,48 €	222	1550	200,50 €	-31,43
97a	250	183,80 €	522	1850	239,31 €	-23,20
105	8	6,66 €	402	45	5,82 €	+14,41
106	10	8,33 €	403	35	4,53 €	+83,88

Tabelle 2 Vergütungsvergleich BEMA – GOZ Steigerungsfaktor: 1,8

BEMA-Nr.	Punktzahl	Punktwert 0,8325 €[218]	GOZ-Nr.	Punktzahl	1,8-fach	± %
01	18	14,99 €	001	100	10,12 €	+15,84
13a	32	26,64 €	205 206	150 30	18,22 €	+14,41
25	6	5,00 €	233	110	11,14 €	-64,90
26	6	5,00 €	234	200	20,25 €	-80,69
28	18	14,99 €	236	110	11,14 €	+5,31
32	29	24,14 €	241	280	28,35 €	-33,34
47b	72	59,94 €	313	280	28,35 €	+65,49
48	78	64,94 €	304	540	54,67 €	-7,04
20b	158	116,16 €	221	1300	131,61 €	-11,74
20c	187	137,48 €	222	1550	156,92 €	-12,38
97a	250	183,80 €	522	1850	187,29 €	-23,20
105	8	6,66 €	402	45	4,56 €	+14,41
106	10	8,33 €	403	35	3,54 €	+83,88

XXII. Begründung des 2,3-fach übersteigenden Steigerungssatzes

Die Überschreitung des Steigerungssatzes ist schriftlich zu begründen. An diese schriftliche Begründung werden nach der Rechtsprechung keine großen Anforderungen gestellt. Es ist nicht richtig, dass, wie es immer wieder in Schreiben von Beihilfestellen heißt, eine „*eingehende, auf den Einzelfall abgestellte schriftliche Begründung/nähere Erläuterung*“ zu geben ist.

Erforderlich ist nur eine **Kurzbegründung**. Diese Kurzbegründung darf **stichwortartig** sein.[219]

---

[217] Berechnet noch auf der Basis des Primärkassenpunktwertes der KZV Stuttgart für das 1. Quartal 2004 (1 Punkt = 0,8325 €).; die 3 Prothetik-Positionen sind berechnet mit dem abgesenkten Punktwert derselben KZV (1 Punkt = 0,7352 €).

[218] Berechnet noch auf der Basis des Primärkassenpunktwertes der KZV Stuttgart für das 1. Quartal 2004 (1 Punkt = 0,8325 €); die 3 Prothetik-Positionen sind berechnet mit dem abgesenkten Punktwert derselben KZV (1 Punkt = 0,7352 €).

Der VGH Baden-Württemberg hat in diesen Entscheidungen u.a. festgestellt, dass auch durch patientenbezogene Umstände bedingte Besonderheiten der ärztlichen Behandlung eine Überschreitung des Schwellenwertes rechtfertigen können, z.B. die Schwere der Erkrankung.

XXIII. Erhöhung des Mittelwerts nach der Entscheidung des BVerfG vom 13.02.2001

Das Bundesverfassungsgericht hat am 13.02.2001 in einer lapidaren, ohne die Unterschriften der Richter gerade mal 13-zeiligen Entscheidung die Verfassungsbeschwerde gegen den unveränderten Fortbestand der GOZ seit 1988 nicht zur Entscheidung angenommen.[220]

Der tragende Satz der knappen Begründung lautet:

> Eine Verletzung von Grundrechten und grundrechtsgleichen Rechten ist nicht ersichtlich, solange der Beschwerdeführer von den Gestaltungsmöglichkeiten, die ihm die Gebührenordnung für Zahnärzte eröffnet, keinen Gebrauch macht.

Diese Entscheidung sollte man nicht ohne einen der zentralen Sätze aus der Begründung zum Regierungsentwurf zur GOZ vom 26.06.1987 lesen:

> Im neuen System der Gebührenbemessung sollen die Steigerungssätze nicht mehr die Funktion haben, die wirtschaftliche Entwicklung aufzufangen; diese Funktion hat nach der neuen GOÄ der Punktwert übernommen [221]

Der Punktwert der GOZ ist seit 01.01.1988 nunmehr unverändert (**Steigerung: 0,0 %**), der Punktwert in der GOÄ stieg in den 13 Jahren von 1983 bis 1996 immerhin von 0,1000 DM auf 0,1140 DM, also um – wenn auch bescheidene – 11,4 %. Dass auch 11,4 % in 13 Jahren nicht die *wirtschaftliche Entwicklung auffangen*, bedarf keiner Begründung. Weigert sich aber der Gesetzgeber, dem Punktwert den von ihm selbst bestimmten Stellenwert einzuräumen, dann verbleibt es bei der Alternative, die *wirtschaftliche Entwicklung* wie unter BUGO-Ä und BUGO-Z über den Steigerungsfaktor *aufzufangen*.

Dazu hat die Bundeszahnärztekammer Empfehlungen herausgegeben, die der BDIZ/EDI unterstützt. Im Streitfall wird es Aufgabe der Gutachter sein, die Tatsachen zu bewerten, aus denen sich ergibt, dass die Erhöhung des Mittelwertes gerechtfertigt ist. Dazu sei auf die Entscheidung des OLG Düsseldorf vom 27.09.2001[222] als Argumentationshilfe hingewiesen.

XXIV. Nachholung der korrekten Abrechnung

Mängel der Gebührenabrechnung können noch im Honorarstreit mit dem Patienten oder zwischen dem Patienten und dem Krankenversicherer geheilt werden. Anerkennt der Patient oder seine Krankenversicherung nach Prüfung der den Anforderungen der GOZ nunmehr genügenden Honorarrechnung dann aber die Rechnungsforderung und bezahlt sie auch, muss der klagende Patient bzw. der klagende Zahnarzt (je nach Prozesskonstellation) dennoch die Prozesskosten tragen (§ 93 ZPO).

Da die Korrektur vielfach erst nach Gutachtenerstattung erfolgt, können die Prozesskosten (Gerichts- und alle Anwaltskosten sowie Parteiauslagen und Gutachterkosten) erhebliche Ausmaße annehmen. Für solche Fälle empfiehlt sich eine Rechtsschutzversicherung, bei der aber

219 Vgl. VGH Baden-Württemberg, Urteil vom 20.07.1992 – 4 S 962/91 –, VBlBW 1993, 71; VGH Baden-Württemberg, Urteil vom 07.06.1994 – 4 S 1666/91 –.

220 BVerfG, Beschluss vom 13.02.2001 – 1 BvR 2311/00 –, Kapitel A , S. 2.

221 BR-Drs. 276/87, S. 49.

222 OLG Düsseldorf, Urteil vom 27.09.2001 – 8 U 181/00 –, MedR 2002, 310 = GHI, S. 287 = GU, S. 103 f.

darauf zu achten ist, dass sie solche Kosten überhaupt umfasst. Der Zahnarzt braucht dafür Vertragsrechtsschutz für Selbständige und Freiberufler.[223]

Will der Zahnarzt den Ärger mit der Abrechnung etwas einschränken, sind Factoring-Gesellschaften zu empfehlen.

XXV. Die Abrechnung implantatprothetischer Leistungen nach den Ausnahmeindikationen des § 28 Abs. 2 Satz 9 SGB V

1. Grundlagen

Die gesetzlichen Krankenversicherungen erstatten implantatprothetische Leistungen grundsätzlich seit dem 01.07.1997 nicht mehr. Etwas anderes gilt ausschließlich für die gesetzlich geregelten Ausnahmen. Diese beschreibt § 28 Abs. 2 Satz 9 SGB V. Der mit dieser Norm erfolgte Ausschluss der implantologischen Behandlungen wurde vom Bundessozialgericht in mehreren Entscheidungen als verfassungskonform bestätigt.[224] Er gilt auch für Folgebehandlungen nach einer von der Krankenkasse früher bezuschussten implantologischen Erstversorgung, wie das BSG am 03.09.2003 mit einer bemerkenswerten Begründung entschieden hat[225]:

> Allerdings können einmal in den Kieferknochen einzementierte Stützen regelmäßig nur noch mit erheblichem Aufwand oder gar nicht mehr entfernt werden, so dass der Versicherte, der sich zu einer implantologischen Erstversorgung entschlossen hat, die weiteren sich daraus möglicherweise jahrzehntelang ergebenden Erhaltungs- und Reparaturmaßnahmen nicht vermeiden kann. Das ist jedoch bei anderen Behandlungsmaßnahmen, die wie etwa eine Operation endgültige Veränderungen im Körper des Patienten bewirken, nicht wesentlich anders; auch darin kann eine endgültige Weichenstellung für weitere medizinische Leistungen liegen. Dennoch können einem Versicherten, der sich im Vertrauen auf gewisse unterstützende Leistungen seiner Krankenkasse operieren lässt, deshalb nach dem Wegfall dieser Leistungen keine weitergehenden Ansprüche zustehen als einem Versicherten, bei dem derselbe Unterstützungsbedarf auftritt, ohne dass er operiert wurde. Der Zwang, bereits vorhandene Implantate reparieren zu lassen, ist unter dem krankenversicherungsrechtlichen Gesichtspunkt des Behandlungsbedarfs genauso zu beurteilen wie der durch die medizinische Unmöglichkeit konventionellen Zahnersatzes begründete Zwang zu einer implantologischen Erstversorgung.

Diese sich erst aus den nachstehend abgedruckten Richtlinien ergebenden Indikationsbereiche hat das Bundessozialgericht mit Urteil vom 13.07.2004 als verbindlich akzeptiert.[226] Es ging dabei um die „*generalisierte genetische Nichtanlage von Zähnen*“ i.S. des Abschnitt VII Nr. 2 Satz 4 lit. c der Richtlinien. Nach Ansicht des BSG liegt eine solche nicht vor, wenn im Oberkiefer 8 und im Unterkiefer 5 Zähne fehlen. Diese Ausnahme setze zumindest das mehrheitliche Fehlen der typischerweise in einem Kiefer angelegten Zähne voraus. Der Begriff „generalisiert“ erfordere ein in markanter Weise ausgeprägtes Fehlen, welches der vollständigen Nichtanlage nahe komme. Implantologische Leistungen würden nur bei einer über die zahnmedizinische Notwendigkeit hinausgehenden qualifizierten Ausnahmesituation gewährt; dabei müsse die Vergleichbarkeit zu den anderen anerkannten Ausnahmefällen (z.B. Tumoroperation, Schädel- und Gesichtstrauma) gewahrt bleiben.

---

[223] S. §§ 24 Abs. 2 und 28 Abs. 3 ARB 2000 mit Zusatzklausel 1. Die Konditionen in diesem Bereich sind u.U. nicht bei allen Rechtsschutzversicherern identisch.

[224] BSG, Urteil vom 19.06.2001 – B 1 KR 4/00 R –, BSGE 88, 166; ebenso BSG, Urteil vom 19.06.2001 – B 1 KR 23/00 R –, MedR 2002, 536.

[225] BSG, Urteil vom 30.09.2003 – B 1 KR 9/02 R –, NZS 2004, 426.

[226] BSG, Urteil vom 13.07.2004 – B 1 KR 37/02 R –.

2. Richtlinien des Bundesausschusses der Zahnärzte und Krankenkassen für eine ausreichende, zweckmäßige und wirtschaftliche vertragszahnärztliche Versorgung

Der Bundesausschuss der Zahnärzte und Krankenkassen hatte erstmals am 24.07.1998 in Umsetzung der Regelungen des heutigen § 28 Abs. 2 Satz 9 SGB V (damals noch Satz 8) Ausnahmeindikationen für implantologische Leistungen aufgenommen und in die Richtlinie des Bundesausschusses der Zahnärzte und Krankenkassen für eine ausreichende, zweckmäßige und wirtschaftliche vertragszahnärztliche Versorgung[227] integriert (in Kraft getreten ist dieser Beschluss am 22.09.1998). Zum 01.01.2004 sind die Richtlinien in Teilen überarbeitet worden. Es ist zu erwarten, dass die Änderungen beim Zahnersatz, welche zum 01.01.2005 durch das GMG verursacht werden, auch zu einer erneuten Änderung der Richtlinien des § 28 Abs. 2 Satz 9 SGB V führen werden. Dafür dürfte schon die Abschaffung des eigenständigen Bundesausschusses der Zahnärzte und Krankenkassen sorgen, der ab 01.01.2004 durch den Gemeinsamen Bundesausschuss ersetzt wurde, auch wenn der Gemeinsame Bundesausschuss nach § 91 Abs. 6 SGB V hinsichtlich der Suprakonstruktion in der Besetzung 9 KZBV- und 9 Krankenkassenvertreter entscheiden darf. Dagegen entscheidet der Gemeinsame Bundesausschuss über die Richtlinien nach § 28 Abs. 2 Satz 9 SGB V – also die Leistungsinhalte der implantologischen Versorgung im Sachleistungssystem der GKV, ggf. abzurechnen nach BEMA TEIL 6[228] – jedenfalls nach dem Gesetzeswortlaut mit Wirkung ab dem 01.01.2004 in der Zusammensetzung 4 KBV, 4 DKG, 1 KZBV![229] § 91 Abs. 6 SGB V erwähnt diese wichtige Norm nicht. Dass es sich dabei um einen schweren Fehler in der Gesetzessystematik handelt, war im BMGS erkannt worden. Das BMGS hat jedoch jegliche Änderungen am gemeinsamen Gesetzentwurf der Bundestagsfraktion von SPD, Bündnis 90/Die Grünen und CDU/CSU nach Möglichkeit abgeblockt. Dass dieser Systemfehler in kommenden Gesetzen behoben wird, ist allerdings zu erwarten. Ohne die Korrektur muss man dennoch zu dem Ergebnis kommen, dass der Gemeinsame Bundesausschuss auch diese Frage in der Besetzung 9 KZBV- und 9 Krankenkassenvertreter entscheiden muss, da das Gesetz hier einen offenkundigen systematischen Fehler enthält. Um die zum 01.01.2004 in Kraft getretenen Änderungen gegenüber dem bisherigen Rechtszustand transparent zu machen und möglicher Verwirrung vorzubeugen, fügen wir nachstehend den alten und den neuen Text als Synopse ein. Man erkennt daraus, dass der Bundesausschuss inhaltlich nur wenig geändert hat.
Der den Katalog des § 28 Abs. 2 Satz 9 SGB V betreffende Text der Richtlinien lautet:

Gültig bis 31.12.2003	Gültig ab **01.01.2004**
VII. Ausnahmeindikationen für implantologische Leistungen	**VII. Ausnahmeindikationen für implantologische Leistungen**
	1. Der Bundesausschuss der Zahnärzte und Krankenkassen legt in Richtlinien gem. § 92 Abs. 1 SGB V die seltenen Ausnahmeindikationen für besonders schwere Fälle fest, in denen der Anspruch auf implantologische Leistungen einschließlich der Epithesen und/oder der Suprakonstruktionen (implantatgetragener Zahnersatz) im Rahmen einer medizinischen Gesamtbehandlung gemäß § 28 Abs. 2 Satz 9 SGB V als Sachleistung besteht. Der Bundesausschuss der Zahnärzte und Krankenkassen folgt dabei den Intentionen des Gesetzgebers, dass Versicherte nur in zwingend notwendigen Ausnahmefällen diese Leistungen erhalten.

227 BAnz. 2003 Nr. 226, S. 24966.

228 S. dazu unten Kapitel M (S. 237 ff.).

229 § 91 Ab. 2 Satz 1 SGB V.

29. [1]Ausnahmeindikationen für Implantate und Suprakonstruktionen im Sinne von § 28 Abs. 2 Satz 9 SGB V liegen in den in Satz 4 aufgeführten besonders schweren Fällen vor. [2]Bei Vorliegen dieser Ausnahmeindikationen besteht Anspruch auf Implantate zur Abstützung von Zahnersatz als Sachleistung nur dann, wenn eine konventionelle prothetische Versorgung ohne Implantate nicht möglich ist. [3]In den Fällen von Satz 4 Buchstaben a) bis c) gilt dies nur dann, wenn das rekonstruierte Prothesenlager durch einen schleimhautgelagerten Zahnersatz nicht belastbar ist.	2. [1]Ausnahmeindikationen für Implantate und Suprakonstruktionen im Sinne von § 28 Abs. 2 Satz 9 SGB V liegen in den in Satz 4 aufgeführten besonders schweren Fällen vor. [2]Bei Vorliegen dieser Ausnahmeindikationen besteht Anspruch auf Implantate zur Abstützung von Zahnersatz als Sachleistung nur dann, wenn eine konventionelle prothetische Versorgung ohne Implantate nicht möglich ist. [3]In den Fällen von Satz 4 Buchstaben a) bis c) gilt dies nur dann, wenn das rekonstruierte Prothesenlager durch einen schleimhautgelagerten Zahnersatz nicht belastbar ist.
[4]Besonders schwere Fälle liegen vor a) bei größeren Kiefer- oder Gesichtsdefekten, die ihre Ursache - in Tumoroperationen, - in Entzündungen des Kiefers, - in Operationen infolge von großen Zysten (z.B. große follikuläre Zysten oder Keratozysten), - in Operationen infolge von Osteopathien, sofern keine Kontraindikation für eine Implantatversorgung vorliegt, - in angeborenen Fehlbildungen des Kiefers (Lippen-, Kiefer-, Gaumenspalten) oder - in Unfällen haben, b) bei dauerhaft bestehender extremer Xerostomie, insbesondere im Rahmen einer Tumorbehandlung, c) bei generalisierter genetischer Nichtanlage von Zähnen, d) bei nicht willentlich beeinflussbaren muskulären Fehlfunktionen im Mund- und Gesichtsbereich (z.B. Spastiken).	[4]Besonders schwere Fälle liegen vor a) bei größeren Kiefer- oder Gesichtsdefekten, die ihre Ursache - in Tumoroperationen, - in Entzündungen des Kiefers, - in Operationen infolge von großen Zysten (z.B. große follikuläre Zysten oder Keratozysten), - in Operationen infolge von Osteopathien, sofern keine Kontraindikation für eine Implantatversorgung vorliegt, - in angeborenen Fehlbildungen des Kiefers (Lippen-, Kiefer-, Gaumenspalten) oder - in Unfällen haben, b) bei dauerhaft bestehender extremer Xerostomie, insbesondere im Rahmen einer Tumorbehandlung, c) bei generalisierter genetischer Nichtanlage von Zähnen, d) bei nicht willentlich beeinflussbaren muskulären Fehlfunktionen.
30. [1]Bei extraoralen Defekten im Gesichtsbereich nach Tumoroperationen oder Unfällen oder infolge genetisch bedingter Nichtanlagen ist die operative Deckung der Defekte das primäre Ziel. [2]Ist eine rein operative Rehabilitation nicht möglich und scheidet die Fixierung von Epithesen zum Defektverschluss durch andere Fixierungsmöglichkeiten aus, so ist eine Verankerung von Epithesen durch Implantate angezeigt.	3. [1]Bei extraoralen Defekten im Gesichtsbereich nach Tumoroperationen oder Unfällen oder infolge genetisch bedingter Nichtanlagen ist die operative Deckung der Defekte das primäre Ziel. [2]Ist eine rein operative Rehabilitation nicht möglich und scheidet die Fixierung von Epithesen zum Defektverschluss durch andere Fixierungsmöglichkeiten aus, so ist eine Verankerung von Epithesen durch Implantate angezeigt.
31. Die Krankenkasse muss die in diesen Richtlinien genannten Behandlungsfälle mit dem Ziel begutachten lassen, ob die Ausnahmeindikationen vorliegen. Zahnarzt und Krankenkasse können eine Überprüfung des Gutachtens durch einen Obergutachter bei der KZBV beantragen.	4. Die Krankenkasse muss die in diesen Richtlinien genannten Behandlungsfälle mit dem Ziel begutachten lassen, ob die Ausnahmeindikationen vorliegen. Zahnarzt und Krankenkasse können eine Überprüfung des Gutachtens durch einen Obergutachter bei der KZBV beantragen.

Gutachter und Obergutachter müssen implantologisch erfahrene Zahnärzte sein, die von der KZBV im Einvernehmen mit den Spitzenverbänden der Krankenkassen benannt werden. Das Vorschlagsrecht für entsprechende Gutachter und Obergutachter liegt sowohl bei der KZBV als auch bei den Spitzenverbänden der Krankenkassen.	Gutachter und Obergutachter müssen implantologisch erfahrene Zahnärzte sein, die von der KZBV im Einvernehmen mit den Spitzenverbänden der Krankenkassen benannt werden. Das Vorschlagsrecht für entsprechende Gutachter und Obergutachter liegt sowohl bei der KZBV als auch bei den Spitzenverbänden der Krankenkassen.

Liegt eine dieser Ausnahmeindikationen für besonders schwere Fälle vor, erbringt die Krankenkasse die implantologischen Leistungen einschließlich der Suprakonstruktion als Sachleistung im Rahmen einer medizinischen Gesamtbehandlung.

3. Richtlinien des Bundesausschusses der Zahnärzte und Krankenkassen für eine ausreichende, zweckmäßige und wirtschaftliche vertragszahnärztliche Versorgung mit Zahnersatz und Zahnkronen

Versicherte haben nach § 30 Abs. 1 SGB V bzw. – wenn auch in strukturell veränderter Form – nach § 55 SGB V in der ab 01.01.2005 geltenden Fassung Anspruch auf medizinisch notwendige Versorgung mit Zahnersatz (zahnärztliche Behandlung und zahntechnische Leistungen). Der Zahnersatz umfasst auch Zahnkronen. Bei großen Brücken ist die Versorgung auf den Ersatz von bis zu vier fehlenden Zähnen je Kiefer und bis zu drei fehlenden Zähnen je Seitenzahngebiet begrenzt. Bei Kombinationsversorgungen ist die Versorgung auf zwei Verbindungselemente je Kiefer, bei Versicherten mit einem Restzahnbestand von höchstens drei Zähnen je Kiefer auf drei Verbindungselemente je Kiefer begrenzt. An dieser Rechtslage ändert das die Finanzierung des Zahnersatzes neu regelnde GAFZ nichts.

Für Suprakonstruktionen besteht der Anspruch in vom Bundesausschuss der Zahnärzte und Krankenkassen in Richtlinien nach § 92 Abs. 1 SGB V festzulegenden Ausnahmefällen. Der Bundesausschuss hat diese zum 01.01.2004 neu gefasst. Ab Geltung des neuen § 55 Abs. 1 Satz 1 SGB V mit Wirkung zum 01.01.2005 gelten die im nachfolgenden Unterabschnitt 4 dieses Kapitels (S. 77) auszugsweise abgedruckten neuen, vom Gemeinsamen Bundesausschuss am 14.07.2004 verabschiedeten Festzuschuss-Richtlinien. Ab 01.01.2005 entfällt die bisherige Beschränkung der Kostenübernahme für die Suprakonstruktion auf bestimmte Ausnahmefälle.[230]

Um die zum 01.01.2004 in Kraft getretenen Änderungen der Richtlinie des Bundesausschusses der Zahnärzte und Krankenkassen für eine ausreichende, zweckmäßige und wirtschaftliche vertragszahnärztliche Versorgung mit Zahnersatz und Zahnkronen[231] gegenüber dem bisherigen Rechtszustand möglichst transparent zu machen und auch hier möglicher Verwirrung vorzubeugen, fügen wir nachstehend den alten und den neuen Text als Synopse ein. Man erkennt daraus, dass der Bundesausschuss nur in einigen minimalen Formalien, inhaltlich aber nichts geändert hat.

Mit inhaltlichen Änderungen ist dagegen vermutlich zum 01.01.2005 zu rechnen.

Gültig bis 31.12.2003	Gültig ab **01.01.2004**
VI. Versorgung mit Suprakonstruktionen (implantatgestützter Zahnersatz)	**V. Versorgung mit Suprakonstruktionen (implantatgestützter Zahnersatz)**
38. Der Bundesausschuss der Zahnärzte und Krankenkassen legt in Richtlinien gemäß § 92 Abs. 1 SGB V für Suprakonstruktionen Ausnahmefälle fest, in denen ein Anspruch der Versicherten gemäß § 30 Abs. 1 Satz 5 SGB V besteht. Ausnahmefälle für Suprakonstruktionen gemäß § 30 Abs. 1 Satz 5 SGB V	44. Der Bundesausschuss der Zahnärzte und Krankenkassen legt in Richtlinien gemäß § 92 Abs. 1 SGB V für Suprakonstruktionen Ausnahmefälle fest, in denen ein Anspruch der Versicherten gemäß § 30 Abs. 1 Satz 5 SGB V besteht. Ausnahmefälle für Suprakonstruktionen gemäß § 30 Abs. 1 Satz 5 SGB V

[230] Diese Rechtslage wird durch das am 01.10.2004 vom Deutschen Bundestag in 3. Lesung verabschiedete GAFZ nicht verändert.

[231] BAnz. 2003 Nr. 226, S. 24970.

liegen vor a) bei zahnbegrenzten Einzelzahnlücken, wenn keine parodontale Behandlungsbedürftigkeit besteht, die Nachbarzähne kariesfrei und nicht überkronungsbedürftig bzw. überkront sind sowie b) bei atrophiertem zahnlosem Kiefer.	liegen vor a) bei zahnbegrenzten Einzelzahnlücken, wenn keine parodontale Behandlungsbedürftigkeit besteht, die Nachbarzähne kariesfrei und nicht überkronungsbedürftig bzw. überkront sind sowie b) bei atrophiertem zahnlosen Kiefer.
39. Der Anspruch ist bei zahnbegrenzten Einzelzahnlücken nach Nummer 38 a) auf die Versorgung mit Einzelzahnkronen und bei atrophiertem zahnlosen Kiefer nach Nummer 38 b) auf die Versorgung mit Totalprothesen als vertragszahnärztliche Leistungen begrenzt.	45. Der Anspruch ist bei zahnbegrenzten Einzelzahnlücken nach Nummer 44 Buchstabe a auf die Versorgung mit Einzelzahnkronen und bei atrophiertem zahnlosen Kiefer nach Nummer 44 Buchstabe b auf die Versorgung mit Totalprothesen als vertragszahnärztliche Leistungen begrenzt.
40. Sämtliche Vorleistungen im Zusammenhang mit den Implantaten, wie die Implantate selbst, die Implantataufbauten und die implantatbedingten Verbindungselemente gehören nicht zur Suprakonstruktion im Sinne des § 30 Abs. 1 Satz 5 SGB V.	46. Sämtliche Vorleistungen im Zusammenhang mit den Implantaten, wie die Implantate selbst, die Implantataufbauten und die implantatbedingten Verbindungselemente gehören nicht zur Suprakonstruktion im Sinne des § 30 Abs. 1 Satz 5 SGB V.
41. Die Krankenkasse kann die vorgelegte Behandlungsplanung einem Gutachter zur Klärung der Frage zuleiten, ob ein unter Nummer 38 genannter Ausnahmefall vorliegt. Dabei gilt das zwischen der KZBV und den Spitzenverbänden der Krankenkassen vereinbarte Gutachterverfahren für die Versorgung mit Zahnersatz und Zahnkronen entsprechend. Das Nähere hierzu regeln die Partner der Bundesmantelverträge.	47. Die Krankenkasse kann die vorgelegte Behandlungsplanung einem Gutachter zur Klärung der Frage zuleiten, ob ein unter Nummer 44 genannter Ausnahmefall vorliegt. Dabei gilt das zwischen der KZBV und den Spitzenverbänden der Krankenkassen vereinbarte Gutachterverfahren für die Versorgung mit Zahnersatz und Zahnkronen entsprechend. Das Nähere hierzu regeln die Partner der Bundesmantelverträge.

Von mehreren Kassenzahnärztlichen Vereinigungen war in der Vergangenheit die Frage gestellt worden, ob als kariesfreie Nachbarzähne auch die Zähne zu beurteilen sind, die durch Füllungen restauriert worden sind.

Diese Frage ist aufgrund des Textes der Richtlinien sowie der im Arbeitsausschuss geführten Diskussion zu bejahen. Der Bundesausschuss hat bei seiner Beschlussfassung bewusst den Begriff „*kariesfrei*" und nicht den Begriff „*füllungsfrei*" verwendet.

Im Vorfeld der Beschlussfassung des Bundesausschusses am 15.09.2000 wurden verschiedene Versionen von Nummer 38 a der Zahnersatz-Richtlinien diskutiert, u.a. auch eine Version, wonach bei zahnbegrenzten Einzelzahnlücken die Nachbarzähne karies- und füllungsfrei sowie nicht überkronungsbedürftig bzw. überkront sein sollten. Diese Version wurde allerdings in den Beratungen verworfen. Dies ergibt sich unter anderem aus den Niederschriften über die Sitzungen des Arbeitsausschusses.

In der Niederschrift vom 31.03.2000 heißt es:

> Konsens besteht zwischen den Partnern im Arbeitsausschuss darüber, dass die Nachbarzähne zur Einzelzahnlücke kariesfrei sein müssen. Es müsse jedoch bis zur kommenden Besprechung am 12.04.2000 geklärt werden, welche und wie viel Füllungen die Nachbarzähne aufweisen dürfen, damit die Versorgung mit einer Suprakonstruktion auf einem Implantat indiziert sei.

In der Niederschrift über die Sitzung am 12.04.2000 wurde dann unter den Beteiligten festgehalten, dass

> zwischen den Anwesenden Einigkeit besteht, dass sich die Größe von Füllungen an den ansonsten kariesfreien Nachbarzähnen zu dem geplanten Implantat nicht präzisieren lasse, da-

her wird als weitere Voraussetzung neben der Kariesfreiheit von Nachbarzähnen die Formulierung „nicht überkronungsbedürftig“ gewählt.

Auf Grund des Verlaufs der Beratungen einigte man sich schließlich auf die im Beschluss enthaltene Formulierung. Der Begriff „füllungsfrei“ bzw. auch weitere Einschränkungen im Hinblick auf die Anzahl vorhandener Füllungen wurden nicht in die Richtlinien mit aufgenommen.

4. Richtlinien des Gemeinsamen Bundesausschusses zur Bestimmung der Befunde und der Regelversorgungsleistungen, für die Festzuschüsse nach §§ 55, 56 SGB V zu gewähren sind (Festzuschuss-Richtlinien)

Die nachstehend auszugsweise abgedruckten Richtlinien sind in den Sitzungen des Gemeinsamen Bundesausschusses vom 23.06., 30.06. und 14.07.2004 verabschiedet worden. Das BMGS hat die Richtlinien passieren lassen.[232] Die von der KZBV veröffentlichte Fassung steht unter dem Vorbehalt „*einer redaktionellen Überarbeitung*“. Mit dieser ist jedoch erst für den Herbst 2004 zu rechnen. Inhaltlich wird sich aber durch die redaktionelle Überarbeitung nichts ändern.

Die nachstehenden Auszüge umfassen alle Abschnitte der Festzuschuss-Richtlinien, die sich mit der prothetischen Versorgung von Implantaten bei GKV-Patienten befassen.

Präambel

Der Gemeinsame Bundesausschuss in der Besetzung für die vertragszahnärztliche Versorgung nach § 91 Abs. 6 SGB V bestimmt auf der Grundlage der Zahnersatz-Richtlinien die Befunde, für die Festzuschüsse nach § 55 SGB V gewährt werden und ordnet diesen nach § 56 Abs. 2 SGB V prothetische Regelversorgungen zu. Die Bestimmung der Befunde ist auf der Grundlage einer international anerkannten Klassifikation des Lückengebisses erfolgt. Dem zahnmedizinischen Befund wird unter Berücksichtigung der Zahnersatz-Richtlinien ein Befund dieser Festzuschuss-Richtlinien zugeordnet.

Die dem jeweiligen Befund zugeordnete zahnprothetische Versorgung orientiert sich an den zahnmedizinisch notwendigen zahnärztlichen und zahntechnischen Leistungen, die zu einer ausreichenden, zweckmäßigen und wirtschaftlichen Versorgung mit Zahnersatz einschließlich Zahnkronen und Suprakonstruktionen nach dem allgemein anerkannten Stand der zahnmedizinischen Erkenntnisse für den jeweiligen Befund gehören.

Bei der Zuordnung der Regelversorgung sind auch die Funktionsdauer, die Stabilität und auch die Gegenbezahnung berücksichtigt worden.

In die Festlegung der Regelversorgung sind die Befunderhebung, die Planung, die Vorbereitung des Restgebisses, die Beseitigung von groben Okklusionshindernissen und alle Maßnahmen zur Herstellung und Eingliederung des Zahnersatzes einschließlich der Nachbehandlung sowie die Unterweisung im Gebrauch des Zahnersatzes einbezogen.

Dem Verband Deutscher Zahntechniker-Innungen ist nach § 56 Abs. 3 SGB V Gelegenheit zur Stellungnahme gegeben worden. Die Stellungnahme ist in die Entscheidung des Gemeinsamen Bundesausschusses einbezogen worden.

A. Allgemeines

1. Die nach dem zahnmedizinischen Befund zugeordneten Befunde von Teil B dieser Festzuschuss-Richtlinien sind nur ansetzbar, wenn die in den Beschreibungen der nachfolgenden Befunde geregelten Voraussetzungen vorliegen. Dabei sind die Inhalte der Leistungsbeschreibungen des Einheitlichen Bewertungsmaßstabes für zahnärztliche Leistungen berücksichtigt worden.

Bei der Feststellung der Befunde wird Zahnersatz einschließlich Suprakonstruktionen natürlichen Zähnen gleichgestellt, soweit der vorhandene Zahnersatz noch funktionstüchtig ist oder die Funktionstüchtigkeit, z.B. durch Erweiterung, wiederhergestellt werden kann.

2. Die Festzuschüsse zu den Befunden werden erst dann gewährt, wenn die auslösenden Befunde mit Zahnersatz, Zahnkronen oder Suprakonstruktionen versorgt sind. Bei Teilleistungen werden die Festzuschüsse anteilig gewährt.

[232] Die Richtlinien werden durch durch das am 01.10.2004 vom Deutschen Bundestag in 3. Lesung verabschiedete GAFZ nicht berührt.

Protokollerklärung der Vertragspartner:
In gemeinsamen Erläuterungen soll eine Hilfestellung zur eindeutigen Auslegung der Kombinierbarkeit der Befunde vorgelegt werden.

6. Suprakonstruktionen sind in den in den Zahnersatz-Richtlinien beschriebenen Fällen Gegenstand der Regelversorgung. Bei der Gewährung von Zuschüssen für Suprakonstruktionen bei Erstversorgung mit Implantaten hat der Versicherte Anspruch auf den Festzuschuss zur Versorgung der Befundsituation, die vor dem Setzen der Implantate bestand. Für die Erneuerung und Wiederherstellung von Suprakonstruktionen sind Festzuschüsse ansetzbar, die der Gemeinsame Bundesausschuss auf der Grundlage von entsprechenden Regelleistungen ermittelt hat.

Eine Gewährung von Festzuschüssen erfolgt auch in den Fällen, in denen Suprakonstruktionen außerhalb der in den Zahnersatz-Richtlinien genannten Fälle gewählt werden.

7. Bei der Erstversorgung, der Erneuerung und der Wiederherstellung von Suprakonstruktionen sind für alle Leistungen im Zusammenhang mit den Implantaten, wie die Implantate selbst, die Implantataufbauten und die implantatbedingten Verbindungselemente, keine Festzuschüsse ansetzbar.

8. Die Kosten für Zahnersatz einschließlich Zahnkronen sind gegenüber dem Versicherten für diejenigen Leistungen, die der Regelversorgung entsprechen, nach dem einheitlichen Bewertungsmaßstab (Bema) und auf der Grundlage des bundeseinheitlichen Verzeichnisses der abrechnungsfähigen zahntechnischen Leistungen (BEL II – 2004) abzurechnen.

Wählen Versicherte einen über die Regelversorgung gemäß § 56 Abs. 2 SGB V hinausgehenden gleichartigen Zahnersatz, gilt als Abrechnungsgrundlage für die Mehrkosten die Gebührenordnung für Zahnärzte. Wählen Versicherte eine von der Regelversorgung abweichende andersartige Versorgung nach § 55 Abs. 5 SGB V, gilt als Abrechnungsgrundlage ebenfalls die Gebührenordnung für Zahnärzte.

Für die Ausnahmefälle gemäß Nr. 44 der Zahnersatz-Richtlinien (zahnbegrenzte Einzelzahnlücke, atrophierter Kiefer) bilden BEMA und BEL II weiterhin die Abrechnungsgrundlage.

Protokollerklärung der Vertragspartner:
Mit Inkrafttreten zum 01.01.2006 werden in den Zahnersatz-Richtlinien Suprakonstruktionen beschrieben, die zu einer Verbesserung der Kaufunktion im Vergleich zu anderen Versorgungsformen führen. Bis dahin werden BEMA und BEL II um Positionen zur Abrechnung von Suprakonstruktionen ergänzt. Über den Stand der Umsetzung dieser Vereinbarung ist dem Gemeinsamen Bundesausschuss in der Besetzung für die vertragszahnärztliche Versorgung bis zum 30.06.2005 Bericht zu erstatten.

Befunde	
1.3	Erhaltungswürdiger Zahn mit weitgehender Zerstörung der klinischen Krone oder unzureichende Retentionsmöglichkeit im Verblendbereich (15-25 und 34-44), je Verblendung für Kronen (auch implantatgestützte)
7.	Erneuerung und Wiederherstellung von Suprakonstruktionen
7.1	Erneuerungsbedürftige Suprakonstruktion (vorhandenes Implantat bei zahnbegrenzter Einzelzahnlücke), je implantatgetragene Krone
7.2	Erneuerungsbedürftige Suprakonstruktion, die über den Befund nach Nr. 7.1 hinausgeht, je implantatgetragene Krone, Brückenanker oder Brückenglied, höchstens viermal je Kiefer
7.4	Wiederherstellungsbedürftiger festsitzender rezementierbarer Zahnersatz, je implantatgetragene Krone oder Brückenanker
7.5	Erneuerungsbedürftige implantatgetragene Prothesenkonstruktion, je Prothesenkonstruktion
7.6	Erneuerungsbedürftige Prothesenkonstruktion bei atrophiertem zahnlosem Kiefer, je implantatgetragenem *Konnektor* als Zuschlag zum Befund nach Nr. 7.5, höchstens viermal je Kiefer
7.7	Wiederherstellungsbedürftige implantatgetragene Prothesenkonstruktion, je Prothesenkonstruktion

XXVI. Abrechnung implantatprothetischer Leistungen bei Beihilfepatienten

1. Grundlagen

Die Abrechnung implantologischer Leistungen bei Beihilfepatienten birgt für Patienten wie Zahnärzte immer wieder unvorhergesehene Überraschungen. Im Gutachterhandbuch Implantologie sei dazu insbesondere auf die Entscheidungen des VG Arnsberg[233] und des VG

[233] VG Arnsberg, Urteil vom 01.12.1999 – 2 K 2545/98 –, GHI, S. 271.

Minden[234] hingewiesen. Die Auseinandersetzungen basieren auf den Beihilfevorschriften. Der Bund und jedes Land hat seine eigenen Beihilfevorschriften. Die Vorschriften des Bundes sind nachstehend abgedruckt.

2. Allgemeine Verwaltungsvorschrift für Beihilfe des Bundes – Stand 01.01.2004

Die Beihilfen zu zahnärztlichen Leistungen bei Bundesbeamten, Richtern im Bundesdienst und Versorgungsempfängern des Bundes liegen zurzeit in der Fassung der 28. Änderung der Beihilfevorschriften (BhV) vom 30.01.2004 vor, wobei die Änderung rückwirkend zum 01.01.2004 in Kraft trat, allerdings den zahnärztlichen Bereich nicht berührt. Sie werden in das Abrechnungshandbuch aufgenommen, weil sie für die Beihilfevorschriften der Bundesländer Vorbildfunktion haben und die Rechtsprechung die Kenntnis der Beihilfevorschriften bei Zahnärzten voraussetzt. Die zahnärztlichen Leistungen werden näher definiert in der nachstehend im Wortlaut wiedergegebenen Anlage 2 zu den Beihilfevorschriften.

Anlage 2 (zu § 6 Abs. 1 Nr. 1 BhV)

Im Rahmen des § 6 Abs. 1 Nr. 1 und Abs. 3 sind Aufwendungen für zahnärztliche Leistungen nach den folgenden Maßgaben beihilfefähig:

1. Zahntechnische Leistungen

Die bei einer zahnärztlichen Behandlung nach den Abschnitten C Nummern 213 bis 232, F und K des Gebührenverzeichnisses der Gebührenordnung für Zahnärzte entstandenen Aufwendungen für zahntechnische Leistungen, Edelmetalle und Keramik – außer Glaskeramik, nach Nummer 7 Buchstabe b – sind zu 40 vom Hundert beihilfefähig.

2. Kieferorthopädische Leistungen

Aufwendungen für kieferorthopädische Leistungen sind beihilfefähig, wenn
- die behandelte Person bei Behandlungsbeginn das achtzehnte Lebensjahr noch nicht vollendet hat; die Altersbegrenzung gilt nicht bei schweren Kieferanomalien, die eine kombinierte kieferchirurgische und kieferorthopädische Behandlung erfordern.
- ein Heil- und Kostenplan vorgelegt wird.

3. Funktionsanalytische und funktionstherapeutische Leistungen

Aufwendungen für funktionsanalytische und funktionstherapeutische Leistungen sind nur beihilfefähig bei Vorliegen folgender Indikationen:
- Kiefergelenk- und Muskelerkrankungen (Myoarthropathien),
- Zahnbetterkrankungen – Parodontopathien –,
- umfangreiche Gebiss-Sanierung, d.h. wenn in jedem Kiefer mindestens die Hälfte der Zähne eines natürlichen Gebisses sanierungsbedürftig ist und die richtige Schlussbissstellung nicht mehr auf andere Weise feststellbar ist,
- umfangreiche kieferorthopädische Maßnahmen.

Außerdem ist der erhobene Befund mit dem nach Nummer 800 des Gebührenverzeichnisses der Gebührenordnung für Zahnärzte vorgeschriebenen Formblatt zu belegen.

4. Implantologische Leistungen

Aufwendungen für implantologische Leistungen einschließlich aller damit verbundenen weiteren zahnärztlichen Leistungen sind nur bei Vorliegen einer der folgenden Indikationen beihilfefähig:

[234] VG Minden, Urteil vom 02.02.2000 – 4 K 1056/98 –, BDIZ-konkret 2000, Heft 2, S. 46 = GHI, S. 272.

- Einzelzahnlücke, wenn beide benachbarten Zähne intakt und nicht überkronungsbedürftig sind,[235]
- Freiendlücke, wenn mindestens die Zähne acht und sieben fehlen,
- Fixierung einer Totalprothese.

Aufwendungen für mehr als zwei Implantate pro Kiefer, einschließlich vorhandener Implantate, sind nur bei Einzelzahnlücken oder mit besonderer Begründung zur Fixierung von Totalprothesen beihilfefähig; Aufwendungen für mehr als vier Implantate pro Kiefer, einschließlich vorhandener Implantate, sind von der Beihilfefähigkeit ausgeschlossen.

5. Aufwendungen für große Brücken und Verbindungselemente

Für große Brücken sind die Aufwendungen für bis zu vier fehlenden Zähnen je Kiefer oder bis zu drei fehlenden Zähnen je Seitenzahngebiet beihilfefähig. Für Verbindungselemente sind die Aufwendungen für bis zu zwei Verbindungselemente, bei einem Restzahnbestand von höchstens drei Zähnen bis zu drei Verbindungselementen, je Kiefer bei Kombinationsversorgungen, beihilfefähig.

Werden durch mehrere Einzelbrücken je Kiefer im Einzelnen nicht mehr als drei beziehungsweise vier fehlende Zähne, insgesamt aber mehr als vier fehlende Zähne ersetzt, sind die Aufwendungen beihilfefähig.

6. Wartezeiten für Beamte auf Widerruf

Aufwendungen für prothetische Leistungen (Abschnitt F des Gebührenverzeichnisses der Gebührenordnung für Zahnärzte), Inlays und Zahnkronen (Abschnitt C Nummern 214 bis 217, 220 bis 224 des Gebührenverzeichnisses der Gebührenordnung für Zahnärzte), funktionsanalytische und funktionstherapeutische Leistungen (Abschnitt J des Gebührenverzeichnisses der Gebührenordnung für Zahnärzte) sowie implantologische Leistungen (Abschnitt K des Gebührenverzeichnisses der Gebührenordnung für Zahnärzte) sind für Beamte auf Widerruf im Vorbereitungsdienst und ihre berücksichtigungsfähigen Angehörigen nicht beihilfefähig. Dies gilt nicht, wenn die Leistungen auf einem Unfall beruhen, der während der Zeit des Vorbereitungsdienstes eingetreten ist. Dies gilt ferner nicht, wenn der Beihilfeberechtigte zuvor drei oder mehr Jahre ununterbrochen im öffentlichen Dienst beschäftigt gewesen ist.

7. Nicht beihilfefähig sind Aufwendungen für

- Leistungen, die auf der Grundlage einer Vereinbarung nach § 2 Abs. 3 der Gebührenordnung für Zahnärzte erbracht werden.
- Glaskeramik einschließlich der anfallenden Nebenkosten, wie Charakterisierung.

Die Beihilfe nähert sich in ihren Leistungen von Jahr zu Jahr mehr und mehr dem Leistungsumfang der gesetzlichen Krankenversicherung, d.h. das Delta zwischen den Beihilfeleistungen und der privaten Krankenversicherung wird immer größer.

Mit Wirkung ab 01.01.2004 wurde als die für den zahnärztlichen Bereich wesentlichste Änderung der Beihilfesatz von 60 % auf **40 %** reduziert.

[235] Hinweis in den Richtlinien: Der benachbarte Zahn darf keine Füllung haben.

Kapitel C Indikationsklassen

I. Einleitung

Die Indikationsklassen wurden erstmals 1973 festgelegt, um den Zahnärzten, ihren Patienten und auch den privaten Versicherungsunternehmen Anhaltspunkte an die Hand zu geben. Sie wurden umfassend durch den Gutachterausschuss des BDIZ[236] am 29.01.1997 geändert und nach einer längeren Diskussion in der Konsensuskonferenz Implantologie[237] im Jahre 2002 erneut überarbeitet und dem zahnmedizinischen Erkenntnisfortschritt angepasst. Es handelt sich dabei nicht um sklavisch zu beachtende Vorgaben, sondern um Empfehlungen für den „Normalfall" in den jeweiligen Klassen. Wer diesen Empfehlungen folgt, kann davon ausgehen, dass er die Versorgung unter Beachtung der leges artes plant und durchführt. Wer weniger oder mehr macht, muss diese Abweichungen begründen können. Die Gründe für eine Abweichung können vielgestaltig sein. Man sollte sich aber davor hüten, eine „billigere" oder qualitätsreduzierte Versorgung deshalb zu wählen, weil der Patient die eigentlich sachgerechte Versorgung nicht bezahlen kann oder will oder ggf. sein Versicherer bzw. die Beihilfe – jedenfalls ohne gerichtliche Hilfe – nur bereit ist, eine bestimmte Anzahl von Implantaten zu bezahlen. Fällt diese „billigere" Versorgung – wie so oft – nicht zur Zufriedenheit des Patienten aus, muss sich der Zahnarzt rechtfertigen, dass er den Patienten genügend über die Behandlungsalternativen und die Konsequenzen (Vor-, aber vor allem auch Nachteile) der unter dem Aspekt zahnärztlich erreichbarer Qualität reduzierten (billigeren) Versorgung aufgeklärt hat.[238] Erstaunlicherweise haben die Patienten zumindest verbal im späteren Honorar- bzw. Haftungsprozess genügend finanzielle Mittel, um sich auch aufwändige Versorgungsformen auf eigene Kosten leisten zu können.

II. Die Indikationsklassen nach der Konsensuskonferenz Implantologie

Die Konsensuskonferenz Implantologie hat am 05.06.2002 die Indikationsklassen in der Implantologie neu beschrieben und zusätzlich eine Präambel formuliert:

Die optimale Therapie des Zahnverlustes ist der Ersatz jedes einzelnen Zahnes durch ein Implantat. Dabei ist der Zahn 8 eines Quadranten in der Regel nicht zu ersetzen und die Notwendigkeit des Ersatzes des 7. Zahnes individuell kritisch zu würdigen. Da dieses Optimum aus verschiedensten Gründen (insbesondere anatomische, wirtschaftliche) nicht immer erreicht werden kann, sind die nachfolgenden Regelfallversorgungen aufgestellt.

---

236 Jetzt Gutachterausschuss der Konsensuskonferenz Implantologie.

237 Mit Konsensuskonferenz Implantologie wird eine locker organisierte Zusammenarbeit des BDIZ/EDI, der DGI, der DGMKG, der DGZI und des BDO bezeichnet.

238 In der juristischen Literatur wird bereits entschieden gefordert, dass der Zahnarzt im Rahmen seiner allgemeinen Pflicht zur Eingriffsaufklärung Kassenpatienten ggf. auch darauf hinzuweisen hat, dass er die Möglichkeit hat, sich als Selbstzahler besser versorgen zu lassen (vgl. z.B. Laufs, in Laufs/Uhlenbruck, § 3 Rz. 20; § 65 Rz. 17; Dahm, in Rieger, 5090, Rz. 9; Katzenmeier, S. 320; zurückhaltend dagegen Steffen/Dressler, Rz. 328b, die auf die *„negativen Auswirkungen"* hinweisen, die eine solche Hinweispflicht auf das Vertrauen des Patienten in die Medizin haben müsse. S. auch unten Kapitel F IV, S. 126. Der BGH hat in einem Zahnarzthaftungsurteil vom 06.07.2004 – VI ZR 266/03 –, VersR 2004, 1180 erstmals anerkannt, dass das Leistungssystem der gesetzlichen Krankenversicherung im Einzelfall nur unzureichende Möglichkeiten zur Schadensbeseitigung bieten kann. S. dazu auch unten Kapitel F IV, S. 126.

Indikationsbeschreibung für Regelfallversorgung in der Implantologie

Klasse I: **Einzelzahnersatz**	Klasse Ia „Frontzähne“ Wenn bis zu vier Zähne der Oberkiefer-Front fehlen, die Nachbarzähne klinisch intakt sind: → 1 Implantat je fehlendem Zahn Wenn bis zu vier Zähne der Unterkiefer-Front fehlen, die Nachbarzähne klinisch intakt sind: → 1 Implantat soll zwei fehlende Zähne ersetzen Klasse Ib „Seitenzahnersatz“ Fehlen im Seitenzahnbereich Zähne aus der geschlossenen Zahnreihe, so soll bei nicht behandlungsbedürftigen Nachbarzähnen jeder fehlende Zahn durch ein Implantat ersetzt werden
Klasse II: **Reduzierter Restzahnbestand**	Grundsatz: - Bei der implantologischen Versorgung des reduzierten Restgebisses ist die Bezahnung des Gegenkiefers bei der Planung zu berücksichtigen. Darüber hinaus gelten die Regeln der konventionellen Prothetik. - Für eine festsitzende Versorgung im Oberkiefer werden 8 Pfeiler benötigt, im Unterkiefer 6 Pfeiler unter Anrechnung natürlicher Pfeilerzähne, wenn diese an statisch günstiger Position stehen. - Für eine herausnehmbare Versorgung im Oberkiefer werden 6 Pfeiler benötigt, im Unterkiefer 4 Pfeiler unter Anrechnung natürlicher Pfeilerzähne, wenn diese an statisch günstiger Position stehen. Klasse IIa „Freiendsituation“ Zähne 7 und 8 fehlen: → keine Indikation zur Implantation Zähne 6 bis 8 fehlen: → Indikation für 1 – 2 Implantate Zähne 5 bis 8 fehlen: → Indikation für 2 – 3 Implantate Zähne 4 bis 8 fehlen: → Indikation für 3 Implantate
Klasse III: **Zahnloser Kiefer**	Für die Verankerung eines <u>festsitzenden Zahnersatzes</u> im zahnlosen Oberkiefer: → 8 Implantate im zahnlosen Unterkiefer: → 6 Implantate Für die Verankerung eines <u>herausnehmbaren Zahnersatzes</u> im zahnlosen Oberkiefer: → 6 Implantate im zahnlosen Unterkiefer: → 4 Implantate

III. Klasse I – Einzelzahnersatz

Der Begriff „*Einzelzahnersatz*“ beinhaltet nicht, dass nur ein Zahn verloren gegangen bzw. nur ein Implantat indiziert ist. Einzelzahnersatz setzt keine „*Einzelzahnlücke*“ voraus. Der Einzelzahnersatz geht grundsätzlich davon aus, dass jeder verlorene Zahn, dort wo es anatomisch möglich ist, durch ein Implantat ersetzt wird.

Die Indikationsklasse I wurde mit den neuen Indikationsbeschreibungen differenziert

- in den Einzelzahnersatz für Frontzähne (Ia) sowie
- den Einzelzahnersatz für Seitenzähne (Ib).

1. Klasse Ia – Frontzähne

Der Einzelzahnersatz im Frontzahnbereich geht grundsätzlich davon aus, dass jeder verlorene Frontzahn durch ein Implantat ersetzt wird. Eine Ausnahme stellt hierbei der Unterkiefer-Frontzahnbereich dar. Die Anzahl der empfohlenen Implantate im Unterkiefer-Frontzahnbereich ist aufgrund anatomischer Gegebenheiten (Durchmesser der Unterkieferfrontzähne) gegenüber dem Oberkiefer reduziert.

1.1 Bilddokumentation 1 – Einzelzahnimplantat 11

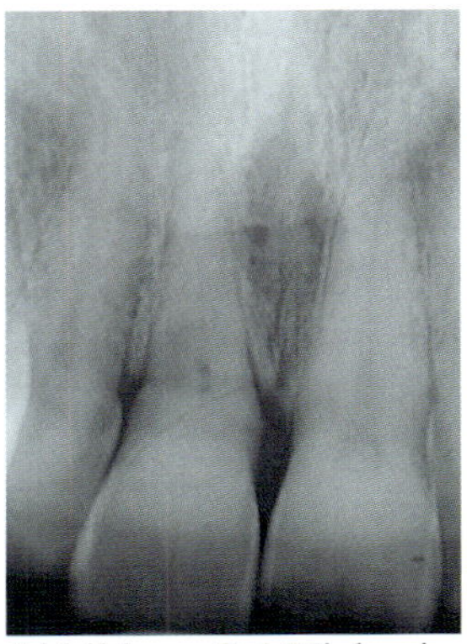

Abbildung C-1 Nickenig

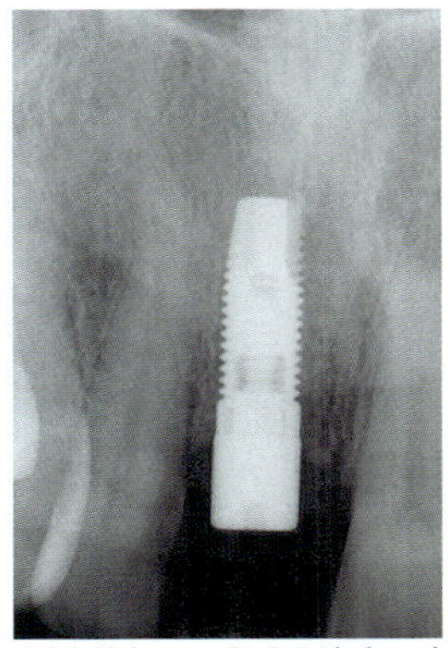

Abbildung C-2 Nickenig

Im linken Zahnfilm ist beim Zahn 11 eine Querfraktur des Zahnes nach Sportunfall zu erkennen. Nach der Entfernung des Zahnes und einer verzögerten Sofortimplantation ist rechts im Bild die achsengerechte Insertion des 13 mm langen Implantats dargestellt.

1.2 Bilddokumentation 2 – Einzelzahnimplantat 12

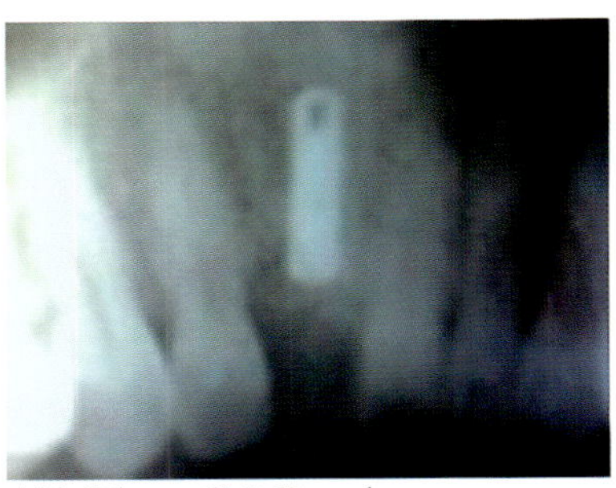

Abbildung C-3 Engels

Zustand nach Implantation in regio 12.

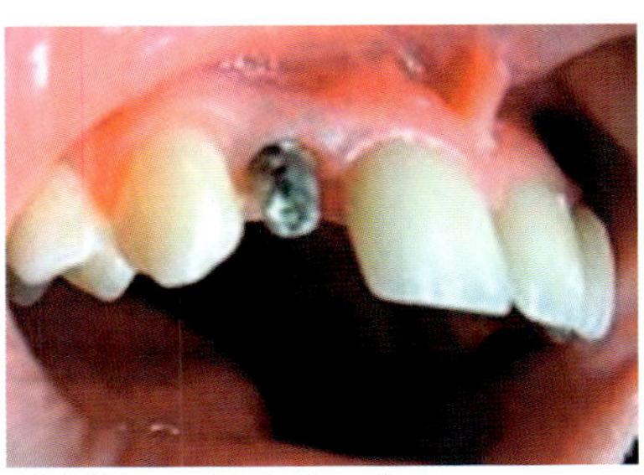

Abbildung C-4 Engels

Das Bild zeigt in einem ähnlichen Fall den fixierten Aufbau des Einzelzahnimplantates in regio 12 nach der Einheilphase.

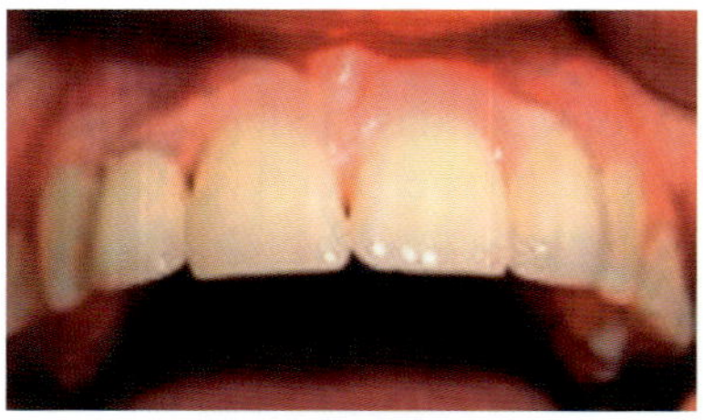

Abbildung C-5 Engels

Dieselbe Situation wie oben mit eingesetzter Suprakonstruktion.

1.3 Bilddokumentation 3 – Einzelzahnimplantat 22

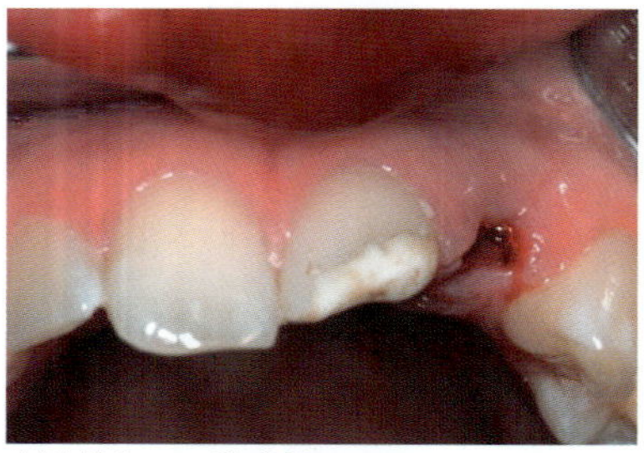

Abbildung C-6 Berger

Zustand nach traumatisch bedingtem Zahnverlust 22.

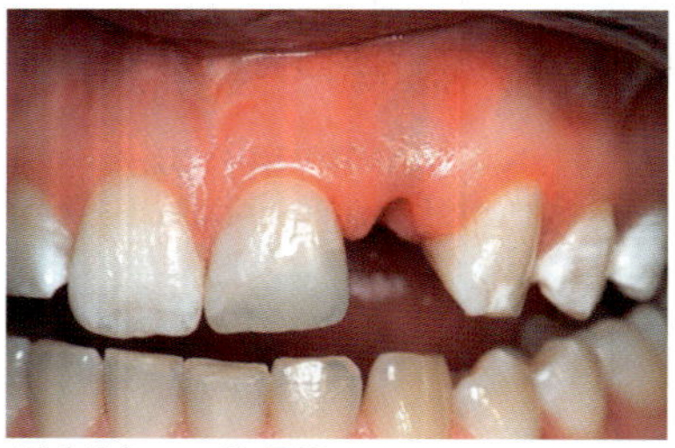

Abbildung C-7 Berger

6 Wochen nach Unfall, vor Einsetzen des Implantats.

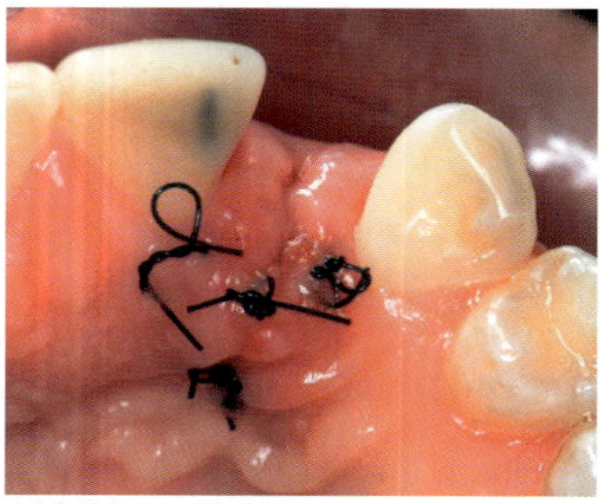

Abbildung C-8 Berger

Zustand bei Nahtentfernung.

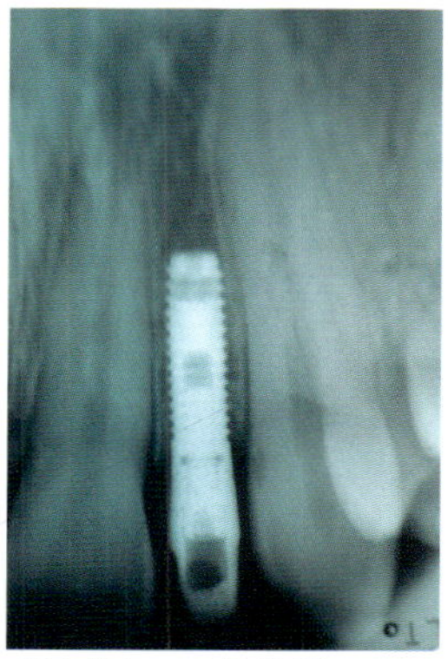
Abbildung C-9 Berger

Röntgenkontrolle des Aufbaus bei der Versorgung.

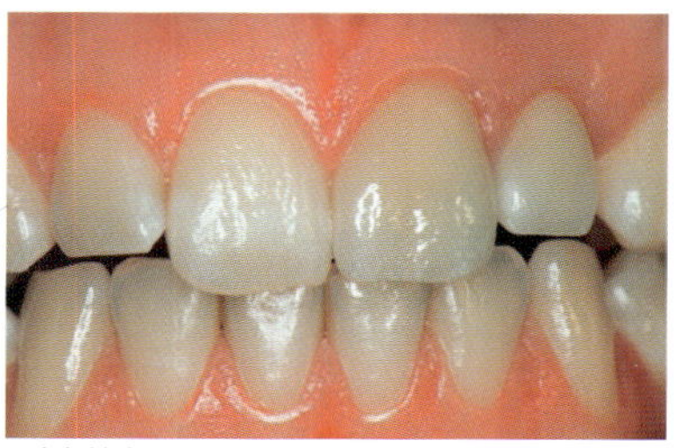
Abbildung C-10 Berger

Dieselbe Situation nach definitiver Versorgung.

1.4 Bilddokumentation 4 – Einzelzahnersatz Unterkiefer

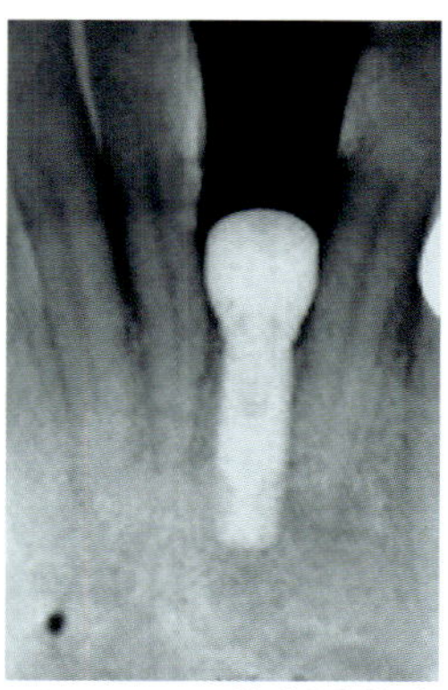
Abbildung C-11 Nickenig

Bei dem Röntgenbild handelt es sich um eine Kontrollaufnahme nach der Einheilphase bzw. nach der Freilegung und dem Einsetzen des Gingivaformers. Gut zu erkennen ist zudem, dass die Platzverhältnisse für die Fixierung bzw. den Wechsel von Sekundärteilen erschwert ist.

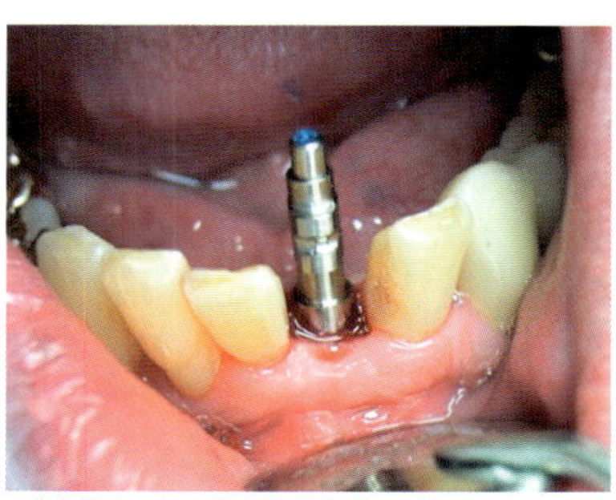
Abbildung C-12 Nickenig

Nachdem der Gingivaformer entfernt wurde, ist der Abdruckpfosten zur offenen Abformung auf dem Implantatteller verschraubt worden. Bedeutsam ist hierbei, dass dieses Sekundärteil nicht in der schmalen Lücke verkantet wird, da alle nachfolgenden Schritte von der Exaktheit dieser Passung bestimmt werden.

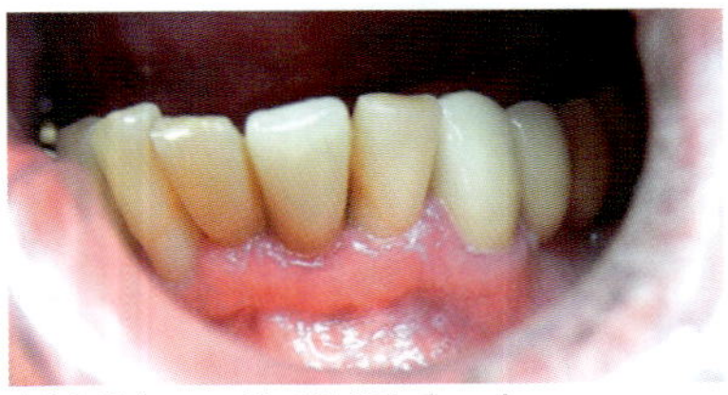
Abbildung C-13 Nickenig

Implantatkrone unmittelbar nach dem Einsetzen; die Gingivaverhältnisse sind bereits in diesem frühen Stadium, aufgrund der Verwendung von geeigneten Gingivaformern, als nahezu reizlos zu bezeichnen.

2. Klasse Ib – Seitenzahnersatz

Den zunehmenden Belastungsverhältnissen in der Nähe des Kauzentrums wird beim Zahnverlust im Seitenzahnbereich auch durch den Ersatz eines jeden fehlenden Zahnes durch je ein Implantat Rechnung getragen. Als weitere Voraussetzung wird von nicht behandlungsbedürftigen lückenbegrenzenden Nachbarzähnen ausgegangen. In diesem Zusammenhang steht der funktionelle Zustand der **klinischen Intaktheit** der Nachbarzähne im Vordergrund, nicht der einer klinischen Unversehrtheit.

2.1 Bilddokumentation 5 – Seitenzahnersatz Unterkiefer

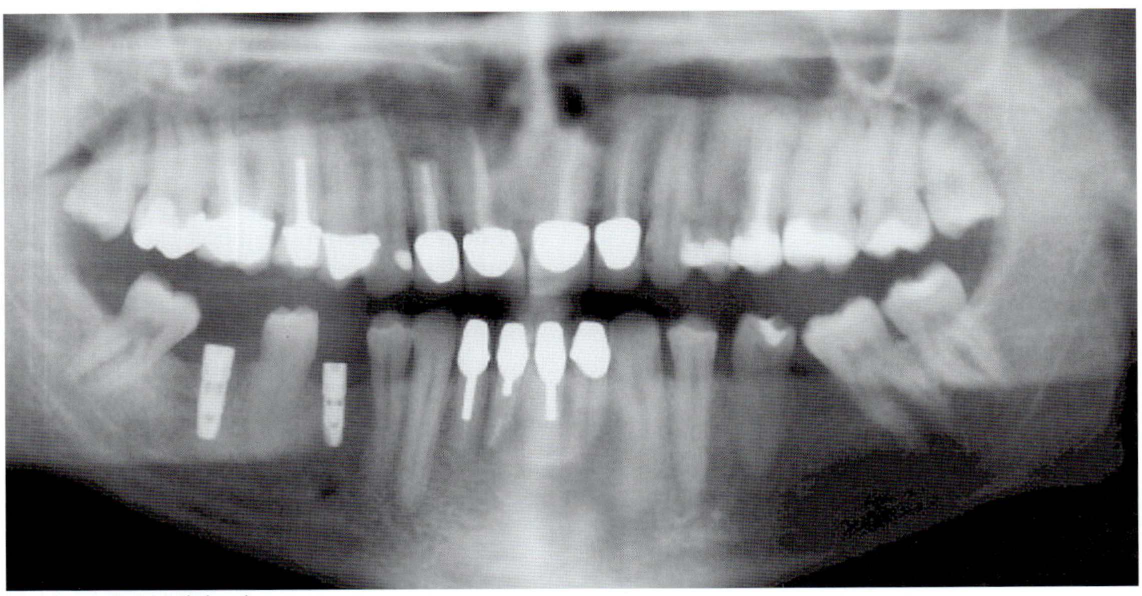
Abbildung C-14 Nickenig

In der Panoramaaufnahme ist eine konservierend und prothetisch teilversorgte Lückengebisssituation dargestellt. Die natürlichen Zähne im IV. Quadranten sind unversehrt, die Implantate in regio 45 und 47 sind bereits mit Gingivaformern versorgt.

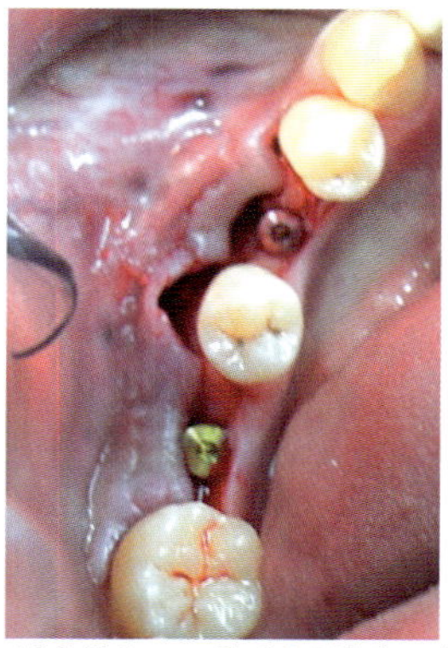
Abbildung C-15 Nickenig

Gezeigt ist ein Beispiel für den Einzelzahnersatz im Seitenzahnbereich (Ib). Es wird deutlich, dass in dieser Indikationsklasse zum Schutz der Nachbarzähne sowie der zunehmenden Belastungsverhältnisse im Seitenzahnbereich jeder verloren gegangene Zahn durch ein Implantat ersetzt wird.

Im Bild ist die chirurgische Phase der Implantatinsertion wiedergegeben.

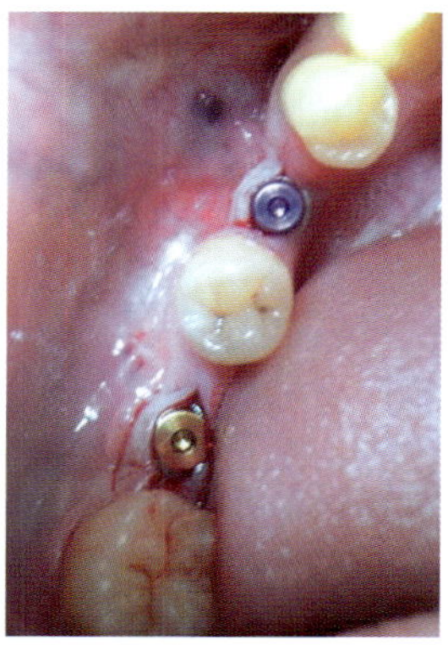
Abbildung C-16 Nickenig

Zu erkennen ist die Phase der Freilegung der Implantate mit bereits eingesetzten Sekundärteilen zur Heilung (Gingivaformer).

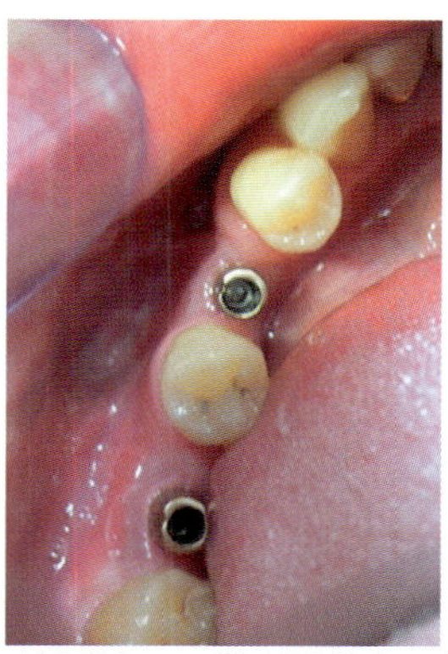
Abbildung C-17 Nickenig

Nach etwa zwei bis drei Wochen erfolgt die Abdrucknahme auf den Implantaten (nicht im Bild). Zu erkennen sind die individuell hergestellten, drehmomentfixierten Implantataufbauten.

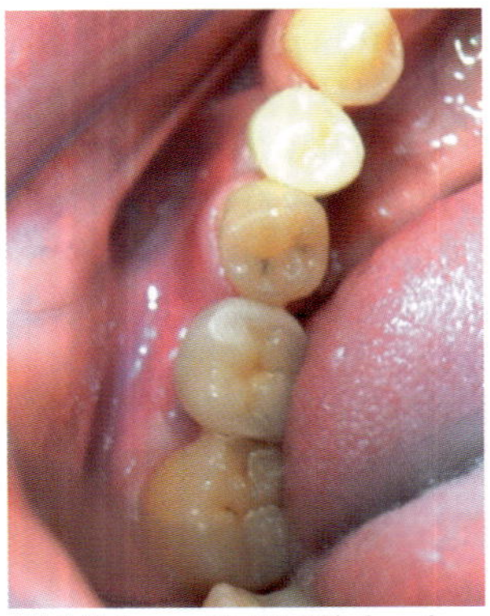

Die prothetische Versorgung.

Abbildung C-18 Nickenig

2.2 Bilddokumentation 6 – Seitenzahnersatz Oberkiefer

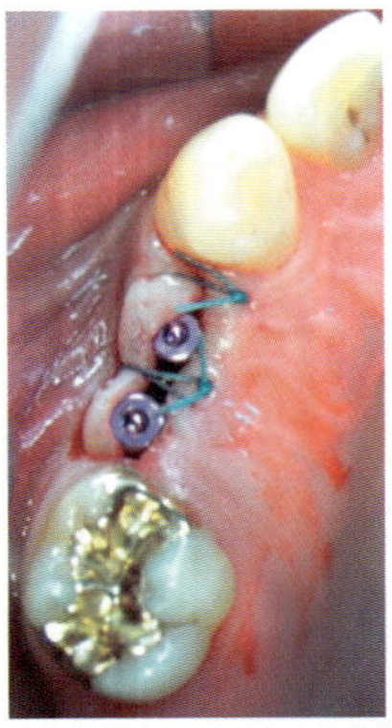

Das zweite Beispiel für den Einzelzahnersatz im Seitenzahnbereich (I b) macht deutlich, dass es sich bei dieser Indikationsklasse nicht nur um die Einzelzahnlücke handelt.

Die erhöhten Belastungsverhältnisse im Seitenzahnbereich machen es nötig, dass in der gegebenen Situation die in regio 14 und 15 verloren gegangenen Zähne durch Implantate ersetzt werden. Zu sehen ist die Phase der Freilegung.

Abbildung C-19 Nickenig

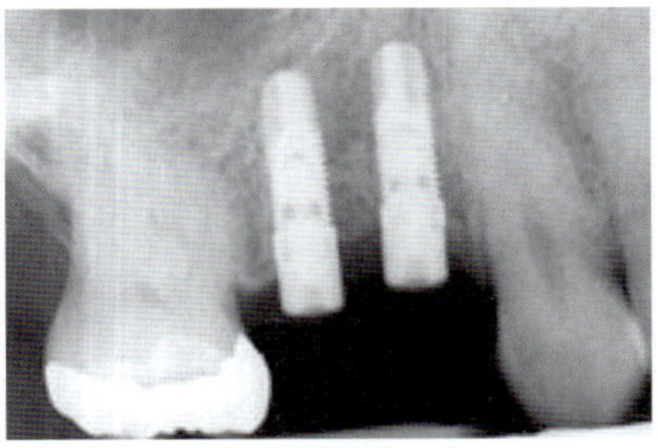

Das zugehörige Röntgenbild zur oben dargestellten klinischen Situation, nach der Einheilungsphase der Implantate.

Abbildung C-20 Nickenig

2.3 Bilddokumentation 7 – Einzelzahnersatz Oberkiefer

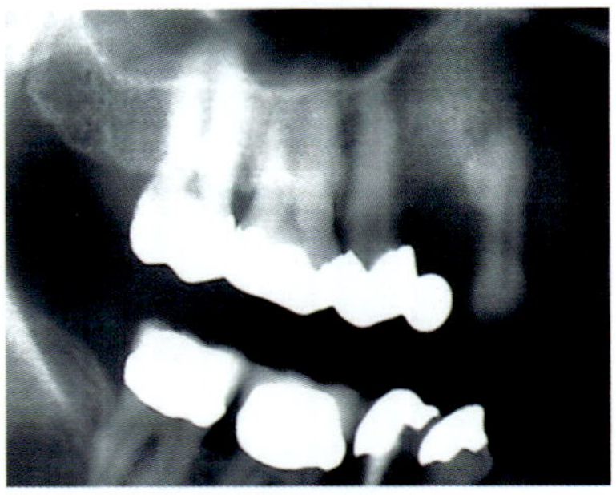

Einzelzahnlücke 14 mit Messkugel.

Abbildung C-21 Berger

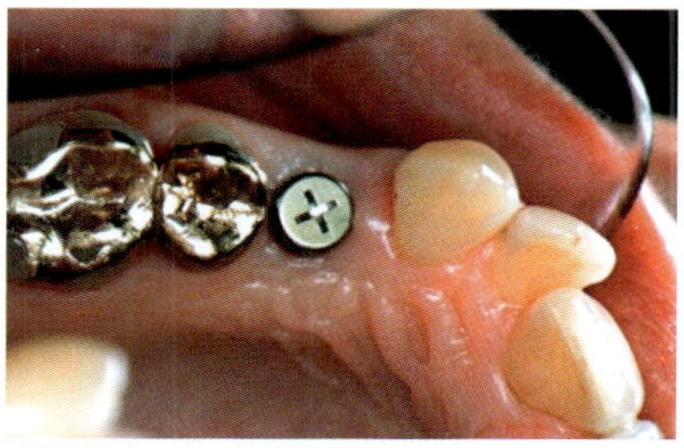

Abbildung C-22 Berger

Einzelzahnimplantat zum Ersatz des Zahnes 14 nach Freilegung mit Gingivaformer.

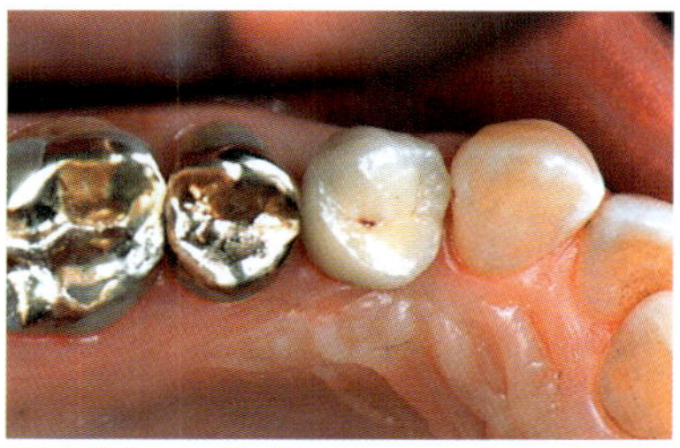

Abbildung C-23 Berger

Eingegliederte horizontal verschraubte Einzelkrone auf Implantat 14.

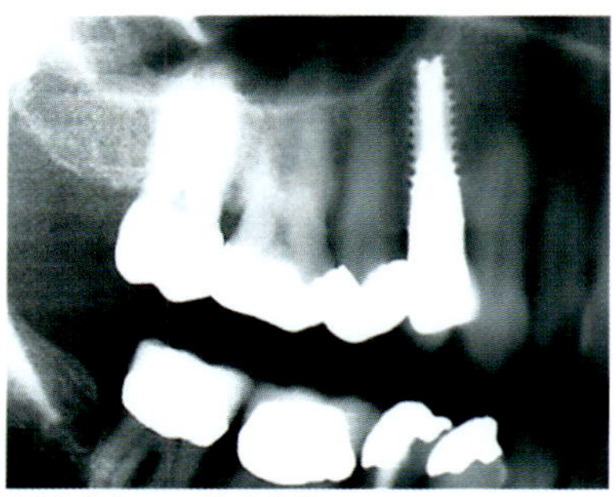

Abbildung C-24 Berger

Röntgenkontrolle der Krone nach Verschraubung.

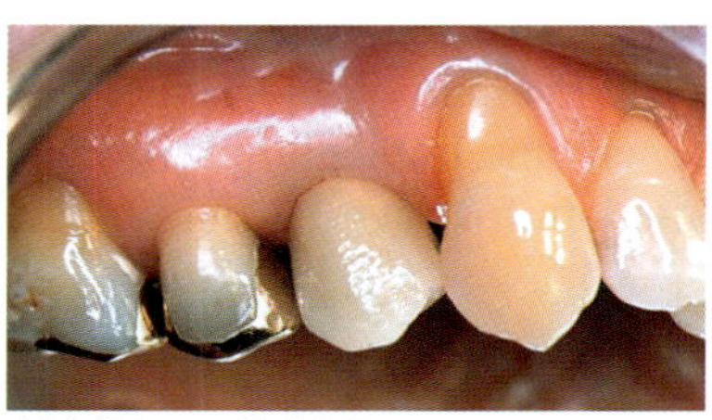

Abbildung C-25 Berger

Ansicht von buccal, die Papillen sind noch nicht ausgeformt.

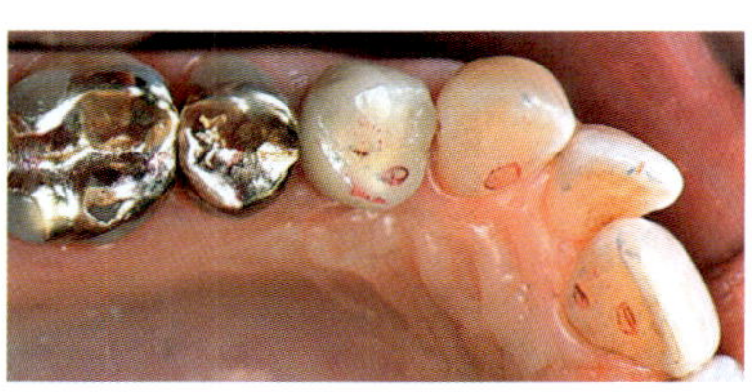

Abbildung C-26 Berger

Okklusions- und Artikulationskontakte auf Restaurationen, Zähnen und Implantatkrone.

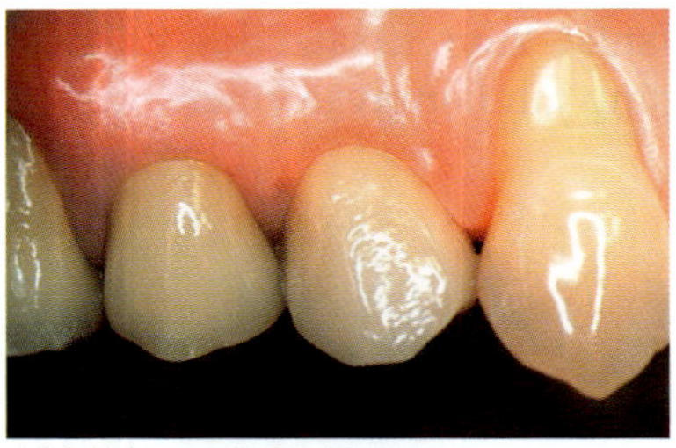

Abbildung C-27 Berger

Langzeitergebnis nach Versorgung der Zähne 15 und 16 mit VMK-Kronen und Ausbildung der Interdentalpapillen.

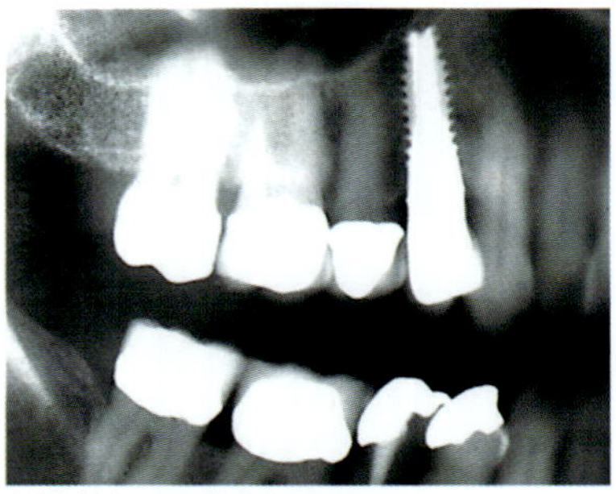

Abbildung C-28 Berger

Röntgenkontrolle 5 Jahre nach Versorgung.

IV. Klasse II – Reduzierter Restzahnbestand

1. Anwendungsbereich

Die Indikationsklasse *reduzierter Restzahnbestand* umfasst eine Vielfalt an Verteilungsmöglichkeiten der Restzähne. Enthalten ist z.B. die ein- und beidseitige Freiendsituation, die in einer eigenen Indikationsunterklasse IIa ihre Berücksichtigung findet und unter funktionellen Aspekten je nach Anzahl der verloren gegangen Zähne eine verschieden hohe Anzahl an Implantaten bedingt.

Die Indikationsklasse II beinhaltet aber auch die Grenzfälle der prothetischen Therapiemöglichkeiten des *stark reduzierten Restgebisses* mit ungünstiger Restzahnverteilung in triangulärer, tangentialer, sekanten- oder punktförmiger Verteilungsform, in denen eine Implantatinsertion an statisch günstiger Position für die prothetische Abstützung und die langfristigen Auswirkungen auf Zahnbestand und Gewebe große Vorteile erbringt.

2. Anzahl der Implantate

In den Indikationsbeschreibungen sind Empfehlungen zur Mindestanzahl von Implantaten angegeben. **Die definitive Anzahl der Implantate richtet sich jedoch stets nach der jeweiligen individuellen Situation** wie z.B. den (strategischen) Positionierungsmöglichkeiten von Implantaten, der prothetisch sinnvollen Zielsetzung, der Belastbarkeit der knöchernen Verhältnisse und der Art der zu verwendenden Implantate (Abhängigkeit von Länge, Durchmesser und Form). Aus diesem Grunde obliegt die endgültige Entscheidung einer begründeten, nachvollziehbaren Implantatanzahl dem behandelnden Zahnarzt in Absprache mit dem Patienten.

3. Klasse II – Normalsituation

3.1 Bilddokumentation 8 – Reduzierter Restzahnbestand Oberkiefer

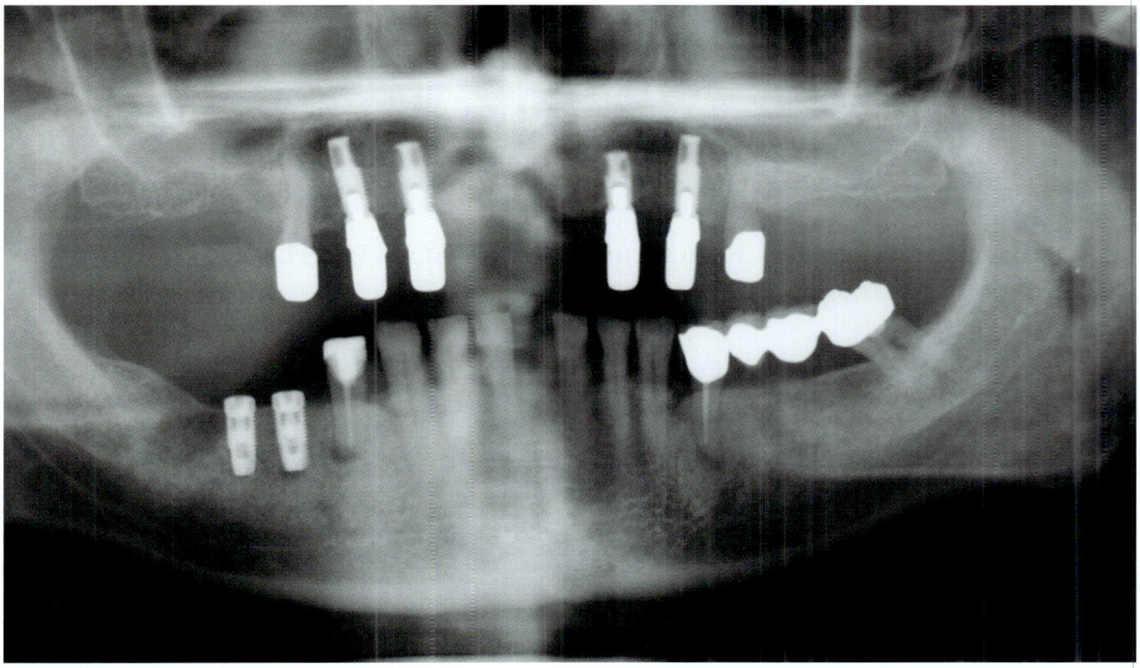

Abbildung C-29 Nickenig

Im Oberkiefer[239] wurde aus individueller Begründung die prothetische Zielsetzung des herausnehmbaren Zahnersatzes (Teleskop-Ersatz) umgesetzt. Die natürlichen Zähne konnten in die Planung mit einbezogen werden. Für den herausnehmbaren Zahnersatz im Oberkiefer ist eine Pfeileranzahl von sechs prothetischen Pfeilern als Mindestanzahl anzusehen.

Im Unterkiefer wurde neben der Resektion von 34 und 44 das Freiende im IV. Quadranten mit zwei Implantaten versorgt. Die verringerte Anzahl der Implantate in Freiendsituation ergab sich aufgrund des herausnehmbaren Konzeptes im Oberkiefer. Die Implantate im Unterkiefer befinden sich in der Einheilphase.

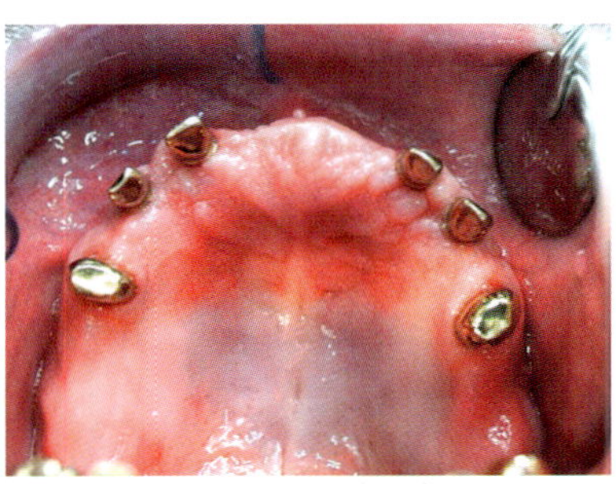

Abbildung C-30 Nickenig

Im Bild sind die Primärteile der Teleskopversorgung im Oberkiefer zu sehen.

Die Primärteile auf den Implantaten sind nicht konfektioniert, sondern individuell hergestellt und gefräst.

239 Das Bild zeigt auch einen reduzierten Restzahnbestand im Unterkiefer. Die folgenden Bilder zeigen jedoch nur die Versorgung im Oberkiefer.

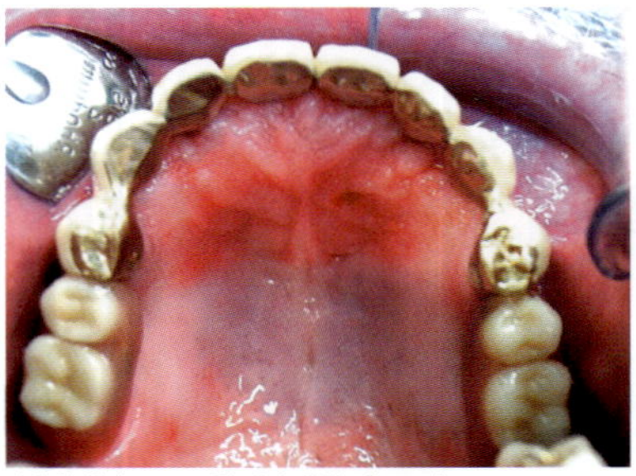

Abbildung C-31 Nickenig

In manchen Fällen ist, bei geeigneter Dimensionierung, eine gaumenfreie oder gaumenreduzierte Gestaltung der Suprakonstruktion möglich.

3.2 Bilddokumentation 9 – Reduzierter Restzahnbestand Unterkiefer

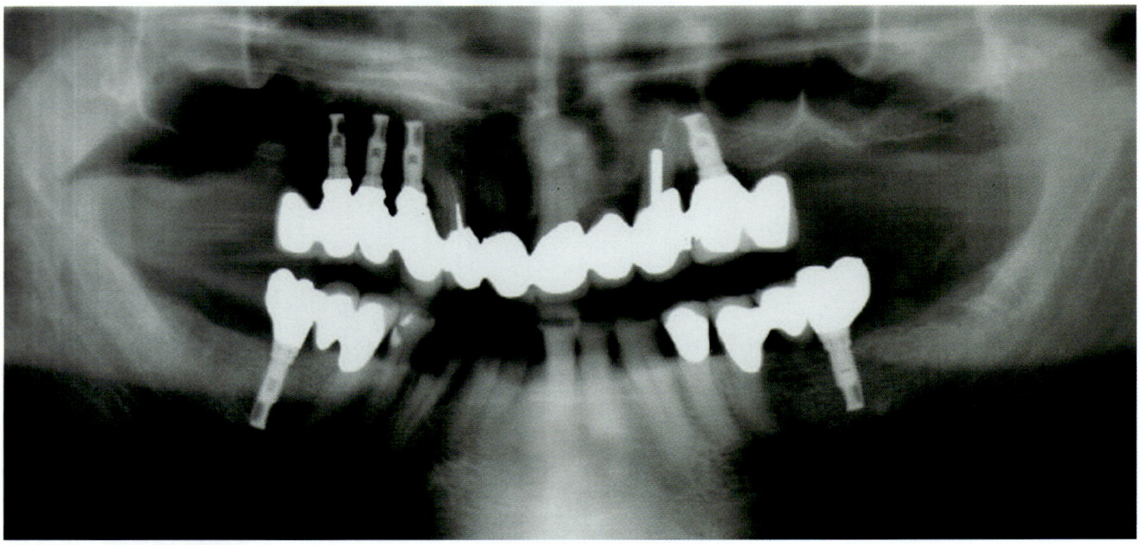

Abbildung C-32 Nickenig

Im Röntgenbild ist eine Implantatversorgung im Ober- und Unterkiefer nach mehrjähriger Gebrauchsperiode gezeigt. Es handelt sich um eine Panoramaaufnahme im Rahmen eines Recalls. Im Oberkiefer wurden vier natürliche Zähne und vier Implantate zur Abstützung einer teleskopierenden Brücke herangezogen.

Im Unterkiefer wurde die beidseitige Freiendsituation mit zwei Verbundbrücken versorgt.

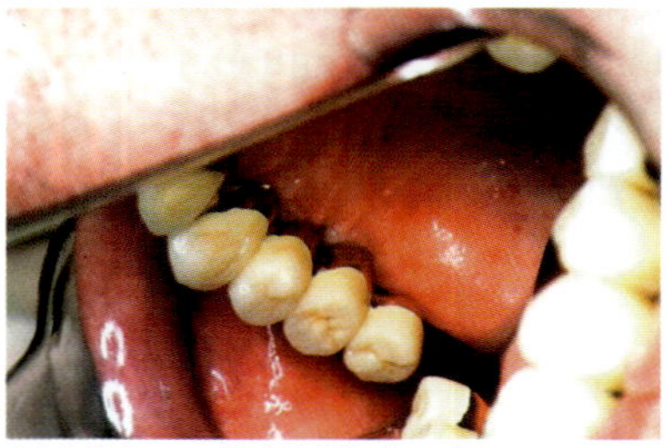

Abbildung C-33 Nickenig

Das klinische Bild zeigt die der Reinigung gut zugängliche Ausgestaltung der Brücke.

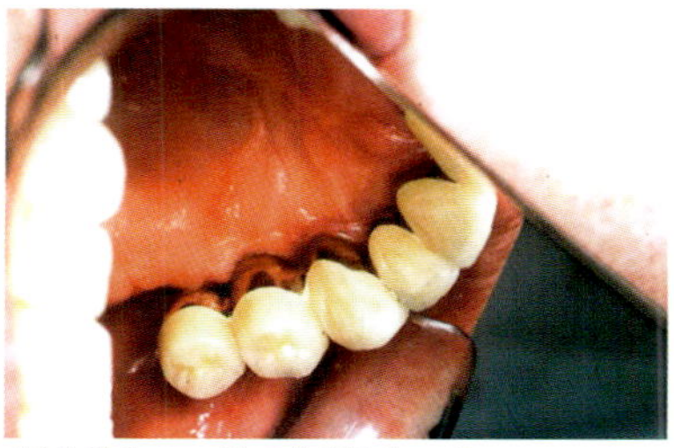

Abbildung C-34 Nickenig

Auch im II. Quadranten erscheint aufgrund der Kronen-/Brückengestaltung des Zahnersatzes auf Implantaten der Zustand der Gingiva auch langfristig günstig (Zustand ca. sieben Jahre nach Eingliederung).

4. Klasse IIa – Freiendsituation

Die ein- und beidseitige Freiendsituation wird unter Berücksichtigung funktioneller Aspekte, je nach Anzahl der verloren gegangenen Zähne und vorhandener Gegenbezahnung, unterschiedlich zu beurteilen sein. Das Ausmaß des verlorenen Zahnbestandes bedingt eine verschieden hohe Anzahl von Implantaten an medizinisch und strategisch begründeten Insertionsorten.

4.1 Bilddokumentation 10 – Freiendsituation Unterkiefer rechts

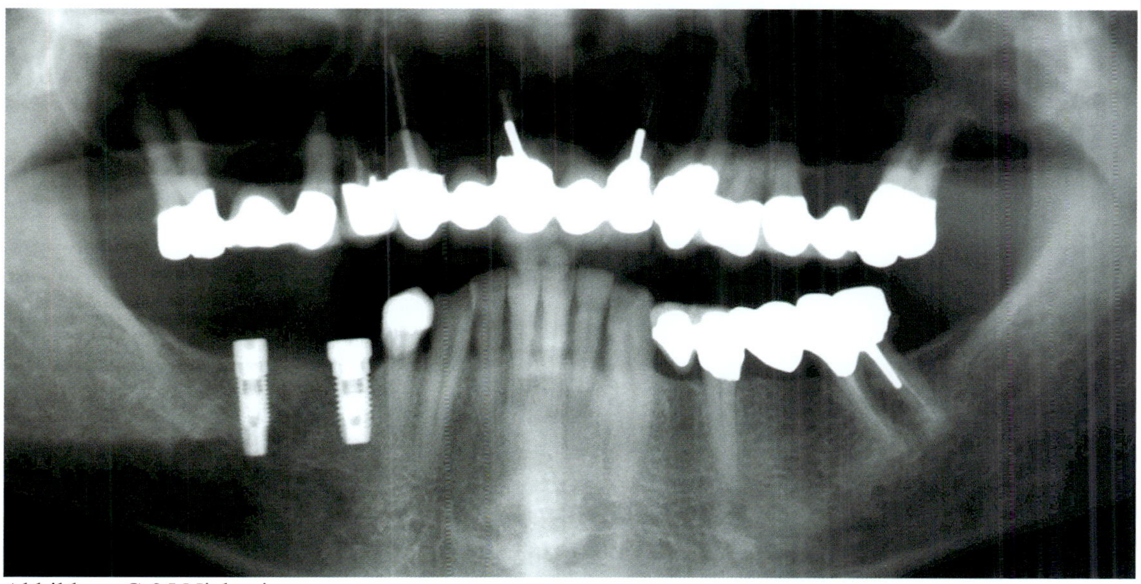

Abbildung C-35 Nickenig

Im Röntgenbild ist ein prothetisch teilversorgtes Lückengebiss zu erkennen. Im IV. Quadranten besteht die prothetische Zielsetzung des rein implantatgetragenen Zahnersatzes. Eine Einbeziehung des substanzgeschwächten Zahnes 44 erscheint aus medizinischer Sicht nicht sinnvoll.

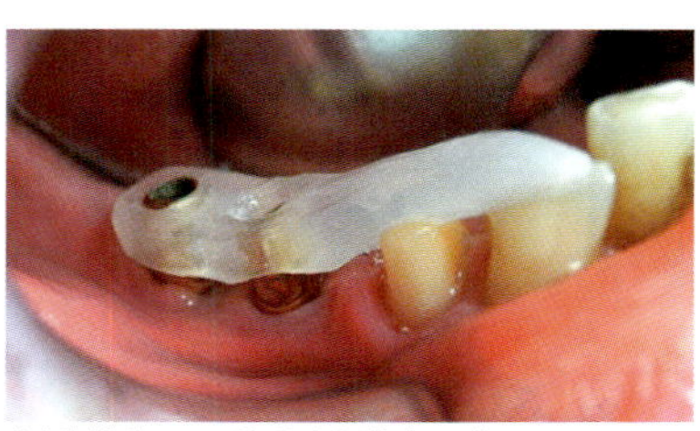

Abbildung C-36 Nickenig

Dieselbe Freiendsituation in der prothetisch rekonstruktiven Phase. Unter Zuhilfenahme eines Einbringschlüssels werden die Implantataufbauten in der korrekten Position eingebracht und nachfolgend definitiv fixiert.

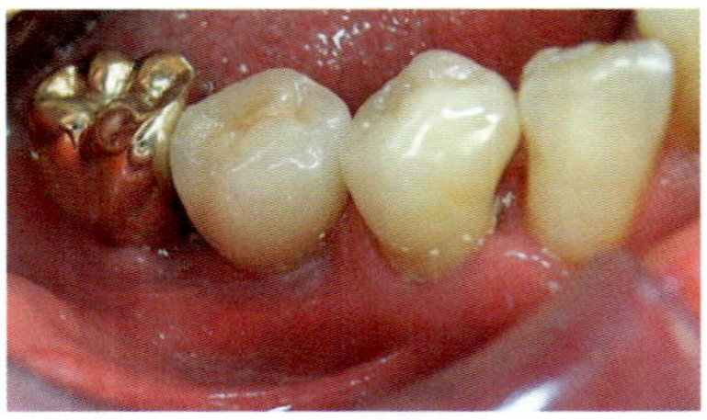
Abbildung C-37 Nickenig

Die zementierten Einzelkronen unmittelbar nach dem Einsetzen.

4.2 Bilddokumentation 11 – Freiendsituation Oberkiefer

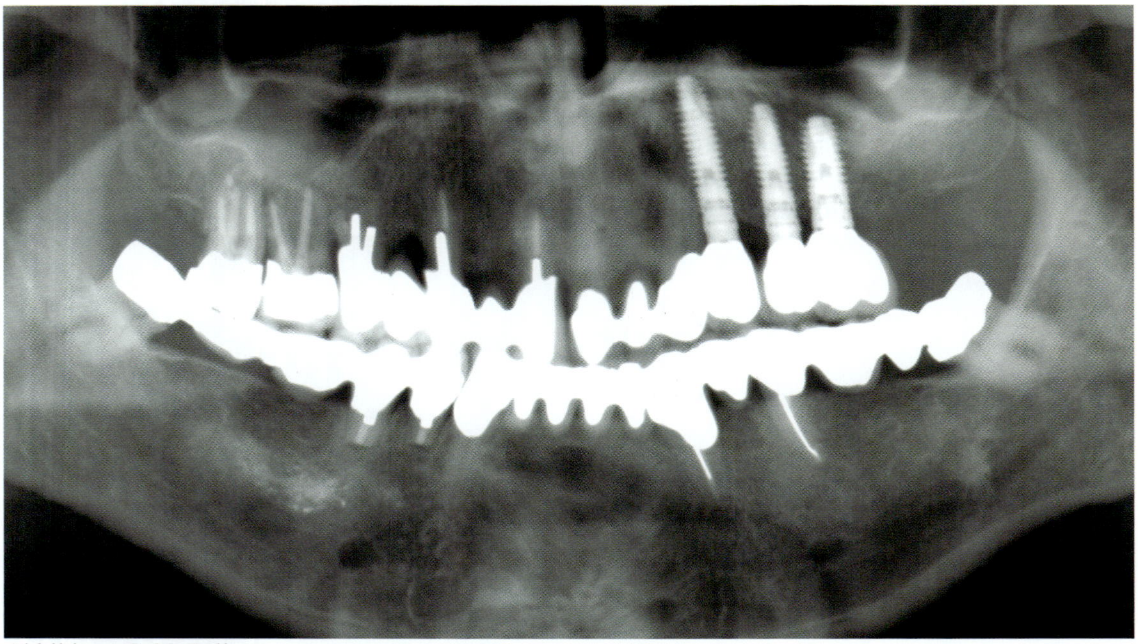
Abbildung C-38 Zöller

Röntgenkontrolle 6 Monate nach prothetischer Versorgung im Oberkiefer links.

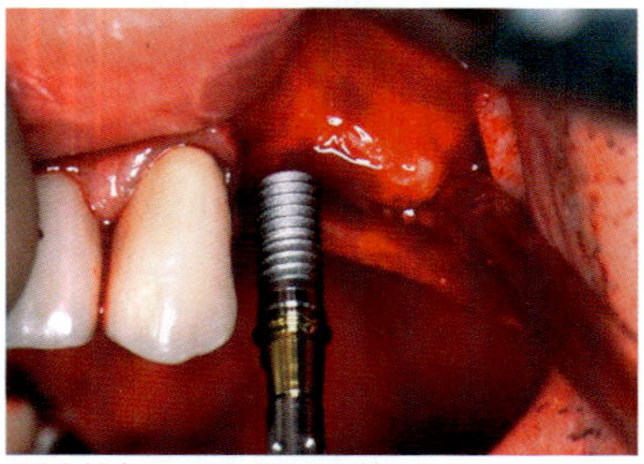
Abbildung C-39 Zöller

Maschinelle Implantatinsertion im Oberkiefer links.

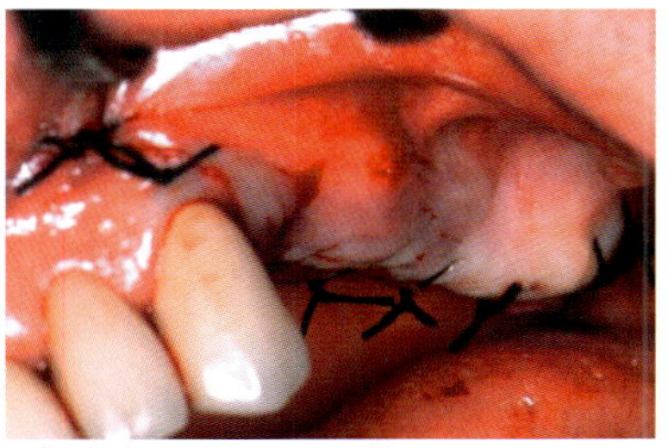

Zustand nach Wundversorgung bei Implantation Oberkiefer.

Abbildung C-40 Zöller

V. Klasse III – Zahnloser Kiefer

1. Anwendungsbereich

Die Indikationsklassen für die implantologische Versorgung sowohl des zahnlosen Unter- als auch des Oberkiefers werden differenziert nach der prothetischen Zielsetzung für einen festsitzenden oder einen herausnehmbaren Zahnersatz. Diese Differenzierung ist darin begründet, dass es Situationen geben kann, in denen der implantatverankerte herausnehmbare Zahnersatz z.B. bezüglich der Langzeitprognose ungünstiger einzuschätzen ist. So kann z.B. eine (nahezu) vollständige und intakte Gegenbezahnung im Unterkiefer eine festsitzende Versorgung im zahnlosen Oberkiefer begründen.

Die unterschiedlich hohe Anzahl empfohlener Implantate für den Unter- bzw. Oberkiefer liegt darin begründet, dass im zahnlosen Unterkiefer einzelne Parameter wie Implantatlänge, Implantatdurchmesser und Implantatanzahl in Überlebenszeitanalysen prognostisch eine geringere Rolle zu spielen scheinen, weil meist eine gute Knochenqualität vorliegt. Dagegen haben im unbezahnten Oberkiefer sowohl die Implantatlänge, der Implantatdurchmesser als auch die Implantatanzahl einen größeren Einfluss auf die Verweilwahrscheinlichkeit, weil die lokale Knochenstruktur meist eine reduzierte Knochenqualität aufweist.[240]

2. Anzahl der Implantate

In den Indikationsbeschreibungen sind Empfehlungen zur Mindestanzahl von Implantaten angegeben. Die definitive Anzahl der Implantate richtet sich jedoch stets nach der jeweiligen individuellen Situation wie z.B. den (strategischen) Positionierungsmöglichkeiten der Implantate, der prothetisch sinnvollen Zielsetzung, der Belastbarkeit der knöchernen Verhältnisse und der Art der zu verwendenden Implantate (Abhängigkeit von Länge, Durchmesser und Form). Aus diesem Grunde obliegt die endgültige Entscheidung einer begründeten nachvollziehbaren Implantatanzahl dem behandelnden Zahnarzt in Absprache mit dem Patienten.

3. Bilddokumentation 12 – Zahnloser Unterkiefer

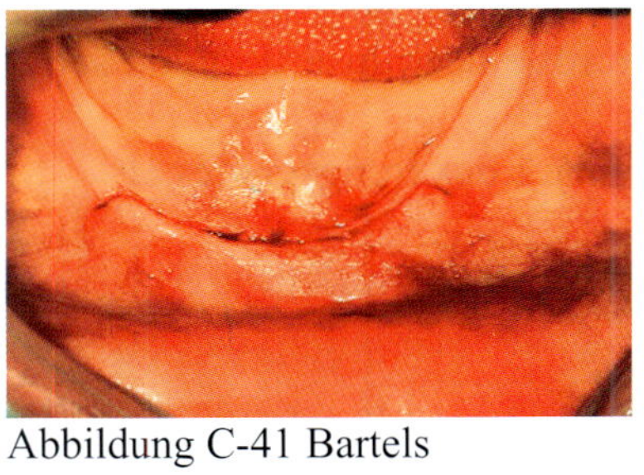

Interforaminäre Schnittführung zur Implantation von vier interforaminären Implantaten.

Abbildung C-41 Bartels

---

240 Wissenschaftliche Stellungnahme der DGZMK: „Lebenserwartung von Implantaten und Implantatlager" V 1.1, Stand April 2000.

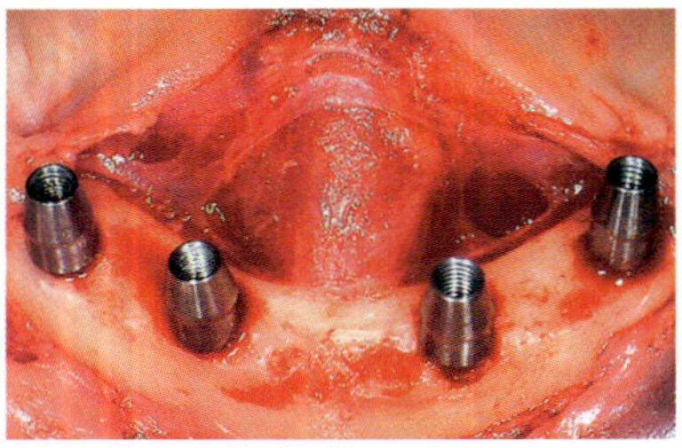
Abbildung C-42 Bartels

Vier Implantate eingebracht.

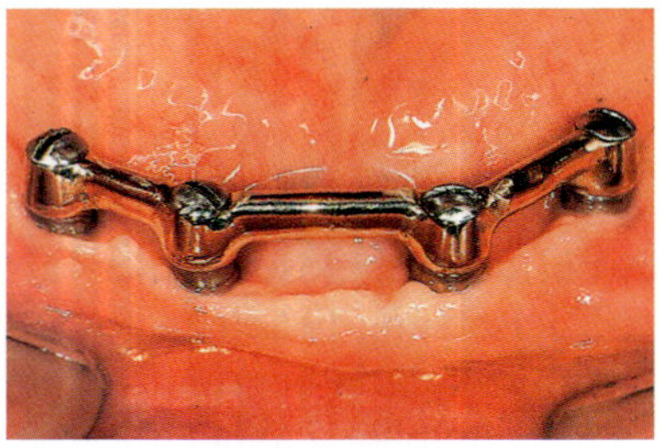
Abbildung C-43 Bartels

Stegversorgung auf den Implantaten nach Einheilung.

4. Bilddokumentation 13 – Zahnloser Unterkiefer

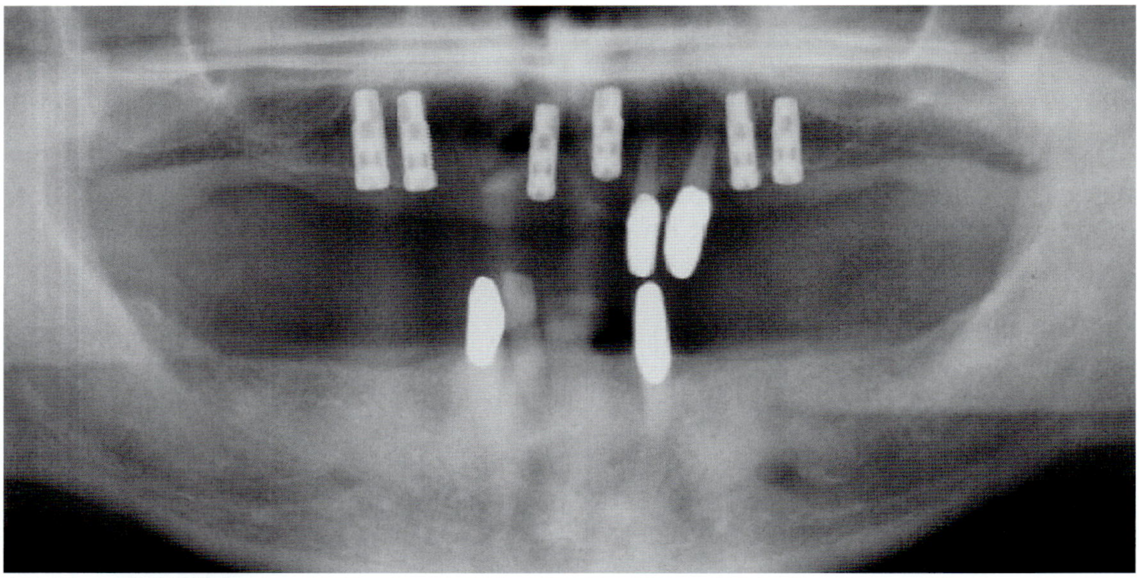
Abbildung C-44 Nickenig

Bei der Panoramaaufnahme handelt es sich um eine Röntgenkontrolle nach Insertion von sechs strategischen Implantatpfeilern im Oberkiefer.

Die Zähne 22 und 23 erwiesen sich aufgrund des fortgeschrittenen Lockerungsgrades als nicht erhaltungswürdig.

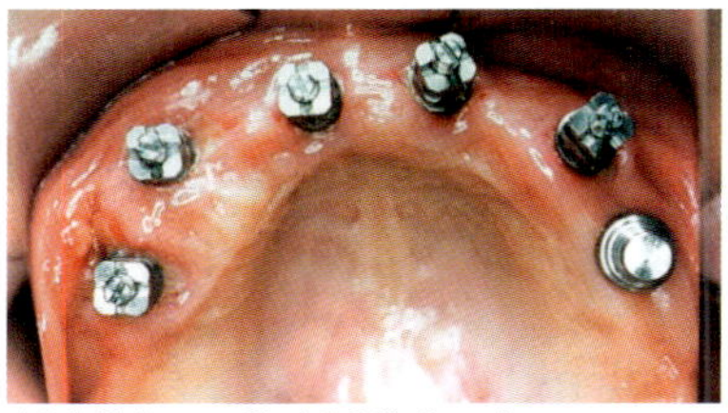

Abbildung C-45 Nickenig

Die Oberkieferimplantate mit verschraubbaren Abdruckpfosten (außer i23) unmittelbar vor der Abdrucknahme.

5. Bilddokumentation 14 – Zahnloser Oberkiefer

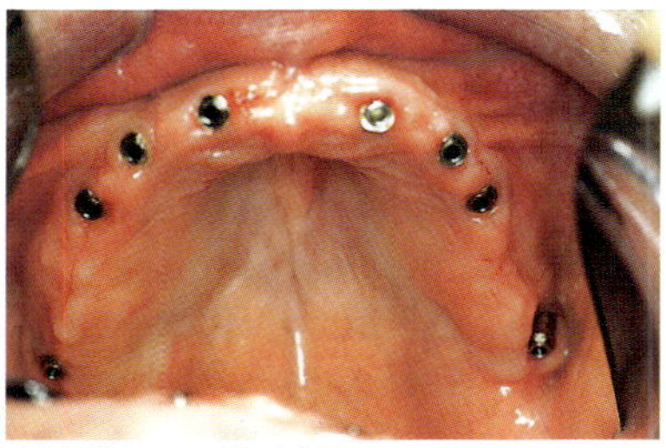

Abbildung C-46 Berger

Zahnloser Oberkiefer mit acht alio loco inserierten IMZ-Implantaten; prothetische Neuversorgung notwendig.

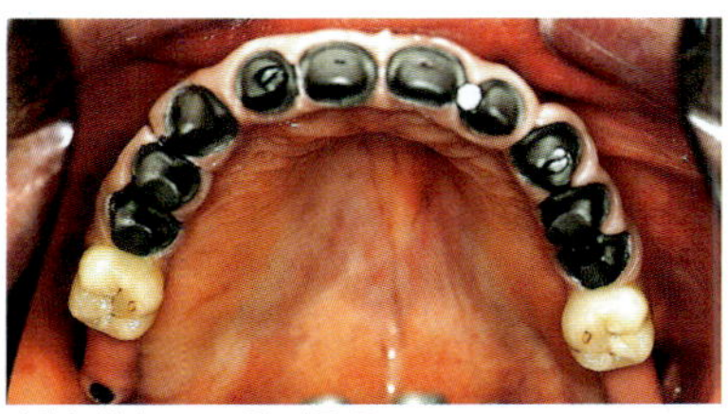

Abbildung C-47 Berger

Eingegliederte dreiteilige Mesiostruktur aus Metallkeramik.

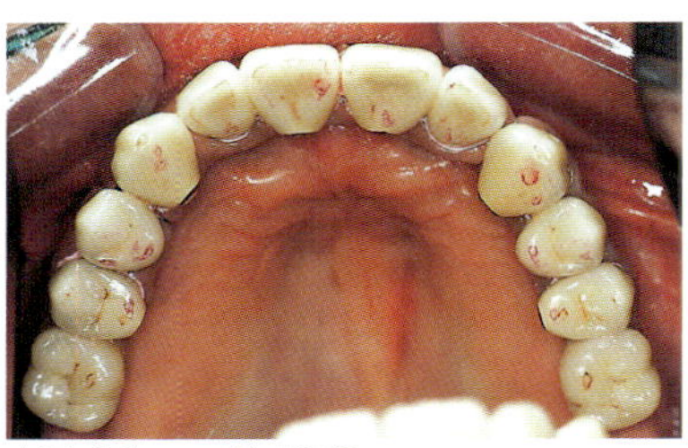

Abbildung C-48 Berger

Okklusion und Artikulation auf den eingegliederten metallkeramischen Kronen.

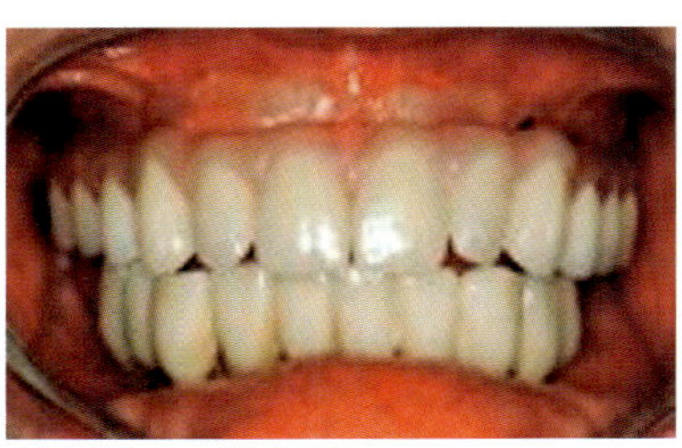

Abbildung C-49 Berger

Ansicht von labial; Patient trägt auch im Unterkiefer festsitzende Versorgung auf sechs Implantaten.

VI. Über die Regelfallversorgung hinausgehende Indikationsbeschreibungen

1. Indikationen

- Nichtanlage von Zähnen oder Hypodontie,
- Zahnverlust und/oder Defekte infolge eines Traumas oder einer Tumorerkrankung,
- Hart- oder Weichteildefekte im Mund-, Kiefer- und Gesichtsbereich,
- mastikatorische Dysfunktionen (Ober- und/oder Unterkiefermissbildung),

- ästhetische Defekte,
- Sprachstörungen,
- ausgeprägte Alveolarkammatrophie,
- Schmerzen (Nervkompression, Weichgewebsirritation),
- Allergien,
- Einsatz von Implantaten in der kieferorthopädischen Behandlung,
- Befestigung von Epithesen und Obturatoren.

Während auf die Rehabilitation von teilbezahnten und zahnlosen Patienten mit den im Kapitel C IV. (S. 90 ff.) und Kapitel C V. (S. 95 ff.) erläuterten Indikationsbeschreibungen der Regelfallversorgung eingegangen wird, können auch zusätzliche (beispielhaft oben aufgelistete) individuelle Faktoren eine Einbeziehung von Implantaten in die Gesamtbehandlung begründen. In diesem Zusammenhang ist zu beachten, dass sich Situationen wie bei Nichtanlage von Zähnen oder bei Zahnverlust infolge eines Traumas, bei Allergien etc. durchaus bezüglich der Implantatplanung / prothetischen Zielsetzung auch in den Indikationsbeschreibungen zur Regelfallversorgung wieder finden können. Andere die Implantation begründende Faktoren wie z.B. die Befestigung von Epithesen und Obturatoren, ausgeprägte Alveolarkammatrophien, Hart- oder Weichteildefekte im Mund-, Kiefer- und Gesichtsbereich – z.B. nach Trauma – lassen sich hingegen nicht ohne weiteres in die Regelfallversorgungen einordnen und können somit ein Abweichen von Standardverfahren bedingen.

In Ergänzung zu den oben angegebenen Begründungen zur Implantatbehandlung müssen auch besondere, *individuelle berufliche Anforderungen* (z.B. Blasmusiker, Schauspieler), ein *extremer Würgereiz*[241] oder auch *psychogene Faktoren* bei starkem Leidensdruck durch herausnehmbaren oder schlecht sitzenden Zahnersatz genannt werden.[242]

Eine kritische Bewertung von Patientenantworten/-meinungen nach Implantatversorgung ergab, dass z.B. bezüglich der Funktion ein etwa **zweieinhalbfach besseres Kauvermögen** angegeben wird.

2. Indikationsbegrenzung

Für die Implantologie gelten dieselben Indikationseinschränkungen[243] wie für elektive operative Eingriffe in der Zahn-, Mund- und Kieferheilkunde. Sie können allgemeinmedizinisch bedingt oder lokal auf das Implantationsgebiet begrenzt sein. Weitere Indikationseinschränkungen bestehen bei mangelhafter Bereitschaft zur Mundhygiene sowie bei unzureichender Kooperation des Patienten.[244]

---

241 S. dazu als Beispiel VG Minden, Urteil vom 02.02.2000 – 4 K 1056/98 –, BDIZ-konkret 2000, Heft 2, S. 46 = BDIZ Jahrbuch 2002, S. 85 = GHI, S. 272.

242 Dueland, Warum Implantate? Medizinische Begründung für Implantate, Hrsg.: DGI e.V.

243 Partenheimer, Indikationen und Kontraindikationen, in Hartmann (Hrsg.), Aktueller Stand in der Implantologie, S. 6.; Spiekermann, Allgemeine und medizinische Kontraindikationen, in Implantologie, 1994, S. 7.; Graf, Indikationen und Kontraindikationen zur Implantation, in BDIZ (Hrsg.), Weißbuch Implantologie, S. 40.

244 Wissenschaftliche Stellungnahme der DGZMK „Indikationseinschränkungen“, in: Statement der DGI und DGZMK zum Stand der Implantologie, 1998.

3. Bilddokumentation 15 – Nichtanlage der seitlichen Schneidezähne Oberkiefer

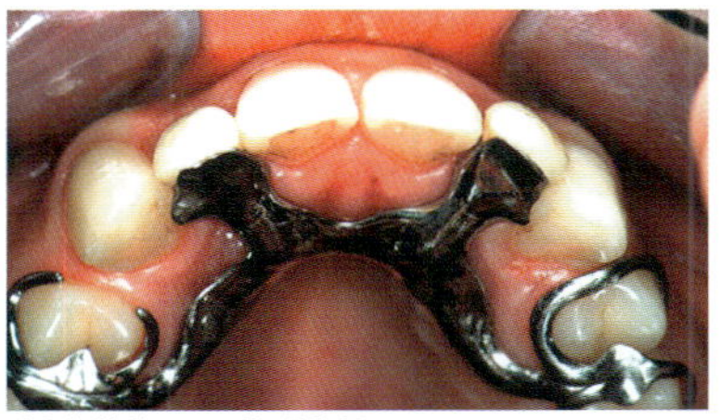
Abbildung C-50 Berger

Ursprüngliche Versorgung mit Modellgussprothese.

Nichtanlage der seitlichen Schneidezähne im Oberkiefer.

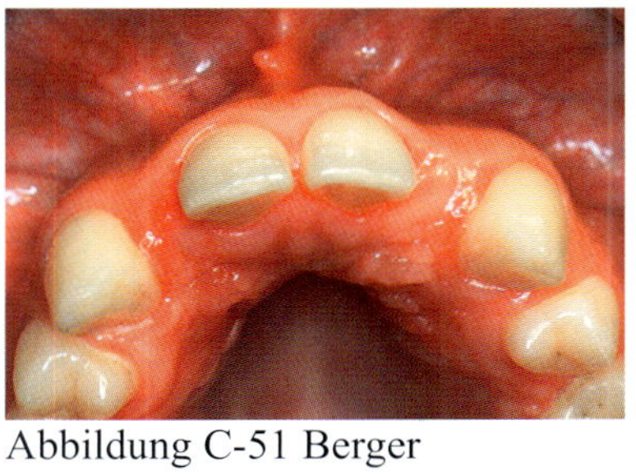
Abbildung C-51 Berger

Situation vor Implantation.

Das Kieferwachstum muss in solchen Fällen abgeschlossen sein (Handwurzelaufnahme!).

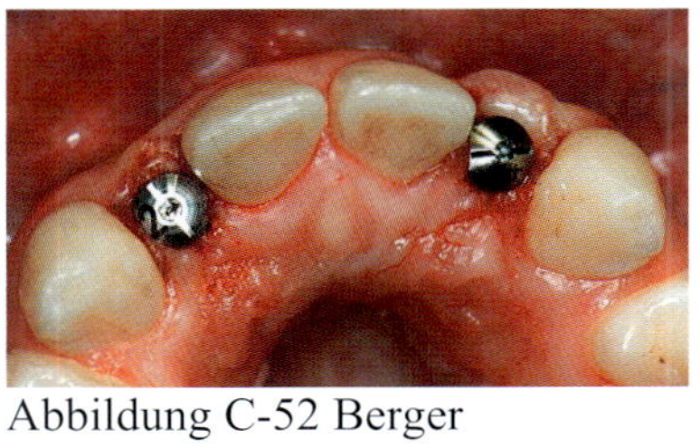
Abbildung C-52 Berger

Situation nach Implantation.

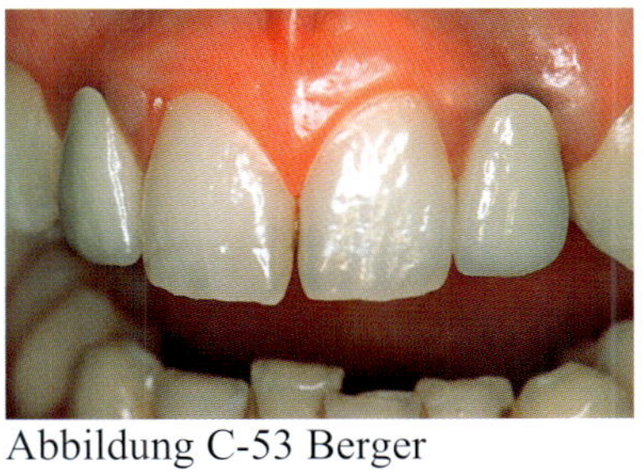
Abbildung C-53 Berger

Situation nach prothetischer Versorgung.

4. Bilddokumentation 16 – Zahnverlust nach Tumorerkrankung

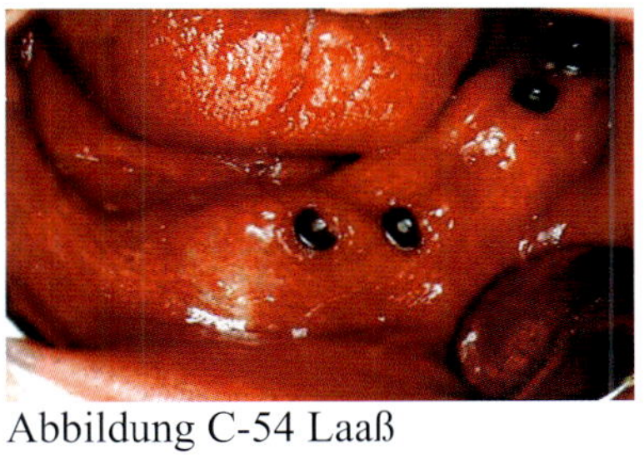
Abbildung C-54 Laaß

UK Teilresektion und tumortherapeutische Bestrahlung.

4 Implantate im UK- Restkiefer.

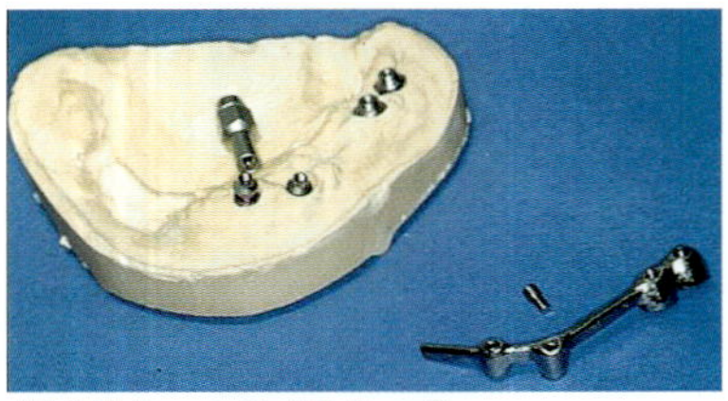

Abbildung C-55 Laaß

Meistermodell mit Implantatsteg zum Halt Defektprothese.

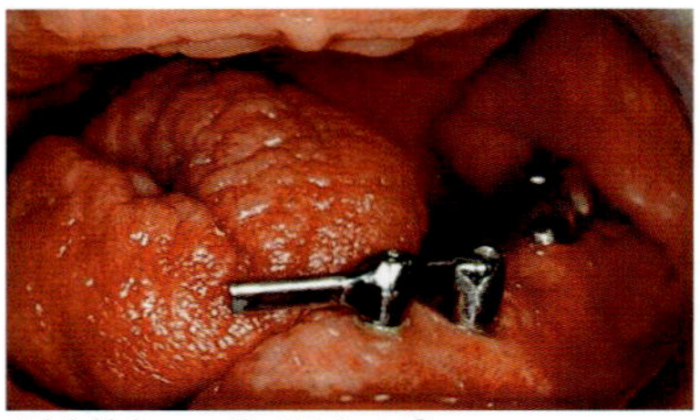

Abbildung C-56 Laaß

Implantatsteg auf Resektionskiefer.

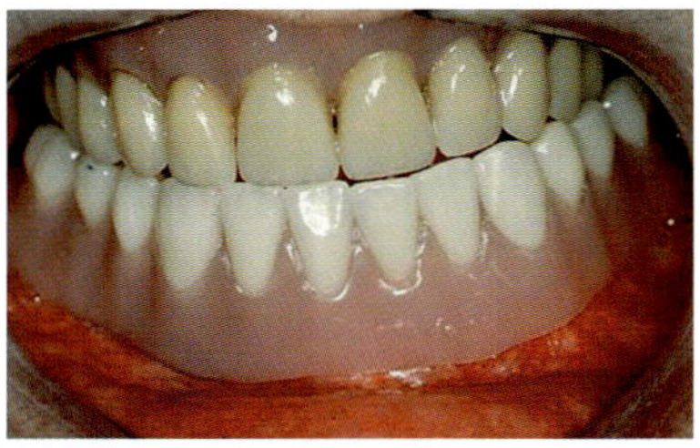

Abbildung C-57 Laaß

Eingegliederte implantatgetragene Resektionsprothese.

5. Bilddokumentation 17 – Oberkiefertotalresektion

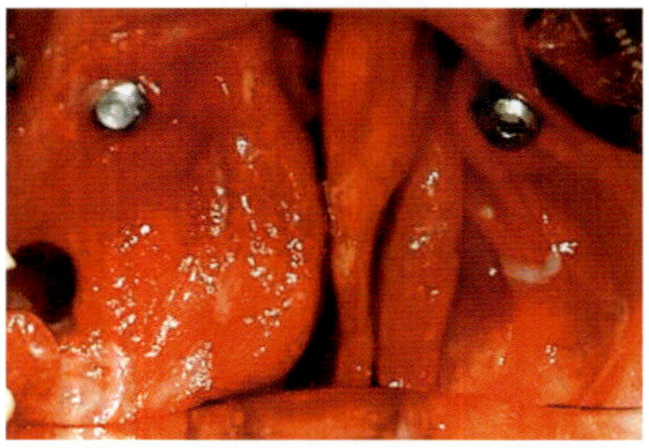

Abbildung C-58 Laaß

OK Totalresektion.

2 Implantate median der Orbita und 2 Zygomaimplantate.

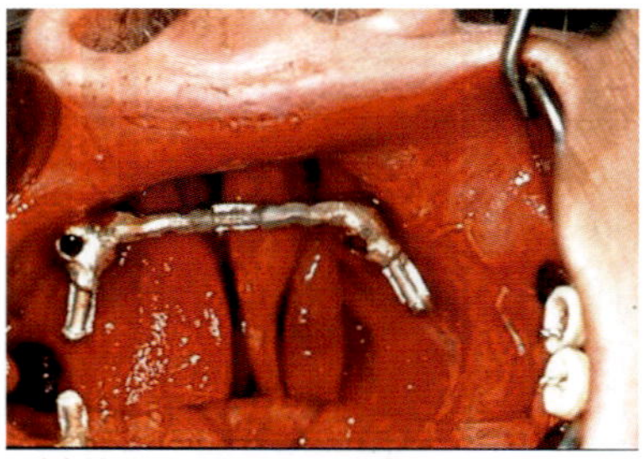

Abbildung C-59 Laaß

Implantatgetragener Steg auf 4 Implantaten im OK- Defekt.

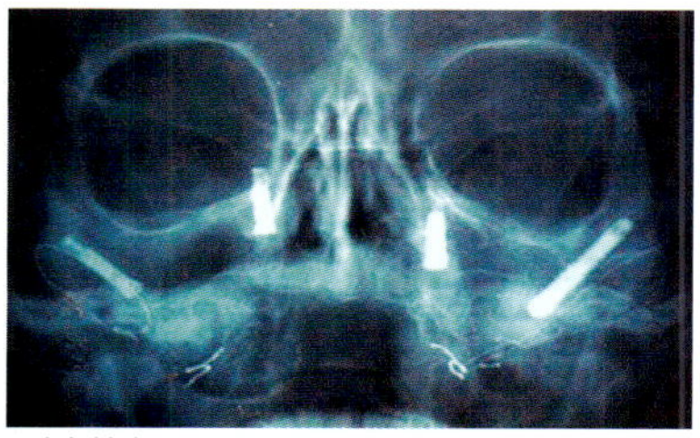

Abbildung C-60 Laaß

Auf dem Röntgenbild sind 2 Implantate median der Orbita und 2 Zygomaimplantate zu sehen.

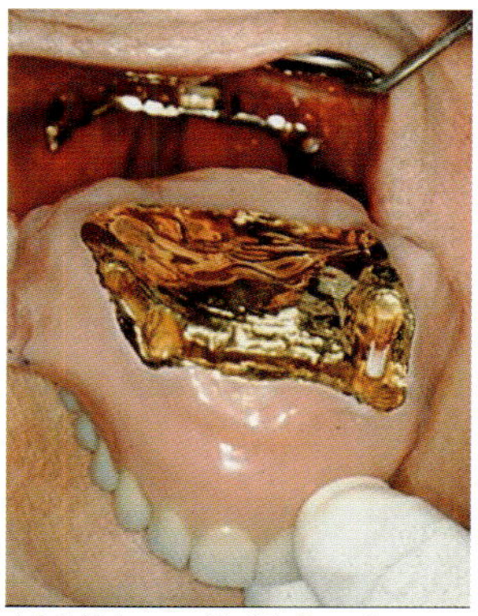

Abbildung C-61 Laaß

Eingliederung der implantat-steggetragenen Defektprothese.

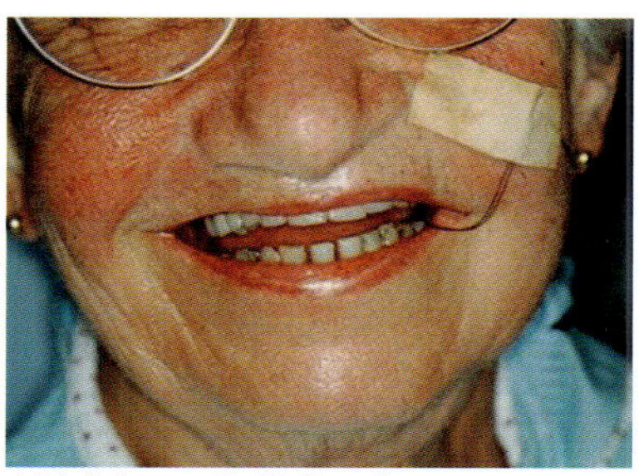

Abbildung C-62 Laaß

Endbild nach Eingliederung der OK-Obturatorprothese auf 4 Implantaten

6. Bilddokumentation 18 – Versorgung bei Alveolarkammatrophie im Oberkiefer

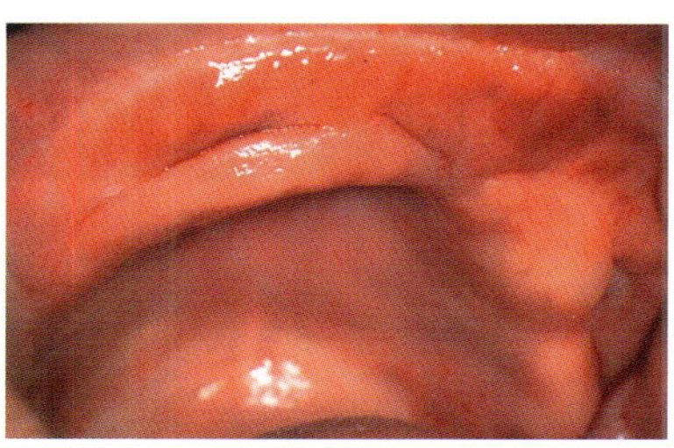

Abbildung C-63 Zöller

Hochatropher Oberkiefer mit abgeflachten Vestibulum.

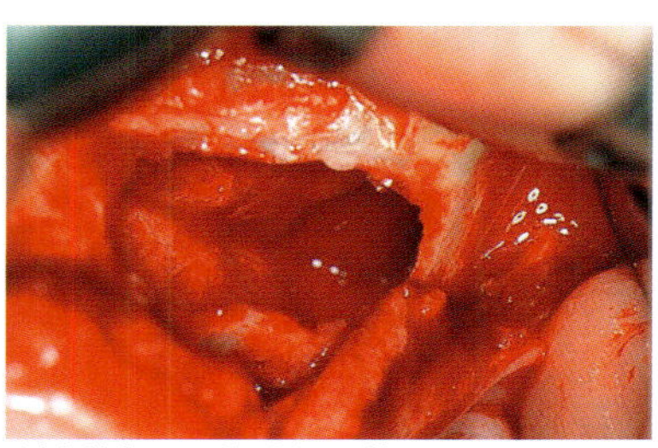

Abbildung C-64 Zöller

Präparation der Kieferhöhlenschleimhaut für Sinusbodenelevation.

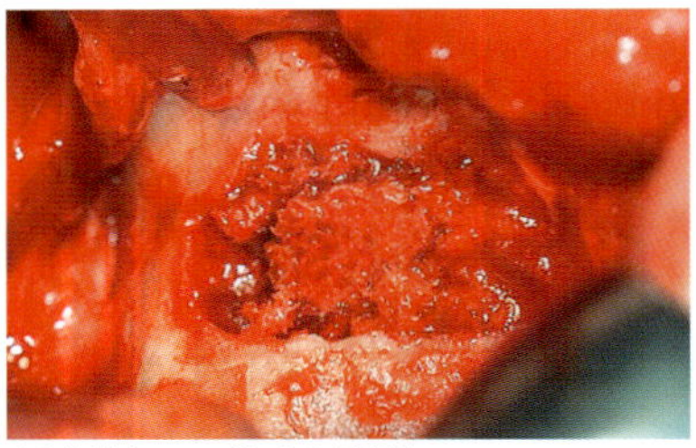
Abbildung C-65 Zöller

Einlagerung von Beckenkammspongiosa zur Kieferhöhlenbodenaugmentation.

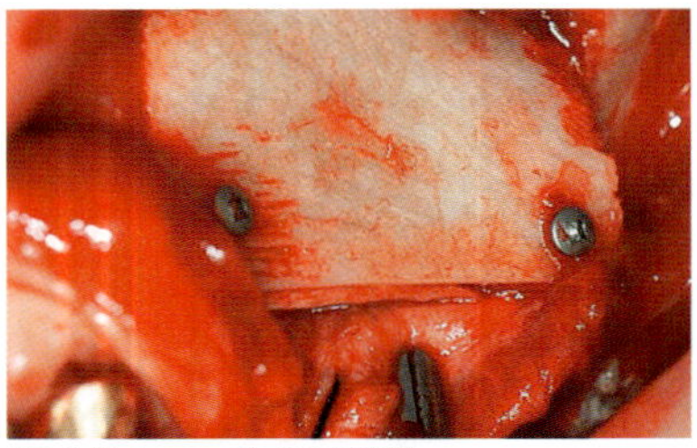
Abbildung C-66 Zöller

Vestibuläre Augmentation zur Rekonturierung des Alveolarfortsatzes.

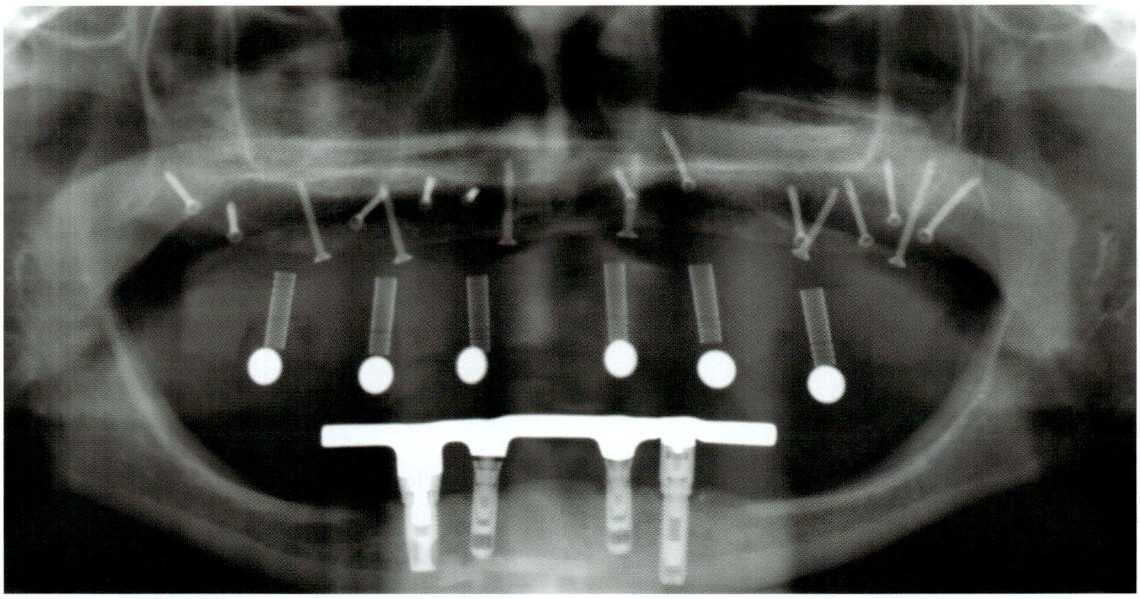
Abbildung C-67 Zöller

Zustand nach Kieferkammaufbau mit Beckenknochen (Multiple Osteosyntheseschrauben in situ).

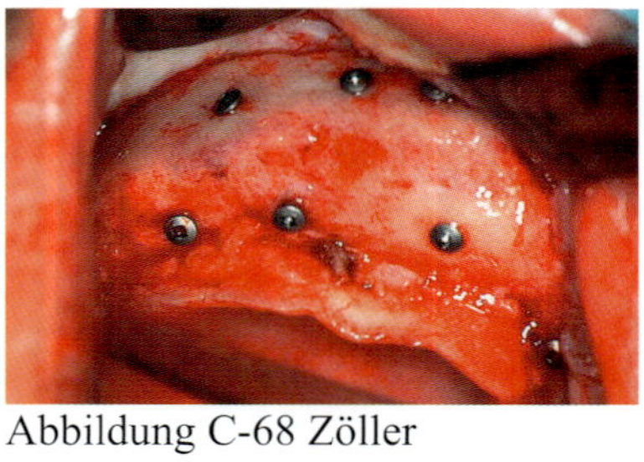
Abbildung C-68 Zöller

Metallentfernung nach 4 Monaten Einheilzeit des Beckenkammtransplantats.

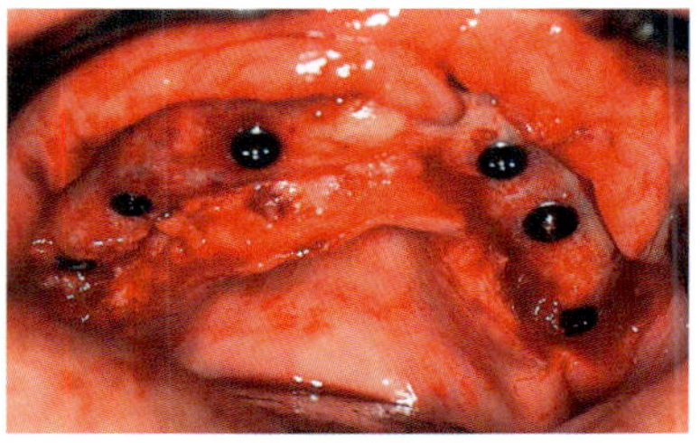

Abbildung C-69 Zöller

Insertion von 6 Implantaten in augmentierten Kieferkamm.

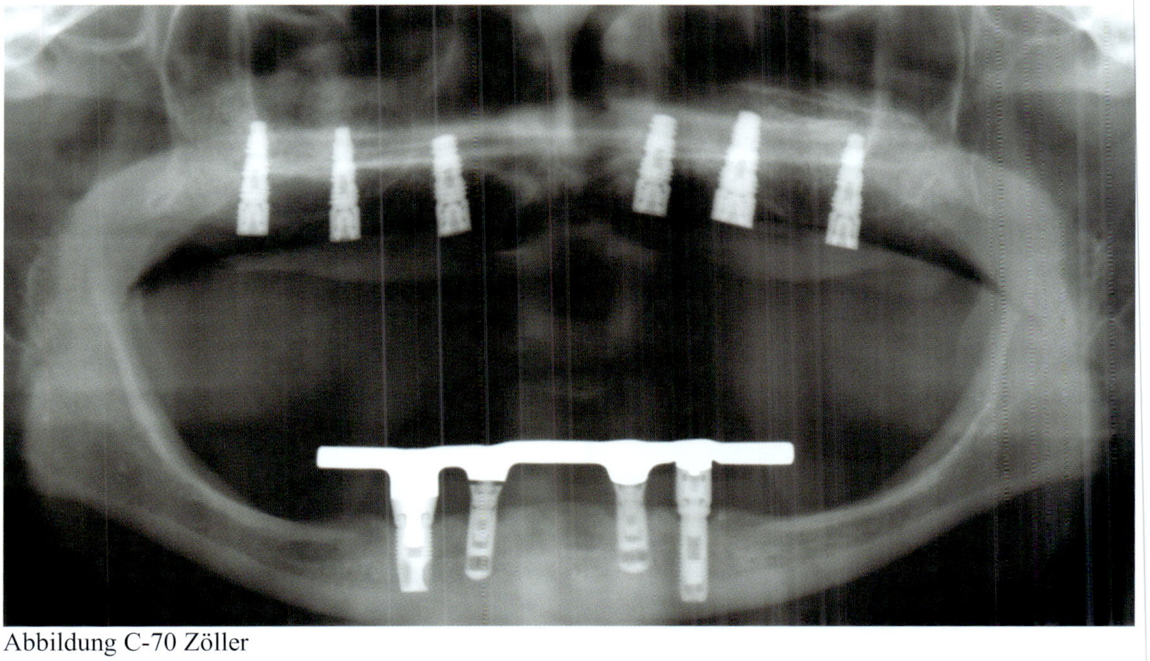

Abbildung C-70 Zöller

Post-operative Röntgenkontrolle nach Implantatinsertion.

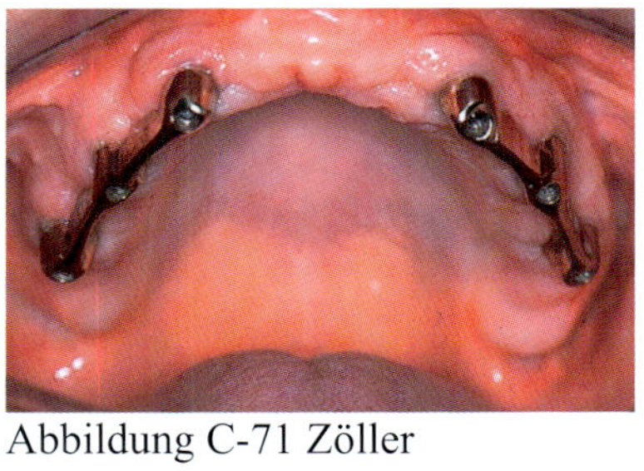

Abbildung C-71 Zöller

Prothetische Versorgung mit 2 Stegen auf 6 Implantaten.

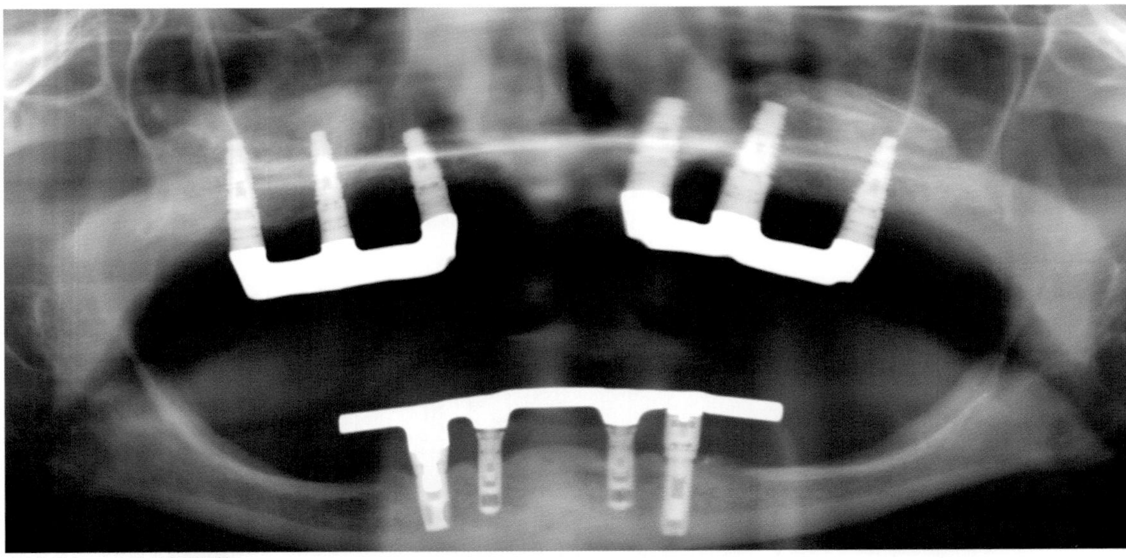

Abbildung C-72 Zöller

Röntgenkontrolle nach 6 Monaten mit stabilen periimplantären Knochenverhältnissen.

7. Bilddokumentation 19 – Versorgung bei Alveolarkammatrophie im Unterkiefer

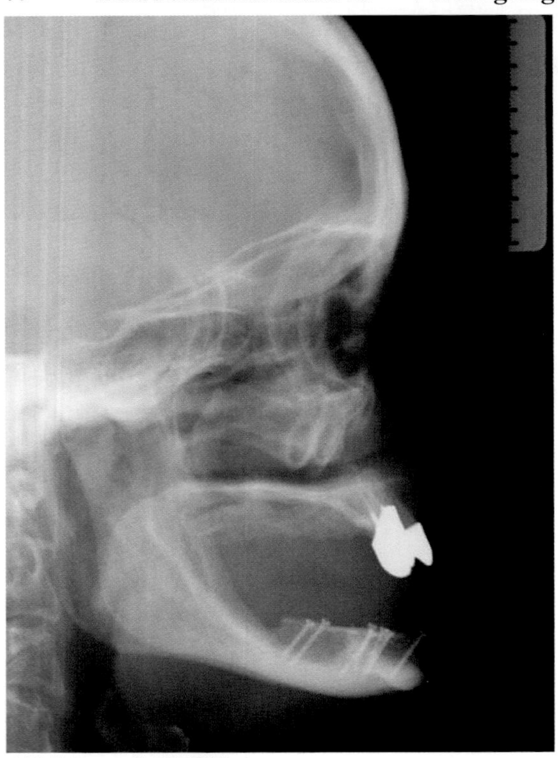

Abbildung C-73 Zöller

Fernröntgenseitenaufnahme bei Zustand nach absoluter Augmentation Unterkiefer.

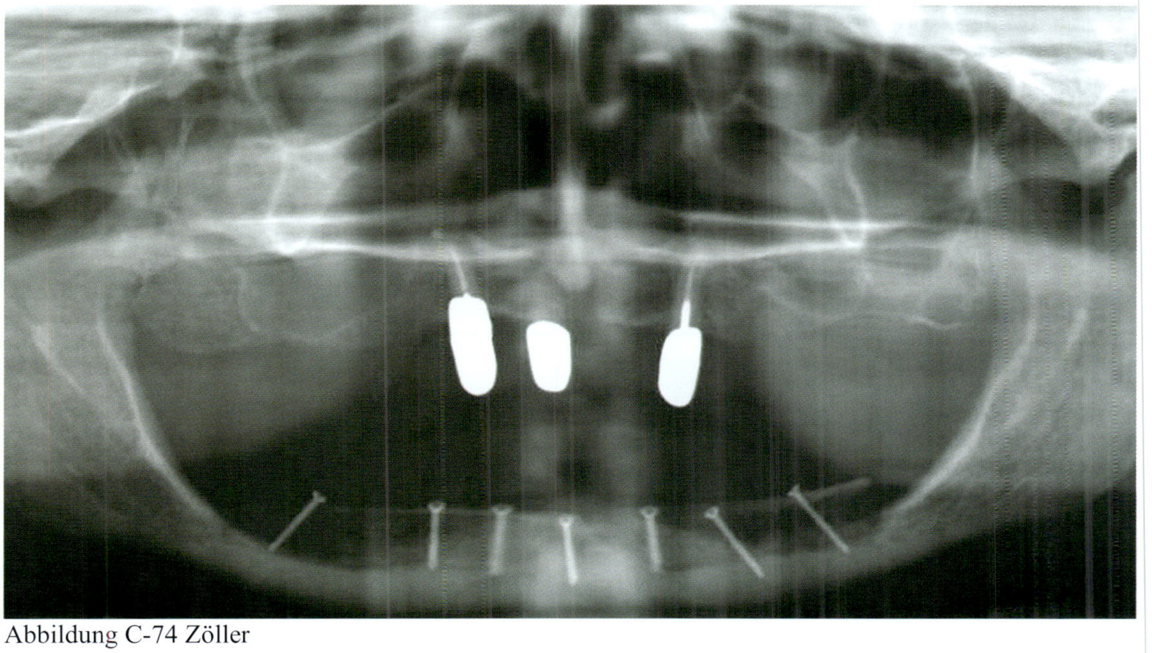

Abbildung C-74 Zöller

OPG absolute Augmentation mit Beckenkammtransplantat im hochatrophen Unterkiefer.

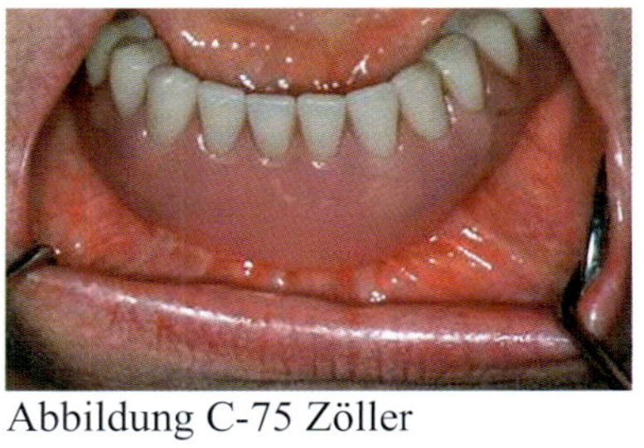

Abbildung C-75 Zöller

Stegfixierte Prothese mit hoher Kunststoffbasis bei ausgeprägter Atrophie.

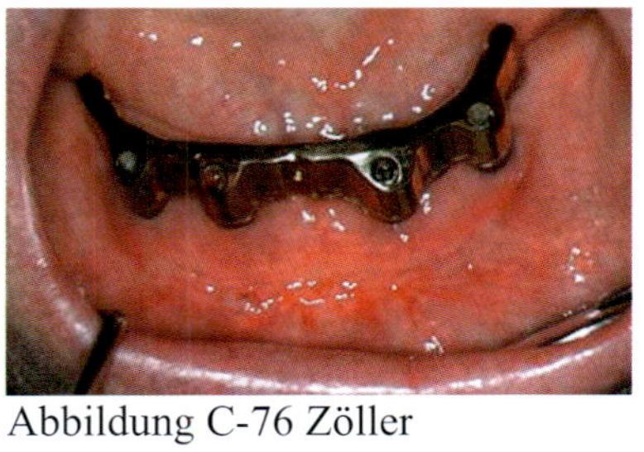

Abbildung C-76 Zöller

Extensionssteg auf 4 Implantaten bei Zustand nach Beckenkammaugmentation.

VII. Kontraindikationen in der Implantologie

1. Beeinträchtigung der Knochenreaktivität und -qualität

Systemische und lokale Knochenerkrankungen (Osteogenesis imperfecta, Osteomalazie etc.) stellen absolute Kontraindikationen dar. Begründend ist in diesem Zusammenhang die häufig nicht vorhersehbare Entwicklung des Knochenum- bzw. -abbaus.

Weitere Knochenstoffwechselerkrankungen, die eine Osteoporose als Folge haben, wie der primäre und sekundäre Hyperparathyreoidismus und die Hyperthyreose sind in ihrer Auswirkung meist nicht in der Art ausgeprägt, wie es z.B. durch einen Glucocorticoidüberschuss bei Corticoidtherapie im Falle der Erkrankungen des rheumatischen Formenkreises der Fall ist, die in den meisten Fällen den absoluten Kontraindikationen zuzuordnen sind. Vielfach muss von einer besonders spongiösen Knochenstruktur ausgegangen werden. Einen Anhaltspunkt der zu erwartenden Knochenstruktur kann ein Röntgenbild (OPG) bzw. eine Knochendichteanalyse mit der Angabe der Grauwertstufen in Hounsfield-Einheiten (HE)[245] geben.

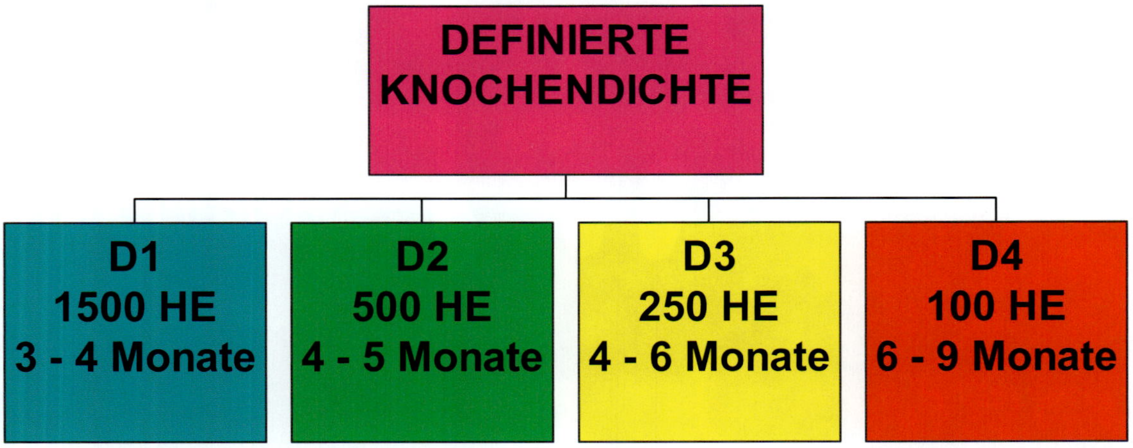

Zum Vergleich:

Luft:	-1000 HE
Wasser:	0 HE
Knochen (Kompakta):	> 250 HE
Knochen (Spongiosa):	130 ± 100 HE
Zahnschmelz:	2700 HE
Titan:	3071 HE

Bezüglich der echten postklimakterischen Osteoporose, bei der je nach Ausmaß der Ausprägung die Einheilzeiten um bis zu 50 % verlängert werden sollten, ist von einer relativen Indikationseinschränkung für Implantate auszugehen.

Auch wenn z.T. Erfolge mit enossalen Implantaten im vorbestrahlten Kiefer möglich sind, ist aufgrund der Zell- und Gefäßwandschädigungen und der damit zusammenhängenden, nicht vorhersehbaren Reduktion der Knochenreaktivität von der Implantatinsertion abzuraten, soweit die Implantation nicht zur mund-, kiefer-, gesichtschirurgischen Rekonstruktion notwendig ist

→ *Absolute und relative Indikationseinschränkungen in Bezug auf die Beeinträchtigung der Knochenreaktivität und -qualität:*

*Empfehlung der **absoluten** Indikationseinschränkung bei:*

- *systemischen und lokalen Knochenerkrankungen,*
- *immunsuppressiver Therapie,*
- *Hyperparathyreoidismus, Hyperthyreose je nach Ausmaß,*
- *Strahlentherapie.*

245 Der Begriff geht auf einen der Entwickler der Computertomographie, Godfrey C. Hounsfield zurück. Bei der Rekonstruktion der Bilder aus den CT-Rohdaten aus den dreidimensionalen Bildpunkten (sog. Voxel) mittels eines Computerprogramms wird jedem Voxel ein Zahlenwert zugeordnet, der ein Maß für die lokale Röntgenabschwächung in diesem Voxel ist. Dieser Zahlenwert wird Hounsfield-Einheit genannt. Zur bildhaften Darstellung werden diesen Zahlenwerten Grauwerte zugeordnet, um optisch eine schnellere und vereinfachte Beurteilung zu ermöglichen (s. Schlenker, S. 15).

*Empfehlung der **relativen** Indikationseinschränkung:*

- *allgemeiner Östrogenmangel,*
- *postklimakterische Osteoporose,*
- *temporäre Gabe von Immunsuppressiva.*

2. Operationsrisiken

Operationsrisiken wie die bei schwerwiegenden Herz-Kreislauferkrankungen oder hämatologischen Erkrankungen sind sicherlich gegenüber der Indikationsstellung einer zahnärztlichen Implantation abzuwägen.

Bei Patienten mit schwerer Herzinsuffizienz oder einem Myokardinfarkt innerhalb der letzten sechs Monate ist bei einem operativen Eingriff mit einem erhöhten Risiko kardialer Komplikationen zu rechnen. Die Implantatinsertion ist in diesen Fällen kontraindiziert.

Der Zustand nach Endokarditis stellt keine Kontraindikation dar, wenn auch unbedingt auf die übliche antibiotische Prophylaxe geachtet werden muss.

Während Bluter und marcumarisierte Patienten über ihr Blutungsrisiko meist informiert sind, besteht bei Patienten, bei denen es als Folge einer anderen Grunderkrankung zu einer Beeinträchtigung der Gerinnung kommt, häufig keine Vorstellung über das Ausmaß der Blutung. Es besteht somit für die Praxis eine besondere Verpflichtung, eine genaue Anamnese zu erheben und daraus die nötigen Konsequenzen zu ziehen.

→ *Absolute und relative Indikationseinschränkungen in Bezug auf ein zu hohes Operationsrisiko:*

*Empfehlung der **absoluten** Indikationseinschränkung bei:*

- *schwerer Herzinsuffizienz oder*
- *schweren Herz-Kreislauferkrankungen,*
- *hämorrhagischen Diathesen (z.B. Hämophilie, Von-Willebrandt-Jürgen-Syndrom),*
- *sekundär hämorrhagische Diathesen (z.B. Leberschäden, Leukämie).*

*Empfehlung der **relativen** Indikationseinschränkung bei:*

- *Endokarditis,*
- *Myokardinfarkt mehr als halbes Jahr zurückliegend,*
- *Antikoagulantientherapie,*
- *anderen, die Blutungsneigung fördernden Medikamenten (z.B. Acetylsalicylsäure),*
- *langfristigen Antibiotikagaben.*

3. Beeinträchtigung der Wundheilung

Die Summation der osteoporotischen (s. Kapitel C VII.1, S. 105) sowie immunsuppressiven Auswirkungen bei systematischer Corticoidtherapie rheumatischer Erkrankungen schließen eine Implantatinsertion aus.

Bei Diabetikern kommt es aufgrund der immer vorhandenen Mikroangiopathie häufig zu Misserfolgen in der Frühphase der Behandlung (Einheilzeit der Implantate). Diesbezüglich muss immer zwischen dem Typ I (mit höherer Gefährdung) gegenüber dem Typ II sowie zwischen den schlecht und den gut eingestellten Diabetikern differenziert werden.

Das Rauchen hat entscheidenden Einfluss auf die Wundheilung. Je nach Knochenqualität und zusätzlichen, die Wundheilung beeinträchtigenden Faktoren, muss von einem mindestens doppelt hohen Misserfolgsrisiko für Implantate ausgegangen werden.

Eine herabgesetzte Infektabwehr kann bei einer Reihe von Grunderkrankungen (HIV, Leukämie, Autoimmunerkrankungen) zum Teil erhebliche, nicht einschätzbare Wundheilungsstörungen zur Folge haben.

→ *Absolute und relative Indikationseinschränkungen in Bezug auf eine Beeinträchtigung der Wundheilung:*

*Empfehlung der **absoluten** Indikationseinschränkungen bei:*

- *Immunsuppressiver Therapie,*
- *Diabetes mellitus Typ I,*
- *schlecht eingestelltem Diabetes,*
- *HIV-Infektion,*
- *Leukämie,*
- *Autoimmunerkrankungen.*

*Empfehlung der **relativen** Indikationseinschränkungen bei:*

- *Altersdiabetes,*
- *gut eingestelltem Diabetes mellitus,*
- *Nikotinabusus.*

4. Beeinträchtigung der Mitarbeit und Motivation

Ein persönlichkeitsverändernder Alkohol- oder Drogenabusus ist im Krankheitsverlauf nicht abschätzbar, neben der schlechten Motivierbarkeit liegt häufig eine Fehlernährung mit genereller Abwehrschwäche vor; eine Implantation ist somit nicht angezeigt.

Auch eine schwere körperliche oder geistige Behinderung sowie Erkrankungen mit einhergehender, zunehmender körperlicher Behinderung können die Implantatindikation einschränken.

→ *Absolute und relative Indikationseinschränkungen in Bezug auf die Beeinträchtigung der Mitarbeit und Motivation:*

*Empfehlung der **absoluten** Indikationseinschränkungen bei:*

- *starkem Alkohol- und Drogenabusus,*
- *starker körperlicher oder geistiger Behinderung.*

*Empfehlung der **relativen** Indikationseinschränkungen bei:*

- *Multipler Sklerose,*
- *Morbus Parkinson (je nach Progredienz des Erkrankungsverlaufes) .*

5. Temporäre Indikationseinschränkungen

Aufgrund der möglichen Beeinträchtigung der Schleimhautqualität (hormonell bedingter Gingivitis) sowie der Stressfaktoren durch den operativen Eingriff ist ein Verzicht auf implantatchirurgische Maßnahmen bei bestehender Schwangerschaft unbedingt zu empfehlen.

Werden Antikoagulantien oder Immunsuppressiva *nur* vorübergehend verabreicht, so sollte der Zeitpunkt der Implantation erst nach Abschluss der Medikation erfolgen.

Akut entzündliche allgemeine Erkrankungen wie z.B. Bronchitiden, Sinusitiden o.ä. sind bei entsprechender Therapie zeitlich begrenzt, eine Implantatbehandlung sollte daher erst nach erfolgreicher Therapie beginnen.

Akut entzündliche lokale Erkrankungen (Parodontitis, apikale Ostitis, teilretinierte Weisheitszähne) sind vor dem Eingriff zu therapieren. Dies sollte nicht nur für die unmittelbare Implantatregion von Bedeutung sein, sondern auch z.B. den Gegenkiefer betreffen. So ist bei einer unbehandelten, bakterieninduzierten Parodontitis sicherlich davon auszugehen, dass die Leitkeime der Infektion nicht lokal auf einzelne Zähne begrenzt bleiben (s. a. Therapie der total mouth disinfection). Auch die Einbeziehung der Gegenbezahnung in die Behandlungsplanung kann unmittelbare Auswirkungen auf die Implantatindikation als solche beinhalten. Ist z.B. die Prognose eines Zahnes 7 im Gegenbiss ungewiss, so kann diese Therapiealternative einer verkürzten Zahnreihe die Implantatindikation nach Klasse IIa einschränken.

6. Relative lokale Indikationseinschränkungen

Ungünstige *Kieferrelationen* oder *Bisslageanomalien* können unter Umständen, z.B. bei allgemeinmedizinischer Kontraindikation zur Umstellungsosteotomie o.ä., eine Implantation erheblich erschweren. Aber auch *schlecht therapierbare Tiefbisssituationen* oder *Parafunktionen* können die Therapiemöglichkeiten mit Implantaten einschränken.

Weitere *prothetische Einschränkungen* ergeben sich aus einem zu geringen oder zu großem Vertikalabstand der Kieferkämme zueinander oder anderen, das Kraftarm/Lastarmverhältnis negativ beeinflussenden Faktoren.

Lokale *implantatchirurgische Therapieeinschränkungen* wie eine zu geringe vertikale oder horizontale Knochenausdehnung wirken sich heute, in Anbetracht zahlreicher bewährter präimplantologischer implantatlagerverbessernder Maßnahmen, allenfalls bei allgemeinmedizinischer Kontraindikation limitierend aus.

Kapitel D Anamnese und Beratungsgespräch

I. Die Behandlungsanamnese

1. Allgemeines

Das umfassende vorangegangene Kapitel zu den Indikationen und Kontraindikationen in der zahnärztlichen Implantologie macht deutlich, dass der implantologisch tätige Zahnarzt eine weitaus spezifischere Recherche der therapierelevanten Faktoren betreiben muss, als es z.B. bei chirurgisch oder prothetisch konventionellen Therapieformen der Fall ist.

Eine individuelle Einbeziehung des allgemeinen Gesundheitszustandes des Patienten sowie spezifischer Behandlungspläne unter Berücksichtigung von Therapiealternativen, Zeitverlauf der Behandlung und Nutzen-Risikoabwägungen sind für den Erfolg der implantologischen Therapie unverzichtbar.

2. Anamnesebogen

Das Beratungsgespräch mit dem Patienten sollte die nachfolgenden Punkte beinhalten:

- Aufklärung über die geplante Therapieform.
- Aufklärung über alternative Behandlungsmöglichkeiten.
- Aufklärung über die entstehenden Kosten.
- Aufklärung über die evtl. entstehenden Schwierigkeiten mit der jeweiligen Kostenerstattungsstelle (Privatpatienten).
- Dem Patienten sollten Informationen, Broschüren etc. zur Implantatbehandlung mitgeben werden.[246]

II. Aufklärung und Dokumentation

Zur Aufklärungspflicht gehört immer die Information über die Möglichkeit einer Alternativbehandlung. Stellt sich heraus, dass der Patient nachweisen kann, dass über keine alternativen Behandlungsvorschläge gesprochen wurde, hat der Behandler bereits seine Aufklärungspflicht verletzt. Vor Eintritt in eine implantologische Behandlung ist eine Aufklärung nur wirksam, wenn eine sach- und fachgerechte Aufklärung durch die persönliche Mitwirkung des Arztes oder Zahnarztes zugrunde liegt.

- Der Patient muss im möglichen Umfang die Art, Bedeutung und Folgen des zahnärztlichen Eingriffes, zumindest in seinen Grundzügen, kennen.
- Von Bedeutung und als besonders beweiskräftig wird die zahnärztliche Dokumentation im zivilrechtlichen Bereich angesehen, insbesondere wenn sie vollständig und in nahem zeitlichem Zusammenhang mit der Leistungserbringung erfolgt.
- Wenn auch keine Verpflichtung zur Führung eines OP-Protokolls besteht, empfehlen wir, bei jedem implantologischen Eingriff aus forensischen Gründen ein OP-Protokoll zu erstellen.[247]
- Neben der Aufklärung des finanziellen Aufwandes bei der Implantation besteht auch eine wirtschaftliche Beratungspflicht, der sich der Zahnarzt nicht entziehen sollte.[248]

---

[246] Der BDIZ/EDI hält dazu eine ganze Reihe von Informationsbroschüren bereit, zu beziehen gegen Schutzgebühr über die Geschäftsstelle in Bonn – Bad Godesberg (Adresse auf S. II).

[247] Musterformulare für OP-Protokolle können bei der Geschäftsstelle des BDIZ/EDI in Bonn – Bad Godesberg gegen Schutzgebühr bestellt werden. Ein Beispiel ist unten abgedruckt im Kapitel F VII, S. 129.

Der Arzt oder Zahnarzt hat üblicherweise davon auszugehen, dass der Patient nur Behandlungsmaßnahmen wünscht, die vom Privatversicherer erstattet werden.

Die wirtschaftliche Beratungspflicht erstreckt sich auch darauf, den Patienten darauf aufmerksam zu machen, dem Versicherungsträger unnötige Kosten zu ersparen, wenn die Leistungen die Kostenerstattung wesentlich übersteigen.

- Das erste Beratungsgespräch sollte nicht während eines normalen Kontrolltermins verlaufen. Es ist erfahrungsgemäß deutlich besser, einen speziellen Beratungstermin in entsprechender Zeitdauer mit dem Patienten zu vereinbaren.
- Speziell der GKV-Patient sollte bereits bei der Terminvereinbarung darüber aufgeklärt werden, dass die Implantatberatung eine reine Privatleistung ist und nicht über die Chip-Karte abgerechnet werden kann.
- Es besteht zwar keine Verpflichtung, für implantologische Leistungen sich von GKV-Patienten das Formular nach § 4 Abs. 5b BMV-Z unterschrieben zu lassen. Da aber immer mal wieder später, wenn es an die Bezahlung der Honorarrechnung geht, der Einwand zu hören ist, der Patient habe gar nicht gewusst, dass es sich um eine Privatbehandlung handele[249], ist es empfehlenswert, sich von GKV-Patienten den Hinweis auf die von ihnen selbst vorzunehmende Bezahlung unterschreiben zu lassen. Dazu kann man das BMV-Z-Formular verwenden.
- Um das Vertrauen zwischen Patient und Zahnarzt zu schaffen, sollte der Patient das Gefühl haben, dass er alle Fragen über die implantologischen Maßnahmen an den Zahnarzt stellen kann.
- Informationsschriften, Broschüren, Dias, Bilder oder Videoaufzeichnungen sind von Nutzen, um dem Patienten in seiner Sprache die komplizierten Grundlagen der Implantologie verständlich zu machen.
- Aufgrund der Dokumentationspflicht ist der Zahnarzt gefordert, über solche Aufklärungsgespräche Notizen zu führen. Diese Notizen können entweder anhand eines Karteikarteneintrages erfolgen oder in Form eines Gesprächsprotokolls, welches der Karteikarte beigelegt wird.
- Das Aufklärungsgespräch sollte nicht damit enden, dass sofort ein Termin für die Implantologie vereinbart wird. Der Patient sollte sich in Ruhe Gedanken über das Gespräch und den Vorschlag des Zahnarztes machen können.
- Dann sollte ein zweites Beratungsgespräch vereinbart werden, bei dem der Patient noch ungeklärte Fragen anbringen kann und ggf. der Heil- und Kostenplan erstellt wird.

248 S. dazu oben Kapitel B III.7, S. 18.

249 Vgl. LG Hechingen, Urteil vom 07.08.1998 – 1 O 51/95 –, BDIZ-konkret 1998, Heft 4, S. 32 = GHI, S. 265 einerseits, AG Nordhorn, Urteil vom 17.12.1998 – 3a C 1319/98 –, NJW 2000, 1799 andererseits.

III. Mögliche Beratungen und Untersuchungen im Rahmen des implantologischen Beratungsgespräches

1. GOÄ 1 – Beratung

GOÄ 1
Bewertung: 80 Punkte
1,0-fach: 4,66 € **2,3-fach: 10,72 €** **3,5-fach: 16,32 €**
Beratung – auch mittels Fernsprecher

1.1 Berechnungsfähig

- Einmal je Behandlungsfall (= Zeitraum eines Monats nach der jeweils ersten Inanspruchnahme eines Arztes[250]) neben anderen Leistungen der GOZ und aus den Abschnitten C-O der GOÄ[251],
- als alleinige Leistung immer,
- wiederholt (wenn notwendig) am selben Tag mit Angabe der Uhrzeit auf der Liquidation.

1.2 Nicht berechnungsfähig

- Neben (zeitgleich) oder anstelle von Visiten, Besuchen (GOÄ 45, GOÄ 46, GOÄ 48, GOÄ 50, GOÄ 51),
- für reine Terminvereinbarungen ohne Beratung,
- neben GOÄ 30 und GOÄ 31 (homöopathische Anamnese),
- neben GOÄ 34 (Erörterung der Lebensgestaltung bei gravierenden Erkrankungen),
- im Zusammenhang mit der GOZ 100 – Ausnahme siehe Hinweis,
- im Zusammenhang mit der GOZ 101 – Ausnahme siehe Hinweis.

Hinweis: Die GOZ 100 und 101 können dann zusätzlich berechnet werden, wenn die GOÄ 1 aus einem anderen Anlass erbracht wurde als die individualprophylaktische Leistung.

1.3 Ggf. zusätzlich berechnungsfähig

- Zuschläge nach GOÄ A, B, C, D.
- Untersuchungen nach GOÄ 5, GOÄ 6, GOZ 001.
- Begleitung nach GOÄ 55, Verweilen nach GOÄ 56.
- Erhebung der Fremdanamnese nach GOÄ 4.

2. GOÄ 2 – Wiederholungsrezept, Überweisung

GOÄ 2
Bewertung: 30 Punkte
1,0-fach: 1,75 € **1,8-fach: 3,15 €** **2,5-fach: 4,38 €**
Ausstellung von Wiederholungsrezepten und/oder Überweisungen und/oder Übermittlung von Befunden oder ärztlichen Anordnungen auch mittels Fernsprecher durch die Arzthelferin und/oder Messung von Körperzuständen (z.B. Blutdruck, Temperatur) ohne Beratung bei einer Inanspruchnahme des Arztes
Die Leistung nach Nummer 2 darf anlässlich einer Inanspruchnahme des Arztes nicht zusammen mit anderen Gebühren berechnet werden.

---

[250] S. Abschnitt B Allgemeine Bestimmungen Nr. 1 zum Gebührenverzeichnis der GOÄ. Die GOZ kennt keine eigenständige Definition des Behandlungsfalles.

[251] S. Abschnitt A Allgemeine Bestimmungen Nr. 1 zum Gebührenverzeichnis der GOZ.

2.1 Berechnungsfähig

- Als alleinige Leistung, auch mehrfach im Behandlungsfall,
- auch telefonisch,
- für Wiederholungsrezept und/oder Überweisung,
- Befundabfrage,
- für die Messung von Körperzuständen – je Sitzung –,
- für die Übermittlung einer vom Zahnarzt ausgesprochenen Empfehlung, durch Mitarbeiter (auch telefonisch).
- Kleiner Gebührenrahmen (höchstens bis zum 2,5-fachen Faktor). Eine Vereinbarung nach § 2 Abs. 1 GOÄ über einen Steigerungsfaktor > 2,5 ist nicht möglich.[252]

2.2 Nicht berechnungsfähig

- Wenn das Wiederholungsrezept oder die Überweisung anlässlich einer weiteren honorarpflichtigen Beratung / Untersuchung / Behandlung ausgestellt wird,
- für reine Terminvereinbarungen ohne ärztlichen Beratungskontakt,
- neben GOÄ 2 keine Zuschläge nach GOÄ A, B, C, D, K1 berechnungsfähig, auch nicht im Notdienst.

3. GOÄ 3 – Eingehende Beratung

GOÄ 3
Bewertung: 150 Punkte
1,0-fach: 8,74 € **2,3-fach: 20,11 €** **3,5-fach: 30,60 €**
Eingehende, das gewöhnliche Maß übersteigende Beratung auch mittels Fernsprecher
Die Leistung nach Nummer 3 (Dauer mindestens 10 Minuten) ist nur berechnungsfähig als einzige Leistung oder im Zusammenhang mit einer Untersuchung nach den Nummern 5, 6, 7, 8, 800 oder 801. Eine mehr als einmalige Berechnung im Behandlungsfall bedarf einer besonderen Begründung.

3.1 Berechnungsfähig

- Einmal je Behandlungsfall ohne „besondere Begründung".
- Als einzige Leistung in einer Sitzung berechnungsfähig. Einzige Leistung bedeutet, dass parallel zu der Beratung nicht noch eine andere Leistung erbracht werden darf. Dagegen kann in derselben Sitzung durchaus noch weiteres gemacht werden. Wer während der klinischen Untersuchung nach GOZ 001 sich mit dem Patienten beratend unterhält, kann die GOÄ 3 nicht zusätzlich abrechnen, wohl aber dann, wenn er im Anschluss an die Untersuchung den Patienten entsprechend lange berät.
- Dauer der Beratung: mindestens 10 Minuten (Zeit dokumentieren!).
- Auch telefonisch (auch hier mind. 10 Minuten!)
- **Typische Fallgestaltung**: Aufklärungsgespräch vor operativem Eingriff in der Implantologie.

3.2 Nicht berechnungsfähig

- Neben (zeitgleich) oder anstelle von Visiten, im Krankenhaus (GOÄ 45; GOÄ 46),
- neben GOÄ 30, GOÄ 31 (homöopathische Anamnese),
- GOÄ 34 (Erörterung der Lebensgestaltung bei gravierenden Erkrankungen),
- neben (zeitgleich) anderen Leistungen außer im Zusammenhang mit GOÄ 5, GOÄ 6.

---

[252] S. Abschnitt A des Gebührenverzeichnisses zur GOÄ; § 5 Abs. 3 Satz 1 GOÄ.

3.3 Ggf. zusätzlich berechnungsfähig

- Untersuchungen nach GOÄ 5, GOÄ 6, GOZ 001.
- Zuschläge nach GOÄ A, B, C, D.

4. GOÄ 4 – Fremdanamnese

GOÄ 4
Bewertung: 220 Punkte
1,0-fach: 12,82 € **2,3-fach: 29,49 €** **3,5-fach: 44,88 €**
Erhebung der Fremdanamnese über einen Kranken und/oder Unterweisung und Führung der Bezugsperson(en) – im Zusammenhang mit der Behandlung eines Kranken –
Die Leistung nach Nummer 4 ist im Behandlungsfall nur einmal berechnungsfähig.
Die Leistung nach Nummer 4 ist neben Leistungen nach den Nummern 30, 34, 801, 806, 807, 816, 817 und/oder 835 nicht berechnungsfähig.

4.1 Berechnungsfähig

- Auch für die telefonische Erhebung.
- Bei Unterweisung der Bezugspersonen z.B. bei Behandlung von Kindern, behinderten oder älteren Patienten.

4.2 Nicht berechnungsfähig

- Neben GOÄ 15, GOÄ 30 und/oder GOÄ 34,
- neben GOÄ 45, GOÄ 46.

5. GOÄ 5 – Symptombezogene Untersuchung

GOÄ 5
Bewertung: 80 Punkte
1,0-fach: 4,66 € **2,3-fach: 10,72 €** **3,5-fach: 16,32 €**
Symptombezogene Untersuchung
Die Leistung nach Nummer 5 ist neben den Leistungen nach den Nummern 6 bis 8 nicht berechnungsfähig.

5.1 Berechnungsfähig

- Einmal je Behandlungsfall neben anderen Leistungen der GOZ und aus den Abschnitten C bis O der GOÄ.
- Als alleinige Leistung immer,
- wiederholt (wenn notwendig) am selben Tag mit Angabe der Uhrzeit auf der Liquidation.

5.2 Nicht berechnungsfähig

- Neben Leistungen nach GOÄ 6 – GOÄ 8,
- neben Leistung nach der GOZ 001,
- neben (zeitgleich) oder anstelle von Visiten, Besuchen (GOÄ 45, GOÄ 46 oder GOÄ 50, GOÄ 51).

5.3 Ggf. zusätzlich berechnungsfähig

- Beratungen nach GOÄ 1 und GOÄ 3.
- Zuschläge nach GOÄ A, B, C, D.
- Zuschlag GOÄ K1 für Kinder, bis zum vollendeten 4. Lebensjahr.
- Leistungen nach GOÄ 30, GOÄ 31, GOÄ 34.

- Leistungen nach GOÄ 48 (Pflegeheimbesuch).
- Erhebung der Fremdanamnese nach GOÄ 4.

6. GOÄ 6 – Vollständige Untersuchung mindestens eines Organsystems

GOÄ 6

Bewertung: 100 Punkte

1,0-fach: 5,83 € **2,3-fach: 13,41 €** **3,5-fach: 20,40 €**

Vollständige körperliche Untersuchung mindestens eines der folgenden Organsysteme: alle Augenabschnitte, der gesamte HNO-Bereich, das stomatognathe System, die Nieren und ableitenden Harnwege (bei Männern auch gegebenenfalls einschließlich der männlichen Geschlechtsorgane) oder Untersuchung zur Erhebung eines vollständigen Gefäßstatus – gegebenenfalls einschließlich Dokumentation

Die vollständige körperliche Untersuchung eines Organsystems nach der Leistung nach Nummer 6 beinhaltet insbesondere …

- bei dem stomatognathen System: Inspektion der Mundhöhle Inspektion und Palpation der Zunge und beider Kiefergelenke sowie vollständiger Zahnstatus …

Die Leistung nach Nummer 6 ist neben Leistungen nach den Nummern 5, 7 und/oder 8 nicht berechnungsfähig.

Das stomatognathe System umfasst die Inspektion der Mundhöhle, Inspektion und Palpation der Zunge und beider Kiefergelenke sowie den vollständigen Zahnstatus.

6.1 Berechnungsfähig

- Je notwendige Untersuchung eines Organsystems,
- wiederholt (wenn notwendig) an demselben Tag mit Angabe der Uhrzeit auf der Liquidation.

6.2 Nicht berechnungsfähig

- Neben Leistungen nach GOÄ 2, GOÄ 5, GOÄ 7, GOÄ 8,
- neben Leistung nach der GOZ 001,
- anstelle oder gleichzeitig von Visiten nach GOÄ 45, GOÄ 46.

6.3 Ggf. zusätzlich berechnungsfähig

- Beratungen nach GOÄ 1, GOÄ 3.
- Zuschläge nach GOÄ A, B, C, D.
- Zuschlag GOÄ K1 für Kinder, bis zum vollendeten 4. Lebensjahr.
- Leistungen nach GOÄ 30, GOÄ 31, GOÄ 34.
- Leistungen nach GOÄ 48 (Pflegeheimbesuch).
- Leistungen nach GOÄ 50 und GOÄ 51.
- Erhebung der Fremdanamnese nach GOÄ 4.

7. GOÄ 34 analog – Erörterung bei nachhaltig lebensverändernden oder lebensbedrohenden Erkrankungen

GOÄ 34 analog
300 Punkte
1,0-fach: 17,49 € **2,3-fach: 40,22 €** **3,5-fach: 61,20 €**
Erörterung (Dauer mindestens 20 Minuten) der Auswirkungen einer Krankheit auf die Lebensgestaltung in unmittelbarem Zusammenhang mit der Feststellung oder erheblichen Verschlimmerung einer nachhaltig lebensverändernden oder lebensbedrohenden Erkrankung – gegebenenfalls einschließlich Planung eines operativen Eingriffs und Abwägung seiner Konsequenzen und Risiken – einschließlich Beratung – gegebenenfalls unter Einbeziehung von Bezugspersonen
Die Leistung nach Nummer 34 ist innerhalb von 6 Monaten höchstens zweimal berechnungsfähig.
Neben der Leistung nach Nummer 34 sind die Leistungen nach den Nummern 1, 3, 4, 15 und/oder 30 nicht berechnungsfähig.

7.1 Berechnungsfähig

- GOÄ 34 steht in einem Bereich, welcher einem Zahnarzt nicht direkt zur Abrechnung eröffnet ist. Sieht man sich den Inhalt dieser Ziffer genauer an, erkennt man auch, dass solche Fälle in zahnärztlichen Praxen nur selten vorkommen. Zu denken ist vor allem an die Diagnostik maligner Tumoren im Mund-, Kiefer- und Gesichtsbereich. Für diesen Bereich ist allerdings – wenn der Leistungsinhalt ansonsten erbracht wird – die analoge Abrechnung der Gebührenziffer gerechtfertigt. Im Zusammenhang mit „normalen" Implantatversorgungen hat die Abrechnung der GOÄ 34 dagegen keine Berechtigung.
- Im Zusammenhang mit zahnärztlichen Behandlungen ist diese Leistungsziffer nur ausnahmsweise abrechenbar, weil der unmittelbare Zusammenhang mit der Feststellung oder erheblichen Verschlimmerung einer nachhaltig lebensverändernden oder lebensbedrohenden Erkrankung selten beim Zahnarzt, eher noch beim Arzt für Mund-, Kiefer- und Gesichtschirurgie, vorstellbar ist. Unter diese Ziffer fallen vor allem Tumorerkrankungen im Mund-, Kiefer- und Gesichtsbereich, die durch den Zahnarzt festgestellt werden.
- Dass jemand Implantate braucht, ist für sich allein betrachtet weder eine nachhaltig lebensverändernde noch gar eine lebensbedrohende Erkrankung.

7.2 Nicht berechnungsfähig

- Neben GOÄ 1, GOÄ 2, GOÄ 3, GOÄ 4, GOÄ 15 und GOÄ 30.[253]
- Nicht für aufwändige und langdauernde Besprechungen / Beratungen, ohne dass der zeitliche Zusammenhang mit einer nachhaltig lebensverändernden oder gar lebensbedrohenden Erkrankung gegeben ist, also nicht in den Normalfällen der Implantologie.
- Keine Zuschläge zusätzlich berechnungsfähig.
- Innerhalb von 6 Monaten höchstens 2 x berechnungsfähig.

8. GOZ 001 – Eingehende Untersuchung

GOZ 001
Bewertung: 100 Punkte
1,0-fach: 5,62 € **2,3-fach: 12,92 €** **3,5-fach: 19,67 €**
Eingehende Untersuchung zur Feststellung von Zahn-, Mund- und Kiefererkrankungen einschließlich Erhebung des Parodontalbefundes sowie Aufzeichnung des Befundes

[253] Die GOÄ 30 enthält die homöopathische Erstanamnese.

8.1 Berechnungsfähig

- für die eingehende Erstuntersuchung in einem Krankheitsfall, auch für regelmäßige Kontrolluntersuchungen ohne eine zeitliche Begrenzung (keine 4-Monatsfrist!).

8.2 Nicht berechnungsfähig neben

- GOZ 100 (Mundhygienestatus) im Zusammenhang – siehe Hinweis
- GOZ 101 (Mundhygienekontrolle) im Zusammenhang – siehe Hinweis
- GOZ 619 (Beseitigen von Dysfunktionen) in derselben Sitzung
- GOZ 800 (Befunderhebung FAL) in derselben Sitzung
- GOÄ 5 in derselben Sitzung
- GOÄ 6 in derselben Sitzung
- GOÄ 2 (Wiederholungs-Rezept, Übermittlung von Befunden, o.ä.) in derselben Sitzung

Hinweis: „Im Zusammenhang“ ist nicht gleichbedeutend mit „in derselben Sitzung“. Muss eine Untersuchung oder Beratung aus einem anderen zahnmedizinischen Anlass erbracht werden (z.B. wegen Extraktion eines Zahnes), kann diese Leistung auch in derselben Sitzung neben den GOZ 100 bzw. 101 berechnet werden.

8.3 Ggf. zusätzlich berechnungsfähig

- GOZ 002 (HKP auf Wunsch)
- GOZ 003 (HKP, ZE)
- GOZ 004 (HKP, KFO)
- GOZ 007 (Vitalitätsprüfung)
- GOZ 400 (PAR-Status)
- GOÄ 1 (Beratung)
- GOÄ 3 (Beratung), neben GOZ 001 mindestens 10 Minuten!
- GOÄ 5000 ff.

IV. Zuschlagziffern GOÄ A – D und K1

Die Zuschläge A – D und K1 der GOÄ sind nur mit dem **1,0**-fachen Steigerungsfaktor abrechenbar.

1. Allgemeine Bestimmungen

Die Zuschläge nach den Buchstaben A bis D sowie K1 sind nur mit dem einfachen Gebührensatz berechnungsfähig. Sie dürfen unabhängig von der Anzahl und Kombination der erbrachten Leistungen je Inanspruchnahme des Arztes nur einmal berechnet werden. Neben den Zuschlägen nach den Buchstaben A bis D sowie K1 dürfen die Zuschläge nach den Buchstaben E bis J sowie K2 nicht berechnet werden.

Die Zuschläge nach den Buchstaben B bis D dürfen von Krankenhaus(zahn)ärzten nicht berechnet werden, es sei denn, die Leistungen werden durch den liquidationsberechtigten (Zahn)Arzt oder seinen Vertreter nach § 4 Abs. 2 Satz 3 GOÄ erbracht.

Die Zuschläge sind in der Rechnung unmittelbar im Anschluss an die zugrunde liegende Leistung aufzuführen.

2. GOÄ Zuschlag A – außerhalb der Sprechstunde

GOÄ A
Bewertung: 70 Punkte
1,0-fach: 4,08 €
Zuschlag für außerhalb der Sprechstunde erbrachte Leistungen
Der Zuschlag nach Buchstabe A ist neben den Zuschlägen nach den Buchstaben B, C und/oder D nicht berechnungsfähig.
Der Zuschlag nach Buchstabe A ist für Krankenhausärzte nicht berechnungsfähig.

3. GOÄ Zuschlag B – zwischen 20 und 22 Uhr oder 6 und 8 Uhr

GOÄ B
Bewertung: 180 Punkte
1,0-fach: 10,49 €
Zuschlag für in der Zeit zwischen 20 und 22 Uhr oder 6 und 8 Uhr außerhalb der Sprechstunde erbrachte Leistungen

4. GOÄ Zuschlag C – zwischen 22 und 6 Uhr

GOÄ C
Bewertung: 320 Punkte
1,0-fach: 18,65 €
Zuschlag für in der Zeit zwischen 22 und 6 Uhr erbrachte Leistungen
Neben dem Zuschlag nach Buchstabe C ist der Zuschlag nach Buchstabe B nicht berechnungsfähig.

5. GOÄ Zuschlag D – Samstag, Sonn- oder Feiertag

GOÄ D
Bewertung: 220 Punkte
1,0-fach: 12,82 €
Zuschlag für an Samstagen, Sonn- oder Feiertagen erbrachte Leistungen
Werden Leistungen innerhalb einer Sprechstunde an Samstagen erbracht, so ist der Zuschlag nach Buchstabe D nur mit dem halben Gebührensatz berechnungsfähig.
Werden Leistungen an Samstagen, Sonn- oder Feiertagen zwischen 20 und 8 Uhr erbracht, ist neben dem Zuschlag nach Buchstabe D ein Zuschlag nach Buchstabe B oder C berechnungsfähig.
Der Zuschlag nach Buchstabe D ist für Krankenhausärzte im Zusammenhang mit zwischen 8 und 20 Uhr erbrachten Leistungen nicht berechnungsfähig.

6. GOÄ Zuschlag K1 – Untersuchungen bei Kindern

GOÄ K1
Bewertung: 120 Punkte
1,0-fach: 6,99 €
Zuschlag zu Untersuchungen nach den Nummern 5, 6, 7 oder 8 bei Kindern bis zum vollendeten 4. Lebensjahr

Kapitel E Kostenvoranschläge und Heil- und Kostenpläne

I. Begriffsbestimmungen

Die beiden Begriffe Kostenvoranschlag und Heil- und Kostenplan haben eine unterschiedliche Bedeutung.

Die GOZ kennt den Begriff des **Heil- und Kostenplans** in § 2 Abs. 3 und in den Gebührenziffern GOZ 002, 003 und 004; den Begriff Kostenvoranschlag kennt die GOZ nicht. Auch im BEMA findet sich – insofern der gesetzlichen Terminologie in § 30 Abs. 2 Satz 1 SGB V[254] und anderen Bestimmungen folgend – nur der Begriff Heil- und Kostenplan (BEMA 2, 3, 4), nicht aber der Begriff Kostenvoranschlag. Desgleichen gilt für die Bundesmantelverträge. § 17 Abs. 1 Satz 2 BMV-Z spricht nur von Heil- und Kostenplan, ebenso § 9 Nr. 6 EKV-Z.

Beim Heil- und Kostenplan handelt es sich um eine – meist gesondert abrechenbare – Planung für einen bestimmten Behandlungsbereich.

Unter Kostenvoranschlag versteht man demgegenüber eine Zusammenstellung der für eine Behandlung anfallenden Kosten, diese ist aber idR weit weniger ausführlich gehalten als der Heil- und Kostenplan. Beim Kostenvoranschlag kommt es nicht auf die Detailgenauigkeit der Planung an, sondern nur darauf, dem Patienten die Kenntnis der ungefähr auf ihn zukommenden Behandlungskosten zu vermitteln.

Der Inhalt eines Kostenvoranschlages kann einem Heil- und Kostenplan entsprechen, muss dies aber nicht. Entspricht er dem Heil- und Kostenplan, ist er nach GOZ 002 abrechenbar, sofern auf Verlangen des Patienten erstellt. Wenn der Patient es hinsichtlich der voraussichtlichen Behandlungskosten genauer wissen will, muss er die Erstellung eines Heil- und Kostenplanes nach GOZ 002 verlangen.

II. Der Normalfall

1. GOZ 002 – Heil- und Kostenplan auf Anforderung

GOZ 002
Bewertung: 90 Punkte
1,0-fach: 5,06 € **2,3-fach: 11,63 €** **3,5-fach: 17,71 €**
Aufstellung eines schriftlichen Heil- und Kostenplans auf Anforderung

1.1 Allgemeine Vorbemerkung zu den Beispielsplänen

Auf der folgenden Seite ist ein Beispiel für einen Heil- und Kostenplan nach GOZ 002 wiedergegeben, auf S. 121 ein Beispiel für einen Heil- und Kostenplan nach GOZ 003. Hierzu weisen wir ausdrücklich darauf hin, dass es sich nur um Beispiele und nicht um ohne weiteres abschreibfähige Vorlagen handelt. Die Aufnahme der Beispiele soll die eigene Arbeit des Zahnarztes und seiner Mitarbeiter/innen erleichtern und Kontrollmöglichkeiten für Zweifelsfälle schaffen, mehr aber nicht. Diese Einschränkungen gelten entsprechend für die im Kapitel N enthaltenen Berechnungsbeispiele.[255]

Alle Beispiele sind natürlich korrekt berechnet bzw. ausgefüllt.

254 Das ab 01.01.2005 geltende Recht verweist nicht mehr – wie bisher – in den Zahnersatzbestimmungen auf den Heil- und Kostenplan, sondern in der die Gesamtvergütung betreffenden allgemeinen Regelung des § 85 Abs 2 Satz 6 SGB V und zusätzlich in der die Bundesmantelverträge betreffenden Regelung des § 87 Abs. 1a SGB V. In beiden Normen wird hervorgehoben, dass Heil- und Kostenpläne bei Kassenpatienten auch künftig kostenlos zu erbringen sind, sofern der Kassenpatient für Zahnersatz nicht privat zusatzversichert ist.

255 S. dort Kapitel N I., S. 246.

1.2 Beispiel für einen Heil- und Kostenplan nach GOZ 002

Dr. Manuel Mustermann
Zahnarzt

Musterstr. 1
55555 Musterhausen

Herrn
Michael Zahn
Musterstr. 99

55555 Musterhausen

Privater Heil- und Kostenplan

Für die konservierende Behandlung werden entsprechend nachfolgender Spezifikation voraussichtlich folgende Kosten anfallen:

Planung
Keramikinlays 16,15,25

f															f
8	7	6	5	4	3	2	1	1	2	3	4	5	6	7	8
f															f

Zähne	GOZ	Leistungsbeschreibung	Faktor	Anzahl	Einfachsatz	Gesamtbetrag
	002	Schriftlicher Heil- und Kostenplan auf Anforderung	2,3	1	5,06 €	11,63 €
16	217	Einlagefüllung mehr als zweiflächig	3,5	1	67,49 €	236,21 €
15,25	215	Einlagefüllung einflächig	3,5	2	30,93 €	216,50 €
16,15,25	009	Infiltrationsanästhesie	2,3	4	3,37 €	31,00 €
16,15,25	233	Maßnahmen zur Erhaltung der vitalen Pulpa bei Caries profunda	2,3	3	6,19 €	42,71 €

Summe Honorar 538,10 €
Voraussichtliche Material- und Laborkosten xxx €

Voraussichtliche Gesamtkosten in Euro yyy €

Der vorliegende Heil- und Kostenplan ist aufgrund derzeitiger diagnostischer Unterlagen erstellt. Material- und Laborkosten können nur geschätzt werden und werden bei der Rechnungsstellung gem. § 9 GOZ in Ansatz gebracht. Unvorhersehbare Leistungen, die sich im Rahmen des Behandlungsablaufes ergeben, werden gesondert berechnet.

Unvorhersehbare Schwierigkeitsgrade bei der Leistungserbringung können zu einer Faktorsteigerung führen. Bei Leistungen, die den 2,3-fachen Satz überschreiten, werden entsprechend medizinische Begründungen in der Liquidation ausgewiesen. Änderungen, die sich im Laufe der Behandlung ergeben können, bleiben vorbehalten.

Berechnungsgrundlage ist die z. Zt. gültige Gebührenordnung für Zahnärzte (GOZ) in ihrer Fassung vom 01.01.1988. Die Berechnung erfolgt unabhängig von der Erstattungspflicht seitens Ihrer privaten Krankenversicherung bzw. Beihilfestelle.

Mit den oben genannten zahnärztlichen Maßnahmen und den damit verbundenen Kosten erkläre ich mich einverstanden.

________________ ________________
(Datum) (Unterschrift des Patienten)

________________ ________________
(Datum) (Unterschrift Zahnarzt/Zahnärztin)

1.3 Berechnungsfähig

- Für jeden angeforderten schriftlichen und an den Patienten ausgehändigten Heil- und Kostenplan.

1.4 Nicht berechnungsfähig neben GOZ 002

- GOÄ 95 und GOÄ 96 (Schreibgebühren) zusätzlich für HKP.

1.5 Ggf. zusätzlich berechnungsfähig

- GOZ 001 (eingehende Untersuchung)
- GOZ 003 (HKP, ZE)
- GOZ 004 (HKP, KFO)
- GOZ 005 (Abformung eines Kiefers)
- GOZ 006 (Abformung beider Kiefer)
- GOZ 400 (PAR-Status)
- GOZ 800 (Befund, FAL)
- Beratungen nach GOÄ 1, GOÄ 3
- Röntgendiagnostik nach GOÄ 5000 ff.
- GOÄ 34.

2. GOZ 003 – Heil- und Kostenplan Prothetik

GOZ 003
Bewertung: 220 Punkte
1,0-fach: 12,37 € **2,3-fach: 28,45 €** **3,5-fach: 43,29 €**
Aufstellung eines schriftlichen Heil- und Kostenplans zur prothetischen Versorgung nach Befundaufnahme und gegebenenfalls Auswertung von Modellen

Die oben auf S. 119 enthaltenen Hinweilte gelten auch für diesen HKP.

2.1 Beispiel für einen Heil- und Kostenplan nach GOZ 003

Dr. Manuel Mustermann
Zahnarzt

Musterstr. 1
55555 Musterhausen

Herrn
Michael Zahn
Musterstr. 99

55555 Musterhausen

Privater Heil- und Kostenplan

Für die prothetische Behandlung werden entsprechend nachfolgender Spezifikation voraussichtlich folgende Kosten anfallen:

Planung

	KM	BM	KM	BM	KM										
f	w	f	w	f	w										f
8	7	6	5	4	3	2	1	1	2	3	4	5	6	7	8
f															f

Zähne	GOZ	Leistungsbeschreibung	Faktor	Anzahl	Einfachsatz	Gesamtbetrag
	003	Heil- und Kostenplan zur prothetischen Versorgung	2,3	1	12,37 €	28,45 €
17,15,13	501	Vollkrone (Hohlkehl-/ Stufenpräparation)	3,5	3	61,87 €	649,62 €
16,14	507	Brückenglied oder Steg, je Spanne	3,5	2	22,50 €	157,50 €
17,15,13	512	Provisorische Krone	3,2	3	10,12 €	97,15 €
16,14	514	Provisorisches Brückenglied	3,2	2	9,00 €	57,60 €
17,15,14	009	Infiltrationsanästhesie	2,5	6	3,37 €	50,5 €

Summe Honorar	1.040,88 €
Voraussichtliche Material- und Laborkosten	xxx €
Voraussichtliche Gesamtkosten in Euro	**yyy €**

Der vorliegende Heil- und Kostenplan ist aufgrund derzeitiger diagnostischer Unterlagen erstellt. Material- und Laborkosten können nur geschätzt werden und werden bei der Rechnungsstellung gem. § 9 GOZ in Ansatz gebracht. Unvorhersehbare Leistungen, die sich im Rahmen des Behandlungsablaufes ergeben, werden gesondert berechnet.

Unvorhersehbare Schwierigkeitsgrade bei der Leistungserbringung können zu einer Faktorsteigerung führen. Bei Leistungen, die den 2,3-fachen Satz überschreiten, werden entsprechend medizinische Begründungen in der Liquidation ausgewiesen. Änderungen, die sich im Laufe der Behandlung ergeben können, bleiben vorbehalten.

Berechnungsgrundlage ist die z. Zt. gültige Gebührenordnung für Zahnärzte (GOZ) in ihrer Fassung vom 01.01.1988. Die Berechnung erfolgt unabhängig von der Erstattungspflicht seitens Ihrer privaten Krankenversicherung bzw. Beihilfestelle.

Mit den oben genannten zahnärztlichen Maßnahmen und den damit verbundenen Kosten erkläre ich mich einverstanden.

________________ (Datum) ________________ (Unterschrift des Patienten)

________________ (Datum) ________________ (Unterschrift Zahnarzt/Zahnärztin)

2.2 Berechnungsfähig

- Für die schriftliche Niederlegung eines Behandlungs- und Kostenplanes nach vorausgegangener Befundaufnahme,
- auch ohne Aushändigung an den Patienten,
- je separatem Heil- und Kostenplan,
- auch mehrfach bei alternativen Plänen.

2.3 Nicht berechnungsfähig neben

- Schreibgebühren nach GOÄ 95 und GOÄ 96 für HKP. Diese befinden sich im Abschnitt B VI der GOÄ, der nach § 6 Abs. 1 GOZ Zahnärzten nicht zur Abrechnung offen steht.

2.4 Ggf. zusätzlich berechnungsfähig

- GOZ 001 (Untersuchung)
- GOZ 002 (HKP, auf Wunsch)
- GOZ 004 (HKP, KFO)
- GOZ 005 (Abformung eines Kiefers)
- GOZ 006 (Abformung beider Kiefer)
- GOZ 400 (PAR-Status)
- GOZ 800 (Befund, FAL)
- Beratungen nach GOÄ 1, GOÄ 3

- Röntgendiagnostik nach GOÄ 5000 ff.
- GOÄ 5000 ff.

2.5 Allgemeines zu Heil- und Kostenplänen nach GOZ 002 und GOZ 003

- Die GOZ 003 und 004 werden als beihilfefähig anerkannt.
- Die GOZ 002 ist nicht beihilfefähig.
- Fordert ein Patient zusätzlich zum PAR-Status nach GOZ 400 oder zum Funktionsstatus nach GOZ 800 einen Heil- und Kostenplan an, so ist hierfür die GOZ 002 zusätzlich abrechenbar.
- Fordert der Patient einen Heil- und Kostenplan bei geplanten Einlagefüllungen, so ist für diesen Plan die GOZ 002 anzusetzen. Bei geplanten Kronen nach GOZ 220 – 222 soll lt. Meinung der Bundeszahnärztekammer ebenfalls die GOZ 002 herangezogen werden.

2.6 Stellungnahme der Bundeszahnärztekammer (Stand 12.05.2000)

Heil- und Kostenpläne, nachträgliche Änderung

Die Geb.-Nr. 002 GOZ für die Aufstellung eines schriftlichen Heil- und Kostenplanes ist für die Abschnitte A-E und H-K der GOZ sowie die berechenbaren Leistungen aus der GOÄ berechenbar. Die Geb.-Nrn. 002 und 003 GOZ sind auch nebeneinander berechenbar.

Die im Heil- und Kostenplan enthaltenen Steigerungssätze können geändert werden, wenn sich die Notwendigkeit hierzu aus dem Behandlungsablauf ergibt. Die Kosten für zahntechnische Leistungen sind vorauszuberechnen. Wesentliche Änderungen sind dem Zahlungspflichtigen mitzuteilen. Notwendige Materialkosten sind in der tatsächlichen Höhe anzusetzen.

3. Faktoren über dem 3,5-fachen des Gebührensatzes

Werden auf einem Heil- und Kostenplan Steigerungsfaktoren über dem 3,5-fachen Gebührensatz berechnet, so ist es unbedingt erforderlich, eine zusätzliche Honorarvereinbarung gem. § 2 Abs. 1 und 2 GOZ mit dem Patienten zu treffen.

Kapitel F Wichtige Formulare sowie Urteile zur Honorarvereinbarung

I. Einleitende Hinweise

In diesem Kapitel werden wichtige Formulare im Zusammenhang mit der Implantat-OP, Aufklärung über Therapiealternativen und deren Kosten angesprochen, teilweise auch vorgestellt und erläutert.

Die Zusammenstellung erfolgt einmal der Vollständigkeit der Aufzählung halber, vor allem aber, um noch einmal auf deren Wichtigkeit hinzuweisen. So sehr die Rechtsprechung auch betont, dass insbesondere bei der Risikoaufklärung nicht Formulare, sondern das persönliche Gespräch zwischen Zahnarzt und Patient im Vordergrund zu stehen habe[256], so sehr spielt in den streitigen Fällen – und diese sind zahlreich, weil sich schon im Normalfall kaum ein Patient an den Inhalt eines Aufklärungsgesprächs erinnern kann, im Konfliktfall diese Erinnerung noch zusätzlich durch Verdrängungsmechanismen minimiert ist – dann doch die schriftliche Aufzeichnung eine Rolle.[257] Idealerweise wird in Formularen kräftig herumgemalt und hineingeschrieben und vom so „*bemalten*“ Resultat routinemäßig dem Patienten eine Kopie ausgehändigt. Das indiziert zumindest eine ausführliche Information des Patienten.

II. Übersicht über die Formulare

1. Risikoaufklärung

- In der Praxis wichtigste und schadensträchtigste Aufklärungsart, auch Eingriffsaufklärung genannt, aber nicht – wie dieser Begriff andeuten könnte – beschränkt auf den Fall invasiver Behandlungsmaßnahmen.
- Aufklärung über die geplante Behandlung, bei Implantation vor allem über den chirurgischen Eingriff, seine Risiken, Komplikationen etc.
- Im Streitfall liegt die Beweislast, dass diese Aufklärung stattgefunden hat, beim Zahnarzt.[258]
- Ebenso obliegt dem Zahnarzt die Beweislast, dass der Patient bei richtiger Aufklärung in den Eingriff eingewilligt hätte[259] oder der Schaden auch sonst eingetreten wäre.[260]
- Unterschrift des Patienten sehr empfehlenswert!
- **Wichtige** Pflichtdokumentation!

2. Aufklärung über Behandlungsalternativen und deren Kosten

- Generelle Pflicht mit im Einzelnen noch nicht geklärtem Umfang.[261]
- Dokumentation in der Karteikarte reicht.

---

256 Ständige Rechtsprechung, vgl. z.B. BGH, Urteil vom 08.01.1985 – VI ZR 15/83 –, VersR 1985, 361; BGH, Urteil vom 15.02.2000 – VI ZR 48/99 –, VersR 2000, 725; s. dazu GHI, Kapitel A III 3.3, S. 39 ff.; eingehend Jungbecker, Formulargestützte Aufklärung, S. 31.

257 OLG Köln, Urteil vom 22.05.1995 – 5 U 299/94 –, AHRS 5350/113.

258 Ständige Rechtsprechung, vgl. BGH, Urteil vom 25.11.1975 – VI ZR 122/73 –, VersR 1976, 369 = Ratajczak/Stegers, Rz 755; BGH, Urteil vom 21.06.1983 – VI ZR 108/82 –, VersR 1983, 957 = Ratajczak/Stegers, Rz 278.

259 Ständige Rechtsprechung, vgl. z.B. BGH, Urteil vom 14.06.1994 – VI ZR 260/93 –, VersR 1994, 1302.

260 Ständige Rechtsprechung, vgl. z.B. BGH, Urteil vom 14.04.1981 – VI ZR 39/80 –, VersR 1981, 677 = Ratajczak/Stegers, Rz 883.

261 S. dazu z.B. LG Stuttgart, Urteil vom 30.11.2001 – 7 O 425/00 –, Quintessenz 2003, 689.

- Unterschrift des Patienten ist aber sinnvoll, weshalb es sich empfehlen kann, diese Aufklärung mit einem ggf. verwendeten Formular für die Risikoaufklärung zu kombinieren.
- Im Falle des Streitfalles liegt die Beweislast, dass diese Aufklärung stattgefunden hat, beim Zahnarzt. Der Bundesgerichtshof rechnet diese Form der Aufklärung zur sog. Selbstbestimmungsaufklärung.[262]
- **Wichtige Pflichtdokumentation!**

3. Honorarvereinbarung gem. § 2 Abs. 1 GOZ

- Beim Überschreiten des 3,5-fachen Steigerungsfaktors ist diese Vereinbarung gesetzlich vorgeschrieben! Fehlt die Vereinbarung, kann schon allein deshalb nicht höher als 3,5-fach abgerechnet werden.
- Die Vereinbarung muss sehr formal gehalten sein und sollte von allem die Behandlung preisenden Ballast befreit bleiben.[263]
- Diese Vereinbarung muss vor Behandlungsbeginn vom Patienten und vom Zahnarzt unterschrieben werden (**zwei Unterschriften!**).
- **Wichtige Pflichtdokumentation!**

4. Honorarvereinbarung gem. § 2 Abs. 3 GOZ

- Bei Leistungen, die weder in der GOZ noch in der GOÄ enthalten sind und die auf Wunsch des Patienten durchgeführt werden, ist eine Vereinbarung nach § 2 Abs. 3 GOZ notwendig.
- Diese Vereinbarung muss vor Behandlungsbeginn vom Patienten und vom Zahnarzt unterschrieben werden (doppelte Unterschriften!).
- Die Vereinbarung darf nicht zusätzlich eine Honorarvereinbarung nach § 2 Abs. 1 GOZ enthalten, auch dann nicht, wenn nur ein Teil der Behandlung unter § 2 Abs. 3 GOZ fällt.
- **Wichtige Pflichtdokumentation!**

5. Einwilligungserklärung zur Behandlung / Operation

- Nach der Risikoaufklärung und der Aufklärung über Behandlungsalternativen darf die Behandlung dennoch erst durchgeführt werden, wenn der Patient in sie einwilligt. Erst die Einwilligung macht die Behandlung rechtlich zulässig und beseitigt das bisher jeder (zahn)ärztlichen Behandlung anhaftende Moment der rechtswidrigen Körperverletzung.[264]
- Schriftform nicht vorgeschrieben, aber für implantologische Eingriffe dringend zu empfehlen.
- Unterschrift des Patienten.
- **Wichtige Pflichtdokumentation!**

6. Operationsbericht/-protokoll

- Der Operationsbericht ist bei nicht nur minimalen Eingriffen Teil der Behandlungsdokumentation.[265] Im ärztlichen Bereich wird dies auch mittlerweile generell so gehandhabt, im zahnärztlichen Bereich ist diese Übung noch nicht die Regel. Zumindest ist

---

262 Ständige Rechtsprechung, vgl. z.B. BGH, Urteil vom 22.09.1987 – VI ZR 238/86 –, VersR 1988, 179 = Ratajczak/Stegers, Rz. 271; **a.A.** noch AG Köln, Urteil vom 08.06.1982 – 131 C 83/81 –,VersR 1983, 473 = Ratajczak/Stegers, Rz. 846; OLG Celle, Urteil vom 17.03.1986 – 1 U 37/85 –, Ratajczak/Stegers, Rz. 526 = VersR 1987, 591.

263 S. näher Kapitel B III, S. 12 ff.

264 Vgl. Steffen/Dressler, Rz. 321.

265 Vgl. Uhlenbruck/Schlund, in Laufs/Uhlenbruck, § 59 Rz. 9.

aber bei implantologischen Behandlungen die Führung eines Operationsprotokolls dringend zu empfehlen.

- Trägt dazu bei, dass die Karteieintragungen vollständiger und genauer sind.
- Arbeitserleichterung für die Verwaltungsmitarbeiterin.
- Empfehlenswerte Dokumentation.

7. Vereinbarung der Privatbehandlung nach § 4 Abs. 5b BMV-Z/§ 8 Nr. 3 EKV-Z

- Wichtiges Formular beim GKV-Patienten.
- Mit diesem Formular erklärt der Patient, dass er ausdrücklich wünscht, aufgrund eines privaten Behandlungsplanes behandelt zu werden. Eine Vergütung durch die Krankenkasse ist nicht gewährleistet.
- Unterschrift des Patienten.
- **Wichtige Pflichtdokumentation!**

III. Risikoaufklärung

Zur Risikoaufklärung gibt es eine Vielzahl von käuflich erhältlichen Aufklärungsformularen. Die Verwendung von Formularen erleichtert zweifellos die Aufklärungsarbeit, wenn sie auch für Patienten im Falle des Eintritts aufklärungspflichtiger Risiken offenbar keinen bleibenden Erkenntnisgewinn zu erzeugen vermögen. Das gilt allerdings für die Formulare ebenso wie für die mündlich erteilte Aufklärung. Dennoch muss die Aufklärungspflicht erfüllt werden als eine von der Rechtsprechung entwickelte Pflicht, deren dogmatische Begründung nach wie vor umstritten ist.[266] Diese Aufklärung muss therapie- und patientenindividuell erfolgen, weshalb das nachfolgend auf S. 127 wiedergegebene Formular zur Dokumentation von Risikoaufklärung und Einwilligung nicht unbedacht und blindlings für jeden denkbaren Eingriff übernommen werden, sondern als Anregung für die Ausformulierung speziellerer eigener Formulare dienen soll.

Gegen die Verwendung selbst entworfener Formulare ist rechtlich nichts einzuwenden. Sie sollten nur zutreffend sein und nicht ein Plagiat käuflich erhältlicher Formulare darstellen.

IV. Aufklärung über Behandlungsalternativen und deren Kosten

Es geht bei dieser Aufklärungspflicht der Sache nach darum, den Patienten selbst über seine Behandlung entscheiden zu lassen. Der Zahnarzt soll ihn im Sinne der Herbeiführung einer sachgerechten Entscheidung beraten. Dazu sind dem Patienten die ernsthaft in Betracht kommenden Therapiealternativen darzulegen.

Ob sich eine Therapiealternative bietet, entscheidet sich nach den Möglichkeiten der Zahnmedizin, nicht nach den Möglichkeiten des Behandlers. Umstritten ist derzeit vor allem die Frage, ob eine Rechtspflicht besteht, den Patienten ggf. darauf hinzuweisen, dass er die Möglichkeit hat, sich als Selbstzahler besser versorgen zu lassen.[267] Diese Pflicht ist insbesondere vor dem Hintergrund des § 12 Abs. 1 SGB V relevant. Man sollte die Aufklärung über die möglichen Therapiealternativen allerdings nicht mit Systemfragen vermischen. Ob eine angebotene

---

[266] Vgl. z.B. Laufs, in Laufs/Uhlenbruck, § 61 Rz. 5 ff., 12; Ratajczak, Der Schweinezyklus in der Aufklärungsrechtsprechung, S. 1 [2 f.].

[267] Vgl. z.B. Laufs, in Laufs/Uhlenbruck, § 3 Rz. 20; § 65 Rz. 17; Dahm, in Rieger, 5090, Rz. 9; Katzenmeier, S. 320; müsse; Hart, MedR 1999 47 [49]; Francke/Hart, S. 187; Bergmann, S. 151 [160]; zurückhaltend dagegen Voß, S. 160; Steffen/Dressler, Rz. 328b, die auf die „*negativen Auswirkungen*" hinweisen, die eine solche Hinweispflicht auf das Vertrauen des Patienten in die Medizin haben. Zurückhaltend auch Schelling, MedR 2004, 422 [4218], der allerdings dadurch, dass er diese Aufklärungspflicht dogmatisch bei der Selbstbestimmungsaufklärung und nicht bei der wirtschaftlichen Beratungspflicht verankert, den behandelnden (Zahn)Arzt in eine beweis- und haftungsrechtlich sehr viel schwierigere Lage bringt.

Therapiealternative Leistungsbestandteil der gesetzlichen Krankenversicherung ist, ob sie von der Beihilfe bezahlt wird oder die privaten Krankenversicherungen die Variante üblicherweise für nicht medizinisch notwendig halten, ist keine Frage nach der Aufklärung über Therapiealternativen, sondern nach der wirtschaftlichen Beratungspflicht.[268]

In diesem Zusammenhang sei im Hinblick auf die oben in Fußnote 238 auf S. 81 kurz gestreifte Thematik der Aufklärung über Behandlungsmöglichkeiten als Selbstzahler auch bei Kassenpatienten auf ein neues und diese Thematik in einem Zahnarzthaftungsfall erstmals aufgreifendes Urteil des BGH vom 06.07.2004 hingewiesen. Es ging dabei um die Frage, ob und unter welchen Voraussetzungen die dem erstbehandelnden Vertragszahnarzt missglückte Prothetik vom Nachbehandler als Privatleistung zu Lasten des Erstbehandlers bzw. dessen Berufshaftpflichtversicherers nachgeholt werden darf. Der BGH entschied:

> Die Haftpflicht des Schädigers kann die Übernahme der Kosten einer privatärztlichen Behandlung für einen geschädigten Kassenpatienten umfassen, wenn nach den Umständen des Einzelfalls feststeht, daß das Leistungssystem der gesetzlichen Krankenversicherung nur unzureichende Möglichkeiten zur Schadensbeseitigung bietet oder die Inanspruchnahme der vertragsärztlichen Leistung aufgrund besonderer Umstände ausnahmsweise dem Geschädigten nicht zumutbar ist.[269]

Mit dieser Entscheidung dürfte ein Damm gebrochen sein. Künftig wird die Frage in Haftungsfällen lauten, warum die Privatbehandlung nicht gemacht oder zumindest, warum der Patient nicht über die Möglichkeit der Behandlung als Selbstzahler und deren Vorzüge aufgeklärt wurde.

Unser Rat: Die Aufklärung über Behandlungsalternativen allein an der Fachlichkeit orientieren. Wenn der Patient sich eine Behandlung als Selbstzahler leisten will, ist das seine Entscheidung. Ihn nicht über die Möglichkeit zu informieren, hieße ihn bevormunden.

V. Risikoaufklärungs- und Einwilligungserklärung – Formular

Formulare dürfen nie ohne genaue Prüfung, ob der Text im konkreten Fall für den Patienten überhaupt passt, verwendet werden!

Auch das nachfolgende Formular hat Individualisierungsbedarf. Wo dies besonders augenscheinlich ist, sind die Passagen farblich abgesetzt.

1. Ich bin über Wesen und Technik der Implantologie informiert worden und verstehe den Vorgang der chirurgischen Vorgehensweise. Es ist mir erklärt worden, dass ein Implantat in den Knochen hinein, unter das Zahnfleisch oder in den Zahn hinein zur Fixierung eingesetzt werden muss.
2. Alle alternativen Therapiemaßnahmen der zahnmedizinischen Rekonstruktion sind mir erklärt worden. Mein Zahnarzt hat sorgfältig meinen Mund untersucht. Nach eingehender Diskussion habe ich mich für die implantologische Maßnahme entschieden.
3. Ich bin vollständig darüber aufgeklärt worden, dass mögliche Risiken oder Komplikationen bei jedem chirurgischen Eingriff, bei jeder Lokalanästhesie oder bei zusätzlichen Medikationen auftreten können. Über nachfolgende Komplikationen, wie Schwellung, Schmerzen, Infektion oder allgemeines Unwohlsein bin ich informiert. Taubheiten der Lippe, Zunge, Wange, Kinn oder Zähne können auftreten. Die exakte Dauer dieser Beeinträchtigung ist nicht vorauszusehen und mag in außergewöhnlichen Fällen auch irreversibel sein. Zusätzliche Infektionen der Wunde, des Gefäßsystems oder des umliegenden Gewebes sind möglich. Ich bin darüber informiert worden, dass Knochenfrakturen, Einbrüche in die Kieferhöhle, verzögerte Heilung oder allergische Reaktionen auf Medikamente oder auf Anästhetika auftreten können.
4. Es ist mir bewusst, dass ich alle Veränderungen oder über das Maß des Normalen hinausgehende Schwierigkeiten unverzüglich meinem Zahnarzt anzeigen muss.

---

[268] S. dazu oben Kapitel B III.7, S. 18 f.; a A. Schelling, MedR 2004, 422 [428]; s. dazu die kritische Anmerkung in Fußnote 267.

[269] BGH, Urteil vom 06.07.2004 – VI ZR 266/03 –, VersR 2004, 1180 = Kapitel F IV., S. 126.

5. Ich bin darüber aufgeklärt worden, dass es bis zum heutigen Zeitpunkt keine Methode gibt, um die Heilungsmöglichkeiten des Knochens und des Zahnfleisches von vornherein festzulegen. Der Heilungsverlauf ist individuell unterschiedlich. Nach dem Heilungsverlauf richtet sich aber die weitere Behandlung.

6. Bei mir wird ein ein-/zweiphasiges Implantat eingesetzt. Ein einphasiges Implantat bedeutet, dass innerhalb eines kurzen Zeitraumes nach der Implantation oder sofort im Anschluss an die Implantation eine provisorische Versorgung auf dem Implantat zementiert wird. Nach ca. 6 – 8 Wochen erfolgt die weitere Versorgung. Bei zweiphasigen Implantaten wird die Einheilphase ca. 3 – 4 Monate, in Ausnahmefällen auch wesentlich länger ausmachen. In dieser Zeit bleibt das Implantat unter der Schleimhaut gedeckt oder mit Schleimhaut weitestgehend abgedeckt in Ruhe.

7. Ich bin darüber informiert worden, dass keine Erfolgsgarantie für Implantate gegeben werden kann. Im Fall eines Misserfolges muss das Implantat entfernt werden. Den Zeitpunkt der Entfernung bestimmt mein Zahnarzt.

8. Ich bin darüber informiert worden, dass eine sehr gute Mundhygiene um die Implantate vorgenommen werden muss. Den implantologischen Erfolg verspreche ich, durch eine optimale Mundhygiene wesentlich zu beeinflussen.

9. Ich bin darüber informiert worden, dass exzessives Rauchen, Alkoholabusus und parafunktionelle Belastungen meiner Implantate den Erfolg des Implantats wesentlich beeinträchtigen können. Ich verspreche, den Anweisungen meines Zahnarztes Folge zu leisten und erkläre mich mit einer halbjährlichen regelmäßigen Kontrolle meiner Implantate einverstanden.

10. Ich habe meinen Zahnarzt über alle zahnmedizinischen und medizinischen anamnestischen Hintergründe aufgeklärt und habe zusätzlich einen ärztlichen Fragebogen für meinen Arzt erhalten. Ich werde den Arzt anweisen, den Untersuchungsbogen ausgefüllt an meinen behandelnden Zahnarzt weiterzuleiten.

11. Ich bin mit Röntgenaufnahmen und Fotografieren während des chirurgischen Eingriffes und bei nachfolgenden Untersuchungen einverstanden.

12. Ich bin darüber informiert worden, dass nachfolgende Untersuchungen (Recalls) in ca. sechsmonatigen Abständen erfolgen sollen.

13. Mein Zahnarzt hat mich darüber aufgeklärt, dass implantologische Leistungen privatzahnärztliche Leistungen sind und auch als solche nach GOZ bzw. GOÄ abgerechnet werden.

14. Über mögliche gutachterliche Verfahren bei implantologischen Leistungen bin ich informiert worden. Mein Zahnarzt hat mich dahingehend unterrichtet, dass er alle im Rahmen des normalen Praxisverlaufes möglichen Fragen zur gutachterlichen Stellungnahme beantworten wird.

____
Ort, Datum

____
Unterschrift des Zahnarztes/der Zahnärztin

____
Unterschrift des Patienten/der Patientin

VI. Erhebungsbogen für die internistische Untersuchung – Formular

Sehr geehrte Frau Kollegin,
sehr geehrter Herr Kollege,

bei Frau/Herrn ... soll ambulant ein zahnärztlich-chirurgischer Eingriff vorgenommen werden. Dieser besteht aus der Platzierung eines dentalen Implantats in den Kieferknochen. Ich möchte Sie um Untersuchung des Patienten bitten, um folgende Befunde zu erheben und dem operativen Eingriff entgegenstehende Krankheiten auszuschließen:

- ☐ Viele Arztbesuche
- ☐ Viele Medikamente
- ☐ Corticoide
- ☐ Zytostatika
- ☐ Marcumar
- ☐ Sonstige: ____________________
- ☐ Neurologische Erkrankungen
- ☐ Knochenerkrankungen (Morbus Paget, Osteoporose, Recklinghausen, häufige Knochenbrüche)
- ☐ Herz- und Kreislauferkrankungen
- ☐ Wenn ja welche? ____________________
- ☐ Herzrhythmusstörungen
- ☐ Rheuma
- ☐ Diabetes
- ☐ Schilddrüsenerkrankungen

- ☐ Sonstige Stoffwechselerkrankungen: ______________________
- ☐ Allergien
- ☐ Penicillin (Antibiotika)
- ☐ Procain
- ☐ Metallallergie
- ☐ Sonstige Infektionskrankheiten
- ☐ Abweichungen vom Normwert im Blutbild
- ☐ Differentialblutbild BSG Hepatitissuchbild
- ☐ Es bestehen keine ärztlichen Einwände gegen eine Implantation bei diesem Patienten.

____

Ort, Datum/Unterschrift des Arztes

Entscheidung und Verantwortung für den implantologischen Eingriff obliegen dem behandelnden Zahnarzt. Ich bitte Sie, mir den Untersuchungsbogen ausgefüllt und unterschrieben zurückzusenden.

Mit freundlichen und kollegialen Grüßen

Unterschrift des Zahnarztes

VII. Operationsprotokoll – Implantologie – Formular

Nachstehend ein Vorschlag für ein Operationsprotokoll.

Patient: ______________________________

OP-Tag: __________

Beginn des Eingriffs: __________ Uhr

Ende des Eingriffs: __________ Uhr

Operateur: ______________________

(Zahn)Ärztliche Assistenz: ______________________________

Nicht(zahn)ärztliche Assistenz: ______________________________

Prämedikation : ☐ Nein ☐ Ja mit ______________________

Blutdruckmessung
prä: _____/_____
intra: _____/_____
post: _____/_____

Pulsmessung
prä: _________
intra: _________
post: _________

ANÄSTHESIEN:
Oberflächenanästhesie: ☐ mit ____________
Infiltrationsanästhesie: ☐ _____ ml mit ____________
Leitungsanästhesie: ☐ _____ ml mit ____________
ITN-Anästhesie: ☐ mit ________________ (Narkosemittel)

(Bei ITN):
Beginn der Anästhesie: _________ Uhr
Ende der Anästhesie: _________ Uhr
Anästhesist: ____________

AUFKLAPPUNG: ☐ Ja ☐ Nein
lingual / palatinal: ☐
vestibulär: ☐
Kieferkammmitte: ☐

EINGESETZTE IMPLANTATE :

wie in Planung: ☐ Ja ☐ Nein
abweichend davon : ☐
Implantat Chargen Nr.: ______________________________

(Implantate und Augmentationen eintragen)

R L

DEFEKT: ☐ Ja ☐ Nein

DEFEKTAUFFÜLLUNG : ☐ Ja ☐ Nein
autologer Knochen: ☐ Ja ☐ Nein
Knochenersatzmaterial: ☐ Ja ☐ Nein
Knochenspanentnahme: ☐ Ja ☐ Nein

ABDECKUNG: ☐ Ja ☐ Nein
Schleimhautentnahme: ☐
Schleimhauttransplantat: ☐
Membrantechnik: ☐
Titannetz: ☐
Resorbierbar: ☐
Nicht resorbierbar: ☐

WUNDVERSCHLUSS: ☐ Ja ☐ Nein
Nicht resorbierbares Nahtmaterial: ☐
Resorbierbares Nahtmaterial ☐
Gewebekleber: ☐
Verbandplatte: ☐ Ja ☐ Nein

KOMPLIKATIONEN:

Kein speicheldichter Verschluss: ☐
Mund-Antrum-Verbindung: ☐
Mund-Nase-Verbindung: ☐
Knochenperforation: ☐
Nervkanalperforation: ☐
Weichteilperforation: ☐
Instrumentenbruch: ☐
Gefäßverletzung: ☐
Nervverletzung: ☐
Starke Blutung: ☐
Aspiration: ☐
Sonstige: ☐

Bemerkung(en):

____

Datum, Unterschriften

VIII. Einwilligung zur Implantation – Formular

Name des Patienten: ____
Geb. Datum: ____

Ich bin von meinem Zahnarzt/meiner Zahnärztin bei dem am ……… stattgefundenen Patientengespräch eingehend und umfassend über die bei mir geplanten Behandlungsmaßnahmen informiert worden. Ich gebe hiermit, nach Abwägung der ebenfalls besprochenen Risiken, meine **Einwilligung** zur Durchführung des implantologischen Eingriffs.

Ich erhielt die Möglichkeit, alle mich zusätzlich interessierenden Fragen nach der Operationsanzeige, nach dem Operationsumfang und nach ferner liegenden Risiken zu stellen.

Ich habe derzeit keine weiteren Fragen.

____________________, den __________

____
Unterschrift des Patienten bzw. des Erziehungsberechtigten

____
Unterschrift des Zahnarztes /der Zahnärztin

IX. Merkblatt – Verhalten nach einer Implantation, Transplantation und Reimplantation

1. Am Operationstag und zwei Tage danach nicht rauchen und übermäßigen Alkoholgenuss meiden.
2. Keine körperlichen Anstrengungen.
3. Essen und Trinken erst nach Abklingen der örtlichen Betäubung.
4. Nur flüssige und weiche Nahrung zu sich nehmen. Auf Milch- und Mehlspeisen möglichst verzichten. Alles was klebrig ist und sich an den Fäden der Wundversorgung festhängen kann, sollte vermieden werden.
5. Nicht im Bereich des Implantats kauen.
6. Durch peinlichst genaue Mundhygiene die anderen Zähne oder Kieferbereiche pflegen.
7. Den Mund im Bereich der Wunde nur ausspülen. In der Zeit der Einheilung keine Munddusche oder elektrische Zahnbürste im Bereich der Wunde verwenden. Nach dem Essen kurz mit lauwarmem Wasser unter Zusatz von Chlorhexidinlösung spülen.
8. Weder den Implantatbereich mit dem Finger berühren noch mit der Zunge an den Fäden spielen.
9. Bei eventuellen Nachblutungen kurzfristig auf ein sauberes Taschentuch oder eine Mullbinde beißen. Sollte nach einer halben Stunde die Blutung noch nicht zum Stillstand gekommen sein, sofort den Zahnarzt anrufen.
10. Schwellungen im Bereich des Operationsgebietes, der Wange und des Kinns sind normal und werden nach wenigen Tagen abgeklungen sein. Eine Linderung erfolgt durch Kühlen (feucht-kalt, z.B. Waschlappen mit Kühlakkus, aber keine Eisbeutel) von außen.

X. Merkblatt – Verhalten nach dem Ziehen der Fäden, Membranentfernung und Nagelentfernung

1. Die Wunde spülen und mit einer weichen Zahnbürste vorsichtig pflegen. Je besser die Wunde verheilt ist, desto stärker und intensiver kann die Massage durch die Zahnbürste im Bereich des Operationsgebietes sein.
2. Bei Schmerzen oder ungewöhnlichen Erscheinungen wie Zahnfleischbluten, Reizzuständen und Schwellungen sofort den Zahnarzt aufsuchen.
3. Falls Sie nicht genau wissen, wie die Zahnpflege zu erfolgen hat, den Zahnarzt oder seine Assistentinnen befragen.
4. Nach der prothetischen Versorgung muss das Implantat peinlichst genau gepflegt werden.
5. Es sollte eine regelmäßige Nachkontrolle des Implantats erfolgen.
6. Sollten Sie darüber hinaus Fragen haben, wenden Sie sich an Ihren Zahnarzt oder seine Assistentinnen.

____
Unterschriften (Zahnarzt/Zahnärztin + Patient bzw. Erziehungsberechtigte + Mitarbeiterin)

XI. Honorarvereinbarung gemäß § 2 Abs. 1 GOZ

1. Text des § 2 GOZ – Abweichende Vereinbarung

§ 2 GOZ – Abweichende Vereinbarung
(1) Durch Vereinbarung kann eine von dieser Verordnung abweichende Höhe der Vergütung festgelegt werden.
(2) Eine Vereinbarung nach Absatz 1 zwischen Zahnarzt und Zahlungspflichtigem ist vor Erbringung der Leistung des Zahnarztes in einem Schriftstück zu treffen. Dieses muss die Feststellung enthalten, dass eine Erstattung der Vergütung durch Erstattungsstellen möglicherweise nicht in vollem Umfang gewährleistet ist. Weitere Erklärungen darf die Vereinbarung nicht enthalten. Der Zahnarzt hat dem Zahlungspflichtigen einen Abdruck der Vereinbarung auszuhändigen.
(3) Auf Verlangen des Zahlungspflichtigen können Leistungen im Sinne des § 1 Abs. 2 Satz 2, die weder im Gebührenverzeichnis (Anlage) noch im Gebührenverzeichnis der Gebührenordnung für Ärzte enthalten sind, und ihre Vergütung abweichend von dieser Verordnung in einem Heil- und Kostenplan schriftlich vereinbart werden. Der Heil- und Kostenplan muss vor Erbringung der Leistung erstellt werden; er muss die einzelnen Leistungen und Vergütungen sowie die Feststellung enthalten, dass es sich um Leistungen auf Verlangen handelt und eine Erstattung möglicherweise nicht gewährleistet ist. § 6 Abs. 2 bleibt unberührt.

2. Erforderliche Kriterien für eine Vereinbarung nach § 2 Abs. 1 GOZ

- Mündliche Aushandlung der Honorarvereinbarung zwischen Zahnarzt und Patient.
- Schriftliche Vereinbarung zwischen Zahnarzt und Zahlungspflichtigem.
- Die Vereinbarung muss für jede einzelne Gebührenposition einen Steigerungsfaktor angeben, eine pauschale Vereinbarung ist nicht zulässig.
- Die Vereinbarung ist vor Erbringung der Leistung zu treffen.
- Die Vereinbarung muss die Feststellung enthalten, dass eine Erstattung der Vergütung durch Erstattungsstellen möglicherweise nicht in vollem Umfang gewährleistet ist.
- Die Vereinbarung darf keine weiteren Erklärungen enthalten.
- Dem Zahlungspflichtigen ist ein Duplikat dieser Vereinbarung auszuhändigen.

3. Honorarvereinbarung nach § 2 Abs. 1 GOZ – Formular

Zwischen

____
(Patient/Zahlungspflichtiger)

und

____
(Zahnarzt/Zahnärztin)

Der o. g. Patient/Zahlungspflichtige und der o.g. Zahnarzt/die o.g. Zahnärztin vereinbaren nach § 2 Absatz 1 und 2 GOZ die Höhe der Vergütung für die nachfolgend aufgeführten Leistungen aus dem Leistungsverzeichnis der Gebührenordnung für Zahnärzte (GOZ) und der Gebührenordnung für Ärzte (GOÄ) wie folgt:

Geb.-Nr.	**Leistung (Kurztext)**	**Anzahl**	**Faktor**	**Betrag**

Gesamt: ____________________ €

Hinweis: Eine Erstattung der Vergütung durch Erstattungsstellen ist möglicherweise nicht in vollem Umfang gewährleistet.

______________________, den ____________________

______________________________ (Unterschrift des Zahlungspflichtigen)

______________________________ (Unterschrift des/der Zahnarztes/Zahnärztin

XII. Rechtsprechung zur Honorarvereinbarung nach § 2 GOZ

Die Urteile sind in umgekehrter Chronologie eingefügt.

1. OLG Düsseldorf, 21.03.2002 – 8 U 118/01 –: Weitere Erklärungen

Ein hoher Aufwand bei der Untersuchung und Behandlung eines Privatpatienten rechtfertigt den Ansatz eines hohen Multiplikators. Dies ist das Ergebnis aus dem Urteil des OLG Düsseldorf.270 Im zu Grunde liegenden Fall hatte ein Privatzahnarzt für eine Patientin einen Heil- und Kostenplan mit abweichender Honorarvereinbarung nach § 2 GOZ zur prothetischen Versorgung erstellt. Für die einzelnen Leistungen sah die Honorarvereinbarung Multiplikatoren zwischen dem 5,9- und 8,2-fachen Gebührensatz vor. Die Privatversicherung erstattete die Kosten nur in Höhe des 3,5-fachen Gebührensatzes. Daraufhin klagte die beauftragte Verrechnungsstelle gegen die Patientin auf Zahlung des Restbetrages und bekam bereits vor dem LG Düsseldorf Recht (Urteil vom 26.04.2001 – 3 O 238/97 –). Im Berufungsverfahren entschied auch das OLG zu Gunsten der Verrechnungsstelle bzw. des betroffenen Zahnarztes und nicht im Sinne des Patienten bzw. seiner privaten Krankenversicherung. Ein Streitpunkt war die Wirksamkeit der Honorarvereinbarung, die u.a. mit der Begründung: „*Sie enthalte unzulässige Zusätze*" erfolglos angefochten wurde. Die Leitsätze *des Urteils lauten:*

> 1. Die Bestätigung, einen Abdruck der Vereinbarung erhalten zu haben, ist kein unzulässiger Zusatz, der gem. § 2 Abs. 2 Satz 3 GOZ zur Unwirksamkeit der Vereinbarung führen würde.
> 2. Eine Honorarvereinbarung kann im Laufe einer längeren Zahnbehandlung noch getroffen werden, ohne gegen § 2 Abs. 2 Satz 1 GOZ zu verstoßen, wenn sie sich auf ein von den bisherigen zahnärztlichen Leistungen abgrenzbares Behandlungsgeschehen bezieht. Das ist insbesondere regelmäßig der Fall, wenn mit neuen prothetischen Leistungen begonnen werden soll.
> 3. Eine Individualvereinbarung i.S. des § 1 AGBG liegt regelmäßig vor, wenn sich die Honorarvereinbarung auf einen konkreten Heil- und Kostenplan bezieht.

2. AG Göttingen, 21.12.2001 – 30 C 389/99 –: Erstattungsfähigkeit

Zahnarzt und Patientin hatten im vorliegenden Fall eine Honorarvereinbarung nach § 2 GOZ getroffen. Die Versicherung verweigerte jedoch die Erstattung der Steigerungssätze > 3,5-fach. Das Amtsgericht verurteilte die PKV, die vereinbarten Steigerungssätze zu erstatten.[271]

Zur Begründung verwies das Gericht auf den Versicherungsvertrag zwischen der Patientin und der PKV, im dem es u.a. heißt: „*Aufwendungen für zahnärztliche Behandlungen sind erstattungsfähig, wenn sie gemäß den jeweils gültigen Gebührenordnungen berechnet sind*". Eine Vereinbarung nach § 2 GOZ entspreche der geltenden Gebührenordnung. Außerdem bestätige der Sachverständige, dass ein zeitgemäßes, hochwertiges Behandlungskonzept mit minimalinvasiver zahnsubstanzschonender und adhäsiver Rekonstruktion verloren gegangener Zahnsubstanz umgesetzt worden sei. Der hiermit einhergehende überdurchschnittliche Zeitaufwand rechtfertige die vereinbarten Steigerungsfaktoren. Auch mit ihrem Einwand, dass die formellen Voraussetzungen des § 2 GOZ nicht eingehalten seien, konnte sich die PKV nicht durchsetzen. Die Vereinbarung wurde vom Gericht als rechtmäßig anerkannt. Sie enthalte die für diese Patientin im Einzelnen vorgesehenen Behandlungsmaßnahmen mit den jeweiligen Gebühren-Nrn., den beabsichtigten Steigerungsfaktoren, den Betrag und die Differenz zwischen dem 3,5-fachen Satz und dem vereinbarten Steigerungssatz. Außerdem enthielt die Vereinbarung den Hinweis, dass die Erstattung möglicherweise nicht in vollem Umfang gewährleistet sei und die Bestätigung der Patientin, dass sie eine Ausfertigung erhalten habe.

---

270 OLG Düsseldorf, Urteil vom 21.03.2002 – 8 U 118/01 –, NJW-RR 2003, 125 = GU, S. 35.

271 Das Urteil ist – soweit ersichtlich – nicht veröffentlicht.

3. LG Memmingen, 16.08.2001 – 3 O 1179/99 –: Formularverwendung

Das Landgericht hat sich im vorliegenden Fall zu diversen Problembereichen geäußert. Zum einen wurde auf der Grundlage der Ausführungen des Sachverständigen die medizinische Notwendigkeit der Versorgung mit Keramikverblendungen, Keramikeckzahnaufbauten und Keramikteilkronen bestätigt.[272]

Ebenfalls wurde die Honorarvereinbarung nach § 2 Abs. 1 und 2 GOZ bestätigt. Die PKV bezweifelte die besonderen Schwierigkeiten und behauptete, dass die Honorarvereinbarung nicht individuell ausgehandelt gewesen sei, weil eine vorformulierte Erklärung verwendet wurde. Hier wurde ebenfalls der Sachverständige befragt. Er verwies auf die deutlich erhöhte Präzision und die hohen Anforderungen verbunden mit einer engen Zusammenarbeit mit dem Zahntechniker. Das Gericht sah eine individuelle Vereinbarung als gegeben an. Dass die Steigerungsfaktoren in eine vorformulierte Erklärung eingetragen wurden, ändere daran nichts.

4. OLG Köln, 06.06.2001 – 5 U 179/00 –: Angemessenheit

1. Dem Versicherungsnehmer steht gemäß § 1 AVB gegenüber dem Versicherer ein Aufwendungsersatzanspruch, d. h. ein Anspruch auf Kostenerstattung nur insoweit zu, als ihm hinsichtlich einer Zahnbehandlung tatsächlich Kosten erwachsen sind; diese Voraussetzung ist nicht gegeben hinsichtlich solcher Kosten, die vom Zahnarzt zwar in Rechnung gestellt werden, auf die dieser jedoch keinen rechtlichen Anspruch hat. Kostenaufwendungen, für die auf Seiten des Versicherungsnehmers keine Rechtsgrundlage ersichtlich ist, sind deshalb vom Versicherer auch nicht zu erstatten.
2. Zahnärztliche Honorarvereinbarungen müssen sich am AGBG messen lassen.
3. Eine den 3,5-fachen Steigerungsfaktor überschreitende Vergütung kann nur dann eine entsprechende Kostenerstattungspflicht der Krankenversicherung auslösen, wenn es sich nach dem beim Patienten zu stellenden medizinischen Befund um eine angemessene Vergütung für notwendige Behandlungsmaßnahmen handelt. Das ist für jede einzelne Rechnungsposition zu belegen.(Leitsätze)[273]

5. OLG Düsseldorf, 21.12.2000 – 8 U 4/99 –: Präzision und Qualität

Die Honorarvereinbarung gemäß § 2 Abs. 1 und 2 GOZ wurde vom Gericht als rechtens eingestuft.[274] Für diese positive Entscheidung waren folgende Punkte ausschlaggebend:

- Die Vereinbarung entspricht den Anforderungen des § 2 Abs. 1 und 2 der GOZ (Vereinbarung wurde vor Erbringung der Leistung getroffen, Patient wurde entsprechend aufgeklärt, die Vereinbarung enthält keine weiteren Erklärungen).
- Es handelt sich um eine Individualvereinbarung.
- Die Leistung wurde mit einer weit über den üblichen Standard hinausgehenden Präzision erbracht.

Die Leitsätze des Urteils lauten:

> 1. Stimmt ein Zahnarzt eine Honorarvereinbarung auf einen für einen konkreten Patienten angefertigten Heil- und Kostenplan ab, liegt regelmäßig eine Individualabsprache vor, die nicht den Beschränkungen des AGB-Gesetzes unterliegt.
> 2. Die regelmäßige Überschreitung des gesetzlichen Gebührenrahmens kann gerechtfertigt sein, wenn ein Zahnarzt seinen Praxisbetrieb nicht auf den Grundsatz einer kostengünstigen Behandlung ausrichtet, sondern in erster Linie darum bemüht ist, hinsichtlich der Präzision und Qualität seiner Leistungen den jeweils bestmöglichen Standard der aktuellen zahnmedizinischen Wissenschaft zu gewährleisten.

---

272 LG Memmingen, Urteil vom 16.08.2001 – 3 O 1179/99 –, GU, S. 45.

273 Das Urteil ist – soweit ersichtlich – nicht veröffentlicht.

274 OLG Düsseldorf, Urteil vom 21.12.2000 – 8 U 4/99 –, VersR 2001, 1564 = GU, S. 33.

6. AG Düsseldorf, 30.11.2000 – 34 C 19963/98 –: Qualität und Praxisaufwand

Das Gericht erkannte die zwischen dem Zahnarzt und dem Patienten getroffene Honorarvereinbarung als rechtmäßig gemäß § 2 GOZ an. Darüber hinaus bestätigte ein Sachverständiger die weit überdurchschnittliche Qualität und den hohen Praxisaufwand auf Grund der Präzision der zahnärztlichen Leistungen. Da der Vertrag zwischen dem Patienten und seiner Versicherung keine Einschränkungen hinsichtlich Honorarvereinbarungen nach § 2 GOZ vorsieht, verurteilte das Gericht die PKV, die Honorarmehraufwendungen zu erstatten.[275]

7. LG Düsseldorf, 23.08.2000 – 11 O 355/96 –: Verhandlungsbereitschaft

Der Abschluss einer zahnärztlichen Honorarvereinbarung ist nur wirksam, wenn der Zahnarzt bereit ist, darüber zu verhandeln und den Patienten ggf. auch ohne diese zu behandeln. (Leitsatz)[276]

8. BGH, 09.03.2000 – III ZR 356/98 –: Weitere Erklärungen

Der Bundesgerichtshof setzt sich mit der Frage der Rechtswirksamkeit einer Honorarvereinbarung auseinander.[277] Der BGH zieht zur Entscheidung § 2 GOÄ und die Begründung der Bundesregierung heran, da im § 2 Abs. 2 der GOÄ die Voraussetzungen einer Honorarvereinbarung präziser dargelegt seien als in der GOZ.

Entscheidend für die Rechtswirksamkeit einer Honorarvereinbarung sei, dass die Vereinbarung zwischen dem Zahnarzt und dem Zahlungspflichtigen *„nach persönlicher Absprache im Einzelfall“* getroffen werde. Insoweit werde auch nicht das Gesetz zur Regelung des Rechts der Allgemeinen Geschäftsbedingungen (AGBG) berührt. Besonders hervorgehoben wurde, dass die Vereinbarung **keine weiteren Erklärungen** enthalten darf!

Im Übrigen hat der BGH eine schriftliche Begründung für das Überschreiten des 2,3-fachen Gebührensatzes nicht verlangt. Sieht der Versicherungstarif keine Leistungsbeschränkung auf den 3,5-fachen Gebührensatz vor, ist die PKV grundsätzlich verpflichtet, auch Gebühren über den 3,5-fachen Satz zu erstatten. Der Leitsatz des Urteils lautet:

> Die einleitende Bemerkung in der Vergütungsvereinbarung eines Zahnarztes
> *„Für die in Aussicht genommene privatzahnärztliche Behandlung bei ... werden gemäß der amtlichen Begründung der Bundesregierung zum Verordnungsentwurf (aus BR-Drs. 276/87) mit Rücksicht auf die angestrebte weit überdurchschnittliche Qualität und Präzision der zahnärztlichen Leistung sowie auf den darauf abgestellten Zeit- und Praxisaufwand für die einzelnen Leistungen des Gebührenverzeichnisses folgende Multiplikatoren des Gebührensatzes berechnet“*
> ist als weitere Erklärung i.S.d. § 2 Abs. 2 Satz 3 GOZ anzusehen, die der Vergütungsvereinbarung die Wirksamkeit nimmt.

9. OLG Karlsruhe, 11.01.2000 – 17 U 176/98 –: Weitere Erklärungen

Eine Honorarvereinbarung ist unwirksam, wenn sie „weitere Erklärungen“ enthält. (Leitsatz)[278]

10. LG Wiesbaden, 15.12.1999 – 10 S 65/99 –: Textbausteine

Häufig erklären private Krankenversicherungen eine Honorarvereinbarung für unzulässig mit der Begründung, dass es sich um eine Allgemeine Geschäftsbedingung handeln würde. Das Landgericht setzte sich mit dieser Frage auseinander und entschied im Sinne des Zahnarztes:

> Schließlich kann das Gesetz zur Regelung des Rechts der Allgemeinen Geschäftsbedingungen (AGBG) auf die Honorarvereinbarung nicht angewendet werden. Hier handelt es sich um einen Sachverhalt, der erheblich von denjenigen Sachverhalten abweicht, die den von

---

[275] AG Düsseldorf, Urteil vom 30.11.2000 – 34 C 19963/98 –, GU, S. 52.

[276] Das Urteil ist – soweit ersichtlich – nicht veröffentlicht.

[277] BGH, Urteil vom 09.03.2000 – III ZR 356/98 –, VersR 2000, 856 = GU, S. 28.

[278] OLG Karlsruhe, Urteil vom 11.01.2000 – 17 U 176/98 –, GHI, S. 283 = GU, S. 32.

der beklagten Versicherung in Bezug genommenen Entscheidungen zu Grunde gelegen haben. Vorliegend sind die Art der Leistungen und der Multiplikator individuell und abgestuft aufgeführt und beziehen sich auf einen mit gleichem Datum erstellten Behandlungsplan. Lediglich Überschrift und Nachsatz, nicht aber die Vergütungssätze für die im Einzelnen konkretisierten Leistungen sind formularmäßig vorgegeben. Damit kann von einer pauschalen Erhebung der Gebühren auf das x-fache nicht ausgegangen werden. Dass der die Klägerin behandelnde Arzt vermutlich ausschließlich auf der Basis von Honorarvereinbarungen arbeitet und deshalb Textbausteine für solche vorhält, macht die konkrete Vereinbarung nicht zur Allgemeinen Geschäftsbedingung, weil sie ersichtlich im maßgeblichen Vergütungsteil ausschließlich den konkreten Einzelfall regelt und damit insgesamt wirksam ist.[279]

11. OLG Hamm, 16.08.1999 – 3 U 235/98 –: Unterschriftserfordernis

Das Oberlandesgericht entschied, dass eine Vergütungsvereinbarung mit einem GKV-Patienten sowohl vom Patienten als auch vom Zahnarzt zu unterschreiben ist.[280] Da die Behandlung 1995 erfolgte, bezieht sich das Gericht auf den zu diesem Zeitpunkt geltenden § 30 Abs. 4 Satz 4 SGB V, der beide Unterschriften vorsah. Außerdem weist das Gericht auf § 126 BGB hin, der für den Fall der gesetzlichen Schriftform ausdrücklich bestimmt, dass bei einem Vertrag die Unterzeichnung der Parteien auf derselben Urkunde erfolgen muss. Die alleinige Unterschrift des Patienten ist demnach unzureichend. Ist eine Vergütungsvereinbarung aus den angeführten Gründen nichtig, kann eine Honorierung nicht gefordert werden.

12. AG Düsseldorf, 19.07.1999 – 46 C 20663/95 –: Formularvereinbarung

Häufig lehnen PKVen Honorarvereinbarungen zwischen Zahnarzt und Versicherten mit der Begründung ab, dass die Vereinbarung rechtsunwirksam sei, weil die Honorarvereinbarung formularmäßig getroffen wurde. Das Amtsgericht stellt klar, dass ein Formularvertrag nach § 1 AGBG (Gesetz zur Regelung Allgemeiner Geschäftsbedingungen) nur dann vorliege, wenn vom Zahnarzt nur noch Name des Patienten, die Diagnose und das Datum eingesetzt werden müssen und die Honorarsteigerungssätze bereits im Vordruck festgelegt sind.[281]

Im vorliegenden Fall wurde vom Zahnarzt jedoch ein sog. Rahmenformular verwendet, in dem keine Honorarsteigerungssätze enthalten gewesen sind. Die Steigerungssätze wurden nach erfolgter Untersuchung individuell festgelegt. Gegen die Wirksamkeit solcher Honorarvereinbarungen bestehen nach Meinung des Amtsgerichts keine Bedenken.

Ein Sachverständigengutachten bestätigte darüber hinaus die medizinische Notwendigkeit und die Angemessenheit der Kosten. Da die PKV in ihren Versicherungsbedingungen keine Leistungsbeschränkung vorsieht, wurde sie verurteilt, die Kosten zu erstatten.

13. OLG Karlsruhe, 15.07.1999 – 12 U 288/98 –: Überlegungszeit

Eine Honorarvereinbarung nach § 2 GOZ zwischen Zahnarzt und Versicherten ist nach Auffassung des Oberlandesgerichtes Karlsruhe nur dann wirksam, wenn der Versicherte ausreichend Zeit hatte, abzuwägen, ob er die Leistungen des Zahnarztes unter diesen Bedingungen in Anspruch nehmen möchte.[282] Die Leitsätze des Urteils lauten:

> 1. Eine Honorarvereinbarung ist nach § 2 GOZ unwirksam, wenn sie nicht vor Erbringung der Leistung schriftlich getroffen wird.
> 2. Dies gilt auch dann, wenn bereits vorher mündlich über eine Honorarvereinbarung gesprochen worden war.

---

[279] Das Urteil ist – soweit ersichtlich – nicht veröffentlicht.

[280] OLG Hamm, Urteil vom 16.08.1999 – 3 U 235/98 –, MDR 2000, 576.

[281] Das Urteil ist – soweit ersichtlich – nicht veröffentlicht; ebenso AG Wiesbaden, Urteil vom 25.08.1999 – 96 C 1456/95-032 –.

[282] OLG Karlsruhe, Urteil vom 15.07.1999 – 12 U 288/98 –, VersR 2000, 365 = GU, S. 31.

14. LG Düsseldorf, 15.06.1999 – 24 S 466/98 –: Mustervorlage

Fehlt auf dem vorgefertigten Formular einer zahnärztlichen Honorarvereinbarung neben der Bezeichnung der Parteien die Angabe des Gebührentatbestands nach GOZ ebenso wie die Angabe des jeweiligen Steigerungssatzes, so stellt dieses Formular keinen vorformulierten, unter das AGBG fallenden Vertragstext dar. (Leitsatz)[283]

15. LG Düsseldorf, 22.12.1998 – 22 S 436/95 –: Mustervorlage

1. Honorarvereinbarungen, die zwar auf einem vorgefertigten Muster getroffen werden, in welches aber je nach dem Einzelfall der Patientenname, die anfallenden Leistungspositionen sowie die jeweils zugeordneten Multiplikatoren eingetragen werden, sind kein Formularvertrag im Sinne des AGBG.
2. Die Darlegungs- und Beweislast für die Unangemessenheit einer Vergütung i.S. des § 5 Abs. 2 MB/KK trägt der Versicherer. (Leitsätze)[284]

16. LG Hamburg, 16.10.1998 – 313 S 87/98 –: Höchstsatz bei Formularvereinbarung

1. In einer formularmäßig getroffenen Honorarvereinbarung darf der Steigerungsfaktor grundsätzlich nicht über dem in § 5 GOÄ bestimmten Höchstsatz von 3,5 liegen.
2. Eine ausnahmsweise Rechtfertigung der Abweichung durch besondere Interessen des AGB-Verwenders ist nicht schon deshalb anzunehmen, weil die Operation besonders schwierig und zeitaufwändig ist, denn dies ist schon die Voraussetzung für den Ansatz des Höchstsatzes von 3,5. (Leitsätze)[285]

17. BGH, 19.02.1998 – III ZR 106/97 –: Konkretisierung des Gebührenrahmens

Das BGH-Urteil stellt klar, dass eine Vereinbarung nach § 2 Abs. 1 unwirksam ist, wenn darin nicht die genaue Höhe der Vergütung angegeben ist.[286] Der Zahnarzt darf nicht einseitig nach Behandlungsende die Höhe der Vergütung festlegen. Der III. BGH-Zivilsenat machte die Voraussetzungen einer Vereinbarung nach § 2 Abs. 1 GOZ deutlich:

- Schriftliche Vereinbarung,
- die Vereinbarung muss den Zusatz enthalten, dass die Erstattung der Vergütung durch Erstattungsstellen möglicherweise nicht in vollem Umfang gewährleistet ist,
- andere Zusätze dürfen nicht enthalten sein, insbesondere keine, die beim Patienten den Eindruck erwecken könnten, dass die GOZ eine Überschreitung des Gebührenrahmens bei besonders hohem Aufwand vorsehe,
- während einer laufenden Behandlung ist eine neue Absprache über die Höhe der Vergütung nur dann möglich, wenn dem Patienten der Abbruch der Behandlung zumutbar wäre. Ansonsten könnte er sich nicht für eine günstigere Behandlung bei einem anderen Zahnarzt entscheiden.

Die Leitsätze des Urteils lauten:

> 1. Bei einer von dem Gebührenrahmen der Gebührenordnung für Zahnärzte abweichenden Vereinbarung der Vergütungshöhe wird die Vergütung nicht i.S. des § 2 Abs. 1 GOZ wirksam festgelegt, wenn in ihr lediglich der Gebührenrahmen abweichend von § 5 Abs. 1 GOZ vereinbart wird und dem Zahnarzt überlassen bleibt, die Gebühren im Anschluss an die Behandlung nach den Maßstäben des § 5 Abs. 2 GOZ zu bestimmen.
> 2. Eine während laufender Behandlung getroffene Honorarvereinbarung kann auch für im Anschluss hieran erbrachte Leistungen unwirksam sein, wenn dem Patienten nicht zugemutet werden kann, die weitere Behandlung abzulehnen und einen anderen Zahnarzt mit der Weiterbehandlung zu betrauen.

283 LG Düsseldorf, Urteil vom 15.06.1999 – 24 S 466/98 –, NJW-RR 1999, 1573 = GU, S. 45.
284 LG Düsseldorf, Urteil vom 22.12.1998 – 22 S 436/95 –, NJW-RR 1999, 1046 = GU, S. 44.
285 LG Hamburg, Urteil vom 16.10.1998 – 313 S 87/98 –, VersR 1999, 1548.
286 BGH, Urteil vom 19.02.1998 – III ZR 106/97 –, BGHZ 138, 100 = NJW 1998, 1786 = GU, S. 27.

3. Als weitere Erklärungen i.S. des § 2 Abs. 2 Satz 3 GOZ, die eine Vergütungsvereinbarung unwirksam machen, kommen auch auf die Vergütungshöhe bezogene Erläuterungen in Betracht, die die Freiheit des Patienten beeinträchtigen, sich für oder gegen eine Vergütungsvereinbarung zu entscheiden.

18. OLG Nürnberg, 30.10.1997 – 8 U 2723/96 –: Qualität

Das Oberlandesgericht bestätigt das Urteil des LG Nürnberg-Fürth vom 10.07.1996 – 8 O 11428/92 –.[287]

Das LG hatte die PKV verurteilt, weitere Behandlungskosten, die durch eine Vereinbarung nach § 2 GOZ entstanden waren, zu erstatten. Im vorliegenden Fall kam ein Sachverständigengutachten zu der Überzeugung, dass es sich um eine medizinisch notwendige Behandlung gehandelt habe, die zudem in einer herausragenden Qualität erbracht wurde, die auch eine überdurchschnittliche Vergütung als angemessen rechtfertige. Außerdem sah das LG die getroffene Honorarvereinbarung nach § 2 Abs. 1 GOZ als wirksam an. Da die Versicherungsbedingungen keine Beschränkung auf den Gebührenrahmen des § 5 GOZ vorsehe, seien die Behandlungskosten von der PKV zu erstatten.

Das OLG Nürnberg bestätigte das Urteil des LG und wies zusätzlich darauf hin, dass die PKV zur Übernahme der gem. § 2 GOZ vereinbarten Behandlungskosten verpflichtet sei. Ferner stellte sich das OLG auf den Standpunkt, dass der Zahnarzt die vereinbarten Gebührensätze im Sinne des § 2 GOZ nicht begründen muss.

19. LG Bielefeld, 16.10.1997 – 22 S 190/97 –: Formularvereinbarung

1. Eine Honorarvereinbarung, die neben der Bestimmung des Honorars weitere Erklärungen des Patienten enthält, die nicht in unmittelbarem wirtschaftlichen Zusammenhang mit der Bestimmung der Honorarhöhe stehen, verstößt gegen § 2 Abs. 2 Satz 3 GOÄ und ist unwirksam.
2. Handelt es sich bei der Honorarvereinbarung um Allgemeine Geschäftsbedingungen (hier bejaht) und wird darin pauschal der nach § 5 Abs. 1 Satz 1 GOÄ festgesetzte Gebührenrahmen überschritten, ist die Vereinbarung wegen unangemessener Benachteiligung des Patienten unwirksam. (Leitsätze)[288]

20. LG Bochum, 14.08.1997 – 3 O 592/93 –: Präzision und Qualität

Die PKVen versuchen eine Kostenübernahme bei Behandlungen zu verweigern, die gem. § 2 GOZ vereinbart wurden, mit der Begründung, dass es sich nicht um individuelle Vereinbarungen, sondern um Vereinbarungen als „*Allgemeine Geschäftsbedingungen*“ handeln würde. Außerdem erklären die Versicherungen, dass die Behandlungen das Maß des Notwendigen übersteigen würden und daher nicht erstattungspflichtig seien. Im vorliegenden Fall wurde diese Argumentation durch das Landgericht Bochum zurückgewiesen.[289] Der Zahnarzt hatte vor Behandlungsbeginn mit dem Patienten eine individuelle Vereinbarung gem. § 2 GOZ getroffen, die sich auf die weit überdurchschnittliche Qualität und Präzision der angestrebten Leistung bezog.

Das Sachverständigengutachten bestätigte die „*außergewöhnlich sorgfältige und äußerst gewissenhafte präzise Arbeit. … Gerade die Präzision der Arbeit, die zeitaufwendig sei, sei die Ursache für die Dauerhaftigkeit der geleisteten zahnärztlichen Behandlung.*“ Das Gericht folgte der Auffassung des Gutachters, dass eine besonders gute Zahnerhaltung als medizinisch notwendig anzusehen sei. Auch konnte das Gericht nachvollziehen, dass das Honorar als angemessen anzusehen sei. Die PKV wurde zur Erstattung verpflichtet, da im Vertrag eine Überschreitung des 3,5-fachen Satzes nicht ausdrücklich ausgenommen wurde.

---

[287] Beide Urteile sind – soweit ersichtlich – nicht veröffentlicht.

[288] LG Bielefeld, Urteil vom 16.10.1997 – 22 S 190/97 –, r+s 1998, 36.

[289] LG Bochum, Urteil vom 14.08.1997 – 3 O 592/93 –; insoweit in GU, S. 199 nicht veröffentlicht.

21. LG Düsseldorf, 10.06.1997 – 24 S 508/96 –: Verhandlungsbereitschaft

Das Landgericht setzte sich mit der Frage der Formvorschrift für abweichende Vereinbarungen nach § 2 GOZ auseinander.[290] Als Formularvereinbarung, die nur eine „*allgemeine Geschäftsbedingung*" darstelle und somit unwirksam sei, wurde eine vorgedruckte Vereinbarung verstanden, die lediglich mit Namen und Datum ergänzt wird. Im vorliegenden Fall handelt es sich nach Auffassung des Gerichts jedoch um eine Individualvereinbarung, da die durchzuführenden Leistungen nach GOZ-Nrn. handschriftlich ergänzt und die Steigerungssätze individuell festgelegt wurden. Die Praxis konnte dieses und die Verhandlungsbereitschaft des Zahnarztes durch ein von einer Zahnarzthelferin angefertigtes Gesprächsprotokoll beim Treffen der Vergütungsvereinbarung nachweisen.

22. OLG Düsseldorf, 07.05.1996 – 4 U 43/95 –: Erstattungsfähigkeit

Das Oberlandesgericht lehnt in seinem Urteil die Erstattung der Kosten, die durch eine Honorarvereinbarung nach § 2 GOZ entstanden sind, ab.[291] Begründet wurde diese Entscheidung damit, dass der Patient die Angemessenheit der Vergütung nicht nachweisen konnte. Der Zahnarzt hatte die Steigerungssätze nicht begründet. „*Damit die Angemessenheit der Gebühren festgestellt werden kann, muss im Einzelfall entsprechend den in § 5 Abs. 2 GOZ niedergelegten Kriterien – Schwierigkeit und Zeitaufwand der einzelnen Leistung sowie Umstände bei deren Ausführung – das geforderte Honorar begründet werden. ... Dabei ist im Einzelfall durchaus eine Überschreitung des Gebührenrahmens vorstellbar, sofern der Arzt diese entsprechend begründet.*" Die Leitsätze des Urteils lauten:

> 1. Ist der Umfang einer tariflichen Leistungsverpflichtung des Versicherers in dessen AVB u. a. „nach den gesetzlichen Vorschriften" bestimmt, so ergibt sich hieraus keine Beschränkung der Erstattungsfähigkeit auf die Höchstsätze der GOZ.
> 2. Eine Bestimmung in den AVB des Versicherers, nach der abweichend von der Systematik der GOZ zu den Zahnersatzleistungen auch das Einsetzen von Prothesen, Stiftzähnen, Brücken und Kronen einschließlich der hiermit in Zusammenhang stehenden Vor- und Nachbehandlung gehört, ist wirksam.
> 3. Zur Berechnung einzelner Gebührenpositionen: Solange der Versicherer nicht mitgeteilt hat, dass er eine bestimmte Auslegung der GOÄ oder der GOZ für nicht vertretbar hält, zieht eine grundsätzlich vertretbare Auslegung die Erstattungsfähigkeit der betreffenden Positionen nach sich.
> 4. Bei der Beurteilung der dem Zahnarzt vom Patienten gem. § 9 GOZ zu erstattenden angemessenen Kosten zahntechnischer Leistungen kommt es auf die konkrete Arbeit an. Der Auffassung, dass auch im Rahmen einer privatärztlichen Behandlung ausschließlich die BEL-Liste maßgeblich sei, kann nicht gefolgt werden.

23. OLG Oldenburg, 14.11.1995 – 5 U 100/95 –: Wahl des Steigerungsfaktors

1. Eine Berechnung von zahnmedizinischer/prothetischer Versorgung, die das erforderliche Maß überschreitet, bedarf der besonderen Vereinbarung zwischen Zahnarzt und Patient.
2. Dem Zahnarzt steht bei der Wahl des Steigerungsfaktors kein Ermessensspielraum zu, der ihn von einer besonderen Begründung enthebt. Vielmehr darf eine Abrechnung mit einem über den Durchschnittsfaktor hinausgehenden Faktor nur bei besonderen, medizinisch erforderlichen Leistungen erfolgen, was einer speziellen inhaltlichen und nicht nur auf Leerformeln („erhöhter Zeitaufwand") beschränkten Begründung bedarf. (Leitsätze)[292]

---

[290] LG Düsseldorf, Urteil vom 10.06.1997 – 24 S 508/96 –, GU, S. 42.

[291] OLG Düsseldorf, Urteil vom 07.05.1996 – 4 U 43/95 –, VersR 1997, 217 = GU, S. 91.

[292] OLG Oldenburg, Urteil vom 14.11.1995 – 5 U 100/95 –, OLG-Rp Oldenburg 1996, 54.

24. OLG Düsseldorf, 09.11.1995 – 8 U 146/94 –: Unterschriftserfordernis

Nach Auffassung des Oberlandesgerichts ist eine abweichende Vereinbarung unwirksam, wenn sie nicht vom Zahnarzt selbst, sondern von einer Mitarbeiterin unterzeichnet wurde.[293] Nach § 2 Abs. 2 GOZ muss eine abweichende Vereinbarung über die Höhe der Vergütung grundsätzlich zwischen Zahnarzt und Zahlungspflichtigem getroffen werden. Die Beurteilung der Angemessenheit der zahnärztlichen Vergütung, die im Einzelfall von der Schwierigkeit der zu erbringenden Leistung abhängt, kann nicht von einer Zahnarzthelferin, sondern nur von dem Zahnarzt selbst getroffen und muss von diesem durch seine Unterschrift bestätigt werden.

25. AG Frankfurt/M., 16.06.1995 – 32 C 533/95 –: Zeitpunkt

1. Zahnärztliche Honorarvereinbarungen müssen vor der Behandlung getroffen werden. Vereinbarungen, die während oder nach der Erbringung einer ärztlichen Leistung abgeschlossen werden, sind wegen Verstoßes gegen die Formvorschrift des § 6 Abs. 2 GOZ nach § 125 BGB unwirksam.
2. Eine Honorarvereinbarung, die erst nach Beginn der Behandlung getroffen wird, erfüllt nicht die Voraussetzungen, die in § 2 Abs. 2 GOZ gefordert werden.
3. Vereinbarungen, die nach oder während der Erbringung einer ärztlichen Leistung abgeschlossen werden, sind wegen Verstoßes gegen die Formvorschriften nach § 125 BGB unwirksam. (Leitsätze)[294]

26. AG Nürnberg, 22.12.1994 – 11 C 8516/93 –: Erstattungsbeschränkung

Das Amtsgericht ist der Auffassung, dass eine private Krankenversicherung ihre Erstattungsverpflichtung nicht auf den Höchstsatz der GOZ beschränken darf, wenn der zwischen den Parteien abgeschlossene Vertrag keine Beschränkungen hinsichtlich des Gebührenrahmens vorsieht.[295]

Es stehe dem Versicherer jedoch frei, durch entsprechende Vertragsbedingungen Honorarvereinbarungen, sei es dem Grunde oder der Höhe nach, von der Erstattung auszuschließen. Da dies im vorliegenden Fall nicht erfolgt ist, gehen unklar formulierte Versicherungsbedingungen gemäß § 5 AGBG (Gesetz zur Regelung des Rechts der Allgemeinen Geschäftsbedingungen) zu Lasten der Versicherung.

27. OLG Nürnberg, 28.04.1994 – 8 U 3123/93 –: Differenzierungsgebot

1. Ein individuelles Aushandeln einer Honorarvereinbarung liegt nur vor, wenn der Verwender die den wesentlichen Inhalt der gesetzlichen Regelung ändernden oder ergänzenden Bestimmungen inhaltlich ernsthaft zur Disposition stellt und dem Verhandlungspartner zur Wahrung seiner eigenen Interessen die reale Möglichkeit einräumt, die inhaltliche Ausgestaltung der Vertragsbedingungen beeinflussen zu können.
2. Der Zahnarzt muss den Abschluss einer Honorarvereinbarung als solche zur Disposition stellen und seine Bereitschaft erklären, notfalls auch nach den Bestimmungen der GOZ abzurechnen. Es reicht nicht aus, dass er lediglich die Höhe des Honorars, nämlich das konkrete Ausmaß der über § 5 Abs. 1 GOZ hinausgehenden Steigerungssätze, zur Disposition gestellt hat.
3. Eine Honorarvereinbarung ist wegen unangemessener Benachteiligung des Patienten nichtig, wenn für durchschnittliche Leistungen der gleiche Steigerungssatz in Ansatz gebracht wird wie für besonders schwierige oder besonders zeitaufwändige Leistungen. Das ist dann der Fall, wenn zahnärztliche Einzelleistungen zu einheitlichen Bewertungsgruppen mit einem besonderen Steigerungssatz pauschal ohne Differenzierung nach dem Einzelfall zusammengefasst werden. (Leitsätze)[296]

28. AG Düsseldorf, 27.08.1993 – 21 C 287/93 –: Aushandeln

Die getroffene Honorarabsprache – „*Die Höhe der Vergütung weicht von der Verordnung, §§ 5 und 6, um das 2,5-fache des Gebührensatzes nach oben ab*“ – stellt eine wirksam ausgehandelte

---

[293] OLG Düsseldorf, Urteil vom 09.11.1995 – 8 U 146/94 –, GU, S. 31.

[294] AG Frankfurt, Urteil vom 16.06.1995 – 32 C 533/95 –, NJW-RR 1996, 1268 = GU, S. 48.

[295] AG Nürnberg, Urteil vom 22.12.1994 – 11 C 8516/93 –, GU, S. 47.

[296] OLG Nürnberg, Urteil vom 28.04.1994 – 8 U 3123/93 –, r+s 1995, 31 = GU, S. 29.

Individualvereinbarung dar. Diese unterliegt nicht der Inhaltskontrolle nach dem AGB-Gesetz. Entscheidend für die vorliegende Annahme eines „*Aushandelns*“ der Honorarvereinbarung ist, dass der Patientin im Rahmen einer Erörterung Inhalt und Bedeutung der Vereinbarung hinreichend nahe gebracht wurden und sie aufgrund dieser Informationserteilung in die Lage versetzt wurde, deren Tragweite zu erkennen und für sich zu entscheiden, ob sie diesen Inhalt zum Gegenstand des Behandlungsvertrages und der Abrechnung machen wollte.[297]

29. LG Köln, 12.05.1993 – 25 S 40/92 –: Regelspanne

1. Die unter Verwendung von AGB getroffene Vereinbarung von Gebühren, die den Gebührenrahmen des § 5 Abs. 1 S. 1 GOZ (bzw. des § 5 Abs. 1 S. 1 GOÄ) übersteigen, sowie die unter Verwendung von AGB getroffene Vereinbarung von Gebühren, die zwar nicht den Gebührenrahmen, jedoch die jeweilige „*Regelspanne*“ des § 5 Abs. 2 GOZ (bzw. § 5 Abs. 2 und 3 GOÄ) übersteigen, ist gem. § 9 Abs. 2 AGBG unwirksam, da solche Vereinbarungen mit dem Leitbild der GOZ (bzw. GOÄ) nicht vereinbar sind.
2. Eine andere Beurteilung kommt nur in Betracht, wenn besondere Interessen des Verwenders gegeben sind, die eine derartige Abweichung vom Leitbild der GOZ (bzw. GOÄ) rechtfertigen. (Leitsätze)[298]

30. OLG Köln, 10.02.1993 – 27 U 188/92 –: Zeitpunkt

1. Eine Vereinbarung zwischen Zahnarzt und Patient auf Überschreitung des ein- bis dreieinhalbfachen Gebührensatzes kann nach § 2 Abs. 2 GOZ wirksam nur schriftlich vor Erbringung der Leistung des Zahnarztes getroffen werden, wobei das Schriftstück den Hinweis enthalten muss, dass eine Erstattung durch Erstattungsstellen möglicherweise nicht in vollem Umfang gewährleistet ist.
2. Die Rückforderung einer nur mündlich vereinbarten höheren Vergütung ist nicht ausgeschlossen. § 3 Abs. 1 BRAGO[299] ist nicht analog anwendbar. (Leitsätze)[300]

31. LG Köln, 27.10.1992 – 25 S 60/91 –: Erstattungsfähigkeit

Das Landgericht lehnte einen Anspruch auf Erstattung von Gebühren über dem 2,3-fachen Satz, die auf einer Honorarvereinbarung beruhten, mit folgender Begründung ab.[301] Die Leitsätze des Urteils lauten:

> 1. Im Wege der Honorarvereinbarung kann gem. § 2 Abs. 2 GOZ nur eine von vornherein bestimmte Höhe der Vergütung vereinbart werden, und zwar – wie sich aus § 10 Abs. 2 Nr. 2, Abs. 5 GOZ ergibt – unter Angabe des Steigerungssatzes.
> 2. Sind nach den Tarifbestimmungen „*erstattungsfähig ... nur Gebühren, die den jeweils gültigen Gebührenordnungen entsprechen*“ und wird gem. § 2 Abs. 1 GOZ eine von der GOZ abweichende Höhe der Vergütung festgesetzt, so entspricht die so festgesetzte Vergütung nicht der GOZ als der gültigen Gebührenordnung, da eben von dieser abgewichen wird.

32. AG Düsseldorf, 09.10.1992 – 54 C 8910/92 –: Erstattungsfähigkeit

Das Gericht ist der Auffassung, dass die beklagte Versicherung ihre Erstattung nicht auf den Höchstsatz der Gebührenordnung für Zahnärzte (3,5-facher Gebührensatz) beschränken darf.[302] Das Gericht führt hierzu aus: „*Da nämlich die Versicherungsbedingungen der Beklagten eine Erstattungsfähigkeit im Rahmen der gültigen Gebührenordnung vorsehen, sind Honorarvereinbarungen, soweit sie den Erfordernissen des § 2 GOZ entsprechen, nicht wirksam ausgeschlos-*

[297] AG Düsseldorf, Urteil vom 27.08.1993 – 21 C 287/93 –, GU, S. 47.

[298] LG Köln, Urteil vom 12.05.1993 – 25 S 40/92 –, VersR 1994, 545 = GU, S. 41.

[299] § 3 Abs. 1 BRAGO privilegiert ebenso wie der am 01.07.2004 in Kraft getretene § 4 Abs. 1 Satz 3 RVG die Rechtsanwälte bei Honorarvereinbarungen. Zwar schreibt das Gesetz auch insoweit wie bei § 2 GOZ/GOÄ Schriftform vor, lässt es aber ausreichen, dass die Honorarrechnung bezahlt wurde. Diese Überlegung mochte das OLG Köln nicht auf den zahnärztlichen Bereich übertragen.

[300] OLG Köln, Urteil vom 10.02.1993 – 27 U 188/92 –, VersR 1993, 886 = GU, S. 29.

[301] LG Köln, Urteil vom 27.10.1992 – 25 S 60/91 –, VersR 1993, 690 = GU, S. 41.

[302] AG Düsseldorf, Urteil vom 09.10.1992 – 54 C 8910/92 –, GU, S. 46.

sen.“ Das Gericht verwies in dieser Entscheidung auf das Urteil des LG Essen vom 15.11.1991 – 19 O 204/91 –.[303]

33. LG Köln, 26.05.1992 – 25 S 59/91 –: Aushandeln

Eine Honorarvereinbarung nach § 2 GOZ ist nur rechtsgültig, wenn die Vertragsbedingungen i.S. von § 1 Abs. 2 AGBG zwischen den vertragsschließenden Parteien ausgehandelt worden sind. Das alleinige Besprechen einer Vereinbarung und das Einverständnis seitens des Patienten stellt noch kein „Aushandeln“ nach § 1 Abs. 2 AGBG dar. (Leitsatz)[304]

34. LG Essen, 15.11.1991 – 19 O 204/91 –: Erstattungsfähigkeit

Honorarforderungen nach § 2 GOZ sind nicht ausgeschlossen, wenn in den Allgemeinen Versicherungsbedingungen (PKV) eine Erstattungsfähigkeit im Rahmen der gültigen GOZ vorgesehen ist. Eine Honorarvereinbarung ist danach keine von der GOZ abweichende Vergütung, sondern eine Vergütungsvereinbarung im Rahmen der GOZ. (Leitsatz)[305]

35. BGH, 30.10.1991 – VIII ZR 51/91 –: Formularvereinbarung

Allgemeine Geschäftsbedingungen liegen vor, wenn Honorarvereinbarungen in einem vorformulierten Schreiben vereinbart werden. In ihnen kann für schwierige und nicht schwierige Leistungen nicht der gleiche Steigerungssatz vorgesehen werden, weil das mit dem wesentlichen Grundgedanken der GOZ, dass die Leistungen nach Schwierigkeitsgrad, Zeitaufwand und Umständen unterschiedlich zu bewerten sind, nicht zu vereinbaren ist. Eine formularmäßige Überschreitung der Höchstsätze der GOZ stellt nach Auffassung des Bundesgerichtshofs ein Abweichen vom wesentlichen Grundgedanken dar, dass die Höchstsätze für die Bewertung der Leistung ausreichen.[306] Die Bestimmung des Multiplikationsfaktors ist nur unter Berücksichtigung der Umstände des Einzelfalls möglich. „*Eine formularmäßige Vereinbarung einer Abweichung nach § 2 GOZ ist unzulässig, da ein Patient unangemessen benachteiligt wird, wenn für durchschnittliche Leistungen der gleiche Steigerungssatz in Ansatz gebracht wird wie bei schwierigeren, zeitaufwendigeren Leistungen.*“ Die Leitsätze des Urteils lauten:

> 1. Eine Inhaltskontrolle (§§ 9 – 11 AGBG) ärztlicher Honorarvereinbarungen scheitert nicht an § 8 AGBG. Haben Rechtsvorschriften ausnahmsweise gerade Preisregelungen zum Gegenstand (GOÄ), so liegen die Voraussetzungen für eine Inhaltskontrolle vor, wenn von einer solchen Rechtsvorschrift abgewichen wird.
> 2. Die in § 5 Abs. 2 Satz 1 GOÄ getroffene Unterscheidung zwischen durchschnittlichen Leistungen und solchen, die aufgrund besonderer Umstände eine höhere Vergütung rechtfertigen, gehört zu den tragenden Grundgedanken der GOÄ. Ein Patient wird daher unangemessen i.S. des § 9 AGBG benachteiligt, wenn für durchschnittliche Leistungen der gleiche Steigerungssatz in Ansatz gebracht werden soll wie für besonders schwierige oder besonders zeitaufwändige Leistungen.
> 3. In allgemeinen Geschäftsbedingungen darf der in § 5 Abs. 1 Satz 1 GOÄ festgelegte Gebührenrahmen nicht überschritten werden.

36. OVG Rheinland-Pfalz, 30.10.1991 – 2 A 10662/91 –: Begründungspflicht

Das Oberverwaltungsgericht in Koblenz unterwirft mit dieser Entscheidung die Honorarvereinbarung der Begründungspflicht nach den Kriterien des § 5 Abs. 2 GOZ, da ansonsten eine Erstattung des über dem 2,3-fachen Satz liegenden Honorars nicht erfolgen könne.[307] Begründet

---

303 LG Essen, Urteil vom 15.11.1991 – 19 O 204/91 –, Kapitel F XII.34, S. 142 = GU, S. 39.

304 LG Köln, Urteil vom 26.05.1992 – 25 S 59/91 –, GU, S. 40.

305 LG Essen, Urteil vom 15.11.1991 – 19 O 204/91 –, GU, S. 39.

306 BGH, Urteil vom 30.10.1991 – VIII ZR 51/91 –,VersR 1992, 185 = GU, S. 27.

307 OVG Rheinland-Pfalz, Urteil vom 30.10.1991 – 2 A 10662/91 –, MedR 1992, 232 = GU, S. 37.

wird die Pflicht des (Zahn)Arztes als vertragliche Nebenpflicht aus dem Behandlungsvertrag (§ 242 BGB). Die Leitsätze des Urteils lauten:

> 1. Der Arzt ist trotz Vorliegens einer Honorarvereinbarung dem Beihilfeberechtigten gegenüber verpflichtet, die Überschreitung des Schwellenwertes anhand der in § 5 Abs. 2 Sätze 1 und 2 GOÄ genannten Bemessungskriterien nach § 12 Abs. 3 Satz 1 GOÄ zu begründen.
> 2. Bringt der Beihilfeberechtigte eine solche Begründung des Arztes nicht bei, so ist die Festsetzungsstelle berechtigt, die Gewährung von Beihilfe für die über dem Schwellenwert liegende Gebühr des Arztes zu verweigern.

37. LG Dortmund, 02.10.1991 – 1 S 36/91 –: Erstattungsfähigkeit

1. Wird nach dem Tarif zahnärztliche Behandlung nur „im Rahmen der jeweils gültigen gesetzlichen Gebührenordnung für Zahnärzte" ersetzt, so sind damit Honorare aufgrund gesonderter vertraglicher Vereinbarung zwischen Arzt und Patient nach § 2 GOZ nicht erfasst.
2. Bei Honoraren, die im Rahmen einer Vergütungsvereinbarung über dem 2,3-fachen Satz liegen, besteht eine **Begründungspflicht** zwar nicht im Verhältnis zwischen Zahnarzt und Patient, wohl aber **im Verhältnis zwischen Versicherungsnehmer und Versicherer**.
3. Der Versicherer hat einen weiten Ermessensspielraum bei der Frage, welche Einzelheiten er zur Prüfung der medizinischen Notwendigkeit für maßgeblich erachtet. (Leitsätze)[308]

38. AG Düsseldorf, 17.09.1991 – 36 C 6892/91 –: Vertragsfreiheit

1. Die GOZ belässt in § 2 ausdrücklichen Raum für nahezu volle Vertragsfreiheit.
2. Ist Langsamkeit nicht von vornherein ein Qualifikationsmerkmal, so kann sich daraus doch ergeben, dass gerade dieser Zahnarzt mit einem besonders hohen Honorar aus seiner Praxis Erlöse erzielen kann. (Leitsätze)[309]

39. LG Karlsruhe, 26.07.1991 – 9 S 93/91 –: Wirtschaftliche Beratung

Beim Abschluss einer Honorarvereinbarung bedarf es einer hinreichenden Aufklärung des Patienten über die Bedeutung und Auswirkung einer derartigen Vereinbarung. Die Übergabe eines Merkblattes genügt der Aufklärungspflicht nicht, da der Zahlungspflichtige in der Regel nicht damit rechnen kann, dass sein Versicherer Honorare oberhalb des Gebührenrahmens übernimmt. (Leitsatz)[310]

40. BVerfG, 19.04.1991 – 1 BvR 1301/89 –:Verfassungsmäßigkeit des § 2 GOÄ/GOZ

Die Einschränkung freier Honorarvereinbarungen durch die Bindung an die Abrechnungstatbestände der Gebührenordnung für Ärzte ist durch vernünftige Gründe des Allgemeinwohls gerechtfertigt und für den Arzt auch zumutbar. (Leitsatz)[311]

41. LG Stuttgart, 14.12.1990 – 9 O 283/90 –: Honorarvereinbarung: Pauschalhonorar

Pauschalhonorierungen sind unzulässig, da eine „Vereinbarung" im Sinne von § 2 GOZ die Angabe eines Steigerungssatzes enthalten muss.[312]

42. LG Berlin, 05.10.1990 – 6 S 5/90 –: Zusätze

In einer Honorarvereinbarung dürfen keine weiteren Vereinbarungen und Erklärungen (z.B., dass die Liquidation innerhalb einer bestimmten Zeit zu begleichen ist) aufgenommen werden. Damit werde die Honorarvereinbarung unwirksam.[313]

---

308 LG Dortmund, Urteil vom 02.10.1991 –1 S 36/91 –, VersR 1992, 187 = GU, S. 20, 39.

309 AG Düsseldorf, Urteil vom 17.09.1991 – 36 C 6892/91 –, GU, S. 46.

310 LG Karlsruhe, Urteil vom 26.07.1991 – 9 S 93/91 –, GU, S. 39.

311 BVerfG, Beschluss vom 19.04.1991 – 1 BvR 1301/89 –, NJW 1992, 737.

312 LG Stuttgart, Urteil vom 14.12.1990 – 9 O 283/90 –, GU, S. 38.

313 LG Berlin, Urteil vom 05.10.1990 – 6 S 5/90 –, GU, S. 38.

43. LG Frankfurt/M., 25.09.1990 – 2/8 S 392/89 –: Formularvereinbarung

1. Der Verstoß gegen den in § 5 GOÄ normierten Grundsatz individueller Honorarbemessung durch die formularmäßige Vereinbarung fixer Steigerungssätze vor Erbringung der Leistung stellt zugleich einen Verstoß gegen § 9 AGBG dar.
2. Ob die formularmäßig vereinbarten Vergütungssätze im Hinblick auf die Funktion und das Ansehen des Arztes angemessen sind, ist unerheblich. Auch angemessene Abweichungen von der GOÄ können nur durch Individualvertrag vereinbart werden. (Leitsätze)[314]

44. AG Frankfurt/M., 19.04.1990 – 30 C 538/90-47 –: Formularvereinbarung

1. Es genügt für die formelle Gültigkeit einer Honorarvereinbarung nicht, wenn der Hinweis, dass eine Erstattung möglicherweise nicht in vollem Umfang gewährleistet ist, nur auf der Rückseite der Vereinbarung abgedruckt ist.
2. Das handschriftliche Einsetzen der Gebührensätze in den Formulardruck einer Honorarvereinbarung ändert nichts an deren AGB-Charakter, sofern die Vereinbarung nicht im Einzelnen zwischen den Vertragspartnern ausgehandelt wurde.
3. Bei der Honorarvereinbarung handelt es sich um eine Preisregelung, die nicht durch § 8 AGBG der Inhaltskontrolle entzogen ist.
4. Die pauschale Festschreibung eines Steigerungssatzes vor Behandlungsbeginn indiziert regelmäßig, dass der Grundsatz individueller Honorarbemessung verletzt wird. Eine solche Vereinbarung verstößt gegen § 9 AGBG, ist im Übrigen auch wegen § 134 BGB nichtig. (Leitsätze)[315]

45. LG München I, 28.06.1989 – 31 S 22507/88 –: Begründungspflicht

Der Arzt darf ohne Begründung oberhalb der Multiplikationssätze der GOÄ abrechnen, wenn dem eine entsprechende Honorarvereinbarung zwischen Arzt und Patient zugrunde liegt. (Leitsatz)[316]

46. LG Düsseldorf, 27.07.1989 – 3 O 688/88 –: Begründungspflicht

Wenn eine Vergütungsvereinbarung gem. § 2 GOÄ/GOZ mit dem Patienten getroffen wird, sind die Begründungskriterien des § 5 Abs. 2 GOÄ/GOZ ex origine ausgeschlossen.[317]

47. OLG Hamburg, 25.06.1987 – 3 U 221/86 –: Wirtschaftliche Beratung

Für das rechtsgültige Zustandekommen einer abweichenden Vereinbarung sind immer die Voraussetzungen maßgeblich, die auch ansonsten für den Abschluss privatrechtlicher Verträge gelten. D.h. der Patient muss wissen, was er vereinbart und welche Konsequenzen es für ihn hat. Der Patient muss insbesondere über die Bedeutung und die Auswirkungen der Vereinbarung einer von der GOZ abweichenden Vergütungshöhe informiert werden.[318]

48. OVG Bremen, 18.02.1986 – 2 BA 40/85 + 2 BA 7/86 –: Erstattungsfähigkeit

1. Der angemessene Umfang von Aufwendungen für die Inanspruchnahme eines Arztes lässt sich nicht auf das 2,3-fache der in der Anlage zur GOÄ für ärztliche Leistungen ausgewiesenen Gebühr begrenzen. Vielmehr bezieht sich die Beihilferegelung auf notwendige Aufwendungen, die in unterschiedlicher Höhe entstehen können.
2. Ist das Überschreiten der Regelgebühr bis zum 3,5-fachen des Gebührensatzes nach den Kriterien der ärztlichen Gebührenordnung gerechtfertigt und ist die Liquidation ordnungsgemäß erstellt, ist es mit der Fürsorgepflicht des Staates unvereinbar, der Bemessung der Beihilfe als angemessene ärztliche Vergütung lediglich die Regelgebühr zugrunde zu legen. (Leitsätze)[319]

---

[314] LG Frankfurt/M., Urteil vom 25.09.1990 – 2/8 S 392/89 –, VersR 1992, 188.

[315] AG Frankfurt/M., Urteil vom 19.04.1990 – 30 C 538/90-47 –, VersR 1990, 1360.

[316] LG München I, Urteil vom 28.06.1989 – 31 S 22507/88 –, ArztR 1990, 295.

[317] LG Düsseldorf, Urteil vom 27.07.1989 – 3 O 688/88 –, GU, S. 37.

[318] OLG Hamburg, Urteil vom 25.06.1987 – 3 U 221/86 –, ArztR 1988, 118 = GU, S. 28.

[319] OVG Bremen, Urteil vom 18.02.1986 – 2 BA 40/85 + 2 BA 7/86 –, MedR 1988, 198 = GU, S. 93.

49. LG München I, 19.12.1984 – 31 S 7642/84 –: Unterschriftserfordernis

Das Schriftstück, in dem die Vereinbarung getroffen wird, ist in jedem Fall von Zahnarzt und Patient zu unterschreiben, andernfalls kommt keine rechtswirksame vertragliche Vereinbarung zustande.[320]

[320] LG München I, Urteil vom 19.12.1984 – 31 S 7642/84 –, MedR 1985, 128.

Kapitel G Die implantologischen Gebührenpositionen im Einzelnen

I. GOZ 900 – Implantatbezogene Analyse

GOZ 900
Bewertung: 540 Punkte
1,0-fach: 30,37 € **2,3-fach: 69,85 €** **3,5-fach: 106,29 €**
Implantatbezogene Analyse und Vermessung des Alveolarfortsatzes des Kieferkörpers und der Schleimhaut einschließlich metrischer Auswertung von Röntgenaufnahmen zur Festlegung der Implantatposition mit Hilfe einer individuellen Schablone, je Kiefer

1. Beschreibung

Ungeachtet der Anzahl von Implantaten pro Kiefer und der in der Leistungsbeschreibung beschriebenen Festlegung der Implantatposition (man beachte den Singular im Text der Leistungsbeschreibung) ist diese Leistungsziffer nur 1x je Kiefer abrechenbar. Die vertikale Bestimmung der verfügbaren Knochensubstanz erfolgt in der Regel mit Hilfe von Messkugeln, die in eine Schablone eingearbeitet sind und auf den Röntgenaufnahmen die Ausmessung erleichtern. Die anatomischen Strukturen, wie Nervversorgung oder Kieferhöhle, sind zu schützen. Die Messschablone mit den Messkugeln ist Inhalt der Leistungsbeschreibung. Die Schablone kann zusätzlich über den Laborbeleg nach BEB abgerechnet werden. Ergibt die Ausmessung des Alveolarfortsatzes in vertikaler oder horizontaler Richtung Knochendefizite, so kann eine Augmentation unter Einsatz geeigneter Materialien und Membranen ein ausreichendes Knochenlager schaffen. Diese selbständige chirurgische Maßnahme geht der eigentlichen Implantation voraus. Die zeitliche Differenz zwischen der Augmentation und der endgültigen Implantation zieht zwei implantatbezogene Analysen nach sich, einmal für die Augmentation und ein zweites Mal für die Implantation. Die klinische Inspektion des Zahnsystems ist in der Leistungsbeschreibung enthalten.

2. Bilddokumentation 20 – Implantatbezogene Analyse

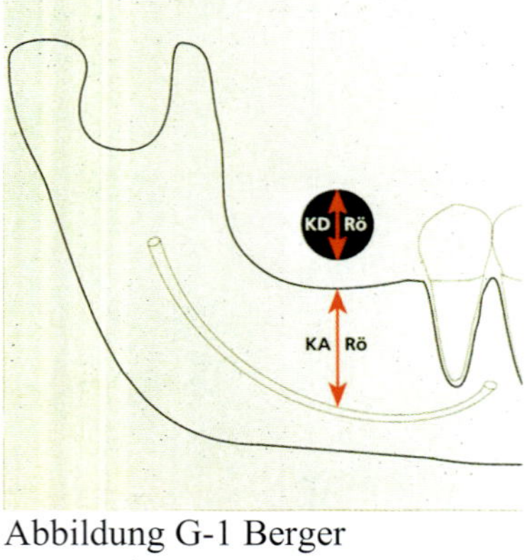

Abbildung G-1 Berger

Messkugeln mit bekanntem Durchmesser (KD) erscheinen auf Röntgenaufnahmen meist verzerrt und vergrößert. Durch Messung des Kugeldurchmessers (KD-Rö) und des Knochenangebots (KA-Rö) am geplanten Implantationsort auf der Röntgenaufnahme kann das tatsächliche Knochenangebot (KA) leicht und ausreichend genau bestimmt werden.

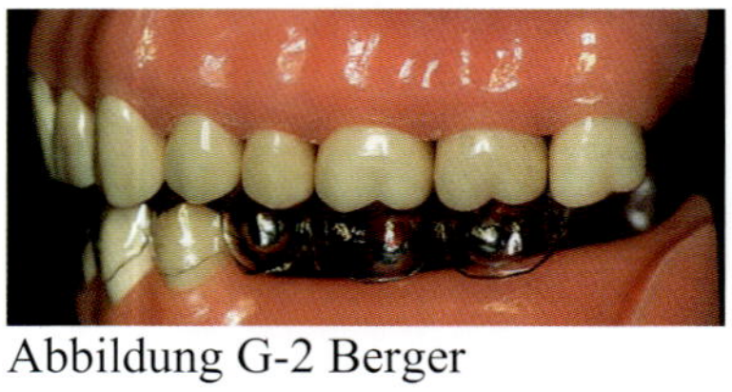
Abbildung G-2 Berger

Die Messkugeln werden für die Röntgenaufnahme in einer tiefgezogenen Schablone fixiert.

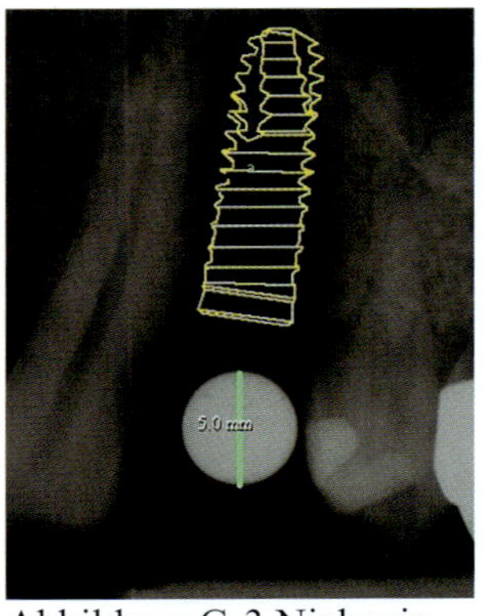

Abbildung G-3 Nickenig

Die metrische Auswertung von Röntgenaufnahmen beinhaltet die Berechnung des Vergrößerungsfaktors z.B. mittels Referenzkugeln definierten Durchmessers.

Auch die Anwendung bzw. das Auflegen von speziellen Folien oder Rastern ist in diesem Zusammenhang zu nennen.

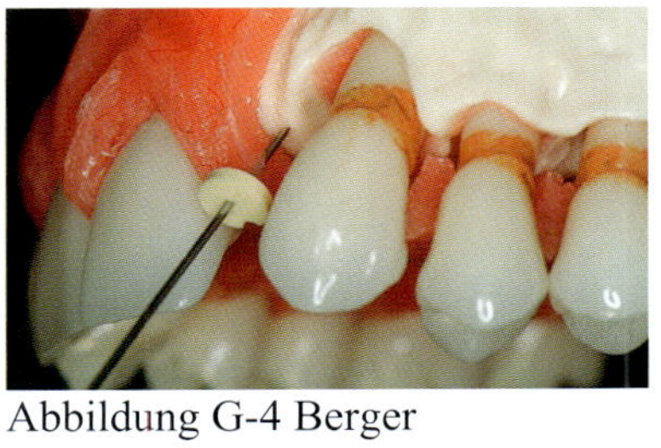

Abbildung G-4 Berger

Nach Lokalanästhesie kann durch Perforation der Schleimhaut (hier am Modell dargestellt) die Schleimhautdicke und die knöcherne Unterlage ausgemessen werden. Dies empfiehlt sich dann, wenn starke Knocheneinziehungen vermutet werden.

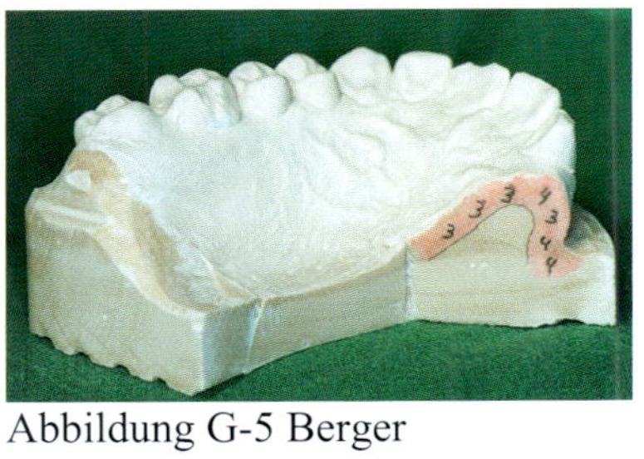

Abbildung G-5 Berger

Die Messwerte werden auf ein Sägeschnittmodell übertragen.

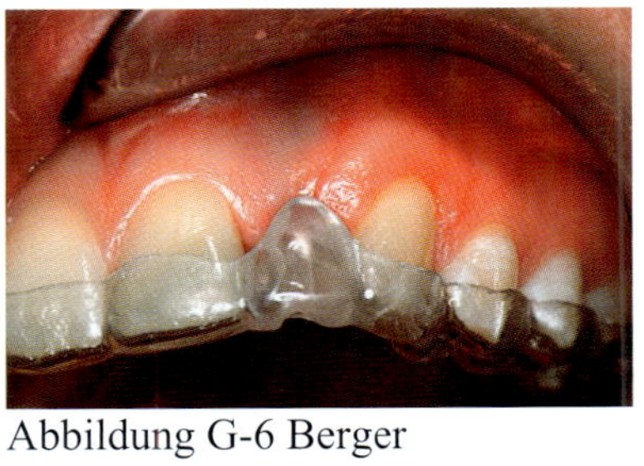

Abbildung G-6 Berger

Nach der Implantatanalyse wurde eine individuelle Bohrschablone angefertigt, die intraoperativ die achsengerechte Bohrung unterstützt.

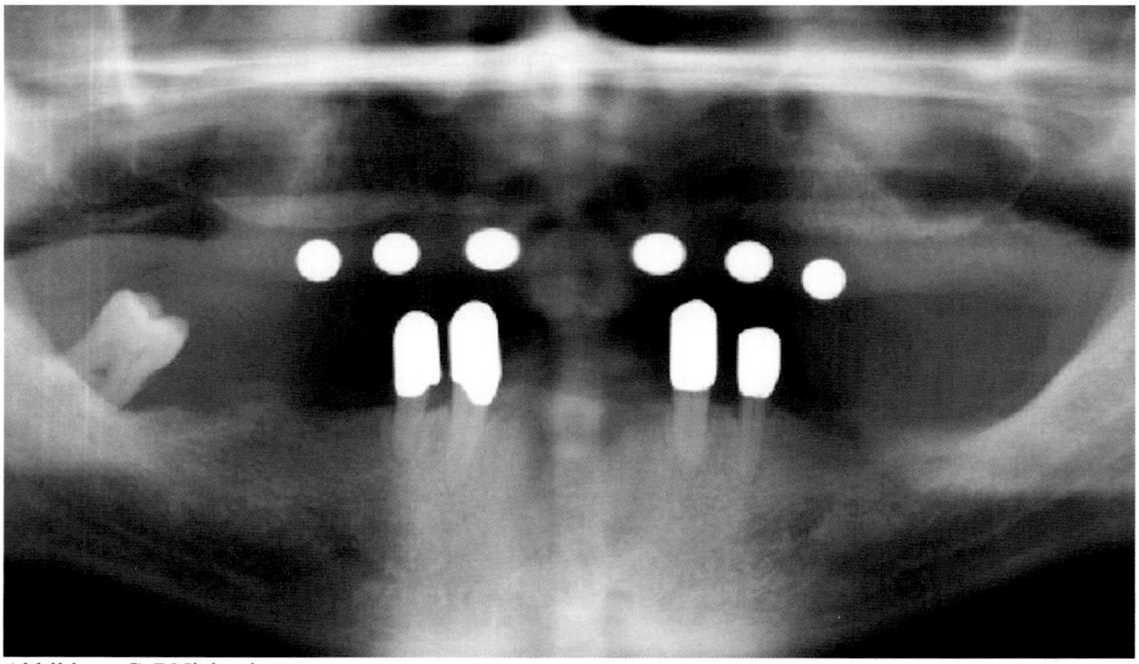

Abbildung G-7 Nickenig

In der Röntgenmessaufnahme sind sechs 5 mm-Messkugeln abgebildet. Neben dem allgemeinen Vergrößerungsfaktor bei Panoramaaufnahmen, der häufig bei etwa 1,25 liegt und definitiv je Region per Dreisatz ermittelt werden kann, ist obendrein die z.T. starke Verzerrung insbesondere im Frontzahnbereich auffällig.

3. Leistungsinhalt

Leistungsinhalt der GOZ 900 sind folgende Maßnahmen:

- Palpation,
- Abtasten von Schleimhaut und Knochen,
- Auswertung der Röntgenaufnahme, insbesondere Inspektion und Beurteilung von Kiefer- und Nasenhöhlen, Abstand zum Mandibularkanal,
- Modellanalyse,
- Vermessen des Alveolarfortsatzes mit Kieferhöhe und Kieferbreite, Beurteilung der Schleimhautsituation,
- Vermessen der Distanz zu den Antagonisten,
- Festlegung der Anzahl der Implantate nach Herstellung einer individuellen Schablone,
- Festlegung der Implantatposition und des Implantatkörpers.

4. Berechnungsfähigkeit

Die GOZ 900 ist berechnungsfähig für

- die implantatbezogene Analyse und Vermessung des Alveolarfortsatzes des Kieferkörpers und der Schleimhaut einschließlich metrischer Auswertung von Röntgenaufnahmen zur Festlegung der Implantatposition mit Hilfe einer individuellen Schablone, je Kiefer.
- Die GOZ 900 wird berechnet zur Beurteilung des Implantatlagers.
- Mehrere Implantate in einem Kiefer bedeuten einen höheren Zeitaufwand und Schwierigkeitsgrad und rechtfertigen somit einen erhöhten **Steigerungsfaktor**.
- Erneut ansetzbar bei zeitlichem Intervall zwischen Augmentation und Implantation.

- Die individuell angefertigte Bohrschablone ist zusätzlich abrechenbar nach GOZ 700 analog. Die entstandenen Material- und Laborkosten (z.B. Röntgenkugel, Bohrschablone etc.) sind zusätzlich abrechenbar.
- Zur GOZ 900 kommen in der Regel Modelle, Abformungen und Materialien hinzu (GOZ 006, ggf. GOZ 517).

Ein individuelles Setup für die definitive prothetische Versorgung ist zusätzlich berechenbar.

5. Stellungnahme des Konsultationsausschusses (Stand 12.05.2000) Implantate, Analyse/Vermessung

Die GOZ 900 ist nur einmal pro Kiefer berechenbar, auch bei mehreren Implantatsystemen. Wird die klinische Situation durch präimplantologische chirurgische Eingriffe verändert und ergibt sich dadurch die Notwendigkeit einer erneuten Analyse, so ist die GOZ 900 erneut berechenbar.

6. Stellungnahme der Bundeszahnärztekammer (Stand 04.01.2000) Implantate, Analyse/Vermessung

Die GOZ 900 ist nur einmal pro Kiefer berechenbar, auch bei mehreren Implantatsystemen. Wird die klinische Situation durch präimplantologische chirurgische Eingriffe verändert und ergibt sich dadurch die Notwendigkeit einer erneuten Analyse, so ist die GOZ 900 erneut berechenbar.

7. Ergänzende Stellungnahme des BDIZ/EDI

Die Analyse des Kiefers zur Aufnahme eines oder mehrerer Implantate ist nur einmal abrechnungsfähig. Der Gesetzestext lässt keine Differenzierung zu, die sich auf die unterschiedlichen Implantatsysteme oder auf die unterschiedliche Anzahl der Implantate pro Kiefer bezieht. Der Anzahl der Implantate und der Schwierigkeit des Vermessens oder die unterschiedlichen Anforderungen an die Implantattechnik kann nur durch die Erhöhung des Steigerungssatzes Rechnung getragen werden. Bei Überschreiten des 3,5-fachen Satzes ist gemäß § 2 GOZ eine besondere Begründung anzugeben. Der Patient muss darüber aufgeklärt werden, dass er keinen Anspruch auf die Erstattung bei Überschreitung des Höchstsatzes hat. Wird im Ober- und Unterkiefer gleichzeitig implantiert, so ist die GOZ 900 zweimal abrechnungsfähig, je Kiefer einmal. Bei einer transdentalen Fixation nach GOZ 315 ist ebenfalls die Analyse notwendig und berechtigt zur Abrechnung der GOZ 900.

Subperiostale Implantate setzen grundsätzlich die Analyse der Kieferkammverhältnisse voraus. Werden zwei partielle subperiostale Implantate pro Kiefer gesetzt, so ist aufgrund des Aufwandes und der Mehrbelastung entsprechend den Grundsätzen des BGH-Urteils vom 13.05.2004[321] ein zweimaliges Abrechnen der GOZ 900 vertretbar.

Werden in einem Kiefer im zeitlichen Abstand Implantate gesetzt, so ist der Zahnarzt berechtigt, vor jeder Implantation eine neue Analyse vorzunehmen.

Bei der Erstellung eines Heil- und Kostenplanes ist die Analyse nach GOZ 900 in der Regel nicht angezeigt.

8. Ordnungsgemäße Dokumentation einer Implantation

- Der ordnungsgemäße Sitz eingefügter Implantate in Bezug auf Achsenneigung und genügende Versenktiefe ist röntgenologisch zu kontrollieren.
- Das Ergebnis ist zu dokumentieren.[322]

---

321 BGH, Urteil vom 13.05.2004 – III ZR 344/03 –, VersR 2004, 1135 = Kapitel U III.1, S. 360.

322 S. OLG Köln, Urteil vom 18.04.1994 – 5 U 48/94 –, VersR 1995, 582.

9. PKV – Zuordnung der Implantologie

Immer wieder kommt es in der Frage, ob implantologische Leistungen dem Bereich der konservierend/chirurgischen Zahnbehandlung oder dem Bereich des Zahnersatzes zuzuordnen sind, mit privaten Krankenversicherungen zu Auseinandersetzungen.

Implantate stellen keine Zahnersatzbehandlung dar. Als Implantat werden in der Zahnheilkunde alle plastischen Materialien verstanden, die im Bereich der Schleimhaut-Periost-Decke bzw. des Kieferknochens eingepflanzt werden, um mit ihrer Hilfe Zahnersatz oder Epithesen befestigen zu können. Im Gegensatz zur ärztlichen Endoprothetik (z.B. Kniegelenk) ragt im Bereich der Zahnheilkunde ein Teil des Implantats zur Aufnahme des Zahnersatzes aus der Körperoberfläche heraus. Sie ist Mittel zum Zweck der prothetischen oder epithetischen Rehabilitation des Patienten. Die zahnärztliche Implantologie ist deshalb ein Teilgebiet der Zahnheilkunde, das chirurgische und prothetische Maßnahmen eng miteinander verknüpft.[323] Daraus wiederum lässt sich entnehmen, dass die Implantologie von jedem Gebiet etwas beinhaltet. Bei einer solchen Sachlage ist danach zu fragen, wo das Schwergewicht liegt, entweder bei dem konservierend/chirurgischen Bereich oder auf dem Gebiet des Zahnersatzes. Weder in der einschlägigen Literatur wird das Implantat zum Zahnersatz gerechnet noch im Sozialgesetzbuch. Zahnersatz umfasst dort nur Kronen und Brücken (§ 30 Abs. 1 SGB V) und ab 01.01.2005 auch Suprakonstruktionen (§ 55 Abs. 1 Satz 1 SGB V), nicht aber die Implantate. Systematisch wichtiger noch ist, dass bei implantologischen Maßnahmen die chirurgische Arbeit des Zahnarztes im Vordergrund steht. Deshalb ist es auch sachlich gerechtfertigt, diesen Bereich der Erstattung nach den Tarifen für die konservierend-chirurgische Behandlung zu unterwerfen.

10. Rechtsprechung zu GOZ 900

10.1 OLG Karlsruhe, 15.10.1998 – 12 U 36/98 –: Abrechenbarkeit je eingebrachtem Implantatsystem

Die GOZ 900 ist nicht je in Betracht kommendes Implantatsystem abrechenbar, sondern nur hinsichtlich des tatsächlich eingebrachten Implantatsystems.[324]

10.2 LG Mannheim, 14.02.1995 – 9 O 257/93 –: Abrechenbarkeit 1x pro Kiefer

Die GOZ 900 ist nur einmal pro Kiefer berechnungsfähig. Ein mehrfacher Ansatz für die Auswahl der in Betracht kommenden Implantatsysteme ist nicht möglich.[325]

10.3 AG Nürnberg, 22.12.1994 – 11 C 8516/93 –: Abrechenbarkeit je eingebrachtem Implantatsystem

Die Berechnung der Gebührennummer 900 ist nur einmal pro Kiefer möglich, es sei denn, es werden unterschiedliche Implantatsysteme verwendet.[326]

II. GOZ 901 – Präparation für ein enossales Implantat

GOZ 901
Bewertung: 480 Punkte
1,0-fach: 27,00 € **2,3-fach: 62,10 €** **3,5-fach: 94,50 €**
Präparieren einer Knochenkavität für ein enossales Implantat

---

[323] S. Liebold/Raff/Wissing, GOZ-Nr. 900, S. 10.1 – 3.

[324] OLG Karlsruhe, Urteil vom 15.10.1998 – 12 U 36/98 –, BDIZ-konkret 1999, Heft 1, S. 34 = BDIZ-Jahrbuch 2000, S. 54 = GHI, S. 280 = GU, S. 311.

[325] LG Mannheim, Urteil vom 14.02.1995 – 9 O 257/93 –, GU, S. 313.

[326] AG Nürnberg, Urteil vom 22.12.1994 – 11 C 8516/93 –, GU, S. 314.

1. Beschreibung

In Abhängigkeit vom Implantatsystem und der Indikation einer Sofortimplantation oder Spätimplantation sind unterschiedliche Fräsungen vorzunehmen. Die Präparation der Knochenkavität beinhaltet alle Fräsungen bis hin zur Aufbereitung der endgültigen Knochenkavität zur Aufnahme eines Implantats.

2. Bilddokumentation 21 – Aufbereitungsinstrumente

Abbildung G-8 Engels

Am Modell eines Oberschenkelknochens lässt sich im Querschnitt die Bohrung im Knochen erklären. Hier ein Aufbereitungsinstrument. Bedeutsam ist, dass den unterschiedlichen Knochenbeschaffenheiten bei der Präparation Rechnung getragen werden muss. Eine spongiöse Knochenstruktur kann zusätzliche knochenverdichtende Maßnahmen bedingen (s. u.) oder eine spezifische Finalbohrung geringeren Durchmessers erforderlich machen. Die Wahl der geeigneten Instrumentenfolge erfordert vom Zahnarzt somit in jedem Fall eine individuelle Berücksichtigung.

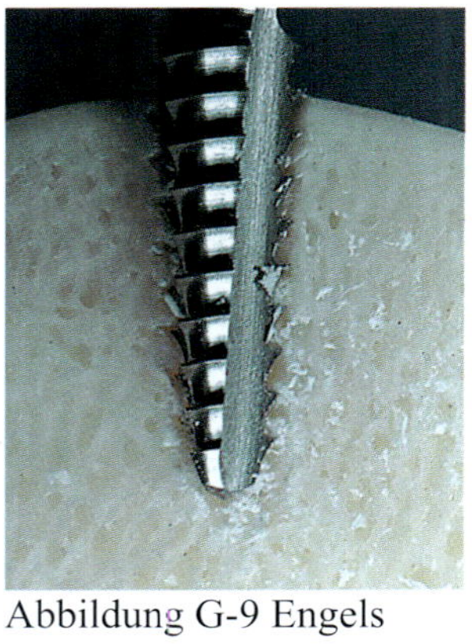

Abbildung G-9 Engels

Die Formkongruenz der Instrumente zur Präparation der Implantatkavität und der Implantate ist für den (Langzeit-)Erfolg der Implantatversorgung entscheidend.

Abbildung G-10 Engels

Je nach Knochenbeschaffenheit kann es sogar erforderlich sein, dass ein Gewinde geschnitten wird. Das Implantat soll mit exakter Führung und nahezu spannungsfrei formschlüssig in die Knochenkavität eingebracht werden können. Konische Implantate erreichen erst in der Endpositionierung die Primärfestigkeit.

3. Bilddokumentation 22: Präparation für ein Einzelzahnimplantat

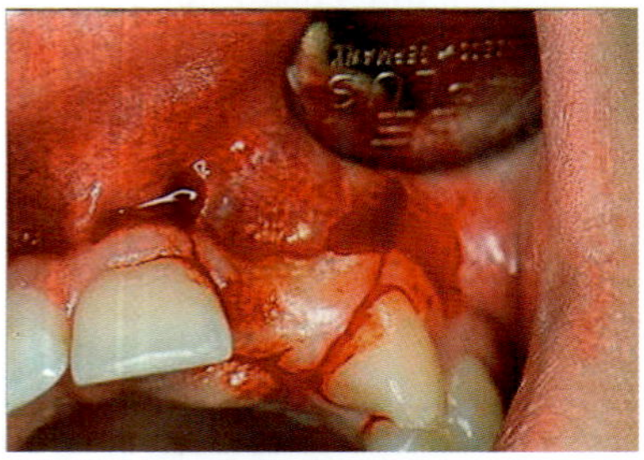

Abbildung G-11 Hartmann

Die einzelnen Schritte. Schnittführung.

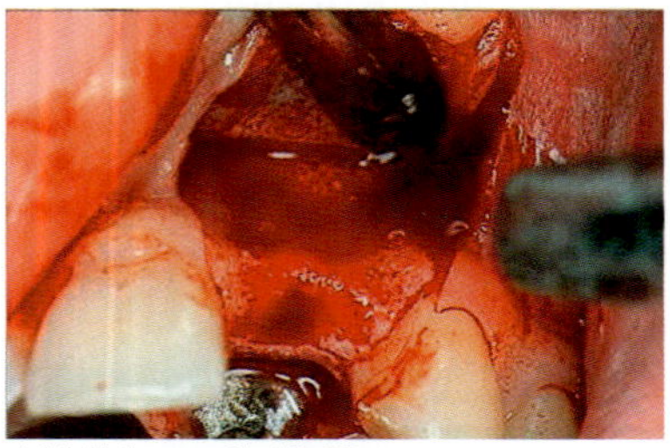

Abbildung G-12 Hartmann

Aufklappung.

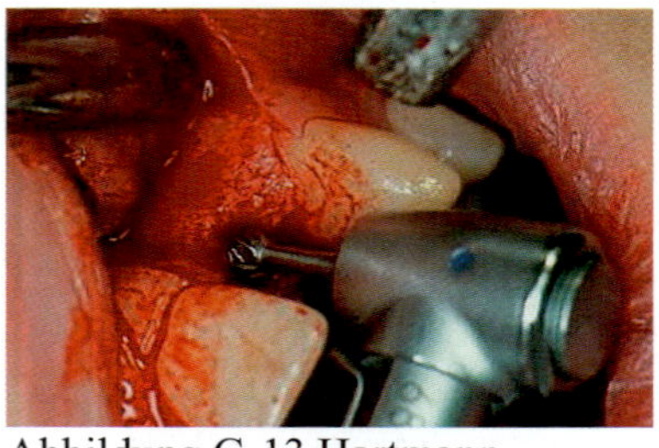

Abbildung G-13 Hartmann

Erste Bohrung.

4. Leistungsinhalt

Leistungsinhalt der GOZ 901 ist das Präparieren einer Knochenkavität (unabhängig davon, ob es sich um ein Zylinder-, Blatt-, Schrauben- oder Nadelimplantat handelt).

5. Berechnungsfähigkeit

Die GOZ 901 ist berechnungsfähig

- für jede notwendige selbständig präparierte Knochenkavität bis zur endgültigen Aufbereitung des Implantatbettes,

- auch für die Präparation einer Knochenkavität für ein Sofortimplantat,
- für die Präparation einer Knochenkavität für ein Interimsimplantat,
- auch für die Präparation eines Nadelimplantates.

Die **Materialkosten** für die sterilen Einmalbohrer (z.B. Branemark, 3i etc.) zur endgültigen Kavität sind gesondert berechnungsfähig.[327] Das bedeutet u.E. auch, dass die letzte das Implantatbett aufbereitende Fräse abrechnungsfähig ist.

6. Bohrstaub

6.1 Stellungnahme der Bundeszahnärztekammer (Stand 01/2000)

Ein Weiterverwenden von Bohrstaub, der durch das Aufbereiten des Implantatbettes anfällt, sowie die Entnahme von kleinen Knochenmengen aus der unmittelbaren Umgebung um das Implantatbett herum lösen keine eigenständige Gebührenposition aus.

6.2 Ergänzende Stellungnahme des BDIZ/EDI

Im Gegensatz zur Bundeszahnärztekammer ist der BDIZ/EDI der Auffassung, dass der Bohrstaub aus der unmittelbaren Umgebung des Implantatbettes oder des Operationsgebietes die Gebührenposition GOÄ 2254 auslöst. Der Bohrstaub wird durch einen Bone Collector aufgefangen oder der Bohrkern wird durch einen Hohltrepan aus dem Implantatbett gewonnen. Im Zusammenhang mit dieser Leistung ist anzuerkennen, dass eine Festlegung der Höhe des Steigerungsfaktors zwischen dem 1,0-fachen und 1,7-fachen Satz angemessen wäre. Die für die Gewinnung des Knochens notwendigen Filter oder Hohltrepane sind gemäß § 10 GOÄ <u>zusätzlich</u> abrechnungsfähig.[328]

7. Ergänzende Stellungnahme des BDIZ/EDI zur GOZ 901

Die Leistungsbeschreibung nimmt keine Rücksicht auf die unterschiedlichen Designs bei Implantaten. Es ist daher völlig unerheblich, ob es sich um einen Zylinder, eine Schraube, ein Blatt oder eine Nadel handelt. Die Leistungsbeschreibung nimmt auch keinen Bezug darauf, wie viel Pfosten pro Implantat prothetisch zu versorgen sind. So gibt es z.B. bei einem zweipfostigen Blattimplantat einen eindeutigen wirtschaftlichen Nachteil gegenüber zwei einzelnen Implantaten, die ebenfalls mit zwei Kronen versehen werden. Das zweipfostige Blattimplantat ist nur einmal, hingegen die zwei Monokörper zweimal nach GOZ 901 abrechnungsfähig. Diesem Umstand kann nur durch die Erhöhung des Steigerungsfaktors Rechnung getragen werden. Die Ausarbeitung der Knochenkavität berücksichtigt nur die endgültige Aufbereitung des Implantatbettes, wobei alle Zwischenstufen mit Pilotbohrer, Stufenfräsen, Aufbereitungsinstrumenten zur Leistungsposition 901 gehören und nicht gesondert berechnungsfähig sind. Der Zeitaufwand oder der Materialeinsatz, der durch die Verwendung vieler Fräsen zur atraumatischen Aufbereitung des Implantatbettes notwendig ist, kann nur mit Erhöhung des Steigerungsfaktors oder gegebenenfalls durch eine Honorarvereinbarung nach § 2 Abs. 1 GOZ begegnet werden. Die Leistungsbeschreibung sieht ausschließlich das Präparieren der Knochenkavität vor, nicht aber begleitende Maßnahmen wie augmentative Verfahren, Bonesplitting, Bonespreading, Lagerbildung, Sinusbodenelevation und Neurolyse. Diese Leistungen sind <u>zusätzlich</u> abrechnungsfähig, auch wenn sie als selbständige Leistung beschrieben sind. Sie stehen auch nicht in einem zwangsweisen zahnmedizinisch-wissenschaftlichen oder technischen Zusammenhang zur Implantation, teilweise sogar nicht in einem räumlichen, so dass der Inhalt der selbständigen Leistung erfüllt ist.[329]

---

327 BGH, Urteil vom 27.05.2004 – III ZR 264/03 –, VersR 2004, 1138 = Kapitel U IV.18, S. 368.

328 S. BGH, Urteil vom 27.05.2004 – III ZR 264/03 –, VersR 2004, 1138 = Kapitel U IV.18, S. 368.

329 Vgl. BGH, Urteil vom 13.05.2004 – III ZR 344/03 –, VersR 2004, 1135 = Kapitel U III.1, S. 360.

8. Ergänzende Stellungnahme des BDIZ/EDI zur Materialberechnung

Das Urteil des Landgerichts Hamburg[330] hatte den BDIZ/EDI veranlasst, seine Auffassung zur Berechnung von Implantatfräsen zu revidieren:

„Wir hatten seinerzeit vorgeschlagen, die Fräse nach fünfmaligem Gebrauch zu vernichten und den gesamten Frässatz jeweils mit 1/5 pro Implantat hinzuzurechnen. Diese Auffassung kann unter Berücksichtigung der weiteren Urteile nicht aufrechterhalten werden. Dem Rat der Juristen folgend wurde daher diese Auffassung fallen gelassen und eine neue Definition erarbeitet. Die Fräse, die das Implantatbett endgültig aufbereitet, so dass danach die Implantation erfolgen kann, gilt als einmal zu verwendende Fräse. Die anderen Fräsen, die zuvor das Implantatbett formen oder aufbereiten, sind nicht zusätzlich abrechnungsfähig. Die Begründung, dass nur die letzte Fräse als Einmalfräse gelten kann, liegt darin, dass diese Fräse in ihren Ausdehnungen exakt dem Implantat entsprechen muss, keine Kontamination oder Denaturierung durch Überhitzung des umliegenden Gewebes eintreten darf. Bei allen anderen Fräsen, die als Vorbohrer oder Vorfräser gelten können, wird mit der nachfolgenden Fräsung möglicherweise kontaminiertes oder denaturiertes Gewebe entfernt. Diese Fräsen gelten daher nach § 4 Abs. 3 GOZ als ‚Sprechstundenbedarf'. Bei der letzten Fräse, die das endgültige Implantatbett aufbereitet, kann sowohl aus wissenschaftlicher wie auch aus juristischer Forderung abgeleitet werden, dass es sich um ein einmal zu verwendendes Instrument handelt, das nur bei einem Patienten Verwendung findet. Werden bei einem Patienten ein oder mehrere Implantate gesetzt, so kann bei dieser Ausgangslage die Fräse nach der Benutzung vernichtet werden. Es empfiehlt sich, dem Patienten die Fräse mitzugeben."

Die Entscheidung des BGH vom 27.05.2004[331] bestätigt diese Auffassung.

9. Anwendung eines Bonecondensors

9.1 Beschreibung

Die Aufbereitung des Implantatbettes mit Hilfe eines Bonecondensors berechtigt nicht zu einer weiteren Abrechnung der Gebührenposition. Die GOZ 901 öffnet dem Zahnarzt viele Möglichkeiten, die Implantatkavität zu präparieren. Das kann mit Hilfe von Fräsen oder Bonecondensor geschehen. Der zusätzliche Zeitaufwand kann nur über eine Erhöhung des Steigerungssatzes und ggf. über den Abschluss einer Honorarvereinbarung nach § 2 Abs. 1 GOZ berücksichtigt werden.

9.2 Bilddokumentation 23 – Bonecondensing

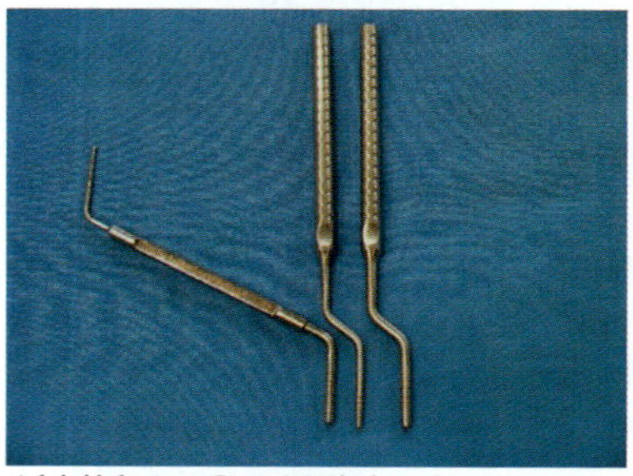

Abbildung G-14 Nickenig

Das Instrumentarium zum Bonecondensing ist am Arbeitsende den Implantatformen vergleichbar gestaltet.

Die Instrumente gibt es in unterschiedlichen Durchmessern, so dass die Implantatkavität sukzessive aufbereitet werden kann.

[330] LG Hamburg, Urteil vom 18.09.1995 – 302 S 47/95 –, GHI, S. 288 = GU, S. 56.

[331] BGH, Urteil vom 27.05.2004 – III ZR 264/03 –, VersR 2004, 1138 = Kapitel U IV.18, S. 368.

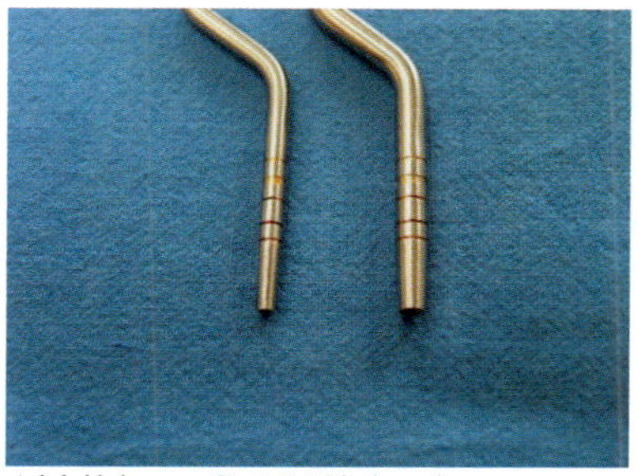
Abbildung G-15 Nickenig

In den meisten Fällen sind Tiefenmarkierungen angebracht, so dass entsprechend der Implantatplanung auf eine exakte Länge aufbereitet werden kann.

Eine abgewinkelte Formgebung des Griffes erlaubt zudem den Zugang zu distalen Gebieten.

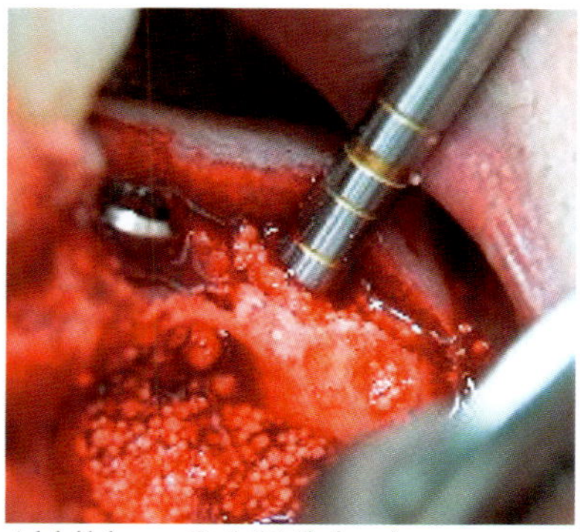
Abbildung G-16 Nickenig

Aufgrund der ungünstigen Knochenbeschaffenheit /-dichte wird im Zusammenhang mit einer Knochenlager aufbauenden Maßnahme der noch vorhandene ortständige Knochen verdichtet, so dass ein möglichst primärstabiles Einbringen von Implantaten möglich ist.

10. Interne Sinusbodenelevation

10.1 Beschreibung

Wird eine Sinusliftoperation nach der Methode von Summers mit dem Bonecondensor durchgeführt, so wird dies als interner Sinuslift bezeichnet. Die Präparation der Implantatkavität zieht keine zusätzliche Gebührenposition nach sich. Allerdings ist

- das Präparieren der Kieferhöhlenschleimhaut mit dem Bonecondensor nach GOÄ 2386 (Präparieren der Kieferhöhlenschleimhaut), daneben sind
- die GOÄ 2442 (Auffüllen mit alloplastischem Material) oder
- die GOÄ 2254 (Auffüllen mit autologem Knochenmaterial) abzurechnen.

10.2 Bilddokumentation 24 – Interne Sinusbodenelevation

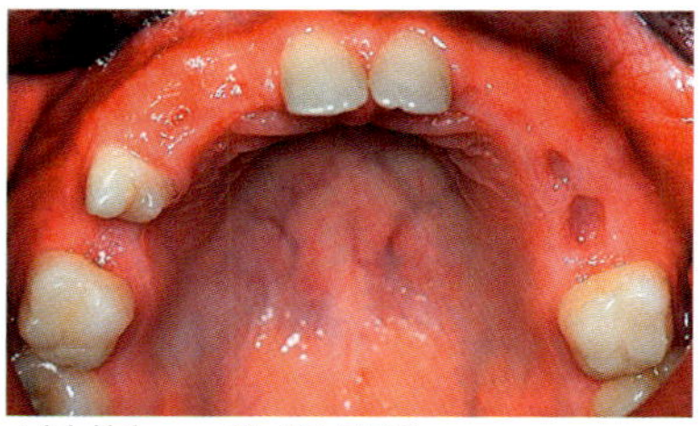
Abbildung G-17 Zöller

Zustand bei multipler, kongenitaler Nichtanlage Oberkiefer.

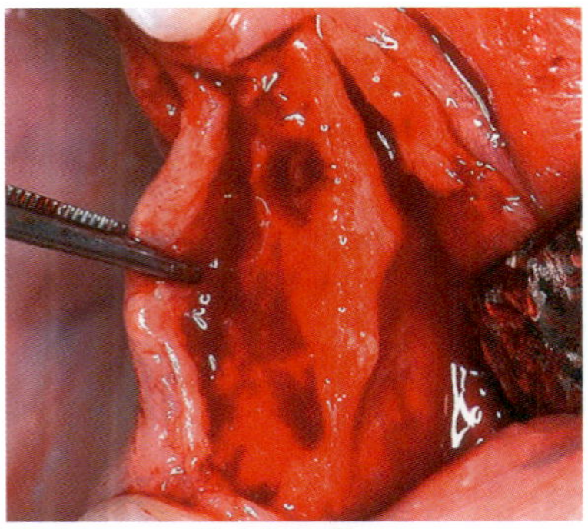
Abbildung G-18 Zöller

Präparation Kieferkamm bei weicher Knochenstruktur des jugendlichen Patienten.

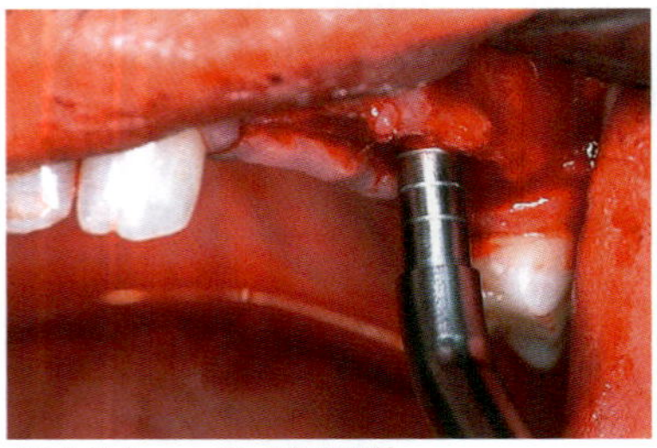
Abbildung G-19 Zöller

Aufbereitung mit Bonecondensor für internen Sinus-Lift.

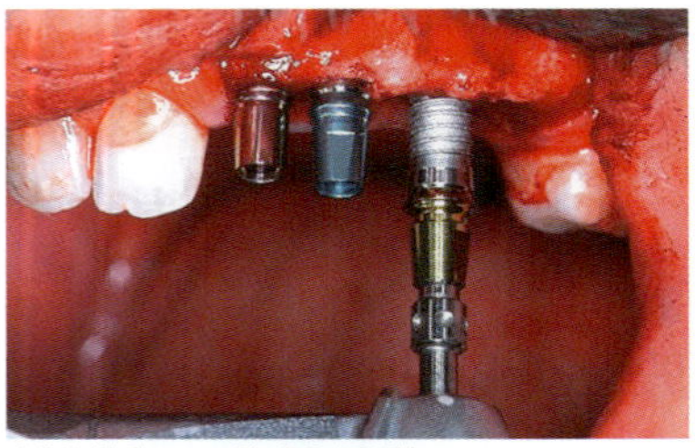
Abbildung G-20 Zöller

Maschinelle Implantatinsertion mit verschiedenen Durchmessern für Einzelzahnversorgung.

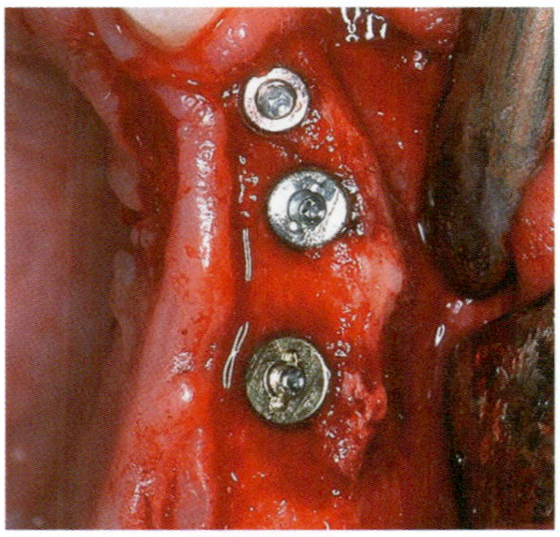
Abbildung G-21 Zöller

Zustand nach Implantatinsertion Oberkiefer nach internem Sinuslift.

11. Zur gesonderten Berechnungsfähigkeit von sterilen Einmalimplantatbohrern und Einmalfräsen

Der Bundesgerichtshof hat in einer Entscheidung vom 27.05.2004[332] die Auffassung vertreten, dass Materialkosten vom Zahnarzt gesondert nach § 10 GOÄ abgerechnet werden dürfen, soweit diese bei Leistungen anfallen, welche ihrerseits über § 6 GOZ nach GOÄ abzurechnen sind. Eine generelle Analogie zu § 10 GOÄ lehnt er für zahnärztliche Leistungen dagegen ab. Als Ausnahme hält er aber

[332] BGH, Urteil vom 27.05.2004 – III ZR 264/03 –, VersR 2004, 1138 = Kapitel U IV.18, S. 368.

- Einmalimplantatbohrersätze,
- Knochenkernbohrer,

nicht aber

- ossäre Aufbereitungsinstrumente,
- Einmal-OP-Kleidung und
- Einmal-OP-Sets

für abrechenbar.

Das Urteil befasst sich weder näher mit dem Text des § 10 GOÄ noch mit den drängenden Fragen, die bei einer Verweigerung der generellen Analogie etwa sich im Verhältnis Abrechenbarkeit beim Zahnarzt und beim Mund-, Kiefer- und Gesichtschirurgen ergeben. Das Urteil hat schon unmittelbar nach seinem Bekanntwerden sehr viel Kritik[333] ausgelöst, weil es mit seinem Ergebnis, unter bestimmten Umständen Materialkosten doch zur Abrechnung zuzulassen, obwohl die GOZ die Abrechenbarkeit nach Ansicht des BGH eigentlich ausschließt, immense Unsicherheit verursacht hat, die der BGH mit der Nichtanwendung des § 10 GOÄ auf die zahnärztlichen Materialkosten gerade vermeiden wollte. Es wird ausführlich analysiert und besprochen im Kapitel S V, S. 313 ff., in dem die Frage nach der Abrechenbarkeit von Materialkosten ausführlich erörtert wird.

12. Rechtsprechung zu GOZ 901

12.1 LG Dresden, 01.12.2000 – 15 S 0334/98 –: Abgrenzung zur GOÄ 2730

Die nach der GOÄ 2730 abgerechneten Leistungen sind Teilleistungen der mit der GOZ 901 abgerechneten Leistungen. Es handelt sich um eine implantologische Leistung, die von einem Gebührentatbestand der Gebührenordnung erfasst wird, so dass nichts dafür spricht, diese Leistung analog § 6 Abs. 1 GOZ nach den Gebührennummern der GOÄ zusätzlich abzurechnen.[334]

III. GOZ 902 – Implantatschablone

GOZ 902		
Bewertung: 90 Punkte		
1,0-fach: 5,06 €	**2,3-fach: 11,63 €**	**3,5-fach: 17,71 €**
Einsetzen einer Implantatschablone zur Überprüfung der Knochenkavität		

1. Beschreibung

Beim Aufbereiten einer Knochenkavität für Implantate sind verschiedene Bohrungen unterschiedlicher Länge und Durchmesser vorzunehmen.

Um eine Schädigung der Kieferhöhlen, Nasenhöhlen oder aber eine Läsion des nervus mandibularis zu verhindern, sind Tiefenmessungen notwendig. Je nach Implantatsystem ist daher

---

[333] Vgl. z.B. Ratajczak, BGH schränkt Abrechenbarkeit von Materialkosten ein: Keine Lagerhaltungskosten berechnen, DZW 2004, Nr. 28 vom 07.07.2004, S. 5; ders., Die Abrechnung von Materialkosten nach dem BGH-Urteil vom 27.05.2004, BDIZ-konkret 2004, Heft 3; Zentai, Die Entscheidung des BGH zur Materialabrechnung, Spitta-Praxisbrief Juli 2004; Rubehn, Konsequenzen aus BGH-Urteil, DFZ 2004, Heft 9, S. 24; Lennartz, Ein Urteil mit vielen Fragezeichen, DFZ 2004, Heft 9, S. 25; Krousky, Gleichbehandlung auf der Strecke geblieben, ZM 94 (2004), Nr. 17 vom 01.09.2004, S. 116; Falkenthal, Materialkosten und BGH-Rechtsprechung, ZBW 2004, Heft 9, S. 46.

[334] LG Dresden, Urteil vom 01.12.2000 – 15 S 0334/98 –, GHI, S. 269 = BDIZ-konkret 2002, Heft 2, S. 39 = BDIZ Jahrbuch 2002, S. 96 = GU, S. 314. Dem Urteil lässt sich leider nicht entnehmen, welche Leistungen nach GOÄ 2730 abgerechnet wurden.

auch ein mehrfaches Überprüfen der jeweiligen Knochenkavität schon aus forensischen Gründen notwendig.

Das Überprüfen der Knochenkavität kann mit implantatspezifischen Messsonden mit oder ohne Röntgenkontrolle erfolgen. Wenn spezielle Schablonen für das Implantatsystem vorhanden sind, sollten diese verwendet werden.

2. Bilddokumentation 25 – Implantatschablone

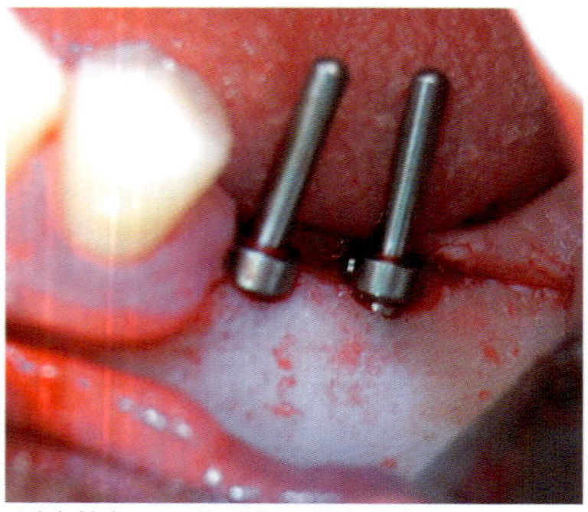

Abbildung G-22 Nickenig

Spezielle konfektionierte Implantatschablonen (bzw. analoge) ermöglichen die Beurteilung der Implantatkavität bezüglich der Achse, Tiefe und Formschlüssigkeit. In den meisten Fällen sind mehrere Schablonen in aufsteigender Reihenfolge vorhanden, je nach Größe der Implantatfräsung, so dass ein exaktes schrittweises Vermessen des Implantatfaches erfolgen kann.

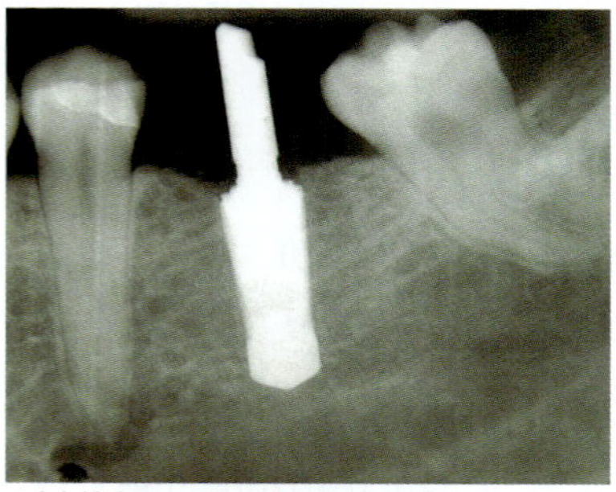

Abbildung G-23 Nickenig

Ein intraoperatives Röntgenbild mit einer Implantatschablone oder einem Implantatbohrer kann wesentliche Informationen über die exakte Knochenpräparation geben.

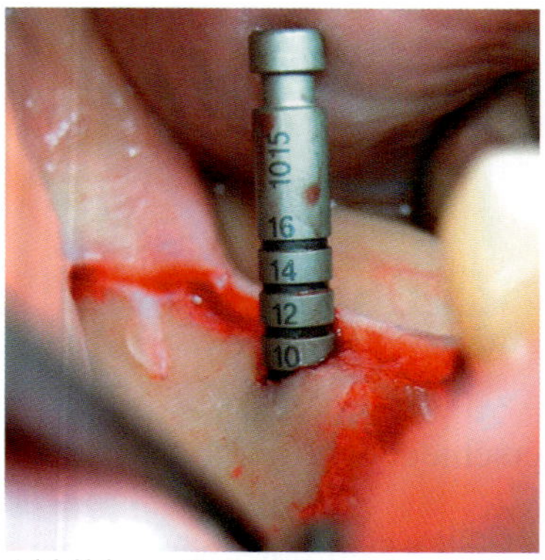

Abbildung G-24 Nickenig

Im klinischen Bild zeigt die Tiefenmarkierung der Schablone deutlich die Eindringtiefe am crestalen Knochenverlauf.

3. Leistungsinhalt

Leistungsinhalt der GOZ 902 sind folgende Maßnahmen:

- Überprüfung der Knochenkavität mit einer Schablone oder Messlehre.
- Überprüfung der Knochenkavität mit einer individuellen Schablone.
- Die Material- und Laborkosten sind zusätzlich abrechnungsfähig. Ggf. Abdruck nach GOZ 005 oder GOZ 006 zuzüglich Material.
- Die Abrechnung der individuellen Schablone erfolgt nach BEB (Zahntechnikergebühren).

4. Berechnungsfähigkeit

Die GOZ 902 ist berechnungsfähig

- für das Einsetzen einer Implantatschablone zur Überprüfung der Knochenkavität,
- je notwendiger Überprüfung der Knochenkavität mittels Schablone,
- je notwendiger Überprüfung der Knochenkavität mittels Messlehre,
- ggf. auch mehrmals je Knochenkavität.

5. Stellungnahme des Konsultationsausschusses (Stand 07.05.2001)

Die Leistung nach GOZ 902 ist je nach Notwendigkeit, gegebenenfalls auch mehrmals pro Implantat, berechenbar.

6. Stellungnahme der Bundeszahnärztekammer (Stand 12.05.2000)

Die Leistung nach GOZ 902 ist je nach Notwendigkeit, gegebenenfalls auch mehrmals pro Implantat, berechenbar.

7. Ergänzende Stellungnahme des BDIZ/EDI

Die nun mittlerweile mehr als 16 Jahre alte Gebührenordnung konnte nicht voraussehen, dass die Prothetikversorgung dominierender Faktor einer Implantatposition werden würde. Wir müssen bei dieser Position also unterscheiden zwischen der rein chirurgischen und der prothetischen Überprüfung des Implantatbettes. Für die chirurgische Überprüfung der Knochenaktivität werden für fast alle Implantatsysteme Messschablonen mitgeliefert. Sie dienen auch zur Optimierung der Röntgenkontrolle. Die Überprüfung des Implantatbettes in allen drei Dimensionen, auch zur Vermeidung von Schädigung anatomischer Strukturen wie Mandibularkanal oder Kieferhöhle, ist durch jede Messsonde möglich. Die Ausweitung der Implantologie auf Multi-Implantation pro Patient zur Sicherung eines festsitzenden Ersatzes lässt auch die prothetische Komponente sehr viel stärker in den Vordergrund treten. Bei Multi-Implantationen werden nach vorherigem Wax-up individuell Schablonen, bisweilen mit Bohrstollen aus Titanröhrchen zur Festlegung der Implantatposition, vom Zahntechniker gefertigt. Diese individuellen Schablonen sind natürlich nicht mit der Leistungsbeschreibung der GOZ 900 abgegolten, sondern lassen zusätzlich individuell berechnete Technikerpositionen und zahnärztliche Leistungsbeschreibungen zu. Im Gegensatz zu den Konfektionsteilen, die als Schablonen oder Sonden dem Implantatsystem beigelegt sind, sind diese zusätzlich gefertigten Schablonen zusätzlich abrechnungsfähig. Der Zahntechniker berechnet nach BEB-Positionen sein Wax-up und die Anfertigung der Schablonen, während der Zahnarzt nach GOZ 700 seine Leistung honorieren darf. Werden neben Tiefziehverfahren noch aufwändigere zahntechnische Arbeiten erfüllt, so sind diese über BEB abzurechnen. Ein Bezug auf die BEL ist nicht möglich, da die Implantologie nicht Inhalt des gesetzlichen Krankenkassenvertrages ist und diese Leistungen in der BEL auch nicht vorgesehen sind. Es ist durchaus denkbar, dass bei Multi-Implantationen zwischen der angefertigten Schiene und der tatsächlichen Implantatposition gewisse Diskrepanzen auftreten, denen durch eine Änderung der Schablone Rechnung getragen wird. Dieses kann über eine Reparatur, ggf. sogar über eine neue Schablone berücksichtigt werden. Eine neue Schablone wird allerdings nur in ganz seltenen Fällen anfallen, die dann auch dem Patienten gegenüber ggf. begründet werden müssen.

Unter Berücksichtigung der chirurgischen und prothetischen Überprüfung der Knochenkavität ist daher **im Regelfall** ein **zweimaliges Abrechnen der GOZ 902 pro Implantat** gerechtfertigt.

Selbst für Reimplantationen, Transplantationen oder in Verbindung mit transdentalen Fixationen nach GOZ 315 ist eine Überprüfung des Implantat- bzw. Transplantatbettes notwendig. Ob dies nun mit konfektionierten Schablonen, Sonden oder anderen Instrumenten erfolgt, ist abhängig von der jeweiligen Situation Bei konfektionierten Schablonen ist im Gegensatz zu den individuellen keine gesonderte Abrechnung der Materialkosten möglich. Sie fallen unter § 4 Abs. 3 GOZ.

8. Rechtsprechung zu GOZ 902

8.1 LG Mannheim, 14.02.1995 – 9 O 257/93 –: Abrechenbarkeit 1x

Das Anlegen der Schablone nach GOZ 902 ist nur einmal berechnungsfähig, wenn nur ein Implantatsystem verwandt wurde.[335]

8.2 AG Kiel, 06.09.1997 – 118 C 197/95 –: Abrechenbarkeit 1x

Die GOZ 902 ist einmal pro Knochenkavität abrechenbar.[336]

IV. GOZ 903 – Implantatinsertion

GOZ 903		
Bewertung: 480 Punkte		
1,0-fach: 27,00 €	2,3-fach: 62,10 €	3,5-fach: 94,50 €
Einbringen eines enossalen Implantats		

1. Beschreibung

Diese Leistungsbeschreibung ist die einzige, die innerhalb der implantologischen Leistungsbeschreibungen unzweifelhaft ist. Jedes Implantat, ob Schrauben-, Zylinder-, Blattimplantat oder jedes andere Implantatdesign ist mit seinem enossalen Anteil darunter zu verstehen. Es ist bedeutungslos, wie viele Pfosten dieses Implantat zur Aufnahme einer prothetischen Rekonstruktion trägt. Entscheidend ist der enossale Anteil. Ein dreipfostiges Blattimplantat ist also ein Implantat i.S. der GOZ 903.

2. Bilddokumentation 26 – Implantatinsertion

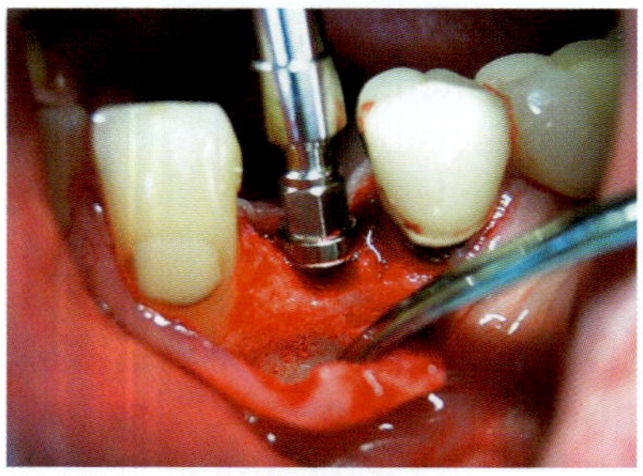

Abbildung G-25 Nickenig

Mittels Einbringpfosten o.ä. wird das Implantat unter Berücksichtigung der jeweiligen Knochenbeschaffenheit mit geeignetem Drehmoment langsam (unter Kühlung) in die zuvor exakt aufbereitete Implantatkavität eingebracht.

---

335 LG Mannheim, Urteil vom 14.02.1995 – 9 O 257/93 –, GU, S. 313.

336 AG Kiel, Urteil vom 06.09.1997 – 118 C 197/95 –, GHI, S. 260.

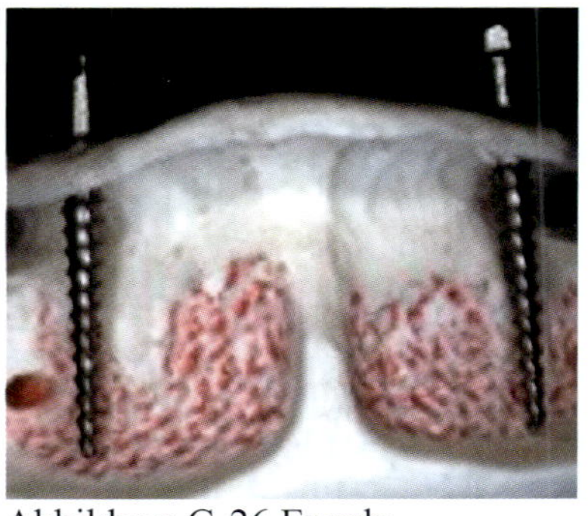

Abbildung G-26 Engels

Am Modell kann nicht nur die unterschiedliche Knochenbeschaffenheit je nach Lokalisation der Kieferregion visualisiert werden, sondern auch der Wechsel zwischen spongiösen und kompakten Knochenanteilen, die neben der Präparation auch das Einbringen des Implantats erschweren.

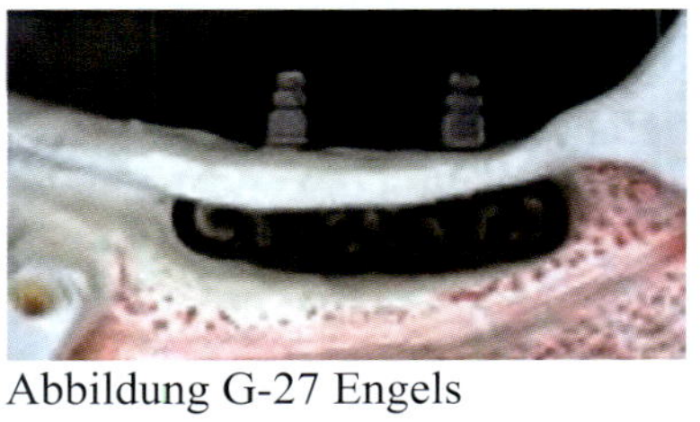

Abbildung G-27 Engels

Hier zeigt das Modell, dass auch Implantate früherer Generation z.T. erhebliche Anforderungen bezüglich der formgerechten Präparation und des schlüssigen Einbringens der Implantatkörper stellten.

3. Leistungsinhalt

Das Einbringen eines enossalen Implantats (einphasig oder zweiphasig) in die vorbereitete Knochenkavität.

4. Berechnungsfähigkeit

Die GOZ 903 ist berechnungsfähig:

- Je selbständiges Implantat, je Implantatkörper.
- Für alle enossalen Implantatsysteme, außer für Nadelimplantate nach GOZ 909.
- Ungeachtet der Ausdehnung des enossalen Anteils im Implantat ist das Einbringen von schrauben-, stufenzylinder- oder blattförmigen Implantaten nur einmal zu berechnen.
- Alle Einbringinstrumente und -hilfen sind Bestandteil des Einbringens des Implantats. Da bei einigen Implantatsystemen mit recht komplizierten Einbringhilfen gearbeitet werden muss, sind die Schwierigkeiten des Einbringens bei der Bemessung des **Steigerungsfaktors** zu berücksichtigen.
- Weder Einbringhilfen noch Sekundärteile, die mit dem Implantat verschraubt, verschweißt oder verlötet sind, sind gesondert nach GOZ 905 zu berechnen.
- Materialkosten für die Implantate (zzgl. dem jeweils gültigen MWSt.-Satz) sind berechnungsfähig gem. § 4 Abs. 3 Satz 1 GOZ (Allgemeine Bestimmung 2 zum Abschnitt K der GOZ).
- Die einem bestimmten Implantat zurechen- und nachweisbaren / nachvollziehbaren sog. „Vorhaltekosten" sind den einzelnen Implantatteilen hinzuzurechnen.[337]
- Zusätzliche erforderliche chirurgische Maßnahmen sind ggf. zusätzlich abrechenbar (siehe Umfeldpositionen).

5. Stellungnahme der Bundeszahnärztekammer (Stand 17.09.1999) Implantate, Beschaffungskosten

Nach den Allgemeinen Bestimmungen Nr. 2 zum Abschnitt K GOZ sind Implantate und Implantatteile gesondert berechnungsfähig. Daneben sind die dazugehörigen Beschaffungskosten

[337] **A.A.** allerdings BGH, Urteil vom 27.05.2004 – III ZR 264/03 –, VersR 2004, 1138 = Kapitel U IV.18, S. 368. S dazu eingehend unten Kapitel T I., 332 ff.

für Implantate und die Implantatteile sowie die dazugehörigen chirurgischen Normfräsen gesondert berechnungsfähig.

6. Ergänzende Stellungnahme des BDIZ/EDI zur GOZ 903

Die Leistungsbeschreibung sieht vor, dass kein Unterschied im Design zwischen den unterschiedlichen Implantaten vorgenommen werden darf. Es gibt keinen Hinweis, dass Blattimplantate anders bewertet werden können als Schraubenimplantate oder zylinderförmige Implantate. Entscheidend ist die Tatsache, dass es sich um ein enossales Implantat handelt. Die einzige Unterscheidung wird lediglich zwischen den subperiostalen und den enossalen Implantaten vorgenommen. Somit können zusätzliche Schwierigkeiten, die zum Einbringen dieses enossalen Implantats führen, nur durch die Erhöhung des **Steigerungsfaktors** oder durch eine **Honorarvereinbarung** nach § 2 GOZ angemessen berücksichtigt werden. Dabei ist es für die Gebührenordnung völlig unerheblich, wie schwierig das Einbringen eines Implantats ist, ob die Schwierigkeit im Implantatdesign oder in der Region des Inserierens begründet liegt. Die Gebührenordnung sieht dafür keine zusätzliche Abrechnungsposition vor. Zeitfaktor und Schwierigkeit können demzufolge nur über den Steigerungssatz berücksichtigt werden.

Die meisten Implantate verfügen über entsprechende Einbringhilfen, Eindrehinstrumente oder Ratschen. Die Eindrehinstrumente, Ratschen und zusätzliche Zubehörteile, die sterilisierbar zum „normalen" Instrumentensatz gehören, können in keinem Fall zusätzlich abgerechnet werden. Sie gehören zu § 4 Abs. 3 GOZ „Sprechstundenbedarf", auch wenn der Begriff „Sprechstundenbedarf" sicherlich falsch interpretiert ist. Kleine abschraubbare Einbringhilfen oder Abdeckschrauben, die das Implantat gegen Verletzung oder Einwachsen von Schleimhaut schützen, sind Leistungsinhalt der GOZ 903 und können nicht zusätzlich nach GOZ 905 abgerechnet werden. Am folgenden Beispiel mag dieses verdeutlicht werden:

Beim FRIALIT-2 oder IMZ-System wird das Implantat an einem Einbringpfosten in die Knochenkavität mit einem Einbringinstrument lege artis versenkt oder mit Hilfe eines Eindrehinstrumentes oder einer Ratsche in die vorgegebene Position gebracht. Einbringinstrument, Ratsche, Hammer und dgl. sind als Instrumente nach § 4 Abs. 3 GOZ anzusehen. Der Einbringpfosten, der schließlich aus dem Implantat herausgedreht oder abgeknickt wird, gilt als Teil des Instrumentensatzes, der zum Einbringen des Implantats notwendig ist. Die Abdeckschraube ist entweder im Implantat fixiert oder sie wird zur Abdeckung des Implantats eingebracht. Ohne diese Abdeckschraube wäre eine lege artis Implantation nicht vorzunehmen. Sie gehören unabdingbar zur chirurgischen Implantation. Der BDIZ/EDI ist der Auffassung, dass eine Abrechnung der GOZ 905 für diese Abdeckschraube bzw. den Einbringpfosten nicht anzusetzen ist. In Verbindung mit GOZ 315 ist das Einbringen eines enossalen Implantats nach GOZ 905 nicht anzusetzen, da es Inhalt der Leistungsposition ist.

Werden bei einem zweiteiligen Implantatsystem im Rahmen einer einphasigen Implantation Schleimhautformer oder Sekundärteile, die eine Schleimhautformung ermöglichen, sei es individuell oder konfektioniert, eingesetzt, so sind die Material- und Laborkosten zusätzlich abrechnungsfähig.

7. Rechtsprechung zu GOZ 903

7.1 OLG Karlsruhe, 15.10.1998 – 12 U 36/98 –: Abgrenzung zur GOZ 905

Da der Zahnarzt hier nur den aus hygienischen Gründen stets erforderlichen Einbringpfosten durch die Einheilschraube ersetzt hat und dieser Vorgang in unmittelbarem Zusammenhang mit dem Einbringen des Implantats selbst steht, ist diese Tätigkeit durch die GOZ 903 abgegolten.[338]

[338] OLG Karlsruhe, Urteil vom 15.10.1998 – 12 U 36/98 –, BDIZ-konkret 1999, Heft 1, S. 34 = BDIZ-Jahrbuch 2000, S. 54 = GHI, S. 280 = GU, S. 311.

7.2 OLG Karlsruhe, 11.01.2000 – 17 U 176/98 –: Abgrenzung zur GOZ 905

„Da mit der Gebühr GOZ 903 das Einbringen eines Zahnimplantats vergütet werden soll, sind mit dieser Gebühr alle in der Implantationsphase (Implantationssitzung) notwendigerweise anfallenden Leistungen erfasst und abgegolten. Dementsprechend sind nach einer Empfehlung des BDIZ vom März 1995 Leistungen nach der GOZ 905 erst in der rekonstruktiven Phase pro Implantat berechnungsfähig.“ [339]

Private Krankenversicherungen lehnen nunmehr generell die Erstattung der GOZ 905 ab und berufen sich auf dieses Urteil. Die Sachbearbeiter überlesen dabei aber, dass das Gericht die Berechnung der GOZ 905 lediglich in gleicher Sitzung mit der GOZ 903 abgelehnt hat. In den Folge-Sitzungen ist jedoch das Auswechseln eines Sekundärteils bei einem zusammengesetzten Implantat mit der GOZ 905 berechnungsfähig.

7.3 OLG Karlsruhe, 08.02.2002 – 10 U 232/00 –: Abgrenzung zur GOZ 905

Eine Gebühr nach der GOZ 905 darf nur dann nicht gesondert berechnet werden, wenn das Auswechseln des Sekundärteils im Zusammenhang mit Leistungen nach den GOZ 903 oder 904 vorgenommen wird.[340]

V. GOZ 904 – Freilegung des Implantats

GOZ 904
Bewertung: 320 Punkte
1,0-fach: 18,00 € **2,3-fach: 41,40 €** **3,5-fach: 63,00 €**
Freilegen eines Implantats und Einfügen von Sekundärteilen bei einem zweiphasigen Implantationssystem

1. Beschreibung

Nach der 3- bis 6-monatigen Einheilphase wird das (zweiphasige) Implantat freigelegt. Die über dem Implantat liegende Schleimhaut wird entfernt. Die Abdeckschraube wird ausgeschraubt und ggf. wird ein Gingivaformer eingeschraubt, der in der Ausheilphase das Innere des Implantats schützt.

2. Bilddokumentation 27 – Freilegung eines Einzelimplantats

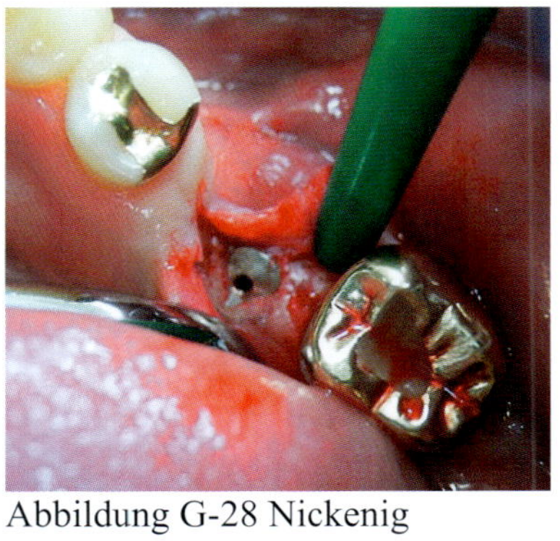

Abbildung G-28 Nickenig

Die bei der Freilegung erforderliche Entfernung der Deckschraube des Implantats kann in manchen Fällen durch überdeckende Knochenanteile sehr erschwert sein. In diesen Fällen muss die Knochenbedeckung der Deckschraube vorsichtig entfernt werden, ohne die knöcherne Implantatumgebung in Mitleidenschaft zu ziehen.

---

339 OLG Karlsruhe, Urteil vom 11.01.2000 – 17 U 176/98 –, GHI, S. 283 = GU, S. 311 f.

340 OLG Karlsruhe, Urteil vom 08.02.2002 – 10 U 232/00 –, VersR 2002, 743 = GU, S. 312.

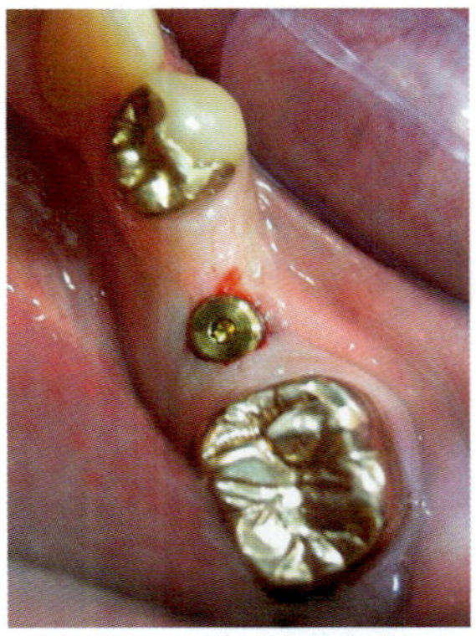

Abbildung G-29 Nickenig

Nach Freilegung des zweiphasigen Implantats und Entfernung der Deckschraube wurde ein Sekundärteil eingegliedert, das zur Heilung beiträgt.

3. Bilddokumentation 28 – Freilegung eines Implantats – Ablauf

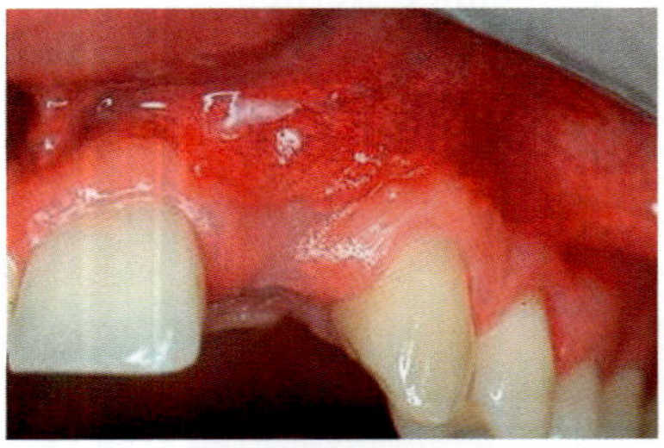

Abbildung G-30 Hartmann

Situs vor Freilegung.

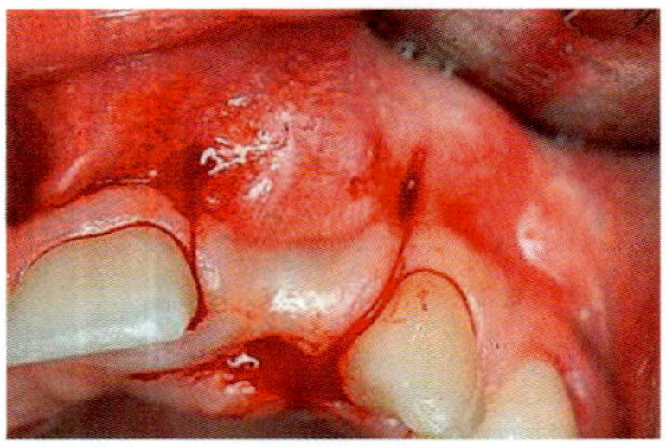

Abbildung G-31 Hartmann

Schnittführung.

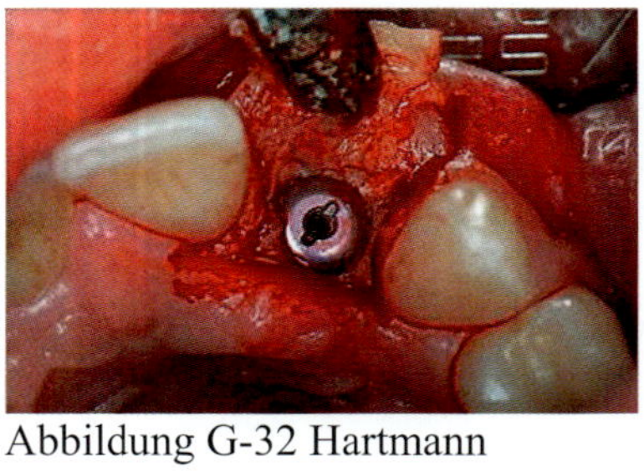

Abbildung G-32 Hartmann

Aufklappung.

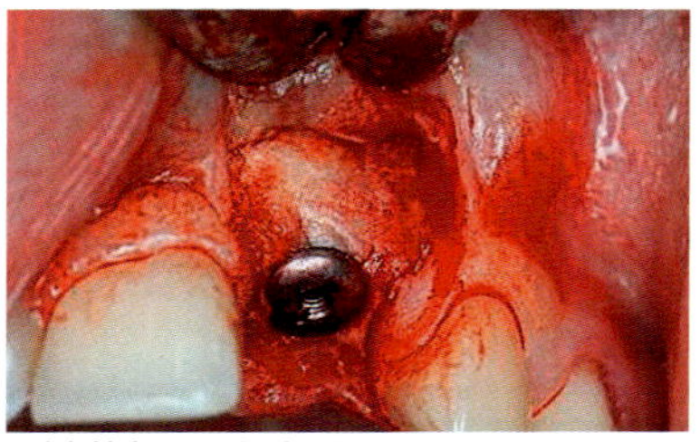

Das freigelegte Implantat.

Abbildung G-33 Hartmann

4. Bilddokumentation 29 – Freilegung von Implantaten mittels Schleimhautstanze

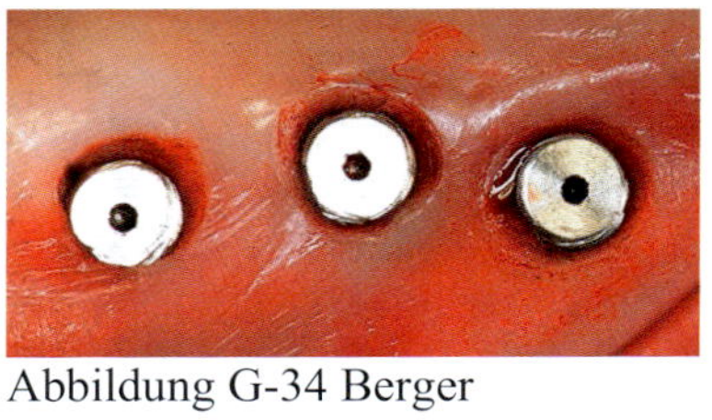

Implantate nach Freilegung mittels Schleimhautstanze.

Abbildung G-34 Berger

5. Bilddokumentation 30 – Freilegung zweier Implantate

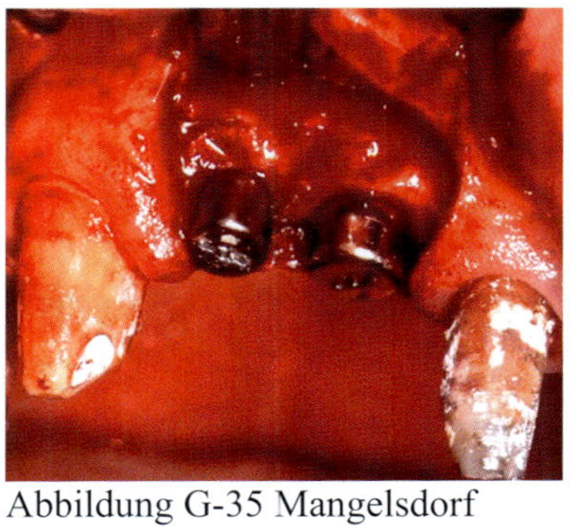

Nach der Einheilzeit von sechs Monaten sind die Implantate freigelegt. Die Gingivaformer sind eingeschraubt.

Abbildung G-35 Mangelsdorf

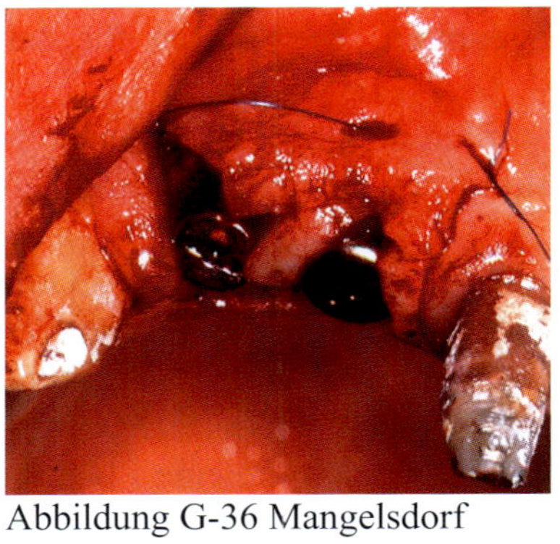

Um eine „schöne" Interdentalpapille zu erhalten, wird eine Schleimhautplastik durchgeführt.[341]

Abbildung G-36 Mangelsdorf

[341] Abzurechnen nach GOÄ 2382: je nach Zeitaufwand ist der 1,0 – 3,5-fache Steigerungsfaktor angemessen.

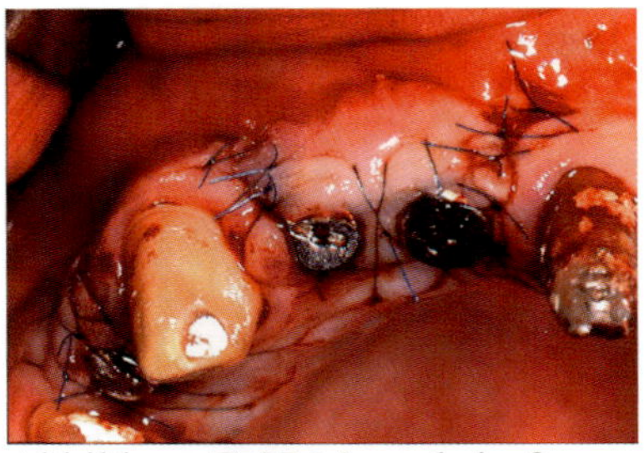

Abbildung G-37 Mangelsdorf

Nahtverschluss nach Schleimhautplastik.

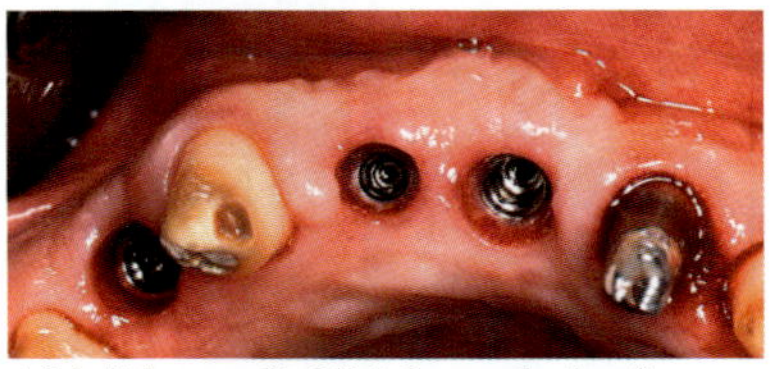

Abbildung G-38 Mangelsdorf

Behandlungsergebnis nach zwei Monaten.

6. Leistungsinhalt

Leistungsinhalt der GOZ 904 ist die Freilegung eines zweiphasigen Implantats und das Einfügen des Sekundärteiles.

7. Berechnungsfähigkeit

Die GOZ 904 ist berechnungsfähig

- für das Freilegen eines Implantats und das Einfügen von Sekundärteilen bei einem zweiphasigen Implantationssystem,
- je Implantat,
- je Freilegung.
- Das Einbringen der Gingivaformer ist mit der GOZ 904 abgegolten.
- Materialkosten für die Gingivaformer sind zusätzlich berechnungsfähig.
- Die primäre Wundversorgung ist mit der Leistung abgegolten. Die Kosten für das Nahtmaterial sind zusätzlich abrechenbar.[342]
- Eine evtl. vorhandene Membran und die Fixationsnägel werden in der Regel in der Freilegungssitzung entfernt. Hier kommt gem. der Empfehlung des BDIZ/EDI zusätzlich die GOÄ 2010 zum Ansatz.

  Das Einbringen von Membranen zur gesteuerten Gewebsregeneration (GTR = Guided Tissue Regeneration) und deren Entfernung ist eine erst nach dem Inkrafttreten der GOZ (1988) neu entwickelte Leistung. Sie ist gemäß § 6 Abs. 2 GOZ analog zu berechnen. Der Zahnarzt ist gehalten, wie bei allen Analogleistungsberechnungen, die Bewertung gemäß § 6 Abs. 2 GOZ nach billigem Ermessen vorzunehmen. Sollte eine Fixation der Membran durch Schrauben, Nägel oder Pins notwendig gewesen sein, so ist auch bei der Entfernung eine entsprechend höher bewertete Analogposition für das Entfernen der Membran heranzuziehen (GOÄ 2442 analog Implantation von alloplastischem Material – Membran).

  Die GOÄ 444 ist zusätzlich abrechenbar.
- Spezielle weichgewebschirurgische Leistungen sind ggf. zusätzlich abrechenbar.[343]

[342] S. näher unten Kapitel S (S. 308 ff.).

[343] S. hierzu eingehend das nächste Kapitel H (S. 183 ff.).

8. Stellungnahme des Konsultationsausschusses (Stand 07.05.2001)

Die Leistung nach GOZ 904 ist pro Implantatpfosten einmal berechnungsfähig. In Ausnahmefällen bei begründeter medizinischer Indikation kann die GOZ 904 wieder berechnet werden.

9. Stellungnahme der Bundeszahnärztekammer (Stand 12.05.2000)

Die Leistung nach GOZ 904 ist in der Regel pro Implantatpfosten einmal berechnungsfähig.

10. Ergänzende Stellungnahme des BDIZ/EDI zur GOZ 904

Der Begriff „*zweiphasiges Implantatsystem*" hat sich im Laufe der Gültigkeit des Gebührenverzeichnisses der Zahnärzte geändert. Zu Beginn der GOZ 1988 wurden einphasige Implantatsysteme als solche bezeichnet, die sofort belastet wurden. Als Beispiel galt hier die Neue Ledermannschraube. Heute gilt als einphasiges Implantatsystem jenes System, das nicht gedeckt unter der Schleimhaut einheilt. Demzufolge sind zweiphasige Implantatsysteme als solche anzusehen, die gedeckt unter der Schleimhaut einheilen. Der Definitionswandel hat weniger mit den Inhalten der Gebührenordnung als mit der exakten Beschreibung der jeweiligen chirurgischen Phasen zu tun. Einphasige Implantatsysteme benötigen keine Eröffnungsoperation, während zweiphasige eine chirurgische Eröffnung nach sich ziehen. In der Regel werden in einer Freilegungsoperation die Abdeckschraube, die das Implantat während der Einheilphase abschließt, entfernt und Gingivaformer, Sulcusformer oder andere Sekundärteile zur Formung der Gingivamanschette eingeschraubt. Diese Sekundärteile können aus einem oder aus mehreren Teilen zusammengesetzt sein, so dass damit der Leistungsbeschreibung der Gebührenposition Rechnung getragen wird.

Die Freilegungsoperation allerdings kann auf mehrere Arten geschehen. Sie kann auch in Verbindung mit Mukosa- oder Gingivaplastiken erfolgen, die nicht Inhalt der GOZ 904 sind. Bei dem Freilegen eines Implantats war lediglich an die Eröffnung mit Hilfe eines kleinen Schleimhautschnittes, einer Stanzung oder eines Elektrochirurgiegerätes gedacht. Schon allein die Punktzahl weist aus, dass es sich hierbei nicht um einen großen chirurgischen Eingriff handeln kann. Heutige Vorstellungen an ästhetische Zahnmedizin und Formung der Mukosamanschette um die Implantate herum erfordern wesentlich andere, kompliziertere chirurgische Eingriffe, die bei der Leistungsbeschreibung 1988 noch gar nicht berücksichtigt werden konnten. Da diese heutigen Anforderungen entsprechenden mukogingivalchirurgischen Eingriffe nicht in der Gebührenordnung für Zahnärzte definiert sind, muss gem. § 6 Abs. 2 die Abrechnung nach den Leistungsbeschreibungen der GOÄ erfolgen.

Der Gesetzestext definiert das Einfügen von Sekundärteilen nicht näher, es kann sich auch um mehrere Teile handeln. Werden in einer Sitzung das Freilegen des Implantats, das Einfügen von Übertragungsaufbauten mit nachfolgendem Abdruck und Verschluss des Implantats mit einem Gingivaformer vorgenommen, so ist der Leistungsinhalt der GOZ 904 erfüllt.

Ein paralleles Abrechnen der GOZ 904 und der Position GOZ 905 gibt die Leistungsbeschreibung der GOZ 904 <u>nicht</u> her.

Bei außergewöhnlich ungünstigen Verhältnissen kann die GOZ 904 auch mehrmals anfallen. Dieses gilt insbesondere dann, wenn unvorhergesehene vom Patienten nicht zu verantwortende Verhältnisse eintreten, wie z.B. Krankenhaus- oder Kuraufenthalt, längere berufsbedingte Abwesenheit vom Praxisort, oder ein Gingivaformer ging verloren und konnte aufgrund einer Erkrankung oder eines längerfristigen Aufenthaltes z.B. im Ausland nicht sofort erneuert werden. Je nach Größe der Regeneration des supraimplantären Gewebes muss die Eröffnungsoperation wiederholt werden. Unter Hinweis auf die besonderen Verhältnisse ist dann die GOZ 904 <u>nochmals</u> abrechnungsfähig.

Sollten kleinere Schleimhautwucherungen die Implantatoberfläche bedeckt, aber nicht vollständig abgedeckt haben, so ist eine erneute Abrechnung der GOZ 904 <u>nicht</u> möglich. Die Abrechnung nach GOZ 307 zur Exedierung von Mukosaanteilen ist dann gerechtfertigt.

Die Sekundärteile, die nach der Eröffnung in das Implantat hineingeschraubt werden, sind gesondert abrechnungsfähig.

Von einigen Versicherungsträgern wird immer wieder die Auffassung vertreten, dass das Auswechseln der Implantate während der rekonstruktiven Phase Inhalt der GOZ 904 sei. Dies ist grundlegend falsch. In der rekonstruktiven Phase wird ein Implantat nicht mehr eröffnet, da es seit einiger Zeit entweder eine intakte oder aber eine ausheilende Mukosamanschette um den Gingivaformer herum aufgebaut hat. Das Implantat ist also offen und muss nicht mehr entsprechend der Leistungsbeschreibung GOZ 904 freigelegt werden. Würde die Auffassung der Versicherung befolgt werden, dürfte die Leistungsposition nur zur Hälfte erbracht werden, nämlich nur für das Einfügen von Sekundärteilen. Halbe Gebührenpositionen oder ungenaue Beschreibungen einer Gebührenposition sieht der Gesetzestext nicht vor.

Berücksichtigt man den Zeitaufwand, der für die Gebührenposition 904 benötigt wird und den Zeitaufwand, der für das Auswechseln eines Sekundärteiles angebracht ist, und setzt ihn in Relation zur Punktzahl, so gibt die Leistungsbeschreibung nichts anderes her, als dass diese beiden Leistungen GOZ 904 und GOZ 905 vom Gesetzgeber als völlig eigenständige vorgesehen sind. Auch von der zahnärztlichen Leistung fügen sich diese beiden Leistungspositionen nahtlos ineinander. Zuerst wird das Implantat eröffnet, ein Sekundärteil zur Ausheilung der Gingiva eingeschraubt, nach mehr oder weniger großen Zeitabständen wird dann der Gingivaformer gegen ein anderes Sekundärteil ausgetauscht.

11. Rechtsprechung zu GOZ 904

11.1 OLG Karlsruhe, 08.02.2002 – 10 U 232/00 –: : Abrechenbarkeit neben GOZ 905

Eine Gebühr nach der GOZ 905 darf nur dann nicht gesondert berechnet werden, wenn das Auswechseln des Sekundärteils im Zusammenhang mit Leistungen nach den GOZ 903 oder 904 vorgenommen wird.[344]

11.2 AG Kiel, 06.09.1997 – 118 C 197/95 –: Abrechenbarkeit neben GOZ 905

Die GOZ 904 und 905 können nach den Ausführungen des Sachverständigen durchaus in der gleichen Sitzung zur Anwendung kommen. Nicht ersichtlich ist, dass der Sachverständige bei dieser Beurteilung gegen den Wortlaut der GOZ verstoßen würde.[345]

11.3 LG München II, 25.01.1996 – 8 S 5010/95 –: Abrechenbarkeit neben GOZ 905

Die GOZ 905 ist je Einheit für das Auswechseln des Sekundärteils „Heilungskäppchen“ gegen das Sekundärteil „Pfeiler“ berechenbar, da der Austausch nicht mit der GOZ 904 bereits mit abgegolten ist.[346]

VI. GOZ 905 – Auswechseln eines Sekundärteils

GOZ 905
Bewertung: 320 Punkte
1,0-fach: 18,00 € **1,0-fach: 18,00 €** **1,0-fach: 18,00 €**
Auswechseln eines Sekundärteils bei einem zusammengesetzten Implantat

1. Beschreibung

Alle Teile, die nicht mit dem Implantat verlötet, untrennbar verklebt oder verschweißt sind, gelten als Sekundärteile. Die Gebührenziffer ist nach ihrem Wortlaut je einzelnem Sekundärteil abrechenbar. Aus funktionalen Gründen halten wir aber insoweit eine etwas einschränkende Interpretation für sachgerecht.[347]

---

344 OLG Karlsruhe, Urteil vom 08.02.2002 – 10 U 232/00 –, VersR 2002, 743 = GU, S. 312.

345 AG Kiel, Urteil vom 06.09.1997 – 118 C 197/95 –, GHI, S. 286 = GU, S. 315.

346 LG München II, Urteil vom 25.01.1996 – 8 S 5010/95 –, GU, S. 314.

347 S. unten Kapitel G VI.6, S. 171.

Sekundärteile sind u.a.:

- Abdruckpfosten,
- definitiver Implantataufbau,
- Gingivamaske,
- Heilungskäppchen.

Während der rekonstruktiven Sitzung, bei allen Einproben müssen die Sekundärteile, die das Implantatinnere schützen und die Gingiva ausformen, mit besonderen Schraubenziehern oder entsprechend hergestellten Instrumenten entfernt und durch andere Sekundärteile, z.B. Abdruckpfosten ersetzt werden. Der Zeitaufwand, der bei dem Ein- und Ausschrauben bzw. Ein- und Auswechseln der Sekundärteile auftritt, ist im Vergleich zu konventionellen Kronen- und Brückeneinproben unverhältnismäßig hoch.

2. Bilddokumentation 31 – Auswechseln eines Sekundärteils

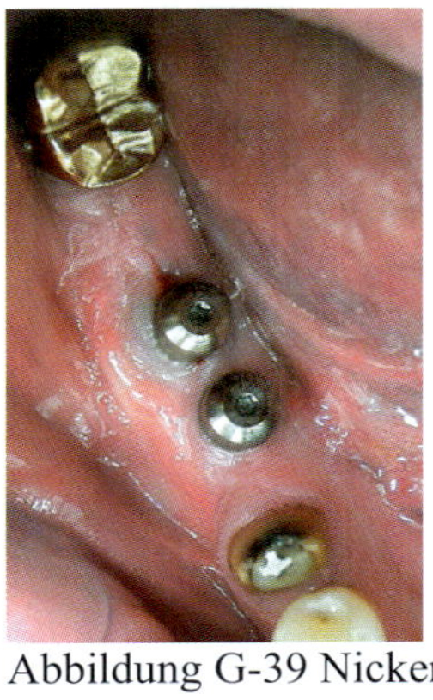
Abbildung G-39 Nickenig

Zwei bis drei Wochen nach der Freilegungssitzung haben die Sekundärteile zur Ausformung / Heilung der Gingiva für günstige Voraussetzungen zur Abformung der Implantate gesorgt.

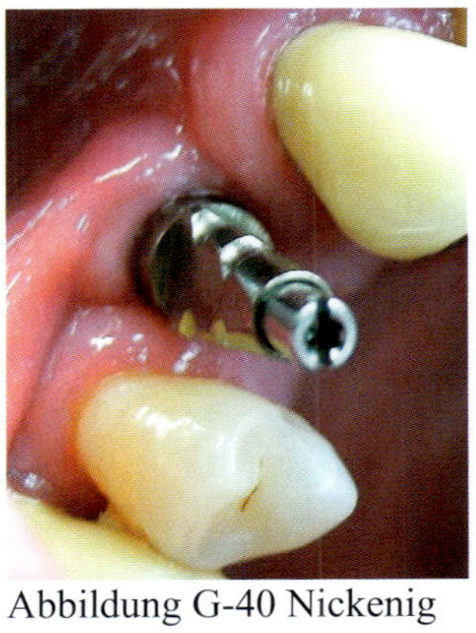
Abbildung G-40 Nickenig

Nach Entfernung der Gingivaformer mittels spezieller Schraubendreher wird der Abdruckpfosten auf dem Implantat verschraubt.

Von besonderer Bedeutung ist hierbei, dass der Abdruckpfosten spaltfrei, d.h. ohne Quetschung von Binde- oder Knochengewebsanteilen auf dem Implantatteller fixiert ist.

Für die spätere Passung bzw. den Langzeiterfolg einer Implantat-Prothetik ist dieser Schritt von entscheidender Bedeutung.

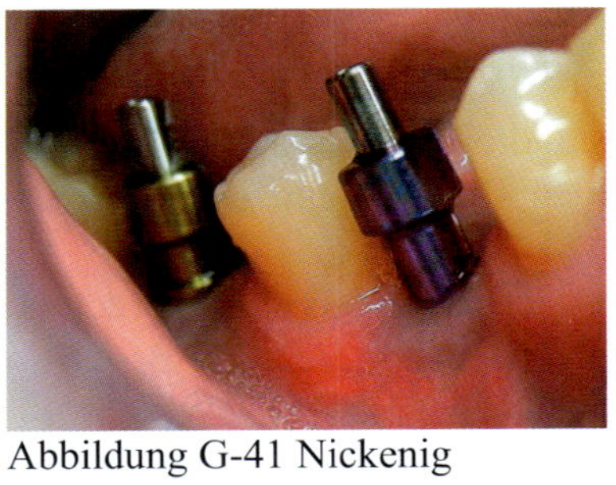
Abbildung G-41 Nickenig

Zwei wegen unterschiedlicher Größe farbig kodierte, verschraubbare Abdruckpfosten zur offenen Abformung mit individuellem Löffel.

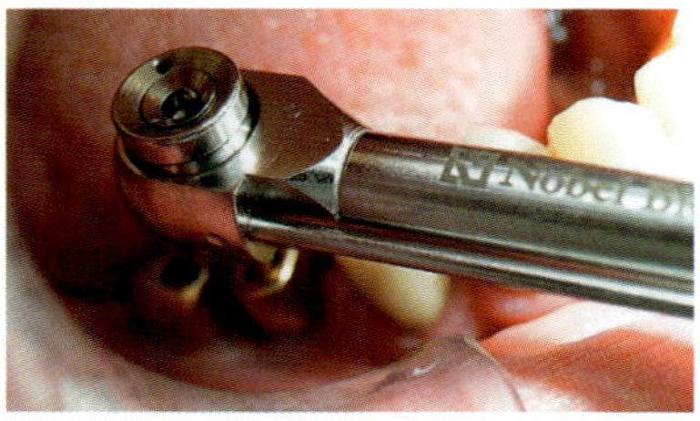

Abbildung G-42 Nickenig

Ein weiteres Sekundärteil in der prothetisch rekonstruktiven Phase ist, neben den Sekundärteilen zur Abheilung der Gingiva oder den Sekundärteilen zur Abformung (s. o.), der definitive Implantataufbau.

Wie es im Bild deutlich wird, muss dieser Aufbau speziell verschraubt bzw. drehmomentfixiert eingesetzt werden. Auch dieser Schritt ist in Bezug auf mögliche Misserfolgsereignisse in der Gebrauchsperiode des Zahnersatzes (Schraubenbruch/-lockerung) von maßgeblicher Bedeutung.

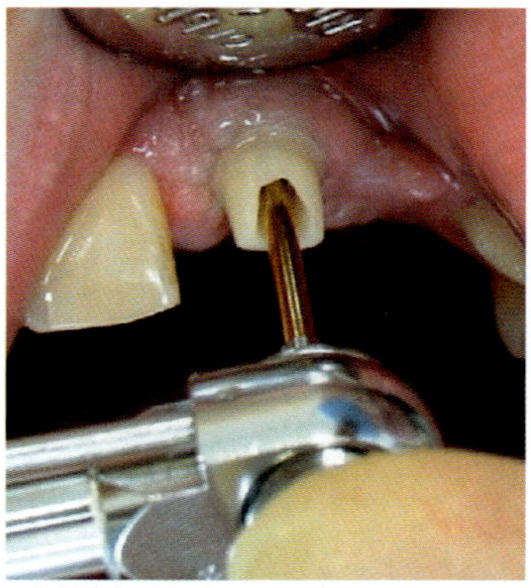

Abbildung G-43 Nickenig

Drehmomentfixierte Verschraubung eines Keramikaufbaus im Frontzahnbereich, bei dem es neben der Höhe des Drehmoments auch auf einen spannungsfreien Einsatz ankommt.

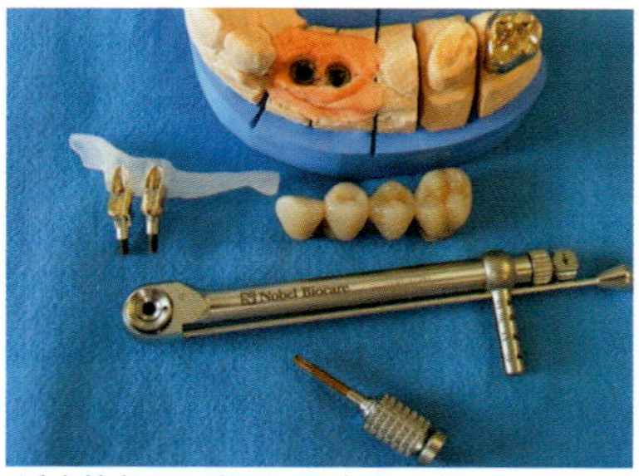

Abbildung G-44 Nickenig

Im Vergleich zur konventionellen Prothetik auf natürlichen Zähnen ist der Zeitaufwand in der Implantat-Prothetik bedeutend höher. In der Übersicht links wird der Unterschied bereits in den zusätzlich erforderlichen Materialien, Schlüsseln und Instrumenten deutlich.

Im Falle der konventionellen Prothetik wäre im Bild lediglich das Modell (ohne Gingivamaske) und der Zahnersatz als notwendig aufzuführen.

3. Die GOZ 905 ist berechnungsfähig

- Für Auswechseln eines Sekundärteils bei einem zusammengesetzten Implantat,
- je Pfosten,
- je rekonstruktiver Sitzung.
- Gem. dem Wortlaut nicht beschränkt auf sog. „Verschleißteile“, sondern für das „*Auswechseln eines Sekundärteiles*“.
- Materialkosten für Sekundärteile sind als integraler Bestandteil des Implantats berechnungsfähig gem. § 4 Abs. 3 GOZ i.V.m. der Allgemeinen Bestimmung Nr. 2 zu Abschnitt K der GOZ.
- GOZ 905 auch neben Kronen- und Verblendreparaturen nach GOZ 231, 232 abrechenbar.
- GOZ 905 neben Protheseninstandsetzungsmaßnahmen (GOZ 525 – 531, GOZ 509 – 511).
- GOZ 905 in nachfolgenden Prophylaxesitzungen.

- Abhängig vom Implantatsystem werden auch mehrere Sekundärteile ineinander zu einer funktionellen Einheit gefügt, z.B. beim IMZ-Implantatsystem: Titaninsert, intramobiler Connector und die zentrale Verschlussschraube würden bei strenger Auslegung die GOZ 905 dreimal auslösen. Obwohl der Gesetzestext das Einfügen jedes Sekundärteiles als berechnungsfähig beschreibt, sollte das Einfügen von Sekundärteilen von Konstruktionseinheiten aus systematischen Gründen nur pro restaurativer Sitzung berechnet werden. Zur Konstruktionseinheit zusammengesetzt werden mehrere Sekundärteile, nachdem sie einzeln keine funktionelle Aufgabe haben.

4. Stellungnahme des Konsultationsausschusses (Stand 07.05.2001): Implantate, Berechenbarkeit von GOZ 229, 231 und 511

Die GOZ 229, 231 und 511 sind für die Abnahme und Wiederbefestigung bedingt abnehmbarer Suprakonstruktionen berechnungsfähig. Müssen zusätzlich am Implantatkörper Sekundärteile ausgewechselt werden, so ist die GOZ 905 zusätzlich berechenbar.

5. Sekundärteil auswechseln bei bestehender prothetischer Versorgung

5.1 Berechnungsfähigkeit

Die Leistung nach der GOZ 905 ist pro Implantatpfeiler und je Sitzung bei einem Wechselvorgang oder Austausch einmal berechenbar.

Die GOZ 905 ist eine Implantatposition, nicht Hilfsposition bei Suprakonstruktionen.

5.2 Bilddokumentation 32 – Auswechseln von Sekundärteilen

Abbildung G-45 Nickenig

Ein Wechsel von Sekundärteilen bei bestehender prothetischer Versorgung, d.h. in der Gebrauchsperiode des Implantat-Zahnersatzes richtet sich nach den individuellen Vorgaben des Implantatsystems und den Erfordernissen des Patienten.

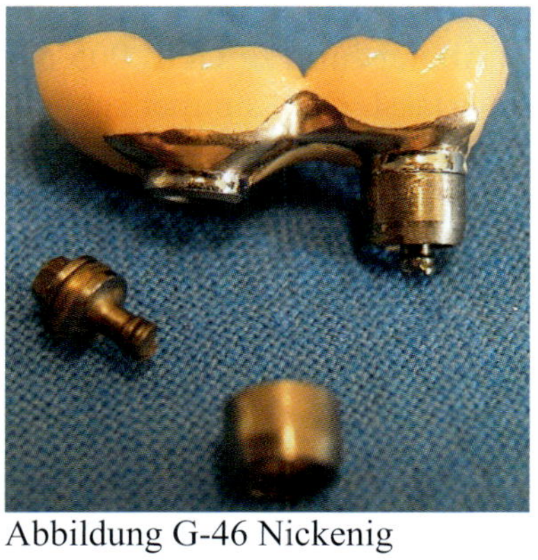
Abbildung G-46 Nickenig

Neben Schraubenbrüchen bei transversaler oder okklusaler Verschraubung der Suprakonstruktion kann es zudem zum Schraubenbruch oder zur Lockerung der zentralen Verschraubung des Aufbaus im Implantat kommen.

Bei einem Bruch der Verschraubung im Implantat ist eine äußerst zeitaufwändige Entfernung mit speziellen Retrieval-Instrumenten erforderlich; andernfalls kann sogar die Entfernung des Implantats angezeigt sein.

6. Ergänzende Stellungnahme des BDIZ/EDI zur GOZ 905

Werden Implantate mit Sekundärteilen verwendet, ist eine Abrechnung pro Implantatpfosten genau wie bei der GOZ 904 gerechtfertigt. Da die Anzahl der Sekundärteile, je nach Implantatsystem, unterschiedlich ist und die Zusammensetzung der Sekundärteile zu einer Funktionseinheit eine unterschiedliche Menge erfordert, könnte bei exakter Interpretation dieser Leistungsbeschreibung für jedes Sekundärteil der Begriff „Auswechseln“ stehen. Der Vertragsausschuss des BDIZ/EDI hat deswegen empfohlen, die GOZ 905 pro restaurativer Sitzung und je Implantatpfosten abzurechnen, ungeachtet der Vielzahl der Sekundärteile, die ausgewechselt werden müssen.

Die Anforderungen an Qualität und Präzision in implantologischer Prothetik macht ein mehrmaliges Überprüfen der Passgenauigkeit der implantatgetragenen Krone notwendig. Nachdem viele Implantatsysteme über eigene Übertragungssysteme, Kronenaufbauten, zusammengesetzte Sekundärteile verfügen, ist der Zeitaufwand für

- Abformung
- Gerüsteinprobe (ggf. auch mehrfach)
- Rohbrandeinprobe
- definitives Eingliedern oder Verschrauben

erheblich größer als bei einer vergleichsweise konventionell getragenen Konstruktion. Ggf. kann auch eine Reokklusion oder Remontagebehandlung zusätzlich erforderlich sein.

Die Leistung nach GOZ 905 ist ungeachtet der Anzahl von Sekundärteilen zusammengesetzter Implantate als eine Funktionseinheit zu betrachten. Zusammengesetzte Sekundärteile gelten als Funktionseinheit. Als Sekundärteil gilt jedes Implantatteil, das nicht mit dem Implantat selber verlötet, verklebt oder verschweißt ist.

7. Rechtsprechung zu GOZ 905

7.1 LG Oldenburg, 18.07.2003 – 13 O 1689/02 –: Rekonstruktive Phase

Die Abrechnung der GOZ 905 ist nach Auffassung der Kammer erst bei Auswechseln eines Sekundärteils bei einem zusammengesetzten Implantat zulässig, wenn es sich um ein Auswechseln handelt, das erfolgt, nachdem zuvor das erstmalige Einbringen des zweiphasigen Implantationssystems vollständig abgeschlossen war. Dies ergebe sich aus einer zahnmedizinisch-technischen Betrachtung des zweiphasigen Implantationssystems, bei dem in mehr oder weniger regelmäßigen Abständen verschleißbedingt die Sekundärteile ausgewechselt werden müssen.[348] Nur diesen Fall betrifft nach Auffassung der Kammer die GOZ 905. Der Begriff „*Auswechseln*" deutet vom Sprachgebrauch gerade auf einen verschleiß- oder defektbedingten Austausch bereits vorhanden gewesener Sekundärteile eines zuvor abschließend und – das Einpassen betreffend – in endgültig funktionsfähigem Zustand befindlichen Implantationssystems hin. Dies ergibt sich auch aus einer Gegenüberstellung mit der auch von der systematischen Stellung her vorangehenden Nr. 904 GOZ, die mit dem Begriff „*Einfügen*" in Abgrenzung zu GOZ 905 das Einfügen der Sekundärteile zur Fertigstellung der Erstimplantation erfasst. Die Kammer schließt sich insoweit ausdrücklich der in dem Urteil des OLG Karlsruhe vom 11.01.2000 – 17 U 176/98 – [Kapitel G VI.7.6, S. 174 = GHI, S. 283] vertretenen Rechtsauffassung an, die auch in der von der Beklagten vorgelegten Stellungnahme des Bundesministeriums für Gesundheit vom 15.12.1995 zum Ausdruck kommt.[349]

7.2 OLG Karlsruhe, 08.02.2002 – 10 U 232/00 –: Rekonstruktive Phase

Das Oberlandesgericht vertritt die Auffassung, dass Leistungen nach GOZ 905 „Auswechseln eines Sekundärteils bei einem zusammengesetzten Implantat" in der rekonstruktiven Phase pro Implantat berechnungsfähig sind.[350] Eine Gebühr nach GOZ 905 sei nur dann nicht gesondert berechenbar, wenn das Auswechseln des Sekundärteils im Zusammenhang mit Leistungen nach den Gebührennummern GOZ 903 „*Einbringen eines enossalen Implantats*" bzw. GOZ 904 „*Freilegen eines Implantats und Einfügen von Sekundärteilen bei einem zweiphasigen Im-*

348 Hinweis auf vgl. Meurer, S. 226.

349 Das Urteil ist – soweit ersichtlich – nicht veröffentlicht.

350 OLG Karlsruhe, Urteil vom 08.02.2002 – 10 U 232/00 –, VersR 2002, 743 = GU, S. 312.

plantationssystem“ erbracht wird. Der Auffassung des BMGS, mit der Gebühr nach GOZ 905 könne „*nur der Reparaturfall nach vollständiger prothetischer Versorgung gemeint sein*“, folgt das OLG nicht. Der Leistungsbeschreibung sei eine derartige Einschränkung nicht zu entnehmen. Die in der Rechnung ausgewiesenen Gebühren für die GOZ 905 für das Auswechseln von Sekundärteilen eines Implantats im Ober- und Unterkiefer in unterschiedlichen Sitzungen sind daher berechtigt. Die Leitsätze des Urteils lauten:

> 1. Leistungen nach GOZ 905 (Auswechseln eines Sekundärteils bei einem zusammengesetzten Implantat) sind in der rekonstruktiven Phase pro Implantat berechnungsfähig.
> 2. Die Berechnung der GOZ 905 in der rekonstruktiven Phase ist nur dann unzulässig, wenn das Auswechseln des Sekundärteils im Zusammenhang mit Leistungen nach GOZ 903 und 904 erfolgt.
> 3. Der Ansatz der GOZ 905 ist nicht auf den Reparaturfall beschränkt.

7.3 LG Hagen, 30.10.2001 – 1 S 122/01 –: Mehrfache Berechnung bei demselben Sekundärteil

Die GOZ 905 bezeichnet nach dem eindeutigen Wortlaut das „*Auswechseln*“, d.h. das Entfernen eines eingebauten und den Neueinbau eines anderen Sekundärteils. Das zwischenzeitliche „*Ein- und Ausschrauben*“ der gleichen Sekundärteile ist mit Berechnung der Nr. 904 GOZ abgegolten.[351]

7.4 LG Dortmund, 18.10.2001 – 4 S 15/01 –: Mehrfache Berechnung

Die PKV hatte die Erstattung mit der Begründung abgelehnt, dass das Auswechseln eines Sekundärteils nach der GOZ 905 erst in der rekonstruktiven Phase berechnungsfähig sei. Das Landgericht äußert sich zu dieser Problemstellung folgendermaßen.[352] Der Zahnarzt

> war nach GOZ 905 berechtigt, das zur Herstellung der Passgenauigkeit erforderliche Herausschrauben und Wiedereinsetzen von Implantatteilen nach der Einheilungsphase gesondert in Rechnung zu stellen. Der Wortlaut der GOZ 905 enthält keinerlei Einschränkungen, so dass jedes Auswechseln eines Sekundärteils bei einem zusammengesetzten Implantat abrechnungsfähig ist. Deshalb kann die Anwendung der Gebührennummer nicht auf Reparaturfälle nach einer vollständigen prothetischen Versorgung begrenzt werden. Ebenso wenig lässt sich dem Wortlaut der GOZ 905 entnehmen, dass Sekundärteile nur solche sein sollen, die definitiv im Mund des Patienten verbleiben und den Zahnersatz tragen. Auch stellt das Ein- und Ausschrauben der Sekundärteile im Rahmen der implantologischen Erstversorgung eine selbständige zahnärztliche Leistung dar. Soweit sich aus dem Gebührenverzeichnis nichts anderes ergibt, ist regelmäßig davon auszugehen, dass jede im Gebührenverzeichnis enthaltene Nummer neben jeder anderen berechnungsfähig ist. Dieses gilt auch für das Verhältnis von GOZ 905 zu GOZ 220 und 500, so dass implantologische Leistungen neben einer Versorgung nach GOZ 220 und 500 abgerechnet werden können.

7.5 AG Iserlohn, 25.05.2001 – 42 C 81/01 –: Mehrfache Berechnung

Im vorliegenden Fall hat ein Zahnarzt in der restaurativen Phase die Sekundärteile des zweiphasigen Implantatsystems für Individualabformungen, Anproben, Reinigung der Implantate und Teileingliederung des Zahnersatzes insgesamt 4x aus- und eingeschraubt. Die GOZ 905 wurde hierfür 4x in Ansatz gebracht. Da die PKV die Erstattung ablehnte, verweigerte der Patient ebenfalls die Zahlung, mit der Begründung, dass durch das Wiedereinsetzen desselben Sekundärteils der Leistungsinhalt der GOZ 905 (Auswechseln eines Sekundärteils bei einem zusammengesetzten Implantat) nicht erfüllt sei. Das Amtsgericht sah die Leistungsbeschreibung als „*insgesamt nicht gelungen*“ an. Der Wille des Gesetzgebers komme nicht klar zum Ausdruck. Das Amtsgericht vertrat die Auffassung, dass mit der GOZ 905 die von dem Zahnarzt erbrachte

---

351 LG Hagen, Urteil vom 30.10.2001 – 1 S 122/01 –, VersR 2002, 744.

352 Das Urteil ist – soweit ersichtlich – nicht veröffentlicht.

Leistung des Ein- und Ausbaus honoriert werden soll.[353] Im Einzelnen heißt es in der Urteilsbegründung:

> Es ist für das Gericht nicht erkennbar, worauf die unterschiedliche Behandlung des Wiedereinsetzens gegenüber dem Neueinsetzen beruhen sollte. Folgt man der Auffassung der Beklagtenseite, könnte der Zahnarzt den Ausbau eines alten und den Einbau eines neuen Implantatteils vergütet verlangen. Wenn der Normgeber jedoch dem behandelnden Zahnarzt eine Vergütung für diese Tätigkeit zuspricht, ergeben sich keine Anhaltspunkte dafür, dass das Wiedereinsetzen desselben Teils vergütungsfrei bleiben sollte.

7.6 OLG Karlsruhe, 11.01.2000 – 17 U 176/98 –: Rekonstruktive Phase

*„Da mit der Gebühr GOZ 903 das Einbringen eines Zahnimplantats vergütet werden soll, sind mit dieser Gebühr alle in der Implantationsphase (**Implantationssitzung**) notwendigerweise anfallenden Leistungen erfasst und abgegolten. Dementsprechend sind nach einer Empfehlung des BDIZ vom März 1995 Leistungen nach der GOZ 905 erst in der **rekonstruktiven** Phase pro Implantat berechnungsfähig.“*[354]

Private Krankenversicherungen lehnen nunmehr generell die Erstattung der GOZ 905 ab und berufen sich auf dieses Urteil. Die Sachbearbeiter überlesen dabei aber, dass das Gericht die Berechnung der GOZ 905 lediglich in **gleicher** Sitzung mit der GOZ 903 abgelehnt hat. In den Folge-Sitzungen ist jedoch das Auswechseln eines Sekundärteils bei einem zusammengesetzten Implantat mit der GOZ 905 berechnungsfähig. Die insoweit einschlägigen Leitsätze lauten:

> 2. Abrechnungsempfehlungen des BDIZ können zur Bewertung abgerechneter Leistungen herangezogen werden, aber nicht für vor der Veröffentlichung der Bewertung durchgeführte und abgerechnete Leistungen.
> 3. Das Entfernen der angeschraubten (Titan-)Einbringpfosten und deren Ersetzen durch sog. Einheilschrauben kann nur im Rahmen der GOZ 903 („Einbringen eines enossalen Implantats“) abgerechnet werden. Die zusätzliche Abrechnung nach GOZ 905 ist nicht möglich.

7.7 AG Bad Neuenahr-Ahrweiler, 02.08.2000 – 3 C 2/97 –: Rekonstruktive Phase

Die GOZ 905 kann pro Implantat auch in der rekonstruktiven Phase einmal je Sitzung berechnet werden, wenn die prothetischen Aufbauten aus mehreren Komponenten bestehen.[355]

7.8 AG Bergisch-Gladbach, 27.05.1999 – 24 C 140/97 –: Mehrfache Berechnung

Die GOZ 905 ist nach ihrem Wortlaut nicht nur beim Austausch im Falle des Verschleißens eines Sekundärteils ansetzbar. Ein Auswechseln liegt auch dann vor, wenn beispielsweise ein nicht passendes Sekundärteil ausgetauscht wird, unabhängig davon, ob die Prothesenversorgung bereits erstmalig abgeschlossen war oder sich die fehlende Passform während der Behandlung noch vor dem Einfügen des Sekundärteiles herausstellt.

Das Ab- und Anschrauben der Gingivaformer und Abdruckpfosten stellt jedoch kein Auswechseln von Sekundärteilen i.S. von Nr. 905 GOZ dar.[356]

7.9 LG Dresden, 06.05.1999 – 11 O 7277/97 –: Leistungsinhalt

GOZ 905 betrifft das Auswechseln von Sekundärteilen bei einem zusammengesetzten Implantat und damit nur von solchen Teilen, die Bestandteil des fertiggestellten Implantats sind. Zur Heilung oder weiteren Behandlung angebrachte Teile sind nicht erfasst.[357]

---

[353] Das Urteil ist – soweit ersichtlich – nicht veröffentlicht.

[354] OLG Karlsruhe, Urteil vom 11.01.2000 – 17 U 176/98 –, GHI, S. 283 = GU, S. 311 f.

[355] AG Bad Neuenahr-Ahrweiler, Urteil vom 02.08.2000 – 3 C 2/97 –, GHI, S. 287, 293 = GU, S. 316.

[356] AG Bergisch-Gladbach, Urteil vom 27.05.1999 – 24 C 140/97 –, GHI, S. 286 = GU, S. 316.

[357] LG Dresden, Urteil vom 06.05.1999 – 11 O 7277/97 –, BDIZ-konkret 2002, Heft 2, S. 38 = GHI, S. 286.

7.10 OLG Karlsruhe, 15.10.1998 – 12 U 36/98 –: Keine mehrfache Berechnung

In der Verhandlung vor dem Einzelrichter des Senats hat der Kläger seine Leistung anschaulich dahin beschrieben, dass die eigentlichen Knochenimplantate jeweils über einen angeschraubten Einbringpfosten verfügen, mit dessen Hilfe das Implantat manuell in die zuvor in Kieferknochen geschaffenen Höhlen eingebracht werden kann. Unmittelbar nach der Einbringung des Implantats wird der Einbringpfosten ausgeschraubt und durch eine sog. Einheilschraube ersetzt. Auch wenn der Kläger diesen Vorgang bei insgesamt 6 Implantaten durchgeführt hat, wurde hierdurch der Tatbestand der GOZ 905 nicht verwirklicht. Zwar würde es allein der Wortlaut der Vorschrift zulassen, jedes mit dem Implantat nicht fest verbundene Teil – also auch den Einbringpfosten – als Implantatteil aufzufassen, dessen Austausch eine besondere Gebühr auslöst. Diese Ansicht wird aber der systematischen Stellung des Gebührentatbestands nicht gerecht. Die GOZ 905, die neben dem Einbringen eines Implantats nach GOZ 903 besteht, erfasst nur das bei zusammengesetzten Implantaten notwendige Austauschen von Sekundärteilen, also insbesondere des eigentlichen Zahnersatzes, der mit dem Knochenimplantat lösbar verbunden ist. Durch die besondere Gebühr nach GOZ 905 soll nicht ein großer Teilakt des Einbringens eines Implantats (nochmals) zusätzlich vergütet werden. Da der Kläger hier nur den aus hygienischen Gründen stets erforderlichen Einbringpfosten durch die Einheilschraube ersetzt hat und dieser Vorgang in unmittelbarem Zusammenhang mit dem Einbringen des Implantats selbst steht, ist diese Tätigkeit daher auch durch die dafür vom Kläger abgerechnete GOZ 903 abgegolten.

7.11 AG Recklinghausen, 02.10.1998 – 57 C 461/98 –: Keine mehrfache Berechnung bei demselben Sekundärteil

Die Nr. 905 GOZ ist nur berechenbar für das Auswechseln unterschiedlicher Implantatteile und nicht für den Ein- und Ausbau desselben Teils.[358]

7.12 AG Karlsruhe, 18.09.1998 – 10 C 330/98 –: Keine mehrfache Berechnung

Die GOZ 905 kann nur dann in Ansatz gebracht werden, wenn ein früher einmal eingebrachtes Implantat etwa im Reparaturfalle noch einmal herausgenommen und wieder eingesetzt werden muss.[359]

7.13 AG Koblenz, 07.01.1998 – 42 C 4331/96 –: Mehrfache Berechnung

Die GOZ 905 ist für jedes Auswechseln von Sekundärteilen mit Ausnahme des endgültigen Sekundärteils, das die Krone oder Brückenkonstruktion trägt, berechenbar. Beim Entfernen und Wiedereinfügen desselben Sekundärteils wird die GOZ 905 vom Gericht allerdings als nicht berechnungsfähig angesehen.[360]

7.14 LG München I, 14.11.1997 – 1 O 711/97 –: Mehrfache Berechnung

Nach Auffassung des Gerichts bestehen keine Bedenken dagegen, das mehrfache Auswechseln von Implantatteilen auch entsprechend mehrfach nach Nr. 905 GOZ in Rechnung zu stellen.[361]

7.15 AG Hamburg, 30.09.1997 – 17b C 94/97 –: Mehrfache Berechnung

Eine PKV hatte vor dem Amtsgericht keine Chance, ihre Auffassung durchzusetzen, dass die GOZ 905 nur für das Auswechseln der Sekundärteile zu einem späteren Zeitpunkt ansatzfähig

---

358 AG Recklinghausen, Urteil vom 02.10.1998 – 57 C 461/98 –, GHI, S. 286 = GU, S. 316.

359 AG Karlsruhe, Urteil vom 18.09.1998 – 10 C 330/98 –; GHI, S. 286 = GU, S. 315.

360 AG Koblenz, Urteil vom 07.01.1998 – 42 C 4331/96 –, BDIZ-konkret 2000, Heft 1, S. 44 = BDIZ-Jahrbuch 2000, S. 67

361 Hinweisbeschluss des LG München I vom 14.11.1997 – 1 O 711/97 –, GHI, S. 286.

sei. Das Gericht stellte klar, dass es in der Gebührenordnung keinen Hinweis gebe, zu welchem Zeitpunkt die Auswechslung stattfinde.[362]

7.16 AG Mühlheim an der Ruhr, 15.09.1997 – 23 C 248/96 –: Steigerungsfaktor

Der gerichtlich beauftragte Sachverständige hat ausführlich dargestellt, dass die Behandlungsmaßnahmen, die der GOZ Nr. 905 zuzuordnen sind, sich sehr schwierig und zeitaufwändig gestalten können. Diese Schwierigkeiten sind nicht gegeben, wenn wie hier ein fertig gestellter und inkorporierter Zahnersatz zu Reparaturzwecken abgenommen wird. Insofern kann, dem Sachverständigen folgend, nach kammerseitiger sachlicher Auffassung die GOZ Nr. 905 in solchen Fällen, insbesondere wenn die prothetischen Distanzhülsen mit Kunststoff-Schutzkappen versehen werden, nur mit einem Hebesatz von 1,0-fach in Ansatz gebracht werden.[363]

7.17 AG Kiel, 05.06.1997 – 118 C 197/95 –: Mehrfache Berechnung

Auch das AG Kiel hat in seinem Urteil entschieden, dass die GOZ 905 (Auswechseln eines Sekundärteils) in den Folgesitzungen nach dem Freilegen eines Implantats und Einfügen von Sekundärteilen nach GOZ 904 für das Auf- und Abschrauben weiterer Hilfsteile wie z.B. Abdruckpfosten berechenbar ist.[364]

7.18 AG Tettnang, 18.10.1996 – 3 C 1075/95 –: Mehrfache Berechnung

Unter Auswechseln i.S. des Abschnitts K GOZ 905 des Gebührenverzeichnisses für zahnärztliche Leistungen ist nicht nur das Entfernen von Sekundärteilen, sondern auch die Anpassung/Eingliederung des Implantats und des in diesem Zusammenhang erforderlichen Herausnehmens und Wiedereinsetzens des Sekundärteiles zu verstehen.

7.19 LG München II, 25.01.1996 – 8 S 5010/95 –: Mehrfache Berechnung

Die GOZ 905 ist je Einheit für das Auswechseln des Sekundärteils „*Heilungskäppchen*“ gegen das Sekundärteil „*Pfeiler*“ berechenbar, da der Austausch nicht mit der GOZ 904 bereits abgegolten ist.

Für den auch mehrfachen Austausch der „*Heilungskäppchen*“ gegen „*Abdruckpfosten*“ kann die GOZ 905 jedoch nicht berechnet werden, da diese Leistung Bestandteil der Abformung ist, welche durch die GOZ 500 – 504 bereits abgegolten sind.[365]

7.20 AG Philippsburg, 19.01.1996 – C 480/94 –: Mehrfache Berechnung

Das Gericht bestätigt die Auffassung, dass die GOZ 905 je Sitzung und je Implantat ansetzbar ist.[366]

Hinweis: Das Urteil wurde nach einem für den klagenden Patienten günstigen Vergleich durch Klagerücknahme gegenstandslos. Der Fall ist einer von vielen Belegen dafür, dass die PKVen in einem abgestimmten Verhalten versuchen, dadurch Einfluss auf die Rechtsprechung zu nehmen, dass sie ihr günstig verlaufende Verfahren zum Urteil kommen lässt und ihr ungünstig erscheinende Urteile möglichst durch Vergleich verhindert. Im vorliegenden Fall betrug das Vergleichsangebot nach unseren Information 80 % der Klageforderung.

7.21 LG Mannheim, 14.02.1995 – 9 O 257/93 –: Leistungsinhalt

Die GOZ 905 ist nicht für das Ausdrehen der Einbringpfosten und Anbringen der Verschlussschraube berechnungsfähig.[367]

---

362 AG Hamburg, Urteil vom 30.09.1997 – 17b C 94/97 –, GU, S. 315.

363 Das Urteil ist – soweit ersichtlich – nicht veröffentlicht.

364 AG Kiel, Urteil vom 05.06.1997 – 118 C 197/95 –, GHI, S. 286 = GU, S. 315.

365 LG München II, Urteil vom 25.01.1996 – 8 S 5010/95 –, GHI, S. 286 = GU, S. 314.

366 AG Philippsburg, Urteil vom 19.01.1996 – C 480/94 –, GHI, S. 286 = GU, S. 314.

VII. GOZ 906 – Präparation für subperiostales Gerüstimplantat

GOZ 906
Bewertung: 640 Punkte
1,0-fach: 35,99 € 2,3-fach: 82,77 € 3,5-fach: 125,96 €
Präparieren eines Kiefers für subperiostale Gerüstimplantate einschließlich Abformung und Analyse des gewonnenen Modells, je Kiefer

1. Allgemeines

Das subperiostale Gerüstimplantat wird heute nur noch selten gesetzt. Diese Methode gilt als risikobehafteter als der Einsatz enossaler Implantate. Ehe der Zahnarzt sie verwendet, muss der Patient über die Alternative enossales Implantat aufgeklärt werden.[368] Im BEMA soll die Verwendung von Gerüstimplantaten bei Patienten, bei denen die Ausnahmeindikation des § 28 Abs. 2 Satz 9 SGB V vorliegt, explizit ausgeschlossen werden.[369]

2. Beschreibung

Aufklappung der Schleimhaut, Präparation des Schleimhautperiostlappens, ggf. Knochenglättung, über den knöchernen Alveolarfortsatz wird mit einem individuellen Abdrucklöffel der Knochenabdruck genommen. Nach Säuberung des Knochens von Abdruckresten wird der Mukoperiostlappen wieder vernäht.

Der Zahnarzt zeichnet dem Zahntechniker nach exakter Analyse des Modells die Lage des Gerüstimplantats an. Danach modelliert und gießt der Zahntechniker das Metallgerüst. Entweder am nächsten Tag oder in ca. 6-8 Wochen folgt der zweite chirurgische Eingriff zur Positionierung des Gerüstimplantats (GOZ 907). Die Schleimhaut wird geöffnet und das Gerüst auf den Alveolarfortsatz gelegt. Anschließend erfolgt die Nahtlegung, die das subperiostale Gerüstimplantat gleichzeitig auf dem Knochen fixiert. Je nach Größe und Anfertigung ragen mehrere Pfosten des Gerüstimplantats in die Mundhöhle.

3. Bilddokumentation 33 – Präparation subperiostales Gerüstimplantat

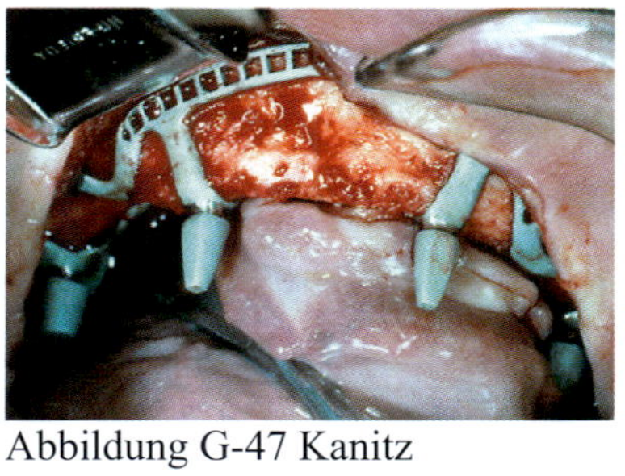

Abbildung G-47 Kanitz

Im derzeit geltenden Verordnungstext ist die Präparation subperiostaler Gerüstimplantate noch enthalten. Dieser Implantattyp früherer Generation erfordert z. T. eine sehr aufwändige und großflächige Präparation des Schleimhautperiostlappens sowie Darstellung der knöchernen Gegebenheiten.

4. Berechnungsfähigkeit

Die GOZ 906 ist berechnungsfähig:

- Je Kiefer!
- Die Analyse (d.h. direktes Vermessen des Knochenreliefs) bei GOZ 906 schließt vorhergehende GOZ 900 des Kiefers nicht aus.
- Material- und Laborkostenberechnung gem. § 9 GOZ.
- Zusätzlich sind GOZ 005, 006, 900, 901 und 907 abrechenbar.

---

367 LG Mannheim, Urteil vom 14.02.1995 – 9 O 257/93 –, GU, S. 313.

368 OLG Stuttgart, Urteil vom 17.04.2001 – 14 U 74/00 –, VersR 2002, 1286: 15.000 DM Schmerzensgeld wegen Aufklärungsfehlers!

369 S. Zusatz zu Nr. 626 BEMA-Entwurf, Kapitel M IV.4.1, S. 242.

VIII. GOZ 907 – Einsetzen subperiostales Gerüstimplantat

GOZ 907
Bewertung: 320 Punkte
1,0-fach: 18,00 € **2,3-fach: 41,40 €** **3,5-fach: 63,00 €**
Einsetzen eines subperiostalen Gerüstimplantates einschließlich Fixation

1. Beschreibung

Der zweite chirurgische Eingriff zur Positionierung des Gerüstimplantates (GOZ 907). Die Schleimhaut wird geöffnet und das Gerüst auf den Alveolarfortsatz gelegt. Anschließend erfolgt die Nahtlegung, die das subperiostale Gerüstimplantat gleichzeitig auf dem Knochen fixiert. Je nach Größe und Anfertigung ragen mehrere Pfosten des Gerüstimplantates in die Mundhöhle.

2. Bilddokumentation 34 – Subperiostales Gerüstimplantat

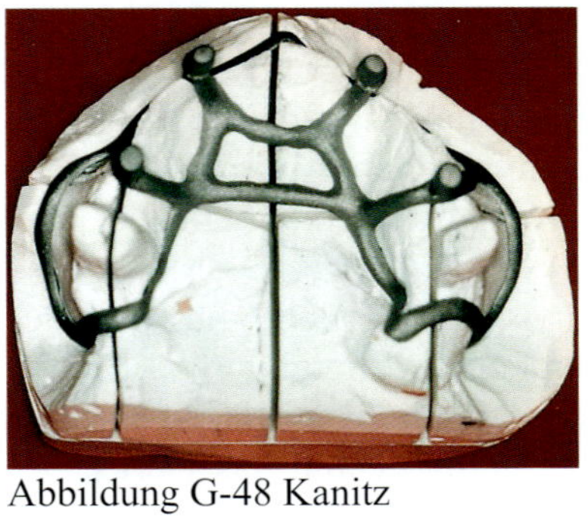
Abbildung G-48 Kanitz

Die vom Zahnarzt dokumentierte Modellanalyse und Einzeichnung gibt dem Zahntechniker die erforderlichen Vorgaben zur Gerüsterstellung. Im Bild ist das bereits ausgearbeitete Gerüstimplantat mit vier Pfosten gezeigt.

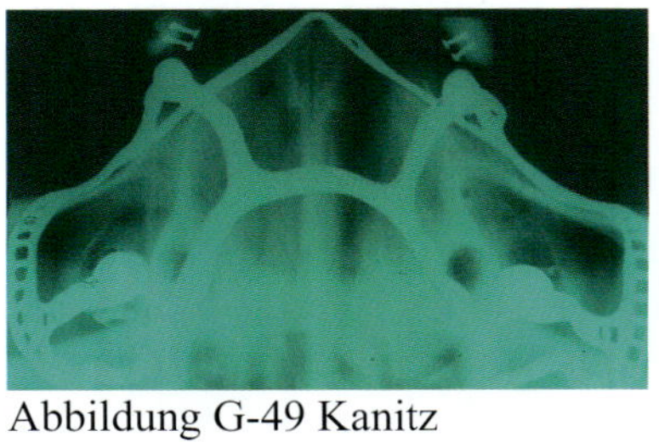
Abbildung G-49 Kanitz

Die nachfolgende Röntgenkontrolle (Oberkiefer-Aufbiss) nach Einsetzen des Gerüstimplantates im Oberkiefer.

Im oberen Anteil des Röntgenbildes sind zudem zwei Porzellanfacetten der Suprastruktur (Eckzähne) mit Goldstiftretentionen erkennbar.

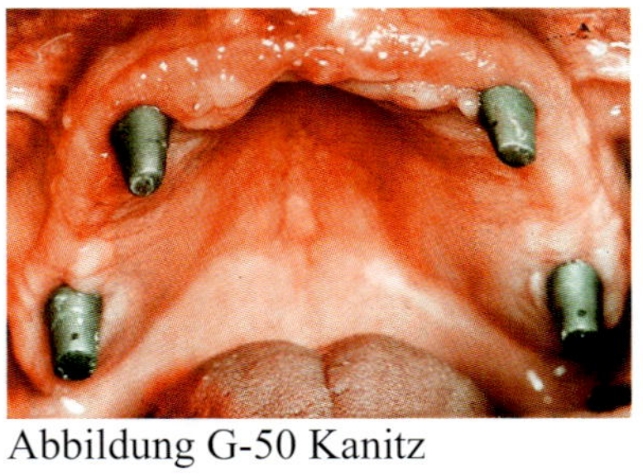
Abbildung G-50 Kanitz

Das Gerüstimplantat wenige Wochen nach dem Einsetzen mit weitestgehend abgeheilten Gingivaverhältnissen. Gut zu erkennen sind die vier Pfosten zur Aufnahme der Mesostruktur.

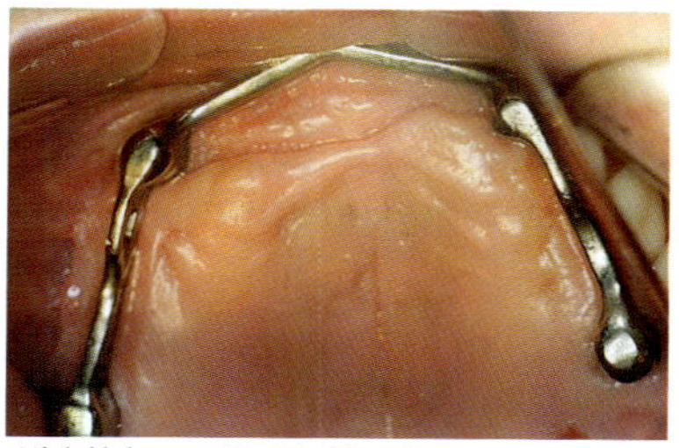

Abbildung G-51 Kanitz

Der auf den vier Pfosten eingesetzte Steg mit unkonventionellem Spitzsteganteil im anterioren Bereich.

3. Berechnungsfähigkeit

Die GOZ 907 ist berechnungsfähig:

- Für das Einsetzen eines subperiostalen Gerüstimplantates einschließlich Fixation.
- Je Gerüstimplantat.
- Material- und Laborkosten sind gem. § 9 GOZ berechnungsfähig.
- Auch mehrfach je Kiefer, wenn zusätzlich „normale" Implantate verwendet werden, die dann allerdings nach GOZ 900 bis 903 abzurechnen sind.

4. Ergänzende Stellungnahme des BDIZ/EDI zu GOZ 906 und 907

Das Präparieren für ein subperiostales Gerüstimplantat setzt voraus, dass eine umfangreiche Gebissanalyse vorgenommen worden ist. Insofern fällt zusätzlich die GOZ 900 in Übereinstimmung mit dem Vorgehen bei enossalen Implantaten je Pfostenposition, ggf. auch mehrfach, an. Diese Analysen setzen voraus, dass mehrere Abdrücke genommen werden müssen, so dass Abformungen und individuelle Schablonen ggf. auch mehrfach anzusetzen sind. In der Regel müssen mehrere Gerüste auf dem Modell gearbeitet werden, so dass hier auch weitergehende Material- und Laborkosten anfallen.

Da es im BEB keine speziellen Positionen für subperiostale Gerüstimplantate gibt, unterliegt die zahntechnische Leistung dem § 9 GOZ und damit der individuellen Berechnung durch den Zahntechniker. Registriermaßnahmen vor oder nach der Präparation – auch partiell – sind mit den GOZ 800 ff. zu berücksichtigen.

Der Gesetzestext unterscheidet nicht zwischen totalen oder partiellen subperiostalen Gerüsten. Demzufolge ist bei mehreren partiellen Gerüsten die GOZ 906 ggf. auch mehrfach anzusetzen. Auch für das Einsetzen bleibt festzuhalten, dass der Gesetzgeber seine Vorschriften nicht ausschließlich auf ein subperiostales Gerüstimplantat abgestellt hat. Insofern ist vorgesehen, dass bei partiellen subperiostalen Gerüsten die GOZ 907 (auch) mehrfach anzusetzen ist. Werden die subperiostalen Gerüste mit einer Schraube fixiert, ist die GOÄ 2697 zusätzlich je Schraube abrechnungsfähig. Werden weitere enossale Implantate hinzugesetzt, ist nach der Gebührenposition GOZ 900 bis 903 abzurechnen.

IX. GOZ 908 – Entfernen subperiostales Gerüstimplantat

GOZ 908
Bewertung: 1100 Punkte
1,0-fach: 61,87 € **2,3-fach: 142,30 €** **3,5-fach: 216,54 €**
Entfernung eines subperiostalen Gerüstimplantats

1. Beschreibung

Das Entfernen eines subperiostalen Gerüstes ist eine sehr komplizierte chirurgische Maßnahme, die von einer ganzen Reihe von zusätzlichen knochenchirurgischen oder weichteilchirurgischen Maßnahmen begleitet wird.

In der Leistungsbeschreibung in GOZ 908 ist nicht berücksichtigt worden, dass bisweilen Teile eines totalen oder partiellen Gerüstes entfernt werden müssen. Diese ist richtigerweise analog GOZ 908 abzurechnen. Dabei ist die Entfernung eines Teiles in der Regel komplizierter als die Entfernung des ganzen Gerüstimplantates. Dem kann nur über den **Steigerungsfaktor** Rechnung getragen werden.

2. Bilddokumentation 35 – Subperiostales Gerüstimplantat

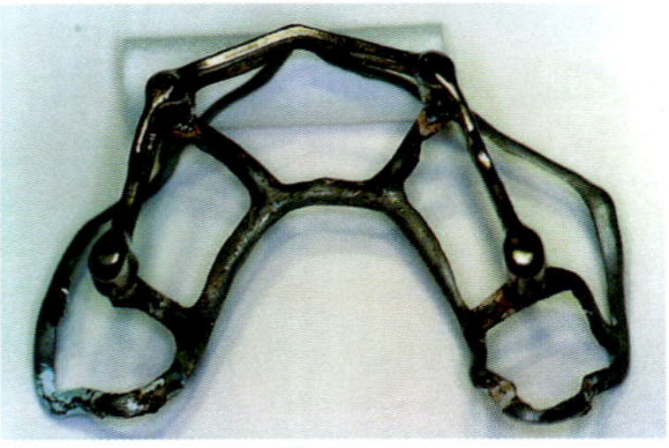

Abbildung G-52 Kanitz

Aufgrund umfangreicher weichteilchirurgischer Maßnahmen und Konsequenzen kann ein Gerüstimplantat in den meisten Fällen nicht im Ganzen entfernt werden. Das Abtrennen von Teilen des Gerüstes ist zum Teil aufgrund bindegewebiger Einscheidungen u.ä. sowie der Härte der Gerüst-Legierung mit erheblichem (Zeit-) Aufwand verbunden.

3. Berechnungsfähigkeit

Die GOZ 908 ist berechnungsfähig:

- Für die Entfernung eines subperiostalen Gerüstimplantats,
- je Gerüstimplantat.
- Analog bei partieller Entfernung.
- Auffüllen der Knochendefekte ggf. nach GOÄ 2730 zzgl. GOÄ 443 und evtl. nachfolgende Maßnahmen: GOÄ 2442 analog, 2732, 2253, 2254 oder GOÄ 2255.
- Ggf. zusätzliche Schleimhautplastiken nach GOÄ 2670, 2671, 2675, 2676, 2677 oder GOZ 324, 325.
- Defektprothese nach GOZ 533, Unterfütterung nach GOZ 531.

4. Kommentierung des BDIZ/EDI zur GOZ 908

Es ist auffällig, dass das Einsetzen eines subperiostalen Gerüstimplantates geringer bewertet wird als das Entfernen. Die Praxis hat gezeigt, dass subperiostale Implantate häufig nur **partiell** entfernt werden müssen. Weitergehende, bei der Implantatentfernung erforderliche weichteil-, knochen- und knochenersatzchirurgische Maßnahmen sind zusätzlich in Ansatz zu bringen.

X. GOZ 909 – Nadelimplantat

GOZ 909
Bewertung: 90 Punkte
1,0-fach: 5,06 € **2,3-fach: 11,63 €** **3,5-fach: 17,71 €**
Einbringen eines Nadelimplantates

1. Beschreibung

Die Nadelimplantate, die GOZ 909 eigentlich im Sinn hatte, werden heute nur noch sehr selten gesetzt. Die in der Regel selbstschneidenden Nadeln werden durch die Schleimhaut in den Knochen eingebracht. Der Teil der Nadeln, der über der Schleimhaut in die Mundhöhle ragt, wird mit Kunststoff umschlossen, anschließend wird die prothetische Versorgung darauf gearbeitet.

Die Nadelimplantate entsprechen aber weitestgehend den heute gebräuchlichen Interimsimplantaten. Sie werden zur Festigung des Interimszahnersatzes zur Vermeidung von Druck auf die Wunde oder Fixierung während der Einheilphase eingesetzt. Nach Fertigstellung der prothetischen Rekonstruktion werden sie wieder entfernt.

2. Bilddokumentation 36 – Nadelimplantate

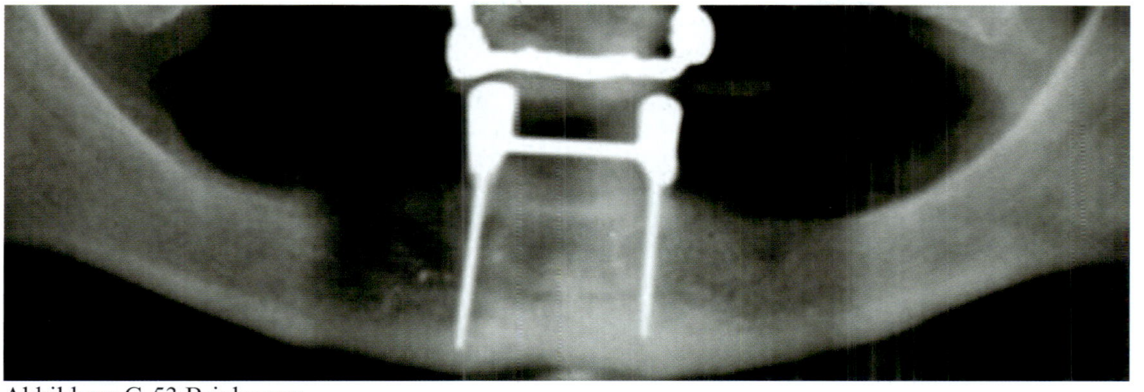

Abbildung G-53 Brinkmann

Die Nadelimplantate wurden im oben dargestellten Fall transdental geführt und in der Gegenkortikalis inseriert. Zur Anwendung kam eine Steg-Gelenk-Prothese nach Dolder.

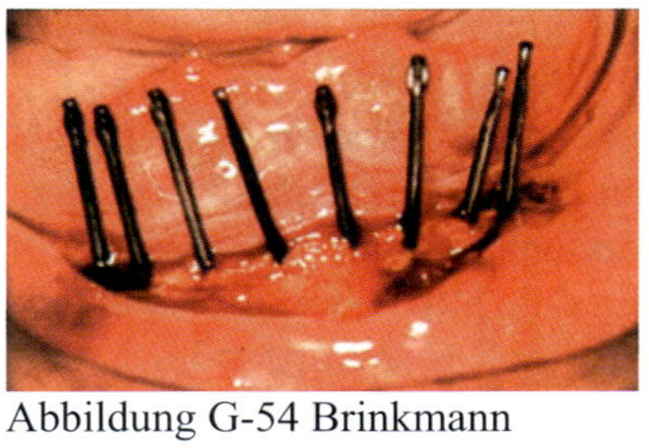

Abbildung G-54 Brinkmann

Eine Nadelimplantatstraße mit acht transgingival eingesetzten Implantaten vor der Verblockung mit Kunststoff im koronalen Anteil.

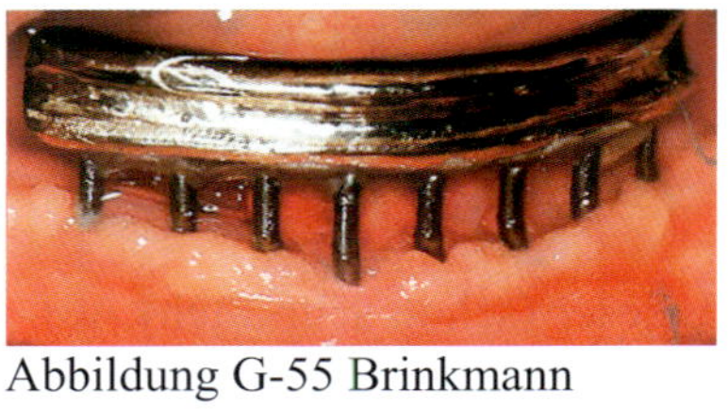

Abbildung G-55 Brinkmann

Stegversorgung auf einer Nadelimplantatstraße (historische Aufnahme!) – sog. Goldbarren.

3. Berechnungsfähigkeit

Die GOZ 909 ist berechnungsfähig:

- Für das Einbringen eines Nadelimplantates,
- je Nadel.
- GOZ 909 als Provisorium denkbar vor Versorgung gem. § 1 Abs. 2 Satz 1 GOZ oder als notwendige, z.B. durch Allgemeinerkrankung bedingte Übergangsversorgung / Versorgung auf absehbare Zeit.
- Entfernung ist abzurechnen nach GOZ 300, 303 oder ggf. GOÄ 2010 zzgl. GOÄ 442.

4. Kommentierung des BDIZ/EDI zur GOZ 909

Das Einbringen eines Nadelimplantates setzt eine implantologische Diagnose und Analyse nach GOZ 900 voraus. Man unterscheidet selbstschneidende und nicht selbstschneidende Nadeln.

Interimsimplantate sind nur dann nach GOZ 909 abrechenbar, wenn es sich tatsächlich um Nadelimplantate handelt. Ansonsten erfolgt eine analoge Berechung, bei der die gewählten Gebührenziffern den Besonderheiten im Einzelfall auch durch Anpassung des **Steigerungsfaktors** Rechnung tragen.

XI. GOZ 315 – Transdentale Fixation

GOZ 315
Bewertung: 270 Punkte
1,0-fach: 15,19 € **2,3-fach: 34,93 €** **3,5-fach: 53,16 €**
Endodontische Stabilisierung eines Zahnes im Knochen
Die Kosten für das Verankerungselement sind gesondert berechnungsfähig.

1. Beschreibung

Die transdentale Fixation dient der Stabilisierung von Zähnen, die durch eine Wurzelspitzenresektion (oft in Verbindung mit einer Zystektomie) oder Resorption geschwächt sind und keine ausreichende Wurzellänge mehr aufweisen. Bei der transdentalen Fixation (Transfixation) wird ein Stift aus Metall oder Aluminiumoxid-Keramik oder eine Schraube durch den Wurzelkanal hindurch im apikalen Knochen verankert.

2. Bilddokumentation 37 – Instrumentenset für transdentale Fixation

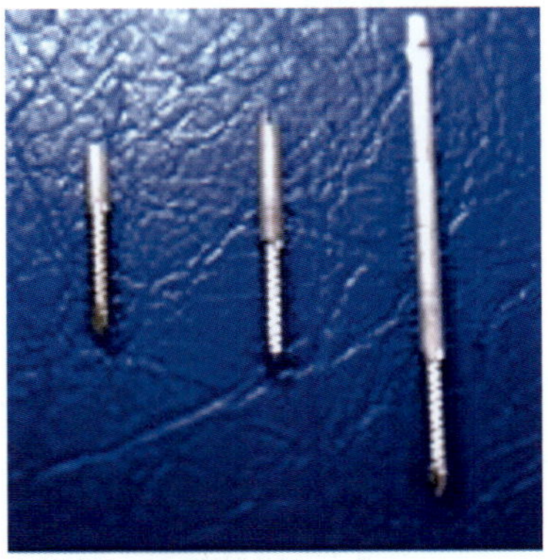

Abbildung G-56 Engels

Zur Durchführung der transdentalen Fixation ist ein spezielles genormtes Instrumentenset incl. Stiftsystem erforderlich.

Bei der transdentalen Fixation wird neben der genormten Wurzelkanalaufbereitung, meist in Zusammenhang mit einer Wurzelspitzenresektion, der Stift über die Wurzelspitzenregion (und ggf. Resektionshöhle) hinaus in die nächstgelegenen Alveolarknochenanteile verschraubt.

3. Bilddokumentation 38 – Transdentale Fixation

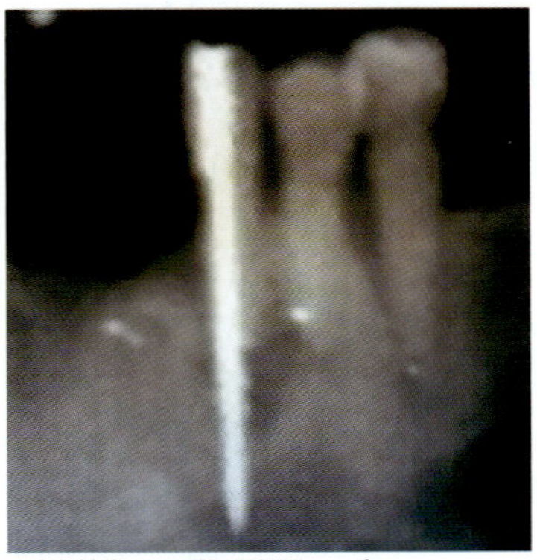

Abbildung G-57 Engels

Im Röntgenbild dieser (schon sehr alten) Aufnahme ist die transdentale Fixation durch die Zahnwurzel, über die Resektionshöhle hinweg in das der Wurzelspitze gegenüber liegende knöcherne Areal, nachvollziehbar.

Kapitel H Umfeldpositionen aus der GOÄ/GOZ bei Implantation

I. Einleitende Hinweise

Bei vielen Behandlungsfällen sind neben den eigentlichen Implantatpositionen der GOZ weitere chirurgische Maßnahmen notwendig, z.B. zur Verbesserung des Knochenlagers, zur Verbesserung der Weichteilumgebung um die Implantate oder zur Korrektur des Gingivaverlaufs. Diese Leistungen werden je nach Indikation vor, während oder nach der Insertion der Implantate erbracht.

Die nach GOZ erbrachten und berechenbaren Leistungen sind zusätzlich berechenbar.

Bei neuen Behandlungsmethoden (Sinusbodenelevation, Bonesplitting und Nervverlagerung) sind in vielen Fällen Leistungspositionen der GOZ nicht ansetzbar, da die Leistungen meist erst nach 1988 entwickelt und in die Zahnheilkunde eingeführt wurden bzw. erst nach 1988 *„Praxisreife"* erlangt haben[370] und die GOZ hierfür keine direkt oder nach den Kriterien des § 6 Abs. 2 GOZ analog anwendbaren Leistungsbeschreibungen enthält. Sie sind deshalb nach GOÄ abzurechnen.

In diesem Zusammenhang wird für den Begriff ***„selbständige Leistung"*** auf die eingehend dargelegten Konsequenzen[371] aus der Entscheidung des Bundesgerichtshofs vom 13.05.2004[372] verwiesen. Eine selbständige Leistung erfordert nicht eine alleinige Leistung. Unterliegt die als selbständige Leistung deklarierte operative Verrichtung den Bedingungen des Teils einer anderen Leistung, kann sie für dieselbe Sitzung nicht in Ansatz gebracht werden, wenn ein **örtlicher, zeitlicher** und **technischer Zusammenhang** mit der umfangreicheren Leistung besteht.[373] Maßgebend ist, ob nach dem technischen Ablauf der Leistungserbringung eine Leistung zwingend nicht erbracht werden kann, ohne den Leistungsinhalt einer anderen Leistungsposition mit zu erbringen.

Ist der Leistungsinhalt einer als selbständige Leistung gekennzeichneten Verrichtung erfüllt, so ist sie in sich abgeschlossen, das Leistungsziel ist erreicht; sie hat demnach keinen hemmenden Charakter mehr in Bezug auf die Abrechnung weiterer Leistungen.

Nachfolgend sind die im Zusammenhang mit Implantationen am häufigsten vorkommenden Leistungsbeschreibungen aus dem Umfeldbereich ausgewählt und mit einer knappen GOZ-/GOÄ-Kommentierung versehen worden.

Hinweis: Bei ambulantem Operieren kann idR die Zuschlagsziffer GOÄ 443 bzw. GOÄ 444 abgerechnet werden.

---

370 S. zur Analogberechnung nach § 6 Abs. 2 GOZ Kapitel B XII., S. 40 ff.

371 S. Kapitel B XIV., S. 43 ff.

372 BGH, Urteil vom 13.05.2004 – III ZR 344/03 –, VersR 2004, 1135 = Kapitel U III.1, S. 360.

373 So schon Brück/Hess/Klakow-Franck/Warlo, § 4 GOÄ, Rz. 4, Anm. 4.1.

II. Die einzelnen Gebührenpositionen

1. GOZ 324 – Vestibulumplastik, Mundbodenplastik

GOZ 324
Bewertung: 550 Punkte
1,0-fach: 30,93 € **2,3-fach: 71,13 €** **3,5-fach: 108,25 €**
Vestibulumplastik oder Mundbodenplastik kleineren Umfangs, je Kieferhälfte oder Frontzahnbereich

1.1 Beschreibung

- Vertiefung des vestibulum oris (Mundvorhofes) zur Verbesserung oder auch Stabilisierung des die Implantatlagerregion begrenzenden Weichgewebes, um bessere Ausgangsbedingungen für einen Langzeiterfolg der Implantatversorgung zu schaffen.
- Vorzugsweise in Ansatz zu bringen bei operativen Eingriffen kleineren Umfangs (z.B. bei Insertion eines Implantats).

1.2 Bilddokumentation 39 – Vestibulumplastik

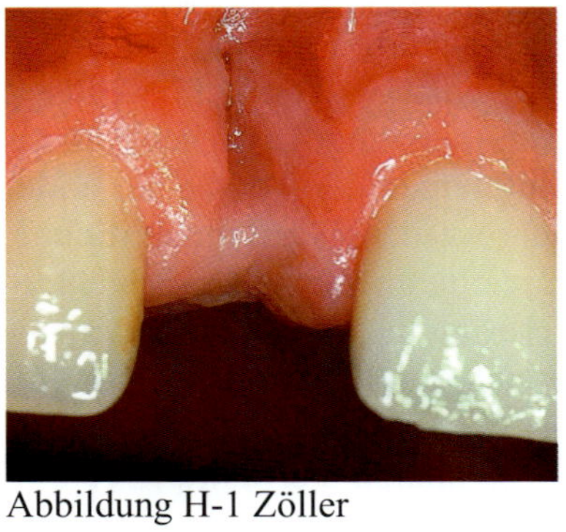
Abbildung H-1 Zöller

Hoch ansetzende Bänder und bewegliche Schleimhautanteile in der unmittelbaren Implantatumgebung bedeuten für den Langzeiterfolg der Implantatversorgung ein Risiko. Vertiefungen des Mundvorhofes, z.B. in Form der Vestibulumplastiken, können auch in kleinerem Umfang in der Implantatumgebung zur Stabilisierung der gingivalen Strukturen führen.

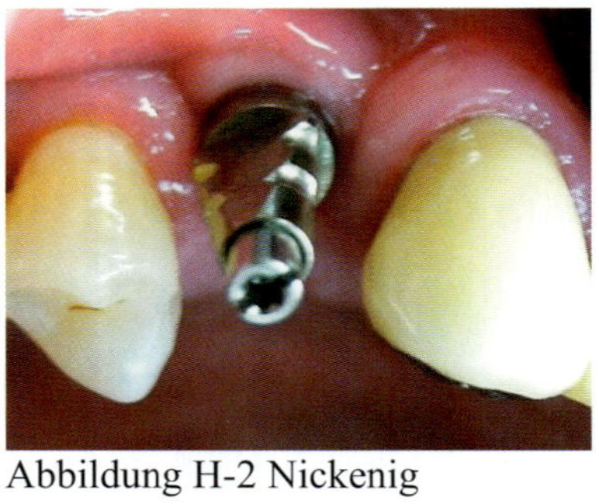
Abbildung H-2 Nickenig

Der bewegliche Schleimhautanteil reicht unmittelbar an die Implantatumgebung, eine partielle Vestibulumplastik kann in diesem Fall eine Stabilisierung der gingivalen Strukturen bewirken.

2. GOÄ 2675 – Partielle Mundboden- oder Vestibulumplastik

GOÄ 2675
Bewertung: 850 Punkte
1,0-fach: 49,54 € **2,3-fach: 113,95 €** **3,5-fach: 173,40 €**
Partielle Vestibulum- oder Mundbodenplastik oder große Tuberplastik, je Kieferhälfte oder Frontzahnbereich

2.1 Beschreibung

- Vertiefung des Vestibulum oris (Mundvorhofes) zur Verbesserung oder auch Stabilisierung der die Implantatlagerregion begrenzenden Weichgewebe, um bessere Ausgangsbedingungen für einen Langzeiterfolg der Implantatversorgung zu schaffen.

- Vorzugsweise in Ansatz zu bringen bei operativen Eingriffen größeren Umfangs. Die Differenzierung zwischen operativen Eingriffen kleineren bzw. größeren Umfanges kann sich nur aus fachlich begründeter Bemessung ergeben.
- Die Materialkosten sind unter den Voraussetzungen des § 10 Abs. 1 GOÄ zusätzlich berechnungsfähig.[374]

Ggf. in Kombination mit dem OP-Zuschlag nach GOÄ 444 (1300 Punkte = 75,77 €).

2.2 Bilddokumentation 40 – Partielle Vestibulumplastik

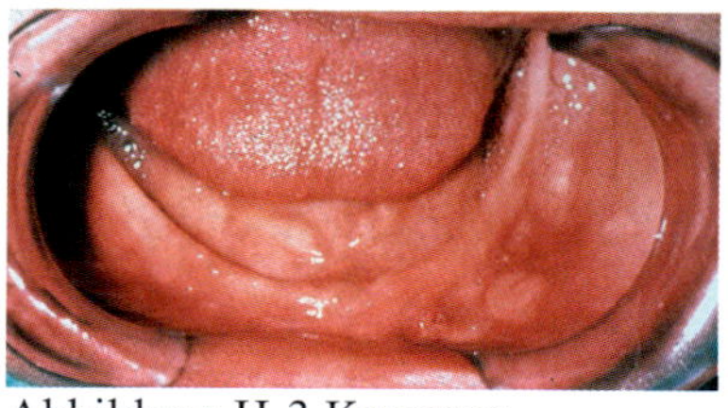

Abbildung H-3 Kreusser

Insbesondere im Unterkiefer ist häufig neben der Atrophie der alveolären Knochenanteile auch der Bereich der fixierten Gingiva verloren gegangen. Die Schleimhautanteile des Vestibulum oris gehen nahezu nahtlos in den Mundboden über.

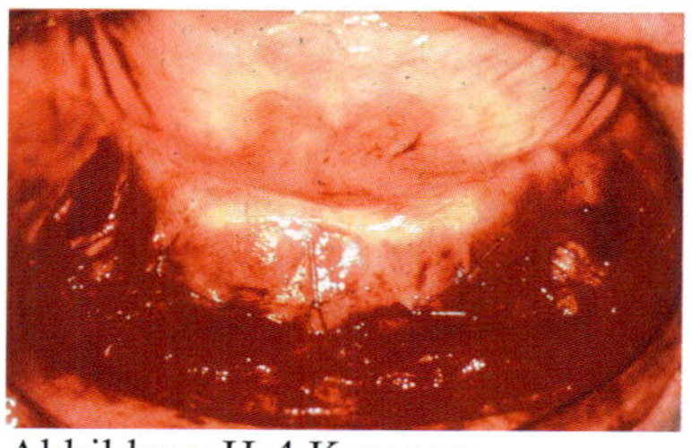

Abbildung H-4 Kreusser

Präimplantologisch wird beim zahnlosen Unterkiefer in interforaminaler Region eine Vestibulumplastik durchgeführt, indem am Übergang der fixierten zur beweglichen Schleimhaut die Schnittführung bis zum Periost geführt wird, um dann eine epiperiostale Präparation nach kaudal fortzuführen. Die beweglichen Schleimhautanteile können dann in kaudaler Position mit resorbierbaren Nähten und/oder spezieller Prothesengestaltung gehalten werden.

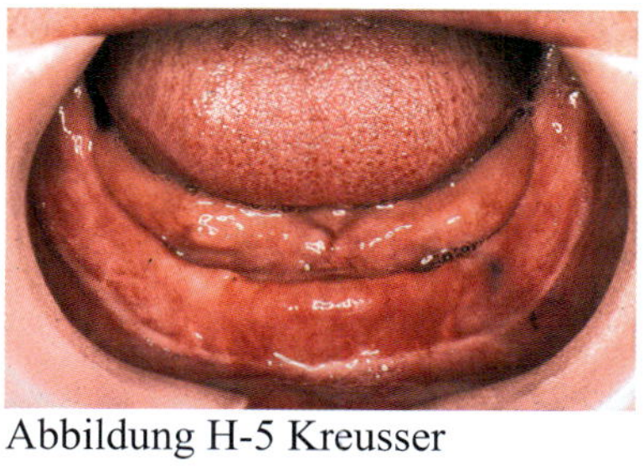

Abbildung H-5 Kreusser

Im Ergebnis ist nach 1-2 Monaten eine für nachfolgende Implantationen günstige Kieferkammbeschaffenheit nach Vestibulumplastik zu erkennen. Von großer Bedeutung ist hierbei die zeitgerechte Implantatinsertion zur Stabilisierung bzw. zum Erhalt der günstigen Schleimhautverhältnisse.

3. GOZ 413 – Verbreiterung der unverschieblichen Gingiva

GOZ 413
Bewertung: 450 Punkte
1,0-fach: 25,31 € **2,3-fach: 58,21 €** **3,5-fach: 88,58 €**
Chirurgische Maßnahmen zur Verbreiterung der unverschieblichen Gingiva und/oder zur Vertiefung des Mundvorhofes, je Kieferhälfte oder Frontzahnbereich

3.1 Beschreibung

- Verbreiterung der unverschieblichen Gingiva zur Verbesserung oder auch Stabilisierung der die Implantatlagerregion begrenzenden Weichgewebe, um bessere Ausgangsbedingungen für einen Langzeiterfolg der Implantatversorgung zu schaffen. Wenn nur be-

[374] S. BGH, Urteil vom 27.05.2004 – III ZR 264/03 –, VersR 2004, 1138 = Kapitel U IV.18, S. 368.

wegliche Schleimhaut vorhanden ist und noch befestigte (unverschiebbare) Schleimhaut geschaffen werden muss.

3.2 Bilddokumentation 41 – Gingivaverbreiterung

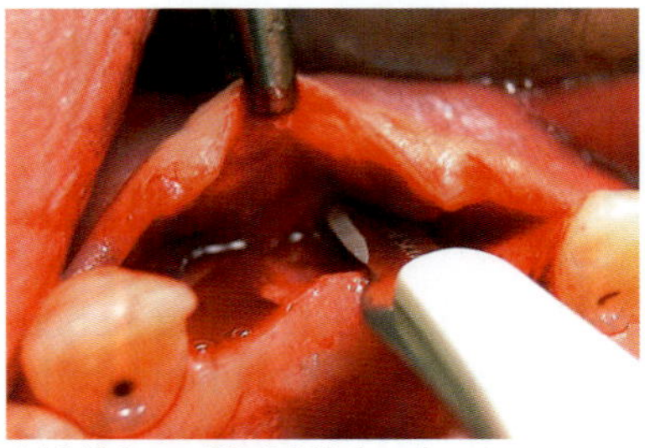

Abbildung H-6 Nickenig

Eine möglichst apikale Schnittführung bei Periostschlitzung gewährleistet auch weiterhin eine ausreichende Blutversorgung. In vorliegender Situation wurde der Lappen mobilisiert, um ein geeignetes Augmentatvolumen abdecken zu können. Bei der Freilegung von Implantaten ergibt sich häufig diese Notwendigkeit, um ausreichende, spannungsfreie Gewebeanteile um die Gingivaformer fixieren zu können.

4. GOZ 413 analog – Membrantechnik

GOZ 413 analog
Bewertung: 450 Punkte
1,0-fach: 25,31 € **2,3-fach: 58,21 €** **3,5-fach: 88,58 €**
Chirurgische Maßnahmen zur Verbreiterung der unverschieblichen Gingiva und/oder zur Vertiefung des Mundvorhofes, je Kieferhälfte oder Frontzahnbereich

4.1 Beschreibung

- Im Rahmen der Parodontaltherapie natürlicher Zähne handelt es sich hierbei um eine anerkannte Analogabrechnung bei Membrantechnik (GBR-/GTR-Technik) bei kleineren parodontalen Defekten.
- Im Bereich der Implantat-Therapie ist der Inhalt z.B. durch Abdeckung von Knochendefekten kleineren Umfanges mittels GBR-/GTR-Technik erfüllt (in der Regel mit einer Membran).
- Die Differenzierung zwischen kleinen und großen Knochendefektsituationen kann sich nur aus fachlich begründeter Bemessung ergeben.
- Materialkosten für die Membran, Membrannägel.

4.2 Bilddokumentation 42 – Membrantechnik

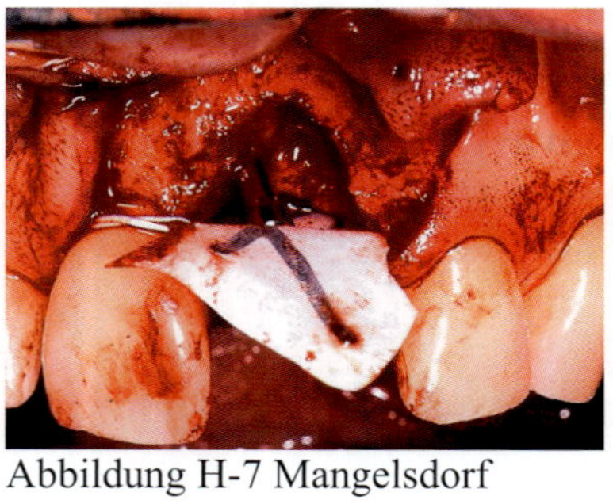

Abbildung H-7 Mangelsdorf

Präimplantologisch, d.h. etwa vier bis sechs Monate vor der geplanten Implantation wird der nach Extraktion von 21 entstandene Knochendefekt nach Auffüllung mit alloplastischem Material mit einer Membran abgedeckt.

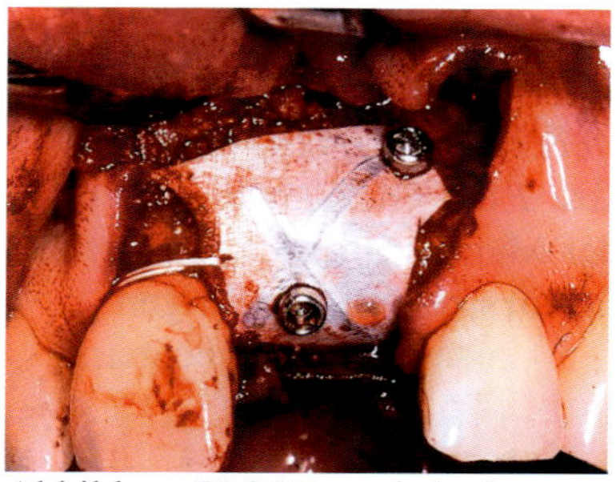

Die titanverstärkte Membran wird mit Schrauben und Naht gestützt und fixiert.

Abbildung H-8 Mangelsdorf

4.3 Rechtsprechung zu GOZ 413 analog

4.3.1 AG Aachen, 27.12.1996 – 8 C 271/94 –: GTR

Die gesteuerte Geweberegeneration (GTR-Verfahren) ist nicht analog zur GOZ 533 berechenbar und kann auch nicht nach § 6 Abs. 2 GOZ über eine ärztliche Gebührennummer abgerechnet werden, da eine Abrechnung nur entsprechend einer gleichwertigen zahnärztlichen Leistung erfolgen kann. Die Leistung kann nur in Analogie zur GOZ 413 für das GTR-Verfahren und in Analogie zu den GOZ 409 bzw. 410 für das Entfernen der GTR-Membran berechnet werden. Hierbei gilt die GOZ 409 bei Frontzähnen und die GOZ 410 bei Seitenzähnen. Die Kosten für das Anbringen und Entfernen sind dabei für jeden behandelten Zahn zu berechnen.

5. GOÄ 2442 analog – Implantation alloplastischen Materials

GOÄ 2442 analog		
Bewertung: 900 Punkte		
1,0-fach: 52,46 €	**2,3-fach: 120,65 €**	**3,5-fach: 183,60 €**
Implantation alloplastischen Materials zur Weichteilunterfütterung, als selbständige Leistung		

5.1 Beschreibung

Die Einbringung alloplastischen Materials „zur Weichteilunterfütterung“ findet in der Implantologie kaum mehr statt. Der Inhalt der Leistungsbeschreibung „Implantation alloplastischen Materials“ wird in der zahnärztlichen Implantologie in erster Linie durch das Auffüllen von Knochendefekten erfüllt. Die GOÄ 2442 erweist sich aus fachlicher Sicht z.B. im Rahmen der Sinusbodenelevation (s. dazu unten Kapitel J – S. 208 ff.) und von Bone Splitting (s. dazu unten Kapitel K – S. 228 ff.) als begründet.

Die Gebührenziffer ist analog abzurechnen für die folgenden Leistungen:

- Zum Auffüllen von Knochendefekten.
- Die Materialkosten für Knochenersatzmaterial sind zusätzlich berechenbar (z.B. Betatricalciumphosphat, Bio-Oss®, Algipore®).
- **GBR/GTR-Technik:** Im Bereich der Implantat-Therapie ist der Inhalt durch Abdeckung von Knochendefekten größeren Umfanges mittels GBR-/GTR-Technik und/oder Membranfixierung o.ä. erfüllt.
- Das Einbringen der Membrannägel kann dagegen nicht gesondert berechnet werden, diese Leistung ist bereits in dem Honorar für das Einbringen der Membran enthalten.
- Die Differenzierung zwischen kleinen und großen Knochendefektsituationen kann sich nur aus fachlich begründeter Bemessung ergeben.
- Materialkosten für die Membran, Membrannägel sind nach § 10 Abs. 1 GOÄ zusätzlich abrechenbar.[375]

[375] S. BGH, Urteil vom 27.05.2004 – III ZR 264/03 –, VersR 2004, 1138 = Kapitel U IV.18, S. 368.

Eine Einschätzung der unterschiedlichen (zugelassenen) alloplastischen Materialien bezüglich Indikation oder anderer Faktoren obliegt ausschließlich wissenschaftlich-(zahn-)ärztlichen Kriterien.[376] Auch xenogene Materialien erfüllen den Leistungsinhalt der GOÄ 2442.

Die zusätzliche Applikation einer Membran kann nach § 6 Abs. 2 der GOZ analog der GOZ 413 je Membran berechnet werden. Die zusätzliche Fixierung der Membran ist nicht gesondert berechenbar, sondern ggf. über die Anpassung des **Steigerungsfaktors** zu berücksichtigen.

Ggf. ist der OP-Zuschlag nach GOÄ 444 (1300 Punkte = 75,77 €) zusätzlich abrechenbar.

5.2 Bilddokumentation 43 – Implantation alloplastischen Materials

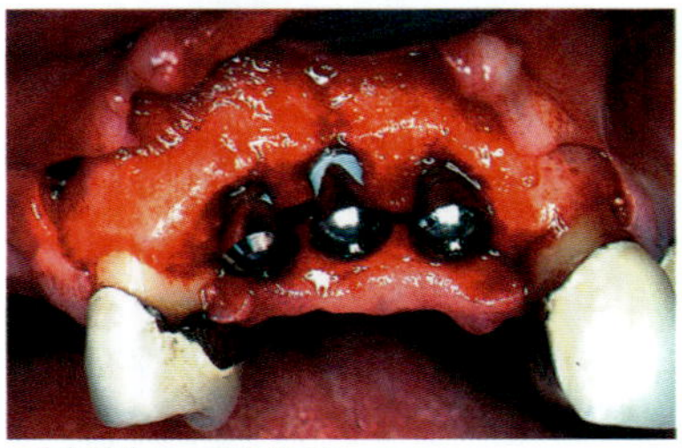

Abbildung H-9 Kreusser

Aufgrund vorangegangener, erfolgloser Wurzelspitzenresektionen ist in der Implantatlagerregion des mittleren Implantats eine Dehiszens der vestibulären Knochenlamelle vorhanden. Das Implantat erweist sich bei Insertion als primärstabil, dennoch ergibt sich zur Langzeitstabilisierung des Implantatlagers der Bedarf einer knochenaufbauenden Maßnahme.

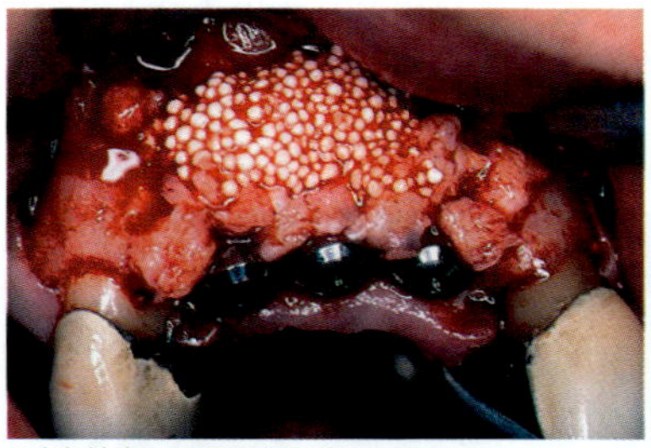

Abbildung H-10 Kreusser

Die Defektsituation nach Auffüllung mit alloplastischem Material.

5.3 Stellungnahme der Bundeszahnärztekammer (Stand 12.05.2000): Alloplastisches Material / Regenerative Verfahren

Der Einsatz von alloplastischem Material im Rahmen implantologischer Leistungen ist als selbständige Leistung nach GOÄ 2442 berechenbar.

Die zusätzliche Verwendung regenerativer Verfahren (z.B. Membrantechniken) ist als selbständige Leistung analog § 6 Abs. 2 GOZ berechenbar.

Eine eventuell notwendige Fixation von Membranen (z.B. durch Nägel) ist nicht zusätzlich berechenbar.

5.4 Rechtsprechung zu GOÄ 2442 analog

5.4.1 OLG Karlsruhe, 15.10.1998 – 12 U 36/98 –: Beweislast

„Der Beklagte [Patient] hat bestritten, dass der Kläger [Zahnarzt] alloplastisches Material in seinen Kiefer eingebracht habe. Der insoweit beweispflichtige Kläger ist für seine gegenteilige, ihm günstige Behauptung beweisfällig geblieben. Der Sachverständige hat nachvollziehbar ausgeführt, dass er auf dem Röntgenbild kein alloplastisches Material erkennen könne. Der Einwand des Klägers, das von ihm verwendete Material sei auf Röntgenbildern nicht nachzuweisen, weil es für Röntgenstrahlen durchlässig sei, stellt dieses Ergebnis nicht in Frage. Es geht hier nicht darum, ob nachgewiesen werden kann, der Kläger habe kein alloplastisches Material verwendet. Maßgebend ist allein, dass die sichere Überzeugung nicht hergestellt werden kann, dass die Behauptung des Klägers zutrifft. Da jedenfalls das Sachverständigengutachten keine Anhaltspunkte dafür ergeben hat, dass der Kläger solches Material verwendet hat, kann allein aus der Tatsache, dass der Kläger auf der Behandlungskarte die entsprechende Gebührenziffer

[376] Wissenschaftliche Stellungnahme der DGZMK V 1.0, Stand: 09/00.

eingetragen haben mag, nicht die sichere Überzeugung von einer tatsächlich erbrachten Leistung gewonnen werden."[377]

6. GOÄ 2730 – Lagerbildung Alveolarfortsatz

GOÄ 2730
Bewertung: 500 Punkte
1,0-fach: 29,14 € **2,3-fach: 67,03 €** **3,5-fach: 102,00 €**
Operative Maßnahmen zur Lagerbildung beim Aufbau des Alveolarfortsatzes, je Kieferhälfte oder Frontzahnbereich

6.1 Beschreibung

- Diese Gebührenziffer ist abrechenbar, wenn noch zusätzlich ein knöchernes Lager für die Implantate geschaffen werden muss. Diese Lagerbildung für nachfolgende, zusätzliche augmentative Verfahren erfolgt sowohl in vertikaler als auch in horizontaler Dimension. Es handelt sich um eine Leistung, die bei der Implantation aus fachlicher Sicht nicht regelmäßig erforderlich ist und somit schon deshalb als selbstständige Leistung neben der Implantation zu bezeichnen ist.
- Diese Position ist auch in Verbindung mit augmentativen Verfahren zusätzlich abrechnungsfähig. Die GOÄ 2730 beinhaltet als Leistung nicht den „Aufbau des Alveolarfortsatzes", sondern explizit die Lagerbildung bzw. Vorbereitung zur Aufnahme des „Aufbaus" als eine Zusatzleistung. Es heißt nicht „*zum* Aufbau", sondern „*beim* Aufbau".
- Die GOÄ 2730 wird je Frontzahnbereich oder Kieferhälfte abgerechnet. Eine vom Inhalt vergleichbare Geb.-Nr. ist in der GOZ nicht enthalten.
- Das bloße Glätten des Alveolarfortsatzes ist nicht nach GOÄ 2730 abrechenbar.[378]
- Die Materialkosten sind unter den Voraussetzungen des § 10 Abs. 1 GOÄ zusätzlich berechnungsfähig.[379]

Ggf. ist der OP-Zuschlag nach GOÄ 443 (750 Punkte = 43,72 €) zusätzlich abrechenbar.

6.2 Bilddokumentation 44 – Lagerbildung

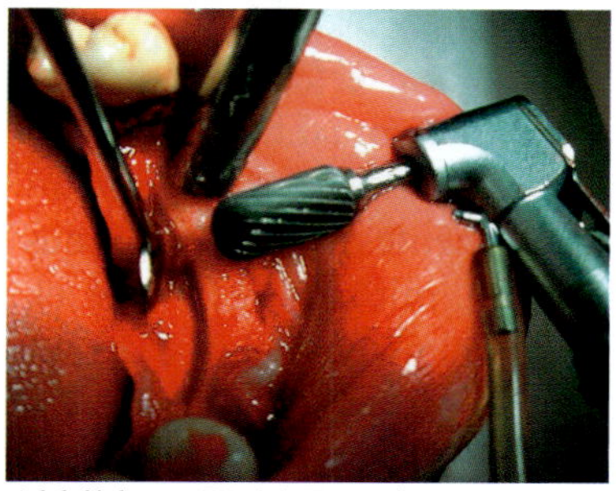

Abbildung H-11 Engels

Der crestale Knochenanteil im Unterkiefer-Frontzahnbereich ist präoperativ aufgrund fortgeschrittener, ungleichmäßiger Resorption in erster Linie aufgrund des stark verringerten horizontalen Knochenangebotes auch für kleinste Implantatdurchmesser ungeeignet gewesen. Nach Konturierung ist das Lager für nachfolgende Augmentationen und/oder Implantationen geeigneter.

Das Bild zeigt den Bohrer beim Glätten einer messerscharfen Knochenkante.

---

377 OLG Karlsruhe, Urteil vom 15.10.1998 – 12 U 36/98 –, BDIZ-konkret 1999, Heft 1, S. 34 = BDIZ-Jahrbuch 2000, S. 54 = GHI, S. 280.

378 Ebenso die Stellungnahme der BZÄK vom 04.01.2000 und des Konsultationsausschusses vom 07.05.2001.

379 S. BGH, Urteil vom 27.05.2004 – III ZR 264/03 –, VersR 2004, 1138 = Kapitel U IV.18, S. 368.

7. GOÄ 2253 – Knochenspanentnahme

GOÄ 2253		
Bewertung: 647 Punkte		
1,0-fach: 37,71 €	**2,3-fach: 86,74 €**	**3,5-fach: 131,99 €**
Knochenspanentnahme		

7.1 Beschreibung

- Die Entnahme eines Knochenspanes oder mehrerer Knochenspäne ist eine selbständige Leistung und nicht Teil einer anderen Leistung (z.B. GOÄ 2255).
- Ist das Knochenangebot zur Aufnahme der Implantate nicht ausreichend, so wird – entweder zeitlich getrennt vor der Implantattherapie oder begleitend – der benötigte Knochen an geeigneten Orten im Mundbereich (intraoral) oder extraoral entnommen und dort, wo er benötigt wird, wieder eingebracht.
- Die GOÄ 2253 kommt dann zur Anwendung, wenn der benötigte Knochen an einer anderen als der Operationsstelle entnommen wird.
- Die Knochenspanentnahme ist nach GOÄ 2253 je Operationsgebiet einmal berechnungsfähig.
- Bei mehreren Entnahmestellen sollten die unterschiedlichen Operationsgebiete angegeben werden.
- Der Inhalt der Geb.-Nr. ist auch in dem (seltenen) Fall erfüllt, wenn ein anderer Arzt für die Knochenspanentnahme tätig wird als der implantierende Zahnarzt / MKG-Chirurg.
- GOÄ 2253 ist nicht berechnungsfähig in derselben Sitzung neben GOÄ 2254 und 2255 und nicht für die Knochenentnahme im Zuge einer Kernbohrung für ein Implantat.
- Die Materialkosten sind unter den Voraussetzungen des § 10 Abs. 1 GOÄ zusätzlich berechnungsfähig.[380]

Ggf. ist der OP-Zuschlag nach GOÄ 443 (750 Punkte = 43,72 €) zusätzlich abrechenbar.

7.2 Bilddokumentation 45 – Knochenspanentnahme

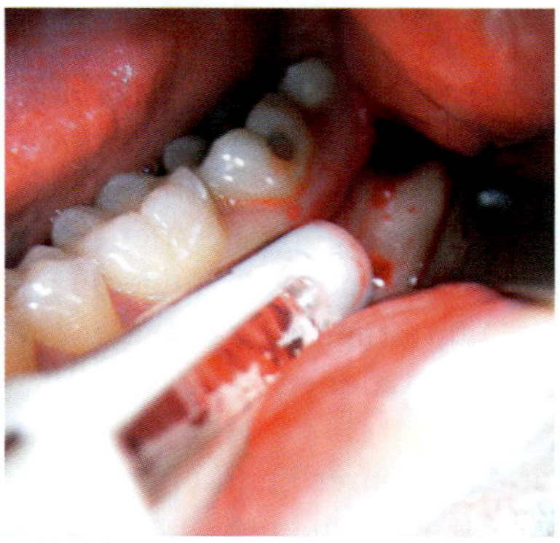

Abbildung H-12 Nickenig

Die Knochenspanentnahme kann auf unterschiedliche Art und Weise erfolgen, im Beispiel kommt ein Einmalentnahmeinstrument (Scraper) zur Anwendung. Eine scharfe Klinge im Kopf des Instrumentes wird entlang des freigelegten Knochens mit mäßigem Druck gezogen, der so gewonnene Knochen wird automatisch in einem Reservoir gesammelt.

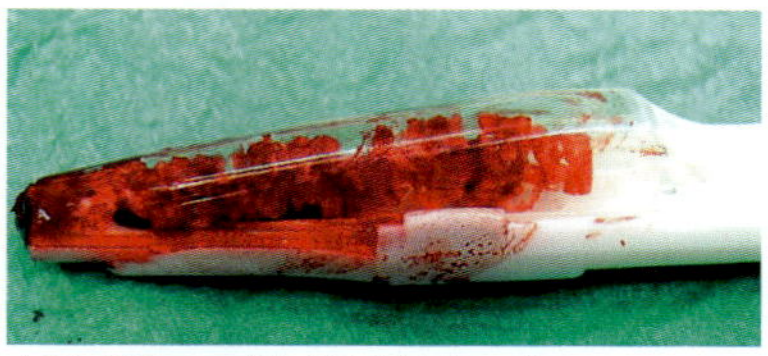

Abbildung H-13 Nickenig

Der gewonnene Knochen wird automatisch im Reservoir des Einmalinstrumentes gesammelt.

Alternativen stellen z.B. Trepanbohrungen, Sägen oder Ultraschallabtrag dar.

[380] S. BGH, Urteil vom 27.05.2004 – III ZR 264/03 –, VersR 2004, 1138 = Kapitel U IV.18, S. 368.

Abbildung H-14 Nickenig

Die gewonnenen Knochenspäne unmittelbar nach der Entnahme. Der Zusatz von Knochenersatzmaterial, Eigenblut bzw. eine weitere Bearbeitung der Späne kann sich anbieten.

7.3 Stellungnahme der Bundeszahnärztekammer (Stand 12.05.2000)

7.3.1 zur Knochenspanentnahme

Die Knochenspanentnahme ist je Operationsgebiet einmal berechenbar.

7.3.2 zur Knochenverpflanzung

Neben der GOÄ 2255 sind für das gleiche Operationsgebiet die GOÄ 2253 und 2254 für die Knochenverpflanzung nicht berechenbar.

8. GOÄ 2254 – Knochenimplantation

GOÄ 2254		
Bewertung: 739 Punkte		
1,0-fach: 43,07 €	2,3-fach: 99,07 €	3,5-fach: 150,76 €
Implantation von Knochen		

8.1 Beschreibung

- Die Einpflanzung von Knochen ist als selbständige Leistung nach der GOÄ 2254 einmal je Operationsgebiet berechnungsfähig, wenn sie nicht Bestandteil einer anderen Leistung wie z.B. der GOÄ 2253 oder 2255 ist.
- Handelt es sich um die Implantation von Knochen oder Knochenspänen, die bei demselben Patienten entnommen worden sind, dann ist nicht die GOÄ 2254 abrechnungsfähig, sondern die GOÄ 2255, sofern der Zahnarzt die Entnahme des Knochens oder des Knochenspanes selbst durchgeführt hat.
- Die GOÄ 2254 ist auch dann anzuwenden, wenn der zu implantierende Knochen von einer Knochenbank bezogen wird oder die Knochenspanentnahme von einem anderen Arzt durchgeführt wurde.
- Liegt zwischen der Knochenspanentnahme und der Implantation ein größerer Zeitraum (z.B. 24 Stunden) oder ist die Knochenspanentnahme oder Knochenentnahme durch einen anderen Arzt/Zahnarzt erfolgt, dann bleibt die Implantation nach GOÄ 2254 abrechnungsfähig.
- Unter diese Abrechnungsposition fallen auch die Knochenkernbohrungen (im Rahmen der Implantatbettaufbereitung) und Bonecollectormaßnahmen, also Maßnahmen der Knochengewinnung aus dem unmittelbaren primären Operationsgebiet der Implantation.
- Bei Gewinnung des Knochenmaterials aus der Implantationsumgebung (ohne Zusammenhang zur Knochenkavität der Implantation) und **Transplantation** in den davon räumlich getrennten Bereich des Implantatbettes kommt eine Berechnung nach der GOÄ 2255 in Betracht.

- Da aus fachlicher Sicht sowohl die Implantation von Knochen ohne Beimischung von Knochenersatzmaterialien als auch die Kombination beider Materialien sowie der alleinige Einsatz von Knochenersatzmaterialien individuell begründet sein kann, ist eine **Berechnungsfähigkeit der GOÄ 2442 neben der GOÄ 2254 gegeben**.
- Die Materialkosten sind unter den Voraussetzungen des § 10 Abs. 1 GOÄ zusätzlich berechnungsfähig.[381]

Ggf. ist der OP-Zuschlag nach GOÄ 443 (750 Punkte = 43,72 €) zusätzlich abrechenbar.

8.2 Bilddokumentation 46 – Implantation von Knochen

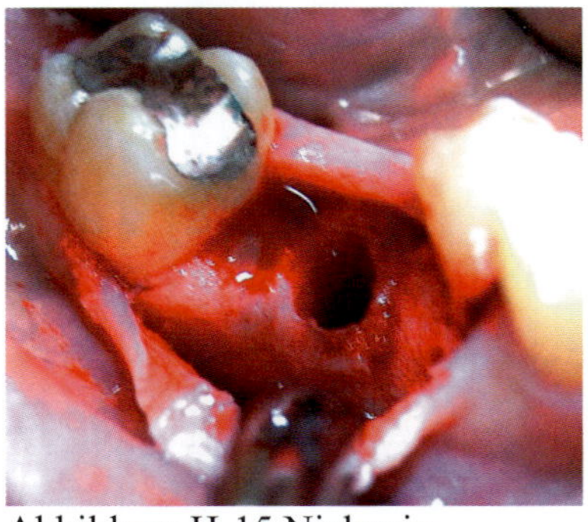

Abbildung H-15 Nickenig

Die vestibuläre Knochenlamelle sollte eine Mindeststärke von 1-2 mm nicht unterschreiten, da ansonsten eine Knochendehiszens zu erwarten ist. In dargestellter Situation wird dieser Wert eindeutig unterschritten.

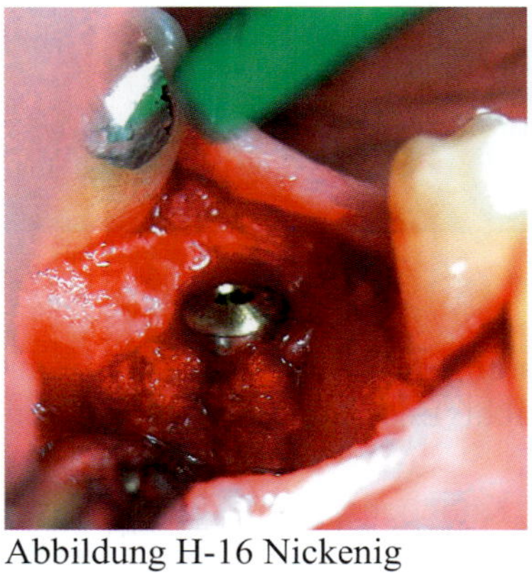

Abbildung H-16 Nickenig

Durch das Abstreifen der Implantatfräsen sowie des Knochenabtrags in der unmittelbaren Implantatregion gelingt es in vielen Fällen wie dargestellt, die vestibuläre Knochenkontur sicherzustellen.

8.3 Nicht berechnungsfähig neben

- GOÄ 2253 (Knochenspanentnahme)
- GOÄ 2255 (Freie Verpflanzung eines Knochens/Knochenteilen)
- GOÄ 2265 (Resektion eines großen Knochens)

8.4 Bonecollector

8.4.1 Beschreibung

- Autologe Knochenanteile können beim Präparieren der Knochenkavität für ein enossales Implantat durch geeignete Siebe, z.B. in einem Bonecollector, aufgefangen werden. Hierbei handelt es sich um körpereigenes, autologes Knochenmaterial, dem u.a. auch zusätzliches Knochenersatzmaterial beigemischt werden kann.
- Das Einbringen solcher durch den Bonecollector gesammelten Knochenanteile wird nach dem Inhalt der GOÄ 2254 berechnet (s. o. Kapitel H II.8.1, S. 191).

---

[381] S. BGH, Urteil vom 27.05.2004 – III ZR 264/03 –, VersR 2004, 1138 = Kapitel U IV.18, S. 368.

- Die Materialkosten sind unter den Voraussetzungen des § 10 Abs. 1 GOÄ zusätzlich berechnungsfähig.[382]

8.4.2 Bilddokumentation 47 – Bonecollector

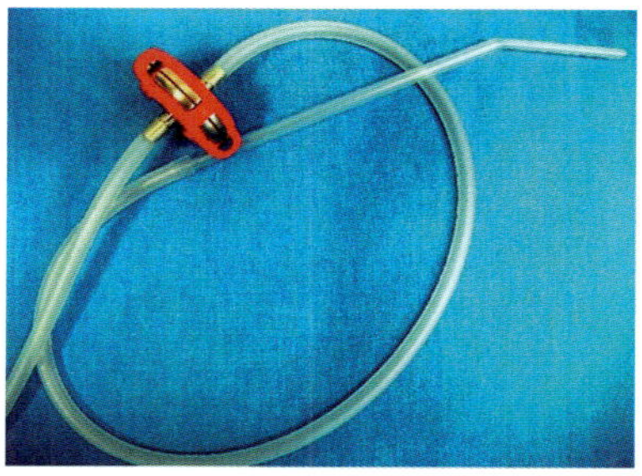

Abbildung H-17 Nickenig

Der gezeigte Bonecollector ist zwischen den Einmalsauger gesteckt. Entscheidend ist bei dessen Anwendung ein Zwei-Sauger-System, d. h. für das normale Absaugen von Speichelanteilen u. ä. wird ein weiterer Sauger verwendet.

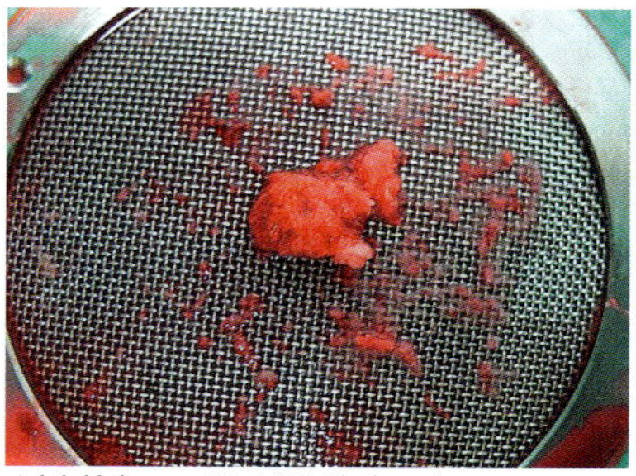

Abbildung H-18 Nickenig

Die gezeigten Knochenspäne wurden unmittelbar von der Implantatfräse abgestreift bzw. abgesaugt. Der Bonecollector sammelt diese Knochenanteile in einem Titannetz.

8.5 Knochenkernbohrung

8.5.1 Beschreibung

- Knochenkernbohrungen im Rahmen der Implantatbettaufbereitung als Maßnahme der Knochengewinnung aus dem unmittelbaren primären Operationsgebiet der Implantation sind durch den Inhalt der GOÄ 2254 beschrieben.
- Bei Gewinnung des Knochenmaterials aus der Implantationsumgebung (ohne Zusammenhang zur Knochenkavität der Implantation) und **Transplantation** in den davon räumlich getrennten Bereich des Implantatbettes kommt eine Berechnung nach der GOÄ 2255 in Betracht.
- Die Materialkosten sind unter den Voraussetzungen des § 10 Abs. 1 GOÄ zusätzlich berechnungsfähig.[383]
- S. auch Kapitel H II.8.1, S. 191.

---

382 S. BGH, Urteil vom 27.05.2004 – III ZR 264/03 –, VersR 2004, 1138 = Kapitel U IV.18, S. 368.

383 S. BGH, Urteil vom 27.05.2004 – III ZR 264/03 –, VersR 2004, 1138 = Kapitel U IV.18, S. 368.

8.5.2 Bilddokumentation 48 – Knochenkernbohrung

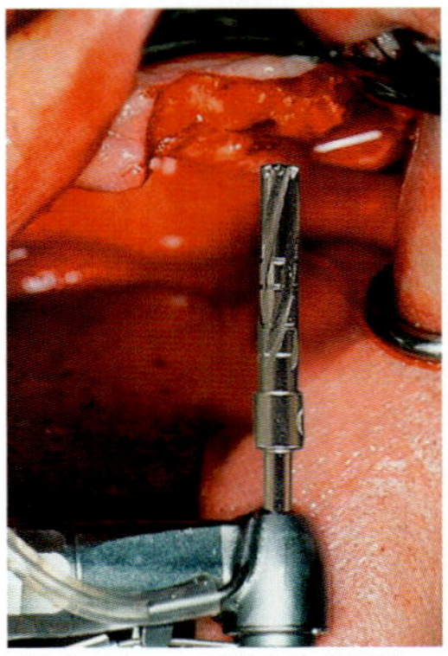

Abbildung H-19 Zöller

Knochenentnahme für regionale Augmentation mit Knochenkernbohrer.

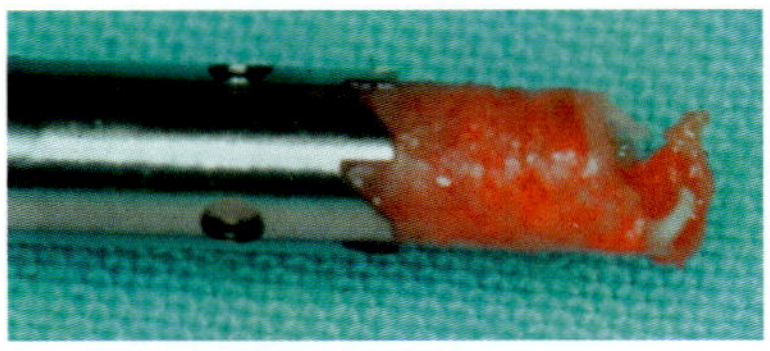

Abbildung H-20 Zöller

Knochenkern bei der Präparation der Implantatkavität gewonnen.

8.5.3 Stellungnahme der Bundeszahnärztekammer (Stand 12.05.2000): Implantation von Knochen

Die Implantation von Knochen ist je Operationsgebiet berechenbar.

9. GOÄ 2255 – Knochenverpflanzung

GOÄ 2255
Bewertung: 1480 Punkte
1,0-fach: 86,27 € **2,3-fach: 198,41 €** **3,5-fach: 301,93 €**
Freie Verpflanzung eines Knochens oder von Knochenteilen (Knochenspäne)

9.1 Beschreibung

- Berechnungsfähig ist die GOÄ 2255 einmal je Operationsgebiet sowohl für die Entnahme von Knochen oder Knochenteilen als auch für die Implantation. Dabei darf die Spenderregion nicht gleichzeitig das Augmentationsgebiet sein. Bei einer Spenderregion und mehreren Augmentationsgebieten ist die GOÄ 2255 entsprechend mehrfach berechnungsfähig.
- Inhalt dieser Gebührenposition ist die zusammengefasste Leistung bestehend aus Knochenspanentnahme aus einem Operationsgebiet (z.B. Trigonum retromolare) und der freien Verpflanzung in die Operationsregion der Implantation, in der das Knochenangebot nicht ausreicht.
- Neben der GOÄ 2255 sind für das gleiche Operationsgebiet die GOÄ 2253 und 2254 nicht berechnungsfähig.
- Eine zusätzliche Berechnungsfähigkeit der GOÄ 2253 kann nur in den Einzelfällen gegeben sein, in denen es z.B. aufgrund eines umfangreicheren Bedarfs an autologem Knochen zur Knochenspanentnahme aus einer zusätzlichen Entnahmestelle kommt. Das zusätzliche Operationsgebiet sollte hierbei angegeben werden.
- Eine Berechnungsfähigkeit neben der GOÄ 2254 liegt grundsätzlich nicht vor.
- Eine Knochengewinnung aus dem unmittelbaren primären Operationsgebiet der Implantatbettaufbereitung ist durch den Inhalt der GOÄ 2254 beschrieben, eine Berechnungsfähigkeit der GOÄ 2255 ist nicht gegeben.

- Bei Gewinnung des Knochenmaterials aus der Implantationsumgebung (ohne Zusammenhang zur Knochenkavität der Implantation, jedoch in einem Operationsgebiet) und **Transplantation** in den davon räumlich getrennten Bereich des Implantatbettes kommt eine Berechnung nach der GOÄ 2255 in Betracht.
- Die Transplantation mehrerer Knochenteile in **ein** Operationsgebiet ist mit dem einmaligen Ansatz der GOÄ 2255 abgegolten.
- Werden mehrere Knochenteile in **verschiedenen** Operationsgebieten eingesetzt, z.B. bei beidseitigen Sinusbodenelevationen, kann diese Gebührenposition auch mehrmals berechnet werden (z.B. zwei Entnahmestellen und zwei Implantationsstellen).
- Die Materialkosten sind unter den Voraussetzungen des § 10 Abs. 1 GOÄ zusätzlich berechnungsfähig.[384]

Kein OP-Zuschlag abrechenbar!

9.2 Bilddokumentation 49 – Knochenverpflanzung

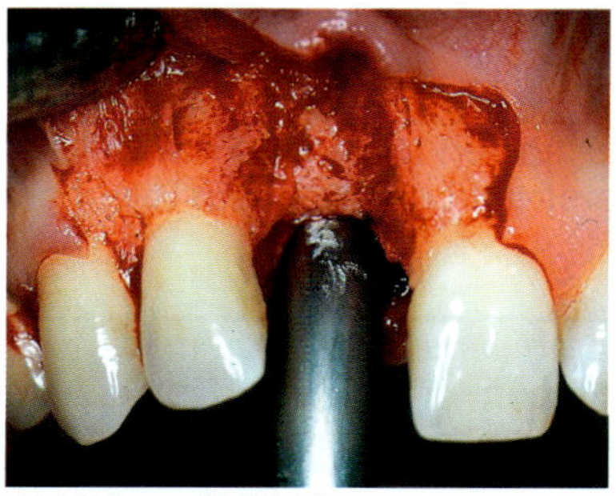
Abbildung H-21 Kreusser

Bei Darstellung der alveolären Knochenstrukturen in der Region des verloren gegangenen Zahnes 11 zeigt es sich, dass nicht nur eine vestibuläre Einziehung, sondern auch die bindegewebige Durchsetzung des Knochenareals den Erfolg einer Implantat-Therapie einschränkt.

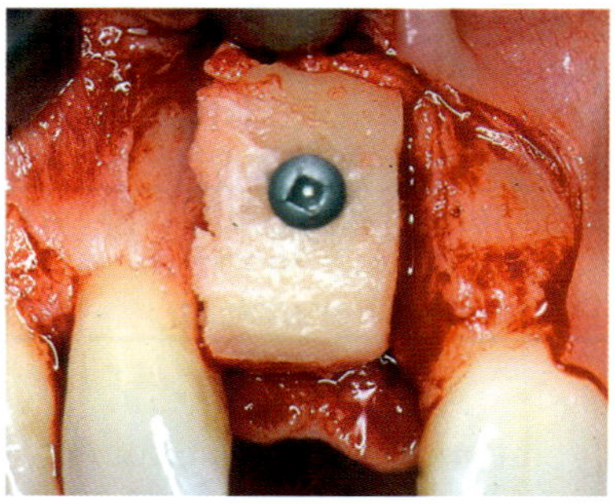
Abbildung H-22 Kreusser

Nach retromolarer Knochenblockentnahme und Trimmung des Knochens auf Defektgröße wird dieser zusätzlich verschraubt, so dass die Lagestabilität und hiermit die für die Integration essentielle Gefäßeinsprossung aus der Umgebung erleichtert werden.

9.3 Rechtsprechung zu GOÄ 2255

9.3.1 AG Überlingen, 04.07.1997 – 1 C 623/96 –: Selbständige Leistung

„Die GOÄ 2255 analog ist beim Bonesplitting neben der GOÄ 2730 für das Verpflanzen von Knochen abrechenbar. Die durch das Bonesplitting entstandenen Hohlräume müssen zur Vermeidung eines erhöhten Infektionsrisikos mit Knochenspänen gefüllt werden.“[385]

Die vom AG Überlingen für die spezielle Situation des Bonesplitting bejahte parallele Abrechenbarkeit ist für alle Fälle der Knochenverpflanzung zu bejahen.

---

[384] S. BGH, Urteil vom 27.05.2004 – III ZR 264/03 –, VersR 2004, 1138 = Kapitel U IV.18, S. 368.

[385] AG Überlingen, Urteil vom 04.07.1997 – 1 C 623/96 –, BDIZ-konkret 1997, Heft 3, S. 38 = GHI, S. 288.

10. Weitere Maßnahmen

Im Zusammenhang mit den vorstehend beschriebenen Leistungen sind weitere Maßnahmen denkbar wie

- PRP,
- PRGF.

Die Abrechnung dieser Leistungen wird im Kapitel R (S. 298 ff.) beschrieben.

III. Zuschläge bei ambulanter Operation

OP-Zuschläge	
GOÄ 440 400 Punkte 1,0-fach: 23,31 €	Zuschlag für die Anwendung eines Operationsmikroskops bei ambulanten operativen Leistungen.
GOÄ 441 Der Zuschlag nach Nr. 441 beträgt 100 v.H. des einfachen Gebührensatzes der betreffenden Leistung, jedoch nicht mehr als 67,49 €.	Zuschlag für die Anwendung eines Lasers bei ambulanten operativen Leistungen, je Sitzung.
GOÄ 442 400 Punkte 1,0-fach: 23,31 €	Zuschlag bei ambulanter Durchführung von operativen Leistungen, die mit Punktzahlen von 250 bis 499 Punkten bewertet sind.
GOÄ 443 750 Punkte 1,0-fach: 43,72 €	Zuschlag bei ambulanter Durchführung von operativen Leistungen, die mit Punktzahlen von 500 bis 799 Punkten bewertet sind.
GOÄ 444 1300 Punkte 1,0-fach: 75,77 €	Zuschlag bei ambulanter Durchführung von operativen Leistungen, die mit Punktzahlen von 800 bis 1199 Punkten bewertet sind.
GOÄ 445 2200 Punkte 1,0-fach: 128,23 €	Zuschlag bei ambulanter Durchführung von operativen Leistungen, die mit Punktzahlen von 1200 und mehr Punkten bewertet sind.

IV. Gebührenverzeichnis zur GOÄ, Abschnitt C VIII, Allgemeine Bestimmungen

1. Bei ambulanter Durchführung von Operations- und Anästhesieleistungen in der Praxis niedergelassener Ärzte oder in Krankenhäusern können für die erforderliche Bereitstellung von Operationseinrichtungen und Einrichtungen zur Vor- und Nachsorge (z.B. Kosten für Operations- oder Aufwachräume oder Gebühren bzw. Kosten für wiederverwendbare Operationsmaterialien bzw. -geräte) Zuschläge berechnet werden. Für die Anwendung eines Operationsmikroskops oder eines Lasers im Zusammenhang mit einer ambulanten operativen Leistung können Zuschläge berechnet werden, wenn die Anwendung eines Operationsmikroskops oder eines Lasers in der Leistungsbeschreibung der Gebührennummer für die operative Leistung nicht beinhaltet ist.

2. Die Zuschläge nach den Nummern 440 bis 449 sind nur mit dem einfachen Gebührensatz berechnungsfähig.

3. Die Zuschläge nach den Nummern 440, 441, 442, 443, 444 und 445 sind operative Leistungen

- nach den Nummern 679, 695, 700, 701, 765 in Abschnitt F,
- nach den Nummern 1011, 1014, 1041, 1043 bis 1045, 1048, 1052, 1055, 1056, 1060, 1085,1086, 1089, 1097 bis 1099, 1104, 1111 bis 1113, 1120 bis 1122, 1125, 1126, 1129, 1131, 1135 bis 1137, 1140, 1141, 1145, 1155, 1156, 1159, 1160 in Abschnitt H,

- nach den Nummern 1283 bis 1285, 1292, 1299, 1301, 1302, 1304 bis 1306, 1310, 1311, 1321,1326, 1330 bis 1333, 1341, 1345, 1346, 1348 bis 1361, 1365, 1366, 1367, 1369 bis 1371,1374, 1375, 1377, 1382 bis 1384, 1386 in Abschnitt I,
- nach den Nummern 1428, 1438, 1441, 1445 bis 1448, 1455, 1457, 1467 bis 1472, 1485, 1486,1493, 1497, 1513, 1519, 1520, 1527, 1528, 1534, 1535, 1576, 1586, 1588, 1595, 1597, 1598,1601, 1610 bis 1614, 1622, 1628, 1635 bis 1637 in Abschnitt J,
- nach den Nummern 1713, 1738, 1740, 1741, 1753, 1755, 1756, 1760, 1761, 1763 bis 1769,1782, 1797, 1800, 1802, 1815, 1816, 1827, 1851 in Abschnitt K,
- oder nach den Nummern 2010, 2040, 2041, 2042 bis 2045, 2050 bis 2052, 2062, 2064 bis 2067, 2070, 2072 bis 2076, 2080 bis 2084, 2087 bis 2089, 2091, 2092, 2100 bis 2102, 2105, 2106, 2110 bis 2112, 2117 bis 2122, 2130, 2131, 2133 bis 2137, 2140 2141, 2156 bis 2158,2170 bis 2172, 2189 bis 2191, 2193, 2210, 2213, 2216, 2219 2220, 2223 bis 2225, 2230, 2235, 2250, 2253, 2254, 2256, 2257, 2260, 2263, 2268 2269, 2273, 2279, 2281 bis 2283, 2291, 2293 bis 2297, 2325, 2339, 2340, 2344, 2345, 2347 bis 2350, 2354 bis 2356, 2380 bis 2386, 2390, 2392 bis 2394, 2396, 2397, 2402, 2404, 2405, 2407, 2408, 2410 bis 2412, 2414 bis 2421, 2427, 2430 bis 2432, 2440 bis 2442, 2454, 2540, 2541, 2570, 2580, 2581, 2583, 2584, 2586 bis 2589, 2597, 2598, 2620, 2621, 2625, 2627, 2640, 2642, 2650, 2651, 2655 bis 2658, 2660, 2670, 2671, 2675 bis 2677, 2682, 2687, 2688, 2690, 2692 bis 2695, 2698, 2699, 2701, 2705, 2706, 2710, 2711, 2730, 2732, 2751 bis 2754, 2800, 2801, 2803, 2809, 2823, 2881 bis 2883, 2887, 2890, 2891, 2895 bis 2897, 2950 bis 2952, 2970, 2990 bis 2993, 3095 bis 3097, 3120, 3156, 3173, 3200, 3208, 3219 bis 3224, 3237, 3240, 3241, 3283 bis 3286, 3300 in Abschnitt L zuzuordnen.

Die Zuschläge nach den Nummern 446 und 447 sind anästhesiologische Leistungen des Abschnitts D zuzuordnen.

Die Zuschläge nach den Nummern 448 und 449 dürfen nur im Zusammenhang mit einer an einen Zuschlag nach den Nummern 442 und 445 gebundenen ambulanten Operation und mit einer an einen Zuschlag nach den Nummern 446 und 447 gebundenen Anästhesie bzw. Narkose berechnet werden.

Die Zuschläge sind in der Rechnung unmittelbar im Anschluss an die zugeordnete operative bzw. anästhesiologische Leistung aufzuführen.

4. Maßgeblich für den Ansatz eines Zuschlages nach den Nummern 442 bis 445 sowie 446 oder 447 ist die erbrachte Operations- bzw. Anästhesieleistung mit der höchsten Punktzahl. Eine Zuordnung des Zuschlags nach den Nummern 442 bis 445 sowie 446 bis 447 zu der Summe der jeweils ambulant erbrachten einzelnen Operations- bzw. Anästhesieleistungen ist nicht möglich.

5. Die Leistungen nach den Nummern 448 und 449 sind im Zusammenhang mit derselben Operation nur von einem der an dem Eingriff beteiligten Ärzte und nur entweder neben den Leistungen nach den Nummern 442 bis 445 oder den Leistungen nach den Nummern 446 bis 447 berechnungsfähig. Neben den Leistungen nach den Nummern 448 oder 449 darf die Leistung nach Nummer 56 nicht berechnet werden.

6. Die Zuschläge nach den Nummern 442 bis 449 sind nicht berechnungsfähig, wenn der Patient an demselben Tag wegen derselben Erkrankung in stationäre Krankenhausbehandlung aufgenommen wird; das gilt nicht, wenn die stationäre Behandlung wegen unvorhersehbarer Komplikationen während oder nach der ambulanten Operation notwendig und entsprechend begründet wird.

Kapitel I Freilegung

I. Allgemeines

Zweiphasige Implantatsysteme sind für die durch die Schleimhaut abgedeckte Einheilung des mit einer Deckschraube verschlossenen Implantats (Primärteil) konzipiert. Bei der Freilegungssitzung wird das Implantat nach Einheilung freigelegt. Die entsprechenden Sekundärteile zur Gingivaausformung, Abformung und späteren Aufnahme der Suprakonstruktion werden dann jeweils mit dem Implantat verschraubt.

- Die GOZ 904 „*Freilegen eines Implantats und Einfügen von Sekundärteilen bei einem zweiphasigen Implantatsystem*" ist die Hauptposition der Freilegungssitzung.
- Das Einbringen der Gingivaformer ist mit der GOZ 904 abgegolten (keine zusätzliche GOZ 905). Die Materialkosten für die Gingivaformer sind jedoch zusätzlich abrechenbar.
- Werden zusätzliche weichteilchirurgische Maßnahmen angewandt, um z.B. eine ausreichende Breite der attached gingiva zu erzielen oder um ästhetischen Anforderungen gerecht zu werden, so sind diese Leistungen zusätzlich abrechenbar.

II. Die einzelnen Gebührenpositionen

1. GOZ 904 – Freilegung des Implantats

GOZ 904
Bewertung: 320 Punkte
1,0-fach: 18,00 € **2,3-fach: 41,40 €** **3,5-fach: 63,00 €**
Freilegen eines Implantats und Einfügen von Sekundärteilen bei einem zweiphasigen Implantationssystem

1.1 Beschreibung

Zweiphasige Implantate müssen nach einer Einheilphase freigelegt werden. Die über dem Implantat liegende Schleimhaut wird entfernt. Die Deckschraube wird ausgeschraubt und ggf. wird ein Gingivaformer eingeschraubt, der in der Ausheilphase das Innere des Implantats schützt.

1.2 Bilddokumentation

Die Bilddokumentation findet sich oben im Kapitel G V.2, S. 163.

1.3 Rechtsprechung zu GOZ 904

Die zu GOZ 904 greifbare Rechtsprechung ist oben im Kapitel G V.11, S. 168 wiedergegeben.

2. GOZ 324 – Vestibulumplastik, Mundbodenplastik

GOZ 324
Bewertung: 550 Punkte
1,0-fach: 30,93 € **2,3-fach: 71,13 €** **3,5-fach: 108,25 €**
Vestibulumplastik oder Mundbodenplastik kleineren Umfangs, je Kieferhälfte oder Frontzahnbereich

2.1 Beschreibung

- Eine Vestibulum- bzw. Mundbodenplastik kann sowohl präimplantologisch als auch während der Implantatinsertion wie auch bei der Freilegung erfolgen.
- Die Vertiefung des Vestibulum oris (Mundvorhofes) zur Verbesserung oder auch Stabilisierung der die Implantatlagerregion begrenzenden Weichgewebe erfolgt, um bessere Ausgangsbedingungen für einen Langzeiterfolg der Implantatversorgung zu schaffen.
- Vorzugsweise in Ansatz zu bringen bei operativen Eingriffen kleineren Umfangs.

2.2 Bilddokumentation

Die Bilddokumentation findet sich oben im Kapitel H II.1.2, S. 184.

3. GOÄ 2381 – Einfache Hautlappenplastik

GOÄ 2381		
Bewertung: 370 Punkte		
1,0-fach: 21,57 €	2,3-fach: 49,60 €	3,5-fach: 75,48 €
Einfache Hautlappenplastik		

3.1 Beschreibung

- Einfache Maßnahmen zur Verlängerung oder Verschiebung von Weichgewebe um Implantate.
- Die Materialkosten sind unter den Voraussetzungen des § 10 Abs. 1 GOÄ zusätzlich berechnungsfähig.[386]

3.2 Bilddokumentation 50 – Einfache Hautlappenplastik

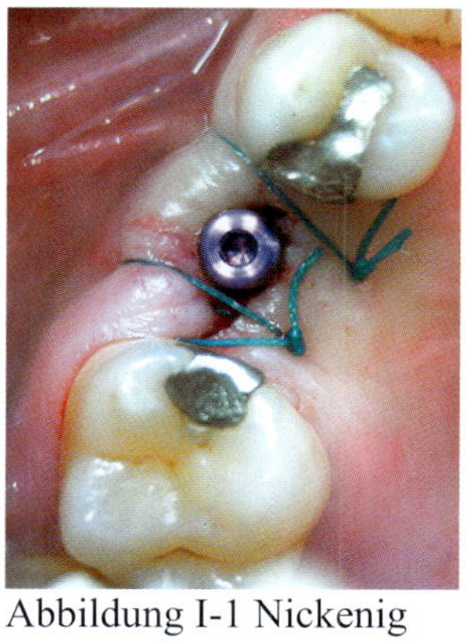

Abbildung I-1 Nickenig

Ohne Verlust von (befestigten) Gingivaanteilen wird das Implantat mit halbmondförmiger Schnittführung freigelegt und die Gingiva nach buccal verschoben und durch Nähte fixiert.

4. GOÄ 2675 – Partielle Mundboden- oder Vestibulumplastik

GOÄ 2675		
Bewertung: 850 Punkte		
1,0-fach: 49,54 €	2,3-fach: 113,95 €	3,5-fach: 173,40 €
Partielle Vestibulum- oder Mundbodenplastik oder große Tuberplastik, je Kieferhälfte oder Frontzahnbereich		

4.1 Beschreibung

- Zusätzliche größere mukogingivalchirurgische Maßnahmen um das Implantat, die über den normalen Wundverschluss weit hinausgehen.

[386] S. BGH, Urteil vom 27.05.2004 – III ZR 264/03 –, VersR 2004, 1138 = Kapitel U IV.18, S. 368.

- Z.B. Rolllappen, Spalthautlappen, Spaltlappen oder dergleichen.
- Verbesserung oder auch Stabilisierung der die Implantatregion begrenzenden Weichgewebe, um bessere Ausgangsbedingungen für einen Langzeiterfolg der Implantatversorgung zu schaffen.
- Vorzugsweise in Ansatz zu bringen bei operativen Eingriffen größeren Umfangs. Die Differenzierung zwischen operativen Eingriffen kleineren bzw. größeren Umfanges kann sich nur aus fachlich begründeter Bemessung ergeben.
- Die Materialkosten sind unter den Voraussetzungen des § 10 Abs. 1 GOÄ zusätzlich berechnungsfähig.[387]

Ggf. in Kombination mit dem OP-Zuschlag nach GOÄ 444 (1300 Punkte = 75,77 €).

4.2 Bilddokumentation 51 – Rolllappen

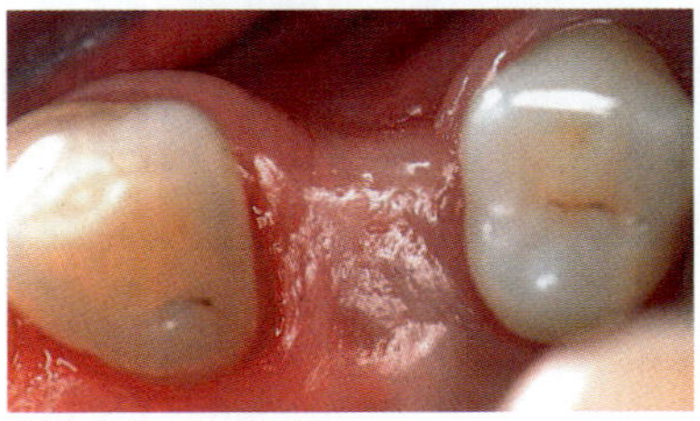

Abbildung I-2 Berger

Rolllappen.
Situation vor Freilegung. Die starke buccale Einziehung imponiert.

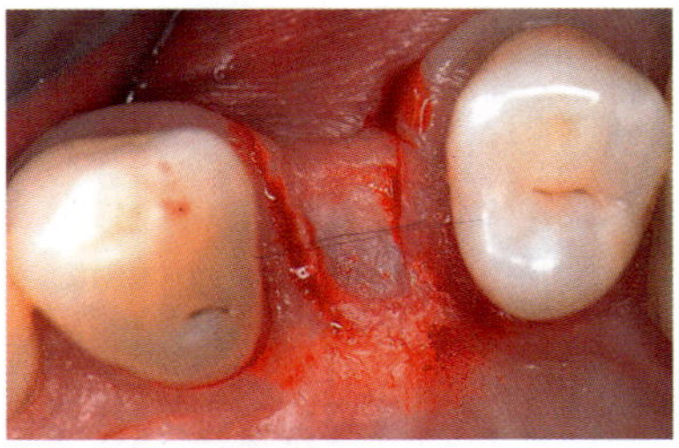

Abbildung I-3 Berger

Schnittführung unter Erhalt der Papillen.

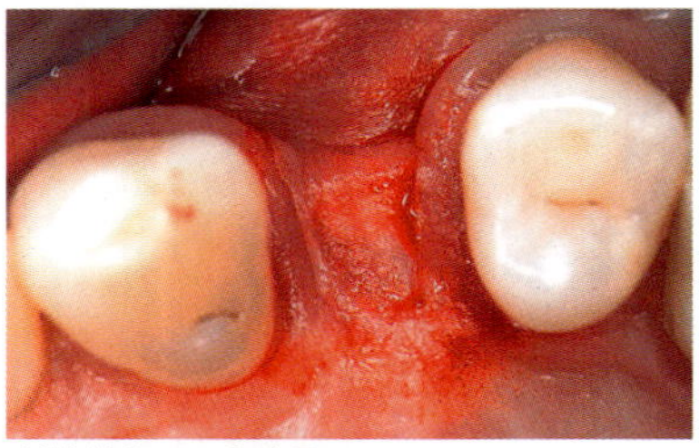

Abbildung I-4 Berger

Entepithelisierter Lappen vor der Mobilisation.

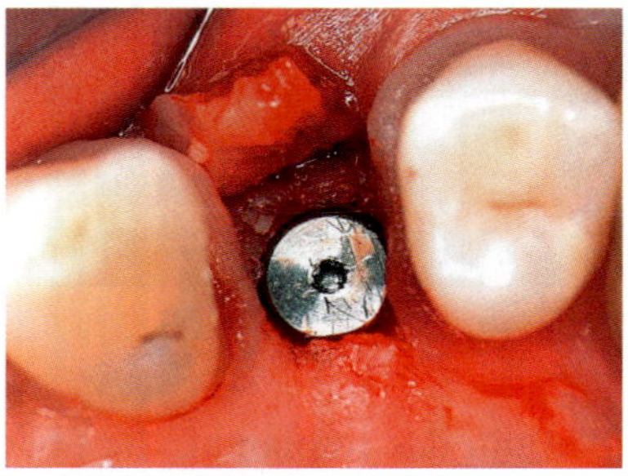

Abbildung I-5 Berger

Mobilisation des Lappens und Freilegung des Implantats.

[387] S. BGH, Urteil vom 27.05.2004 – III ZR 264/03 –, VersR 2004, 1138 = Kapitel U IV.18, S. 368.

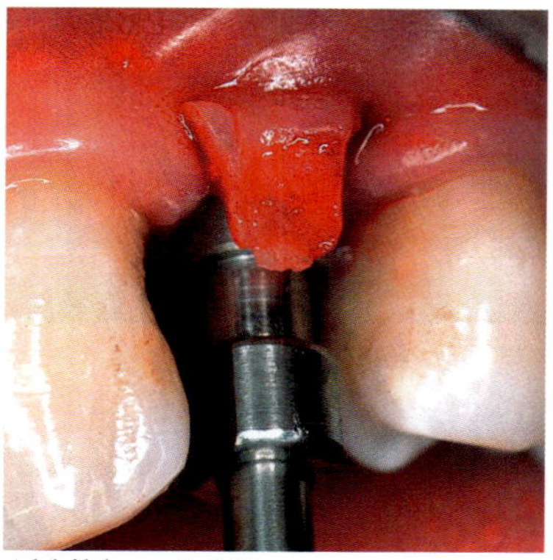
Abbildung I-6 Berger

Einbringen des Abformpfostens und Abformung.

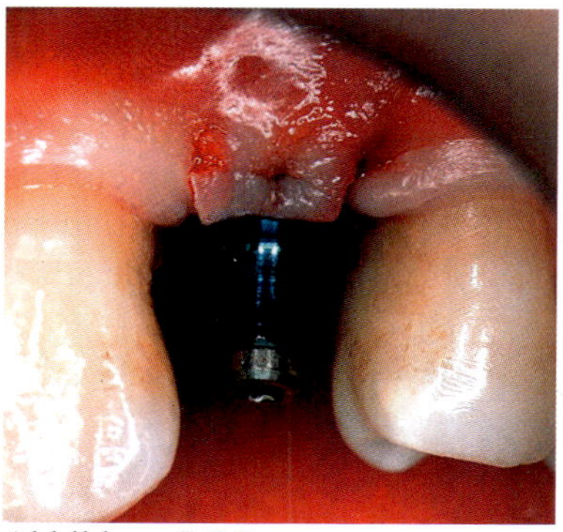
Abbildung I-7 Berger

Einschlagen des entepithelisierten Teils des Lappens nach Einbringen eines Gingivaformers auf das Implantat. Durch dieses Einrollen verdoppelt sich das Gewebe nach buccal.

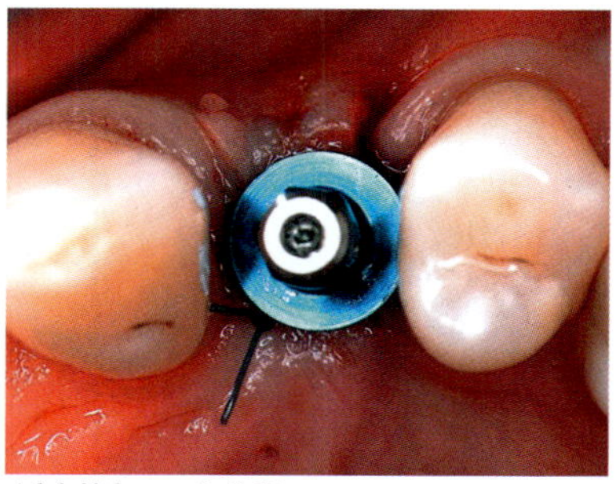
Abbildung I-8 Berger

Ansicht von okklusal. Die Gewebeverdickung gegenüber dem Ausgangszustand ist erkennbar.

5. GOÄ 2382 – Schwierige Hautlappenplastik oder Spalthauttransplantation

GOÄ 2382		
Bewertung: 739 Punkte		
1,0-fach: 43,07 €	2,3-fach: 99,07 €	3,5-fach: 150,76 €
Schwierige Hautlappenplastik oder Spalthauttransplantation		

5.1 Hinweis zur Abrechenbarkeit

Der BDIZ/EDI hat im Gutachterhandbuch Implantologie darauf hingewiesen, dass diese Gebührenziffer keine zahnärztliche, sondern eine ärztliche Leistung ist und deshalb im intraoralen Bereich für weichteil- und knochenchirurgische Maßnahmen **nicht abgerechnet** werden kann.[388] Er hält an dieser Auffassung fest. In diesen Fällen ist in aller Regel der Leistungshalt der GOÄ 2675 erfüllt.[389]

388 GHI, Kapitel N II.5, S. 178.

389 S. dazu Ausführungen im Kapitel I II.4, S. 199 f.

6. GOÄ 2386 – Schleimhauttransplantation

GOÄ 2386
Bewertung: 1200 Punkte
1,0-fach: 40,10 € 2,3-fach: 92,23 € 3,5-fach: 140,36 €
Schleimhauttransplantation – einschließlich operativer Unterminierung der Entnahmestelle und plastischer Deckung

6.1 Beschreibung

- Ein subepitheliales Bindegewebstransplantat (anderer Name: connective tissue graft) kommt zur Anwendung, wenn wichtige Schleimhautareale keine ausreichende Dicke aufweisen, z.B. bei Papillenrekonstruktionen
  - über einer Implantatdurchtrittsstelle,
  - bei koronalem oder seitlichem Verschiebelappen,
  - zur Verbesserung einer Ponticauflage.
- Das Transplantat wird am Gaumen entweder über einen U-Schnitt unter Sicht oder durch einen paramarginalen Schnitt „blind" unter dem Gaumenepithel entnommen. Die Transplantationsstelle wird entweder unterminiert oder durch einen Schleimhautlappen entsprechend vorbereitet. Entscheidend für den Erfolg ist die Fixierung des Bindegewebes und die gesicherte Blutversorgung.
- Die Materialkosten sind unter den Voraussetzungen des § 10 Abs. 1 GOÄ zusätzlich berechnungsfähig.[390]

Ggf. ist der OP-Zuschlag nach GOÄ 443 (750 Punkte = 43,72 €) zusätzlich abrechenbar.

6.2 Bilddokumentation 52 – Schleimhauttransplantation

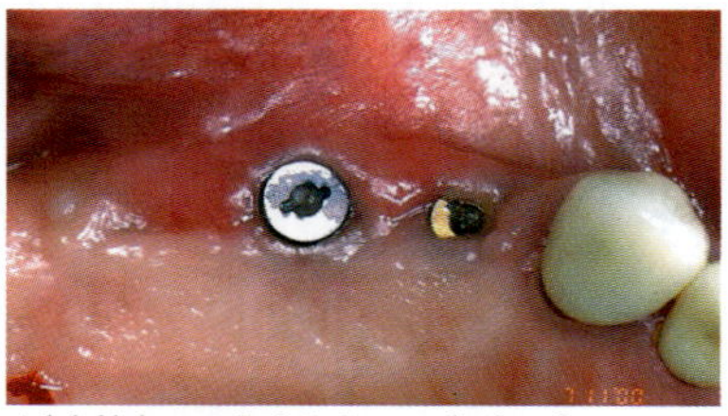
Abbildung I-9 Mangelsdorf

Nach ca. 9-monatiger Einheilzeit nach Sinuslift und eingebrachter SIS-Schiene zeigt sich die Notwendigkeit der Verbreiterung der befestigten Gingivaanteile.

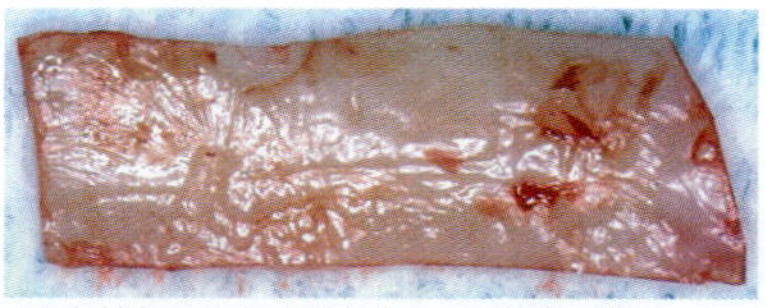
Abbildung I-10 Mangelsdorf

Aus dem Gaumen wird mit dem Skalpell oder dem Mukotom ein ausreichend dimensioniertes Schleimhauttransplantat entnommen.

[390] S. BGH, Urteil vom 27.05.2004 – III ZR 264/03 –, VersR 2004, 1138 = Kapitel U IV.18, S. 368.

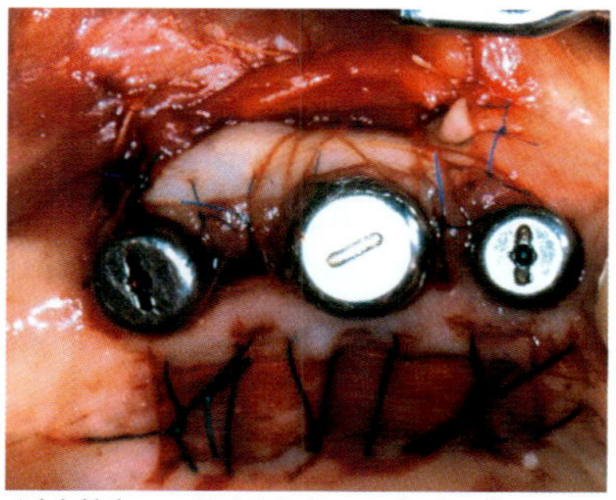

Abbildung I-11 Mangelsdorf

Nach der vollständigen Freilegung der Implantate und dem Einbringen von Gingivaformern wird das palatinal entnommene freie Schleimhauttransplantat mit entsprechend geeigneter Nahttechnik auf dem vestibulären Periost fixiert. Die Entnahmestelle wird so versorgt, dass eine schnelle Wundheilung möglich ist (hier eine mit Nähten fixierte Kollagenmembran).

6.3 Rechtsprechung zu GOÄ 2386

6.3.1 OLG Karlsruhe, 11.01.2000 – 17 U 176/98 –: Schleimhauttransplantation

Soweit der Beklagte nunmehr mit Rechnung vom 22.10.1998 anstelle der zuviel berechneten GOÄ 2284 = 188,91 DM – hilfsweise – für die Präparation der Kieferhöhlenschleimhaut die 2-fache GOÄ 2386 („Schleimhauttransplantation") gemäß § 6 Abs. 2 GOZ mit DM 455,16 in Ansatz bringt, entspricht diese Berechnungsmöglichkeit zwar der vom Sachverständigen genannten Empfehlung des Bundesverbandes der niedergelassenen implantologisch tätigen Zahnärzte in Deutschland e.V. (BDIZ) vom März 1995. Diese spätere Empfehlung des BDIZ kann aber zur Bewertung der im Mai/Juni 1994 durchgeführten und abgerechneten Leistungen nicht rückwirkend herangezogen werden. Insoweit verbleibt es für die Abrechnung der vorgenommenen Schleimhaut-Stabilisierung bei der angesetzten GOÄ 2284.[391]

7. GOÄ 2255 analog – Subepitheliales Bindegewebstransplantat

GOÄ 2255 analog		
Bewertung: 1480 Punkte		
1,0-fach: 86,27 €	2,3-fach: 198,41 €	3,5-fach: 301,93 €
Freie Verpflanzung eines Knochens oder von Knochenteilen (Knochenspäne)		

7.1 Beschreibung

- Bei nicht ausreichender oder fehlender befestigter Schleimhaut („attached gingiva") kann durch Transplantation eines entsprechend dimensionierten Schleimhautareals vom Gaumen an die betroffene Stelle die unbefriedigende Situation verbessert werden.
- Das Implantatbett wird mit einer Mundvorhofplastik vorbereitet und das Schleimhauttransplantat mit einem Skalpell oder einem Mukotom in der notwendigen Größe am Gaumen entnommen.
- Das Transplantat wird mit geeigneten Nahttechniken fixiert (Blutversorgung).
- Die Entnahmestelle kann durch eine Verbandsplatte oder Naht versorgt werden.
- Auch bekannt als connective tissue graft.
- Die Materialkosten sind unter den Voraussetzungen des § 10 Abs. 1 GOÄ zusätzlich berechnungsfähig.[392]

Kein OP-Zuschlag abrechenbar!

---

[391] OLG Karlsruhe, Urteil vom 11.01.2000 – 17 U 176/98 –, GHI, S. 283.

[392] S. BGH, Urteil vom 27.05.2004 – III ZR 264/03 –, VersR 2004, 1138 = Kapitel U IV.18, S. 368.

7.2 Bilddokumentation 53 – Subepitheliales Bindegewebsimplantat

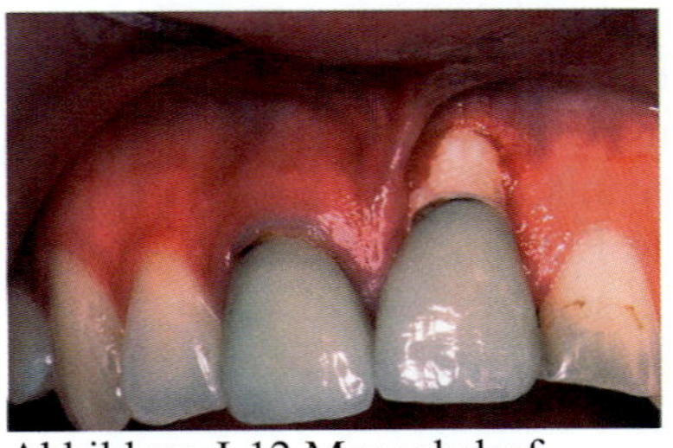
Abbildung I-12 Mangelsdorf

Nach Sportunfall wurde im Alter von 14 Jahren bei einer weiblichen Patientin ein zu groß dimensioniertes Tübinger Implantat gesetzt, das sich nach 5-jähriger Liegedauer labial freigelegt hatte.

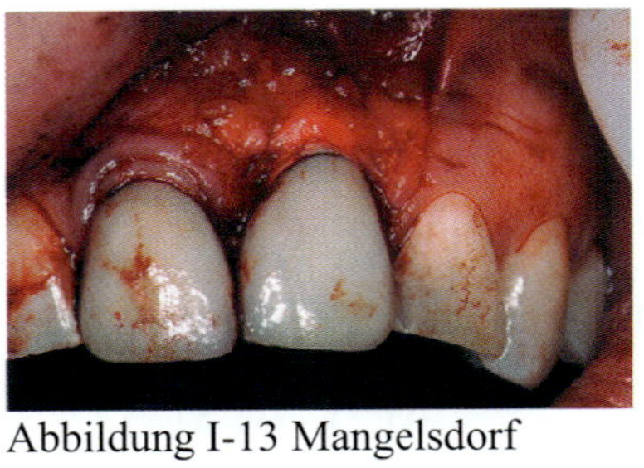
Abbildung I-13 Mangelsdorf

Nach entsprechender Vorbereitung des Transplantatbetts und der Implantatoberfläche wird ein aus dem Gaumen entnommenes subepitheliales Bindegewebsimplantat (Connective tissue graft) über der freiliegenden Implantatfläche und den benachbarten Regionen fixiert.

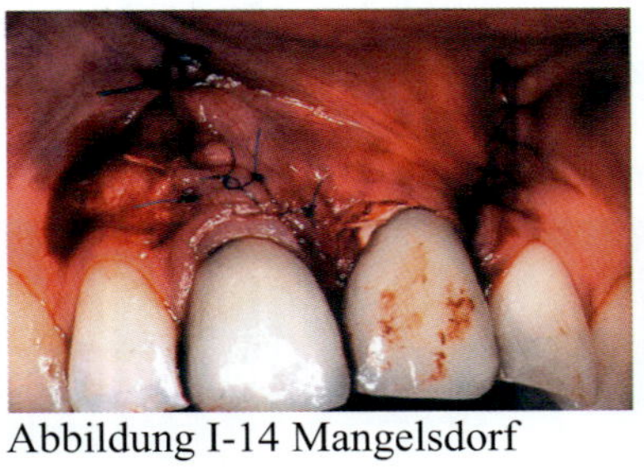
Abbildung I-14 Mangelsdorf

Der seitliche Verschiebelappen deckt das Bindegewebstransplantat vollständig ab und sorgt für eine gute Blutversorgung.

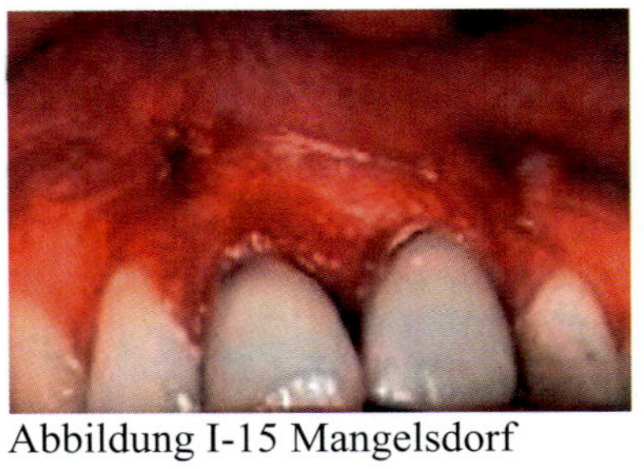
Abbildung I-15 Mangelsdorf

Das Ergebnis der Schleimhautmaßnahmen nach Nahtentfernung, das allerdings nur durch eine nachfolgende Knochenaugmentation stabilisiert werden kann.

8. GOÄ 2010 analog – Fremdkörperentfernung

GOÄ 2010 analog
Bewertung: 379 Punkte
1,0-fach: 22,09 € **2,3-fach: 50,81 €** **3,5-fach: 77,32 €**
Entfernung eines tiefsitzenden Fremdkörpers auf operativem Wege aus Weichteilen und/oder Knochen

8.1 Beschreibung

- Unter dieser Position wird das Entfernen einer nicht resorbierbaren Membran abgerechnet. Resorbierbare Membranen müssen in der Regel nicht entfernt werden.
- Je nach Art der zu entfernenden Membran und ggf. der Entfernung von Membrannägeln ist dem Aufwand durch Anpassung des **Steigerungsfaktors** Rechnung zu tragen.

- Evtl. Materialkosten sind unter den Voraussetzungen des § 10 Abs. 1 GOÄ zusätzlich berechnungsfähig.[393]

Ggf. ist der OP-Zuschlag nach GOÄ 442 (400 Punkte = 23,31 €) zusätzlich abrechenbar.

8.2 Bilddokumentation 54 – Membranentfernung

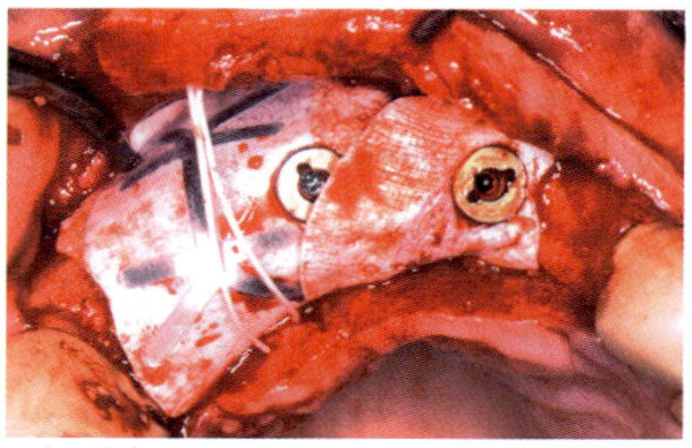

Abbildung I-16 Mangelsdorf

Fehlender labialer Knochen macht eine Augmentation notwendig. Mit Hilfe von zwei nicht resorbierbaren Membranen werden das Augmentat und die Implantate während der Einheilphase vor einwachsendem Bindegewebe geschützt.

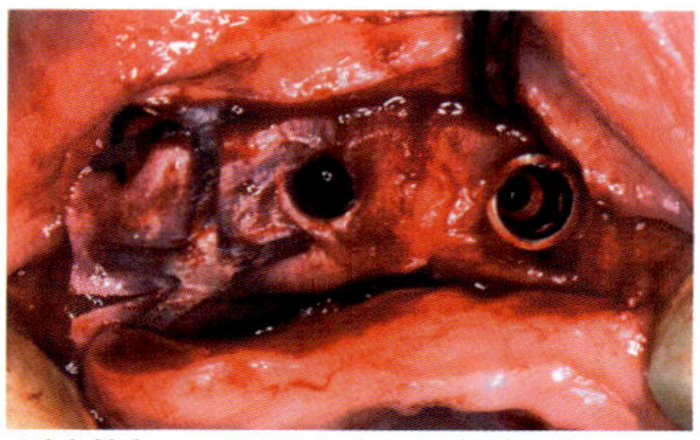

Abbildung I-17 Mangelsdorf

Die Membranen nach operativer Freilegung.

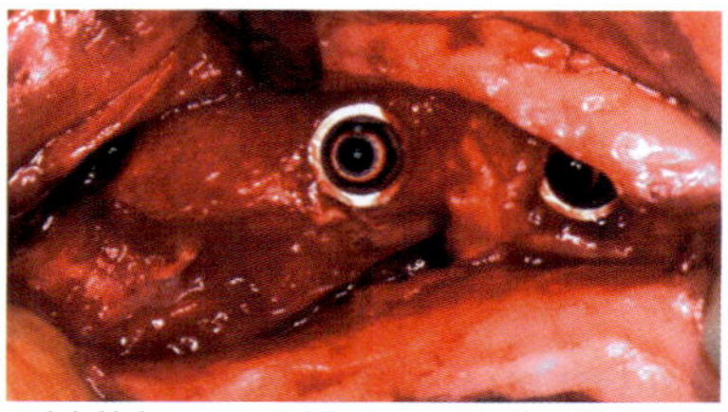

Abbildung I-18 Mangelsdorf

Der Erfolg der Augmentation ist sichtbar. Das Implantat regio 13 ist nahezu vollständig mit neu gebildetem Knochen überwachsen.

9. GOÄ 2694 – Operative Entfernung von Osteosynthesematerial

GOÄ 2694
Bewertung: 450 Punkte
1,0-fach: 26,23 € **2,3-fach: 60,33 €** **3,5-fach: 91,80 €**
Operative Entfernung von Osteosynthesematerial aus einem Kiefer- oder Gesichtsknochen, je Fraktur

9.1 Beschreibung

- Z.B. als Analogleistung für das Entfernen von Osteosyntheseschrauben oder Entfernung eines Distraktors.
- Membrannägel dienen der Fixation von Membranen nicht von Knochen und damit nicht primär der Osteosynthese. Die Einbringung der Nägel bei der Einbringung der Membran ist nicht zusätzlich abrechenbar, auch die Entfernung der Membrannägel bei der Entfernung einer nicht-resorbierbaren Membran ist nicht nach GOÄ 2694 zusätzlich abrechenbar; ggf. muss eine Berücksichtigung des Zeitaufwandes und der Schwierigkeit über den **Steigerungsfaktor** erfolgen.

393 S. BGH, Urteil vom 27.05.2004 – III ZR 264/03 –, VersR 2004, 1138 = Kapitel U IV.18, S. 368.

- Die Materialkosten sind unter den Voraussetzungen des § 10 Abs. 1 GOÄ zusätzlich berechnungsfähig.[394]

Ggf. ist der OP-Zuschlag nach GOÄ 442 (400 Punkte = 23,31 €) zusätzlich abrechenbar.

9.2 Bilddokumentation 55 – Entfernung Osteosyntheseschraube

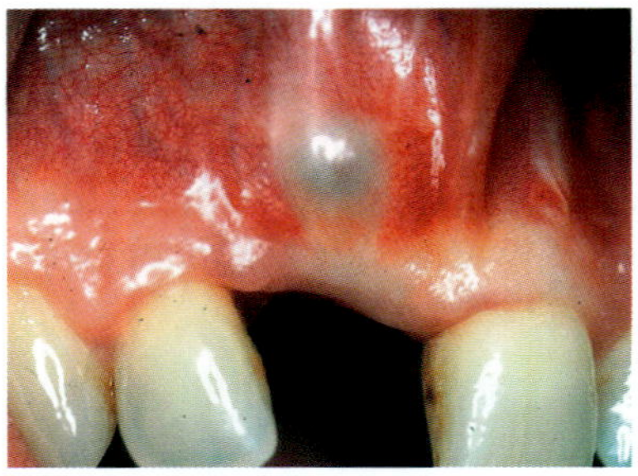
Abbildung I-19 Kreusser

Nach der Einheilung eines transplantierten Knochenblockes schimmert lediglich noch der Kopf der Osteosyntheseschraube durch die Schleimhaut, der Knochenblock erscheint der Knochenumgebung angeglichen, die Gingiva ist reizfrei.

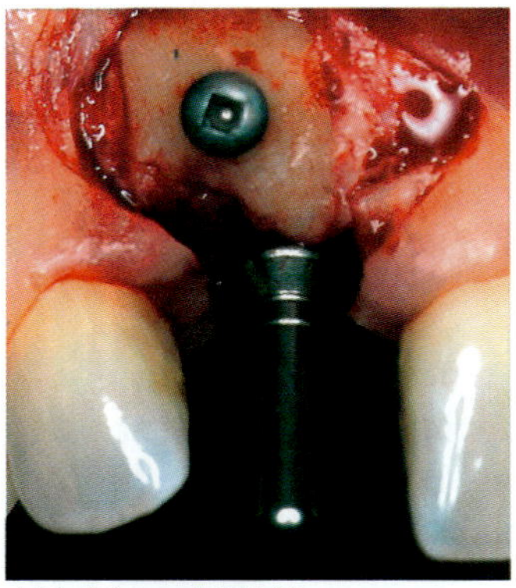
Abbildung I-20 Kreusser

Das Knochenangebot ist zur Aufnahme eines achsengerecht inserierten Implantats geeignet.

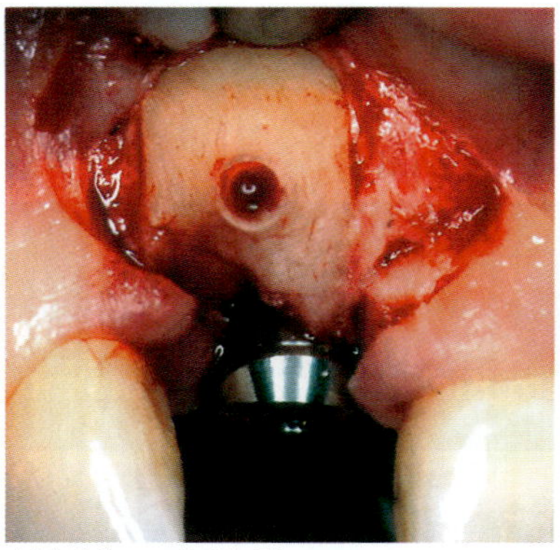
Abbildung I-21 Kreusser

Zustand nach Entfernung der Osteosyntheseschraube und Insertion des Implantats. Der Knochenblock ist in der ortständigen Knochenumgebung fest integriert.

10. GOÄ 2702 – Wiederanbringung einer gelösten Apparatur

GOÄ 2702
Bewertung: 300 Punkte

1,0-fach: 17,49 €	2,3-fach: 40,22 €	3,5-fach: 61,20 €

Wiederanbringung einer gelösten Apparatur oder kleine Änderungen, teilweise Erneuerung von Schienen oder Stützapparaten – auch Entfernung von Schienen oder Stützapparaten – je Kiefer

[394] S. BGH, Urteil vom 27.05.2004 – III ZR 264/03 –, VersR 2004, 1138 = Kapitel U IV.18, S. 368.

10.1 Beschreibung

- Der Inhalt dieser Leistungsbeschreibung wird z.B. durch den Sachverhalt ausgelöst, dass ein temporär mittels Schmelz-Adhäsiv-Technik und ggf. Verstärkungselementen (Draht, Netz) oder mittels kieferorthopädischer Hilfselemente (Brackets, Drähten, Ligaturen) fixierter Ersatzzahn wieder angebracht werden muss.
- Veränderungen an herausnehmbarem Zahnersatz werden nach GOZ 527 – 531 abgerechnet.
- Die Materialkosten sind unter den Voraussetzungen des § 10 Abs. 1 GOÄ zusätzlich berechnungsfähig.[395]

Kein OP-Zuschlag abrechenbar!

10.2 Bilddokumentation 56 – Temporäre Versorgung

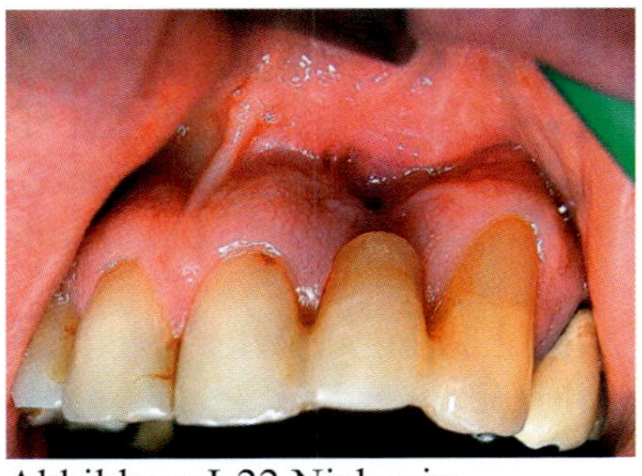
Abbildung I-22 Nickenig

Als temporäre Versorgung während der Einheilphase des Implantats wurde ein Prothesenzahn mittels Adhäsivtechnik eingeklebt. Durch die wiederholte notwendige Wiederanbringung, z.B. nach dem Einbringen des Implantats, der Freilegung oder in der prothetisch-rekonstruktiven Phase, besteht ein erhöhter Aufwand.

10.3 Rechtsprechung zu GOÄ 2702

10.3.1 AG Augsburg, 24.07.2003 – 13 C 5272/02 –: Selbständige Leistung

Tatbestand:
Die klagende Krankenversicherung verlangt aus abgetretenem Recht von dem beklagten MKG-Chirurgen Rückerstattung von 3.084,06 € wegen nach Zielleistungsprinzip nicht gesondert abrechenbaren Nrn. 2254, 1446, 2584, 701, 2692, 2697, 2702, 2690 GOÄ für eine Sinuslift-Operation. Das Amtsgericht wies die Klage ab.

Entscheidungsgründe:
Das Gericht folgt dem überzeugenden Gutachten des Sachverständigen, wonach es sich bei den abgerechneten Leistungen um selbständige Leistungen handelt, die nicht von anderen Gebührenpositionen mit abgegolten werden. Aufgrund der Weiterentwicklung der Mund-, Kiefer- und Gesichtschirurgie in den letzten 20 Jahren sind zahlreiche zusätzliche operative Leistungen erforderlich, die in der GOÄ nicht enthalten sind, weil diese dem heutigen Operationsstandard nicht angepasst wurde. Bei den streitgegenständlichen GOÄ-Ziffern handelt es sich sonach um selbständige Leistungen, die vom Beklagten zu Recht berechnet wurden.[396]

---

[395] S. BGH, Urteil vom 27.05.2004 – III ZR 264/03 –, VersR 2004, 1138 = Kapitel U IV.18, S. 368.

[396] Das Urteil ist – soweit ersichtlich – nicht veröffentlicht.

Kapitel J Sinusbodenelevation (Sinuslift)

I. Allgemeiner Hintergrund

Das Knochenangebot im Oberkiefer-Seitenzahnbereich ist nach Verlust der eigenen Zähne durch zunehmende Ausdehnung (*Pneumatisierung*) der Kieferhöhle (*Sinus maxillaris*) sowie fortschreitendem Knochenverlust (*Atrophie*) des zuvor zahntragenden Knochensegmentes zur Aufnahme von Implantaten meist eingeschränkt und häufig primär nicht ausreichend.

D. h. der Knochen ist in vertikaler (< 10 mm) sowie häufig auch in horizontaler Ausdehnung (< 6 mm) nicht primär zur Aufnahme von Implantaten geeignet.

Mit einer Anhebung des Kieferhöhlenbodens (Sinusbodenelevation) besteht die Möglichkeit durch Einlagerung von Knochen, Ersatzmaterial oder einer Mischung von beidem das bestehende Knochenangebot zu verbessern und Implantate ausreichender Länge und Durchmesser fest einsetzen zu können. Es handelt sich dabei um eine Anzahl komplexer Eingriffe, für die sich eine Sammelbezeichnung eingebürgert hat. Es gibt für diese Leistung bisher keine den gesamten Leistungskomplex abbildende Gebührenziffer, und zwar weder unmittelbar noch lässt sich mittels Analogie eine solche finden.

Je nach Restknochenangebot bzw. -qualität sowie möglichen Vorschädigungen der Nachbargewebe können folgende unterschiedlichen Vorgehensweisen beschrieben werden:

II. Rechtsprechung zur Sinusbodenelevation

1. AG Augsburg, 24.07.2003 – 13 C 5272/02 –: Sinusbodenelevation

Tatbestand:
Die klagende Krankenversicherung verlangt aus abgetretenem Recht von dem beklagten MKG-Chirurgen Rückerstattung von 3.084,06 € wegen nach Zielleistungsprinzip nicht gesondert abrechenbaren Nrn. 2254, 1446, 2584, 701, 2692, 2697, 2702, 2690 GOÄ für eine Sinuslift-Operation. Das Amtsgericht wies die Klage ab.

Entscheidungsgründe:
Das Gericht folgt dem überzeugenden Gutachten des Sachverständigen, wonach es sich bei den abgerechneten Leistungen um selbständige Leistungen handelt, die nicht von anderen Gebührenpositionen mit abgegolten werden. Aufgrund der Weiterentwicklung der Mund-, Kiefer- und Gesichtschirurgie in den letzten 20 Jahren sind zahlreiche zusätzliche operative Leistungen erforderlich, die in der GOÄ nicht enthalten sind, weil diese dem heutigen Operationsstandard nicht angepasst wurde. Bei den streitgegenständlichen GOÄ-Ziffern handelt es sich sonach um selbständige Leistungen, die vom Beklagten zu Recht berechnet wurden.[397]

III. Externe Sinusbodenelevation (externer Sinuslift)

1. Zweizeitiges Vorgehen mit klassischer Präparation eines Knochenfensters

1.1 Indikation

Geringes Knochenangebot in vertikaler (etwa < 5 mm) und horizontaler Ausdehnung; die Implantate können aufgrund der ungünstigen Knochensituation nicht in der gleichen Sitzung fest (primärstabil) eingesetzt werden. Die Beschaffenheit der seitlichen (facialen) Kieferhöhlenwand ist zur Bildung eines Knochendeckels geeignet. Die Ausdehnung des ehemals zahntragenden

[397] Das Urteil ist – soweit ersichtlich – nicht veröffentlicht.

Knochenanteils (Alveolarknochen) ist noch weitestgehend vorhanden, so dass eine zusätzliche Auflagerung von Aufbaumaterial nicht erforderlich ist.

1.2 Vorgehen bei der zweizeitigen Sinusbodenelevation

- Es wird zunächst ein Knochenfenster mit einer Kugelfräse oder Säge am seitlichen Anteil der Kieferhöhle (faciale Kieferhöhlenwand) angelegt. Der Zugang ist dabei stets vom Mundvorhof (vestibulum oris).
- Danach erfolgt die Präparation der Schleimhaut, die die Kieferhöhle von innen auskleidet (Schneidersche Membran). Diese Membran wird vom Kieferhöhlenboden gelöst und darf nicht einreißen, da es sonst nachfolgend zu Komplikationen des Eingriffs kommen kann (z.B. Entzündung der Nebenhöhlen, Verlust des Aufbaumaterials). Diese Präparation ist sehr schwierig, da die Membran in der Konsistenz etwa einer hauchdünnen Eihaut entspricht. Es werden hierfür mehrere spezielle Instrumente benötigt. Ist die Kieferhöhlenmembran dennoch eingerissen, so wird dies, um einen allseits begrenzten Hohlraum weiterhin gewährleisten zu können, mit einer resorbierbaren Membran abgedeckt.

  Die Alternative ist der Abbruch des Eingriffs; ein erneuter Eingriff ist in der Regel nach ca. 2-3 Monaten möglich.
- Zur Lagerbildung beim Aufbau des Alveolarfortsatzes wird der Knochendeckel in den neu geschaffenen Hohlraum luxiert sowie die Kieferhöhlenmembran vorsichtig verlegt so dass einer möglichen Rissbildung beim Einbringen des Knochen(ersatz)materials vorgebeugt werden kann. Ist die faciale Kieferhöhlenwandung nicht primär knöchern, sondern durch vorangegangene operative Eingriffe vernarbt bzw. bindegewebig durchsetzt, oder befinden sich Knochensepten in der Kieferhöhle, so ist die Vorgehensweise durch Durchtrennung der vernarbten Strukturen und Ablösung, möglicherweise auch Resektion und Glättung von Knochensepten, modifiziert.
- Danach wird der neu gewonnene Raum unterhalb des hochgeschlagenen Knochendeckels mit körpereigenem (autologem) Knochen oder Knochenersatzmaterial oder mit einem Gemisch von beidem aufgefüllt.
- Der durch den hochgeklappten Knochendeckel entstandene Raum mit dem Knochenaufbau wird dann in der Regel mit einer Membran abgedeckt und vernäht (speicheldichter Wundverschluss). Die Membran dient in diesem Zusammenhang nicht nur der Stabilisierung des Aufbaumaterials (Augmentates), sondern verhindert zudem den Zugang von Narben-/Bindegewebe in den operierten Bereich.

Zeitraster: 6-9 Monate Einheilzeit des Knochenaufbaus in der Kieferhöhle, danach 4-5 Monate Einheilzeit der Implantate.

2. Einzeitiges simultanes Vorgehen (Sinusbodenelevation und gleichzeitige Implantatinsertion) mit klassischer Präparation eines Knochenfensters

2.1 Indikation

Geringes Knochenangebot in vertikaler (etwa 5-8 mm) und horizontaler Ausdehnung; die Implantate können trotz der ungünstigen Knochensituation in der gleichen Sitzung fest (primärstabil) eingesetzt werden. Die Beschaffenheit der seitlichen (facialen) Kieferhöhlenwand ist zur Bildung eines Knochendeckels geeignet. Die Ausdehnung des ehemals zahntragenden Knochenanteils (Alveolarknochen) ist noch weitestgehend vorhanden, so dass eine zusätzliche Auflagerung von Aufbaumaterial nicht erforderlich ist.

2.2 Vorgehen bei der einzeitigen Sinusbodenelevation

- Es wird zunächst ein Knochenfenster mit einer Kugelfräse oder Säge am seitlichen Anteil der Kieferhöhle (faciale Kieferhöhlenwand) angelegt. Der Zugang ist dabei stets vom Mundvorhof (vestibulum oris).

- Danach erfolgt die Präparation der Schleimhaut, die die Kieferhöhle von innen auskleidet (Schneidersche Membran). Diese Membran wird vom Kieferhöhlenboden gelöst und darf nicht einreißen, da es sonst nachfolgend zu Komplikationen des Eingriffs kommen kann (Entzündung der Nebenhöhlen, Verlust des Aufbaumaterials...). Diese Präparation ist sehr schwierig, da die Membran in der Konsistenz etwa einer hauchdünnen Eihaut entspricht. Es werden hierfür mehrere spezielle Instrumente benötigt. Ist die Kieferhöhlenmembran dennoch eingerissen, so wird dies, um einen allseits begrenzten Hohlraum weiterhin gewährleisten zu können, mit einer resorbierbaren Membran abgedeckt.

  Die Alternative ist der Abbruch des Eingriffs; ein erneuter Eingriff ist in der Regel nach ca. 2-3 Monaten möglich.
- Zur Lagerbildung beim Aufbau des Alveolarfortsatzes wird der Knochendeckel in den neu geschaffenen Hohlraum luxiert sowie die Kieferhöhlenmembran vorsichtig verlegt so dass einer möglichen Rissbildung beim Einbringen des Knochen(ersatz)materials vorgebeugt werden kann. Ist die faciale Kieferhöhlenwandung nicht primär knöchern, sondern durch vorangegangene operative Eingriffe vernarbt bzw. bindegewebig durchsetzt, oder befinden sich Knochensepten in der Kieferhöhle, so ist die Vorgehensweise durch Durchtrennung der vernarbten Strukturen und Ablösung, möglicherweise auch Resektion und Glättung von Knochensepten, modifiziert.
- Die Bohrungen für die Implantate werden durchgeführt, wobei darauf geachtet wird, die verlegte Kieferhöhlenschleimhaut nicht zu verletzen.
- Danach wird der neu gewonnene Raum unterhalb des hochgeschlagenen Knochendeckels mit körpereigenem (autologem) Knochen oder Knochenersatzmaterial oder mit einem Gemisch von beidem aufgefüllt.
- Die Implantate werden inseriert und müssen primär stabil sein. Nötigenfalls erfolgt eine zusätzliche Stabilisierung mittels Osteosynthesematerial.
- Der durch den hochgeklappten Knochendeckel entstandene Raum mit dem Knochenaufbau wird dann in der Regel mit einer Membran abgedeckt und vernäht (speicheldichter Wundverschluss). Die Membran dient in diesem Zusammenhang nicht nur der Stabilisierung des Aufbaumaterials (Augmentates), sondern verhindert zudem den Zugang von Narben-/Bindegewebe in den operierten Bereich.

Zeitraster: 6-9 Monate Einheilzeit des Knochenaufbaus in der Kieferhöhle, während dieser Zeit erfolgt auch die Einheilung der Implantate.

3. Vorgehen bei vorangegangenen operativen Eingriffen oder ungünstigen anatomischen Verhältnissen

Einzeitiges oder zweizeitiges Vorgehen (vgl. 1 und 2) mit Zugang zur Kieferhöhle ohne Knochendeckelpräparation bei vorangegangenen operativen Eingriffen oder ungünstigen anatomischen Verhältnissen.

4. Bilddokumentation 57 – Externe einzeitige Sinusbodenelevation

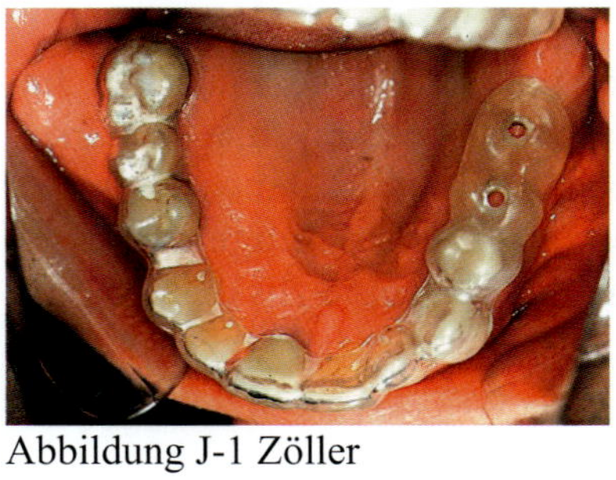

Einseitiges Freiende Oberkiefer mit eingesetzter Bohrschablone.

Abbildung J-1 Zöller

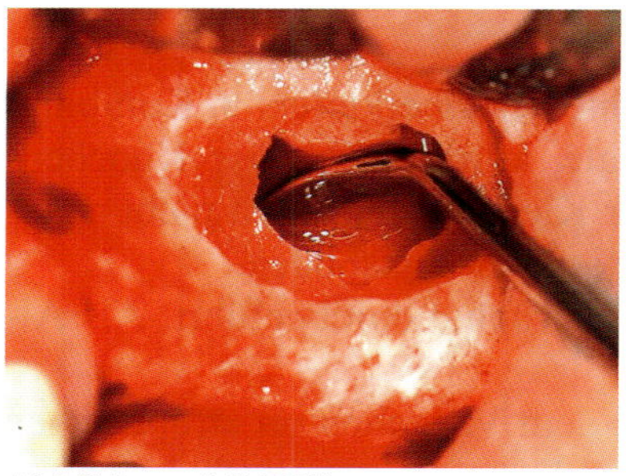

Abbildung J-2 Zöller

Präparation Kieferhöhlenschleimhaut zur Aufnahme von Knochenersatzmaterial.

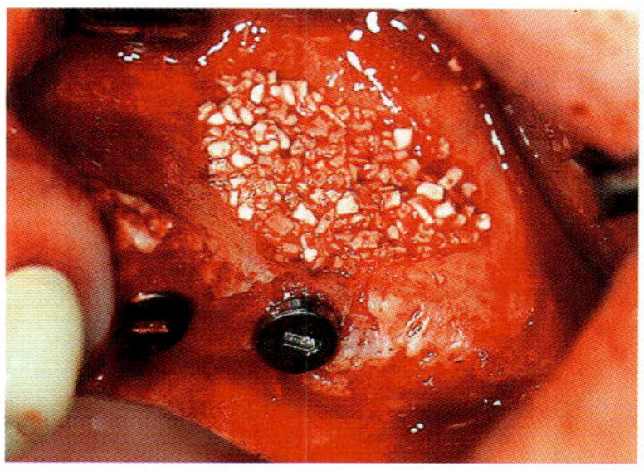

Abbildung J-3 Zöller

Augmentation Kieferhöhlenboden mit Knochenersatzmaterial und simultaner Implantation.

IV. Interne Sinusbodenelevation oder interner Sinuslift

Interne Sinusbodenelevation mit einem Zugang über das präparierte Implantatfach und zeitgleicher Implantatinsertion.

1. Indikation

Geringes Knochenangebot in vertikaler (etwa > 5 mm) und horizontaler Ausdehnung. Ausreichend lange Implantate können aufgrund der fehlenden vertikalen Knochenhöhe nicht inseriert werden, ohne den Kieferhöhlenboden anzuheben. Dabei ist ein Höhengewinn von mehreren Millimetern möglich.

2. Vorgehen bei der internen Sinusbodenelevation

- Nach einer teilweisen Aufbereitung des Implantatbetts im vorhandenen Knochen werden Handinstrumente (Osteotome) nach kranial geklopft, die den ortständigen Knochen vor sich herschieben und dabei die Schneidersche Membran am Sinusboden vorsichtig anheben.
- Diese Methode ist erstmals von *Tatum* beschrieben und von *Summers* durch Einbringung von Knochenersatzmaterial modifiziert worden. Für die definitive Präparation des Implantatbetts stehen Osteotome in aufsteigender Größe zur Verfügung, die nacheinander bis zum höchsten Punkt des ortständigen Knochens geklopft werden.
- Um den Sinusboden weiter anzuheben, werden Knochenersatzmaterial oder Knochenpartikel oder eine Kombination von beidem mit Hilfe der Osteotome in das Implantatbett eingebracht und unter die Schneidersche Membran gebracht. Diese wird dadurch angehoben und der umgebende Knochen verdichtet.
- Die anschließend eingebrachten Implantate müssen eine Primärstabilität aufweisen.

<u>Zeitraster</u>: 4-6 Monate Einheilzeit des Knochenaufbaus, während dieser Zeit auch Einheilung der Implantate.

3. Auflagerungsplastiken an den Sinusboden

Für Auflagerungsosteoplastiken bei extremer Kieferkammatrophie des Oberkiefers in Kombination mit enossalen Implantaten werden autogene, monokortikale, kortikospongiöse Knochentransplantate aus der Beckenschaufel verwendet. Dabei wird der Kieferhöhlenboden nicht angehoben, sondern die Auflagerung erhöht das Knochenangebot unter dem Sinusboden.

Dieser erhebliche Eingriff wird nur bei extremer Kieferkammatrophie durchgeführt. Als Alternative bietet sich die Distraktionsosteogenese an.

Die Schnittführung erfolgt weit im Vestibulum entsprechend dem Vorgehen im atrophischen Kiefer. Nach Darstellung des Kieferknochens wird die Größe und Form des erforderlichen Knochentransplantats bestimmt und das entsprechende Transplantat aus der Beckenschaufel entnommen.

Um eine breite Anlagerungsfläche zwischen Transplantatspongiosa und Knochenlager zu erreichen, wird zunächst die Kortikalis des Restknochens zur Eröffnung der Spongiosaräume perforiert und nachfolgend das Knochentransplantat mit der Spongiosafläche aufgelagert. Dabei ist auf möglichst exakte Passung des Transplantats zu achten. Zur primären Stabilisierung des Auflagerungstransplantats am ortständigen Knochen dienen Schraubenimplantate, die durch das Transplantat bis in den ortständigen Knochen verankert werden.

Zeitraster: 6-9 Monate Einheilzeit des Knochenaufbaus unterhalb der Nasen- bzw. Kieferhöhle, während dieser Zeit erfolgt auch die Einheilung der Implantate.

4. Kombination der möglichen Verfahren

Während die Kombination eines externen und internen Sinuslifts in einer Sitzung aufgrund deutlich unterschiedlicher Indikationsstellung selten ist, kann es fachlich möglich sein, dass eine zusätzliche Auflagerungsplastik in Kombination mit einer Sinusbodenelevation in Grenzfällen erforderlich ist.

5. Bilddokumentation 58 – Externe Sinusbodenelevation

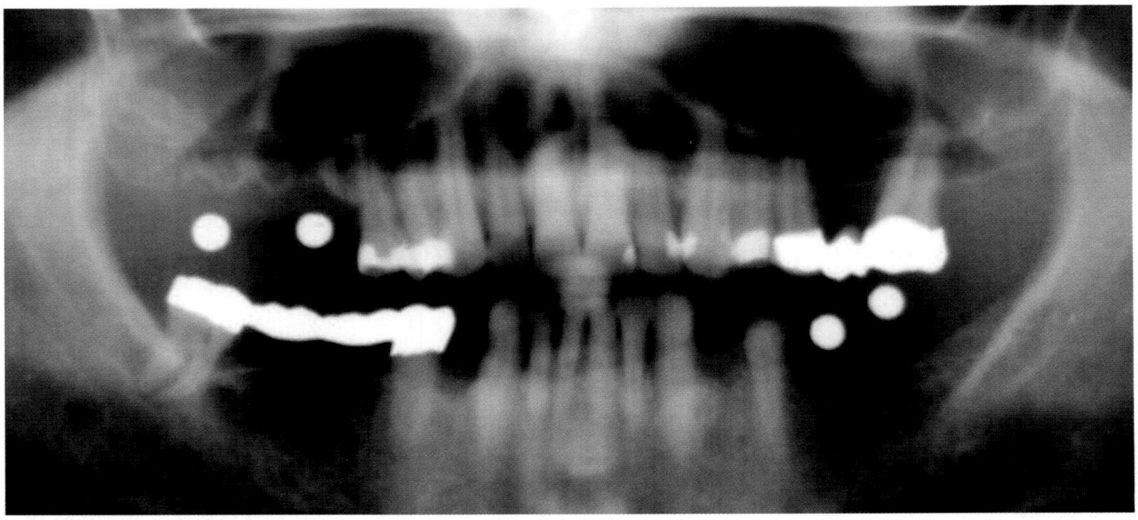

Abbildung J-4 Nickenig

Das Röntgenbild zeigt ein konservierend und prothetisch teilversorgtes Lückengebiss. Im I. Quadranten ist das vertikale Knochenangebot zur Aufnahme von Implantaten geeigneter Länge als nicht ausreichend zu bezeichnen. Auffällig ist zudem ein Knochenseptum, welches bei einem möglichen Sinuslift den Eingriff im Ablauf beeinflussen könnte. Der III. Quadrant weist ein günstiges vertikales Knochenangebot zur Aufnahme von Implantaten auf.

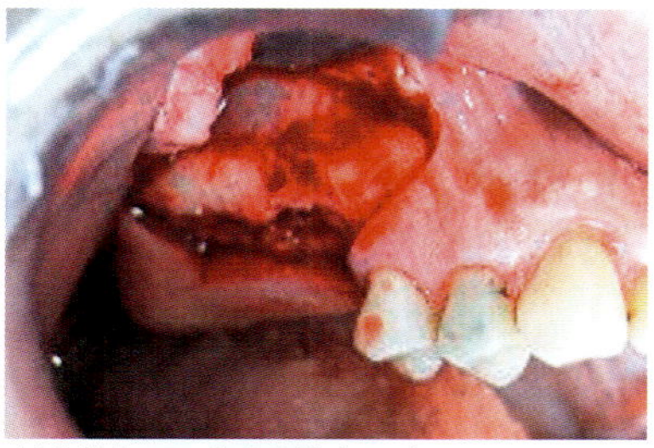

Abbildung J-5 Nickenig

Gezeigt ist die Situation vor Präparation des Knochenfensters. Gut sichtbar sind die fortgeschrittenen Resorptionserscheinungen des Alveolarknochens.

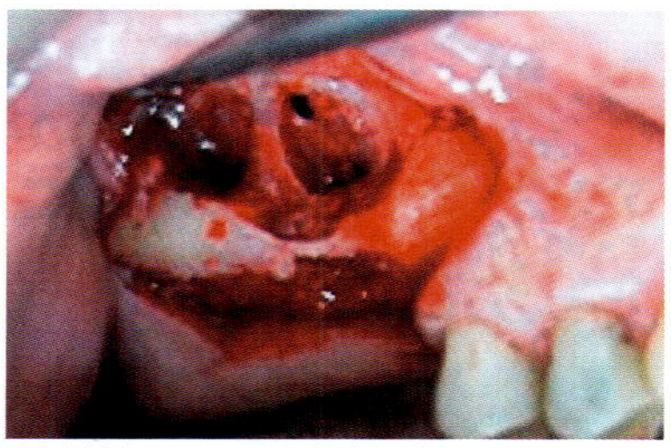

Abbildung J-6 Nickenig

Mit einer Kugelfräse werden wegen des Knochenseptums zwei Knochenfenster am seitlichen Anteil der Kieferhöhle (faciale Kieferhöhlenwand) angelegt. Im Folgenden schließt sich die Präparation der Membran an, die in der Konsistenz etwa einer hauchdünnen Eihaut entspricht und sich daher sehr schwierig und zeitaufwändig gestaltet. Die Schneidersche Membran ist gut zu erkennen, im anterioren Recessus weist die Membran eine kleine Perforation auf, die jedoch mit einer resorbierbaren Membran abgedeckt werden kann.

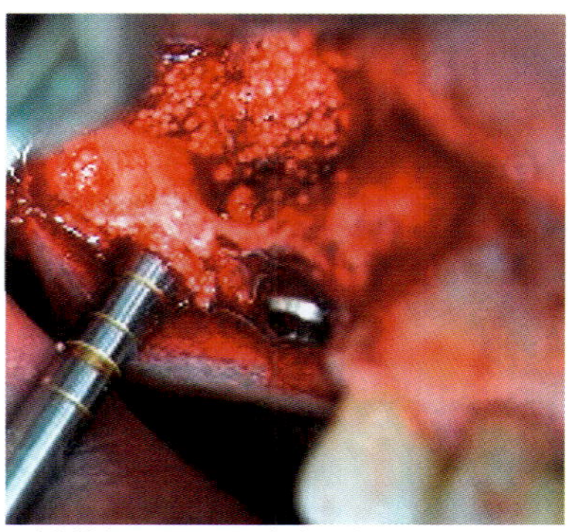

Abbildung J-7 Nickenig

Der gesamte, neu geschaffene Raum unterhalb des kranialwärts verlagerten Kieferhöhlenbodens wird im Beispiel mit alloplastischem Material aufgefüllt.

Da der ortständige Knochen ausreicht, um die Implantate primärstabil aufzunehmen, wurde die simultane Implantatbettaufbereitung vorgenommen (hier unter Einsatz von Bonecondensoren).

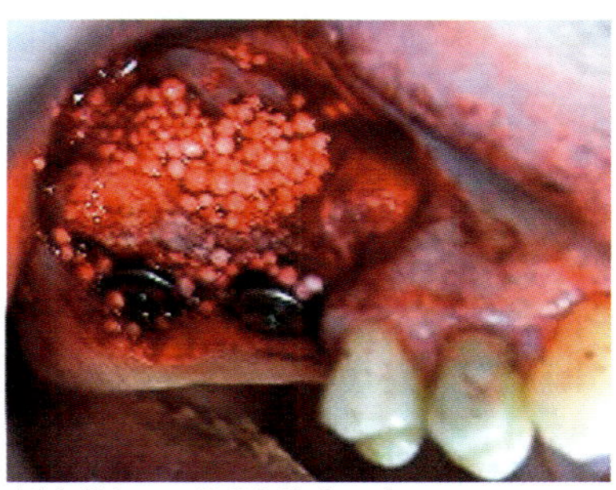

Abbildung J-8 Nickenig

Es konnten zwei 12 mm lange Implantate primärstabil eingesetzt werden, vestibuläre Unebenheiten wurden zusätzlich mit alloplastischem Material ausgeglichen und nachfolgend mit einer Membran abgedeckt.

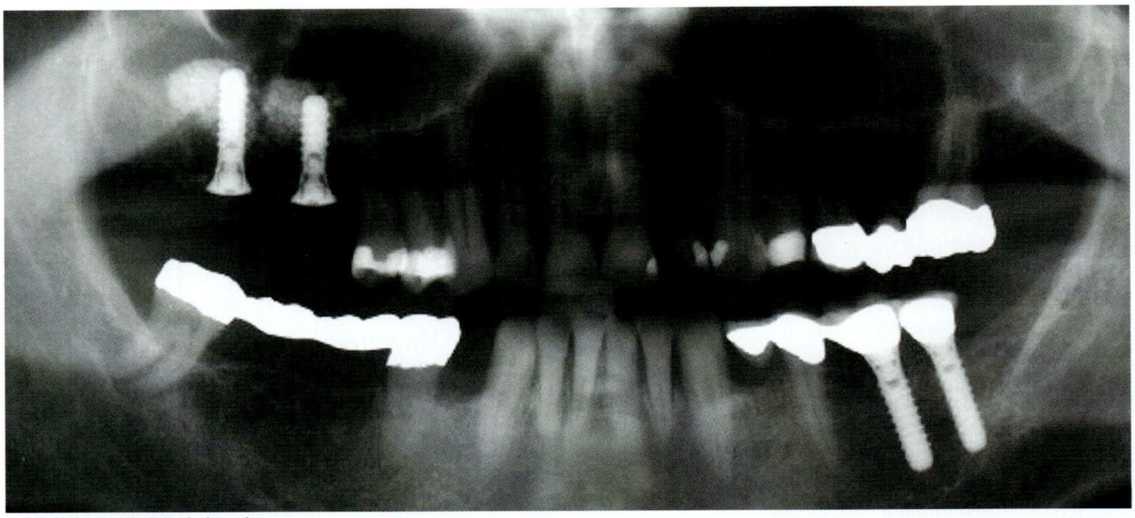

Abbildung J-9 Nickenig

In der Panoramaaufnahme ist die Knochenaugmentation deutlich erkennbar.

6. Bilddokumentation Interne Sinusbodenelevation

Die interne Sinusbodenelevation ist eingehend dokumentiert oben im Kapitel G II.10.2, S. 155.

V. Sinusbodenelevation – mögliche Leistungsinhalte

1. GOÄ 1467 – Operative Eröffnung der Kieferhöhle

GOÄ 1467		
Bewertung: 407 Punkte		
1,0-fach: 23,72 €	2,3-fach: 54,56 €	3,5-fach: 83,03 €
Operative Eröffnung der Kieferhöhle vom Mundvorhof aus – einschließlich Fensterung –		

1.1 Beschreibung

- Es wird zunächst ein Knochenfenster mit einer Kugelfräse oder Säge am seitlichen Anteil der Kieferhöhle (faciale Kieferhöhlenwand) angelegt. Der Zugang ist dabei stets vom Mundvorhof (vestibulum oris).
- Die Gebührenziffer kommt für die Eröffnung der Kieferhöhlenwand nur als analoge Leistungsziffer zur Abrechnung. Die Eröffnung der Kieferhöhle nach GOÄ 1467 würde auch die Eröffnung der Kieferhöhlenschleimhaut beinhalten. Die Schleimhaut soll bei der Sinusbodenelevation jedoch gerade nicht eröffnet werden. Die Eröffnung der Kieferhöhle ohne Verletzung der Kieferhöhlenschleimhaut ist eine mühsame und zeitraubende Prozedur. Der Steigerungssatz ist entsprechend dem Zeitaufwand und entsprechend der Schwierigkeit zu wählen. Nach dem Leistungsinhalt ist die GOÄ 1467 die vergleichbarste Leistungsziffer, so dass ihre analoge Abrechnung für die Eröffnung der Kieferhöhlenwand richtig ist, wenn der Steigerungssatz angemessen berücksichtigt wird.
- Die GOÄ 1467 ist ein Beispiel für eine Leistung, die fast immer nur Vorstufe zu einer anderen Leistung (häufig der GOÄ 1479) ist. Dennoch zweifelt niemand daran, dass sie gesondert abrechenbar ist.[398]

---

[398] Vgl. Brück/Hess/Klakow-Franck/Warlo, Anm. zu Nr. 1467 und 1479 GOÄ; Lang/Schäfer/Stiel/Vogt, Anm. zu 1467 und 1479 GOÄ.

- Die Materialkosten sind unter den Voraussetzungen des § 10 Abs. 1 GOÄ zusätzlich berechnungsfähig.[399]

Ggf. ist der OP-Zuschlag nach GOÄ 442 (400 Punkte = 23,31 €) zusätzlich abrechenbar.

1.2 Bilddokumentation 59 – Eröffnung der Kieferhöhle

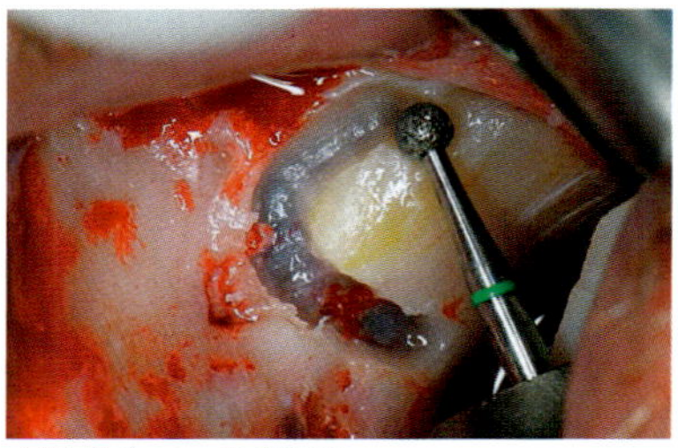

Abbildung J-10 Berger

Mit einer Diamantfräse wird ein Knochenfenster an der facialen Kieferhöhlenwand präpariert ohne die darunter liegende Kieferhöhlenschleimhaut zu verletzen.

2. GOÄ 2255 – Knochenverpflanzung

GOÄ 2255		
Bewertung: 1480 Punkte		
1,0-fach: 86,27 €	2,3-fach: 198,41 €	3,5-fach: 301,93 €
Freie Verpflanzung eines Knochens oder von Knochenteilen (Knochenspäne)		

2.1 Beschreibung

- Inhalt dieser Gebührenposition ist eine zusammengefasste Leistung bestehend aus Knochenspanentnahme aus einem Operationsgebiet (z.B. Trigonum retromolare) und der freien Verpflanzung in die Operationsregion der Implantation, in der das Knochenangebot nicht ausreicht (hier: Sinusboden).
- Neben der GOÄ 2255 sind für das gleiche Operationsgebiet die GOÄ 2253 und 2254 nicht berechenbar.
- Die Transplantation mehrerer Knochenteile in **ein** Operationsgebiet ist mit dem einmaligen Ansatz der GOÄ 2255 abgegolten.
- Werden mehrere Knochenteile in **verschiedenen** Operationsgebieten eingesetzt, z.B. bei beidseitigen Sinusbodenelevationen, kann diese Gebührenposition auch mehrmals berechnet werden (z.B. zwei Entnahmestellen und zwei Implantationsstellen).
- Die Materialkosten sind unter den Voraussetzungen des § 10 Abs. 1 GOÄ zusätzlich berechnungsfähig.[400]

Kein OP-Zuschlag abrechenbar!

[399] S. BGH, Urteil vom 27.05.2004 – III ZR 264/03 –, VersR 2004, 1138 = Kapitel U IV.18, S. 368.

[400] S. BGH, Urteil vom 27.05.2004 – III ZR 264/03 –, VersR 2004, 1138 = Kapitel U IV.18, S. 368.

2.2 Bilddokumentation 60 – Knochentransplantat

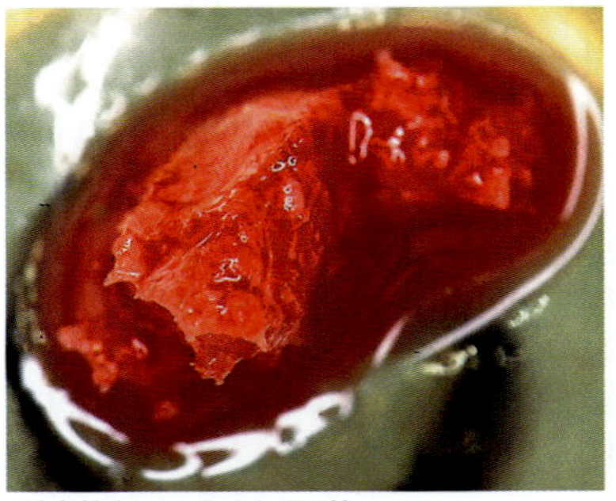

Abbildung J-11 Zöller

Im Zusammenhang mit der Sinusbodenelevation bietet sich neben der ausschließlichen Verwendung von autologen Knochenspänen auch die Kombination mit Knochenersatzmaterialien oder die ausschließliche Verwendung von diesen an, je nach den Besonderheiten des Falles.

2.3 Rechtsprechung zu GOÄ 2255

2.3.1 AG Überlingen, 04.07.1997 – 1 C 623/96 –: Selbständige Leistung

„Die GOÄ 2255 analog ist beim Bonesplitting neben der GOÄ 2730 für das Verpflanzen von Knochen abrechenbar. Die durch das Bonesplitting entstandenen Hohlräume müssen zur Vermeidung eines erhöhten Infektionsrisikos mit Knochenspänen gefüllt werden.“[401]

Die vom AG Überlingen für die spezielle Situation des Bonesplitting bejahte parallele Abrechenbarkeit ist für alle Fälle der Knochenverpflanzung zu bejahen.

3. GOÄ 2386 – Präparation der Kieferhöhlenschleimhaut

GOÄ 2386 analog		
Bewertung: 688 Punkte		
1,0-fach: 40,10 €	**2,3-fach: 92,23 €**	**3,5-fach: 140,36 €**
Schleimhauttransplantation – einschließlich operativer Unterminierung der Entnahmestelle und plastischer Deckung		

3.1 Beschreibung

- Es erfolgt die Präparation der Schleimhaut, die die Kieferhöhle von innen auskleidet (Schneidersche Membran). Diese Membran wird vom Kieferhöhlenboden gelöst und soll möglichst nicht einreißen, da es sonst nachfolgend zu Komplikationen des Eingriffs kommen kann (Entzündung der Nebenhöhlen, Verlust des Aufbaumaterials, etc.). Diese Präparation ist sehr schwierig, da die Membran in der Konsistenz etwa einer hauchdünnen Eihaut entspricht. Es werden hierfür mehrere spezielle Instrumente benötigt. Ist die Kieferhöhlenmembran dennoch eingerissen, so wird die Ruptur, um einen allseits begrenzten Hohlraum weiterhin gewährleisten zu können, meist mit einer resorbierbaren Membran abgedeckt.
  Die Alternative ist der Abbruch des Eingriffs. Ein erneuter Eingriff ist in der Regel nach ca. 2-3 Monaten möglich.
- Die Leistung ist eine selbständige Leistung. Für sie gibt es in der GOZ oder der GOÄ keine eigenständige Gebührenziffer. Nach den Kriterien des § 6 Abs. 2 GOZ ist die GOÄ 2386 eine Leistung, die nach *„Art, Kosten und Zeitaufwand“* in etwa gleichwertig ist.
- Die Materialkosten sind unter den Voraussetzungen des § 10 Abs. 1 GOÄ zusätzlich berechnungsfähig.[402]

---

[401] AG Überlingen, Urteil vom 04.07.1997 – 1 C 623/96 –, BDIZ-konkret 1997, Heft 3, S. 38 = GHI, S. 288.

[402] S. BGH, Urteil vom 27.05.2004 – III ZR 264/03 –, VersR 2004, 1138 = Kapitel U IV.18, S. 368.

Ggf. ist der OP-Zuschlag nach GOÄ 443 (750 Punkte = 43,72 €) zusätzlich abrechenbar.

3.2 Bilddokumentation 58 – Präparation der Kieferhöhlenschleimhaut

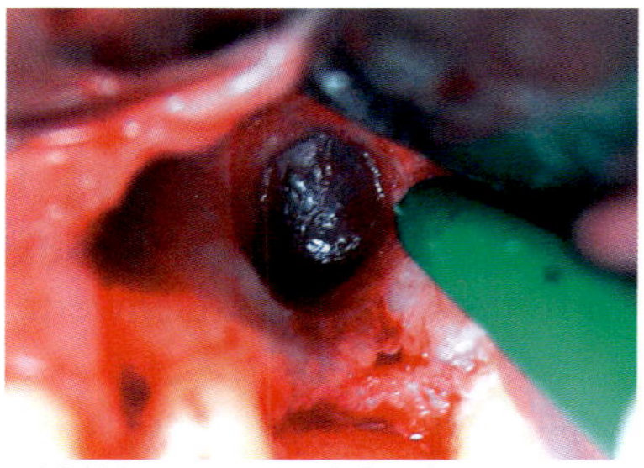

Abbildung J-12 Nickenig

Es wird zunächst ein Knochenfenster mit einer Kugelfräse am seitlichen Anteil der Kieferhöhle (faciale Kieferhöhlenwand) angelegt. Gut zu erkennen ist die glänzende Oberfläche der intakten Schneiderschen Membran. Im Folgenden schließt sich die Präparation der Membran an, die in der Konsistenz etwa einer hauchdünnen Eihaut entspricht und sich daher sehr schwierig und zeitaufwändig gestaltet.

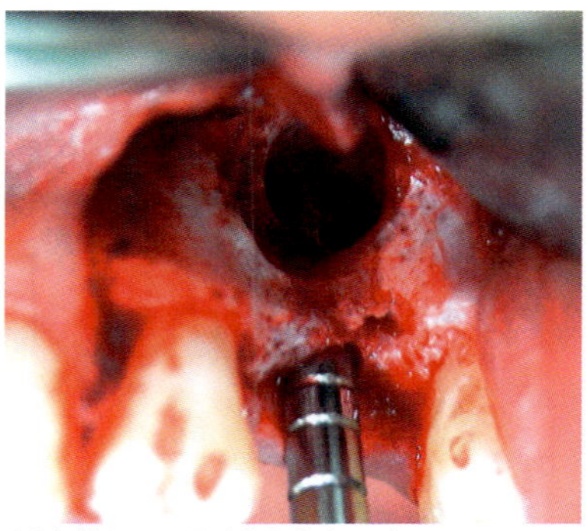

Abbildung J-13 Nickenig

Im Bild ist die Membran bereits vom Kieferhöhlenboden abgelöst. Es werden hierfür mehrere spezielle Instrumente benötigt.

Da im vorliegenden Beispiel der ortständige Knochen ausreicht, um ein Implantat primärstabil aufzunehmen, wurde die simultane Implantatbettaufbereitung vorgenommen.

Mit einer stumpfen Messsonde wird hier die mögliche Implantatlänge bestimmt und die mobilisierte Kieferhöhlenschleimhaut mit mäßigem Druck in kranialer Position gestützt.

3.3 Rechtsprechung zu GOÄ 2386

3.3.1 OLG Karlsruhe, 11.01.2000 – 17 U 176/98 –: Schleimhauttransplantation

„Soweit der Beklagte nunmehr mit Rechnung vom 22.10.1998 anstelle der zuviel berechneten GOÄ 2284 = 188,91 DM – hilfsweise – für die Präparation der Kieferhöhlenschleimhaut die 2-fache GOÄ 2386 („Schleimhauttransplantation") gemäß § 6 Abs. 2 GOZ mit DM 455,16 in Ansatz bringt, entspricht diese Berechnungsmöglichkeit zwar der vom Sachverständigen genannten Empfehlung des Bundesverbandes der niedergelassenen implantologisch tätigen Zahnärzte in Deutschland e.V. (BDIZ) vom März 1995. Diese spätere Empfehlung des BDIZ kann aber zur Bewertung der im Mai/Juni 1994 durchgeführten und abgerechneten Leistungen nicht rückwirkend herangezogen werden. Insoweit verbleibt es für die Abrechnung der vorgenommenen Schleimhaut-Stabilisierung bei der angesetzten GOÄ 2284."[403]

4. GOZ 413 analog – Einbringen der Membran

GOZ 413 analog
Bewertung: 450 Punkte
1,0-fach: 25,31 € **2,3-fach: 58,21 €** **3,5-fach: 88,58 €**
Chirurgische Maßnahmen zur Verbreiterung der unverschieblichen Gingiva und/oder zur Vertiefung des Mundvorhofes, je Kieferhälfte oder Frontzahnbereich

4.1 Beschreibung

- Ist die Kieferhöhlenmembran im Rahmen der aufwändigen Präparation dennoch eingerissen, so wird dies, um einen allseits begrenzten Hohlraum weiterhin gewährleisten zu können, meist mit einer resorbierbaren Membran abgedeckt.

  Die Alternative ist der Abbruch des Eingriffs. Ein erneuter Eingriff ist in der Regel nach ca. 2-3 Monaten möglich.

---

403 OLG Karlsruhe, Urteil vom 11.01.2000 – 17 U 176/98 –, Kapitel G VI.7.6, S. 174 = GHI, S. 283.

- Eine weitere zusätzliche Indikation zur Membranapplikation ergibt sich dadurch, dass der durch den hochgeklappten Knochendeckel entstandene Raum mit dem Knochenaufbau mit einer Membran abgedeckt und vernäht wird (speicheldichter Wundverschluss). Die Membran dient in diesem Zusammenhang nicht nur der Stabilisierung des Aufbaumaterials (Augmentates), sondern verhindert zudem verlässlich den Zugang von Narben-/Bindegewebe in den operierten Bereich.
- Die Leistung ist eine selbständige Leistung. Für sie gibt es in der GOZ oder der GOÄ keine eigenständige Gebührenziffer. Nach den Kriterien des § 6 Abs. 2 GOZ ist die GOZ 413 eine Leistung, die nach *„Art, Kosten und Zeitaufwand"* in etwa gleichwertig ist.
- Das Einbringen von Membrannägeln zur Fixation kann dagegen nicht gesondert berechnet werden, diese Leistung ist bereits in dem Honorar für das Einbringen der Membran enthalten. Die Membrannägel können separat als Materialkosten berechnet werden.

4.2 Bilddokumentation 61 – Membraneinbringung

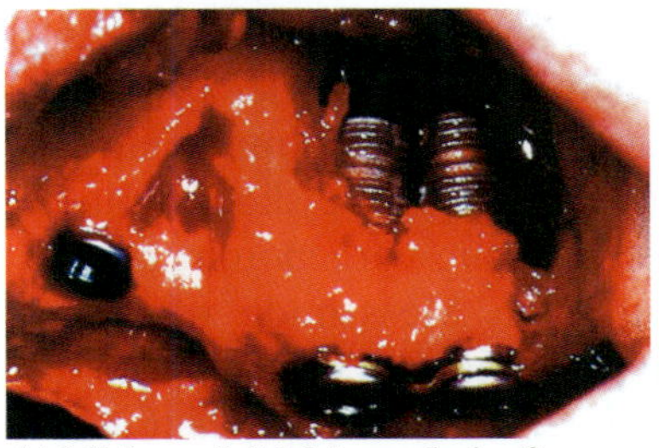

Abbildung J-14 Mangelsdorf

Die mit einer SIS-Schiene stabilisierten Implantate sind simultan mit einer Sinusbodenelevation eingesetzt (das Foto ist optisch sehr stark aufgehellt).

Abbildung J-15 Mangelsdorf

Eine Membran deckt die aufgefüllte Kieferhöhle ab. Die Membran ist mit Nägeln und einer der Deckschrauben fixiert.

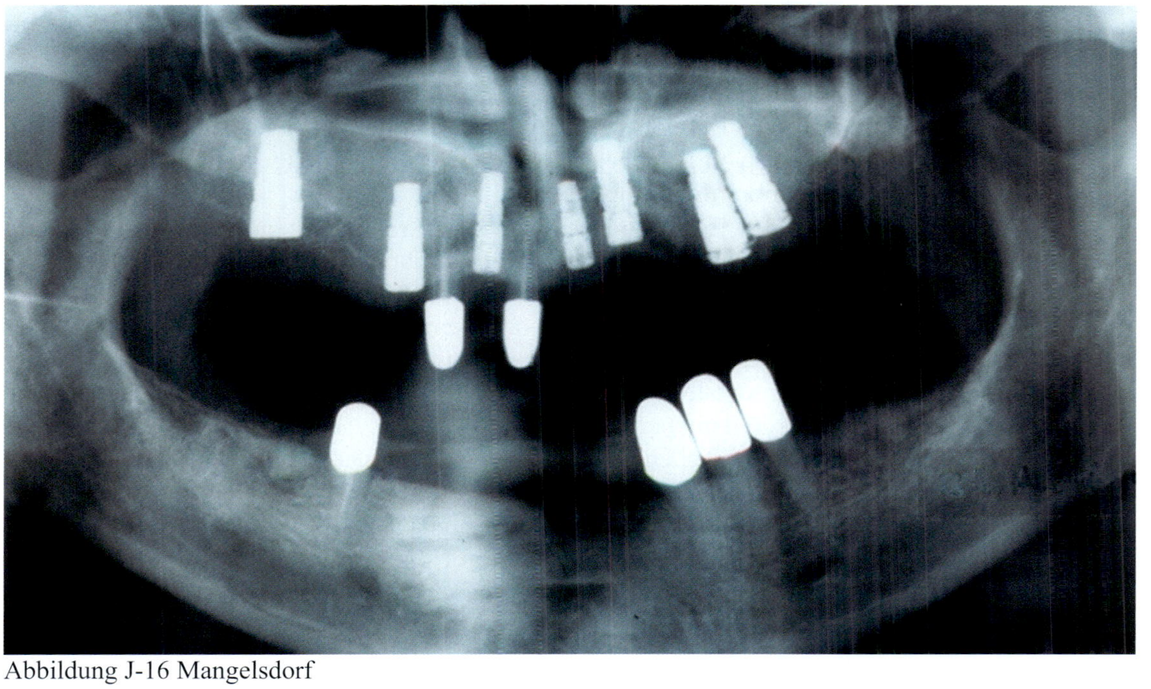

Abbildung J-16 Mangelsdorf

Die Situation regio 26/27 im Röntgenbild nach Implantation.

4.3 Rechtsprechung zu GOZ 413 analog

4.3.1 AG Aachen, 27.12.1996 – 8 C 271/94 –: Membrantechnik

Die gesteuerte Geweberegeneration (GTR-Verfahren) ist nicht analog zur GOZ 533 berechenbar und kann auch nicht nach § 6 Abs. 2 GOZ über eine ärztliche Gebührennummer abgerechnet werden, da eine Abrechnung nur entsprechend einer gleichwertigen zahnärztlichen Leistung erfolgen kann. Die Leistung kann nur in Analogie zur GOZ 413 für das GTR-Verfahren und in Analogie zu den GOZ 409 bzw. 410 für das Entfernen der GTR-Membran berechnet werden. Hierbei gilt die GOZ 409 bei Frontzähnen und die GOZ 410 bei Seitenzähnen. Die Kosten für das Anbringen und Entfernen sind dabei für jeden behandelten Zahn zu berechnen.[404]

5. GOÄ 2442 analog – Einbringen von Knochenersatzmaterial (alloplastisches Material)

GOÄ 2442 analog		
Bewertung: 900 Punkte		
1,0-fach: 52,46 €	2,3-fach: 120,65 €	3,5-fach: 183,60 €
Implantation alloplastischen Materials zur Weichteilunterfütterung, als selbständige Leistung		

5.1 Beschreibung

- Es wird der neu gewonnene Raum unterhalb des hochgeschlagenen Knochendeckels und/oder der Kieferhöhlenmembran mit körpereigenem (autologem) Knochen oder Knochenersatzmaterial oder mit einem Gemisch von beidem aufgefüllt.
- Der Sinusboden ist ein günstiges Lager für Knochenersatzmaterialien. Die Sinusbodenaugmentation ist auch bei alleiniger Verwendung als gute Indikation für osteokonduktive Knochenersatzmaterialien anzusehen, auch wenn im Vergleich zum autologen Kno-

[404] AG Aachen, Urteil vom 27.12.1996 – 8 C 271/94 –, GU, S. 369.

chen eine verlängerte Einheilungszeit und möglicherweise eine geringere knöcherne Integration der Titanimplantate resultieren kann.[405]

- Die Materialkosten sind zusätzlich berechnungsfähig.
- **GBR/GTR-Technik:** Im Bereich der Implantat-Therapie ist der analoge Leistungsinhalt mit der Abdeckung von Knochendefekten größeren Umfanges mittels GBR-/GTR-Technik und/oder Membranfixierung o.ä. erfüllt.
- Eine im Rahmen der Sinusbodenelevation zutreffende Indikation zur Membranapplikation bei Knochendefekten größeren Umfanges kann sich dadurch ergeben, dass der durch den hochgeklappten Knochendeckel entstandene Raum mit dem Knochenaufbau mit einer Membran abgedeckt und vernäht wird (speicheldichter Wundverschluss). Die Membran dient in diesem Zusammenhang nicht nur der Stabilisierung des Aufbaumaterials (Augmentates), sondern verhindert zudem verlässlich den Zugang von Narben-/Bindegewebe in den operierten Bereich.

  Die Differenzierung zwischen kleinen und großen Knochendefektsituationen kann sich nur aus fachlich begründeter Bemessung ergeben.
- Das Einbringen von Membrannägeln zur Fixation kann dagegen nicht gesondert berechnet werden, diese Leistung ist bereits in dem Honorar für das Einbringen der Membran enthalten.
- Die Materialkosten (Membran, Membrannägel) sind unter den Voraussetzungen des § 10 Abs. 1 GOÄ zusätzlich berechnungsfähig.[406]

Ggf. ist der OP-Zuschlag nach GOÄ 444 (1300 Punkte = 75,77 €) zusätzlich abrechenbar.

5.2 Bilddokumentation 63 – Einbringen von Knochenersatzmaterial

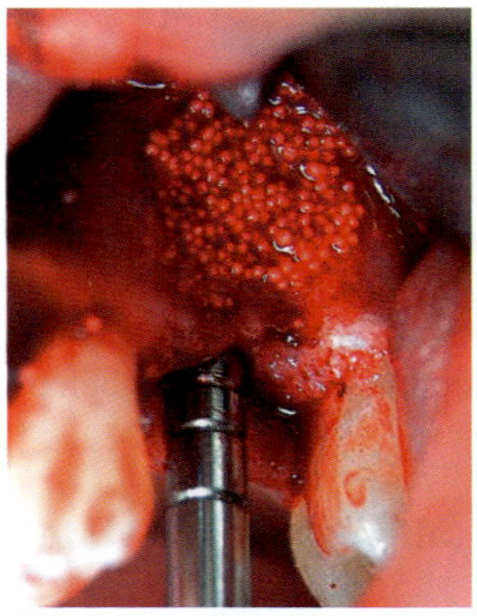

Abbildung J-17 Nickenig

Der gesamte neu geschaffene Raum unterhalb des kranialwärts verlagerten Kieferhöhlenbodens wird im Beispiel mit alloplastischem Material aufgefüllt.

[405] Vgl. Stellungnahme der DGZMK V 1.0, Stand 09/2000.

[406] S. BGH, Urteil vom 27.05.2004 – III ZR 264/03 –, VersR 2004, 1138 = Kapitel U IV.18, S. 368.

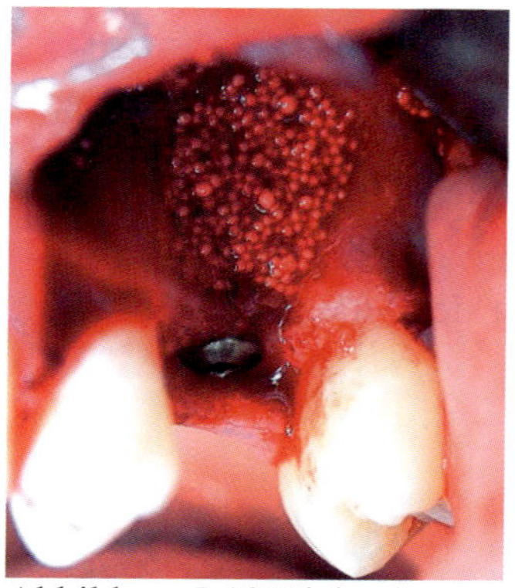

Abbildung J-18 Nickenig

Nach der oben dargestellten Auffüllung kann ein 13 mm langes Implantat primärstabil eingesetzt werden.

Der Bereich des vestibulären Knochenfensters wurde abschließend mit einer Membran abgedeckt.

6. GOÄ 2730 analog – Operation zur Lagerbildung zum Aufbau des Alveolarfortsatzes

GOÄ 2730 analog
Bewertung: 500 Punkte
1,0-fach: 29,14 € **2,3-fach: 67,03 €** **3,5-fach: 102,00 €**
Operative Maßnahmen zur Lagerbildung beim Aufbau des Alveolarfortsatzes, je Kieferhälfte oder Frontzahnbereich

6.1 Beschreibung

- Die GOÄ 2730 analog ist bei der Sinusbodenelevation eine nur selten notwendige Leistung. Die Lagerbildung beim Aufbau des Alveolarfortsatzes im Rahmen der Sinusbodenelevation beinhaltet z.B. das Luxieren des Knochendeckels in den neu geschaffenen Hohlraum sowie das vorsichtige Verlegen der Kieferhöhlenmembran, um möglichen Rissbildungen beim Einbringen des Knochen(ersatz)materials vorzubeugen.
- Die GOÄ 2730 analog ist bei der Sinusbodenelevation dann zutreffend, wenn keine Knochensepten ein modifiziertes Vorgehen der Lagerbildung bedingen (vgl. hierzu nachstehend Ziffer 7 – GOÄ 2732 analog). Der BDIZ/EDI vertrat schon vor Jahren in einer Stellungnahme die Auffassung, dass die in GOÄ 2732 enthaltene Vorgabe *„ausgedehnter Kieferdefekt“* eine Defektausdehnung > 2 cm erfordert.
- Die Materialkosten sind unter den Voraussetzungen des § 10 Abs. 1 GOÄ zusätzlich berechnungsfähig.[407]

Ggf. ist der OP-Zuschlag nach GOÄ 443 (750 Punkte = 43,72 €) zusätzlich abrechenbar.

[407] S. BGH, Urteil vom 27.05.2004 – III ZR 264/03 –, VersR 2004, 1138 = Kapitel U IV.18, S. 368.

6.2 Bilddokumentation 64 – Lagerbildung Alveolarfortsatz

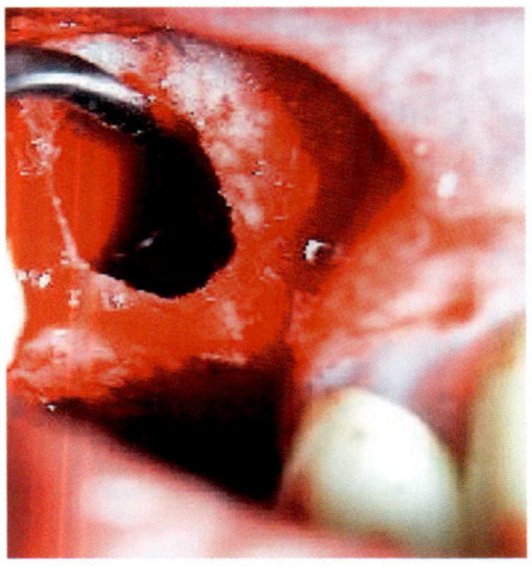

Die Kieferhöhlenmembran ist bereits präpariert und wird zur Lagerbildung mit mäßigem Druck verlegt. In vorliegender Situation sind keine Knochensepten vorhanden, die ein modifiziertes Vorgehen der Sinusbodenelevation bedingen würden.

Abbildung J-19 Nickenig

7. GOÄ 2732 analog – Operation zur Lagerbildung für Knochen und Knorpel bei ausgedehnten Kieferdefekten

GOÄ 2732 analog
Bewertung: 2000 Punkte
1,0-fach: 116,57 € **2,3-fach: 268,12 €** **3,5-fach: 408,01 €**
Operation zur Lagerbildung für Knochen oder Knorpel bei ausgedehnten Kieferdefekten

7.1 Beschreibung

- Die Lagerbildung beim Aufbau des Alveolarfortsatzes im Rahmen der Sinusbodenelevation beinhaltet z.B. das Luxieren des Knochendeckels in den neu geschaffenen Hohlraum sowie das vorsichtige Verlegen der Kieferhöhlenmembran, um möglichen Rissbildungen beim Einbringen des Knochen(ersatz)materials vorzubeugen.
- Im Unterschied zur GOÄ 2730 besteht ein zusätzlicher Zeitaufwand und eine erhöhte Schwierigkeit, wenn die Lagerbildung dadurch kompliziert wird, dass z.B. die faciale Kieferhöhlenwandung nicht primär knöchern erhalten, sondern durch vorangegangene operative Eingriffe vernarbt bzw. bindegewebig durchsetzt ist. Auch Knochensepten in der Kieferhöhle bedingen ein modifiziertes Vorgehen. Der BDIZ/EDI vertrat schon vor Jahren in einer Stellungnahme die Auffassung, dass die in GOÄ 2732 enthaltene Vorgabe „*ausgedehnter Kieferdefekt*" eine Defektausdehnung > 2 cm erfordert.
- Die Materialkosten sind unter den Voraussetzungen des § 10 Abs. 1 GOÄ zusätzlich berechnungsfähig.[408]

Ggf. ist der OP-Zuschlag nach GOÄ 445 (2200 Punkte = 128,23 €) zusätzlich abrechenbar, z.B. bei drei Implantaten in einer Freiendsituation.

408 S. BGH, Urteil vom 27.05.2004 – III ZR 264/03 –, VersR 2004, 1138 = Kapitel U IV.18, S. 368.

7.2 Bilddokumentation 65 – Lagerbildung bei ausgedehnten Kieferdefekten

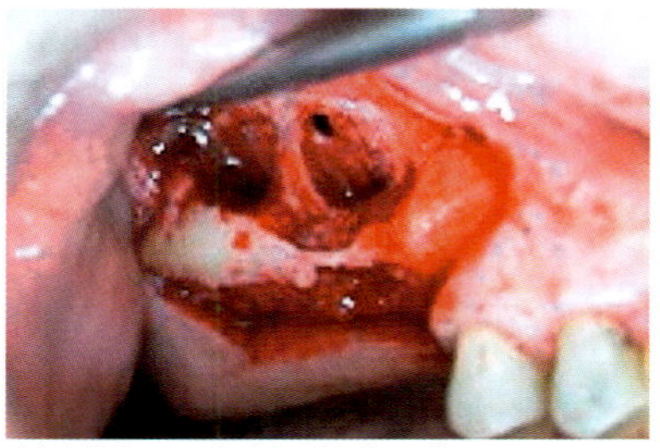

Abbildung J-20 Nickenig

In vorliegender Situation unterteilt ein knöchernes Septum die Kieferhöhle in einen anterioren und posterioren Anteil. Die Präparation und nachfolgende Lagerbildung zur Aufnahme des Augmentates erweist sich als besonders schwierig und zeitaufwändig. Die Schneidersche Membran ist kleinflächig eingerissen, eine Lagerbildung unter Einsatz einer resorbierbaren Membran erscheint jedoch möglich.

8. GOÄ 2254 – Knochenimplantation

GOÄ 2254		
Bewertung: 739 Punkte		
1,0-fach: 43,07 €	2,3-fach: 99,07 €	3,5-fach: 150,76 €
Implantation von Knochen		

8.1 Beschreibung

- Es wird der neu gewonnene Raum unterhalb des hochgeschlagenen Knochendeckels und/oder der Kieferhöhlenmembran mit körpereigenem (autologem) Knochen oder Knochenersatzmaterial oder mit einem Gemisch von beidem aufgefüllt.
- Die Einpflanzung des Knochens ist nach der GOÄ 2254 abrechnungsfähig, wenn sie nicht Bestandteil einer anderen Leistung, wie z.B. der GOÄ 2255 ist.
- Die GOÄ 2254 ist auch dann anzuwenden, wenn der zu implantierende Knochen von einer Knochenbank bezogen wird oder die Knochenspanentnahme von einem anderen Arzt/Zahnarzt durchgeführt wurde.
- Unter diese Abrechnungsposition fallen auch die Knochenkernbohrungen (im Rahmen der Implantatbettaufbereitung) und Bonecollectormaßnahmen, also Maßnahmen der Knochengewinnung aus dem unmittelbaren, primären Operationsgebiet der Implantation.
- Da aus fachlicher Sicht sowohl die Implantation von Knochen ohne Beimischung von Knochenersatzmaterialien als auch die Kombination beider Materialien, sowie der alleinige Einsatz von Knochenersatzmaterialien individuell begründet sein kann, ist eine **Berechnungsfähigkeit der GOÄ 2442 neben der GOÄ 2254 gegeben**.
- Die Materialkosten sind unter den Voraussetzungen des § 10 Abs. 1 GOÄ zusätzlich berechnungsfähig.[409]

Ggf. ist der OP-Zuschlag nach GOÄ 443 (750 Punkte = 43,72 €) zusätzlich abrechenbar.

[409] S. BGH, Urteil vom 27.05.2004 – III ZR 264/03 –, VersR 2004, 1138 = Kapitel U IV.18, S. 368.

8.2 Bilddokumentation 66 – Implantation von Knochen

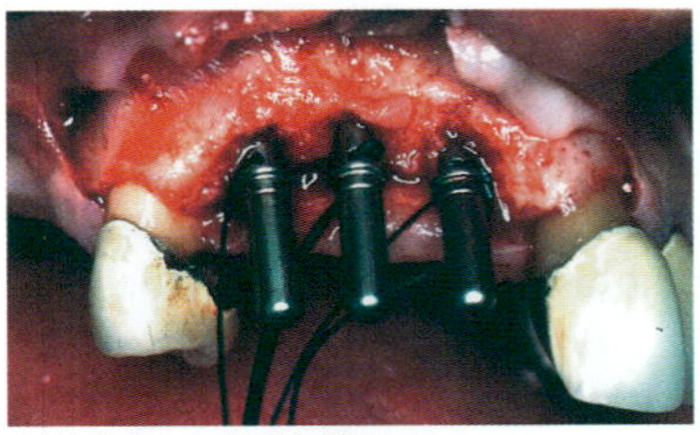

Abbildung J-21 Kreusser

Präparation der Bohrstollen bei vertikalem Kieferkammdefizit.

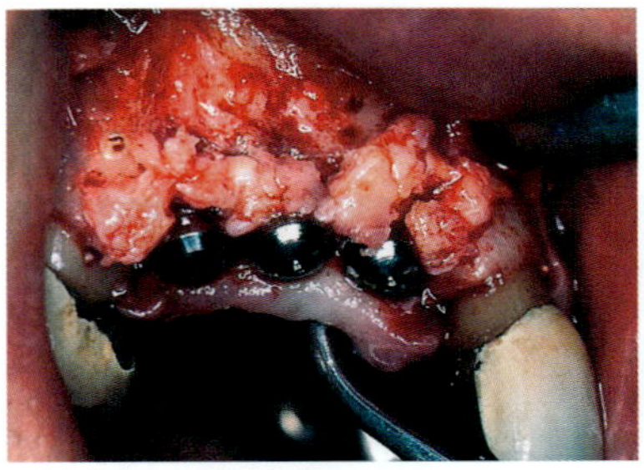

Abbildung J-22 Kreusser

Augmentation und Ausgleich des vertikalen Defekts mit autologem und alloplastischem Knochenmaterial.

9. GOÄ 2688 analog – Einbringen von Osteosynthesematerial

GOÄ 2688 analog
Bewertung: 750 Punkte
1,0-fach: 43,72 € **2,3-fach: 100,56 €** **3,5-fach: 153,02 €**
Fixation bei nicht dislozierter Kieferfraktur durch Osteosynthese oder Aufhängung

9.1 Beschreibung

- Eine fehlende Stabilität der Implantate bei Sinusbodenelevation bedingt eine zusätzliche Fixierung mittels Osteosynthesematerial.
- Dieser Sachverhalt kann beim einzeitigen Vorgehen (einzeitiges simultanes Vorgehen des operativen Eingriffes Sinusbodenelevation und Implantation) oder nach der Einheilphase einer Sinusbodenelevation (zweizeitiges Vorgehen) aufgrund geringerer Knochenqualitäten erforderlich sein.
- Die Materialkosten sind unter den Voraussetzungen des § 10 Abs. 1 GOÄ zusätzlich berechnungsfähig.[410]

Ggf. ist der OP-Zuschlag nach GOÄ 443 (750 Punkte = 43,72 €) zusätzlich abrechenbar.

[410] S. BGH, Urteil vom 27.05.2004 – III ZR 264/03 –, VersR 2004, 1138 = Kapitel U IV.18, S. 368.

9.2 Bilddokumentation 67 – Einbringen von Osteosynthesematerial

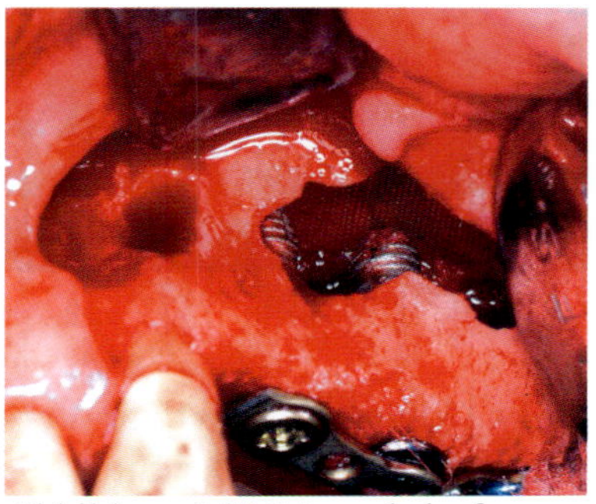
Abbildung J-23 Mangelsdorf

In regio 24 – 26 ist die Fensterung der facialen Kieferhöhlenwand und die Resektionshöhle an 13 erkennbar.

Die Implantate sind inseriert. Die geringe vertikale Knochenhöhe und die damit verbundene nicht ausreichende Primärstabilität des Implantats regio 26 machte eine Schienung mit Hilfe einer SIS-Schiene notwendig.

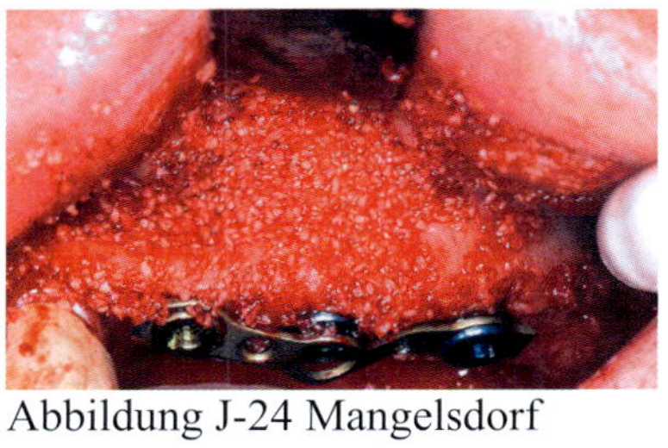
Abbildung J-24 Mangelsdorf

Der gesamte Raum unterhalb der nach kranial verlagerten Kieferhöhlenschleimhaut wurde mit alloplastischem Material aufgefüllt. Das Osteosynthesematerial zur Stabilisierung des Implantats regio 26 musste dem crestalen Knochenverlauf angepasst werden.

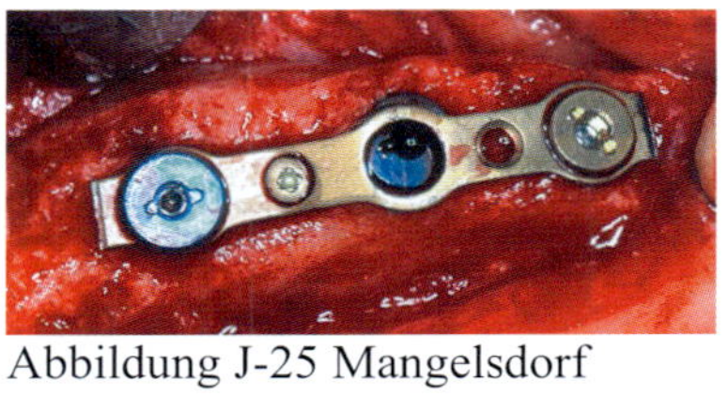
Abbildung J-25 Mangelsdorf

Das Implantat regio 26 wurde durch die Schienung mit dem Implantat regio 24 und einer Osteosyntheseschraube zwischen 24 und 25 stabilisiert.

10. GOÄ 2675 – Partielle Vestibulum-, Mundbodenplastik

GOÄ 2675
Bewertung: 850 Punkte
1,0-fach: 49,54 € **2,3-fach: 113,95 €** **3,5-fach: 173,40 €**
Partielle Vestibulum- oder Mundbodenplastik oder große Tuberplastik, je Kieferhälfte oder Frontzahnbereich

10.1 Beschreibung

- Vertiefung des Vestibulum oris (Mundvorhofes) zur Verbesserung oder auch Stabilisierung der Augmentatlagerregion im Rahmen der Sinusbodenelevation, um einen Langzeiterfolg des Eingriffes sicherzustellen.
- Die Materialkosten sind unter den Voraussetzungen des § 10 Abs. 1 GOÄ zusätzlich berechnungsfähig.[411]

Ggf. ist der OP-Zuschlag nach GOÄ 444 (1300 Punkte = 75,77 €) zusätzlich abrechenbar.

10.2 Bilddokumentation

Zur Bilddokumentation verweisen wir oben auf Kapitel H II.2.2, S. 185.

[411] S. BGH, Urteil vom 27.05.2004 – III ZR 264/03 –, VersR 2004, 1138 = Kapitel U IV.18, S. 368.

11. GOÄ 2677 – Submuköse Vestibulumplastik

GOÄ 2677
Bewertung: 700 Punkte
1,0-fach: 40,80 € 2,3-fach: 93,84 € 3,5-fach: 142,80 €
Submuköse Vestibulumplastik, je Kieferhälfte oder Frontzahnbereich, als selbständige Leistung

11.1 Beschreibung

- Submuköse Präparation mit Vertiefung des Vestibulum oris (Mundvorhofes) zur Verbesserung oder auch Stabilisierung der Augmentatlagerregion im Rahmen der Sinusbodenelevation, um einen Langzeiterfolg des Eingriffes sicherzustellen.
- Die Materialkosten sind unter den Voraussetzungen des § 10 Abs. 1 GOÄ zusätzlich berechnungsfähig.[412]

Ggf. ist der OP-Zuschlag nach GOÄ 443 (750 Punkte = 43,72 €) zusätzlich abrechenbar.

11.2 Bilddokumentation 68 – Submuköse Vestibulumplastik

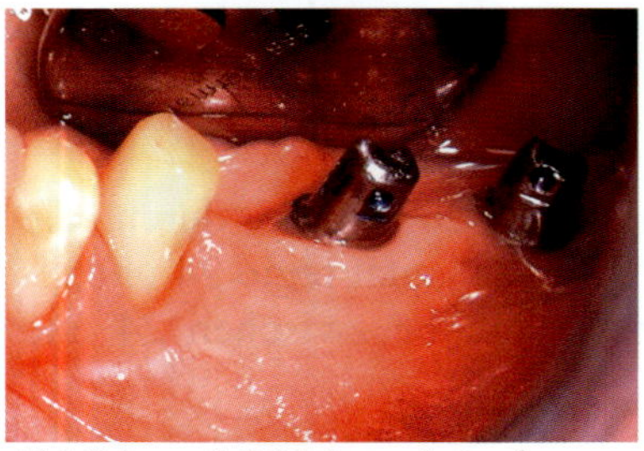
Abbildung J-26 Mangelsdorf

Die Schleimhaut um die Implantate ist mobil und soll durch eine submuköse Vestibulumplastik nach apikal verschoben und dort fixiert werden. Dadurch wird gleichzeitig das Vestibulum vertieft.

12. GOÄ 2694 – Operative Entfernung von Osteosynthesematerial

GOÄ 2694
Bewertung: 450 Punkte
1,0-fach: 26,23 € 2,3-fach: 60,33 € 3,5-fach: 91,80 €
Operative Entfernung von Osteosynthesematerial aus einem Kiefer- oder Gesichtsknochen, je Fraktur

12.1 Beschreibung

- Wurde z.B. bei fehlender Stabilität der Implantate oder von Knochenteilen bei Sinusbodenelevation eine zusätzliche Fixierung mittels Osteosynthesematerial notwendig, so entspricht der Inhalt dieser GOÄ 2694 der Entfernung des Osteosynthesematerials.
- Die Materialkosten sind unter den Voraussetzungen des § 10 Abs. 1 GOÄ zusätzlich berechnungsfähig.[413]

Ggf. ist der OP-Zuschlag nach GOÄ 442 (400 Punkte = 23,31 €) zusätzlich abrechenbar.

---

412 S. BGH, Urteil vom 27.05.2004 – III ZR 264/03 –, VersR 2004, 1138 = Kapitel U IV.18, S. 368.

413 S. BGH, Urteil vom 27.05.2004 – III ZR 264/03 –, VersR 2004, 1138 = Kapitel U IV.18, S. 368.

12.2 Bilddokumentation 69 – Operative Entfernung von Osteosynthesematerial

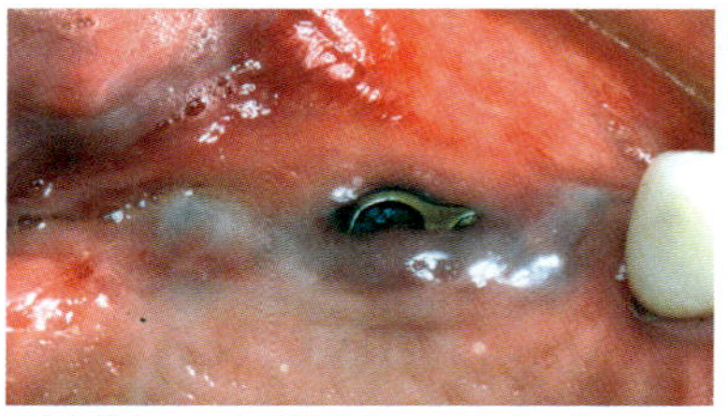
Abbildung J-27 Mangelsdorf

Nach neunmonatiger Einheilphase hat sich das Osteosynthesematerial teilweise freigelegt.

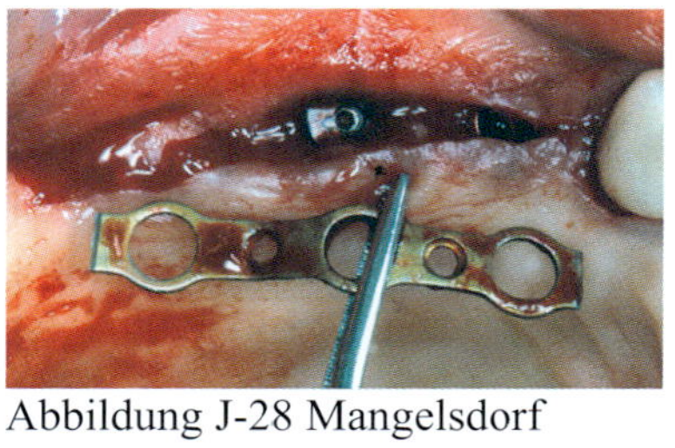
Abbildung J-28 Mangelsdorf

Nach Kieferkammschnitt werden die Deckschrauben und die Kortikalschraube gelöst und der Stabilisator entfernt.

Bei diesem chirurgischen Eingriff wird die Notwendigkeit zusätzlicher Schleimhautmaßnahmen erkennbar.

Kapitel K Bonesplitting

I. Indikation

Ein für Implantate in der transversalen bzw. sagittalen Ausdehnung zu schmaler Knochen wird mit einer geeigneten Fräse oder Säge längs, entlang des Kieferkammes, gespalten und mit speziellen Instrumenten entsprechend gespreizt, möglichst ohne dass dabei unerwünschte Frakturen oder Infrakturen auftreten.

Nachdem die Implantate eingesetzt sind, werden die übrig gebliebenen Spalträume in der Regel mit Knochen(ersatz)material aufgefüllt.

II. Die einzelnen Gebührenziffern

1. GOÄ 2710 analog – Partielle Resektion des Ober- oder Unterkiefers, Segmentosteotomie

GOÄ 2710 analog
Bewertung: 1100 Punkte
1,0-fach: 64,12 € **2,3-fach: 147,47 €** **3,5-fach: 224,41 €**
Partielle Resektion des Ober- oder Unterkiefers – auch Segmentosteotomie –, als selbständige Leistung

1.1 Beschreibung

- Der Inhalt dieser Leistungsbeschreibung kommt im Rahmen des Bonesplittings der Vorgehensweise der Osteotomie des für eine Implantation zu schmalen Kieferkammes gleich. Der Kieferkamm wird in aller Regel mittels einer Säge oder Fräse zunächst im oberen Segment gespalten. Dieses Splitting findet in erster Linie entlang des Kieferkammverlaufes statt. Zusätzliche vertikale Spaltverläufe sind möglich.
- Die Materialkosten sind unter den Voraussetzungen des § 10 Abs. 1 GOÄ zusätzlich berechnungsfähig.[414]

Ggf. ist der OP-Zuschlag nach GOÄ 444 (1300 Punkte = 75,77 €) zusätzlich abrechenbar.

[414] S. BGH, Urteil vom 27.05.2004 – III ZR 264/03 –, VersR 2004, 1138 = Kapitel U IV.18, S. 368.

1.2 Bilddokumentation 70 – Bonesplitting

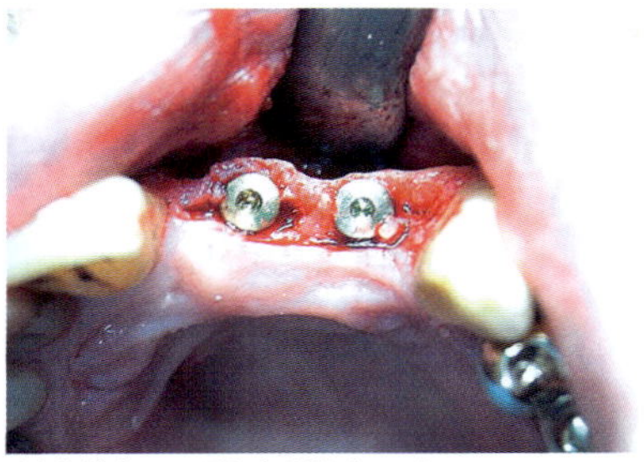

Abbildung K-1 Nickenig

In der regio 21, 22 war das horizontale Knochenangebot zu gering für normale Implantatdurchmesser (d. h. ca. 4 mm). Implantate geringeren Durchmessers und prothetischer Plattform wären aus prothetischer Sicht in dieser Lokalisation nur mit Einschränkungen versorgbar. Der Alveolarknochen wurde lokal in den Implantatregionen mit einer kleinen Säge auf ca. 5 mm Tiefe gespalten und nachträglich mit geeigneten Splitting-Instrumenten (Meißeln) apikalwärts gedehnt (siehe Lagerbildung, Bilddokumentation sogleich unter 2.2 – S. 230) , so dass zwei Standardimplantate eingesetzt werden konnten. Die Spalträume wurden nachfolgend mit Knochenersatzmaterial aufgefüllt und mit einer Membran abgedeckt.

2. GOÄ 2730 analog – Operation zur Lagerbildung

GOÄ 2730 analog
Bewertung: 500 Punkte
1,0-fach: 29,14 € **2,3-fach: 67,03 €** **3,5-fach: 102,00 €**
Operative Maßnahmen zur Lagerbildung beim Aufbau des Alveolarfortsatzes, je Kieferhälfte oder Frontzahnbereich

2.1 Beschreibung

- Die Lagerbildung beim Aufbau des Alveolarfortsatzes im Rahmen des Bonesplitting beinhaltet u. a. die vorsichtige Spreizung der Knochensegmente innerhalb des zuvor gespaltenen Kieferkammbereiches (im Sinne einer Grünholzfraktur). Dieses Vorgehen bedarf einer besonderen Technik, die eine vollständige Fraktur der Knochenanteile vermeidet.
- Je Kieferhälfte oder Frontzahnbereich.
- Die Materialkosten sind unter den Voraussetzungen des § 10 Abs. 1 GOÄ zusätzlich berechnungsfähig.[415]

Ggf. ist der OP-Zuschlag nach GOÄ 443 (750 Punkte = 43,72 €) zusätzlich abrechenbar.

---

415 S. BGH, Urteil vom 27.05.2004 – III ZR 264/03 –, VersR 2004, 1138 = Kapitel U IV.18, S. 368.

2.2 Bilddokumentation 71 – Lagerbildung Bonesplitting

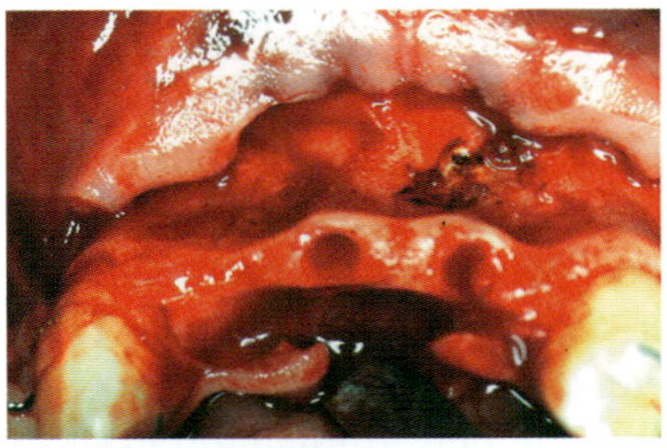
Abbildung K-2 Kreusser

Bei der Lagerbildung kommt es in bedeutendem Maße darauf an, dass die zuvor gesplitteten Knochensegmente vorsichtig, mit mäßigem Druck, gedehnt werden, möglichst ohne dass es zur totalen Fraktur im apikalen Anteil kommt.

2.3 Rechtsprechung zu GOÄ 2730 analog

2.3.1 AG Überlingen, 04.07.1997 – 1 C 623/96 –: Abrechnung von Bonesplitting

Bonesplitting ist nach GOÄ 2730 analog abrechenbar, nicht nach GOÄ 2256 analog.[416]

3. GOÄ 2732 analog – Operation zur Lagerbildung für Knochen und Knorpel bei ausgedehnten Kieferdefekten

GOÄ 2732 analog
Bewertung: 2000 Punkte
1,0-fach: 116,57 € **2,3-fach: 268,12 €** **3,5-fach: 408,01 €**
Operation zur Lagerbildung für Knochen oder Knorpel bei ausgedehnten Kieferdefekten

3.1 Beschreibung

- Ähnlich wie in der vorangegangenen Beschreibung zur GOÄ 2730 umfasst die Lagerbildung beim Aufbau des Alveolarfortsatzes im Rahmen des Bonesplittings u. a. die vorsichtige Spreizung der Knochensegmente innerhalb des zuvor gespaltenen Kieferkammbereiches (im Sinne einer Grünholzfraktur). Dieses Vorgehen bedarf einer besonderen Technik, die eine vollständige Fraktur der Knochenanteile vermeidet.
- Im Unterschied zur GOÄ 2730 beinhaltet die Lagerbildung bei der GOÄ 2732 größere Segmente bzw. Kieferdefekte, die z. T. auf mehrere Zahnareale ausgedehnt sein kann. Der BDIZ/EDI vertrat schon vor Jahren in einer Stellungnahme die Auffassung, dass die in GOÄ 2732 enthaltene Vorgabe „*ausgedehnter Kieferdefekt*“ eine Defektausdehnung > 2 cm erfordert. Das dürfte beim Bonesplitting nur selten der Fall sein. Im Regelfall ist nur die in vorstehender Ziffer 2 (S. 229) beschriebene GOÄ 2730 analog abrechnungsfähig.
- Die Materialkosten sind unter den Voraussetzungen des § 10 Abs. 1 GOÄ zusätzlich berechnungsfähig.[417]

Ggf. ist der OP-Zuschlag nach GOÄ 445 (2200 Punkte = 128,23 €) zusätzlich abrechenbar.

[416] AG Überlingen, Urteil vom 04.07.1997 – 1 C 623/96 –, BDIZ-konkret 1997, Heft 3, S. 38 = GHI, S. 288.

[417] S. BGH, Urteil vom 27.05.2004 – III ZR 264/03 –, VersR 2004, 1138 = Kapitel U IV.18, S. 368.

3.2 Bilddokumentation 72 – Entlastungsfräsung

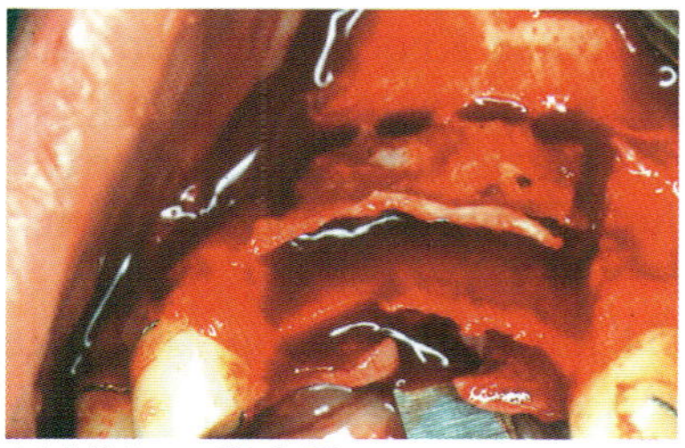

Abbildung K-3 Kreusser

Bei umfangreichen Splitting-Maßnahmen und nachfolgender Lagerbildung ist auf zusätzliche (Entlastungs-)Fräsungen bei der Dehnung der Segmente kaum zu verzichten. Im Beispiel sind diese in vertikaler und apikaler Region zu erkennen.

4. GOÄ 2442 analog – bei Verwendung von alloplastischem Material

GOÄ 2442 analog		
Bewertung: 900 Punkte		
1,0-fach: 52,46 €	**2,3-fach: 120,65 €**	**3,5-fach: 183,60 €**
Implantation alloplastischen Materials zur Weichteilunterfütterung, als selbständige Leistung		

4.1 Beschreibung

- Es wird der neu gewonnene (Spalt-)Raum zwischen gesplitteten Knochenanteilen nach der Lagerbildung (s. o.) unter mäßigem Druck mit Knochenersatzmaterial aufgefüllt. In der Regel werden die Segmente zudem durch die gleichzeitig durchgeführte Implantatinsertion gestützt.
- Es handelt sich um einen sehr zeitaufwändigen Eingriff, der nicht der Weichteilunterfütterung dient, sondern dem Auffüllen des geschaffenen Knochendefektes. Eine vergleichbare Leistung enthält die GOÄ oder GOZ nicht. Nach den Kriterien des § 6 Abs. 2 GOZ ist die Analogie zu GOÄ 2442 sachgerecht.
- Die Materialkosten sind unter den Voraussetzungen des § 10 Abs. 1 GOÄ zusätzlich berechnungsfähig.[418]

Ggf. ist der OP-Zuschlag nach GOÄ 444 (1300 Punkte = 75,77 €) zusätzlich abrechenbar.

4.2 Bilddokumentation 73 – Spaltauffüllung mit Knochenersatzmaterial

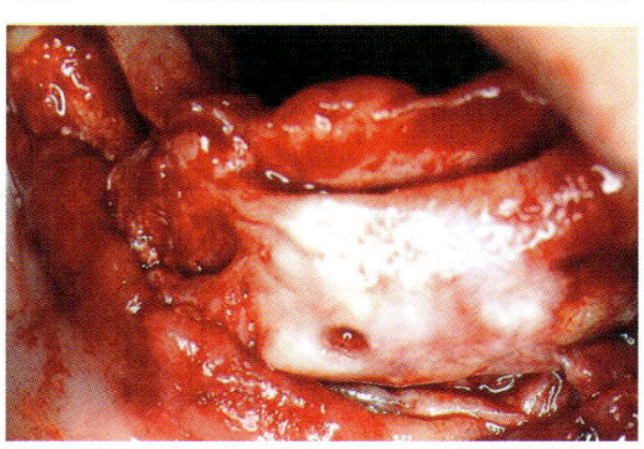

Abbildung K-4 Kreusser

Situation nach Spaltauffüllung mit Knochenersatzmaterial und nachfolgender Membranabdeckung.

5. GOÄ 2254 – bei Verwendung von Knochen

GOÄ 2254		
Bewertung: 739 Punkte		
1,0-fach: 43,07 €	**2,3-fach: 99,07 €**	**3,5-fach: 150,76 €**
Implantation von Knochen		

[418] S. BGH, Urteil vom 27.05.2004 – III ZR 264/03 –, VersR 2004, 1138 = Kapitel U IV.18, S. 368.

5.1 Beschreibung

- Es wird der neu gewonnene (Spalt-)Raum zwischen gesplitteten Knochenanteilen nach der Lagerbildung (s. o.) unter mäßigem Druck mit körpereigenem (autologem) Knochen oder Knochenersatzmaterial oder mit einem Gemisch von beidem aufgefüllt. In der Regel werden die Segmente zudem durch die gleichzeitig durchgeführte Implantatinsertion gestützt.
- Die Einpflanzung des Knochens ist nach der GOÄ 2254 abrechnungsfähig, wenn sie nicht Bestandteil einer anderen Leistung, wie z.B. der GOÄ 2255, ist.
- Die GOÄ 2254 ist auch dann anzuwenden, wenn der zu implantierende Knochen von einer Knochenbank bezogen wird oder die Knochenspanentnahme von einem anderen Arzt durchgeführt wurde.
- Unter diese Abrechnungsposition fallen auch die Knochenkernbohrungen (im Rahmen der Implantatbettaufbereitung) und Bonecollectormaßnahmen, also Maßnahmen der Knochengewinnung aus dem unmittelbaren primären Operationsgebiet der Implantation.
- Da aus fachlicher Sicht sowohl die Implantation von Knochen ohne Beimischung von Knochenersatzmaterialien als auch die Kombination beider Materialien sowie der alleinige Einsatz von Knochenersatzmaterialien individuell begründet sein kann, ist eine **Berechnungsfähigkeit der GOÄ 2442 analog neben der GOÄ 2254 gegeben**.
- Die Materialkosten sind unter den Voraussetzungen des § 10 Abs. 1 GOÄ zusätzlich berechnungsfähig.[419]

Ggf. ist der OP-Zuschlag nach GOÄ 443 (750 Punkte = 43,72 €) zusätzlich abrechenbar.

5.2 Bilddokumentation 74 – Spaltauffüllung mit Knochen

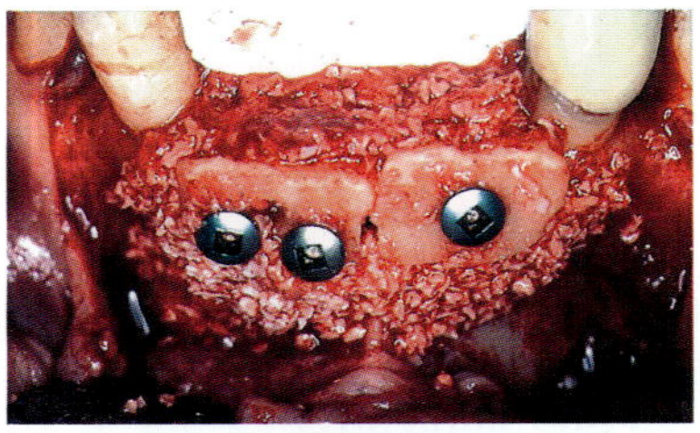

Abbildung K-5 Kreusser

Der neu gewonnene (Spalt-)Raum zwischen gesplitteten bzw. aufgelagerten und mit Schrauben fixierten Knochenanteilen wird nach der Lagerbildung (s. o.) unter mäßigem Druck mit körpereigenem (autologem) Knochen oder Knochenersatzmaterial oder mit einem Gemisch von beidem aufgefüllt.

6. GOÄ 2255 – bei Verwendung von autologem Knochenspan

GOÄ 2255		
Bewertung: 1480 Punkte		
1,0-fach: 86,27 €	2,3-fach: 198,41 €	3,5-fach: 301,93 €
Freie Verpflanzung eines Knochens oder von Knochenteilen (Knochenspäne)		

6.1 Beschreibung

- Inhalt dieser Gebührenposition ist eine zusammengefasste Leistung bestehend aus Knochenspanentnahme aus einem Operationsgebiet (z.B. Trig. retromolare) und der freien Verpflanzung in die Operationsregion der Implantation, in der das Knochenangebot nicht ausreicht (hier: Spaltlager nach Bonesplitting).
- Neben der GOÄ 2255 sind für das gleiche Operationsgebiet die GOÄ 2253 und 2254 nicht berechenbar.
- Die Transplantation mehrerer Knochenteile in **ein** Operationsgebiet ist mit dem einmaligen Ansatz der GOÄ 2255 abgegolten.

419 S. BGH, Urteil vom 27.05.2004 – III ZR 264/03 –, VersR 2004, 1138 = Kapitel U IV.18, S. 368.

- Werden mehrere Knochenteile in **verschiedenen** Operationsgebieten eingesetzt, z.B. bei beidseitigem Bonesplitting im rechten und linken Unterkieferareal, kann diese Gebührenposition auch mehrmals berechnet werden (z.B. zwei Entnahmestellen und zwei Implantationsstellen).
- Die Materialkosten sind unter den Voraussetzungen des § 10 Abs. 1 GOÄ zusätzlich berechnungsfähig.[420]

Kein OP-Zuschlag abrechenbar!

6.2 Bilddokumentation 75 – Spaltauffüllung mit autologem Knochen

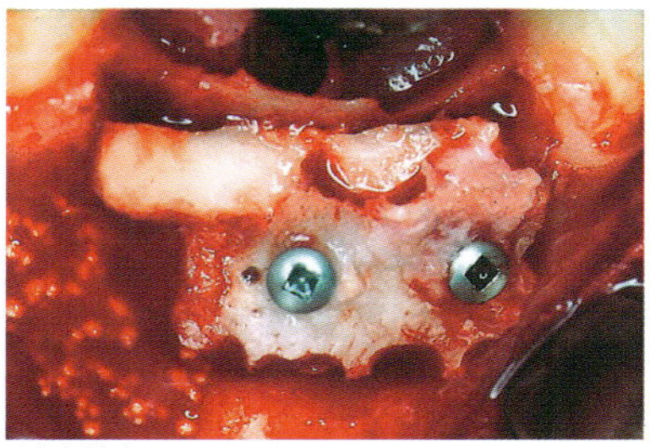

Abbildung K-6 Kreusser

Bei der freien Verpflanzung von Knochenteilen (oder -spänen) werden die benötigten Knochenanteile z.B. retromolar entnommen, um dann frei transplantiert und in den neu gewonnenen (Spalt-)Raum eingesetzt zu werden.

6.3 Rechtsprechung zu GOÄ 2255

6.3.1 AG Überlingen, 04.07.1997 – 1 C 623/96 –: Selbständige Leistung

„*Die GOÄ 2255 analog ist beim Bonesplitting neben der GOÄ 2730 für das Verpflanzen von Knochen abrechenbar. Die durch das Bonesplitting entstandenen Hohlräume müssen zur Vermeidung eines erhöhten Infektionsrisikos mit Knochenspänen gefüllt werden.*“[421]

Die vom AG Überlingen für die spezielle Situation des Bonesplitting bejahte parallele Abrechenbarkeit ist für alle Fälle der Knochenverpflanzung zu bejahen.

7. GOÄ 2675 – partielle Vestibulumplastik

GOÄ 2675		
Bewertung: 850 Punkte		
1,0-fach: 49,54 €	**2,3-fach: 113,95 €**	**3,5-fach: 173,40 €**
Partielle Vestibulum- oder Mundbodenplastik oder große Tuberplastik, je Kieferhälfte oder Frontzahnbereich		

7.1 Beschreibung

- Vertiefung des Vestibulum oris (Mundvorhofes) zur Verbesserung oder auch Stabilisierung der Augmentatlagerregion im Rahmen des Bonesplitting, um einen Langzeiterfolg des Eingriffes sicherzustellen.
- Zusätzlich können andere weichteilchirurgische Maßnahmen anfallen.
- Die Materialkosten sind unter den Voraussetzungen des § 10 Abs. 1 GOÄ zusätzlich berechnungsfähig.[422]

Ggf. ist der OP-Zuschlag nach GOÄ 444 (1300 Punkte = 75,77 €) zusätzlich abrechenbar.

420 S. BGH, Urteil vom 27.05.2004 – III ZR 264/03 –, VersR 2004, 1138 = Kapitel U IV.18, S. 368.

421 AG Überlingen, Urteil vom 04.07.1997 – 1 C 623/96 –, BDIZ-konkret 1997, Heft 3, S. 38 = GHI, S. 288

422 S. BGH, Urteil vom 27.05.2004 – III ZR 264/03 –, VersR 2004, 1138 = Kapitel U IV.18, S. 368.

7.2 Bilddokumentation 76 – Partielle Vestibulumplastik

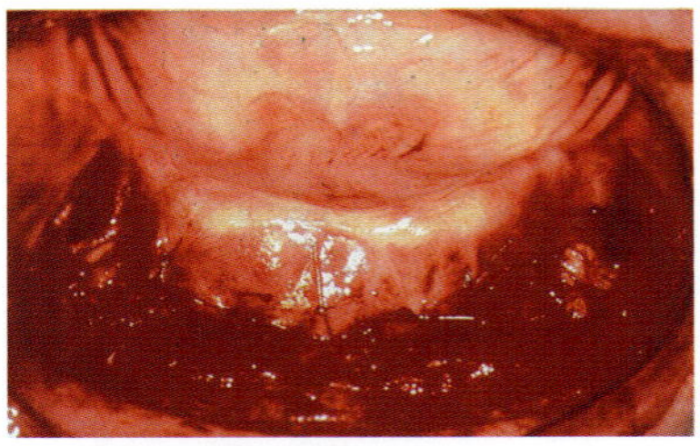
Abbildung K-7 Kreusser

Nach umfangreichen augmentativen Maßnahmen u.a. mit einem Bonesplitting zur Verbreiterung des Implantatlagers (s. oben Kapitel H II.3, S. 185) wird durch eine Vestibulumplastik die neu geschaffene knöcherne Situation obendrein durch weichteilchirurgische Maßnahmen gesichert.

III. Berechnungsbeispiel (Bonesplitting)

GOÄ 2254	Implantation von Knochen
oder	
GOÄ 2255	Freie Verpflanzung eines Knochens oder von Knochenteilen (Knochenspäne)
GOÄ 2256 analog	Knochenaufmeißelung oder Nekrotomie bei kleinen Knochen
GOÄ 2732	Operative Lagerbildung für Knochen/Knorpel bei großen Kieferdefekten

Die **Honorarvorausberechnung** kann als Beispiel folgendermaßen aussehen:

GOZ-/GOÄ-Nr.	**Leistungsbeschreibung**
GOZ 009	Intraorale Infiltrationsanästhesie
GOZ 010	Intraorale Leitungsanästhesie
GOÄ 2730	Operative Maßnahmen zur Lagerbildung
oder	
GOÄ 2732	Operation zur Lagerbildung
GOÄ 2254	Implantation von Knochen
oder	
GOÄ 2255	Freie Verpflanzung eines Knochens oder von Knochenteilen (Knochenspäne)
GOÄ 2256 analog	Knochenaufmeißelung oder Nekrotomie bei kleinen Knochen
GOÄ 2442	Implantation alloplastischen Materials als selbständige Leistung
GOÄ 2677 analog	Submuköse Vestibulumplastik, je Kieferhälfte oder Frontzahnbereich, als selbständige Leistung
GOÄ 2710 analog	Osteotomie des Bonesplittings
GOZ 329	Kontrolle nach chirurgischem Eingriff, selbständige Leistung
GOÄ 2007	Entfernung von Fäden
	Voraussichtliches zahnärztliches Honorar
	Voraussichtliche Material- und Laborkosten (je nach Verbrauch)
	Voraussichtliche Gesamtkosten

Kapitel L Kieferorthopädische Implantologie

I. Allgemeine Hinweise

In der Kieferorthopädie dienen Implantate als Hilfsmittel zur Verbesserung der Verankerungsqualität mit den geringsten Nebenwirkungen und sind damit den anderen kieferorthopädischen Verankerungsmöglichkeiten überlegen. Eine aktive Mitarbeit des Patienten ist hierbei nicht erforderlich und bietet eine elegante Alternative zu unerwünschten extraoralen Konstruktionen. Allerdings sollten kieferorthopädische Implantate erst bei abgeschlossenem Wachstum inseriert werden. Alle weiteren kieferorthopädischen Behandlungsmaßnahmen gestalten sich dann nach den üblichen Behandlungsregeln. Die Mitarbeit des Patienten beschränkt sich hierbei auf die Implantatpflege, die aber nur eine Erweiterung der sowieso nötigen Gebisspflege bedeutet. Durch die geschaffene Verankerung können Zähne in jegliche notwendige Richtung bewegt werden, in einem Maß, wie es ohne diese qualitativ gute Verankerungsmöglichkeit sonst nicht möglich wäre. Nach Abschluss der Behandlung werden die Implantate entfernt.

II. Bilddokumentation 77 – Kieferorthopädische Implantologie

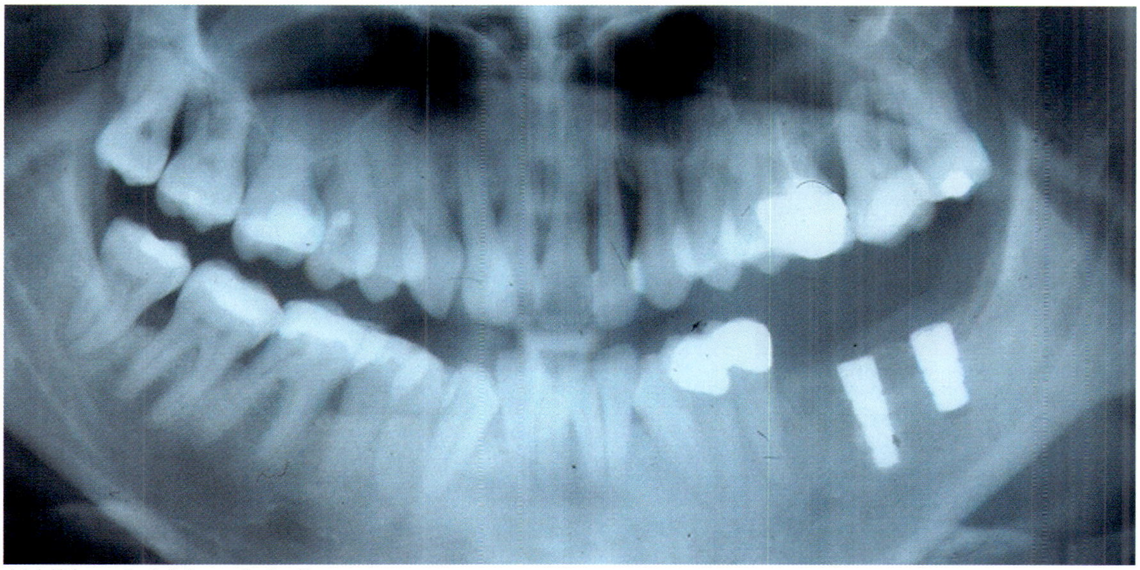

Abbildung L-1 Mangelsdorf

Das Röntgenbild zeigt ein parodontal geschädigtes Gebiss nach Abschluss der Parodontaltherapie und nach Insertion von zwei Implantaten im 3. Quadranten.

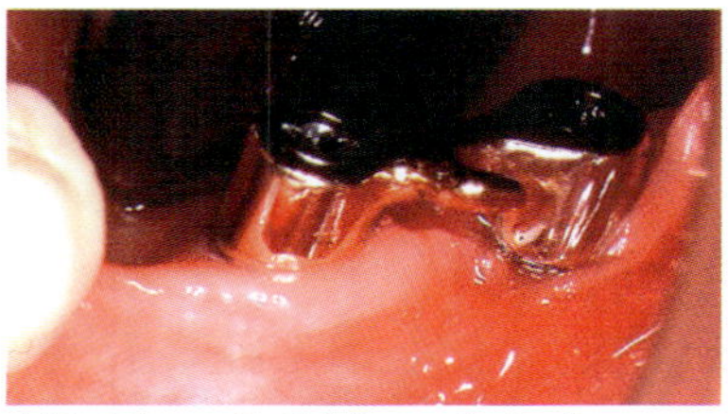

Abbildung L-2 Mangelsdorf

Die Implantate sind verblockt und mit einem Häkchen versehen, in das die kieferorthopädischen Gummizüge eingehängt werden können, um den frontalen Engstand aufzulösen.

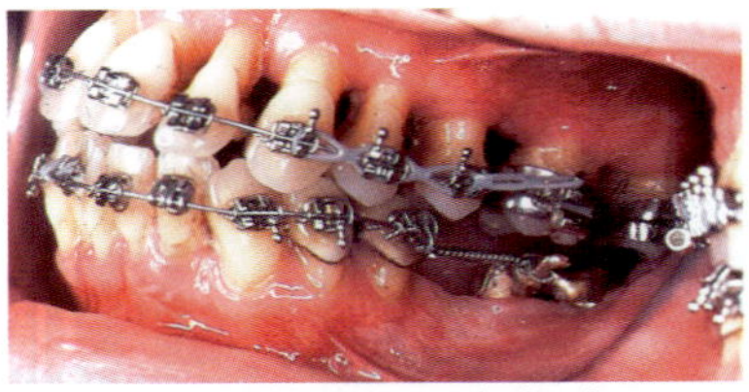
Abbildung L-3 Mangelsdorf

Die eingesetzte kieferorthopädische Apparatur.

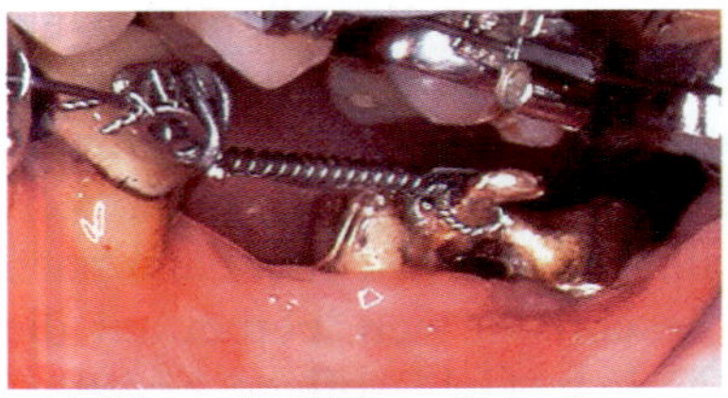
Abbildung L-4 Mangelsdorf

Die Verankerung der kieferorthopädischen Apparatur an den Implantaten.

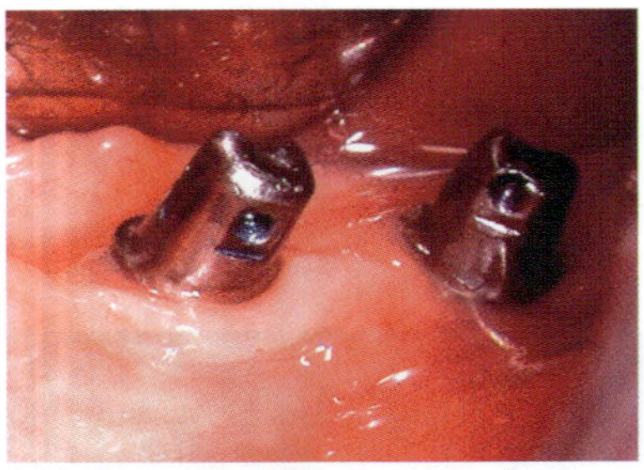
Abbildung L-5 Mangelsdorf

Nach Abschluss der kieferorthopädischen Behandlung werden normale Abutments eingesetzt.

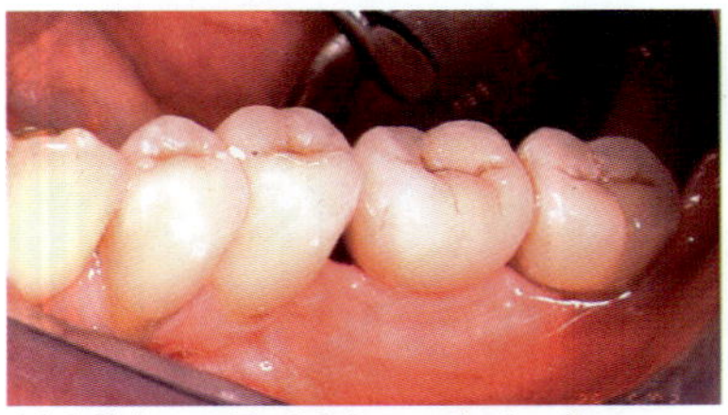
Abbildung L-6 Mangelsdorf

Die für die kieferorthopädische Behandlung verwendeten Implantate sind nach Abschluss der Behandlung mit Kronen versorgt worden.

Für den Chirurgen sind die GOZ 900, 901, 902 und 903 abrechenbar.

Kapitel M Die vorgeschlagenen Gebührenpositionen des BEMA Teil 6

I. Einleitung

Zum 01.01.2004 sollte eigentlich ein neuer Teil 6 des BEMA in Kraft treten. Er sollte die Gebührenpositionen zur Abrechnung implantologischer Leistungen im Rahmen der Sachleistung liefern. Sie beträfen derzeit nur ambulant erbrachte Leistungen nach dem Ausnahmekatalog zu § 28 Abs. 2 Satz 9 SGB V.

Im Vorfeld wurde um die Bewertung der Leistungen heftig zwischen der KZBV auf der einen und den Spitzenverbänden der gesetzlichen Krankenversicherung auf der anderen Seite jahrelang verhandelt. Über die Beschreibung der Leistungen konnte man sich einig werden. Dem Erweiterten Bewertungsausschuss lag für seine Sitzung am 05.11.2003 ein „*Gemeinsamer Antrag der Spitzenverbände der Krankenkassen und der KZBV*“ vor. Bis auf wenige Gebührenpositionen hatten sich KZBV und Spitzenverbände auf einen gemeinsamen Wortlaut für die neuen BEMA-Positionen geeinigt. Hochstreitig war *lediglich* die für die Vergütungshöhe entscheidende Bewertung in Punkten. Hier lagen die Positionen zwischen dem **Faktor 1,59** und dem **Faktor 7,63** auseinander.

Berücksichtigt man allerdings beim Antrag der KZBV die beiden von den Krankenkassen schon im Grundkonsens abgelehnten OP-Zuschlagspositionen BEMA 633 und 634, dann lägen die Differenzen zwischen dem **Faktor 1,69** und dem **Faktor 16,05** auseinander!

Im Mittel über alle Gebührenziffern lag die **Differenz** bei dem **Faktor 3,5** bzw. dem **Faktor 5,37**! Die Kalkulation der gesetzlichen Krankenkassen beruhte – nimmt man den Median bei den Leistungen – offenbar auf dem GOZ- bzw. GOÄ-Steigerungsfaktor 1,0, die der KZBV (angesichts der Art der Eingriffe als Minimum zu fordern) auf dem Steigerungsfaktor 4,85.

Ob der BEMA Teil 6 kommt oder ob er nicht kommt, ist zum Zeitpunkt der Drucklegung dieses Abrechnungshandbuches noch immer nicht abzusehen, weshalb wir den bisherigen Textvorschlag, der von den Spitzenverbänden der Krankenkassen nach unserer Kenntnis uneingeschränkt weiter verfolgt wird, zu Informationszwecken in das Handbuch aufnehmen. Liest man sich den Katalog sorgfältig durch und überlegt man sich, welche dieser Leistungen im Rahmen ambulanter Behandlung der unter den Ausnahmeindikationskatalog fallenden Patienten (bei stationärer Versorgung ist eine Abrechnung nach BEMA ausgeschlossen) tatsächlich unter Beachtung der in § 12 SGB V enthaltenen Kriterien des Wirtschaftlichkeitsgebotes anfallen, dann wird klar, dass es den gesetzlichen Krankenkassen nicht um die wenigen hundert echten ambulanten Ausnahmeindikationspatienten geht, sondern um die Aufnahme der Implantologie und der Implantatchirurgie in den BEMA. Das einzig positive, was man diesen Bemühungen abgewinnen kann, ist das Bekenntnis der Krankenkassen dazu, dass die modernen Entwicklungen der Implantatchirurgie in den zahnärztlichen Leistungskanon gehören.[423]

Der BEMA Teil 6 soll folgende Kapitelüberschrift tragen:

Implantologische Leistungen einschließlich der Suprakonstruktion nach den Ausnahmekriterien des § 28 Abs. 2 Satz 9 SGB V.

[423] S. dazu OLG Zweibrücken, Urteil vom 21.08.1998 – 2 U 29/97 –, BDIZ-konkret 1998, Heft 3, S. 24 = MedR 1999, 219 = GHI, S. 253.

Die Allgemeine Vorbemerkung soll lauten:

> In diesem Teil nicht aufgeführte Leistungen können nach den Teilen 1 und/oder 2 abgerechnet werden. Für die Suprakonstruktion gilt Teil 5 entsprechend. Die Leistungen dieses Teiles können im Rahmen der vertragszahnärztlichen Versorgung nur abgerechnet werden, wenn die Krankenkasse die Übernahme der Kosten gemäß § 28 Abs. 2 Satz 9 SGB V in Verbindung mit Abschnitt B VII der allgemeinen Richtlinien befürwortet hat.

Mit der Einführung des BEMA Teil 6 ginge die von manchen implantologisch tätigen Kolleginnen und Kollegen offenbar als „*golden*" empfundene Zeit zu Ende, in der die Krankenkassen die implantologische Versorgung auf der Basis der GOZ bezahlten, weil es für den Ausnahmeindikationskatalog des § 28 Abs. 2 Satz 9 SGB V noch keine BEMA-Positionen gab. Als der Bundesausschuss die Diskussion um die Fassung der Richtlinien zu § 28 Abs. 2 Satz 8 (heute Satz 9) SGB V aufnahm, war seitens der Krankenkassen davon die Rede, dass es sich dabei für das ganze Bundesgebiet um etwa 100 bis 200 Fälle pro Jahr handele. Tatsächlich hat jedoch die Erfahrung gezeigt, dass sehr viele Zahnärzte – ohne Kenntnis oder ohne Beachtung der in Ziffer 2 Satz 2 (früher Ziffer 29 Satz 2) der Richtlinie niedergelegten Beschränkung –

> Bei Vorliegen dieser Ausnahmeindikationen besteht Anspruch auf Implantate zur Abstützung von Zahnersatz als Sachleistung nur dann, wenn eine konventionelle prothetische Versorgung ohne Implantate nicht möglich ist.

Antrag auf Anerkennung von implantologischen Behandlungen als Ausnahmeindikation gestellt haben. Dr. Mangelsdorf als für diese Behandlungen in Nordbayern zuständiger Gutachter der KZV Bayerns hat in den vergangenen 3 1/2 Jahren mehr als 650 entsprechende Gutachten bearbeitet, wobei allerdings nur bei ca. 10 % der Gutachtenanträge die Kriterien einer Ausnahmeindikation und die zusätzlichen Voraussetzungen erfüllt waren.

Die Begutachtung dieser Fälle ist eine Vorbegutachtung. Eine Begutachtung im Nachhinein ist nicht möglich.

II. Die BEMA-Positionen für die Behandlungsplanung

1. BEMA 601 – Untersuchung Implantatchirurgie

BEMA 601
Erweiterte Untersuchung zur Behandlung mit Implantaten einschließlich Suprakonstruktion bei Ausnahmeindikationen
Erstellen eines Behandlungsplanes für implantologisch-chirurgische Leistungen nach Befundaufnahme einschließlich Aufklärung und Information des Patienten über die vorgesehene Behandlung einschließlich Dokumentation, je Kiefer
Die Nr. 601 kann nur der Vertragszahnarzt abrechnen, der die geplanten implantologisch-chirurgischen Leistungen durchführt.
Neben der Nr. 601 ist die Nr. 602 nicht abrechnungsfähig.

KZBV-Antrag:	165 Punkte
Krankenkassen-Antrag:	32 Punkte

2. BEMA 602 – Untersuchung bei Verlust von Gesichtsteilen

BEMA 602
Erweiterte Untersuchung zur Behandlung mit Implantaten einschließlich Suprakonstruktion bei Ausnahmeindikationen
Erstellen eines Behandlungsplanes für implantologisch-chirurgische Leistungen bei Verlust eines oder mehrerer Gesichtsteile nach Befundaufnahme einschließlich Aufklärung und Information des Patienten über die vorgesehene Behandlung einschließlich Dokumentation, je Kiefer

KZBV-Antrag: 330 Punkte
Krankenkassen-Antrag: 64 Punkte
Die Nr. 602 kann nur der Vertragszahnarzt abrechnen, der die geplanten implantologisch-chirurgischen und epithetischen Leistungen durchführt.

3. BEMA 603 – Untersuchung zur Planung der Suprakonstruktion

BEMA 603
Erweiterte Untersuchung nach Durchführung der implantologisch-chirurgischen Leistungen, Aufklärung des Patienten und Planung der Suprakonstruktion einschließlich Dokumentation, je Kiefer
KZBV-Antrag: 157 Punkte
Krankenkassen-Antrag: 39 Punkte
Die Nr. 603 kann nur der Vertragszahnarzt abrechnen, der die geplante Suprakonstruktion durchführt.

III. Die BEMA-Positionen für die Befundung

1. BEMA 604 – Befunderhebung

BEMA 604
Befunderhebung des stomatognathen Systems einschließlich Dokumentation, je Behandlungsfall, nur abrechenbar bei medizinischer Relevanz, z.B. bei Rekonstruktion der Okklusionsebene, Myoarthropathie
KZBV-Antrag: 164 Punkte
Krankenkassen-Antrag: 58 Punkte

2. BEMA 605 – Implantatsystemauswahl

BEMA 605
Implantatsystemauswahl, Analyse und ggf. Vermessung des Alveolarfortsatzes sowie ggf. der angrenzenden knöchernen Strukturen und des knöchernen Defektes und der Schleimhaut, einschließlich der metrischen Auswertung von Röntgen-Aufnahmen zur Festlegung der Position der Implantate, je Kiefer unabhängig von der Zahl der Implantate
KZBV-Antrag: 177 Punkte
Krankenkassen-Antrag: 63 Punkte
Bei Verwendung einer Röntgenmessschablone sind die Materialkosten zusätzlich abrechenbar.

IV. Die BEMA-Positionen für die Implantatchirurgie

Der Abschnitt II im sechsten Teil des BEMA soll mit folgender allgemeinen Vorbemerkung beginnen:

> Die Leistungen nach den Nrn. 610 bis 630 sind nur abrechenbar, wenn sie im Behandlungsplan nach den Nrn. 601 oder 602 eingetragen waren.

Der Behandler würde hierdurch gezwungen, schon in der Planung sich abschließend Gedanken über die implantat-chirurgische Versorgung zu machen. In der Praxis bedeutete dies, dass besser mehr als zuwenig an Leistungen in den Behandlungsplan nach GOZ 601 oder 602 aufzunehmen wären.

1. BEMA 610 – Nervverlagerung

BEMA 610
Nervverlagerung, einschließlich Wiedereinbettung
KZBV-Antrag: 502 Punkte
Krankenkassen-Antrag: 198 Punkte

Aus welchen Gründen der implantat-chirurgische Teil des BEMA gerade mit der nur selten notwendig werdenden Nervverlagerung beginnen soll, wird wohl immer Geheimnis bleiben

2. Sinusbodenelevation

Der BEMA kennt 3 Positionen für die Sinusbodenelevation.

2.1 BEMA 611 – Interne Sinusbodenelevation

BEMA 611
Geschlossene Sinusbodenelevation vom Kieferkamm aus, nicht neben den Nrn. 612 oder 613 abrechenbar
KZBV-Antrag: 288 Punkte
Krankenkassen-Antrag: 114 Punkte

2.2 BEMA 612 – Externe Sinusbodenelevation

BEMA 612
Sinusbodenelevation durch externe Knochenfensterung, nicht neben der Nr. 611 abrechenbar
KZBV-Antrag: 576 Punkte
Krankenkassen-Antrag: 228 Punkte

2.3 BEMA 613 – Externe Sinusbodenelevation mit Septenresektion

BEMA 613
Sinusbodenelevation durch externe Knochenfensterung, nicht neben der Nr. 611 abrechenbar, zusätzlich bei Resektion von Septen
KZBV-Antrag: 733 Punkte
Krankenkassen-Antrag: 290 Punkte

3. Maßnahmen zur Verbesserung des Knochenangebotes im Implantatbereich

Der neue BEMA würde alle Verfahren zur Lagerbildung wie Bonecondensing, bone distraction u.a. mit in den Leistungskatalog der gesetzlichen Krankenversicherung aufnehmen.

3.1 BEMA 614 – Lagerbildung

BEMA 614
Operative Maßnahmen zur Lagerbildung beim Aufbau des Alveolarfortsatzes, je Kieferhälfte oder Frontzahnbereich, für die Glättung des Alveolarfortsatzes im Bereich des Implantatbettes nicht abrechenbar
KZBV-Antrag: 170 Punkte
Krankenkassen-Antrag: 67 Punkte

3.2 BEMA 615 – Bonecondensing

BEMA 615
Knochenverbessernde Maßnahmen
Knochenkondensation, je Implantatbett
In der Regel nur im Oberkiefer (im Unterkiefer nur mit besonderer Begründung) abrechenbar, höchstens zweimal je Kieferhälfte
KZBV-Antrag: 157 Punkte
Krankenkassen-Antrag: 93 Punkte

3.3 BEMA 616 – Bone distraction

BEMA 616
Knochenverbessernde Maßnahmen
Knochenspreizung, je Frontzahnbereich bzw. je Kieferhälfte, ggf. zusätzliche Osteosynthesemaßnahmen

KZBV-Antrag:	147 Punkte
Krankenkassen-Antrag:	60 Punkte

3.4 BEMA 617 – GTR / GBR

BEMA 617
GTR-/GBR-Verfahren, je Frontzahnbereich bzw. je Kieferhälfte, ggf. zusätzliche Osteosynthesemaßnahmen

KZBV-Antrag:	147 Punkte
Krankenkassen-Antrag:	60 Punkte

3.5 BEMA 618 – Knochenblockentnahme

BEMA 618
Entnahme eines Knochenblocks außerhalb des Aufbaugebiets einschließlich Bearbeitung des Aufnahmematerials

KZBV-Antrag:	658 Punkte
Krankenkassen-Antrag:	113 Punkte

3.6 BEMA 619 – Knochenblockentnahme

BEMA 619
Entnahme eines Knochenblocks außerhalb des Aufbaugebiets einschließlich Bearbeitung des Aufnahmematerials, zusätzlich Aufbereitung des Knochenmaterials, ggf. Hinzufügung alloplastischen Materials

KZBV-Antrag:	878 Punkte
Krankenkassen-Antrag:	130 Punkte

3.7 BEMA 620 – Knochenspanentnahme

BEMA 620
Entnahme von Knochenspänen außerhalb des Aufbaugebietes einschließlich Bearbeitung des Aufnahmematerials

KZBV-Antrag:	219 Punkte
Krankenkassen-Antrag:	86 Punkte

3.8 BEMA 621 – Knochenspanimplantation

BEMA 621
Implantation von autogenen Knochenspänen, je Implantat auch abrechenbar bei zusätzlicher Verwendung alloplastischen Materials, nicht abrechenbar neben der Nr. 622

KZBV-Antrag:	188 Punkte
Krankenkassen-Antrag:	73 Punkte

3.9 BEMA 622 – Implantation alloplastischen Materials

BEMA 622
Implantation alloplastischen Materials, je Kieferhälfte oder Frontzahnbereich, nicht abrechenbar neben der Nr. 621

KZBV-Antrag:	305 Punkte
Krankenkassen-Antrag:	40 Punkte

3.10 BEMA 623 – Implantation eines Knochenblocks im Frontzahnbereich

BEMA 623
Implantation eines Knochenblockes, je Frontzahnbereich
KZBV-Antrag: 251 Punkte
Krankenkassen-Antrag: 69 Punkte

3.11 BEMA 624 – Implantation eines Knochenblocks im Seitenzahnbereich

BEMA 624
Implantation eines Knochenblockes, je Seitenzahnbereich
KZBV-Antrag: 251 Punkte
Krankenkassen-Antrag: 128 Punkte

3.12 BEMA 625 – Fixation des Augmentates

BEMA 625
Fixation bzw. Stabilisierung des Augmentates durch Schrauben- oder Plattenosteosynthese, je Kieferhälfte oder Frontzahnbereich
KZBV-Antrag: 254 Punkte
Krankenkassen-Antrag: 101 Punkte

4. Implantologische Versorgung

Für die eigentliche implantologische Versorgung würde der neue BEMA nur wenige Gebührenziffern enthalten. Alle Gebührenziffern beträfen ausschließlich enossale Implantate. Subperiostale Implantate, Gerüstimplantate wären durch den Zusatz zur BEMA 626 und Nadelimplantate durch ihre fehlende Erwähnung generell als Leistung im vertragszahnärztlichen Bereich ausgeschlossen, also auch für den Ausnahmeindikationsbereich des § 28 Abs. 2 Satz 9 SGB V.

4.1 BEMA 626 – Implantateinbringung

BEMA 626
Implantatinsertion
Präparieren einer Knochenkavität für ein enossales Implantat, Einsetzen einer Implantatschablone zur Überprüfung der Knochenkavität, Einbringen eines enossalen Implantats, einschließlich Verschlussschraube und ggf. Einbringen eines Sekundarteiles, je Implantat
KZBV-Antrag: 343 Punkte
Krankenkassen-Antrag: 56 Punkte
Die Nr. 626 enthält alle für das Einzelimplantat anfallenden implantologischen Leistungen. Gerüstimplantate sind nicht Teil der vertragszahnärztlichen Versorgung.

Die BEMA 626 würde die in der GOZ auf die Nrn. 901 – 903 verteilten Leistungen zu einer einzigen Gebührenziffer zusammenfassen. In der GOZ sind diese drei Leistungen mit zusammen 1050 Punkten und damit im Einfachsatz mit derzeit 59 € bewertet.

4.2 BEMA 627 – Freilegung und Einfügung von Sekundärteilen

BEMA 627
Freilegen eines Implantats und Einfügen von Sekundärteilen bei einem zweiphasigen Implantatsystem, je Implantatpfosten
KZBV-Antrag: 105 Punkte
Krankenkassen-Antrag: 49 Punkte
Der Leistungsinhalt ist nur erfüllt, wenn bei einem zweiphasigen Implantatsystem das Implantat freigelegt und ein Sekundärteil in Form eines Gingiva- oder Sulcusformers eingefügt wird.

Die BEMA 627 entspräche GOZ 904, reduziert aber die Abrechenbarkeit auf die Einfügung eines Gingiva- bzw. eines Sulcusformers.

4.3 BEMA 628 – Auswechseln eines Sekundärteiles

BEMA 628
Auswechseln eines Sekundärteiles bei einem zusammengesetzten Implantat, höchstens dreimal je Implantat und nicht im zeitlichen Zusammenhang mit der Operation abrechenbar
KZBV-Antrag: 105 Punkte
Krankenkassen-Antrag: 17 Punkte
Für die Abnahme und Wiederbefestigung einer Suprakonstruktion kann die Nr. 628 abgerechnet werden.

Die BEMA 628 entspräche der GOZ 905. Während dort die Frage, ob und wie oft die Abrechnung möglich ist, sehr umstritten ist, anerkennte der BEMA die mehrfache Abrechenbarkeit, begrenzte diese aber zugleich auf 3x je Implantat und verlangte als weitere Voraussetzung, dass diese Leistung nicht im zeitlichen Zusammengang mit der Operation abgerechnet wird. Für die Abnahme und Wiederbefestigung der Suprakonstruktion könnte die BEMA 628 ebenfalls angerechnet werden. Das bedeutete, dass für den Bereich des BEMA die Faustregel des BDIZ/EDI, wonach die GOZ 905 im Regelfall bis zu 5x je Implantat abgerechnet werden kann, übernommen würde.

5. Explantationseingriffe

5.1 BEMA 629 – Membranentfernung

BEMA 629
Entfernung eines unter der Oberfläche der Haut oder der Schleimhaut gelegenen Membran- oder Implantatteiles als selbständige Leistung
Membranentfernung
KZBV-Antrag: 105 Punkte
Krankenkassen-Antrag: 66 Punkte

5.2 BEMA 630 – Explantation durch Osteotomie

BEMA 630
Entfernung eines unter der Oberfläche der Haut oder der Schleimhaut gelegenen Membran- oder Implantatteiles als selbständige Leistung
Entfernung eines Implantats durch Osteotomie
KZBV-Antrag: 360 Punkte
Krankenkassen-Antrag: 128 Punkte

5.3 BEMA 631 – Einfache Explantation

BEMA 631
Entfernung eines unter der Oberfläche der Haut oder der Schleimhaut gelegenen Membran- oder Implantatteiles als selbständige Leistung
KZBV-Antrag: 153 Punkte
Krankenkassen-Antrag: 60 Punkte

6. Recall

6.1 BEMA 632 – Recall

BEMA 632
Implantatnachkontrolle, jährlich, je Implantat, ggf. einschließlich Reinigung der Implantatoberfläche
KZBV-Antrag: 15 Punkte
Krankenkassen-Antrag: 5 Punkte
Eine Leistung nach Nr. 632 ist erstmalig frühestens 12 Monate nach der Implantation abrechenbar.

7. Verbindungsvorrichtungen

7.1 BEMA 633 – Verbindungsvorrichtungen

BEMA 633
Verbindung von implantatgetragenen Kronen oder Implantataufbauten
a) durch Stege, einschließlich Stegverbindungen, je Steg **49 Punkte**
b) durch anderen Verbindungsvorrichtungen z.B. Riegel, Gelenke,
c) Geschiebe, Kugelkopfanker oder Magnete, je Verbindungsvorrichtung **43 Punkte**

Diese Ziffer ist ein zum 05.11.2003 nicht mit der KZBV abgestimmter Antrag der Spitzenverbände der Krankenkassen.

8. OP-Zuschläge

8.1 BEMA 634 – OP-Zuschlag < 150-Leistungen

BEMA 634
Zuschlag für operative Leistungen nach den Nrn. 610 bis 614, 618 bis 624 oder 629 bis 631, die mit weniger als 150 Punkten bewertet sind, je Behandlungstag einmal
KZBV-Antrag: 200 Punkte

Diese Ziffer ist ein zum 05.11.2003 nicht mit den Spitzenverbänden der Krankenkassen abgestimmter Antrag der KZBV.

8.2 BEMA 635 – OP-Zuschlag > 150 Leistungen

BEMA 635
Zuschlag für operative Leistungen nach den Nrn. 610 bis 614, 618 bis 624 oder 629 bis 631, die mit mehr als 150 Punkten bewertet sind, je Behandlungstag einmal
KZBV-Antrag: 337 Punkte

Diese Ziffer ist ein zum 05.11.2003 nicht mit den Spitzenverbänden der Krankenkassen abgestimmter Antrag der KZBV.

V. Abrechnung der implantologisch-prothetischen Leistungen

Mögliche BEMA-Nummern für den ZE-Bereich Implantologie bei vorliegender Ausnahme-indikation	
19 i	Schutz eines beschliffenen Zahnes und Sicherung der Kaufunktion durch eine provisorische Krone oder provisorischer Ersatz eines fehlenden Zahnes durch ein Brückenglied
20 ai	Versorgung eines Einzelzahnes durch eine metallische Vollkrone
20 bi	Versorgung eines Einzelzahnes durch eine vestibulär verblendete Verblendkrone
24 ai	Wiedereinsetzen einer Krone oder dergleichen
24 bi	Erneuerung oder Wiedereinsetzen einer Facette, einer Verblendschale oder dergleichen
24 ci	Abnahme und Wiederbefestigung einer provisorischen Krone nach der Nr. 19 oder 21
97 ai	Totale Prothese / Coverdenture-Prothese im Oberkiefer
97 bi	Totale Prothese / Coverdenture-Prothese im Unterkiefer
98 bi	Funktionsabformung mit individuellem Löffel, Oberkiefer
98 ci	Funktionsabformung mit individuellem Löffel, Unterkiefer
98 di	Intraorale Stützstiftregistrierung zur Feststellung der Zentrallage
100 ai	Maßnahmen zum Wiederherstellen der Funktion oder zur Erweiterung einer abnehmbaren Prothese kleinen Umfanges (ohne Abformung)

100 bi	Maßnahmen zum Wiederherstellen der Funktion oder zur Erweiterung einer abnehmbaren Prothese größeren Umfanges (mit Abformung)
100 ci	Maßnahmen zum Wiederherstellen der Funktion oder zur Erweiterung einer abnehmbaren Prothese c) Teilunterfütterung einer Prothese
100 di	Maßnahmen zum Wiederherstellen der Funktion oder zur Erweiterung einer abnehmbaren Prothese d) Vollständige Unterfütterung einer Prothese im indirekten Verfahren
100 ei	Maßnahmen zum Wiederherstellen der Funktion oder zur Erweiterung einer abnehmbaren Prothese e) Vollständige Unterfütterung einer Prothese im indirekten Verfahren einschließlich funktionelle Randgestaltung im Oberkiefer
100 fi	Maßnahmen zum Wiederherstellen der Funktion oder zur Erweiterung einer abnehmbaren Prothese f) Vollständige Unterfütterung einer Prothese im indirekten Verfahren einschl. funktioneller Randgestaltung im Unterkiefer

Kapitel N Berechnungsbeispiele der implantatgetragenen Suprakonstruktion

I. Vorbemerkung

Die nachstehenden Berechnungen sind **Beispiele**. Sie sind korrekt berechnet für den konkreten Fall, aber nichts, was einfach ohne Rücksicht auf den konkreten Behandlungsfall abgeschrieben werden darf. In der Implantologie gibt es Standardsituationen. Diese bilden den Regelfall. Für diese Standardsituationen sind Abrechnungsbeispiele hilfreich und gedacht. Die Beispiele entbinden aber nicht von der Überprüfung in jedem Einzelfall.

Abrechenbar ist nur, was auch tatsächlich gemacht wurde. Die Erfahrung zeigt, dass vielfach nicht alles abgerechnet wird, was abrechenbar ist. Gegen dieses Defizit hilft nur eine tägliche Kontrolle der erbrachten und in der EDV eingetragenen Leistungen. Dem Problem kommt man nicht bei durch die Abrechnung von Leistungsschemata (Leistungsbäumen), auch wenn diese Möglichkeit noch so verlockend erscheinen mag. Nichts ist misslicher in einem Gebührenprozess als die begründete Infragestellung der Abrechnungsintegrität.

II. Beispiel 1: Verschraubte Krone auf Einzelzahnimplantat regio 23

1. Beschreibung

Sowohl die unterschiedlichen Arten der Verschraubungen als auch die Zementierung auf geeigneten Implantatpfosten finden bei der Einzelzahnimplantatversorgung in der Praxis eine bewährte Anwendung.

Es ist festzuhalten, dass auch bei Zementieren von Einzelkronen auf Implantaten das Auswechseln von Sekundärteilen in bekannter und fachlich erforderlicher Weise anfällt (z.B. bei Abdrucknahme, Einprobe, definitives Einbringen der Implantatpfeiler).

										KM					
										i					
18	17	16	15	14	13	12	11	21	22	23	24	25	26	27	28
48	47	46	45	44	43	42	41	31	32	33	34	35	36	37	38

2. Bilddokumentation 78 – Krone auf Einzelzahnimplantat

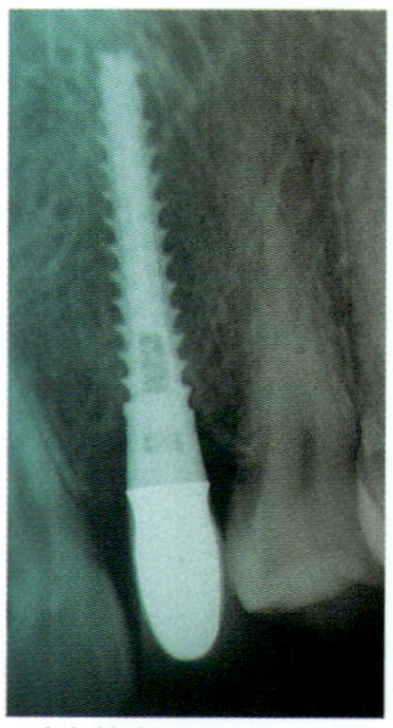

Abbildung N-1 Berger

Bei dem Röntgenbild handelt es sich um eine Kontrollaufnahme nach der Einheilphase bzw. nach der Freilegung und dem Einsetzen des Gingivaformers.

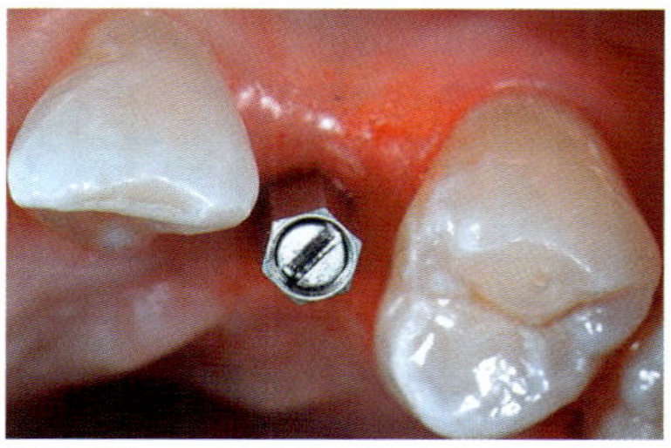

Abbildung N-2 Berger

Nachdem der Gingivaformer entfernt wurde, ist der Abdruckpfosten zur offenen Abformung auf dem Implantat verschraubt. Bedeutsam ist hierbei, dass dieses Sekundärteil genau aufgepasst wird, da alle nachfolgenden Schritte von der Exaktheit dieser Passung bestimmt werden.

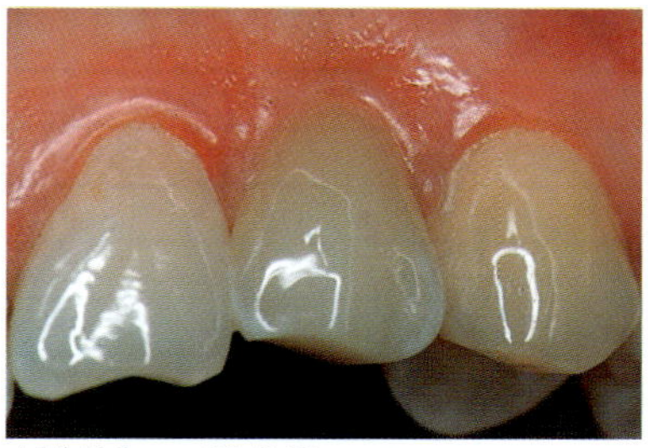

Abbildung N-3 Berger

Implantatkrone nach dem Einsetzen; die Gingivaverhältnisse sind bereits ausgeheilt.

3. Berechenbare Leistungen für die Planung

Zahn	Behandlung	Zahnärztliches Honorar
	Eingehende Untersuchung	GOZ 001
	Alternativ: vollständige körperliche Untersuchung	*GOÄ 6*
	Alternativ: symptombezogene Untersuchung	*GOÄ 5*
	Eingehende Beratung	GOÄ 3
	Alternativ: Beratung	*GOÄ 1*
	Hygienestatus	GOZ 100
	Kurze Bescheinigung	GOÄ 70
	Befundbericht	GOÄ 75
	Planungsmodell	GOZ 005
	Alternativ: Planungsmodelle	*GOZ 006*
31	Röntgendiagnostik der Zähne, je Projektion	GOÄ 5000
	Panoramaaufnahme beider Kiefer	GOÄ 5004
	Vitalitätsprüfung	GOZ 007
	Intraorale Fotos	§ 9 GOZ, BEB 0706
	Heil- und Kostenplan auf Anforderung	GOZ 002
	Beratendes und belehrendes Gespräch	GOZ 619
	Befunderhebung des stomatognathen Systems	GOZ 800
	Registrieren der Zentrallage des Unterkiefers	GOZ 801
	Modellmontage, arbiträre Achsenbestimmung	GOZ 802
	Montage Gegenkiefermodell	GOZ 804
	Registrieren, halbindividueller Artikulator	GOZ 805
	Aufbau Frontzahnführung	GOZ 807
	Diagnose am Modell	GOZ 808
	Subtraktive Maßnahmen	GOZ 810
	Implantatbezogene Analyse	GOZ 900

4. Berechenbare Leistungen für die Implantation und Nachbehandlung

Zahn	Behandlung	Zahnärztliches Honorar
	Bohrschablone	GOZ 700 (analog § 6 Abs. 2 GOZ)
31	Oberflächenanästhesie	GOZ 008
31	Infiltrationsanästhesie	GOZ 009
31	Leitungsanästhesie	GOZ 010
31	Präparieren für ein Implantat	GOZ 901
31	Überprüfung der Knochenkavität	GOZ 902
31	Einbringen eines enossalen Implantats	GOZ 903
31	Verschluss des Schraubenlochtunnels	§ 9 GOZ, Zahntechnik
31	Nachbehandlung	GOZ 330
31	Kontrolle nach chirurgischem Eingriff	GOZ 329
31	Entfernung von Fäden und Klammern	GOÄ 2007
Ggf. zusätzlich berechenbare Leistungen:		
	Operative Maßnahmen zur Lagerbildung	GOÄ 2730
	Implantation alloplastischen Materials	GOÄ 2442 (analog § 6 Abs. 2 GOZ)
	Implantation von Knochen	GOÄ 2254
	Freie Verpflanzung eines Knochens	GOÄ 2255
	Partielle Vestibulum- oder Mundbodenplastik	GOÄ 2675
	Submuköse Vestibulumplastik/Periostschlitzung	GOÄ 2677
	Einfache Hautlappenplastik	GOÄ 2381
	Schleimhauttransplantation	GOÄ 2386
	Anlegen von Drahtligaturen, Drahthäkchen oder dergleichen (bei der Entfernung von Osteosynthesematerial)	GOÄ 2697
	Einbringen einer Membran	GOZ 413 (analog § 6 Abs. 2 GOZ), evtl. GOÄ 2442
	Entfernung einer Membran	GOÄ 2010 (analog § 6 Abs. 2 GOZ)
	Beseitigung störender Schleimhautbänder, je Kieferhälfte oder Frontzahnbereich	GOZ 321
	Vestibulumplastik oder Mundbodenplastik, kleineren Umfangs, je Kieferhälfte oder Frontzahnbereich	GOZ 324
	Kurzwellen-, Mikrowellenbehandlung	GOÄ 548
	Zuschläge bei ambulanter Durchführung von operativen Leistungen	GOÄ 440 – GOÄ 444

5. Berechenbare Leistungen für die Freilegung des Implantats sowie die prothetische Versorgung

Zahn	Behandlung	Zahnärztliches Honorar
OK	Röntgen-Kontrolle mit OPG	GOÄ 5004
31	Anästhesie	GOZ 008, 009
31	Freilegung des Implantats	GOZ 904
31	Periotest	GOZ 401
31	Auswechseln Sekundärteil	GOZ 905
31	Nachbehandlung	GOZ 330
31	Kontrolle nach chirurgischem Eingriff	GOZ 329
UK	Individuelle Abdrucknahme	GOZ 517
OK	Gegenabdruck	GOZ 005
	Befunderhebung des stomatognathen Systems	GOZ 800

	Registrieren der Zentrallage des Unterkiefers	GOZ 801
	Modellmontage, arbiträre Achsenbestimmung	GOZ 802
	Montage Gegenkiefermodell	GOZ 804
	Registrieren, halbindividueller Artikulator	GOZ 805
	Aufbau Frontzahnführung	GOZ 807
	Diagnose am Modell	GOZ 808
	Subtraktive Maßnahmen	GOZ 810
31	Klebebrücke als provisorische Versorgung	GOZ 515
31	Interimsprothese als provisorische Versorgung (ohne Modellguss oder mit Modellguss)	GOZ 520/507 oder 521/507
31	VMK-Krone auf Implantat	GOZ 220
31	Alternativ: VMK-Krone auf Implantat (bei durchgeführter Präparation des Stumpfes bzw. des Kronenaufbaus)	GOZ 221
31	Transokklusale Verschraubung	GOZ 508

6. Zahntechnische Leistungen

BEB	Leistung	Anzahl
0001	Modell aus Hartgips	1
Alternativ		
0002	*Modell aus Superhartgips*	*1*
0021	Modell für Sägesegmente	1
0103	Modellsegment sägen	1
0212	Dowel-Pin setzen	2
0213	Ausblocken eines Stumpfes	1
0216	Stumpf vorbereiten	1
0402	Modellmontage im Mittelwertartikulator I	1
	Krone auf Implantat	1
	Fräsen am Implantat	1
	Kronenaufbau individualisieren	1
2612	Mehrflächige Verblendung aus Keramik	1
	Edelmetall-Legierung	

7. Alternative bzw. zusätzliche zahntechnische Leistungen

- Modell bearbeiten
- Modell untersockeln
- Split-Cast-Sockel an Modell
- Modell für das Sägen von Stümpfen
- Zahnfleischmaske
- Zahnfarbenbestimmung
- Abdruckpfosten reponieren / kontrollieren (fakultativ: Implantataufbau individuell hergestellt, Beschleifen eines individuellen Implantataufbaus)
- Diagnostisches Modellieren und Aufwachsen
- Individuelles Charakterisieren
- Verschraubung Implantat
- etc.

III. Beispiel 2: Zementierte Brücke 44-46

1. Beschreibung

Neben der zahn- und implantatverankerten Brücke (Verbundbrücke) ist auch die rein implantatgetragene Brücke in vielen Fällen, in erster Linie aufgrund ausgeglichener physiologischer Belastungsfaktoren auf die Brückenanker, fachlich begründet.
Im unten angegebenen Beispiel sollen die Leistungen dieser Versorgungsform dargestellt werden, die hier, wie es häufig im Praxisalltag gegeben ist, neben der konventionellen prothetischen Behandlung weiterer natürlicher Zähne eine hierzu unterschiedliche, weitaus aufwändigere Vorgehensweise erfordert.

2. Planung

Implantate regio 46, 44, implantatgetragene VMK-Brücke 44 – 47.

18	17	16	15	14	13	12	11	21	22	23	24	25	26	27	28
48	47	46	45	44	43	42	41	31	32	33	34	35	36	37	38
		i	f												
	K	K	BM	KM											

3. Bilddokumentation 79 – Brücke auf zwei Implantaten

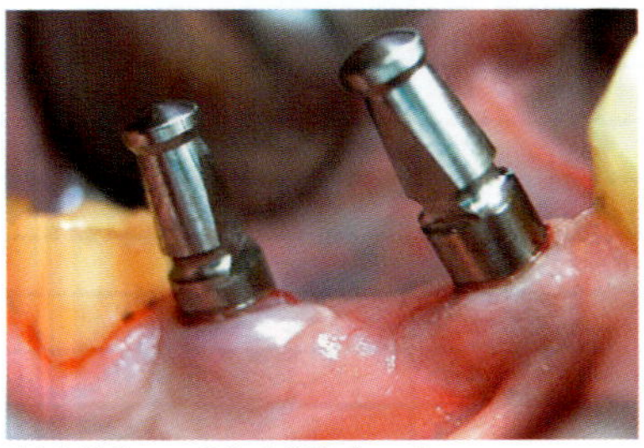

Abbildung N-4 Nickenig

Im IV. Quadranten sind zwei Implantate mit verschraubbaren Abdruckpfosten versehen.

Durch die subgingivale Lage ist die Überprüfung der spaltfreien Passung oft erschwert, in vorliegender Situation wurde ein zusätzliches Röntgenkontrollbild angefertigt. Der natürliche Zahn 47 wird in der gleichen Sitzung auf konventionelle Art und Weise abgeformt.

Die Kombination der Abdrucknahme natürlicher Pfeiler und der Implantatpfeiler ist häufig sehr zeitaufwändig, da die Erfordernisse der geschlossenen Abformung bei natürlichen Zähnen mit den Anforderungen der offenen Abformung bei Implantaten berücksichtigt werden müssen.

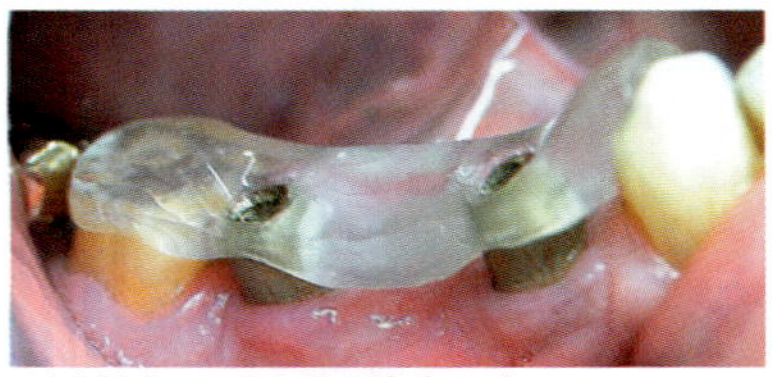

Abbildung N-5 Nickenig

Nach Abdrucknahme und der nachfolgenden Meistermodellerstellung mit Herstellung von individuellen Implantataufbauten werden diese mittels einer Einbringschiene in der korrekten Position eingebracht und verschraubt. Nach Kontrolle der Passung auf dem Implantat sowie geeignetem Stufen-/Hohlkehlenverlauf für die spätere Suprakonstruktion kann ggf. eine Überabformung oder auch eine Individualisierung (Nachpräparation) der Aufbauten im Mund erfolgen.

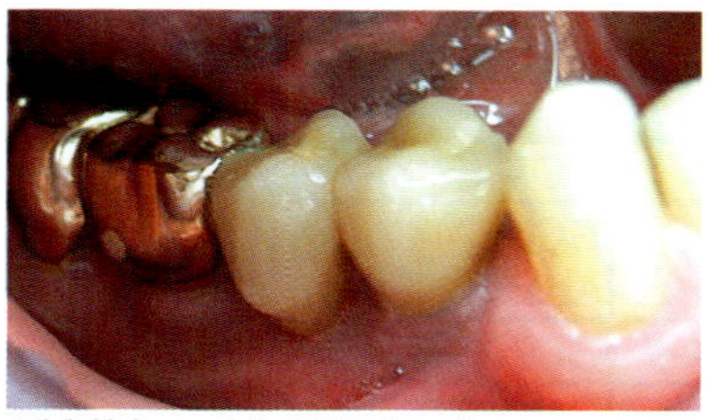

Abbildung N-6 Nickenig

Nachdem die oben gezeigten Implantataufbauten (mit Drehmoment) definitiv verschraubt wurden, wurde die Suprakonstruktion zunächst provisorisch zementiert.

4. Berechenbare Leistungen für Planung

Zahn	Behandlung	Zahnärztliches Honorar
	Eingehende Untersuchung	GOZ 001
	Alternativ: vollständige körperliche Untersuchung	*GOÄ 6*
	Alternativ: symptombezogene Untersuchung	*GOÄ 5*
	Eingehende Beratung	GOÄ 3
	Alternativ: Beratung	*GOÄ 1*
	Hygienestatus	GOZ 100
	Kurze Bescheinigung	GOÄ 70
	Befundbericht	GOÄ 75
	Planungsmodell	GOZ 005
	Alternativ: Planungsmodelle	*GOZ 006*
	Röntgendiagnostik der Zähne, je Projektion	GOÄ 5000
	Panoramaaufnahme beider Kiefer	GOÄ 5004
	Vitalitätsprüfung	GOZ 007
	Intraorale Fotos	§ 9 GOZ, BEB 0702
	Heil- und Kostenplan auf Anforderung (Implantation)	GOZ 002
	Heil- und Kostenplan (Prothetik)	GOZ 003
	Beratendes und belehrendes Gespräch	GOZ 619
	Befunderhebung des stomatognathen Systems	GOZ 800
	Registrieren der Zentrallage des Unterkiefers	GOZ 801
	Modellmontage, arbiträre Achsenbestimmung	GOZ 802
	Montage Gegenkiefermodell	GOZ 804
	Registrieren, halbindividueller Artikulator	GOZ 805
	Aufbau Frontzahnführung	GOZ 807
	Diagnose am Modell	GOZ 808
	Subtraktive Maßnahmen	GOZ 810
	Implantatbezogene Analyse	GOZ 900

5. Berechenbare Leistungen für Implantation und Nachbehandlung

Zahn	Behandlung	Zahnärztliches Honorar
	Bohrschablone	Analog § 6 Abs. 2 GOZ (z.B. GOZ 700)
47,46,44	Infiltrationsanästhesie	GOZ 009
47,46,44	Oberflächenanästhesie	GOZ 008
47,46,44	Leitungsanästhesie	GOZ 010
46, 44	Präparieren für ein Implantat	GOZ 901
46, 44	Überprüfung der Knochenkavität	GOZ 902
46, 44	Einbringen eines enossalen Implantats	GOZ 903
46, 44	Verschluss des Schraubenlochtunnels	§ 9 GOZ, Zahntechnik
46,44	Nachbehandlung	GOZ 330
46,44	Kontrolle nach chirurgischem Eingriff	GOZ 329

46,44	Entfernung von Fäden und Klammern	GOÄ 2007
Ggf. zusätzlich berechenbare Leistungen:		
	Operative Maßnahmen zur Lagerbildung	GOÄ 2730
	Implantation alloplastischen Materials	GOÄ 2442 (analog § 6 Abs. 2 GOZ)
	Implantation von Knochen	GOÄ 2254
	Freie Verpflanzung eines Knochens	GOÄ 2255
	Partielle Vestibulum- oder Mundbodenplastik	GOÄ 2675
	Submuköse Vestibulumplastik/Periostschlitzung	GOÄ 2677
	Einfache Hautlappenplastik	GOÄ 2381
	Schleimhauttransplantation	GOÄ 2386
	Anlegen von Drahtligaturen, Drahthäkchen oder dergleichen (bei der Entfernung von Osteosynthesematerial)	GOÄ 2697
	Einbringen einer Membran	GOZ 413 (analog § 6 Abs. 2 GOZ), ggf. GOÄ 2442
	Entfernung einer Membran	GOÄ 2010 (analog § 6 Abs. 2 GOZ)
	Beseitigung störender Schleimhautbänder, je Kieferhälfte oder Frontzahnbereich	GOZ 321
	Vestibulumplastik oder Mundbodenplastik, kleineren Umfangs, je Kieferhälfte oder Frontzahnbereich	GOZ 324
	Kurzwellen-, Mikrowellenbehandlung	GOÄ 548
	Zuschläge bei ambulanter Durchführung von operativen Leistungen	GOÄ 440 – GOÄ 444

6. Berechenbare Leistungen für die Freilegung des Implantats sowie die prothetische Versorgung

Zahn	Behandlung	Zahnärztliches Honorar
UK	Röntgen-Kontrolle mit OPG	GOÄ 5004
	Anästhesie	GOZ 008, 009, 010
46,44	Freilegung des Implantats	GOZ 904
	Periotest	GOZ 401
46,44	Auswechseln Sekundärteil	GOZ 905
46,44	Nachbehandlung	GOZ 330
46,44	Kontrolle nach chirurgischem Eingriff	GOZ 329
UK	Individuelle Abdrucknahme	GOZ 517
OK	Gegenabdruck	GOZ 005
	Befunderhebung des stomatognathen Systems	GOZ 800
	Registrieren der Zentrallage des Unterkiefers	GOZ 801
	Modellmontage, arbiträre Achsenbestimmung	GOZ 802
	Montage Gegenkiefermodell	GOZ 804
	Registrieren, halbindividueller Artikulator	GOZ 805
	Aufbau Frontzahnführung	GOZ 807
	Diagnose am Modell	GOZ 808
	Subtraktive Maßnahmen	GOZ 810
46,44	Provisorische Krone	GOZ 512
47	Provisorische Krone	GOZ 227
45	Provisorisches Brückenglied	GOZ 514
46,44	Anker-Krone auf Implantat	GOZ 500
46,44	Alternativ: Anker-Krone auf Implantat (bei durchgeführter Präparation des Stumpfes)	GOZ 501

47	Anker-Krone	GOZ 221
45	Brückenglied	GOZ 507

7. Zahntechnische Leistungen

BEB	Leistung	Anzahl
0001	Modell aus Hartgips	1
Alternativ		
0002	*Modell aus Superhartgips*	*1*
0021	Modell für Sägesegmente	1
0103	Modellsegment sägen	1
0212	Dowel-Pin setzen	6
0213	Ausblocken eines Stumpfes	6
0216	Stumpf vorbereiten	6
0402	Modellmontage im Mittelwertartikulator I	1
	Gusskrone für Keramikverblendung auf Implantat	2
	Gusskrone auf Implantat	1
2314	Brückenglied gegossen für Keramikverblendung	1
	Fräsen am Implantat	3
	Kronenaufbau individualisieren	3
2612	Mehrflächige Verblendung aus Keramik	4
	Edelmetall-Legierung	

8. Fakultative zahntechnische Leistungen

- Modelle bearbeiten
- Modell untersockeln
- Split-Cast
- Modell für das Sägen von Stümpfen
- Zahn vermessen, Modell vermessen
- Abdruckpfosten reponieren und kontrollieren
- Zahnfleischmaske
- Einstellen in individuellen Artikulator
- Zahnfarbenbestimmung
- Rohbrandeinprobe je Zahneinheit
- Rohbrandeinprobe Implantat
- Wurzelpontic Keramik
- Kaufläche funktionell gestaltet in Keramik
- Funktionskaufläche in Metall
- Individuelles Charakterisieren je Zahn
- Mehrere Farben in Kronen/Brückenverband
- Verschraubung Implantat
- Arbeiten unter Stereomikroskop
- etc.

IV. Beispiel 3: Steg-Prothese

1. Beschreibung

Zu den klassischen Beispielen einer implantatprothetischen Versorgung des zahnlosen Unterkiefers ist auch heute sicher noch die Steg-Gelenk-Prothese nach *Dolder* zu zählen. Im Unterschied zur starren Lagerung des Zahnersatzes auf der Steg-Geschiebe-Konstruktion ist die Steg-Gelenk-Prothese beweglich auf dem Rotationssteg fixiert.

Im Beispiel sollen die Einzelleistungen bei der Steg-Gelenk-Prothese (Implantate in regio 43,33) aufgezeigt werden, obgleich angemerkt werden muss, dass in den meisten Fällen aufgrund der Bissverhältnisse, der Gegenbezahnung oder des Knochenangebotes und der Knochenqualität eine höhere Anzahl von Implantaten erforderlich ist.

Die Suprakonstruktion ist im klassischen Coverdenture-Design geplant.

2. Planung

Implantate regio 43,33, verschraubte Implantatkronen regio 43,33
UK Coverdenture-Prothese mit Modellguss
Stegkonstruktion 43 – 33
Stegreiter regio 41 – 31

18	17	16	15	14	13	12	11	21	22	23	24	25	26	27	28
48	47	46	45	44	43	42	41	31	32	33	34	35	36	37	38
f	f	f	f	f	i	f	f	f	f	i	f	f	f	f	f
E	E	E	E	E	E	E	E	E	E	E	E	E	E	E	E

3. Bilddokumentation 80 – Steg-Gelenk-Konstruktion Unterkiefer

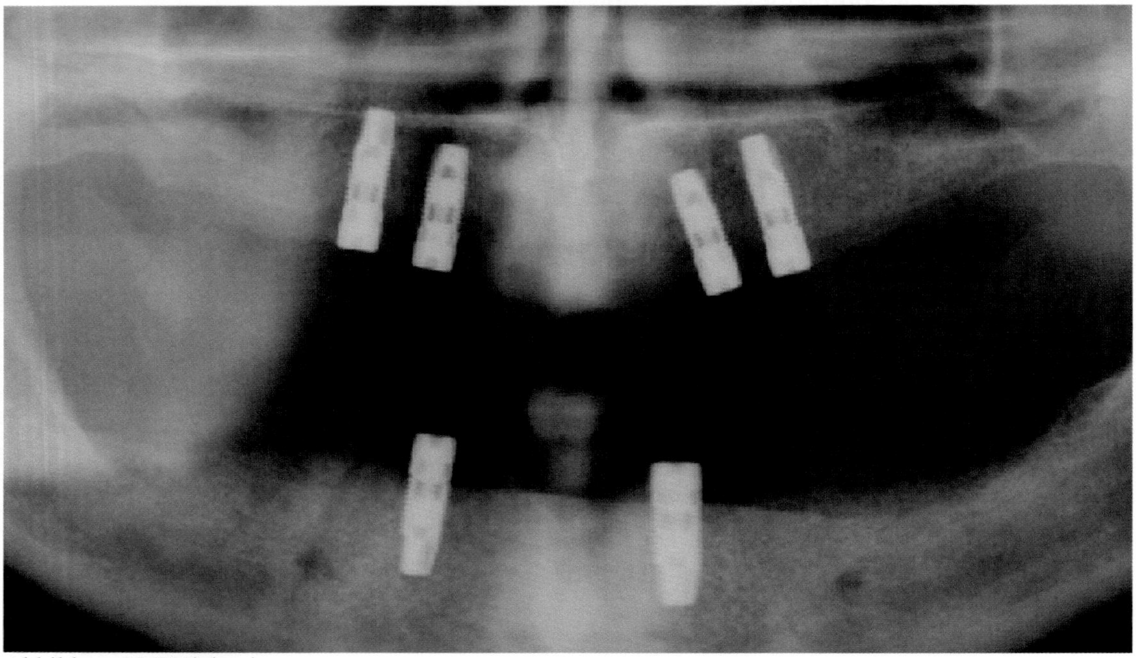

Abbildung N-7 Nickenig

Das Berechnungsbeispiel betrifft nur die Situation im Unterkiefer[424] mit inserierten Implantaten in regio 33 und 43. Die Oberkiefersituation wird im Berechnungsbeispiel nicht berücksichtigt.

424 Die Oberkiefersituation spielt in den nachfolgenden Bildern keine Rolle.

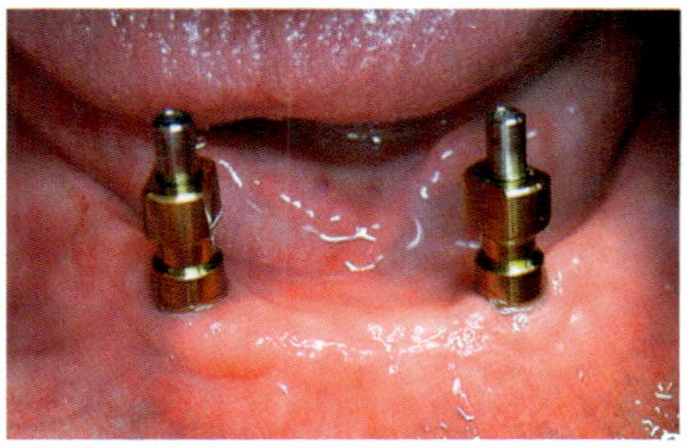

Abbildung N-8 Nickenig

Im klinischen Bild sind die Abdruckpfosten auf den Implantaten 33, 43 verschraubt. Bei der geplanten Steg-Gelenk-Konstruktion sollte auf eine ausreichend anteriore Positionierung der Implantate geachtet werden, ein *„abknickender Steg“* o.ä. ist hierbei zu vermeiden.

4. Bilddokumentation 81 – Steg-Geschiebe-Konstruktion

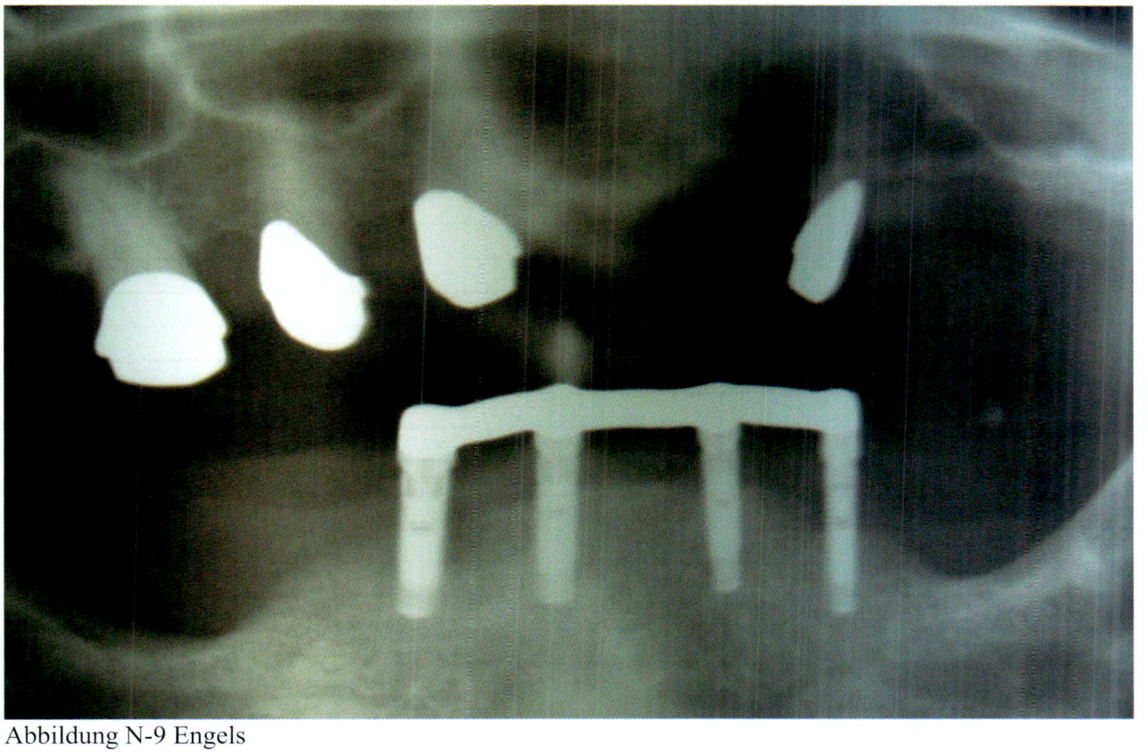

Abbildung N-9 Engels

Zustand nach Implantation.

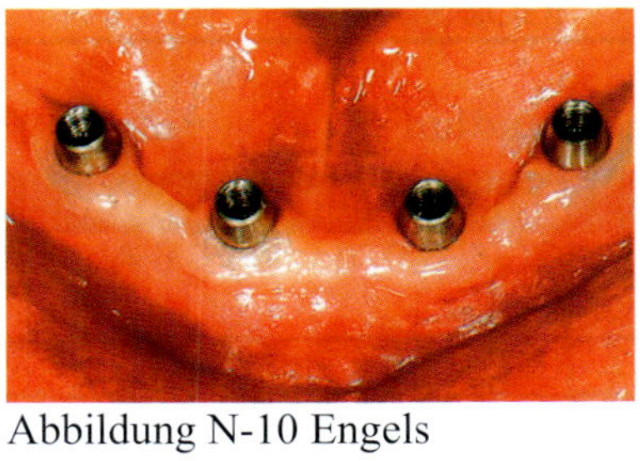

Abbildung N-10 Engels

Im Gegensatz zur Steg-Gelenk-Prothese ist der Zahnersatz auf Steg-Geschieben mit „abknickendem“ Stegverlauf möglich, da hier eine starre Abstützung des Zahnersatzes erfolgt.

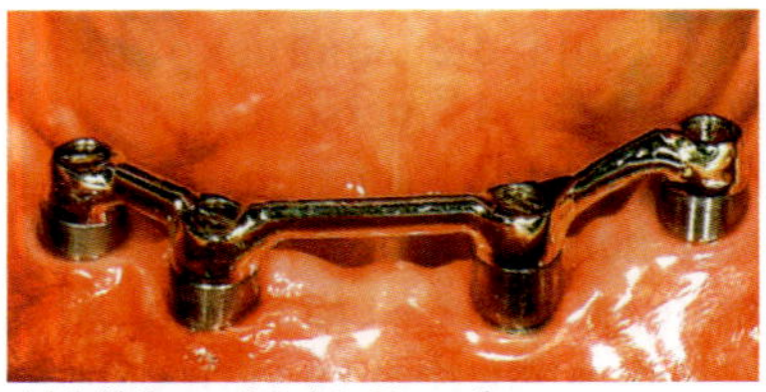

Abbildung N-11 Engels

In vorliegendem Beispiel sind zwar die gleichen Stegprofile wie bei der Steg-Gelenk-Prothese verwendet worden, die Abstützung des Zahnersatzes ist dennoch starr und nicht beweglich.

5. Berechenbare Leistungen für Planung

Zahn	Behandlung	Zahnärztliches Honorar
	Eingehende Untersuchung	GOZ 001
	Alternativ: vollständige körperliche Untersuchung	*GOÄ 6*
	Alternativ: symptombezogene Untersuchung	*GOÄ 5*
	Eingehende Beratung	GOÄ 3
	Alternativ: Beratung	*GOÄ 1*
	Hygienestatus	GOZ 100
	Kurze Bescheinigung	GOÄ 70
	Befundbericht	GOÄ 75
	Planungsmodell	GOZ 005
	Alternativ: Planungsmodelle	*GOZ 006*
43,33	Röntgendiagnostik der Zähne, je Projektion	GOÄ 5000
	Panoramaaufnahme beider Kiefer	GOÄ 5004
	Vitalitätsprüfung	GOZ 007
	Intraorale Fotos	§ 9 GOZ, BEB 0702
	Heil- und Kostenplan auf Anforderung (Implantation)	GOZ 002
	Heil- und Kostenplan (Prothetik)	GOZ 003
	Beratendes und belehrendes Gespräch	GOZ 619
	Befunderhebung des stomatognathen Systems	GOZ 800
	Registrieren der Zentrallage des Unterkiefers	GOZ 801
	Modellmontage, arbiträre Achsenbestimmung	GOZ 802
	Montage Gegenkiefermodell	GOZ 804
	Registrieren, halbindividueller Artikulator	GOZ 805
	Aufbau Frontzahnführung	GOZ 807
	Diagnose am Modell	GOZ 808
	Subtraktive Maßnahmen	GOZ 810
	Implantatbezogene Analyse	GOZ 900

6. Berechenbare Leistungen für Implantation und Nachbehandlung

Zahn	Behandlung	Zahnärztliches Honorar
	Bohrschablone	GOZ 700, analog § 6 Abs. 2 GOZ
43,33	Infiltrationsanästhesie	GOZ 009
43,33	Oberflächenanästhesie	GOZ 008
UK	Leitungsanästhesie	GOZ 010
43,33	Präparieren für ein Implantat	GOZ 901
43,33	Überprüfung der Knochenkavität	GOZ 902
43,33	Einbringen eines enossalen Implantats	GOZ 903
43,33	Verschluss des Schraubenlochtunnels	§ 9 GOZ, Zahntechnik
43,33	Nachbehandlung	GOZ 330
43,33	Kontrolle nach chirurgischem Eingriff	GOZ 329
	Entfernung von Fäden und Klammern	GOÄ 2007

Ggf. zusätzlich berechenbare Leistungen:		
	Operative Maßnahmen zur Lagerbildung	GOÄ 2730
	Implantation alloplastischen Materials	GOÄ 2442 (analog § 6 Abs. 2 GOZ)
	Implantation von Knochen	GOÄ 2254
	Freie Verpflanzung eines Knochens	GOÄ 2255
	Partielle Vestibulum- oder Mundbodenplastik	GOÄ 2675
	Submuköse Vestibulumplastik/Periostschlitzung	GOÄ 2677
	Einfache Hautlappenplastik	GOÄ 2381
	Schleimhauttransplantation	GOÄ 2386
	Anlegen von Drahtligaturen, Drahthäkchen oder dergleichen (bei der Entfernung von Osteosynthesematerial)	GOÄ 2697
	Einbringen einer Membran	GOZ 413 (analog § 6 Abs. 2 GOZ), evtl. GOÄ 2442
	Entfernung einer Membran	GOÄ 2010 (analog § 6 Abs. 2 GOZ)
	Beseitigung störender Schleimhautbänder, je Kieferhälfte oder Frontzahnbereich	GOZ 321
	Vestibulumplastik oder Mundbodenplastik, kleineren Umfangs, je Kieferhälfte oder Frontzahnbereich	GOZ 324
	Kurzwellen-, Mikrowellenbehandlung	GOÄ 548
	Zuschläge bei ambulanter Durchführung von operativen Leistungen	GOÄ 440 – GOÄ 444

7. Berechenbare Leistungen für die Freilegung des Implantats sowie die prothetische Versorgung

Zahn	Behandlung	Zahnärztliches Honorar
UK	Röntgen-Kontrolle mit OPG	GOÄ 5004
	Anästhesie	GOZ 008, 009
43,33	Freilegung des Implantats	GOZ 904
43,33	Periotest	GOZ 401
43,33	Auswechseln Sekundärteil	GOZ 905
43,33	Nachbehandlung	GOZ 330
43,33	Kontrolle nach chirurgischem Eingriff	GOZ 329
UK	Individuelle Abdrucknahme	GOZ 517
UK	Funktionelle Abformung des UK	GOZ 519
	Befunderhebung des stomatognathen Systems	GOZ 800
	Registrieren der Zentrallage des Unterkiefers	GOZ 801
	Modellmontage, arbiträre Achsenbestimmung	GOZ 802
	Montage Gegenkiefermodell	GOZ 804
	Registrieren, halbindividueller Artikulator	GOZ 805
	Aufbau Frontzahnführung	GOZ 807
	Diagnose am Modell	GOZ 808
	Subtraktive Maßnahmen	GOZ 810
43,33	Kappe auf Implantat	GOZ 503
43-33	Steg	GOZ 507
43,33	Verschraubung Implantatkappe	GOZ 508
	Stegreiter	GOZ 508
UK	Coverdenture-Prothese	GOZ 523

8. Zahntechnische Leistungen

BEB	Leistung	Anzahl
0001	Modell aus Hartgips	1
0002	Modell aus Superhartgips	2
0026	Modell nach FU-Abdruck	1
0221	Hilfsteil in Abdruck	2
0253	Split-Cast-Sockel an Modell	1
0302	Modell vermessen	1
0403	Mittelwertartikulator	1
1003	Basis aus Kunststoff	1
1005	Funktionslöffel aus Kunststoff	1
1111	Bisswall aus Wachs, auf Basis	1
6001	Aufstellen Grundeinheit	1
6002	Aufstellen je Zahneinheit	14
6301	Grundeinheit Fertigstellung mit Kunststoffbasis	1
6302	Fertigstellen mit Kunststoffbasis, je Zahneinheit	14
2972	Aufwand zu Suprastruktur bei verschraubbarem Implantat	2
	Kappe auf Implantat	2
3351	Konfektionssteg Grundeinheit	1
3353	Konfektionssteg Längeneinheit	1
3621	Konfektionssteglasche an/in Kunststoffbasis	1

9. Fakultative zahntechnische Leistungen

- Modelle bearbeiten
- Modell untersockeln
- Split-Cast Modell
- Abdruckpfosten reponieren / kontrollieren
- Zahnfleischmaske
- Einstellen im individuellen Artikulator
- Frässockel
- Kunststoffbasis mit Bisswall
- Zahn vermessen
- Gusskrone
- Individueller Steg
- Individueller Steg, Längeneinheit
- Stegfräsung
- Lötfreie Verbindung (Kronen und Steg in einem Guss)
- Zahnfarbenbestimmung
- Rohbrandeinprobe Implantat
- Kunststoffstumpf
- Individueller Stegreiter (Sekundärteil)
- Geschiebe-Anteil an Modellguss
- Bisswall auf Metallbasis
- Aufstellung Metallbasis Grundeinheit
- Aufstellung Metallbasis je Zahneinheit
- Fertigstellung Grundeinheit
- Fertigstellung je Zahneinheit
- etc.

V. Beispiel 4: Teleskop-Prothese

1. Beschreibung

Wie im vorangegangenen Beispiel aufgezeigt, ist in den meisten Fällen der implantatprothetischen Versorgung des zahnlosen Unterkiefers, auch unter der prothetischen Zielsetzung des herausnehmbaren Zahnersatzes, eine ausreichende Anzahl von Implantaten anzustreben. Im vorliegenden Beispiel konnten nur drei Implantate im anterioren Unterkiefersegment inseriert und mit Teleskopkronen versorgt werden.

2. Planung

43,43,34 Teleskopkronen auf Implantat
UK Coverdenture-Prothese

18	17	16	15	14	13	12	11	21	22	23	24	25	26	27	28
48	47	46	45	44	43	42	41	31	32	33	34	35	36	37	38
f	f	f	f	i	i	f	f	f	f	f	i	f	f	f	f
E	E	E	E	TV	TV	E	E	E	E	E	TV	E	E	E	E

3. Bilddokumentation 82 – Teleskop-Prothese

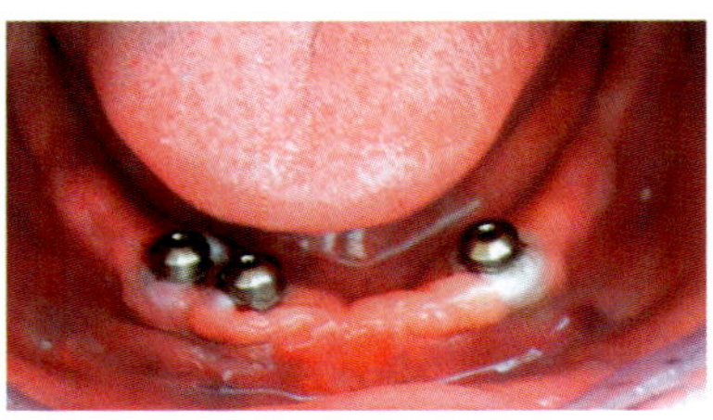

Abbildung N-12 Nickenig

Zahnloser Unterkiefer mit Sekundärteilen zur Heilung (Gingivaformer).

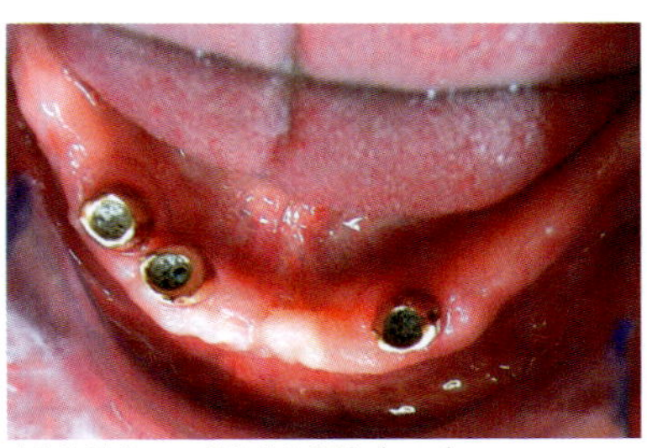

Abbildung N-13 Nickenig

Eingesetzte Primärteile.

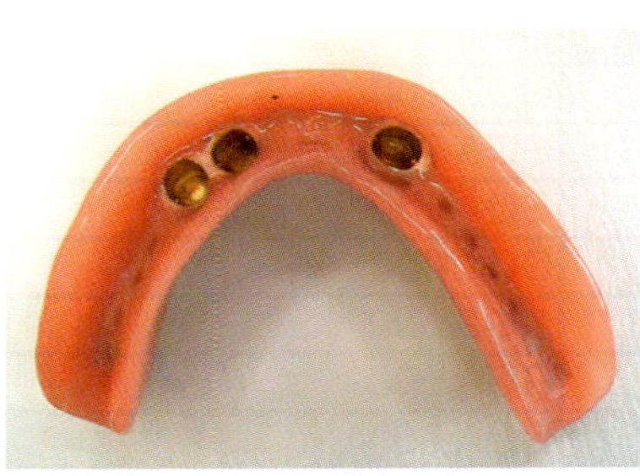

Abbildung N-14 Nickenig

Suprakonstruktion in Coverdenture-Ausgestaltung.

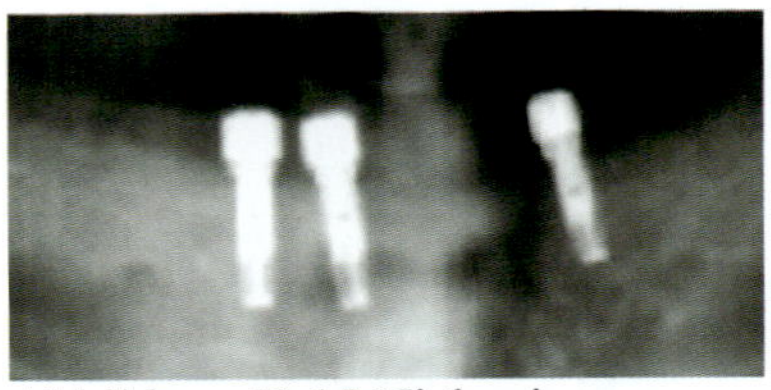

Abbildung N-15 Nickenig

Das Röntgenbild zeigt die drei Implantate nach der Einheilphase.

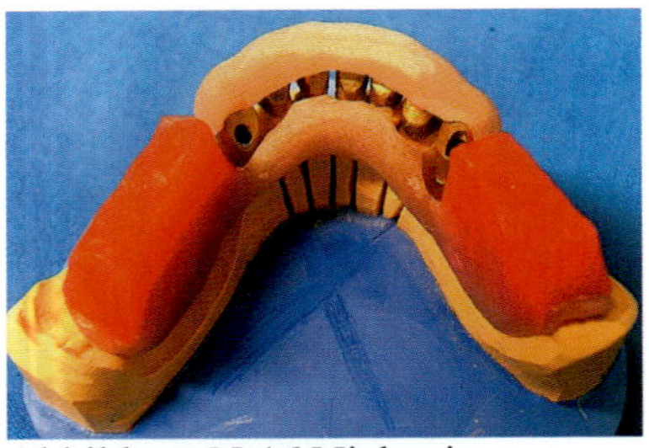

Abbildung N-16 Nickenig

Nach der Abdrucknahme (nicht im Bild) wurden auf den Laborimplantaten des Meistermodells die Primärteile erstellt. Obendrein eine Einbringhilfe für die Implantataufbauten (hier: Primärteile) sowie eine Bissnahme vorgefertigt.

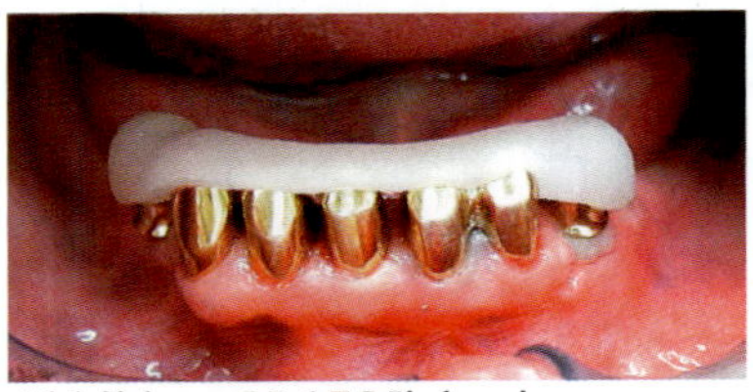

Abbildung N-17 Nickenig

Mit dem Kunststoffschlüssel werden die Primärteile eingebracht und in der zutreffenden Positionierung verschraubt.

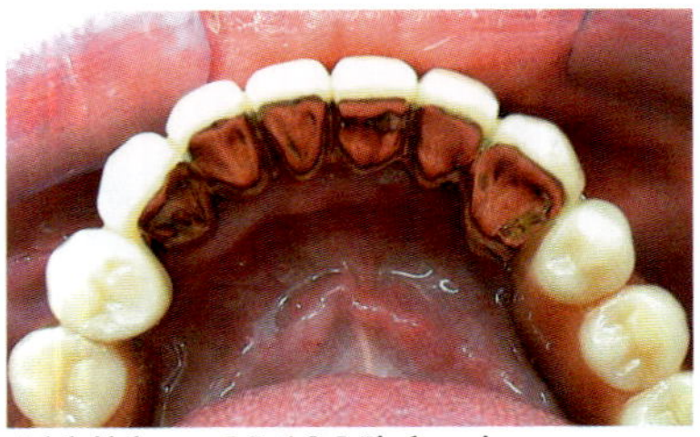

Abbildung N-18 Nickenig

Die Teleskop-Prothese konnte, aufgrund der hohen Pfeileranzahl im anterioren Bereich wie eine Brücke, d.h. unter Wegfall des Sublingualbügels ausgestaltet werden.

4. Berechenbare Leistungen für Planung

Zahn	Behandlung	Zahnärztliches Honorar
	Eingehende Untersuchung	GOZ 001
	Alternativ: vollständige körperliche Untersuchung	*GOÄ 6*
	Alternativ: symptombezogene Untersuchung	*GOÄ 5*
	Eingehende Beratung	GOÄ 3
	Alternativ: Beratung	*GOÄ 1*
	Hygienestatus	GOZ 100
	Kurze Bescheinigung	GOÄ 70
	Befundbericht	GOÄ 75
	Planungsmodell	GOZ 005
	Alternativ: Planungsmodelle	*GOZ 006*
44,43,33	Röntgendiagnostik der Zähne, je Projektion	GOÄ 5000
	Panoramaaufnahme beider Kiefer	GOÄ 5004
	Vitalitätsprüfung	GOZ 007
	Intraorale Fotos	§ 9 GOZ, BEB 0702
	Heil- und Kostenplan auf Anforderung (Implantation)	GOZ 002
	Heil- und Kostenplan (Prothetik)	GOZ 003

	Beratendes und belehrendes Gespräch	GOZ 619
	Befunderhebung des stomatognathen Systems	GOZ 800
	Registrieren der Zentrallage des Unterkiefers	GOZ 801
	Modellmontage, arbiträre Achsenbestimmung	GOZ 802
	Montage Gegenkiefermodell	GOZ 804
	Registrieren, halbindividueller Artikulator	GOZ 805
	Aufbau Frontzahnführung	GOZ 807
	Diagnose am Modell	GOZ 808
	Subtraktive Maßnahmen	GOZ 810
	Implantatbezogene Analyse	GOZ 900

5. Berechenbare Leistungen für Implantation und Nachbehandlung

Zahn	Behandlung	Zahnärztliches Honorar
	Bohrschablone	Analog § 6 Abs. 2 GOZ (z.B. GOZ 700)
44,43,33	Infiltrationsanästhesie	GOZ 009
44,43,33	Oberflächenanästhesie	GOZ 008
UK	Leitungsanästhesie	GOZ 010
44,43,33	Präparieren für ein Implantat	GOZ 901
44,43,33	Überprüfung der Knochenkavität	GOZ 902
44,43,33	Einbringen eines enossalen Implantats	GOZ 903
44,43,33	Verschluss des Schraubenlochtunnels	§ 9 GOZ, Zahntechnik
44,43,33	Nachbehandlung	GOZ 330
44,43,33	Kontrolle nach chirurgischem Eingriff	GOZ 329
44,43,33	Entfernung von Fäden und Klammern	GOÄ 2007
Ggf. zusätzlich berechenbare Leistungen:		
	Operative Maßnahmen zur Lagerbildung	GOÄ 2730
	Implantation alloplastischen Materials	GOÄ 2442 (analog § 6 Abs. 2 GOZ)
	Implantation von Knochen	GOÄ 2254
	Freie Verpflanzung eines Knochens	GOÄ 2255
	Partielle Vestibulum- oder Mundbodenplastik	GOÄ 2675
	Submuköse Vestibulumplastik/Periostschlitzung	GOÄ 2677
	Einfache Hautlappenplastik	GOÄ 2381
	Schleimhauttransplantation	GOÄ 2386
	Anlegen von Drahtligaturen, Drahthäkchen oder dergleichen (bei der Entfernung von Osteosynthesematerial)	GOÄ 2697
	Einbringen einer Membran	GOZ 413 (analog § 6 Abs. 2 GOZ), evtl. GOÄ 2442
	Entfernung einer Membran	GOÄ 2010 (analog § 6 Abs. 2 GOZ)
	Beseitigung störender Schleimhautbänder, je Kieferhälfte oder Frontzahnbereich	GOZ 321
	Vestibulumplastik oder Mundbodenplastik, kleineren Umfangs, je Kieferhälfte oder Frontzahnbereich	GOZ 324
	Kurzwellen-, Mikrowellenbehandlung	GOÄ 548
	Zuschläge bei ambulanter Durchführung von operativen Leistungen	GOÄ 440 – GOÄ 444

6. Berechenbare Leistungen für die Freilegung des Implantats sowie die prothetische Versorgung

Zahn	Behandlung	Zahnärztliches Honorar
UK	Röntgen-Kontrolle mit OPG	GOÄ 5004
44,43,33	Anästhesie	GOZ 008, 009, 010
44,43,33	Freilegung des Implantats	GOZ 904
44,43,33	Periotest	GOZ 401
44,43,33	Auswechseln Sekundärteil	GOZ 905
44,43,33	Nachbehandlung	GOZ 330
44,43,33	Kontrolle nach chirurgischem Eingriff	GOZ 329
UK	Individuelle Abdrucknahme	GOZ 517
UK	Funktionelle Abformung des UK	GOZ 519
	Befunderhebung des stomatognathen Systems	GOZ 800
	Registrieren der Zentrallage des Unterkiefers	GOZ 801
	Modellmontage, arbiträre Achsenbestimmung	GOZ 802
	Montage Gegenkiefermodell	GOZ 804
	Registrieren, halbindividueller Artikulator	GOZ 805
	Aufbau Frontzahnführung	GOZ 807
	Diagnose am Modell	GOZ 808
	Subtraktive Maßnahmen	GOZ 810
44,43,33	Teleskopkrone	GOZ 504
44,43,33	Verschraubung Implantat	GOZ 508
44,43,33	Verbindung zur Prothese	GOZ 508
UK	Coverdenture-Prothese	GOZ 523

7. Zahntechnische Leistungen

BEB	Leistung	Anzahl
0002	Modell aus Superhartgips	3
0015	Split-Cast-Sockel an Modell	2
0021	Modell für das Sägen von Stümpfen	1
0019	Frässockel	1
0021	Modell für Sägesegmente	1
0103	Modellsegment sägen	3
0212	Dowel-Pin setzen	6
0103	Stumpf sägen und vorbereiten	3
0104	Stumpf aus Superhartgips	3
0213	Ausblocken eines Stumpfes	3
1011	Bisswall auf Wachs	1
0019	Frässockel	1
0115	Frässtumpf aus Kunststoff	3
	Modell vermessen	1
3005	Teleskopkrone primär für Kunststoffverblendung	3
3101	Umlaufende Fräsung	3
3202	Teleskopkrone sekundär für Kunststoffverblendung	3
2601	Teilverblendung aus Kunststoff	3
6001	Aufstellung, Grundeinheit	1
6002	Aufstellung auf Wachs- oder Kunststoffbasis, je Zahneinheit	11
6311	Grundeinheit Fertigstellung auf Metallbasis	1
6302	Fertigstellung auf Kunststoffbasis, je Zahneinheit	11
1109	Funktionslöffel zur Implantatversorgung	1

1902	Aufwand bei Suprakonstruktion auf Implantat	3
	Backenzähne Kunststoff	6
	Frontzähne Kunststoff	5
	Edelmetall	

8. Fakultative zahntechnische Leistungen

- Abdruckpfosten reponieren und kontrollieren
- Zahnfleischmaske
- Modellmontage im individuellen Artikulator
- Zahnfarbenbestimmung
- Rohbrandeinprobe je Implantat
- Systemaufstellung Front-/Eckzahnführung
- Modellergänzung aus Kunststoff
- Diagnostisches Radieren oder Aufwachsen
- Kosmetischer Vorschlag in Wachs, Modell je Zahn
- Mehrere Farben im Kronen- oder Brückenverband
- Individuell Charakterisieren, Konfektionszahn Kunststoff
- etc.

VI. Beispiel 5: Teleskopierende Brücke, Verbundbrücken

1. Beschreibung

Die prothetischen Versorgungen im Oberkiefer bedingen im Vergleich zum Unterkiefer eine höhere Pfeilerzahl. Dies trifft im Grunde sowohl auf den zahnlosen Kiefer als auch das stark reduzierte Restgebiss zu.

Die unterschiedlich hohe Angabe der Implantatmindestanzahlen im Unter- und Oberkiefer liegt darin begründet, dass im zahnlosen Unterkiefer einzelne Parameter wie Implantatlänge, Implantatanzahl und Knochenqualität in Überlebenszeitanalysen prognostisch nur eine geringe Rolle zu spielen scheinen, während im unbezahnten Oberkiefer sowohl die Implantatlänge, die Implantatanzahl als auch die lokale Knochenstruktur einen Einfluss auf die Verweilwahrscheinlichkeit aufweisen.[425] In vorliegender Situation werden die erforderlichen Leistungen bei der Anfertigung einer zahn- und implantatgetragenen teleskopierenden Brücke im Oberkiefer aufgezeigt. Im Unterkiefer werden Verbundbrücken in beidseitiger Freiendsituation eingesetzt.

2. Planung

16 – 26 zahn- (12,11,21,23) und implantatgetragene (15,14,13,25) Teleskopbrücke
47-45, 34-36 zahn- (45,34) und implantatgetragene (47,36) Brücken im UK zur Versorgung der Freiendsituation

		B	T	T	T	T	T	T	B	T	B	T	B		
f	f	f	i	i	i				f		f	i	f	f	f
18	17	16	15	14	13	12	11	21	22	23	24	25	26	27	28
48	47	46	45	44	43	42	41	31	32	33	34	35	36	37	38
f	i	f										f	i	f	f
	KM	BM	KM								KM	KB	KM		

[425] Vgl. die wissenschaftliche Stellungnahme der DGZMK: „Lebenserwartung von Implantaten und Implantatlager" V 1.1, Stand 4/00.

3. Bilddokumentation 83 – Teleskopierende Brücke

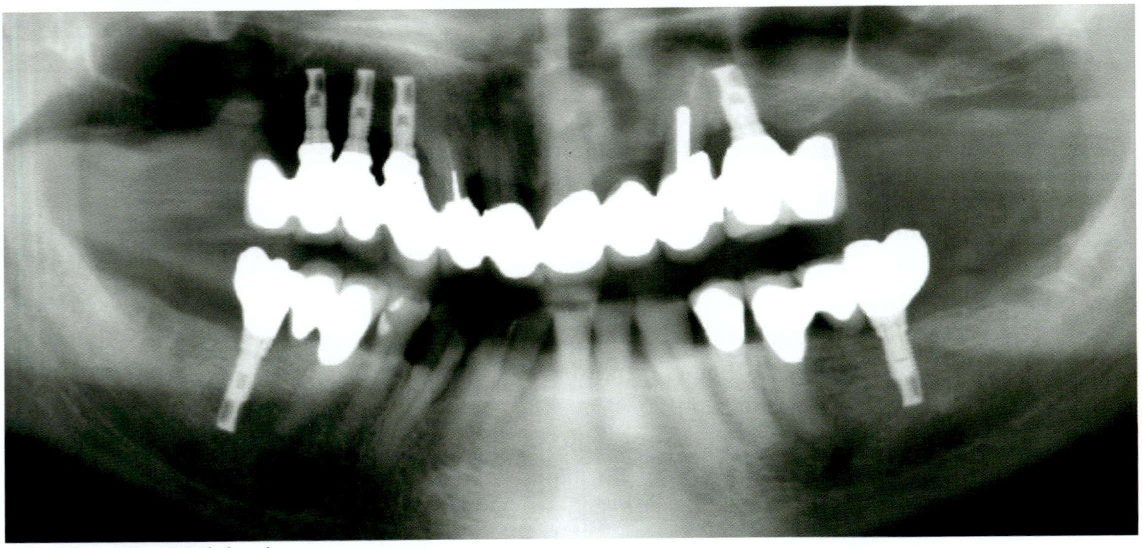

Abbildung N-19 Nickenig

In der Panoramaaufnahme ist ein konservierend und prothetisch versorgtes Lückengebiss zu sehen, wobei sowohl im Unterkiefer als auch im Oberkiefer zahn- und implantatgetragener Zahnersatz eingesetzt wurde.

Das Röntgenbild wurde bei einem Recall ca. sieben Jahre nach Eingliederung des Zahnersatzes angefertigt.

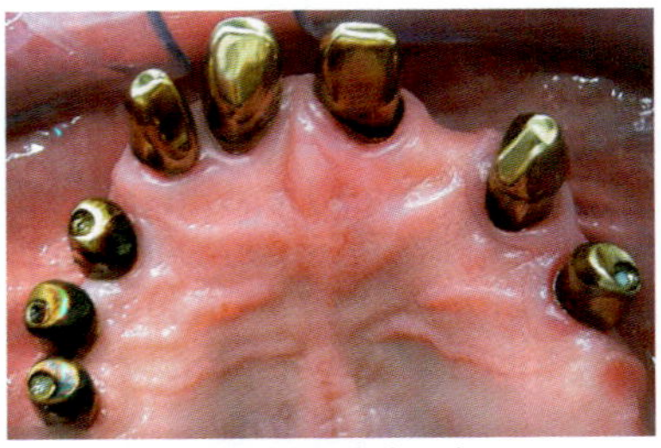

Abbildung N-20 Nickenig

Abgebildet sind die Implantat-Primärteile auf den Implantaten i15, i14, i13 sowie i25 und die Primärteile auf den Zähnen 12, 11, 21, 23.

Das klinische Bild ist (wie die Panoramaaufnahme) nach rund sieben Jahren Gebrauchsperiode entstanden.

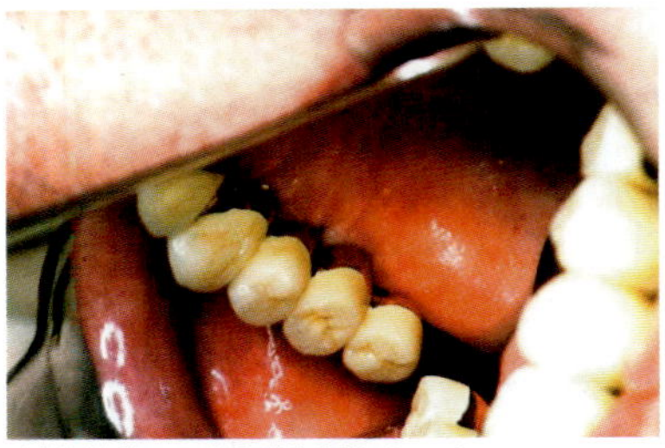

Abbildung N-21 Nickenig

In der Palatinalansicht ist die Brücken(glied)-gestaltung des teleskopierenden Zahnersatzes gut zu erkennen.

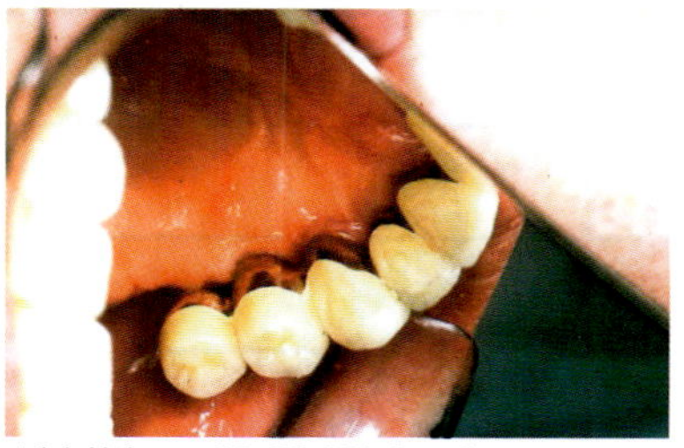

Abbildung N-22 Nickenig

Die Hygienefähigkeit ist bei der teleskopierenden Brücke nicht nur durch die Herausnahme des Zahnersatzes gegeben, sondern auch im eingesetzten Zustand ist eine Interdentalbürstenführung gewährleistet.

4. Berechenbare Leistungen für Planung

Zahn	Behandlung	Zahnärztliches Honorar
	Eingehende Untersuchung	GOZ 001
	Alternativ: vollständige körperliche Untersuchung	*GOÄ 6*
	Alternativ: symptombezogene Untersuchung	*GOÄ 5*
	Eingehende Beratung	GOÄ 3
	Alternativ: Beratung	*GOÄ 1*
	Hygienestatus	GOZ 100
	Kurze Bescheinigung	GOÄ 70
	Befundbericht	GOÄ 75
	Planungsmodell	GOZ 005
	Alternativ: Planungsmodelle	*GOZ 006*
	Röntgendiagnostik der Zähne, je Projektion	GOÄ 5000
	Panoramaaufnahme beider Kiefer	GOÄ 5004
	Vitalitätsprüfung	GOZ 007
	Intraorale Fotos	§ 9 GOZ, BEB 0702
	Heil- und Kostenplan auf Anforderung (Implantation)	GOZ 002
	Heil- und Kostenplan (Prothetik)	GOZ 003
	Beratendes und belehrendes Gespräch	GOZ 619
	Befunderhebung des stomatognathen Systems	GOZ 800
	Registrieren der Zentrallage des Unterkiefers	GOZ 801
	Modellmontage, arbiträre Achsenbestimmung	GOZ 802
	Montage Gegenkiefermodell	GOZ 804
	Registrieren, halbindividueller Artikulator	GOZ 805
	Aufbau Frontzahnführung	GOZ 807
	Diagnose am Modell	GOZ 808
	Subtraktive Maßnahmen	GOZ 810
	Implantatbezogene Analyse	GOZ 900

5. Berechenbare Leistungen für Implantation und Nachbehandlung

Zahn	Behandlung	Zahnärztliches Honorar
	Bohrschablone	GOZ 700 (analog § 6 Abs. 2 GOZ)
	Infiltrationsanästhesie	GOZ 009
	Oberflächenanästhesie	GOZ 008
	Leitungsanästhesie	GOZ 010
15,14,13, 25,47,36	Präparieren für ein Implantat	GOZ 901
15,14,13, 25,47,36	Überprüfung der Knochenkavität	GOZ 902
15,14,13, 25,47,36	Einbringen eines enossalen Implantats	GOZ 903

15,14,13, 25,47,36	Verschluss des Schraubenlochtunnels	§ 9 GOZ, Zahntechnik
15,14,13, 25,47,36	Nachbehandlung	GOZ 330
15,14,13, 25,47,36	Kontrolle nach chirurgischem Eingriff	GOZ 329
15,14,13, 25,47,36	Entfernung von Fäden und Klammern	GOÄ 2007
Ggf. zusätzlich berechenbare Leistungen:		
	Operative Maßnahmen zur Lagerbildung	*GOÄ 2730*
	Implantation alloplastischen Materials	GOÄ 2442 (analog § 6 Abs. 2 GOZ)
	Implantation von Knochen	GOÄ 2254
	Freie Verpflanzung eines Knochens	GOÄ 2255
	Partielle Vestibulum- oder Mundbodenplastik	GOÄ 2675
	Submuköse Vestibulumplastik/Periostschlitzung	GOÄ 2677
	Einfache Hautlappenplastik	GOÄ 2381
	Schleimhauttransplantation	GOÄ 2386
	Anlegen von Drahtligaturen, Drahthäkchen oder dergleichen (bei der Entfernung von Osteosynthesematerial)	GOÄ 2697
	Einbringen einer Membran	GOZ 413 (analog § 6 Abs. 2 GOZ), evtl. GOÄ 2442
	Entfernung einer Membran	GOÄ 2010 (analog § 6 Abs. 2 GOZ)
	Beseitigung störender Schleimhautbänder, je Kieferhälfte oder Frontzahnbereich	GOZ 321
	Vestibulumplastik oder Mundbodenplastik, kleineren Umfangs, je Kieferhälfte oder Frontzahnbereich	GOZ 324
	Kurzwellen-, Mikrowellenbehandlung	GOÄ 548
	Zuschläge bei ambulanter Durchführung von operativen Leistungen	GOÄ 440 – GOÄ 444

6. Berechenbare Leistungen für die Freilegung des Implantats sowie die prothetische Versorgung

Zahn	Behandlung	Zahnärztliches Honorar
	Röntgen-Kontrolle mit OPG	GOÄ 5004
	Anästhesie	GOZ 008, 009, 010
15,14,13, 25,47,36	Freilegung des Implantats	GOZ 904
15,14,13, 25,47,36	Periotest	GOZ 401
15,14,13, 25,47,36	Auswechseln Sekundärteil	GOZ 905
15,14,13, 25,47,36	Nachbehandlung	GOZ 330
15,14,13, 25,47,36	Kontrolle nach chirurgischem Eingriff	GOZ 329
	Individuelle Abdrucknahme	GOZ 517
	Befunderhebung des stomatognathen Systems	GOZ 800
	Registrieren der Zentrallage des Unterkiefers	GOZ 801
	Modellmontage, arbiträre Achsenbestimmung	GOZ 802

	Montage Gegenkiefermodell	GOZ 804
	Registrieren, halbindividueller Artikulator	GOZ 805
	Aufbau Frontzahnführung	GOZ 807
	Diagnose am Modell	GOZ 808
	Subtraktive Maßnahmen	GOZ 810
15-21 23,25	Teleskopkrone	GOZ 504
15-21 23,25	Verschraubung Implantat	GOZ 508
15-21 23,25	Verbindung zur Brücke	GOZ 508
16,22,24, 26	Brückenglieder	GOZ 507
45,47,34,36	Provisorische Krone	GOZ 512
46,35	Provisorische Brückenglieder	GOZ 514
45,34	Keramikkrone als Brückenanker	GOZ 501
47,36	Ankerkrone auf Implantat	GOZ 500
47,36	*Alternativ* *Ankerkrone auf Implantat (bei durchgeführter Präparation des Implantataufbaus)*	*GOZ 501*
46, 35	Brückenglieder	GOZ 507

7. Zahntechnische Leistungen

BEB	Leistung	Anzahl
	OK	
0001	Modell aus Hartgips	2
0002	Modell aus Superhartgips	4
	Split-Cast Sockel an Modell	2
1111	Bisswall auf Wachs, auf Basis	1
0019	Frässockel	1
0115	Frässtumpf aus Kunststoff	8
0212	Dowel-Pin setzen	16
0302	Modell vermessen	1
3001	Teleskopkrone primär	8
3101	Umlaufende Fräsung	8
3203	Teleskopkrone sekundär für Keramikverblendung	8
2313	Brückenglied gegossen für Keramikverblendung	4
2611	Teilverblendung Keramik	12
	Aufwand für Suprakonstruktion auf Implantat	4
5101	Lötfreie Verbindung Primärteil	8
5102	Lötfreie Verbindung Sekundärteil	8
0723	Zahnfarbenbestimmung	1
	Mehrere Farben im Kronen- oder Brückenverband	
	Edelmetall	
	UK	
0001	Modell aus Hartgips	1
0002	Modell aus Superhartgips	2
0021	Modell für Sägesegmente	1
0103	Modellsegment sägen	
0212	Dowel-Pin setzen	4
0213	Ausblocken eines Stumpfes	4

0216	Stumpf vorbereiten	4
0402	Modellmontage im Mittelwertartikulator I	1
	Gusskrone für Keramikverblendung auf Implantat	4
2314	Brückenglied gegossen für Keramikverblendung	2
	Fräsen am Implantat	2
	Kronenaufbau individualisieren	2
2612	Mehrflächige Verblendung aus Keramik	6
	Edelmetall-Legierung	

8. Fakultative zahntechnische Leistungen

- Zahnfleischmaske
- Modellmontage im individuellen Artikulator
- Rohbrandeinprobe je Implantat
- Systemaufstellung Front-/Eckzahnführung
- Modellergänzung aus Kunststoff
- Modelle bearbeiten
- Modell untersockeln
- Modell für das Sägen von Stümpfen
- Zahn vermessen, Modell vermessen
- Abdruckpfosten reponieren und kontrollieren
- Zahnfleischmaske
- Einstellen im individuellen Artikulator
- Zahnfarbenbestimmung
- Rohbrandeinprobe je Zahneinheit
- Wurzelpontic Keramik
- Kaufläche funktionell gestaltet in Keramik
- Funktionskaufläche in Metall
- Individuelles Charakterisieren je Zahn
- Verschraubung Implantat
- Arbeiten unter Stereomikroskop
- etc.

VII. Abrechnungsbeispiele für Suprakonstruktionen beim GKV-Patienten

1. Ausnahmefall nach § 30 SGB V: Zahnbegrenzte Einzelzahnlücke

1.1 Beschreibung

Ausnahmefälle für Suprakonstruktionen gemäß § 30 Abs. 1 Satz 5 SGB V liegen u.a. vor bei zahnbegrenzten Einzelzahnlücken, wenn keine parodontale Behandlungsbedürftigkeit besteht, die Nachbarzähne kariesfrei und nicht überkronungsbedürftig bzw. nicht überkront sind.

Der Anspruch ist bei zahnbegrenzten Einzelzahnlücken auf die Versorgung mit Einzelzahnkronen als vertragszahnärztliche Leistungen begrenzt.

Sämtliche Vorleistungen im Zusammenhang mit den Implantaten, wie die Implantate selbst, die Implantataufbauten und die implantatbedingten Verbindungselemente, gehören nicht zur Suprakonstruktion im Sinne des § 30 Abs. 1 Satz 5 SGB V.

1.2 Planung

15 Zementierte Implantat-Krone auf einem Einzelzahnimplantat

			KM												
			i												
18	17	16	15	14	13	12	11	21	22	23	24	25	26	27	28
48	47	46	45	44	43	42	41	31	32	33	34	35	36	37	38
															f

1.3 Heil- und Kostenplan

Name der Krankenkasse

Name, Vorname des Versicherten — geb. am

Kassen-Nr. | Versicherten-Nr. | Status

Vertragszahnarzt-Nr. | VK gültig bis | Datum

Erklärung des Versicherten

(Nur unterschreiben, wenn Abrechnung ohne vorherige Bewilligung durch die Krankenkasse zugelassen ist).
Ich bin bei der genannten Krankenkasse versichert.

Datum/Unterschrift des **Versicherten**

Lfd.-Nr.

Stempel des **Zahnarztes**

III. Zuschussfestsetzung

Der Zuschuss zu den entsprechend dem Vertrag berechneten Kosten (zahnärztliches Honorar nach II. und notwendige Material- und Laborkosten) beträgt: ▶ %
Die Metallkosten werden in Höhe der Kosten für NEM-Legierungen bezuschusst, je Abrechnungseinheit mit: ▶ EUR
Voraussetzung ist, dass der Zahnersatz innerhalb von 6 Monaten in der vorgesehenen Weise eingegliedert wird.

Datum/Unterschrift/Stempel der **Krankenkasse**

Heil- und Kostenplan

Hinweis an den Versicherten:
Bonusheft bitte zur Zuschussfestsetzung beifügen.

I. Befund des gesamten Gebisses/Behandlungsplan

			KM												
			i												
18	17	16	15	14	13	12	11	21	22	23	24	25	26	27	28
48	47	46	45	44	43	42	41	31	32	33	34	35	36	37	38

Bemerkungen (bei Wiederherstellung Art der Leistung)

Erläuterungen

Befund
b = vorhand. Brückenglied
e = bereits ersetzter Zahn
f = fehlender Zahn
i = Implantat
k = vorhand. Krone
t = vorhand. Teleskopkrone
w = erkrankter, aber erhaltungswürdiger Zahn
x = nicht erhaltungswürdiger Zahn
)(= Lückenschluss

Behandlungsplanung:
A = Adhäsivbrücke (Anker, Spanne)
B = Brückenglied
E = zu ersetzender Zahn
H = kompl. gegossene Halte- und Stützvorrichtung
K = Krone
M = Metallkeramikverblendung
V = Kunststoffverblendung
T = Teleskopkrone
O = Geschiebe

Unfall oder Unfallfolgen/Berufskrankheit — Unbrauchbare Prothese/Brücke/Krone
Versorgungsleiden — Alter ca. Jahre
Interimsversorgung — Immediatversorgung

Bei Wiederherstellung **Befund** nicht ausfüllen.
Die Wiederherstellung betrifft den
Oberkiefer — Unterkiefer

Gutachterlich befürwortet
Datum/Unterschrift des **Gutachters**

II. Gebührenvorausberechnung

Gebühren-Nr. 1	Anzahl 2	Bew.-Zahl 3	Spalte 2 x Spalte 3 4
19 i	1	19	19
20b i	1	158	158

Summe Spalte 4 = 177
x Punkt-Wert xy ▶ xy
geschätzte Material- und Laborkosten ▶
geschätzte Gesamtkosten ▶

Datum/Unterschrift des **Zahnarztes**

Nachträgliche Leistungen

Gebühren-Nr. 5	Anzahl 6	Bew.-Zahl 7	Spalte 6 x Spalte 7 8

Summe Spalte 8 ▶
+ Summe Spalte 4 ▶
Bewertungszahl insgesamt ▶
x Punkt-Wert =

Eingliederungsdatum

Der Zahnersatz wurde in der vorgesehenen Weise eingegliedert ▶

IV. Abrechnung — EUR — Ct. — Diese Spalte freilassen

1 **Zahnärztl. Honorar**
2 **Mat.- u. Laborkosten** Fremdlabor
3 Zahnarztlabor und Praxismaterial
4 Versandkosten Anz.
5 **Gesamtsumme**
6 **abzügl. Metallkosten (ohne MwSt.)**
7 **Zwischensumme**
8 Zuschuss d. Kasse % v. Zeile 7
9 Zuschuss für Metall Anzahl der Abrechnungseinheiten x EUR
10 **Kassenanteil insgesamt**
11 **Versichertenanteil** Zeile 5 abzügl. Zeile 10

Unterschrift des **Zahnarztes**

1.4 Mehrkostenvereinbarung nach § 30 Abs. 3 SGB V

Vereinbarung gem. § 30 Abs. 3 zum Heil- und Kostenplan Sozialgesetzbuch, fünftes Buch (SGB V)

Name des Versicherten ______________________________

§ 30 Abs. 3 Sozialgesetzbuch, fünftes Buch (SGB V) lautet:

Wählen Versicherte einen über die Versorgung nach Abs. 1 hinausgehenden Zahnersatz, erhalten sie die Leistungen nach Abs. 1 im Rahmen der vertragszahnärztlichen Versorgung. Die Mehrkosten der zusätzlichen, über die Versorgung nach Abs. 1 hinausgehenden Leistungen haben sie selbst in vollem Umfang zu tragen.

Behandlungsplan

E = zu ersetzender Zahn		- = Verblockung, Steg, verbundene Brückenspannen	
K = Krone		V = Kunststoffverblendung	
T = Teleskopkrone		M = Metallkeramikverblendung	
B = Brückenglied		H = kompl. gegossene Halte- und Stützvorrichtung	
O = Verbindungsvorrichtung			

				MM i												
Behandlungsplan	18	17	16	15	14	13	12	11	21	22	23	24	25	26	27	28
Behandlungsplan	48	47	46	45	44	43	42	41	31	32	33	34	35	36	37	38

Mehrkostenberechnung[1]		
Leistung	Mehrkosten Zahnärztliches Honorar GOZ 221 abzgl. 20bi " 005 " 905 " 517 " 800 ff	Mehrkosten Material- und Laborkosten xy
	Zwischensumme Mehrkosten Honorar €	Zwischensumme Mehrkosten M+L[2] €
	Übertrag €	+ Mehrkosten Honorar €
		= Mehrkosten insgesamt €

______________________, den ____________

____
Unterschrift des/der Zahnarztes/Zahnärztin

1.5 Erklärung des Versicherten zur Mehrkostenvereinbarung

Erklärung des Versicherten

Ich bin von meinem behandelnden Zahnarzt über die nach den Richtlinien des Bundesausschusses der Zahnärzte und Krankenkassen ausreichende, zweckmäßige und wirtschaftliche und zugleich vollwertige Form der Versorgung mit Zahnersatz unterrichtet worden.

Ich wünsche eine darüber hinausgehende Versorgung und verpflichte mich, die vorstehend aufgeführten Mehrkosten, die von der Krankenkasse nicht übernommen werden, selbst zu tragen.

____________________, den __________

Unterschrift des Zahlungspflichtigen

Unterschrift des/der Zahnarztes/Zahnärztin

Zahnärztliche Rechenzentren: ZR GmbH, HZA GmbH und ABZ•ZR GmbH

[1] Hinweis für den Versicherten: Neben den Mehrkosten nach dieser Vereinbarung haben Sie den üblichen Eigenanteil an den Material- und Laborkosten zu zahlen.

[2] Sofern für Material- und Laborkosten ein Schätzbetrag angegeben ist, erfolgt die endgültige Abrechnung nach Maßgabe der Zahntechnikerrechnung.

1.6 Bilddokumentation 84 – Zahnbegrenzte Einzelzahnlücke

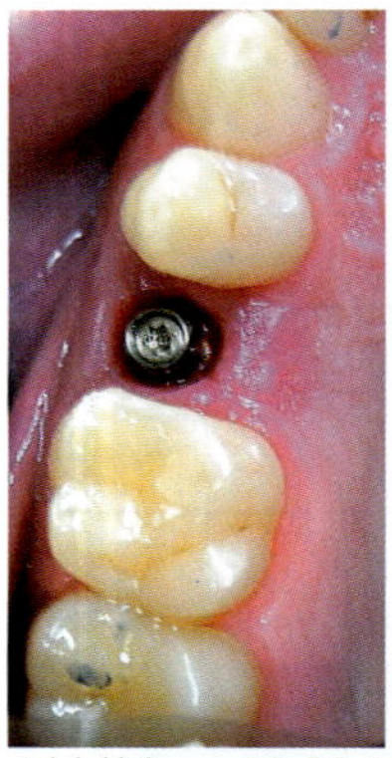

Abbildung N-23 Nickenig

Auf dem Implantat i15 wurde ein konfektionierter Implantataufbau verschraubt, die Implantatkrone wird unter Zuhilfenahme vorgefertigter Teile als VMK-Krone hergestellt.

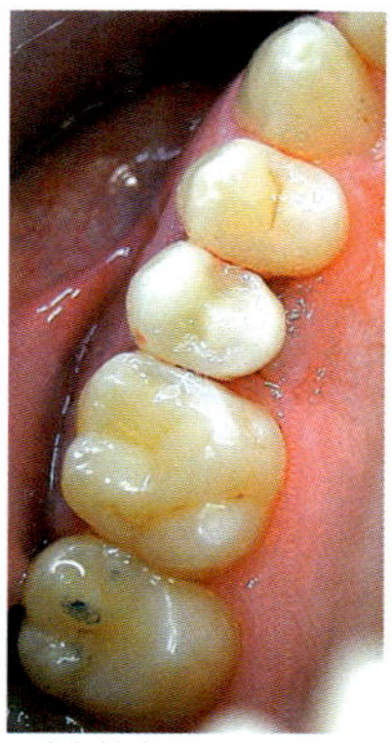
Abbildung N-24 Nickenig

Eingesetzte Implantatkrone unmittelbar nach dem Einsetzen mit temporärem Zement.

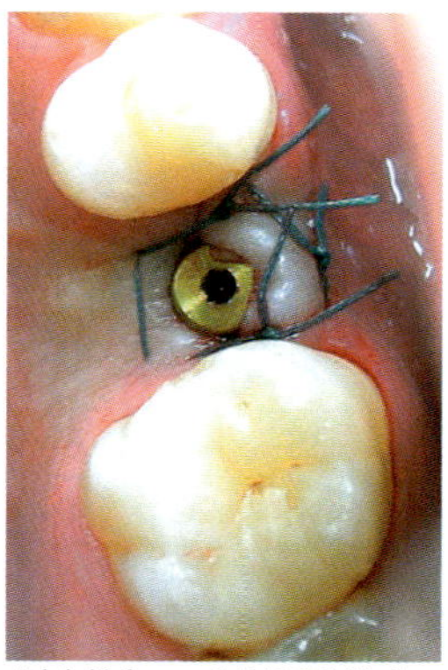
Abbildung N-25 Nickenig

Vergleichbare Situation bei Freilegung des Implantats in regio 25 mit bereits eingesetztem Gingivaformer.

1.7 Gebührenabrechnung

Über den Heil- und Kostenplan abzurechnen:

19 i
20 bi
ggf. 24 ci[426]

Alle anderen Leistungen werden nach GOZ in Rechnung gestellt.

Laborkostenberechnung

Fiktive Laborrechnung für HKP nach BEL II.
Obligate Zahntechnikleistungen nach BEB.
Zusätzliche zahntechnische Leistungen für den Mehraufwand Krone auf Implantat:

- Instandsetzung Kunststoffprothese GE
- LE: Prothese ausschleifen
- Split-Cast Sockel an Modell
- Hilfsteil in Abdruck
- Modell vermessen
- Basis aus Kunststoff, auf Implantat
- Fräsen am Implantataufbau
- Kappe/Krone vorbereiten für Verbindungselement

[426] Die Abrechenbarkeit der Nr. 24 ci wird bei den einzelnen Kassenzahnärztlichen Vereinigungen unterschiedlich gehandhabt. Rechtsprechung dazu liegt bisher – soweit ersichtlich – noch keine vor.

- Verbindungselement (Schraube)
- Aufwand zu Suprastruktur bei verschraubbarem Implantat
- Abdecken der Verschlussschraube.

2. Ausnahmefall: Zahnloser atrophierter Kiefer

2.1 Beschreibung

Ausnahmefälle für Suprakonstruktionen gemäß § 30 Abs. 1 Satz 5 SGB V liegen auch beim atrophierten zahnlosen Kiefer vor. Der Anspruch ist beim atrophierten zahnlosen Kiefer auf die Versorgung mit einer Totalprothese als vertragszahnärztliche Leistungen begrenzt. Sämtliche Vorleistungen im Zusammenhang mit den Implantaten, wie die Implantate selbst, die Implantataufbauten und die implantatbedingten Verbindungselemente, gehören nicht zur Suprakonstruktion im Sinne des § 30 Abs. 1 Satz 5 SGB V.

2.2 Planung

Teleskop-Prothese (Coverdenture) auf den Implantaten i44, i43, i33

18	17	16	15	14	13	12	11	21	22	23	24	25	26	27	28
48	47	46	45	44	43	42	41	31	32	33	34	35	36	37	38
				i	i					i					f
				TK	TK					TK					

2.3 Heil und Kostenplan

Name der Krankenkasse

Name, Vorname des Versicherten — geb. am

Kassen-Nr. — Versicherten-Nr. — Status

Vertragszahnarzt-Nr. — VK gültig bis — Datum

Erklärung des Versicherten

(Nur unterschreiben, wenn Abrechnung ohne vorherige Bewilligung durch die Krankenkasse zugelassen ist).
Ich bin bei der genannten Krankenkasse versichert.

Datum/Unterschrift des **Versicherten**

Lfd.-Nr.

Stempel des **Zahnarztes**

III. Zuschussfestsetzung

Der Zuschuss zu den entsprechend dem Vertrag berechneten Kosten (zahnärztliches Honorar nach II. und notwendige Material- und Laborkosten) beträgt: ▶ %

Die Metallkosten werden in Höhe der Kosten für NEM-Legierungen bezuschusst, je Abrechnungseinheit mit: ▶ EUR

Voraussetzung ist, dass der Zahnersatz innerhalb von 6 Monaten in der vorgesehenen Weise eingegliedert wird.

Datum/Unterschrift/Stempel der **Krankenkasse**

Heil- und Kostenplan

Hinweis an den Versicherten:
Bonusheft bitte zur Zuschussfestsetzung beifügen.

I. Befund des gesamten Gebisses/Behandlungsplan

	18	17	16	15	14	13	12	11	21	22	23	24	25	26	27	28	
	48	47	46	45	44	43	42	41	31	32	33	34	35	36	37	38	
					i	i					i						
E																	E

Bemerkungen (bei Wiederherstellung Art der Leistung)

Erläuterungen

Befund
b = vorhand. Brückenglied
e = bereits ersetzter Zahn
f = fehlender Zahn
i = Implantat
k = vorhand. Krone
t = vorhand. Teleskopkrone
w = erkrankter, aber erhaltungswürdiger Zahn
x = nicht erhaltungswürdiger Zahn
)(= Lückenschluss

Behandlungsplanung:
A = Adhäsivbrücke (Anker, Spanne)
B = Brückenglied
E = zu ersetzender Zahn
H = kompl. gegossene Halte- und Stützvorrichtung
K = Krone
M = Metallkeramikverblendung
V = Kunststoffverblendung
T = Teleskopkrone
O = Geschiebe

Unfall oder Unfallfolgen/ Berufskrankheit — Unbrauchbare Prothese/Brücke/Krone

Versorgungsleiden — Alter ca. — Jahre

Interimsversorgung — Immediatversorgung

Bei Wiederherstellung **Befund** nicht ausfüllen.
Die Wiederherstellung betrifft den
Oberkiefer — Unterkiefer

Gutachterlich befürwortet
Datum/Unterschrift des **Gutachters**

II. Gebührenvorausberechnung

Gebühren-Nr. 1	Anzahl 2	Bew.-Zahl 3	Spalte 2 x Spalte 3 4
98c i	1	76	76
97b i	1	290	290

Summe Spalte 4 =
x Punkt-Wert x1 ▶ 366
geschätzte Material- und Laborkosten ▶
geschätzte Gesamtkosten ▶

Datum/Unterschrift des Zahnarztes

Nachträgliche Leistungen

Gebühren-Nr. 5	Anzahl 6	Bew.-Zahl 7	Spalte 6 x Spalte 7 8

Summe Spalte 8 ▶
+ Summe Spalte 4 ▶
Bewertungszahl insgesamt ▶
x Punkt-Wert =

Eingliederungsdatum

Der Zahnersatz wurde in der vorgesehenen Weise eingegliedert ▶

IV. Abrechnung — EUR — Ct. — Diese Spalte freilassen

1 **Zahnärztl. Honorar**
2 **Mat.- u. Laborkosten** Fremdlabor
3 Zahnarztlabor und Praxismaterial
4 Versandkosten Anz.
5 **Gesamtsumme**
6 **abzügl. Metallkosten (ohne MwSt.)**
7 **Zwischensumme**
8 Zuschuss d. Kasse % v. Zeile 7
9 Zuschuss für Metall Anzahl der Abrechnungseinheiten x EUR
10 **Kassenanteil insgesamt**
11 **Versichertenanteil** Zeile 5 abzügl. Zeile 10

Unterschrift des **Zahnarztes**

2.4 Mehrkostenvereinbarung nach § 30 Abs. 3 SGB V

Vereinbarung gem. § 30 Abs. 3 zum Heil- und Kostenplan
Sozialgesetzbuch, fünftes Buch (SGB V)

Name des Versicherten ______________________________

§ 30 Abs. 3 Sozialgesetzbuch, fünftes Buch (SGB V) lautet:

Wählen Versicherte einen über die Versorgung nach Abs. 1 hinausgehenden Zahnersatz, erhalten sie die Leistungen nach Abs. 1 im Rahmen der vertragszahnärztlichen Versorgung. Die Mehrkosten der zusätzlichen, über die Versorgung nach Abs. 1 hinausgehenden Leistungen haben sie selbst in vollem Umfang zu tragen.

Behandlungsplan

E = zu ersetzender Zahn
K = Krone
T = Teleskopkrone
B = Brückenglied
O = Verbindungsvorrichtung
\- = Verblockung, Steg, verbundene Brückenspannen
V = Kunststoffverblendung
M = Metallkeramikverblendung
H = kompl. gegossene Halte- und Stützvorrichtung

Behandlungsplan	18	17	16	15	14	13	12	11	21	22	23	24	25	26	27	28
Behandlungsplan	48	47	46	45	44	43	42	41	31	32	33	34	35	36	37	38
					i	i					i					
	E—	—	—	E	TM	TM	E—	—	—	E	TM	E—	—	—	—	E

Mehrkostenberechnung[1]

Leistung	Mehrkosten Zahnärztliches Honorar	Mehrkosten Material- und Laborkosten
	607 504 (3) " 508 (3) " 508 (3) " 905 (Anz. variabel)	xy
	Zwischensumme Mehrkosten Honorar €	Zwischensumme Mehrkosten M+L[2] €
	Übertrag €	+ Mehrkosten Honorar €
		= Mehrkosten insgesamt €

______________________, den ______________ ______________________
Unterschrift des/der Zahnarztes/Zahnärztin

2.5 Erklärung des Versicherten zur Mehrkostenvereinbarung

Die oben im Kapitel N VII.1.5, S. 272 abgedruckte Erklärung ist auch hier zu verwenden.

2.6 Bilddokumentation 85 – Zahnloser atrophierter Kiefer

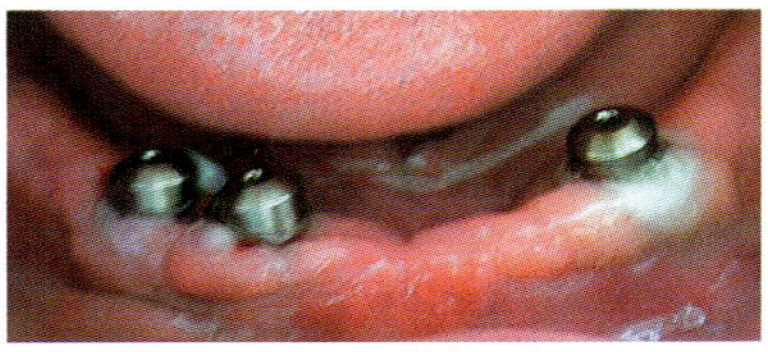
Abbildung N-26 Nickenig

Gezeigt ist der Zustand nach Einheilung der Implantate mit bereits eingesetzten Gingivaformern.

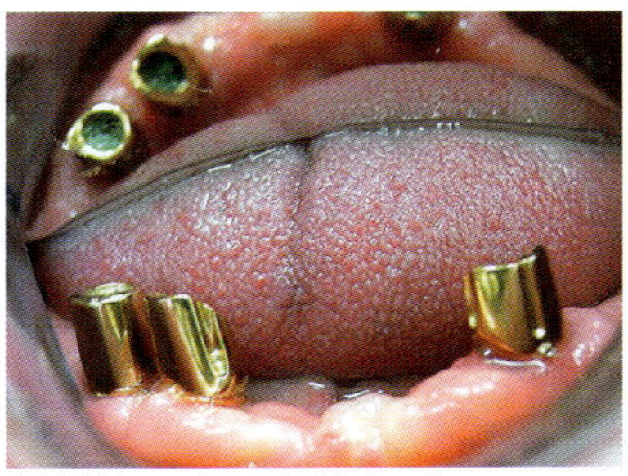
Abbildung N-27 Nickenig

Die bereits eingesetzten definitiven Primärteile noch ohne Schraubenverschluss.

Die Primärteile sind obendrein mit zusätzlichen Rillen versehen.

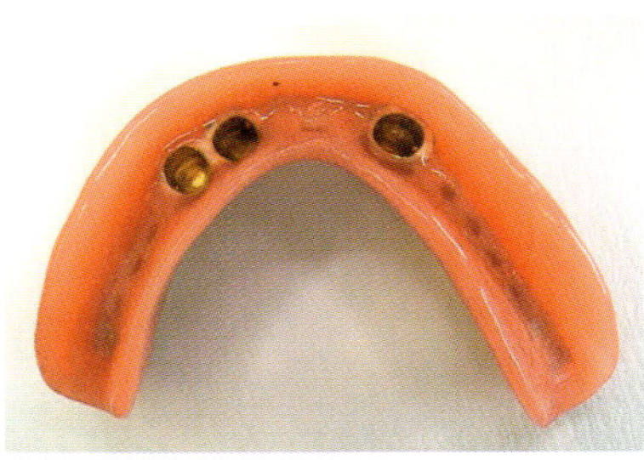
Abbildung N-28 Nickenig

Die typische Coverdenture-Basisgestaltung von unten.

2.7 Gebührenabrechnung

Über den Heil- und Kostenplan abzurechnen

97 ai
98 bi

Alle anderen Leistungen werden nach GOZ in Rechnung gestellt.

Laborkostenberechnung

Fiktive Laborrechnung für die totale Prothese nach BEL II.
Obligate Laborrechnung für totale Prothese nach BEB.
Zusätzliche Leistungen für Mehraufwand Mesostruktur:

- Hilfsteil in Abdruck
- Split-Cast Sockel an Modell
- Aufwand zu Suprastruktur bei verschraubtem Implantat
- Konfektionierte Grundeinheit
- Konfektionssteg Längeneinheit
- Konfektionsgeschiebe sekundär, in Kunststoffbasis

- Kappe/Krone auf Implantat
- Kappe/Krone vorbereiten für Verbindungselement
- Verbindungselement
- Einarbeiten Sekundärteile

3. Regelfallversorgung nach § 55 SGB V (ab 01.01.2005)

Zum Zeitpunkt des Redaktionsschlusses ließ sich noch nicht absehen, wie die neuen Heil- und Kostenpläne aussehen werden und wie die Abrechnung der Regelfallversorgung nach am 01.01.2005 geltendem Recht erfolgen wird. Es standen noch nicht einmal die Punktbewertungen der BEMA-Positionen für die Prothetik fest. Insoweit verweisen wir auf die Informationen in BDIZ-konkret.[427]

[427] Grundlage für die Bewertung der Regelfallversorgung sind die oben im Kapitel B XXV.4, S. 77 auszugsweise abgedruckten Festzuschuss-Richtlinien.

Kapitel O Recall-Sitzungen nach der Implantation

- Eine wichtige Voraussetzung für das Einbringen von Implantaten und die Langlebigkeit der Implantate ist die gute Mundhygiene des Patienten.
- Es empfiehlt sich, den Patienten bereits vor der Implantation darüber aufzuklären, dass Recall-Sitzungen in regelmäßigen Abständen unbedingt erforderlich sind.
- Es hat sich bewährt, den Patienten ca. ½-jährlich an den Recall zu erinnern.
- Der Patient (speziell der GKV-Patient) sollte darüber aufgeklärt sein, dass bei jedem Recall-Termin Kosten anfallen. Die Dokumentation über diese Aufklärung sollte in der Karteikarte vermerkt sein.
- Vorteil des Recall ist es, dass eventuelle Auffälligkeiten in der Mundhygiene früher entdeckt und behoben werden können.

Die nachfolgenden Leistungen können bei einem Recall anfallen

- GOÄ 1 (Beratung)
- GOÄ 3 (eingehende Beratung, Dauer mindestens 10 Min.)
- GOZ 100 (Erstellen eines Mundhygienestatus und eingehende Unterweisung zur Vorbeugung gegen Karies und parodontale Erkrankungen, Dauer mindestens 25 Minuten)
- GOZ 101 (Kontrolle des Übungserfolges einschließlich weiterer Unterweisung, Dauer mindestens 15 Minuten)
- GOZ 002 (HKP, auf Anforderung)
- GOZ 229 (Entfernen Kronen)
- GOZ 405 (Beseitigung harter und weicher Zahnbeläge)
- GOZ 407 (Subgingivale Konkremententfernung)
- Professionelle Zahnreinigung als Analogleistung
- GOZ 231 (Wiedereingliederung eines Ankers)
- GOZ 232 (Wiedereingliederung und Wiederherstellung eines Ankers)
- GOZ 508 (Erneuerung eines Verbindungselementes)
- GOZ 509 (Wiederherstellung Funktion eines Verbindungselementes)
- GOZ 511 (Wiedereingliederung einer Brücke)
- GOZ 905 (Auswechseln eines Sekundärteils bei einem zusammengesetzten Implantat).

Kapitel P Die Professionelle Zahnreinigung (PZR) bei Implantatpatienten

I. Leistungsinhalt

Die „Professionelle Zahnreinigung“ (PZR) ist ein wichtiger Bestandteil der präventiven Betreuung des Implantatpatienten. Sie umfasst in der Regel folgende Leistungen:

- Die Entfernung der harten Zahnbeläge,
- die Entfernung der weichen Zahnbeläge,
- die instrumentelle Bearbeitung der Implantataufbauten,
- Feinreinigung ggf. mit dem Pulverstrahlgerät und
- die Politur der Implantataufbauten mit Polierpasten.

Von besonderer Bedeutung ist die Reinigung aller Approximalräume mit feinen Polierstreifen und Zahnseide.

Die Professionelle Zahnreinigung sollte nicht nach GOZ 405 und 407 abgerechnet werden, sondern als Analogleistung gem. § 6 Abs. 2 GOZ. Als empfehlenswerte Leistung bietet sich hier die GOZ 404 analog je Zahn an.[428]

II. Stellungnahme der Bundeszahnärztekammer (Stand 12.05.2000)

Professionelle Zahnreinigungsmaßnahmen können supra- und/oder subgingivale Maßnahmen umfassen. Für die Berechnung professioneller Zahnreinigungsmaßnahmen stehen folgende Wege zur Verfügung:

- Die supragingivale Entfernung harter und weicher Zahnbeläge einschließlich Politur ist nach GOZ 405 berechenbar.
- Subgingivale Zahnreinigungsmaßnahmen können nach GOZ 407 berechnet werden. Werden nur einzelne der in GOZ 407 beschriebenen Leistungen durchgeführt, so ist dies bei der Bemessung des **Steigerungsfaktors** zu berücksichtigen.
- Bei gleichzeitig durchgeführten supra-/und subgingivalen Zahnreinigungsmaßnahmen können die GOZ 405 und die GOZ 407 nebeneinander berechnet werden mit jeweils angemessenem **Steigerungsfaktor**.
- Professionelle Zahnreinigungsmaßnahmen – die unter anderem auch Leistungsinhalte der GOZ 405 und 407 beinhalten können – können auch analog § 6 Abs. 2 GOZ mit einer Gebührenposition berechnet werden (s. hierzu auch den Referentenentwurf zur GOZ-Novellierung 1994).
- Eine Berechnung gemäß § 6 Abs. 2 GOZ ist auch dann möglich, wenn die supragingivale Entfernung harter und weicher Beläge einschließlich Politur mit weiteren Maßnahmen der dental-parodontalen Vor- und Nachsorge kombiniert wird (z.B. Konditionierung von Zahn–/Wurzeloberflächen, Laseranwendungen, Interdentales Strippen, Glätten/Konturieren von Restaurationsrändern, Konturierung der Zahnoberfläche usw.).
- Professionelle Zahnreinigungsmaßnahmen können ggf. gemäß § 2 Abs. 3 GOZ mit dem Patienten vereinbart werden, z.B. wenn sie vorrangig ästhetischen Zwecken dienen.

---

[428] Ebenso neben den unten in Kapitel P III., S. 281 ff. genannten Urteilen AG Düsseldorf, Urteil vom 30.08.1994 – 39 C 3693/94 –, GU, S. 391; **a.A.** z.B. AG Weinheim, Urteil vom 03.12.2001 – 4 C 243/01 –, VersR 2002, 697; Hahn, Die Analogiebildung im zahnärztlichen Gebührenrecht, dargestellt an den Fragen der Abrechenbarkeit der professionellen Zahnreinigung und der Exzision von Schleimhaut oder Granulationsgewebe nach der Gebührenordnung für Zahnärzte (GOZ), MedR 1998, 354.

- Werden professionelle Zahnreinigungsmaßnahmen analog § 6 Abs. 2 GOZ berechnet, kann die GOZ 405 für denselben Zahn/Implantat nicht zusätzlich berechnet werden.

III. Rechtsprechung zur PZR

1. AG Flensburg, 16.03.2001 – 66 C 164/00 –: Abrechnung PZR

Das Amtsgericht hatte darüber zu entscheiden, ob für die PZR eine Analogberechnung gemäß § 6 Abs. 2 GOZ rechtens ist. Das Gericht entschied auf der Basis der Stellungnahme der Zahnärztekammer Schleswig-Holstein. In dem Urteil heißt es u.a.: „*Die professionelle Zahnreinigung erfasst zwar zum geringen Teil auch Leistungen der Ziffer 405 ..., geht aber auf Grund der Fortentwicklung der wissenschaftlichen Erkenntnisse ... über die Leistungsbeschreibung der Ziffer 405 hinaus.*“ Deshalb würde es sich bei der heutigen professionellen Zahnreinigung „*nicht um eine bloße Weiterentwicklung der Leistung der Ziffer 405, sondern auf Grund des Umfanges, der Art und Weise und der Bedeutung der Zahnreinigung um eine Maßnahme, der eigenständige Bedeutung in Form einer neuartigen Leistung zukommt*“, handeln.[429]

2. AG Hamburg, 29.06.2000 – 20b C 2091/96 –: Abrechnung PZR

Aufgrund eines Sachverständigengutachtens hat das Amtsgericht mehrere Entscheidungen im Sinne des Zahnarztes getroffen. So wurde bestätigt, dass für eine professionelle Zahnreinigung die GOZ 404 analog berechnet werden kann. Der Gutachter vertrat die Meinung, dass die professionelle Zahnreinigung eine neue, nach wissenschaftlichen Erkenntnissen entwickelte, selbständige zahnärztliche Leistung im Sinne des § 6 Abs. 2 GOZ ist und weit über den Leistungsinhalt der GOZ 405 hinausgeht.[430]

3. VG Düsseldorf, 24.01.1996 – 10 K 9290/93 –: Abrechnung PZR

Ein Zahnarzt hatte für die professionelle Zahnreinigung neben 11x GOZ 405 auch 11x die GOZ 404 angesetzt. Dieses konnte das Gericht nicht nachvollziehen und hat deshalb diese Berechnung der professionellen Zahnreinigung abgelehnt.[431]

4. AG Jever, 15.04.1999 – 5 C 347/98 –: Abrechnung PZR

Das AG Jever[432] vertritt ebenfalls die Auffassung des AG Düsseldorf:

> Bei der professionellen Zahnreinigung handelt es sich mittlerweile um eine selbständige zahnärztliche Leistung gemäß § 4 Abs. 2 GOZ, welche erst nach Inkrafttreten der Gebührenordnung entwickelt wurde. Eine Abrechnung gemäß § 6 Abs. 2 GOZ nach Analogziffer 404 GOZ durfte erfolgen. Das Sachverständigengutachten hat zur Überzeugung des Gerichts ergeben, dass diese Maßnahme auch medizinisch notwendig im Sinne von § 1 Abs. 2 GOZ war und daher der Zahnarzt Anspruch auf Vergütung hat. Bei der fraglichen Zahnreinigung handelt es sich nicht um eine Heilbehandlung, sondern um eine Vorbeugungsmaßnahme gegen Karies. Da die Beklagte in ihren allgemeinen Versicherungsbedingungen für Beihilfeberechtigte unter B II. 2. und 3. anführt, dass mit den Kosten zahnärztlicher Leistungen auch prophylaktische Behandlungen abgedeckt sind, muss sie auch die Kosten der professionellen Zahnreinigung zu dem jeweiligen Prozentsatz übernehmen.

5. AG Düsseldorf, 30.08.1994 – 39 C 3693/94 –: Abrechnung PZR

Die analoge Berechnung der professionellen Zahnreinigung nach GOZ 404 wird vom AG Düsseldorf im Urteil vom 30.08.1994 – 39 C 3693/94 –[433] nicht beanstandet, da es sich um eine neu

[429] AG Flensburg, Urteil vom 16.03.2001 – 66 C 164/00 –, GU, S. 392.

[430] AG Hamburg, Urteil vom 29.06.2000 – 20b C 2091/96 –, GU, S. 392.

[431] VG Düsseldorf, Urteil vom 24.01.1996 – 10 K 9290/93 –, GU, S. 391.

[432] AG Jever, Urteil vom 15.04.1999 – 5 C 347/98 –, GHI, S. 293 = GU, S. 392.

[433] AG Düsseldorf, Urteil vom 30.08.1994 – 39 C 3693/94 –, GU, S. 391.

entdeckte selbständige Leistung handelt, die über die in der GOZ 405 beschriebenen Inhalte hinausgeht. Bei der professionellen Zahnreinigung handelt es sich um keine bloße Verbesserung der Belagsentfernung nach GOZ 405, sondern sie beinhaltet z.B. eine maschinelle Konturierung oder Rekonturierung der Zahnoberflächen, ein Abstrahlen oder ein Einsetzen chemischphysikalischer Mittel.

Kapitel Q Umgang mit den kostenerstattenden Stellen

I. Einleitung

Der Umgang mit kostenerstattenden Stellen ist der Bereich, der viele Patienten und viele Zahnärzte an den Rand des Zusammenbruchs bringt. Die Beschwerden, die beim BDIZ/EDI jährlich zu diesem Punkt eingehen, sind Legion. Sie waren Anlass zur Umfrage nach dem Erstattungsverhalten der privaten Krankenversicherer, deren Ergebnisse zwischenzeitlich publiziert wurden.[434] Sie gäben Anlass zu zahllosen Anekdoten. Das entsprechende Buch muss aber erst noch geschrieben werden. Die nachstehenden Mustertexte sollen eine Orientierungshilfe sein.

Zum Umgang mit kostenerstattenden Stellen verweisen wir im Übrigen auch auf die im Kapitel F des Gutachterhandbuches Implantologie (S. 103 ff.) abgedruckten Empfehlungen des BDIZ/EDI, des BDO und des BVMKG.

II. Auslagenersatz

1. Standardtext der PKV

„Mit den Gebühren für die zahnärztlichen Leistungen sind die Praxiskosten einschließlich der Kosten für Füllungsmaterial, für den Sprechstundenbedarf sowie für die Anwendung von Instrumenten und Apparaten abgegolten (§ 4 Abs. 3 GOZ) soweit nicht im Gebührenverzeichnis etwas anderes zu bestimmen ist. Die Kosten für … dürfen nicht gesondert in Rechnung gestellt werden.“

2. Auslagenersatz – Mustertext

Zur Berechnungsfähigkeit von Auslagenersatz gemäß § 3 GOZ bzw. Materialkosten gemäß § 4 Abs. 3 in Verbindung mit § 10 Abs. 2 Nr. 6 GOZ muss zunächst einmal festgestellt werden, dass nach § 4 Abs. 3 GOZ mit den Gebühren die Praxiskosten einschließlich der Kosten für Füllungsmaterial, für den Sprechstundenbedarf sowie für die Anwendung von Instrumenten und Apparaten abgegolten sind, soweit nicht im Gebührenverzeichnis etwas anderes bestimmt ist. Ferner steht dem Zahnarzt gemäß § 3 der Gebührenordnung neben Gebühren- und Wegegeld der Ersatz von Auslagen zu. Der Verordnungsgeber hat keine klare Definition des Begriffes „Auslagen“ in der Gebührenordnung vorgenommen, so dass eine Klärung erfolgen muss, welche Auslagen neben dem nicht berechnungsfähigen Sprechstundenbedarf gesondert berechnungsfähig sind. Diese Klärung hat der Bundesgerichtshof mit seinem Urteil vom 27.05.2004 nur partiell vorgenommen. Klar ist seitdem, dass alle bei nach GOÄ abzurechnenden Behandlungen anfallenden Materialkosten gesondert abrechenbar sind. Bei der Abrechnung von Kosten bei GOZ-Behandlungen hat das Urteil aber mehr Fragen aufgeworfen als beantwortet. Mangels einer entsprechenden Definition liegt es nahe, unter „Sprechstundenbedarf“ in der GOZ auch das zu verstehen, was die Gebührenordnung für Ärzte (GOÄ) vorgibt. Insoweit kann für die Frage, welche Materialien z.B. zu dem – nicht berechnungsfähigen – Sprechstundenbedarf gehören, § 10 Abs. 2 GOÄ zur Auslegung herangezogen werden. Ergänzend verweisen wir auf die Begründung im Abrechnungshandbuch Implantologie des BDIZ/EDI (1.A. 2004), S. 308 ff. Dort finden Sie auch auf S. 327 ff. die Liste der berechnungsfähigen Materialkosten der Bundeszahnärztekammer sowie auf S. 329 ff. die Liste der nach Auffassung der BZÄK nicht berechenbaren Materialkosten.

3. Einkaufsnachweis für die Implantate – Mustertext

Entgegen den Ausführungen Ihres Kostenträgers besteht für den Zahnarzt keine Verpflichtung, einen Einkaufsnachweis für Implantate vorzulegen. Die Kosten für Implantate und Implantatteile sind gemäß § 3 GOZ gesondert abrechnungsfähig. Für die Anforderung von Einkaufsbelegen seitens der Versicherungsträger besteht keine rechtliche Grundlage. Belege müssen nach § 10 Abs. 3 Satz 4 GOZ nur für die in § 10 Abs. 2 Nr. 5 GOZ genannten zahntechnischen Auslagen (§ 9 GOZ) vorgelegt werden. Die Materialkosten für Implantatversorgungen gehören nicht dazu. Die Angabe von Art, Preis und Anzahl der Implantate und

[434] Ratajczak, Mitgliederumfrage zum Erstattungsverhalten der PKVen, BDIZ-Jahrbuch 2003, S. 63.

Implantatteile in der Rechnung ist ausreichend. Aus Datenschutzgründen ist es nicht erlaubt, Patientennamen an Lieferfirmen weiterzugeben. Demzufolge kann kein auf den Namen des Patienten ausgestellter Einkaufsnachweis vorgelegt werden. Auch aus dem „Bürgerlichen Gesetzbuch“ kann die Verpflichtung dafür nicht abgeleitet werden.

Die implantologische Praxis arbeitet mit einer Vielzahl von Systemen in unterschiedlichen Größen. Diese verschiedenen Systeme und Größen müssen ständig zur Verfügung stehen, da das Risiko nicht eingegangen werden kann, dass bei einem Patienten nicht implantiert werden kann, nur weil das passende Implantat nicht zur Verfügung steht. Erfahrungsgemäß ist es so, dass sich die Knochenverhältnisse intra operationem anders darstellen als auf dem Röntgenbild. Allein diese Tatsache bestätigt, dass kein patientenbezogener Einkaufsnachweis vorgelegt werden kann.

4. Vorlage von Originalrechnungen – Mustertext

Weder aus der GOZ noch aus irgendwelchen Bestimmungen lassen sich Forderungen der Versicherungen auf ausdrückliches Verlangen von Originalrechnungen begründen. Der BDIZ/EDI hat ein Rechtsgutachten[435] erstellen lassen, welches seine Rechtsauffassung eindeutig stützt. In der Zusammenfassung heißt es dort:

1. Der behandelnde Zahnarzt darf beim Einkauf von Implantaten und Implantatteilen den Namen des Patienten, für den sie bestimmt sind, ohne dessen Einwilligung dem Lieferanten gegenüber nicht angeben. Andernfalls verstößt er gegen das Bundesdatenschutzgesetz und verletzt dazu das Arztgeheimnis (Rz. 23, 24 ff., 28).
2. Daraus folgt zwangsläufig, dass der Zahnarzt dem Patienten keine auf dessen Namen lautende Rechnung des Implantat-Lieferanten aushändigen und der Patient mithin eine solche seinem privaten Krankenversicherer nicht vorlegen kann (Rz. 1, 3).
3. Der Verstoß gegen das Bundesdatenschutzgesetz und die Verletzung des Arztgeheimnisses durch eine unzulässige Weitergabe der Patientendaten hätten für den Zahnarzt zivil- wie auch strafrechtliche Konsequenzen (Rz. 31, 32 ff).

III. GOZ 905 – Auswechseln eines Sekundärteils

1. Standardtext der PKV

„... die Berechnung der GOZ 905 für alle während der rekonstruktiven Phase erforderlichen Tätigkeiten ist nach § 4 Abs. 2 der GOZ ausgeschlossen.“

2. Auswechseln eines Sekundärteils – Mustertext

Bei zusammengesetzten Implantaten müssen bereits im Zuge der chirurgischen Versorgung und Herstellung der prothetischen Suprakonstruktion Implantatteile systembedingt z.T. mehrfach ausgewechselt werden. Dieses Austauschen von mit Implantaten verschraubten Teilen ist daher während der chirurgischen und restaurativen Phase ebenso berechnungsfähig wie bei einem Auswechseln nach längerer Tragedauer. Die Leistungsbeschreibung der GOZ 905 enthält keinerlei einschränkende Hinweise und kann somit pro restaurativer Sitzung und je Implantatpfosten abgerechnet werden. Diese Auffassung wird auch von der Bundeszahnärztekammer vertreten. Eine Reduzierung der GOZ 905 auf die prothetische Erhaltungsphase seitens der privaten Krankenversicherung ist nicht korrekt.

IV. Lagerhaltungskosten

1. Vorbemerkung

Der Bundesgerichtshof hat sich in einem Urteil vom 27.05.2004[436] gegen die Abrechenbarkeit von Lagerhaltungskosten ausgesprochen, ohne sich allerdings mit der Problematik näher auseinanderzusetzen. Es besteht deshalb bei der Abrechnung von Lagerhaltungskosten ein hohes Risiko, dass es nicht gelingen wird, die Gerichte von der Rechtsirrigkeit der Entscheidung des

[435] Das Gutachten kann über die Geschäftsstelle des BDIZ/EDI in Bonn-Bad Godesberg gegen eine Schutzgebühr bezogen werden. Die Adresse der Geschäftsstelle findet sich auf S. II dieses Handbuches.

[436] BGH, Urteil vom 27.05.2004 – III ZR 264/03 –, VersR 2004, 1138 = Kapitel U V.10, S. 375.

BGH zu überzeugen. Ehe man den nachstehenden Mustertext einfach abschreibt, sollte man sich erst eingehend mit der gesamten Thematik befassen. Sie wird unten im Kapitel T I, S. 332 ff. ausführlich dargestellt.

2. Standardtext der PKV

„Neben den Gebühren darf der Zahnarzt Ihnen selbstverständlich auch Kosten für Implantate in Rechnung stellen. Diese Kosten sehen wir nur in Höhe der Preise in den Herstellerkatalogen zzgl. Mehrwertsteuer als erstattungsfähig an. Nach unserer Ansicht können Zuschläge für die Beschaffung und Lagerhaltung nicht erhoben werden, da diese Praxiskosten darstellen und daher nach § 4 Abs. 3 der Gebührenordnung für Zahnärzte (GOZ) mit den jeweiligen Gebühren abgegolten sind. In unserer Auffassung werden wir dabei vom überwiegenden Teil der Rechtsprechung bestätigt. Somit ergibt sich ein nicht erstattungsfähiger Betrag von _____ €.“

3. Lagerhaltungskosten – Mustertext

Der Zahnarzt ist berechtigt, Lagerhaltungskosten auf Implantate, Implantatteile sowie Implantatwerkzeuge zu berechnen. Mehrkosten für Lagerhaltung gegenüber dem Einkaufspreis entsprechen der gängigen Praxis und sind auch aus betriebswirtschaftlicher Sicht durchaus nachvollziehbar.

Durch das AG Mannheim wurde mit Urteil vom 01.06.1994 – 7 C 1142/94 – ein Zuschlag von 25 % als noch angemessen bezeichnet.[437] Ebenso hat sich das OLG Celle in seinem Urteil vom 10.01.2000 – 1 U 100/98 –[438] mit der Abrechenbarkeit von Lagerhaltungskosten auseinandergesetzt und kommt in seinem Urteil zu folgendem Ergebnis:

„Mehrkosten für Lagerhaltung zwischen 17 und 20 Prozent gegenüber dem Einkaufsbeleg entsprechen der gängigen Praxis und sind erstattungsfähig“.

Der BGH hat zwar in seinem Urteil vom 27.05.2004 – III ZR 264/03 –[439] die Abrechenbarkeit von Lagerhaltungskosten verneint. Das Urteil hat jedoch massive Kritik erfahren, weil es sich mit der einschlägigen Rechtsprechung überhaupt nicht befasst hat. Diese Kritik schließen wir uns an und verweisen ergänzend auf die Ausführungen im Abrechnungshandbuch Implantologie des BDIZ/EDI (1.A., 2004), S. 332 ff.

V. Überschreiten der Regelspanne wegen nicht ausreichender Begründung

1. Standardtext der PKV

„Bei den nachfolgenden Gebührennummern wurde die in der GOÄ/GOZ festgelegte Regelspanne überschritten und eine Begründung angegeben, die lediglich die Bemessungskriterien wie Schwierigkeit, Zeitaufwand und Umstand bei der Ausführung wiedergibt. Über den Umfang der Leistungsbeschreibung hinausgehende Besonderheiten sind nicht angegeben. …“

2. Steigerungsfaktor – Mustertext

Zur Anwendung der Gebührenspanne bzw. der Begründungspflicht nach § 10 Abs. 3 GOZ bei Überschreitung des 2,3-fachen des Gebührensatzes ist zunächst einmal zu sagen, dass nach § 5, Abs. 2 Satz 1 GOZ die Gebühren innerhalb des Gebührenrahmens, der vom 1-fachen bis zum 3,5-fachen des Gebührensatzes reicht (§ 5, Abs. 1 Satz 1), ausschließlich vom Zahnarzt aufgrund der Behandlung nach billigem Ermessen zu bestimmen sind.

Dabei werden einfache Leistungen **unter**, durchschnittlich schwierige Leistungen **zum** und überdurchschnittlich schwierige Leistungen **über** dem 2,3-fachen Steigerungssatz abgerechnet. Die Entscheidung hängt von den Umständen des konkreten Einzelfalles ab. Dabei ist sowohl die Schwierigkeit der einzelnen Leistungen als auch die Schwierigkeit des Krankheitsfalles ausschlaggebend, wobei diese Umstände nicht bereits in der Leistungsbeschreibung des Gebührenverzeichnisses berücksichtigt sein dürfen.

Grundsätzlich ist festzustellen, dass kurze, klare und stichwortartige Begründungen ausreichend sind. Aus der Rechtsprechung ist zu entnehmen, dass diese Begründungen nicht nur laienverständlich, sondern auch nachvollziehbar sein müssen. Dabei muss zusätzlich immer erkennbar sein, auf welche der drei in

---

437 AG Mannheim, Urteil vom 01.06.1994 – 7 C 1142/94 –, Kapitel U V.1, S. 373 = GU, S. 381.

438 OLG Celle, Urteil vom 10.01.2000 – 1 U 100/98 –, BDIZ-konkret 2000, Heft 1, S. 38 = BDIZ-Jahrbuch 2000, S. 60 = Kapitel U V.8, S. 375 = GU, S. 380.

439 BGH, Urteil vom 27.05.2004 – III ZR 264/03 –, VersR 2004, 1138 = Kapitel U V.10, S. 375.

§ 5 Abs. 2 GOZ genannten Bemessungskriterien die Überschreitung des 2,3-fachen Satzes gestützt ist. Im Übrigen können Erstattungsstellen nicht eigene Kriterien zur Angemessenheit ärztlichen Honorars aufstellen, sondern müssen sich an die rechtlichen Vorgaben des § 5 GOZ und die dort entwickelten Grundsätze halten.

VI. Selbständige Leistungen (Zielleistungsprinzip)

1. Chirurgische Leistungen mit den Leistungen nach GOZ 900 ff. abgegolten

Das sog. Zielleistungsprinzip ist Gegenstand vertiefter Darstellung im Kapitel B XIV, S. 43 ff. Nachstehend wird nur ein Mustertext empfohlen.

2. Selbständige Leistungen (Zielleistungsprinzip) – Mustertext

Die Leistungen nach ....sind selbständige Leistungen. Sie sind nicht denknotwendig in jedem Fall Voraussetzung für die Leistung .... Die Leistung ist weder Bestandteil noch eine besondere Ausführung einer anderen Leistung, § 4 Abs. 2 GOZ ist nicht zutreffend in diesem Fall. Präzise hat sich dazu der Bayerische Verwaltungsgerichtshof geäußert (18.03.1992 – 3 B 91.2480 -[440]):

„Im Übrigen stellt das von einigen Gerichten herangezogene Zielleistungsprinzip eine Interpretation dar, die dem Wortlaut des § 4 Abs. 2 GOZ nicht gerecht wird. Die genannte Vorschrift spricht lediglich vom Bestandteil und nicht vom Ziel der Behandlung".

Der Bundesgerichtshof hat klargestellt (13.05.1992 – IV ZR 213/91 –[441]), dass Leistungen mit eigener Gebührenziffer grundsätzlich vergütungsauslösend sein können und das Bundesverwaltungsgericht hat solche vertretbaren Nebeneinanderberechnungen (17.02.1994 – 2 C 17/92 –[442]) sogar ausdrücklich als beihilfefähig bezeichnet.

Wenn die kostenerstattende Stelle bestimmte Leistungen unter Hinweis auf das Zielleistungsprinzip ausschließen möchte, so ist dies nicht rechtens. Die GOZ und die GOÄ enthalten Einzelleistungen und keine Pauschalen. Es handelt sich mitnichten um zielleistungsorientierte Gebührenordnungen.

Diesbezüglich liegt auch ein Urteil des LG Würzburg vom 27.02.2003 – 5 S 3859/02 – vor. Das Gericht hat in diesem Fall festgestellt, dass im Rahmen implantologisch-augmentativer Maßnahmen einzelne Leistungen abgerechnet werden können. Die Private Krankenversicherung hatte dies, in diesem Fall mit der Begründung, das Zielleistungsprinzip dabei nicht eingehalten zu haben, verneint und die Erstattung dementsprechend verweigert.

Auch nach den Grundsätzen der Entscheidung des Bundesgerichtshofs vom 13.05.2004 – III ZR 344/03 –[443] sind die von uns abgerechneten Leistungen gesondert abrechnungsfähig. Hierzu verweisen wir Sie auf die Ausführungen im Abrechnungshandbuch Implantologie des BDIZ/EDI (1.A., 2004), S. 48 ff.

VII. Medizinische Notwendigkeit einer Implantatversorgung

1. Bezuschussung nur einer Alternativversorgung

Bis zur Entscheidung des BGH vom 12.03.2003[444] gehörte es zum Standardrepertoire der privaten Krankenversicherungen, die medizinische Notwendigkeit implantatgetragener Versorgung unter Bezugnahme auf die damit verbundenen höheren Kosten zu verweigern und den Patienten auf eine meist teleskopgetragene konventionelle prothetische Alternativversorgung zu verweisen.

---

[440] Das Urteil ist – soweit ersichtlich – nicht veröffentlicht.

[441] BGH, Urteil vom 13.05.1992 – IV ZR 213/91 –, VersR 1992, 950 = GU, S. 217.

[442] BVerwG, Urteil vom 17.02.1994 – 2 C 17/92 –, ZBR 1994, 227 = GU, S. 225.

[443] BGH, Urteil vom 13.05.2004 – III ZR 344/03 –, VersR 2004, 1135 = Kapitel U III.1, S. 360.

[444] BGH, Urteil vom 12.03.2003 – IV ZR 278/01 –, VersR 2003, 581 = Kapitel U II.1, S. 346.

2. Medizinische Notwendigkeit – Mustertext

Nach § 1 Abs. 2 der Gebührenordnung für Zahnärzte (GOZ) darf der Zahnarzt Vergütungen nur für Leistungen berechnen, die nach den Regeln der zahnärztlichen Kunst für eine notwendige zahnärztliche Versorgung erforderlich sind. Auf Verlangen des Patienten können darüber hinaus auch nicht notwendige Wunschleistungen durchgeführt werden, die dann aber in der Liquidation als solche extra ausgewiesen werden müssen (§ 1 Abs. 2 und § 10 Abs. 3 GOZ).

Nach herrschender Rechtsauffassung ist eine Behandlungsmaßnahme medizinisch notwendig, wenn es nach den objektiven medizinischen Befunden und anerkannten ärztlichen Erkenntnissen zum Zeitpunkt der Behandlung vertretbar war, sie als notwendig anzusehen (Bundesgerichtshof (BGH), Urteile vom 29.11.1978 – IV ZR 175/77 –[445] und vom 29.05.1991 – IV ZR 151/90 –[446]).

Das Gebührenverzeichnis der GOZ enthält ausschließlich wissenschaftlich anerkannte Behandlungsmaßnahmen. Es ist daher unverständlich, weshalb bestimmte Kostenerstatter die Notwendigkeit normaler, in der GOZ enthaltener Maßnahmen wie eine Implantatversorgung generell anzweifeln. Es bleibt dem Patienten in Absprache mit dem behandelnden Zahnarzt überlassen, für welche der möglichen therapeutischen Alternativen er sich entscheidet, um die notwendige Versorgung vorzunehmen. Beurteilungs- und Entscheidungsspielraum sind auch von dem in der Bundesrepublik erreichten Versorgungsstandard bestimmt.

Wenn der Versicherer nach § 5 Nr. 2 MB/KK 76 seine Leistungspflicht einschränken will, ist er dahingehend darlegungs- und beweispflichtig, dass das Maß der medizinischen Notwendigkeit überschritten ist (BGH, 29.05.1991 – IV ZR 151/90 –). Der BGH entschied, dass die Beurteilung der medizinischen Notwendigkeit einem neutralen Sachverständigen obliegt (Urteil vom 29.11.1978 – IV ZR 175/77 –). Solche neutralen Sachverständigen werden von den Zahnärztekammern oder von den Gerichten bestellt. Ein von einer Versicherung engagierter Beratungszahnarzt kann hingegen nicht als neutral angesehen werden.

3. Kürzung der Anzahl der Implantate

Die kostenerstattende Stelle erkennt die geplante Implantatbehandlung nicht an, da sie der Ansicht ist, dass die geplante Therapie eine Überversorgung darstellt, die das Maß des medizinisch Notwendigen überschreitet.

3.1 Kürzung der Implantatanzahl – Mustertext

Wir hatten im Oberkiefer regio ....Implantate geplant. Sicherlich wäre zur Wiederherstellung der Kaufunktion auch die seitens Ihrer Versicherung vorgeschlagene Alternativbehandlung möglich gewesen. Entscheidend ist jedoch, dass diese Lösung eine deutlich minderwertige Möglichkeit ist, die Sie als Privatpatient nicht hinnehmen müssen.

Anhand der Indikationsklassen für Implantatversorgungen ist deutlich sichtbar, dass im vorliegenden Fall keinesfalls eine Versorgung geplant ist, die das medizinisch Notwendige überschreitet. Es bleibt dem Patienten in Absprache mit dem behandelnden Zahnarzt überlassen, für welche der möglichen therapeutischen Alternativen er sich entscheidet, um die notwendige Versorgung vorzunehmen. Beurteilungs- und Entscheidungsspielraum sind auch von dem in der Bundesrepublik erreichten Versorgungsstandard bestimmt.

Wenn der Versicherer nach § 5 Nr. 2 MB/KK 76 seine Leistungspflicht einschränken will, ist er dahingehend darlegungs- und beweispflichtig, dass das Maß der medizinischen Notwendigkeit überschritten ist (BGH, 29.05.1991 – IV ZR 151/90 –[447]). Der BGH entschied, dass die Beurteilung der medizinischen Notwendigkeit einem neutralen Sachverständigen obliegt (Urteil vom 29.11.1978 – IV ZR 175/77 –[448]). Solche neutralen Sachverständigen werden von den Zahnärztekammern oder von den Gerichten bestellt. Ein von einer Versicherung engagierter Beratungszahnarzt kann hingegen nicht als neutral angesehen werden.

[445] BGH, Urteil vom 29.11.1978 – IV ZR 175/77 –, VersR 1979, 221 = GHI, S. 255 = GU, S. 15.

[446] BGH, Urteil vom 29.05.1991 – IV ZR 151/90 –, VersR 1991, 987 = GHI, S. 256 = GU, S. 15.

[447] BGH, Urteil vom 29.05.1991 – IV ZR 151/90 –, VersR 1991, 987 = Kapitel U II.14, S. 358 = GU, S. 15.

[448] BGH, Urteil vom 29.11.1978 – IV ZR 175/77 –, VersR 1979, 221 = Kapitel U II.18, S. 359 = GU, S. 15

VIII. Kürzung der Laborkosten

1. Standardtext der PKV

„Material- und Laborkosten stehen unter Versicherungsschutz, soweit sie zu den üblichen Preisen berechnet sind. Sind in der vertragszahnärztlichen Versorgung mit den Zahntechnikerinnungen Höchstpreise vereinbart, gelten dies als üblich.
In der Laborrechnung sind die Preise um ... € überschritten. Wir bitten um Ihr Verständnis, dass wir diesen Kostenanteil aus den oben genannten Gründen nicht erstatten können."

2. Kürzung der Laborkosten – Mustertext

Die Kürzung der Laborkosten auf einen von der privaten Krankenversicherung orientierten Betrag ist rechtlich nicht haltbar, da Sie mit der Praxis die Erbringung einer hochwertigen Leistung, weit über dem Niveau der kassenzahnärztlichen Versorgung, vereinbart haben. Da diese Leistungen tatsächlich auch erbracht worden sind, ist es selbstverständlich, dass die angefallenen Material- und Laborkosten im Sinne von § 9 GOZ auch in Rechnung gestellt wurden. Sie beruhen auf dem detaillierten Auftrag an das Dentallabor. Die Material- und Laborkosten wurden entsprechend § 10 Abs. 3 Satz 5 und § 10 Abs. 2 Punkt 5 GOZ belegt und berechnet.

Nach § 9 GOZ können neben den für die einzelnen zahnärztlichen Leistungen vorgesehenen Gebühren als Auslagen die dem Zahnarzt tatsächlich entstandenen angemessenen Kosten für zahntechnische Leistungen berechnet werden. Über die Frage, wie die „angemessenen Kosten für zahnärztliche Leistungen" zu bestimmen sind, gibt es allerdings immer wieder Uneinigkeiten zwischen den Zahnärzten und den privaten Krankenversicherungen.

Schon seit vielen Jahren versuchen viele Krankenversicherungen, die Erstattung der Auslagen auf die Preise des Bundeseinheitlichen Leistungsverzeichnisses für zahntechnische Leistungen (BEL) zu reduzieren. Das BEL ist die im Bereich der gesetzlichen Krankenversicherung geltende Preisliste. Die darin enthaltenen Preise sind auf der Grundlage festgesetzt worden, dass der gesetzlich Krankenversicherte lediglich Anspruch auf eine ausreichende und zweckmäßige zahntechnische Mindestversorgung hat. Damit ist die BEL von ihrem Leistungsumfang her auf eine Minimalversorgung ausgerichtet.

Einige private Krankenversicherer sind seit 1999 dazu übergangen, für die Erstattung von Material- und Laborkosten eigene, so genannte „Sachkostenlisten" oder „Verzeichnisse angemessener Leistungen" herauszugeben, wobei sich diese Listen häufig an der BEL orientieren. Als Sie Ihre private Krankenversicherung abgeschlossen haben, haben Sie dies aber sicherlich nicht getan, um lediglich eine Minimalversorgung – sei es auf Basis der BEL oder auch von Sachkostenlisten – zu erhalten. Die rechtliche Frage der Zulässigkeit solcher Sachkostenlisten bzw. die Heranziehung der BEL für private Versicherungsverträge ist sehr umstritten. Es ist bereits seit Inkrafttreten der GOZ 1988 keine Klärung erfolgt, ob das BEL Grundlage für die Berechnung zahntechnischer Laborkosten im Rahmen des privaten Versicherungsvertrages sein kann. In den ergangenen Urteilen werden die privaten Krankenversicherungen überwiegend dazu verpflichtet, die im Einzelfall angemessene Aufwendung zu erstatten; bei der Beurteilung der Angemessenheit wird dann jeweils die konkrete Art der zahntechnischen Ausführung berücksichtigt.

Eine einseitige Änderung der Vertragsbedingungen durch die Sachkostenlisten seitens der privaten Krankenversicherung ist juristisch ebenso fragwürdig wie der Verweis auf die BEL-Listen. Selbst wenn ein Krankenversicherungstarif die ausdrückliche Einschränkung beinhalten würde, dass nur die „üblichen" Kosten erstattet würden, so bedeutet dies in keinem Fall, dass dies gleichzusetzen wäre mit den Preisen, die für Kassenpatienten bezahlt werden. Die im vorliegenden Fall durchgeführte Behandlungsmaßnahme ist keine den gesetzlichen Vorgaben des Wirtschaftlichkeitsgebots nur genügende Therapie. Es handelt sich hierbei um eine sehr hochwertige Arbeit, die nur mit äußerster Präzision und sehr hohem Arbeitsaufwand gefertigt werden kann.

IX. Spezielle Fragestellungen

1. Anforderung von Behandlungsverlauf, OP-Bericht, Röntgenbilder und dgl.

1.1 Anforderung von Unterlagen – Mustertext

> Die vorliegende Rechnung enthält sämtliche gebührenrechtlich erforderlichen Angaben, so dass Ihre Versicherung ohne weiteres den Umfang Ihres Leistungsanspruches feststellen kann. Bitte lassen Sie sich von Ihrer Krankenversicherung schriftlich die Gründe darlegen, die für die ungewöhnlich erscheinende Anforderung der begehrten Unterlagen maßgebend waren. Zum „Auskunftsbegehren" der PKV möchten wir noch Folgendes anmerken: Es besteht bekanntlich grundsätzlich keine Rechtsbeziehung zwischen der PKV des Patienten und dem behandelnden Zahnarzt. Demzufolge muss der Zahnarzt dem Auskunftsbegehren der PKV nicht nachkommen.

1.2 Wenn der Patient trotzdem den Wunsch hat, dass die Zahnarztpraxis dem Auskunftsbegehren der PKV folgt

- Der Zahnarzt muss für den konkreten Fall von der Schweigepflicht durch den Patienten entbunden sein (Originalerklärung).
- Die vertraulichen Unterlagen dürfen nur an den namentlich genannten Beratungszahnarzt der PKV gesandt werden.
- Es ist selbstverständlich, dass nur in Rechnung gestellte Duplikate (keinesfalls Originale) versandt werden.
- Bei einer abweichenden Stellungnahme durch den Beratungszahnarzt der PKV hat der Patient einen Auskunftsanspruch gemäß § 178 VVG.[449]
- Die Berechnung der zugesandten Unterlagen erfolgt gem. § 612 und § 670 BGB an den Auftraggeber.

2. Hat die PKV das Recht, Behandlungsunterlagen beim Zahnarzt anzufordern?

Private Krankenversicherer gehen immer mehr dazu über, bei umfangreichen implantatchirurgischen Versorgungen Operationsprotokolle anzufordern, um die Erfüllung der Leistungspflicht prüfen zu können.

2.1 Kann die PKV vom behandelnden Zahnarzt Unterlagen direkt anfordern?

Die PKV kann die Unterlagen nicht direkt beim Zahnarzt anfordern, da sie nicht der Vertragspartner des Zahnarztes ist. Es fehlt somit an einer rechtlichen Grundlage für diese Auskunftsverpflichtung. Es ist jedoch denkbar, dass sich der Versicherer Rechte des Patienten auf Auskunft gegenüber dem Zahnarzt abtreten lässt oder sich vom Patienten ermächtigen lässt, entsprechende Rechte gegenüber dem Zahnarzt im eigenen Namen geltend zu machen.

2.2 Kann der Versicherer vom Patienten entsprechende Auskünfte fordern?

Private Krankenversicherungsverträge unterliegen zum einen dem Recht des Versicherungsvertragsgesetzes (VVG) und den privaten Krankenversicherungsbedingungen (MBKK). Soweit ersichtlich, enthalten alle Krankenversicherungsbedingungen folgenden Absatz:

> Der Versicherungsnehmer hat auf Verlangen des Versicherers jede Auskunft zu erteilen, die zur Feststellung des Versicherungsfalles oder der Leistungspflicht des Versicherers und ihres Umfanges erforderlich ist.

Zum Teil wird dazu die Auffassung vertreten, dass die Auskunftspflicht des Versicherungsnehmers gegenüber seiner Krankenversicherung nur soweit gehen kann, wie dem Patienten selbst die Beschaffung der erforderlichen Informationen möglich und zumutbar ist. Im Rahmen dieser

---

449 BGH, Urteil vom 11.06.2003 – IV ZR 418/02 –, VersR 2003, 1030.

Auskunftspflicht kann der Versicherer von dem Versicherungsnehmer verlangen, dass er bzw. der Patient den behandelnden Zahnarzt von seiner Schweigepflicht gegenüber dem Versicherer entbindet und den Versicherer ermächtigt, Einsicht in die Krankenunterlagen zu nehmen.[450]

Die Rechtsprechung steht auf dem Standpunkt, dass der Versicherer ein berechtigtes Interesse an der durch die Krankenunterlagen gewährleisteten präzisen Unterrichtung haben muss, wenn er Einsicht in die Behandlungsunterlagen fordern will.[451] Ein einfaches Anfordern des Operationsprotokolls durch die PKV, um den „*Eintritt der Leistungspflicht prüfen zu können*", genügt nicht, wenn sich aus der Rechnung keinerlei Anlass ergibt, den Eintritt der Leistungspflicht in Zweifel zu ziehen.[452] Der Patient hat gegenüber dem Arzt grundsätzlich auch außerhalb eines Rechtsstreites Anspruch auf Einsicht in die ihn betreffenden Krankenunterlagen. Dieses Einsichtsrecht erstreckt sich auf die Fertigung von Kopien auf Kosten des Patienten aus den Behandlungsunterlagen. Wenn der Patient also von seinem Zahnarzt Kopien sämtlicher Behandlungsunterlagen einschließlich der Operationsprotokolle will, dann darf der Zahnarzt ihm dies nicht verweigern. Grundsätzlich sollte der Zahnarzt also verlangen, dass der Versicherer den Grund seines erweiterten Einsichtersuchens genau bezeichnet. Die allgemeine Begründung „*zur Prüfung der Leistungspflicht*" ist nicht ausreichend. Es ist nicht üblich, dass Behandlungsabrechnungen anhand der Behandlungsunterlagen überprüft werden.

Der Auskunftsanspruch des Patienten ist jedoch nicht grenzenlos. Grundsätzlich beschränkt er sich auf die vorliegende Behandlungsdokumentation. Das OLG Koblenz entscheid, dass der Auskunftsanspruch nicht über die vorliegende ärztliche Dokumentation hinausgeht.[453]

X. Begründungen der Steigerungsfaktoren für GOZ 900 ff.

Die nachstehende Zusammenstellung soll Hilfe bei der Rechnungsstellung sein. Der blaue Text ist jeweils zu lesen in Kombination mit den nachstehend aufgeführten Einzeltexten.

Überdurchschnittliche Schwierigkeiten wegen...
Überdurchschnittlicher Zeitaufwand wegen...
Überdurchschnittliche Umstände wegen...
Überdurchschnittlicher Schwierigkeitsgrad und Zeitaufwand wegen...
Schwierigkeiten bei der Aufbereitung des Knochenbettes/-lagers wegen...

- Abdrehgefahr des Implantats durch sehr harten und kompakten Knochen
- Anpassen der Sekundärteile an Kraft- und Lastwirkungsrichtung
- Ausführung durch Auswechseln mehrerer Sekundärteile pro Implantat
- äußerst starker und dichter/fester Knochenkompakta
- bei einzelnen Implantaten divergierender Achsenneigung des Alveolarfortsatzes
- besonderem Aufwand bei der Versorgung von Implantatpfeilern
- besonderer Maßnahmen zur Vermeidung von Schädigungen der hoch liegenden Gefäßbündel
- besonderer Maßnahmen zur Vermeidung von Schädigungen der Nervenaustrittsstelle
- dicker Schleimhautverhältnisse mit gleichzeitiger Konturierung
- dorsaler Verlagerung des Kieferkammes
- dünner Kieferhöhlenknochenbedeckung
- durch Blutung bedingter Sichtbehinderung

[450] Vgl. OLG Hamm, Beschluss vom 04.09.1990 – 20 W 35/90 –, VersR 1991, 535.

[451] Vgl. LG Nürnberg-Fürth, Urteil vom 30.08.1993 – 2 O 1234/93 –, r+s 1995, 30.

[452] Vgl. AG Koblenz, Urteil vom 20.03.1996 – 42 C 1398/95 –, GU, S. 367; Ratajczak, Anforderung von Behandlungsunterlagen durch die private Krankenversicherung, BDIZ-konkret 1997, Heft 1, S. 24.

[453] OLG Koblenz, Urteil vom 15.01.2004 – 5 U 1145/03 –, NJW-RR 2004, 410.

- dysgnather Anatomie der Kiefer beim individuellen Anpassen
- Eindrehens der Implantatschraube
- Einsetzens eines Extensionsimplantates
- erheblicher Schwierigkeiten bei der Parallelisierung der von Implantatpfeilern wegen...
- erheblicher Schwierigkeiten bei ungünstigen ossären Verhältnissen
- erheblicher Schwierigkeiten durch ungünstige anatomische Verhältnisse bei der Ausrichtung von Implantatpfeilern
- erhöhter Blutungsneigung / gestörter Blutgerinnung
- erhöhter Kieferfrakturgefahr
- erhöhtem Mess- und Planungsaufwand, bedingt durch die Anzahl der Implantatpfeiler
- erschwerter Formung einer gingivalen Manschette durch Gewebeveränderung
- extrem aufwändiger Anpassung der Sekundärteile an den abnormen Verlauf der Gingivamanschette
- extrem harter und kompakter Knochen
- extrem harter und kompakter Knochenstruktur
- festgelegtem restaurativem und prothetischem Ablauf
- festsitzender, kaum lösbarer Sekundärteile
- Frakturgefahr des Implantatkörpers
- Gefahr der Knochenperforation
- Gefahr der Verletzung
- Gefahr einer Grünholzfraktur des Knochens
- geringer Alveolarkammbreite in Verbindung mit Bonesplitting
- geringer Alveolarkammhöhe evtl. in Verbindung mit Augmentation
- hämorrhagischer Diathese
- hoher Verletzungsgefahr durch Operation in Nervnähe
- in Kieferkammnähe ansetzender Bänder
- in Kieferkammnähe einstrahlender Bänder
- individueller Veränderung von Sekundärteilen
- insertionsbedingter Divergenzen der prothetischen Achse des Sekundärteiles
- Knochenauflockerung
- kommunizierender Nervverbindung
- kompliziertem Abdruckverfahren mit implantatspezifischen Sekundärteilen
- kompliziertem Einbringen der Sekundärteile wegen...
- kompliziertem Entfernen von Bruchelementen wegen verbrauchter Sekundärteile
- konfluierender Knochenkavitäten
- mehrerer Pfosten des Blattimplantats
- mehrfach notwendiger Bohrungen und dadurch bedingtem erhöhtem Mess- und Planungsaufwand
- mehrfach notwendiger Pilot- und Vorbohrungen
- morphologisch ungünstiger Knochenverhältnisse
- Nähe zur Kiefer-/Nasenhöhle
- Nasen- oder Kieferhöhleneröffnung
- Nervnähe
- Operationsfeld in Gefäßnähe
- Operationsfeld in Gelenknähe
- Operationsfeld in Kieferhöhlennähe
- Operationsfeld in Nasenhöhlennähe
- Operationsfeld in Nervnähe
- paramandibulärer Implantation
- paranervaler Lokalisation des chirurgischen Vorgehens mit Gefahr der Verletzung

- Perforationsgefahr durch Operation in Kieferhöhlennähe
- Präparierens eines Implantatbettes unter der Kortikalis der Kieferhöhle
- schmalem, spitzem Kieferkammknochen
- schmaler/kleiner Knochenform
- schwacher und sehr dünner Knochenkompakta
- schwieriger Anpassung und Abstimmung der Einzelteile bei zusammengesetzten Sekundärteilen
- schwieriger intraoperativer Stillung einer Blutung
- sehr aufwändigem Anpassen beim Applizieren der Hilfsmittel für eine parallele Einschubrichtung
- sehr hoch ansetzender Muskulatur
- sehr hoch-/flachliegender Nervenaustrittsstellen
- sehr spröder Knochenverhältnisse
- sehr tiefer Kieferhöhle
- spitzer/scharfer Knochenkanten
- stark abweichendem Angulationswinkel zwischen Implantatkörper und nutzbarem Sekundärteil
- stark aufgelockerter und vakuoliger Knochenspongiosa
- stark ausgedehntem Implantatbett
- stark eingeschränktem Manipulationsbereich durch notwendige Implantatposition nach dorsal
- stark fliehender und von der Norm abweichender Knochensituation
- stark kalzifizierter Knochen
- stark kalzifizierter Knochensubstanz
- stark zerklüftetem Knochen
- starker Blutung / wiederholter Blutstillung
- starker Narbenbildung
- übermäßiger Blutung
- unterschiedlicher Sekundärteile
- verminderter Resistenz der Schleimhäute
- vorher erfolgter komplizierter Knochenaufbaumaßnahmen
- vorsichtigem Vorgehen bei geschwächter Substanz des Knochens.

Kapitel R Neuere Behandlungsverfahren in der Implantologie

I. Vorbemerkung

Bei den neueren Behandlungsverfahren sind in vielen Fällen die Positionen der GOZ nicht ansetzbar, da die Leistungen meist erst nach 1988 entwickelt und in die Zahnheilkunde eingeführt wurden bzw. erst nach 1988 „*Praxisreife*" erlangt haben.[454]

II. Schnittbilddiagnostik in der Implantologie

Zur röntgenologischen Untersuchung der Kiefer vor einer geplanten Implantation gehören neben dem Orthopantomogramm auch die seitlichen Fernröntgenaufnahmen und Zahnfilme, soweit diese im Behandlungsfall indiziert sind. Mit Hilfe dieser Aufnahmen ist bei Verwendung von Messkugeln oder Schablonen auch eine quantitative Beurteilung des Knochenangebots möglich.

Zusätzlich können in schwierigen Fällen Schichtaufnahmen (transversale Tomogramme) und ein Computertomogramm erforderlich werden. Diese Untersuchungsverfahren dienen der qualitativen und quantitativen Beurteilung des Knochenangebots und der topographischen Zuordnung der anatomisch wesentlichen Strukturen am Implantationsort, wie dem Canalis mandibularis im Unterkiefer oder dem Nasen- und Kieferhöhlenboden im Oberkiefer.

Die Abrechnung dieser röntgenologischen Untersuchungen erfolgt durch den Arzt/Zahnarzt nach den Gebührenpositionen der GOÄ bzw. GOZ.

III. Softwareunterstützte Implantatplanung

1. Indikation

Aus den Daten der Schichtaufnahmen (transversale Tomogramme) und von Computertomogrammen können durch entsprechende Software auf dem Computer dreidimensionale Darstellungen des Kieferknochens und der anatomischen Strukturen aufgebaut werden. An diesen Computersimulationen kann die Implantation und ggf. Augmentation geplant und modellhaft durchgeführt werden.

Für diese Planung bzw. als Resultat der Planung werden häufig Planungs- bzw. Operationsschablonen angefertigt, die über Material- und Laborkosten abzurechnen sind.

Die computergestützte Implantatplanung ist vor allem in den Fällen angezeigt, in denen durch eine schwierige anatomische Ausgangssituation oder durch die Nähe anatomischer Strukturen (Nervus mandibularis oder Kiefer- bzw. Nasenhöhle) Komplikationen bei der Implantation und/oder Augmentation drohen.

Die Abrechnung der zahnärztlichen/ärztlichen Diagnostik erfolgt zunächst über die GOZ 900. Die weitergehende softwareunterstützte Planung ist eine Leistung, die erst nach 1988 entwickelt und in die Zahnheilkunde eingeführt wurde bzw. erst nach 1988 „*Praxisreife*" erlangt hat. Die Abrechnung erfolgt deshalb mit Analogberechnung gemäß § 6 Abs. 2 GOZ oder mit Berechnung nach § 2 Abs. 3 GOZ.

2. Analogberechnung gemäß § 6 Abs. 2 GOZ

Nach § 6 Abs. 2 GOZ können selbständige zahnärztliche Leistungen, die erst nach Inkrafttreten der Gebührenordnung für Zahnärzte auf Grund wissenschaftlicher Erkenntnisse entwickelt wer-

[454] S. dazu Kapitel B XII., S. 40 ff.

den, entsprechend einer nach Art, Kosten- und Zeitaufwand gleichwertigen Leistung des Gebührenverzeichnisses für zahnärztliche Leistungen berechnet werden.

Zunächst muss also in der GOZ nach einer „gleichwertigen“ Leistung gesucht werden, wobei „*gleichwertig*“ nicht gleichartig bedeutet! Gleichwertig heißt, dass die in der GOZ nicht beschriebene neu entwickelte Leistung bei mittlerer Schwierigkeit in Umfang und Aufwand der ausgewählten Leistung entspricht.

3. Berechnung nach § 2 Abs. 3 GOZ

- Dies ist der einfachste und daher unbedingt zu empfehlende Weg.
- Vor Behandlungsbeginn ist eine schriftliche Vereinbarung gemäß § 2 Abs. 3 GOZ mit dem Patienten zu treffen.
- Berechnung der Leistung in der Liquidation gemäß § 2 Abs. 3 GOZ (Pauschalbetrag). Sämtliche Begleitleistungen sind selbstverständlich zusätzlich berechnungsfähig.

IV. Computergesteuerte Navigation beim Inserieren von Implantaten

1. Indikation

Das Navigationssystem ermöglicht es, die korrekte Lage von Implantaten präoperativ zu planen und die Ergebnisse intraoperativ umzusetzen – mit welcher Präzision sei dahingestellt. Voraussetzung für den Einsatz von computergesteuerten Systemen sind die Anfertigung von Kiefermodellen sowie Röntgenaufnahmen und/oder Computertomogramme. Die Daten werden in die Navigationssoftware übertragen, die dann Bohrrichtung und -tiefe ermittelt. Die Implantatplanung kann, etwa nach den Angaben von RoboDent®, bis auf 0,5 mm genau auf das Operationsgebiet übertragen werden. Beim Präparieren des Implantatlagers ist die Position des Bohrers ständig zu kontrollieren. Dabei erscheinen die Bewegungen des Handstücks zeitgleich in 3-D-Darstellung auf einem Bildschirm. Eine farbige Benutzerführung auf dem Monitor erleichtert das Auffinden des Insertionspunktes und das Einhalten des Bohrwinkels. Akustische Signale weisen auf die Bohrtiefe hin.

Navigationssysteme sind für alle implantologischen Eingriffe geeignet. Der hohe medizinische, apparative und finanzielle Aufwand für Röntgen, Planung und Implantation rechtfertigt die Verwendung jedoch nur in besonders schwierigen Fällen, in denen ohne Navigation keine erfolgssichere Implantation durchgeführt werden kann.

Die prothetische Versorgung kann an Hand der Planung schon vor der Operation vorbereitet werden.

2. Bilddokumentation 86 – Computergesteuerte Navigation

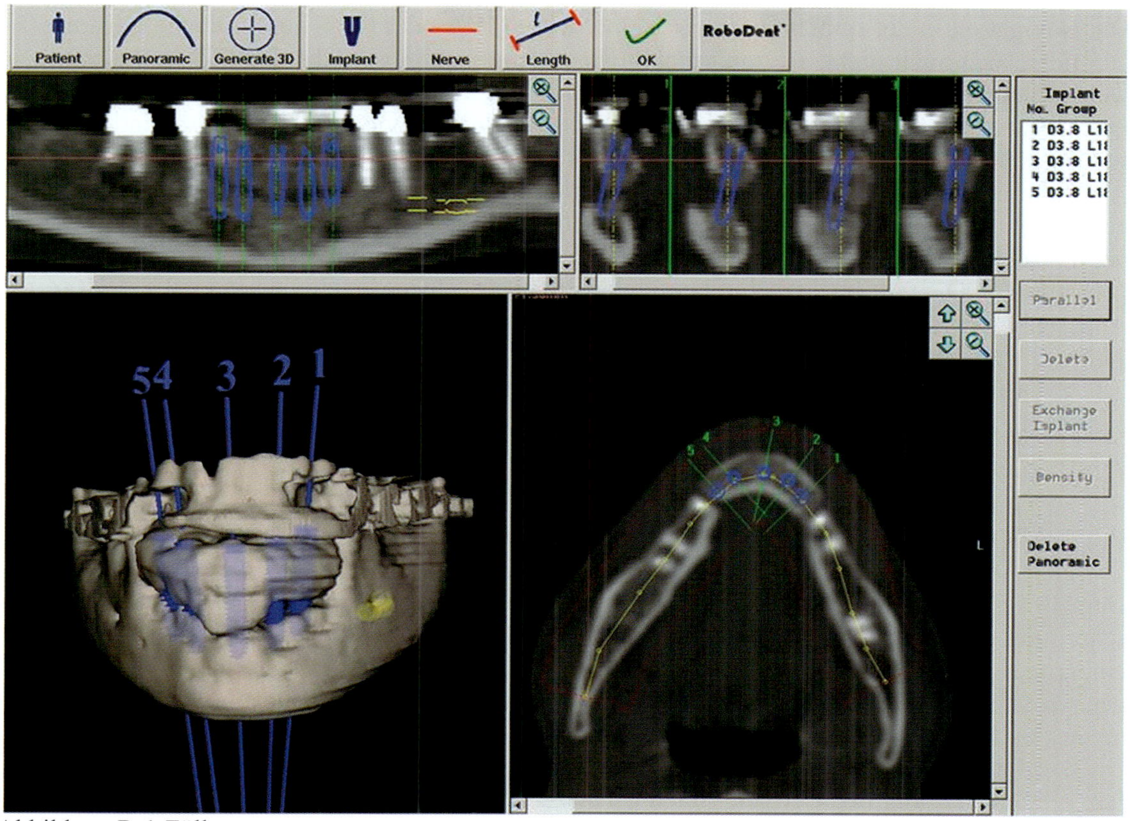

Abbildung R-1 Zöller

An den vorgesehenen Implantationsorten werden präoperativ am Computer Implantate virtuell platziert. Die Software errechnet aus dem Computertomogramm bzw. dem Röntgenbild die an diesen Punkten vorhandene Knochenform und -struktur. Dabei kann der Implantationsort auch intraoperativ sowohl im transversalen als auch im sagittalen Querschnitt visualisiert werden. Dies erleichtert die Operationsdurchführung unter ständiger optischer und akustischer Kontrolle der Bohrung über das Navigationssystem.

3. Die System-Komponenten bei der Navigation

Handelsüblicher PC, ausgerüstet für 3-D-Grafik, Infrarotkamera und Infrarotsensoren zur Navigation sowie Software für Planung, Navigation und Dokumentation.

4. Vorteile lt. Hersteller-Information

- Klare Führung bei der Implantatpositionierung durch 3-D-Bilddarstellung.
- Größtmögliche Sicherheit vor OP-Schäden.
- Navigationsgestützte Implantationen schaffen die Voraussetzungen für Langlebigkeit der Implantate.
- Minimalinvasive Eingriffe durch höchste Präzision; dadurch schnellere Wundheilung und reduziertes Infektionsrisiko.

Die vorstehend wiedergegebenen Vorteile sind ein Auszug aus einer Hersteller-Information. Sie werden ohne jede Gewähr für fachliche Richtigkeit hier wiedergegeben.

5. Berechnungsmöglichkeiten

Die Navigation in der Implantologie ist keine in der GOÄ oder GOZ beschriebene Leistung. Es empfiehlt sich auch nicht, sie mit Analogberechnung gemäß § 6 Abs. 2 GOZ zu beschreiben, wenngleich unumstritten ist, dass es sich um neue Verfahren handelt, die nach Inkrafttreten der Gebührenordnung 1988 entwickelt wurden. Die einzelnen Navigationssysteme befinden sich in wissenschaftlicher Erprobung.

Es ist in diesem Zusammenhang empfehlenswert, gemäß § 1 Abs. 2 Satz 2 GOZ eine Verlangensleistung abzurechnen und dementsprechend nach § 2 Abs. 3 GOZ eine entsprechende Honorarvereinbarung zu treffen. Nachdem auch bei der Navigation in der Implantologie Leistungen gemäß GOZ 900 bis 903 durchgeführt werden, ist eine Abrechnung gemäß § 2 GOZ mit Anpassung des Steigerungssatzes denkbar.

5.1 Abrechnung

- GOZ 900 (Implantatbezogene Analyse),
- GOZ 901 (Präparieren einer Knochenkavität),
- GOZ 902 (Einsetzen der Implantatschablone),
- GOZ 903 (Einbringen eines enossalen Implantats).

Gemäß § 5 Abs. 2 GOZ sollte der Steigerungsfaktor angemessen bestimmt werden. Bei Überschreitung des 3,5-fachen Steigerungsfaktors ist im Vorfeld der Behandlung eine Honorarvereinbarung gem. § 2 Abs. 1 und 2 GOZ mit dem Patienten zu treffen. Sämtliche Begleitleistungen wie z.B. Beratungen, Anästhesien, Funktionsanalyse, Röntgendiagnostik, Fotodokumentation etc. sind zusätzlich berechnungsfähig.

5.2 Berechnung der Leistung nach § 1 Abs. 2 Satz 2 und § 2 Abs. 3 GOZ

- Vor Behandlungsbeginn ist eine schriftliche Vereinbarung gemäß § 1 Abs. 2 Satz 2 und § 2 Abs. 3 GOZ mit dem Patienten zu treffen.
- Berechnung der Leistung in der Liquidation gemäß § 2 Abs. 3 GOZ.
- Zusätzlich werden die Leistungen nach GOZ 900, 901, 902, 903 in Rechnung gestellt.

Sämtliche Begleitleistungen wie z.B. Beratungen, Anästhesien, Funktionsanalyse, Röntgendiagnostik, Fotodokumentation etc. sind zusätzlich berechnungsfähig.

V. Stabilitätsmessung an Implantaten

1. Systeme

Das Osstell™-System wurde zur Messung der Stabilität und Osseointegration von Implantaten entwickelt. Es ist ein elektromechanisches Verfahren. Die Messsonde verfügt über eine nur limitierte Anzahl von Messungen und muss nach Verbrauch ausgetauscht werden. Ein vergleichbares System ist der Periotest®.

Der Periotest® ist ein elektromechanisches Verfahren zur Parodontaldiagnostik, das auch zur Überprüfung der Stabilität von Implantaten angewendet werden kann.

2. Funktionsweise

Durch verschiedene elektromechanische Verfahren ist es möglich, einen Überblick über den Zustand des Parodontiums zu erhalten, z.B. durch Messung der Zahnbeweglichkeit/Implantatfestigkeit (Periotest), der Sulcusfließrate oder andere instrumentelle Messungen.

Ein elektronisch gesteuerter Messaufsatz versetzt beim Osstell™-System das Implantat in Schwingung. Gleichzeitig dient dieser Aufsatz der Aufnahme und Messung der ausgelösten Bewegung des Implantats. Das Messergebnis wird graphisch und als absoluter Wert zwischen

0 und 100 (ISQ = Implant Stability Quotient) dargestellt. Die Messwerte können auf einen PC übertragen und gespeichert werden.

Beim Periotest-Verfahren perkuriert ein elektronisch gesteuerter Stößel den Zahn/das Implantat 4 x pro Sekunde. Der Stößel wird gebremst, wenn er auf den Zahn trifft. Der Messwert gibt Auskunft über die Funktion des Parodontiums und seine Veränderungen.

Die Funktionsweise des Periotest®-Geräts ergibt sich aus nachfolgender Graphik.

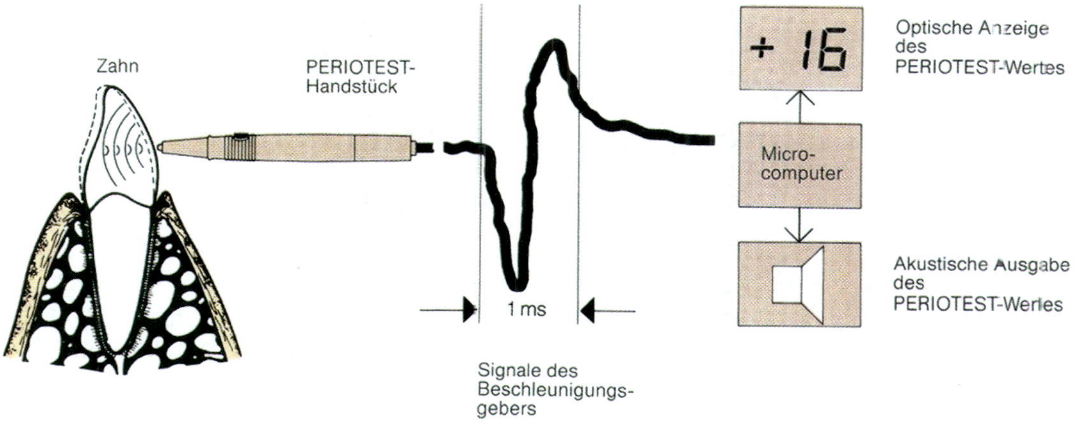

3. Abrechnung

Die Berechnung solcher Verfahren erfolgt als Analogleistung nach § 6 Abs. 2 GOZ. Von uns empfohlen wird die analoge Berechnung der GOZ 401 mit einem angemessenen Steigerungsfaktor oder jeder anderen nach Art, Kosten und Zeitaufwand gleichwertigen Leistung. Die Messsonde des Osstell™-Systems kann, da es sich nicht um ein einmal zu verwendendes Instrumentarium handelt, nicht zusätzlich abgerechnet werden.

VI. Thrombozytenaggregation

1. Verfahren

Es gibt mittlerweile eine Reihe von Verfahren zur positiven Beeinflussung der Wundheilung, die alle auf der Basis von Thrombozytenaggregation beruhen. Thrombozyten enthalten eine Reihe von Wachstumsfaktoren. Das Thrombozytenaggregat wird mittels Zentrifugation und dem Zusatz von Arzneimitteln (z.B. 10 %-iger Calciumchlorid-Lösung) aus Eigenblut des Patienten gewonnenen, z.B. als thrombozytenreiches Plasma (Platelet Rich Plasma – PRP).

Derzeit sind im Wesentlichen drei Systeme auf dem Markt. Das älteste System dürfte das Kit der Fa. Curasan AG sein. Das PCCS™ (Platelet Concentrate Collection System) der Fa. Implant Innovations GmbH ist ein neueres Verfahren. Zuletzt hinzugekommen ist PRGF (Plasma Rich in Growth Factors) nach Dr. Anitua der Fa. Wieland Dental + Technik GmbH & Co. KG.

Die Verfahren unterscheiden sich in der Menge des erforderlichen Patientenblutes und in der Art ihrer Verarbeitung sowie der Verarbeitungsdauer und den Kosten. Sie unterscheiden sich nicht in der abrechnungsrechtlichen Beurteilung.

2. Anwendung

Die Herstellung von PRP setzt die Entnahme einer geringen Menge Eigenblut des Patienten (ca. 10 – 80 ml) voraus. Dieses wird zentrifugiert und die *„zellfreie Plasmafraktion"* abgetrennt. Das dadurch gewonnene PRP wird in einem offenen Gefäß mit einem viskosen Gemisch aus wenigen Tropfen Patientenblut und einem synthetischen Knochenaufbaumittel vermengt und zum Auffüllen von Knochendefekten verwendet. Eine Lagerung oder Weitergabe des PRP erfolgt nach den üblichen Anwendungsbestimmungen nicht, da PRP an Ort und Stelle patientenbezogen gewonnen und sofort nach der Gewinnung an demselben Patienten angewendet wird (Zeitaufwand gesamt ca. 30 Minuten). Von diesem Verfahren verspricht man sich eine Beschleunigung der Wundheilung und Knochenregeneration. Der Nutzen dieses Verfahrens wird diskutiert, jedoch zunehmend anerkannt.

Durch das beim PCCS verwendete geschlossene Herzbeutelsystem soll der sichere Umgang mit dem entnommenen Blut gewährleistet sowie eine Infektion des Personals oder des Inhaltes praktisch ausgeschlossen sein.

3. Berechnungsmöglichkeiten

- Vor Behandlungsbeginn ist eine schriftliche Vereinbarung gemäß § 2 Abs. 3 GOZ mit dem Patienten zu treffen.
- Berechnung der Leistung in der Liquidation gemäß § 2 Abs. 3 GOZ (Pauschalbetrag).

4. Rechtsfragen bei der Anwendung von Thrombozytenaggregaten

Fraglich war bislang, ob PRP den Vorschriften des Arzneimittelgesetzes (AMG) und des Transfusionsgesetzes (TFG) unterliegt und welche Konsequenzen dies für die zahnärztliche Praxis hat. Künftig könnte diese Problematik durch die vorgesehene Novellierung des § 28 TFG[455] für den normalen Behandlungsfall und die Herstellung jeweils in der eigenen Praxis nur für eigene Patienten entschärft werden.

4.1 Arzneimittelqualität und Anwendbarkeit des AMG

Bei den eingangs genannten Thrombozytenaggregaten handelt es sich dem Grundsatz nach um Arzneimittel im Sinne des § 2 Abs. 1 AMG. Das BMGS hat in einem Schreiben an den Redakteur dieses Handbuches und Justitiar des BDIZ/EDI im März 2002 mitgeteilt, dass bei der Gewinnung und Anwendung von PRP voraussichtlich die geltenden Vorschriften zur Qualitätssicherung zu beachten sein werden. Am 16.04.2002 hat auch der Arbeitskreis Blut (AK Blut) des Robert Koch Instituts (RKI) zur Herstellung und Anwendung von Plättchenreichem Plasma (PRP) durch Zahnärzte Stellung genommen. Das BMGS wie auch der AK Blut bestätigen unsere Einschätzung, dass bei Anwendung von PRP im Rahmen der ärztlichen Behandlungsfreiheit weder die Herstellung noch das Produkt den Regularien des AMG unterliegen.[456]

Dies folgt aus dem Grundsatz, dass das AMG nur dann anwendbar ist, wenn Arzneimittel in den Verkehr gebracht werden. In Verkehr bringen setzt die Abgabe an andere i.S. des § 13 AMG sowie des § 67 AMG voraus, d.h. die Person, die das Arzneimittel hergestellt hat, ist eine andere als die, die es anwendet. Dies ist z.B. dann der Fall, wenn von zwei Zahnärzten in einer Gemeinschaftspraxis der eine das Blut abnimmt und PRP herstellt und der andere Zahnarzt PRP am Patienten anwendet!

Wenn der Arzt das von ihm hergestellte Arzneimittel jedoch selbst am Patienten anwendet oder durch in seinem unmittelbaren Einwirkungsbereich befindliche weisungsgebundene Hilfskräfte anwenden lässt, liegt keine Abgabe an andere vor. Dies hat das Bundesverfassungsgericht bereits entschieden.[457] In diesen Fällen erfolgt die Anwendung im Rahmen der ärztlichen Berufsausübungsfreiheit anzeige- und genehmigungsfrei.

Die Nichtanwendbarkeit des AMG ist damit an die Bedingung geknüpft, dass Herstellung des Produkts (PRP) und Anwendung unter der Regie ein und desselben Arztes/Zahnarztes erfolgen.

Die teilweise vorbeugend bei den Regierungspräsidien/Bezirksregierungen vorliegenden Anzeigen einiger Zahnärzte nach § 67 AMG sind nicht notwendig[458], führen jedoch regelmäßig zur

---

[455] S. sogleich unten Kapitel R VI.4.7, S. 302.

[456] Was für PRP gilt, gilt für die anderen Thrombozytenaggregate ebenso.

[457] BVerfG, Beschluss vom 16.02.2000 – 1 BvR 420/97 –, NJW 2000, 857.

[458] Ebenso auch Zimmermann/Bender/Eckstein, Rechtliche Rahmenbedingungen der autologen Hämotherapie – Teil 2, BayÄBl 2002, 356 [360]; **a.A.** Ratzel, Knochenersatzmaterialien und PRP, Dental Magazin 2004, Heft 4;

Klärung durch die zuständigen Überwachungsbehörden, ob im Einzelfall eine Abgabe von PRP i.S. des AMG vorliegt oder nicht.

4.2 PRP als Blutzubereitung/Blutprodukt – Anwendbarkeit des TFG

Nach Ansicht des AK Blut ist PRP eine Blutzubereitung im Sinne von § 4 Abs. 2 AMG bzw. ein Blutprodukt im Sinne von § 2 TFG, da es sich bei dem Verfahren um die Gewinnung von Blut und Blutbestandteilen vom Menschen handelt. Der AK Blut ist im Gegensatz zum BMGS offenbar gewillt, das TFG uneingeschränkt auf die Zahnarztpraxis anzuwenden, weil die Zahnarztpraxis – nach dem reinen Wortlaut des § 2 TFG – dann „*Spendeeinrichtung*" ist, wenn dort Blutprodukte zubereitet werden.

> **§ 2 TFG Begriffsbestimmungen**
> Im Sinne dieses Gesetzes
> 1. ist **Spende** die einem Menschen entnommene Menge an Blut oder Blutbestandteilen, die Arzneimittel ist oder zur Herstellung von Arzneimitteln bestimmt ist,
> 2. ist **Spendeeinrichtung** eine Einrichtung, durch die Spenden entnommen werden,
> 3. sind **Blutprodukte** Blutzubereitungen im Sinne des § 4 Abs. 2 des Arzneimittelgesetzes, Sera aus menschlichem Blut im Sinne des § 4 Abs. 3 des Arzneimittelgesetzes und Plasma zur Fraktionierung.

Nach seinem Sinn und Zweck bestehen begründete Zweifel, dass das TFG überhaupt auf die PRP- etc. Herstellung in der Zahnarztpraxis angewandt werden kann, da dies zu offensichtlich nicht beabsichtigten noch irgendwie als sinnvoll zu bezeichnenden Konsequenzen führte. In der Literatur wird kritisiert, dass schon eine Retransfusion nicht vorliege, weil PRP „*lediglich lokal zur Gewebe- und Knochenregeneration eingesetzt*" werde.[459] Der Einwand ist interessant, übersieht aber den extrem weit gefassten Wortlaut des § 2 TFG. Das Blutprodukt wird dem menschlichen Körper wieder zugeführt. Das reicht eigentlich für die Anwendung des TFG aus.

Auch der Wortlaut des § 3 Abs. 1 TFG belegt u.E., dass eine Zahnarztpraxis nicht als *Spendeeinrichtung* i.S. des § 2 TFG angesehen werden kann.

> **§ 3 Abs. 1 TFG Versorgungsauftrag**
> Die Spendeeinrichtungen haben die Aufgabe, Blut und Blutbestandteile zur Versorgung der Bevölkerung mit Blutprodukten zu gewinnen.

Die Zahnarztpraxis hat nach jedweder denkbaren Betrachtung ganz sicher nicht die „*Aufgabe, Blut und Blutbestandteile zur Versorgung der Bevölkerung mit Blutprodukten zu gewinnen*".

4.3 Rechtmäßigkeit einer Blutentnahme für die Herstellung und Anwendung von PRP

In Frage gestellt wird bereits, ob der Zahnarzt im transfusionsmedizinischen Bereich überhaupt eine Blutentnahme durchführen darf. Nach Ansicht des AK Blut beschränkt sich die Befugnis zur Ausübung der Zahnheilkunde gemäß § 1 Abs. 3 ZHG im Wesentlichen auf die Feststellung und Behandlung von Zahn-, Mund- und Kieferkrankheiten. Es sei offen, ob eine Blutentnahme im weiteren Sinne auch den oben genannten Körperbereich betrifft, wenn z.B. die Blutentnahme in direktem Zusammenhang mit einer Behandlung in diesem Bereich steht. Der AK Blut verweist hier zwar richtigerweise auf das ZHG, meint aber, dass diese Frage „n*ach dem Berufsrecht entschieden werden* [muss], *wofür die Länder zuständig sind*". Diese Differenzierung ist nicht zutreffend. Das ZHG legt abschließend den Rahmen fest, innerhalb dessen ein Zahnarzt tätig sein darf. Berufsrecht kann diesen Rahmen interpretieren, aber weder erweitern noch einschränken.

Weibrich/Buch/Kleis/Hitzler, Eigenherstellung von Platelet-Rich Plasma mit dem Platelet-Concentrate-Collection-System®, ZZI 17 (2001), S. 116 [117].

459 Foitzik/Findeisen/Staus, Knochenregeneration mit PRP, Implantologie Journal 2003, Heft 5, S. 24 [28].

Mit dem Anwendungsbereich des ZHG hat sich zuletzt das OLG Zweibrücken[460] in dem bekannten Streitfall zwischen einem Mund-, Kiefer- und Gesichtschirurgen und einem Oralchirurgen befasst und festgestellt:

> Keine solche Einschränkung der zahnärztlichen Tätigkeit ergibt sich insbesondere aus dem Wortlaut des § 1 Abs. 3 Satz 1 ZHG, wonach die Ausübung der Zahnheilkunde „auf zahnärztlich wissenschaftliche Erkenntnis" gegründet sein soll. Diese Formulierung kann nicht dahin verstanden werden, dass bestimmte Eingriffe und Behandlungsmethoden aus der Zahnheilkunde ausgeklammert werden sollten, etwa weil sie herkömmlicherweise bestimmten Bereichen der allgemeinen Medizin – wie insbesondere der Mund-, Kiefer und Gesichtschirurgie – zugeordnet wären.[461]

U.E. bestehen deshalb keine Zweifel, dass die PRP- etc. Herstellung für den zahnmedizinischen Anwendungsbereich auch durch Zahnärzte erfolgen kann, zumal das im Anhang der Richtlinie 78/687/EWG aufgelistete Studienprogramm für Zahnärzte neben einem speziellen zahnmedizinischen Fachbereich eine umfassende Befassung mit den medizinisch-biologischen und allgemein-medizinischen Fächern vorsieht.

4.4 Sachkenntnis des „ärztlichen Leiters" der Spendeeinrichtung

Eine Spendeeinrichtung darf gemäß § 4 Satz 1 TFG nur von einer leitenden ärztlichen Person mit ausreichender Sachkenntnis betrieben werden.

> **§ 4 Satz 1 TFG Anforderungen an die Spendeeinrichtungen**
> Eine Spendeeinrichtung darf nur betrieben werden, wenn zur Durchführung von Spendeentnahmen
> 1. eine ausreichende personelle, bauliche, räumliche und technische Ausstattung vorhanden ist und
> 2. die leitende ärztliche Person eine approbierte Ärztin oder ein approbierter Arzt (approbierte ärztliche Person) ist und die erforderliche Sachkunde nach dem Stand der medizinischen Wissenschaft besitzt.

Der Zahnarzt müsste – sofern diese Forderung zu erheben wäre – über eine mindestens 6-monatige transfusionsmedizinische Erfahrung verfügen oder eine 1-jährige Tätigkeit in der Herstellung autologer Blutprodukte nachweisen können. Dass ein Zahnarzt im Bundesgebiet diese Voraussetzung erfüllt, ist wohl eher nicht anzunehmen. Warum dieses Erfordernis im Zusammenhang mit PRP Sinn machen soll, wird vom AK Blut nicht dargelegt. Als Ausweg sieht der AK Blut ggf. „*die Kooperation mit einer anerkannten Blutspendeeinrichtung*". Wie diese Kooperation aber aussehen soll, da das Produkt doch nur in der Praxis hergestellt werden kann und innerhalb eines deutlich unter einer Stunde liegenden Zeitraums zu verarbeiten ist, lässt sich der Stellungnahme nicht entnehmen.

Es ist zu vermuten, dass dem AK Blut die Anwendungsbedingungen von PRP in der Zahnarztpraxis nicht voll bewusst waren. Der AK Blut geht davon aus, dass „*eine Lagerung des PRP nicht erfolgen*" soll. Diese Feststellung ist nicht zutreffend. Es geht nicht darum, dass eine Lagerung nicht erfolgen „*soll*", sondern darum, dass sie auch nicht erfolgen „*darf*"; denn der Herstellungsprozess muss innerhalb von ca. 30 Minuten abgeschlossen und das Produkt sodann umgehend verarbeitet werden. Damit gibt es die transfusionsspezifischen Risiken, die das Erfordernis nach entsprechender transfusionsmedizinischer Ausbildung begründen können, in diesem Bereich nicht.

---

[460] OLG Zweibrücken, Urteil vom 21.08.1998 – 2 U 29/97 –, BDIZ-konkret 1998, Heft 3, S. 24 = MedR 1999, 219 = GHI, S. 253.

[461] Ebenso bereits BG für Heilberufe beim VG Köln, Urteil vom 12.03.1980 – 1 T 60 (I)/79 –, HeilBGE A 1.14 Nr. 4.7.

Nur mit nicht ausreichender Kenntnis der Produktion und der Produktionsbedingungen von PRP in der zahnärztlichen Praxis ist auch zu erklären, dass der AK Blut die Gefahr einer „*Verwechslung bzw. Kreuzkontamination*“ sieht. Beide Risiken setzen denknotwendig voraus, dass PRP- etc. Präparate für zeitgleich behandelte Patienten hergestellt werden, also der Zentrifugierprozess wie die Vermischung des Endproduktes mit Knochenaufbaumittel und Patientenblut zeitgleich zu laufenden Behandlungen und nicht nur jeweils für einen Patienten erfolgen. Dies scheint in der Zahnarztpraxis unwahrscheinlich.

4.5 Anforderungen an den Spender/Patienten

§ 5 Abs. 1 und 2 TFG enthält Anforderungen an den Spender/Patienten, die für PRP ebenfalls keinen vernünftigen Sinn ergeben.

> **§ 5 Abs. 1 und 2 TFG Auswahl der spendenden Personen**
> (1) Es dürfen nur Personen zur Spendeentnahme zugelassen werden, die unter der Verantwortung einer approbierten ärztlichen Person nach dem Stand der medizinischen Wissenschaft und Technik für tauglich befunden worden sind und die Tauglichkeit durch eine approbierte ärztliche Person festgestellt worden ist. Die Zulassung zur Spendeentnahme soll nicht erfolgen, soweit und solange die spendewillige Person nach Richtlinien der Bundesärztekammer von der Spendeentnahme auszuschließen oder zurückzustellen ist.
> (2) Bei der Gewinnung von Eigenblut, Blut zur Stammzellseparation und Plasma zur Fraktionierung ist die Tauglichkeit der spendenden Personen auch nach den Besonderheiten dieser Blutprodukte zu beurteilen.

Für die Auswahl der Patienten („*spendende Person*“ im Sinne von § 5 Abs. 2 TFG) wäre nach Ansicht des AK Blut die Besonderheit autologer Blutprodukte zu beachten. Daraus folgt, dass die Spender auf ihre Eignung zu prüfen wären. Dies bedeutet, dass auch bei autologen Blutprodukten grundsätzlich eine Spendertestung auf Anti-HIV 1/2, Anti-HCV und HBsAg erfolgen müsste, um das Risiko einer Verwechslung bzw. Kreuzkontamination zu minimieren. Auch dies erscheint mit den kurzen Verarbeitungszeiten nicht in Einklang zu bringen zu sein. Die Testung dürfte in diesem Zeitraum in der zahnärztlichen Praxis nicht durchführbar sein.

4.6 Aufklärung des Patienten bei PRP

Über Aufklärung und Einwilligung des Spenders sind entsprechende Unterlagen zu führen (§ 6 TFG).

> **§ 6 TFG Aufklärung, Einwilligung**
> (1) Eine Spendeentnahme darf nur durchgeführt werden, wenn die spendende Person vorher in einer für sie verständlichen Form über Wesen, Bedeutung und Durchführung der Spendeentnahme und der Untersuchungen sachkundig aufgeklärt worden ist und in die Spendeentnahme und die Untersuchungen eingewilligt hat. Aufklärung und Einwilligung sind von der spendenden Person schriftlich zu bestätigen. Sie muss mit der Einwilligung gleichzeitig erklären, dass die Spende verwendbar ist, sofern sie nicht vom vertraulichen Selbstausschluss Gebrauch macht.
> (2) Die spendende Person ist über die mit der Spendeentnahme verbundene Erhebung, Verarbeitung und Nutzung personenbezogener Daten aufzuklären. Die Aufklärung ist von der spendenden Person schriftlich zu bestätigen.

Auch diese Norm erscheint für die PRP- etc. Gewinnung und Anwendung in der Zahnarztpraxis nicht sachgerecht. Sicher muss der Patient über Sinn, Zweck, Nutzen wie mögliche Risiken von PRP aufgeklärt sowie über den Ablauf informiert werden. Die in § 6 TFG genannten Hinweise sind jedoch bei PRP sinnlos. Es geht nicht um eine Spende von sich an Dritte, sondern um die Herstellung eines Blutproduktes mit Eigenblut. Also muss man u.E. die in § 27 TFG genannte generelle Ausnahmeregelung auch auf PRP anwenden.

4.7 Ausnahmen vom Anwendungsbereich des TFG – TFG-Novelle

> **§ 28 TFG Ausnahmen vom Anwendungsbereich**
> Dieses Gesetz findet auf homöopathische Eigenblutprodukte und auf Eigenblutprodukte zur Immuntherapie keine Anwendung.

Es gibt keinen vernünftigen Grund, PRP anders als die in § 28 TFG genannten Produkte und Anwendungsindikationen zu behandeln.

Diese Erkenntnis dämmert nun auch dem BMGS. Es liegt mittlerweile ein Gesetzentwurf zur Änderung des TFG als Kabinettsentwurf vor.[462] Danach soll § 28 TFG folgenden Wortlaut bekommen:

> **§ 28 TFG-E Ausnahmen vom Anwendungsbereich**
> Dieses Gesetz findet auf homöopathische Eigenblutprodukte und auf die Entnahme einer geringfügigen Menge Eigenblut zur Herstellung von Produkten für die zahnärztliche Behandlung, sofern diese Produkte in der Zahnarztpraxis hergestellt und angewendet werden, keine Anwendung.[463]

Damit würde die Thrombozytenaggregation aus dem Anwendungsbereich des TFG herausgenommen.

Die Begründung für die Änderung des § 28 TFG-E lautet:

> Mit der Regelung wird die Privilegierung für die Eigenblutprodukte zur Immuntherapie durch § 28 aufgehoben, weil heute derartige Produkte auch durch Apherese gewonnen, bearbeitet und dann angewendet werden (z.B. dendritische Zellen). Die Entnahme erfolgt nahezu in der Weise, wie bei anderen Apheresen auch. Deshalb kann nicht mehr davon ausgegangen werden, dass für derartige Autoimmuntherapeutika generell nur geringe Mengen an Blut oder Blutbestandteilen gewonnen und verarbeitet werden. Dadurch und durch die Verfahren erhöhen sich das Risiko des unsachgemäßen Umgangs mit den Blutbestandteilen und die Gefahr der Übertragung von Krankheitserregern.
>
> Andererseits wird die Entnahme geringfügiger Mengen (10 bis 14 ml) autologen Blutes zur Herstellung von Füll- oder Dichtungsmaterial im Rahmen zahnärztlicher Behandlungen von den Regelungen des TFG frei gestellt. Hier ist z.B. an das plättchenreiche Plasma (PRP) zu denken, das autolog in geringer Menge in der Zahnarztpraxis gewonnen und dort vermischt mit chemischen Stoffen als Dichtmasse bei der Zahnbehandlung angewendet wird. Entnahme- und Herstellungsvorgang unterscheiden sich klar und deutlich von der „klassischen" Eigenblutspende (auch Apherese) und der Herstellung daraus abgeleiteter Blutprodukte. Hier die gesamten Anforderungen des TFG zu verlangen, wäre überzogen und daher unverhältnismäßig. Das gilt nicht, wenn das Material außerhalb der Zahnarztpraxis gewerbsmäßig in Spezialeinrichtungen entnommen und zu Produkten verarbeitet wird. Hier ist ein stärkerer Drittbezug gegeben, so dass der Schutzgedanke für Dritte höher zu bewerten ist. Es finden sowohl die arzneimittelrechtlichen als auch transfusionsrechtlichen Vorschriften Anwendung.[464]

Auch wenn nicht sicher ist, ob und wann der Entwurf verabschiedet wird, ist doch das in der Begründung enthaltene Eingeständnis, dass die Anwendung des TFG auf den Normalfall der PRP- etc. Gewinnung „*unverhältnismäßig*" wäre, wichtig zu Entlastung aller, die in der Vergangenheit PRP etc. hergestellt und eingesetzt haben.

---

462 Entwurf für ein Erstes Gesetz zur Änderung des Transfusionsgesetzes und arzneimittelrechtlicher Vorschriften (TFG-Novelle). Quelle: http://www.bmgs.bund.de/download/TFG-Novelle.pdf.

463 § 28 TFG-Novelle, S. 5 des Umdrucks.

464 Begründung zu § 28 TFG-Novelle, S. 21 f. des Umdrucks.

Zugleich wird aber klargestellt, dass diejenigen, die PRP nicht nur zur Verwendung in der eigenen Praxis herstellen, uneingeschränkt unter den Anwendungsbereich des TFG fallen. Für sie gilt dann die nachstehend dargestellte Dokumentationspflicht uneingeschränkt.

4.8 Dokumentation über die PRP Gewinnung

Die Dokumentationspflicht des TFG ist – den Blutspendeerfordernissen angepasst – sehr umfangreich. Über jede einzelne Herstellung (und Prüfung) sowie für jede einzelne Anwendung sind gemäß § 11 TFG Nachweise zu führen und 15 Jahre aufzubewahren. Die Daten sind meldepflichtig. Die Dokumentations- und Aufbewahrungsbestimmungen der §§ 11, 14, 21 TFG beinhalten u.a.:

- Jede **Spendeentnahme** und jede **Anwendung** von Blutprodukten und die damit verbundenen Maßnahmen sind unbeschadet ärztlicher Dokumentationspflichten für die im TFG geregelten Zwecke, für Zwecke der ärztlichen Behandlung der spendenden Person und für Zwecke der Risikoerfassung nach dem AMG zu protokollieren. (Jeder einzelne Arbeitsschritt vor und nach der Spendeentnahme muss lückenlos nachvollzogen werden können).
- Die Dokumentation hat die **Aufklärung** und die **Einwilligungserklärungen**, die durchgeführten Untersuchungen sowie die Darstellung von Wirkungen und unerwünschten Ereignissen zu umfassen.
- Angewendete **Blutprodukte** sind vom Arzt mit **Patientenidentifikationsnummer** oder entsprechenden eindeutigen Angaben zu der zu behandelnden **Person** (Name, Geburtsdatum und Adresse), **Chargenbezeichnung**, **Pharmazentralnummer** oder Bezeichnung des Präparates, Name oder Firma des pharmazeutischen Unternehmers, Menge und Stärke sowie Datum und Uhrzeit der Anwendung festzuhalten. Bei Eigenblut sind diese Vorschriften sinngemäß anzuwenden.
- Die Aufzeichnungen, einschließlich der EDV-erfassten Daten, müssen mindestens fünfzehn Jahre lang aufbewahrt werden. Sie müssen zu Zwecken der Rückverfolgung unverzüglich verfügbar sein.
- **Personenbezogene Daten** der spendenden Personen müssen den zuständigen Behörden für Gesetzeszwecke übermittelt werden.
- Die Träger der Spendeeinrichtungen haben jährlich die Zahlen zum **Umfang** der Gewinnung von Blut und Blutbestandteilen, der **Herstellung** und des **Verbrauchs** der zuständigen Bundesoberbehörde zu melden.

Diese äußerst umfangreichen Dokumentationspflichten sind bei Blutspendeeinrichtungen im herkömmlichen Sinn zweifellos wichtig, vom Zahnarzt aber kaum zu leisten. Zudem erschließt sich auch hier der Sinn nicht, da die Daten z.B. aus epidemiologischen Gründen erfasst werden. Bei der PRP- etc. Herstellung erfolgt jedoch kein Austausch unter verschiedenen Personen und auch keine Lagerung des „*Blutprodukts*".

4.9 Keine Anwendung des TFG auf PRP

Die Einschätzung des AK Blut war noch **nie plausibel** – was nun auch das BMGS mit § 28 TFG-E anerkennt –, insbesondere vor dem Hintergrund des Schutzzweckes des TFG. In Anbetracht der Anwendung des Verfahrens an je einem Patienten mit den entsprechenden zeitlich kurzen Arbeitsschritten besteht die Gefahr einer Verwechslung des PRP bzw. der Kreuzkontamination nur in großen Behandlungseinheiten. Damit ist der Sinn der besonderen Anforderungen, insbesondere der weit reichenden Dokumentations- und Meldepflichten des Transfusionsgesetzes bei der Herstellung und Anwendung von PRP fraglich.

Der AK Blut sieht nach seiner Stellungnahme ebenfalls Bedarf für gesonderte bzw. spezifische Regelungen für PRP und zieht hierzu ggf. die Änderung der derzeitig gültigen gesetzlichen Vorgaben in Betracht. Nach seiner Ansicht setzt dies aber eine qualitätsgesicherte Produktherstellung voraus, die zu einem qualitativ eindeutig zusammengesetzten und sicheren PRP (z.B. bezüglich der mikrobiellen Belastung, Virussicherheit etc.) führen muss.

Es bietet sich in dieser Situation die teleologische Reduktion des TFG an. Die teleologische Reduktion führt analog § 28 TFG zur **Nichtanwendung des TFG auf PRP**, soweit es sich um die Herstellung von PRP für konkrete Patienten in der eigenen Praxis handelt.[465] Das gilt nach geltendem Recht, erst recht nach dem vorgesehenen künftigen Recht.

VII. Autologer Mundschleimhautersatz

1. Funktionsweise

Bei dieser modernen Gewebe-Technologie wurden Mundschleimhautzellen mittels einer kleinen Schleimhautprobe ambulant unter lokaler Betäubung entnommen. Zusätzlich wurden dem Patienten 60 ml Blut abgenommen und gemeinsam mit der Gewebeprobe in einem Spezialbehälter kostenfrei zu der zwischenzeitlich insolvent gewordenen Fa. BioTissue Technologies GmbH (oder AG?) gebracht. Dort wurden die Zellen im Labor vermehrt. Nach ca. drei Wochen konnte der 2- bis 3-schichtige Mundschleimhautzellenverband auf eine resorbierbare Kollagenfolie aufgebracht werden. Diese 2,5 x 2,5 cm großen Folien konnten dann direkt auf den Schleimhautdefekt in der Mundhöhle transplantiert werden. Innerhalb von ca. 5-7 Tagen war die Kollagenfolie nach Angaben des Herstellers vollständig resorbiert. Im Mund verblieb eine funktionelle und ästhetisch hochwertige Wunddeckung. Auch Knochen und Knorpel können auf diese Weise vermehrt werden. Das größte Problem beim Einsatz von Spender-Geweben oder Spender-Organen ist die Abstoßungsreaktion durch das Immunsystem; die Unterdrückung des Immunsystems hat erhebliche Nebenwirkungen. Seit 2001 bot die Freiburger BioTissue Technologies GmbH einen autologen Mundschleimhautersatz, BioSeed®-M an, der in der Kieferchirurgie und bei zahnärztlichen Behandlungen eingesetzt wurde. Durch die Möglichkeit der Verwendung von autologem Mundschleimhautersatz konnte z.B. vielfach auf die Verschiebelappentechnik zur Rezessionsdeckung verzichtet werden.

Da solche Verfahren zukunftsträchtig sein dürften und die Abrechnung große Probleme bereitet hat und auf absehbare Zeit bereiten dürfte, haben wir uns entschlossen, die Abrechnung dieses Verfahrens in das Abrechnungshandbuch Implantologie mit aufzunehmen.

2. Vorteile lt. Informationsbroschüre (Auszug)

- Stark schmerzreduzierte Gewebe-Entnahme.
- Keine großflächige Transplantatentnahme.
- Hohe Funktionalität und Ästhetik.

3. Anwendungsgebiete in der Weichgewebechirurgie (z.B.)

- Versorgung großflächiger Schleimhautdefekte bei tumorchirurgischen und verletzungsbedingten Rekonstruktionen,
- Implantologie,
- Vestibulumplastik,
- Parodontologie.

4. Berechnungsmöglichkeiten

4.1 Berechnung nach § 2 Abs. 3 GOZ

- Vor Behandlungsbeginn ist eine schriftliche Vereinbarung gemäß § 2 Abs. 3 GOZ mit dem Patienten zu treffen.

---

[465] Für Gemeinschaftspraxen gelten keine Besonderheiten.

- Berechnung der Leistung in der Liquidation gemäß § 2 Abs. 3 GOZ (Pauschalbetrag). Sämtliche Begleitleistungen sind selbstverständlich zusätzlich berechnungsfähig.

4.2 Berechnung nach entsprechenden Leistungen aus der GOÄ/GOZ

Da es für die Entnahme von Schleimhautzellen zur Gewebevermehrung und die Implantation des Gewebes weder in der GOZ noch in der GOÄ eine entsprechende Leistungsbeschreibung gibt, ist hilfsweise die Berechnung nach folgenden GOÄ-/GOZ-Leistungen denkbar:

- GOÄ 2401 für die Entnahme von Periost,
- GOÄ 2254 für das Einbringen der gereiften/vermehrten Knochenchips,
- GOZ 411 für das Einbringen der gereiften/vermehrten Knochenchips in parodontale Taschen,
- GOÄ 250 (Blutentnahme aus der Vene) – reduzierter Gebührenrahmen [!],
- GOZ 414 analog „Entnahme eines freien Schleimhauttransplantats“ für die Entnahme des Zellmaterials,
- GOZ 413 analog „Chirurgische Maßnahmen zur Verbreiterung der unverschieblichen Gingiva und/oder zur Vertiefung des Mundvorhofes, je Kieferhälfte oder Frontzahnbereich“ für die Gewebsvermehrung,

oder

- GOÄ 2401 (Probeexcision) für die Entnahme von Mundschleimhaut,
- GOÄ 250 (Blutentnahme aus der Vene) – reduzierter Gebührenrahmen [!],
- GOZ 411 (Auffüllen parodontaler Knochendefekte) für das Aufbringen der gereiften/vermehrten Mundschleimhaut.

Für die labortechnische Vermehrung der Zellen erhält der Patient eine gesonderte Rechnung durch das Labor.

VIII. Distraktionsosteogenese

1. Beschreibung

Das Verfahren der extraoralen Distraktion zur Behandlung von Knochendefekten wird seit Anfang der neunziger Jahre in der Mund-, Kiefer- und Gesichtschirurgie eingesetzt. Die intraorale Distraktionsosteogenese stellt eine Weiterentwicklung dieser Methode dar. Zur vertikalen Distraktion des Alveolarfortsatzes wurden spezielle miniaturisierte, für die intraorale Anwendung geeignete Distraktoren entwickelt. Nach segmentförmiger Osteotomie und Einbringen des Distraktors wird zur Ausbildung des Kallus eine siebentägige Ruhephase benötigt. In der sich anschließenden Distraktionsphase wird täglich etwa 1 mm Höhe gewonnen. Insgesamt können bis zu 15 mm vertikale Distraktionshöhe erreicht werden. Nach Erreichen des benötigten Knochenaufbaus folgt eine 12-wöchige Retentionsphase zur weiteren Mineralisation und anschließender Entfernung des Distraktors. Gleichzeitig werden auch die Weichteile gedehnt und aufgebaut, so dass weichteilchirurgische Sekundäreingriffe oft überflüssig oder weniger aufwändig werden.

2. Bilddokumentation 84 – Distraktionsosteogenese

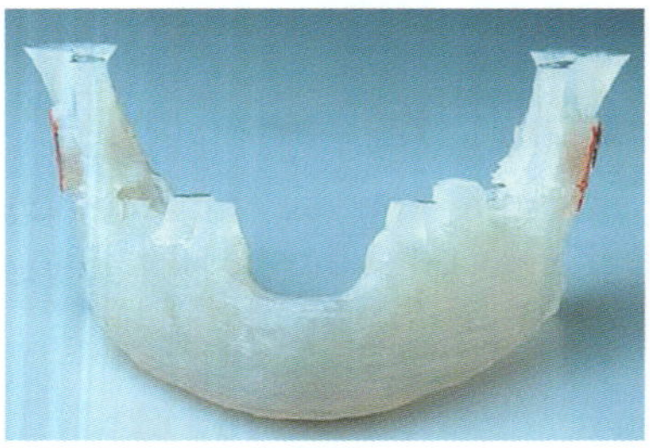

Abbildung R-2 Zöller

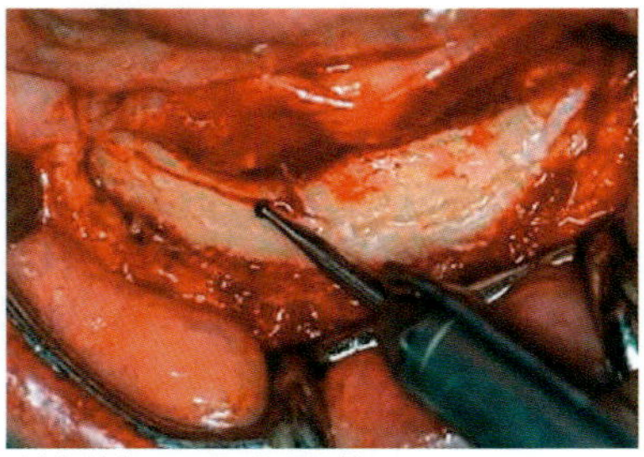

Abbildung R-3 Zöller

Bei der Segmentosteotomie bleibt das Segment mit den Weichteilen verbunden, um für eine gute Ernährung zu sorgen.

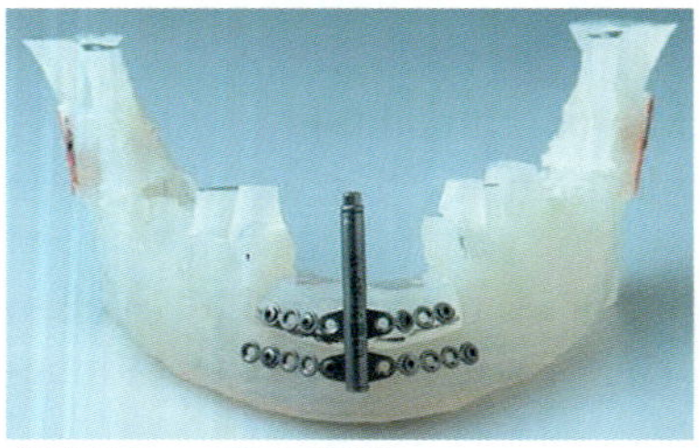

Abbildung R-4 Zöller

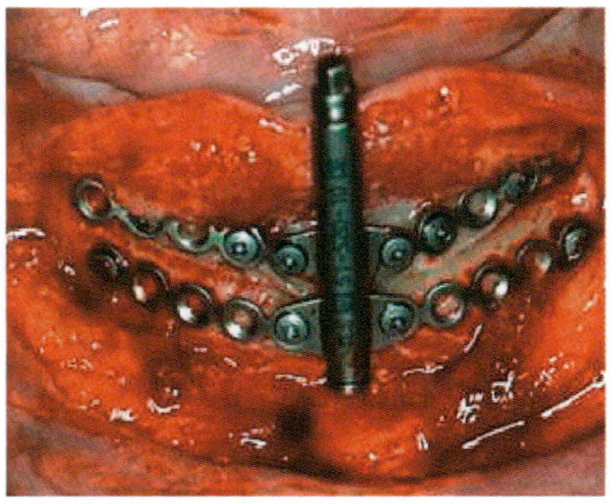

Abbildung R-5 Zöller

Nach Fixierung des Distraktors wird die Bewegungsmöglichkeit überprüft und die initiale Distraktion begonnen.

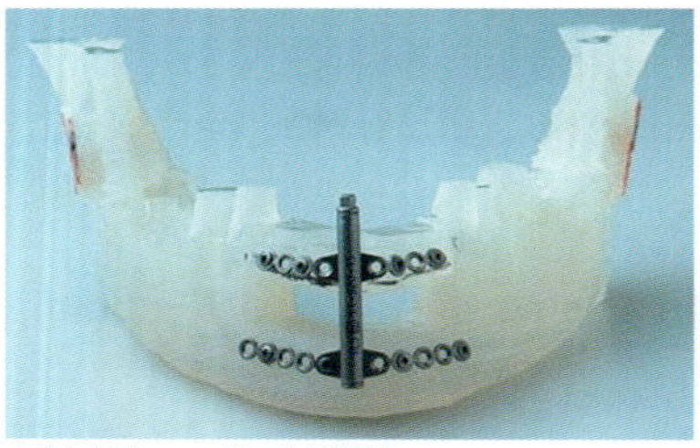

Abbildung R-6 Zöller

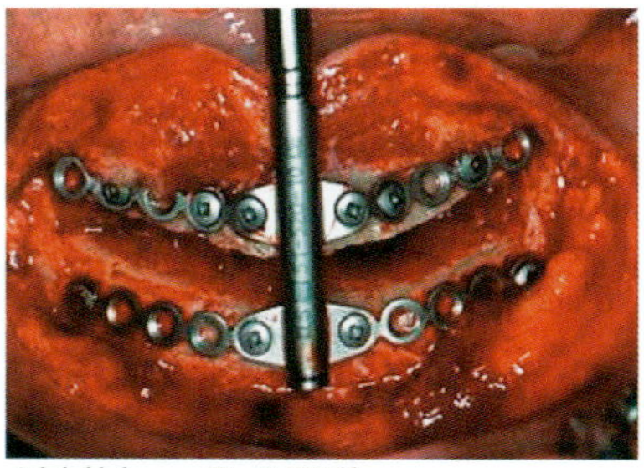

Abbildung R-7 Zöller

Nach Ende der Distraktion wird sich im Zwischenraum Knochen neu gebildet haben.

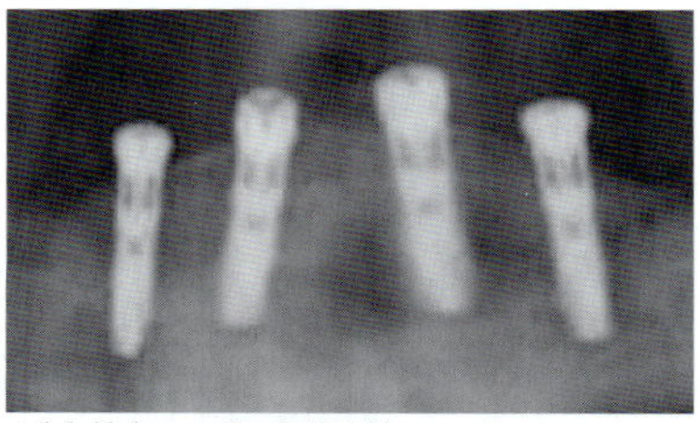

Abbildung R-8 Zöller

Die Implantate sind zur Hälfte im ursprünglichen Kieferknochen und zur Hälfte im distrahierten Knochensegment verankert.

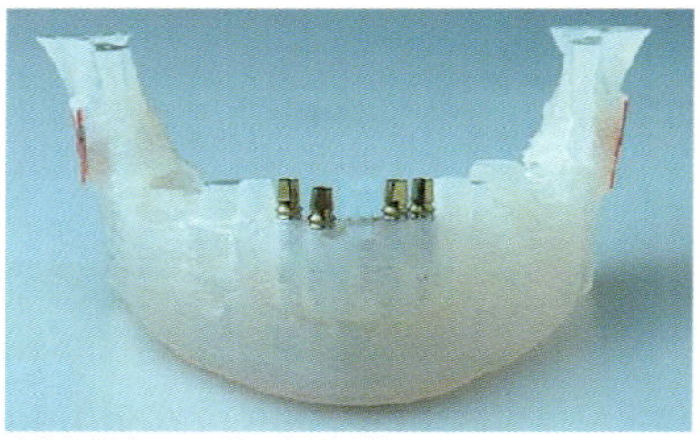
Abbildung R-9 Zöller

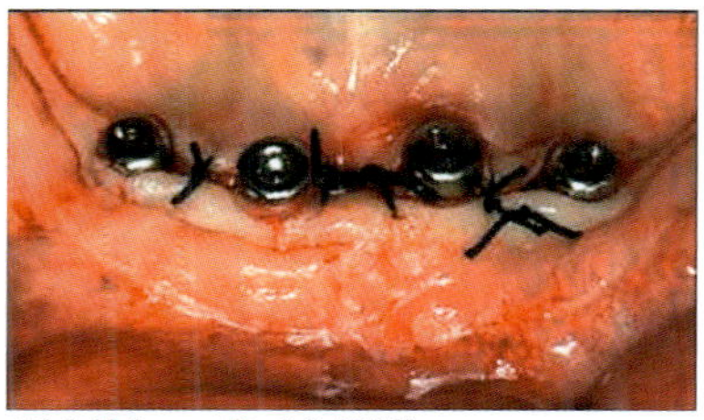
Abbildung R-10 Zöller

Das klinische Bild nach Distraktion und Insertion von vier Implantaten.

3. Anwendungsgebiete

Präimplantologische Augmentation sowohl im bezahnten als auch im unbezahnten Kiefer bei vertikalen Knochendefekten.

4. Berechnungsmöglichkeiten

4.1 Berechnung nach § 2 Abs. 3 GOZ

- Vor Behandlungsbeginn ist eine schriftliche Vereinbarung gemäß § 2 Abs. 3 GOZ mit dem Patienten zu treffen.
- Berechnung der Leistung in der Liquidation gemäß § 2 Abs. 3 GOZ (Pauschalbetrag). Sämtliche Begleitleistungen sind selbstverständlich zusätzlich berechnungsfähig.

4.2 Berechnung nach entsprechenden Leistungen aus der GOÄ/GOZ

Die Berechnung der Distraktionsosteogenese wäre denkbar nach den aufgeführten Gebührennummern der GOZ/GOÄ. Gemäß § 5 Abs. 2 GOZ sollte der Steigerungsfaktor angemessen bestimmt werden. Soll der 3,5-fache Satz überschritten werden, ist nach § 2 Abs. 1 und 2 GOZ mit dem Patienten eine vorherige Honorarvereinbarung über die Höhe der Vergütung zu treffen. Folgende Gebührenziffern können abgerechnet werden:

- GOÄ 2710 analog Segmentosteotomie,
- GOÄ 2688 analog Fixation bei nicht dislozierter Kieferfraktur durch Osteosynthese,
- GOÄ 2730 analog Operative Maßnahmen zur Lagerbildung beim Aufbau des Alveolarfortsatzes, je Kieferhälfte oder Frontzahnbereich,
- GOÄ 2442 analog bei Verwendung von alloplastischem Material,
- GOÄ 2254 bei Verwendung von Bankknochen,
- GOÄ 2255 bei Verwendung von autologem Knochen.
- Zuschlag nach GOÄ 443 für die ambulante Operation.

Der Leistungsinhalt GOÄ 2732 (Lagerbildung) kommt nur in begründeten Ausnahmefällen in Betracht, vor allem bei großen, traumatischen oder tumorbedingten Knochendefekten. Da das Therapieziel der Knochendistraktionsverfahren in einer Vermehrung des Knochenangebots besteht, können zusätzlich erbrachte weichteilchirurgische Maßnahmen anfallen:

- GOÄ 2675 analog partielle Vestibulumplastik oder
- GOÄ 2676 analog totale Mundboden- oder Vestibulumplastik oder
- GOÄ 2677 analog submuköse Vestibulumplastik.
- GOÄ 2386 analog Schleimhauttransplantation einschließlich Unterminierung und plastischer Deckung (Präparation der Kieferhöhlenschleimhaut).

Sämtliche **Begleitleistungen** wie z.B. Beratungen, Anästhesien, Funktionsanalyse, Röntgendiagnostik, Fotodokumentation etc. sind zusätzlich berechnungsfähig.

Kapitel S Materialkosten

I. Einleitung

Die Erstattungsfähigkeit von Auslagen ist eine der Hauptstreitpunkte zwischen Zahnärzten und privaten Krankenversicherungen. Die Anzahl der dazu ergangenen Urteile ist beeindruckend. Im Bereich der Implantologie stellt sich u.a. die Frage, ob Implantatfräsen gesondert abrechenbar sind. Die Abrechenbarkeit steht und fällt vielfach mit der Frage, ob § 10 GOÄ im Rahmen der zahnärztlichen Behandlung anwendbar ist, da die GOZ kein kohärentes System der Abrechenbarkeit von Auslagen kennt.

Nach § 3 GOZ stehen dem Zahnarzt Gebühren, Wegegeld und der Ersatz von Auslagen zu. Der Begriff der Auslagen ist in der GOZ selbst nicht definiert. Auch die GOÄ definiert den Begriff der Auslagen nicht näher. § 3 GOÄ enthält denselben Wortlaut wie § 3 GOZ.

§ 3 GOZ Vergütungen	**§ 3 GOÄ Vergütungen**
Als Vergütungen stehen dem Zahnarzt Gebühren, Wegegeld und Ersatz von Auslagen zu.	Als Vergütungen stehen dem Arzt Gebühren, Entschädigungen und Ersatz von Auslagen zu.

§ 4 Abs. 3 Satz 1 GOZ verwendet ebenso wie § 4 Abs. 3 GOÄ den Begriff der Praxiskosten:

§ 4 Abs. 3 GOZ	**§ 4 Abs. 3 GOÄ**
[1]Mit den Gebühren sind die Praxiskosten einschließlich der Kosten für Füllungsmaterial, für den Sprechstundenbedarf sowie für die Anwendung von Instrumenten und Apparaten abgegolten, soweit nicht im Gebührenverzeichnis etwas anderes bestimmt ist. [2]Hat der Zahnarzt zahnärztliche Leistungen unter Inanspruchnahme Dritter, die nach dieser Verordnung selbst nicht liquidationsberechtigt sind, erbracht, so sind die hierdurch entstandenen Kosten ebenfalls mit der Gebühr abgegolten.	[1]Mit den Gebühren sind die Praxiskosten einschließlich der Kosten für den Sprechstundenbedarf sowie die Kosten für die Anwendung von Instrumenten und Apparaten abgegolten, soweit nicht in dieser Verordnung etwas anderes bestimmt ist. [2]Hat der Arzt ärztliche Leistungen unter Inanspruchnahme Dritter, die nach dieser Verordnung selbst nicht liquidationsberechtigt sind, erbracht, so sind die hierdurch entstandenen Kosten ebenfalls mit der Gebühr abgegolten.

§ 4 Abs. 4 Satz 1 GOZ bestimmt übereinstimmend mit § 4 Abs. 4 Satz 1 GOÄ:

§ 4 Abs. 4 GOZ	**§ 4 Abs. 4 GOÄ**
[1]Kosten, die nach Absatz 3 mit den Gebühren abgegolten sind, dürfen nicht gesondert berechnet werden. [2]Eine Abtretung des Vergütungsanspruchs in Höhe solcher Kosten ist gegenüber dem Zahlungspflichtigen unwirksam.	[1]Kosten, die nach Absatz 3 mit den Gebühren abgegolten sind, dürfen nicht gesondert berechnet werden. [2]Eine Abtretung des Vergütungsanspruchs in Höhe solcher Kosten ist gegenüber dem Zahlungspflichtigen unwirksam.

Die Regelungen beider Gebührenordnungen zu den Vergütungen und zu den in § 4 GOZ/GOÄ geregelten Gebühren sind also in ihren Grundsätzen – sieht man einmal von dem Gebrauch der fachspezifisch unterschiedlichen Berufsbezeichnungen und der expliziten Erwähnung des Füllungsmaterials in § 4 Abs. 3 Satz 1 GOZ ab – **absolut identisch**.

In beiden Gebührenordnungen wird aber nicht geregelt, was Praxiskosten sind. § 10 GOÄ regelt als einzige Vorschrift in beiden Gebührenordnungen näher den *„Ersatz von Auslagen“*, enthält aber ebenfalls keine Definition dieses Begriffs.

Gäbe es weder §§ 3 und 4 GOZ/GOÄ noch § 10 GOÄ, dann könnte der Zahnarzt bzw. Arzt seine Auslagen als Aufwendungen nach § 670 BGB berechnen. Daher ist es sachgerecht, den

Begriff Auslagen dem Grunde nach identisch mit dem Begriff der Aufwendungen des § 670 BGB zu interpretieren:

> **§ 670 BGB Ersatz von Aufwendungen**
> Macht der Beauftragte zum Zwecke der Ausführung des Auftrags Aufwendungen, die er den Umständen nach für erforderlich halten darf, so ist der Auftraggeber zum Ersatz verpflichtet.

Aufwendungen nach § 670 BGB sind freiwillige Vermögensopfer, die zur Durchführung eines Auftrags entweder auf Weisung des Auftraggebers oder als notwendige Folge dieses Auftrags gemacht werden.[466]

Aufwendungen im Sinne der zahnärztlichen Dienstleistungen wären alle Kostenpositionen außerhalb der eigentlichen zahnärztlichen Arbeit, also alles, was der Zahnarzt zur Durchführung seiner zahnärztlichen Leistung „*zukaufen*" muss. Derart weit kann der Begriff der Auslagen im Sinne von § 3 GOZ/GOÄ bzw. § 10 GOÄ nicht verstanden werden; denn § 4 Abs. 3 GOZ/GOÄ bestimmt, dass mit den Gebühren bereits die Praxiskosten einschließlich der Kosten für Füllungsmaterial, für den Sprechstundenbedarf sowie für die Anwendung von Instrumenten und Apparaten abgegolten sind, soweit nicht im Gebührenverzeichnis etwas anderes bestimmt ist. Die Kosten für Füllungsmaterial und Sprechstundenbedarf sind im Sinne des § 670 BGB Aufwendungen. § 4 Abs. 3 Satz 1 und Abs. 4 Satz 1 GOZ/GOÄ schließt die Erstattungsfähigkeit jedoch ausdrücklich aus.

Nach dem Wortlaut des § 4 Abs. 3 GOZ wären (erstattungsfähige) Auslagen[467] nur

- zahntechnische Leistungen (§ 9 GOZ),
- die in der GOZ bei den verschiedenen Gebührenziffern genannten gesondert berechnungsfähigen Kosten und Aufwendungen[468] sowie
- Kosten, die nicht unmittelbar mit der zahnärztlichen Behandlung in Zusammenhang stehen, z.B. verauslagte Taxikosten.

II. Sprechstundenbedarf

Die Zuordnung zu Praxiskosten und zum Sprechstundenbedarf ist ausgesprochen schwierig und Gegenstand zahlloser Gerichtsentscheidungen. Der sog. Sprechstundenbedarf fällt in der GOÄ weitgehend unter die nach § 10 GOÄ gesondert abrechenbaren Auslagen. Die Abgeltung von Sprechstundenbedarf mit den Gebühren nach § 4 Abs. 3 Satz 1 GOÄ beschränkt sich auf solche Materialien des Sprechstundenbedarfs, deren Kosten im Einzelfall oder allgemein nach § 10 GOÄ nicht als Auslagen berechnet werden können.[469]

Die eingangs dieses Kapitels vorgenommenen synoptischen Gegenüberstellungen der Gebührentatbestände ergibt anschaulich, dass eine unterschiedliche Handhabung, je nachdem, ob der Behandler Zahnarzt oder Arzt für Mund-, Kiefer- und Gesichtschirurgie ist, nicht begründbar wäre. Sehr viele Fragen nach der Abrechenbarkeit von Materialkosten erledigen sich dann von alleine. So ist z.B. die Frage der Abrechenbarkeit von Nahtmaterial nach GOÄ zu bejahen, sofern es sich nicht um den in § 10 Abs. 2 Nr. 1 GOÄ enthaltenen Gewebeklebstoff auf Histoacrylbasis handelt.[470]

---

466 Vgl. z.B. Staudinger-Wittmann, § 670 Rz. 5 m.w N.

467 Auf die Problematik der Versand- und Portokosten wird hier nicht eingegangen (s. dazu z.B. Liebold/Raff/Wissing, § 4 Rz. 15).

468 S. die Zusammenstellung unten Kapitel S III., S. 310.

469 Lang/Schäfer/Stiel/Vogt, § 4 Rz. 46.

470 Ebenso LG Düsseldorf, Urteil vom 20.04.2000 – 3 O 434/99 –, GU, S. 56; AG Düsseldorf, Urteil vom 21.02.2001 – 24 C 17380/99 –, GU, S. 64; AG Tecklenburg, Urteil vom 14.04.1991 – 11 C 126/90 –, GU, S. 59; AG Aachen, Urteil vom 27.12.1996 – 8 C 271/94 –, GU, S. 63; **a.A.** OLG Düsseldorf, Urteil vom 13.05.2002 – 8 U 32/01 –,

Diese an sich einfache Logik wird durch die Entscheidung des Bundesgerichtshofs vom 27.05.2004 durchkreuzt, ohne dass damit klar wird, welche Materialkosten denn nun gesondert abrechenbar sind und welche nicht. Das Urteil ist Gegenstand ausführlicher Darstellung im Abschnitt V dieses Kapitels (S. 313 ff.).

III. Abrechenbare Materialkosten in der GOZ

Nach § 4 Abs. 3 GOZ sind uneingeschränkt folgende Auslagen erstattungsfähig, da sie ausdrücklich in der GOZ genannt sind:

- Zahntechnische Leistungen (§ 9 GOZ),
- Abdruckmaterialien (Allgemeine Bestimmung Nr. 2 zu Abschnitt A GOZ),
- Verankerungselemente (GOZ 213, 219 und 315),
- Metallfolien (GOZ 214),
- Konfektionierte Kronen (GOZ 225),
- Konfektionierte Hülsen (GOZ 226),
- Alloplastische Materialien (Allgemeine Bestimmung Nr. 2 zu Abschnitt D und GOZ 411),
- Materialien zur Förderung der Blutgerinnung (Allgemeine Bestimmung Nr. 2 zu Abschnitt D GOZ),
- Materialien zum Verschluss von oberflächlichen Blutungen bei hämorrhagischen Diathesen (Allgemeine Bestimmung Nr. 2 zu Abschnitt D GOZ),
- Konfektionierte apikale Stiftsysteme (GOZ 311, 312),
- Eingegliederte kieferorthopädische Hilfsmittel nach GOZ 616 und 617 (Allgemeine Bestimmung zu GOZ 610 – 617),
- Implantate und Implantatteile (Allgemeine Bestimmung Nr. 2 zu Abschnitt K GOZ).

Daneben sind gesondert abrechenbar:

- Kosten, die nicht unmittelbar mit der zahnärztlichen Behandlung in Zusammenhang stehen, z.B. verauslagte Taxikosten.

Dieser Bereich ist unstreitig.

Zumindest einige Hersteller berechnen Gebühren (teilweise als Bearbeitungsgebühr bezeichnet) für den Tausch oder die Rückgabe von Implantaten und Implantatteilen. Diese unter die Kosten von Implantaten und Implantatteilen nach der Allgemeinen Bestimmung Nr. 2 zum Abschnitt K GOZ zu subsumieren, gelingt nicht generell. Wird das Implantat getauscht, dann erhöhen sich die Kosten des dem Patienten eingesetzten Implantats um diesen Betrag. Wird das Implantat zurückgegeben, gibt es nichts, was man dem Patienten in Rechnung stellen könnte (gilt für Implantatteile ebenso). Diese Kosten sind Sonderkosten, die nur bei implantierenden Zahnärzten auftreten. Sie sind mit einer der Gründe, warum die Abrechnung von Lagerhaltungskosten entgegen der Entscheidung des BGH vom 27.05.2004[471] im Bereich der implantologischen Versorgung gerechtfertigt ist.

GU, S. 66; LG Bonn, Urteil vom 10.04.1995 – 9 O 200/94 –, GU, S. 68; AG Ratingen, Urteil vom 10.09.1991 – 10 C 1528/90 –, GU, S. 75; AG Rheinbach, Urteil vom 16.04.1992 – 3 C 780/91 –, GU, S. 75; AG Leverkusen, Urteil vom 29.04.1993 – 24 C 58/93 –, GU, S. 77.

[471] BGH, Urteil vom 27.05.2004 – III ZR 264/03 –, VersR 2004, 1138 = Kapitel U IV.18, S. 368.; dazu näher sogleich unten Abschnitt V dieses Kapitels, S. 313.

IV. Abrechenbare Materialkosten nach § 10 GOÄ

1. Grundsatz

Die GOÄ enthält im Gegensatz zur GOZ eine die Abrechnung von Materialkosten ausführlich regelnde Norm. Dass diese der GOZ fehlt, dürfte weniger mit den in der am Ende des letzten Abschnitts angesprochenen BGH-Entscheidung vom 27.05.2004 zitierten Erkenntnissen als mit der Verengung der Perspektive auf die bis 1987 hinsichtlich ihrer Kostenintensivität dominierende Art der zahnärztlichen Versorgung, nämlich der Prothetik zu tun haben. Deshalb findet sich in § 9 GOZ eine gesonderte Regelung zur Prothetik, ansonsten aber nur Stückwerk. In § 10 GOÄ sind dagegen unter vernünftigen Gesichtspunkten die einzelnen Aspekte abrechenbarer Materialkosten zusammengefasst. Die Norm hat folgenden Wortlaut:

> **§ 10 GOÄ Ersatz von Auslagen**
> (1) Neben den für die einzelnen ärztlichen Leistungen vorgesehenen Gebühren können als Auslagen nur berechnet werden
> 1. die Kosten für diejenigen Arzneimittel, Verbandmittel und sonstigen Materialien, die der Patient zur weiteren Verwendung behält oder die mit einer einmaligen Anwendung verbraucht sind, soweit in Absatz 2 nichts anderes bestimmt ist,
> 2. Versand- und Portokosten, soweit deren Berechnung nach Absatz 3 nicht ausgeschlossen ist,
> 3. die im Zusammenhang mit Leistungen nach Abschnitt O bei der Anwendung radioaktiver Stoffe durch deren Verbrauch entstandenen Kosten sowie
> 4. die nach den Vorschriften des Gebührenverzeichnisses als gesondert berechnungsfähig ausgewiesenen Kosten.
>
> Die Berechnung von Pauschalen ist nicht zulässig.
> (2) Nicht berechnet werden können die Kosten für
> 1. Kleinmaterialien wie Zellstoff, Mulltupfer, Schnellverbandmaterial, Verbandspray, Gewebeklebstoff auf Histoacrylbasis, Mullkompressen, Holzspatel, Holzstäbchen, Wattestäbchen, Gummifingerlinge,
> 2. Reagenzien und Narkosemittel zur Oberflächenanästhesie,
> 3. Desinfektions- und Reinigungsmittel,
> 4. Augen-, Ohren-, Nasentropfen, Puder, Salben und geringwertige Arzneimittel zur sofortigen Anwendung sowie für
> 5. folgende Einmalartikel: Einmalspritzen, Einmalkanülen, Einmalhandschuhe, Einmalharnblasenkatheter, Einmalskalpelle, Einmalproktoskope, Einmaldarmrohre, Einmalspekula.
>
> (3) Versand- und Portokosten können nur von dem Arzt berechnet werden, dem die gesamten Kosten für Versandmaterial, Versandgefäße sowie für den Versand oder Transport entstanden sind. Kosten für Versandmaterial, für den Versand des Untersuchungsmaterials und die Übermittlung des Untersuchungsergebnisses innerhalb einer Laborgemeinschaft oder innerhalb eines Krankenhausgeländes sind nicht berechnungsfähig; dies gilt auch, wenn Material oder ein Teil davon unter Nutzung der Transportmittel oder des Versandweges oder der Versandgefäße einer Laborgemeinschaft zur Untersuchung einem zur Erbringung von Leistungen beauftragten Arzt zugeleitet wird. Werden aus demselben Körpermaterial sowohl in einer Laborgemeinschaft als auch von einem Laborarzt Leistungen aus den Abschnitten M oder N ausgeführt, so kann der Laborarzt bei Benutzung desselben Transportweges Versandkosten nicht berechnen; dies gilt auch dann, wenn ein Arzt eines anderen Gebiets Auftragsleistungen aus den Abschnitten M oder N erbringt. Für die Versendung der Arztrechnung dürfen Versand- und Portokosten nicht berechnet werden.

Nach § 10 Abs. 1 Nr. 1 GOÄ können als Auslagen Kosten für sonstige Materialien berechnet werden,

- die der Patient zur weiteren Verwendung behält oder
- die mit einer einmalige Anwendung verbraucht sind,

soweit in Abs. 2 nichts anderes bestimmt ist. Diese Begriffe sollen einer näheren Betrachtung unterzogen werden.

2. Beim Patienten zur weiteren Verwendung verbleibend

Wann Artikel beim Patienten verbleiben, entscheidet sich nach dem Faktischen. Was dem Patienten im Körper integriert wird (also z.B. Medizinprodukte), verbleibt bei ihm ebenso wie die Mittel, die ihm etwa als Arzneimittel verabreicht werden, oder die Mittel, die ihm zur weiteren Behandlung mitgegeben werden. Fraglich kann bei § 10 Abs. 1 Nr. 1 GOÄ nur sein, ob an sich mehrfach verwendbare Artikel dadurch erstattungsfähig gemacht werden können, dass sie dem Patienten **mitgegeben** werden.

Vom Gesetzgeber wurde bei Erlass der Vorschrift z.B. an Verweilkatheter, Intrauterinballone, Pessare zur Stützung des gesenkten oder geknickten Uterus gedacht[472]. Es handelt sich sämtlich um Artikel, die aufgrund des Krankheitsbildes beim Patienten *„zur weiteren Verwendung"* verbleiben **müssen.**

Der Gesetzgeber hat damit zugleich die Wertung geäußert, dass dem Arzt grundsätzlich nicht durch bloße Mitgabe von an sich mehrfach verwendbaren Artikeln deren Abrechenbarkeit im Einzelfall eröffnet werden soll; denn die Mitgabe muss zweckgerichtet sein *„zur weiteren Verwendung"*. Eine – gesetzt den Fall, es gäbe so etwas – 200-fach verwendbare Implantatfräse ist für den Patienten bestimmungsgemäß nicht *weiter zu verwenden.* Er mag damit zwar Löcher in Keramikplatten fräsen, das ist aber keine weitere Verwendung i.S. des § 10 Abs. 1 Nr. 1 GOÄ. Wenn er eine Fräse zu solchen Zwecken haben will, muss er sie zwar auch bezahlen, aber nicht auf der Basis des § 10 GOÄ.

Etwas anderes muss aber gelten, wenn die Artikel zwar nicht verbraucht sind im Sinne von technisch nicht weiter verwendbar, aber beispielsweise aus hygienischen Gründen[473] nicht weiter verwendet werden dürfen oder weil ggf. zukünftig weitere Implantationen beim selben Patienten anstehen, Implantatfräsen o.ä. dem Patienten mitgegeben werden. Die Instrumente dienen dann nur dem konkreten Patienten. Es lässt sich durchaus begründen, dass die Instrumente nur einmal eingesetzt werden, um größtmögliche Sicherheit vor der Übertragung von Infektionskrankheiten zu gewährleisten, die auch bei Sterilisation bei hitzeresistenten Keimen (z.B. Prionen) nicht vollständig ausgeschlossen werden können. Wo hinsichtlich der Hygienefähigkeit bei Implantatfräsen die Grenze zu ziehen ist, ist eine wissenschaftliche Fragestellung. **Das Gebührenrecht folgt** auch hier **der Wissenschaft.**[474]

3. Nach einmaliger Anwendung verbraucht

Darunter fallen nicht Instrumente, die wegen ihrer längeren Gebrauchsdauer so abgenutzt sind, dass sie nur noch für einen letzten Patienten verwendet werden können oder die infolge von Materialfehlern- oder Materialermüdung unter der Anwendung unbrauchbar werden.[475] Es sind also nur Instrumente betroffen, die **ihrer Bestimmung nach** nur einmal verwendet werden dürfen und danach entsorgt werden müssen. Die Bestimmung als Ein- oder Mehrfachinstrument nimmt der Hersteller vor.[476]

---

[472] Brück/Hess/Klakow-Franck/Warlo, § 10 Anm. 5.

[473] Hier wurde man in den letzten Jahren wesentlich sensibler hinsichtlich möglicher Risiken auch vermeintlich unbedeutender Restkontaminationen.

[474] S. die Diskussion im Urteil des BGH vom 27.05.2004 – III ZR 264/03 –, VersR 2004, 1138 = Kapitel U IV.18, S. 368 zu der Frage, ob Einmalbohrer nicht als Mehrfachinstrumente angesehen werden müssten.

[475] Brück/Hess/Klakow-Franck/Warlo, § 10 Anm. 6.

[476] Vgl. Kamps, Die Verordnung und Wiederverwendung von Einmalartikeln durch den Kassenarzt, MedR 1988, 168. Das ist die Konsequenz der Regelungen in § 3 Nr. 10 MPG (ganz h.M., vgl. Böckmann, in Anhalt/Dieners, § 9 Rz. 53 ff.; Hill/Schmitt, § 3 MPG, Rz. 54; Helle/Haindl, Die Unzulässigkeit der Wiederverwendung von Einmal-Medizinprodukten, MedR 2001, 411; im Ergebnis ebenso auch Deutsch/Ratzel/Lippert, § 14 Anhang I; Rz. 44). Zumindest im Ergebnis ebenso auch BGH, Urteil vom 27.05.2004 – III ZR 264/03 –, VersR 2004, 1138 = Kapitel U IV.18, S. 368.

Für Implantatfräsen bedeutet dies, dass sie im Anwendungsbereich des § 10 GOÄ abrechenbar sind, wenn es sich um **Einmalfräsen** handelt. **Wiederholt verwendbare Implantatfräsen** sind nach § 10 GOÄ dagegen grundsätzlich nicht abrechenbar, da sie nicht mit einer einmaligen Anwendung verbraucht sind.[477] Auch eine teilweise Abrechnung im Sinne einer Quotelung der Kosten ist nicht möglich, obwohl dies wirtschaftlich sicher eine sinnvolle Lösung wäre.

4. Keine abweichende Regelung in § 10 Abs. 2 GOÄ

Der in § 10 Abs. 2 GOÄ enthaltene Katalog an nicht abrechenbaren Einmalartikeln ist abschließend. Nur die in diesem Katalog genannten Artikel sind nicht berechnungsfähig. Nicht genannte Einmalartikel können gesondert berechnet werden[478], jedenfalls dann, wenn die Behandlung selbst nach GOÄ abzurechnen ist.[479]

Unter (analoger[480]) Anwendung des § 10 GOÄ kommt man demnach zur Abrechenbarkeit folgender Materialien im Bereich der Implantologie:

- Implantate
- Implantatteile
- Einmalimplantatfräsen
- Einmalbohrer etc.
- Implantatsets.

V. Die Entscheidung des BGH vom 27.05.2004 – III ZR 264/03 –

1. Wesentlicher Entscheidungsinhalt

Der Bundesgerichtshof hat in einer Entscheidung vom 27.05.2004[481] die Auffassung vertreten, dass Materialkosten vom Zahnarzt gesondert nach § 10 GOÄ abgerechnet werden dürfen, soweit diese bei Leistungen anfallen, welche ihrerseits über § 6 GOZ nach GOÄ abzurechnen sind. Eine generelle Analogie zu § 10 GOÄ lehnt er für zahnärztliche Leistungen dagegen ab.

Das Urteil befasst sich weder näher mit dem Text des § 10 GOÄ noch mit den allgemeinen Bestimmungen zur Abrechnung von Gebühren in den §§ 3 und 4 GOZ/GOÄ noch mit den drängenden Fragen, die sich bei einer Verweigerung der generellen Analogie zu § 10 GOÄ, etwa im Verhältnis Abrechenbarkeit beim Zahnarzt und beim Mund-, Kiefer- und Gesichtschirurgen, ergeben. Das Urteil hat schon unmittelbar nach seinem Bekanntwerden sehr viel Kritik[482] ausgelöst, weil es zum einen eine völlig unverständliche Differenzierung zwischen GOZ und GOÄ vornimmt, zum anderen mit seinem Ergebnis, unter bestimmten Umständen Materialkosten doch zur Abrechnung zuzulassen, obwohl die GOZ die Abrechenbarkeit nach Ansicht des BGH eigentlich ausschließt, die Unsicherheit verursacht, die der BGH mit der Nichtanwendung des § 10 GOÄ auf die zahnärztlichen Materialkosten gerade vermeiden wollte.

Über dieses Urteil wurde bereits im Sonderrundschreiben des Justitiars des BDIZ/EDI vom 22.07.2004 informiert. Seit diesem Tag befindet sich auch eine Excel-Datei im Internet zum

---

477 So auch OLG Karlsruhe, Urteil vom 15.10.1998 – 12 U 36/98 –, BDIZ-konkret 1999, Heft 1, S. 34 = Kapitel U IV.13, S. 367; BGH, Urteil vom 27.05.2004 – III ZR 264/03 –, VersR 2004, 1138 = Kapitel U IV.18, S. 368 ff.

478 VGH Baden-Württemberg, Urteil vom 18.06.1996 – 4 S 1079/94 –, ÖD 1996, 250; Brück/Hess/Klakow-Franck/Warlo, aaO.; Wezel-Liebold, GOÄ-Kommentar, Anmerkung zu § 10 Abs. 1

479 BGH, Urteil vom 27.05.2004 – III ZR 264/03 –, VersR 2004, 1138 = Kapitel U IV.18, S. 368.

480 S. dazu eingehend Ratajczak, Ersatz von Auslagen – Zur (analogen) Anwendung des § 10 GOÄ, BDIZ-konkret 1997, Heft 2, S. 20.

481 BGH, Urteil vom 27.05.2004 – III ZR 264/03 –, VersR 2004, 1138 = Kapitel U IV.18, S. 368.

482 Vgl. z.B. Ratajczak, BGH schränkt Abrechenbarkeit von Materialkosten ein: Keine Lagerhaltungskosten berechnen, DZW 2004, Nr. 28 vom 07.07.2004, S. 5; ders., Die Abrechnung von Materialkosten nach dem BGH-Urteil vom 27.05.2004, BDIZ-konkret 2004, Heft 3; Zentai, Die Entscheidung des BGH zur Materialabrechnung, Spitta-Praxisbrief Juli 2004.

Download, um in einer groß angelegten **Online-Untersuchung** die Validität der Annahmen des BGH – die Tatsachenbasis – zu überprüfen.[483]

Der BGH entschied, dass ein Zahnarzt für zahnärztliche Behandlungen nur dann **Materialkosten** gesondert abrechnen darf, wenn sich die Abrechenbarkeit entweder

- explizit aus der GOZ bzw. dem Gebührenverzeichnis zur GOZ ergibt oder
- die Materialkosten bei Behandlungen anfallen, die über § 6 Abs. 1 GOZ nach der GOÄ abzurechnen sind.

Nicht berechnungsfähig sind Materialkosten nach Ansicht des BGH, soweit sich die Abrechenbarkeit nur aus der analogen Anwendung von § 10 GOÄ ergibt. Diese Analogie hält er nicht für möglich.

Erreichen allerdings die Materialkosten, welche nach Ansicht des BGH grundsätzlich nicht gesondert abrechenbar sind, ein erhebliches Ausmaß des nach GOZ abrechenbaren Honorars, dann soll die Abrechenbarkeit bestimmter Materialkosten trotzdem gegeben sein, wenn es um die implantologische Behandlung bei einem Zahnarzt mit Tätigkeitsschwerpunkt Implantologie geht.[484] Deshalb kommt der BGH zum Ergebnis, dass **Einmalimplantatbohrersätze** gesondert abrechenbar sind.

Das nachfolgende Schaubild gibt die aktuelle Situation nach der Entscheidung des Bundesgerichtshofs wieder.

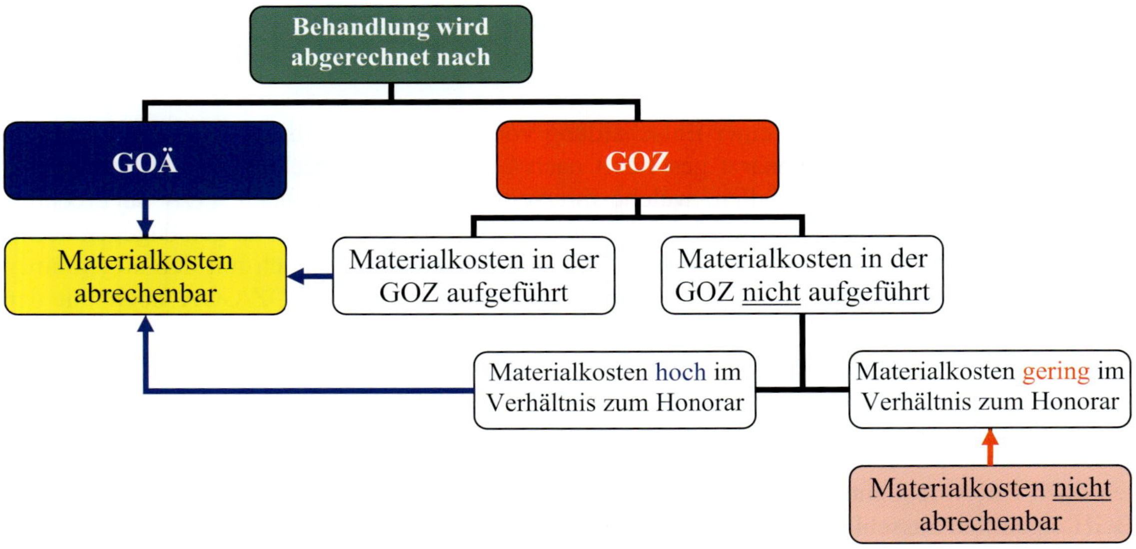

Das Schaubild zeigt besonders anschaulich die grundsätzlichen Fehler der Entscheidung. Zum einen verleitet es den Zahnarzt, Leistungen möglichst nach GOÄ abzurechnen und präzise bei der Rechnungsgestaltung darauf zu achten, dass die Materialkosten bei Leistungen nach GOÄ ausgewiesen werden. Von solchen pragmatischen Überlegungen abgesehen kann niemand derzeit sagen, unter welchen Voraussetzungen Materialkosten im Verhältnis zum Honorar besonders hoch sind. Aus Gründen, die noch darzulegen sind, halten wir nach den Kriterien des § 10

[483] Zu finden unter folgender exakter Adresse: http://www.bdiz.de/service/oav10/artikel.asp?lnr=143. Die Excel-Datei wird auf absehbare Zeit im Internet stehen bleiben, um eine möglichst große Resonanz und möglichst breite Datenbasis zu erzielen. Die wichtigsten Informationen zum Ausfüllen der Datei finden sich auf deren erstem Arbeitsblatt. Ansonsten sind nur zwei weitere Voraussetzungen notwendig:

1. Sorgfalt bei der Datenermittlung und dem Ausfüllen.
2. Microsoft® Office Excel ab Version 2000 (also derzeit Excel 2000 oder Excel XP oder Excel 2003).

[484] Insoweit noch anderer Ansicht OLG Karlsruhe, Urteil vom 15.10.1998 – 12 U 36/98 –, BDIZ-konkret 1999, Heft 1, S. 34 = BDIZ-Jahrbuch 2000, S. 54 = GHI, S. 280 = GU, S. 65.

Abs. 1 GOÄ eigentlich abrechenbare Materialkosten weiterhin für abrechenbar, wenn diese 30 % des Einfachsatzes der jeweiligen GOZ-Gebührenziffer ausmachen.[485]

Wenn es bei dieser Entscheidung bliebe, wären eine Vielzahl bisher abgerechneter Materialkosten (z.B. Anästhesiematerial, Einmal-OP-Sets, atraumatisches Nahtmaterial, Einmalwurzelkanalinstrumente) nicht mehr gesondert abrechenbar.

Für nicht abrechenbar hält der BGH **Lagerhaltungskosten**, ohne sich mit der gesamten vorliegenden einschlägigen Rechtsprechung, sowohl der Oberlandesgerichte wie auch des BGH selbst, auseinanderzusetzen.[486]

Die analoge Abrechnung der *„bloßen Anwendung eines **Lasergeräts**"* nach GOZ 323 analog wird vom BGH verneint. Was die bloße Anwendung von der abrechenbaren Anwendung unterscheidet, ergibt sich aus dem Urteil nicht. Die Abrechenbarkeit nach der GOÄ 441 wird nicht thematisiert.

Die Frage, ob die GOZ 600 nach § 6 Abs. 2 GOZ analog für die **Fotodokumentation** im Bereich der implantologischen Behandlung abrechenbar ist, wird vom BGH ebenfalls verneint, weil von Seiten des Klägers dazu nichts näher vorgetragen worden sei.

2. Rechtlicher Ausgangspunkt des Bundesgerichtshofs

Der BGH meint, im Wege der sog. historischen Auslegung der Entwicklung von GOÄ einerseits und GOZ andererseits entnehmen zu können, dass in der GOZ die Materialkosten typischerweise in den Gebühren enthalten sind, während sie in der GOÄ typischerweise nicht enthalten sind. Er referiert, dass der GOZ-Novellierung von 1987 ein Bericht der Bundesregierung über Erfahrungen mit der Gebührenordnung für Ärzte vorausgegangen sei. Zum Thema Praxiskosten und Auslagen werde in dem Bericht ausgeführt, die Berechnung von Auslagen nehme in der **ärztlichen** (!) Abrechnungspraxis einen immer breiteren Raum ein, insbesondere was Verbrauchsmaterialien angehe. Bei einzelnen Auswertungen sei ermittelt worden, dass auch Einmalartikel berechnet wurden, die dem allgemeinen Praxisbedarf zugeordnet werden müssten. Der Verband der **privatärztlichen** (!) Verrechnungsstellen habe die zunehmende Berechnung von Auslagen damit begründet, dass es sich bei den meisten der berechneten Materialien um Sprechstundenbedarf im Sinne der kassenärztlichen Versorgung handele, der im Honorar für kassenärztliche Leistungen nicht enthalten sei. Aus dieser Entwicklung bei den **Ärzten** schließt der BGH, dass man bei den **Zahnärzten** 1987 einen anderen Weg gehen wollte (auch wenn sich das aus den Materialien zur GOZ so nicht ergibt), ohne sich die Frage zu stellen, warum ein Problem, welches die Bundesregierung anscheinend bei den Ärzten, nicht aber bei den Zahnärzten erkannt hatte, bei den Zahnärzten, nicht aber auch bei der anschließenden GOÄ-Novelle vom 09.06.1988 bei den Ärzten im gleichen Sinne wie bei den Zahnärzten gelöst, sondern den Ärzten weiter die im Wesentlichen uneingeschränkte Abrechenbarkeit von Materialkosten gestattet wurde. Eine gesetzliche Regelung, die bei einer Berufsgruppe Probleme löst, die eine andere Berufsgruppe verursacht, wäre mit den Kriterien des Art. 12 GG – gleich auf welcher Eingriffsstufe man ansetzen will – nicht zu vereinbaren. Schon an diesem Ausgangspunkt hätte sich dem BGH eine verfassungsrechtliche Prüfung mit der Folge einer verfassungskonformen Auslegung aufdrängen müssen.

Schon der rechtliche Ausgangspunkt des BGH ist unzutreffend. Die primäre Auslegungsmethode von Gebührenordnungen ist zunächst der Wortlaut, bedingt noch die Systematik, während der historischen Auslegung (Frage: Was hat sich der Verordnungs- oder Gesetzgeber bei der einzelnen Regelung – möglicherweise – gedacht?) zu Recht keine Bedeutung beigemessen wird.[487]

Der BGH führt seine Überlegungen in folgenden Entscheidungssätzen zusammen:

---

485 S. dazu unten Kapitel S VI.3, S. 323 ff.

486 S. dazu eingehend unten Abschnitt I. dieses Kapitels (S. 332 ff.).

487 S. dazu näher oben Kapitel B V., S. 22.

> Der auf einzelne im Gebührenverzeichnis aufgeführte zahnärztliche Leistungen bezogenen Regelungen über die Berechnungsfähigkeit von Materialien muss man entnehmen, dass andere in der Praxis des Zahnarztes verwendete Materialien, die im Gebührenverzeichnis nicht genannt sind, mit den Gebühren abgegolten sind, ohne dass es im Einzelnen darauf ankäme, die Begriffe der Praxiskosten und des Sprechstundenbedarfs für die Zwecke der Gebührenordnung begrifflich näher zu umreißen. Würde man die Auffassung vertreten, es gäbe im Gebührenverzeichnis nicht bezeichnete Materialien, die weder als Praxiskosten noch als Sprechstundenbedarf zu qualifizieren seien (….), damit durch die Gebühren nicht abgegolten und dementsprechend gesondert berechnungsfähig seien (vgl. § 4 Abs. 4 Satz 1 GOZ), wäre in die Abrechnung und Anwendung der Gebührenordnung eine **Unsicherheit** hineingetragen, die angesichts der im Bericht der Bundesregierung angesprochenen Erfahrungen gerade vermieden werden sollte und die in Nr. 3 der allgemeinen Bestimmungen des Abschnitts A des Gebührenverzeichnisses und in der Begründung des Ordnungsentwurfs keine Stütze findet.

Woher diese Unsicherheit kommen soll, nachdem § 10 GOÄ in seinen verschiedenen Absätzen eine Trennung der gesondert abrechenbaren von den nicht abrechenbaren Kosten vornimmt und es bei den Ärzten insoweit keine nennenswerten Probleme gibt, begründet der BGH nicht.

3. Abrechnung von Materialkosten bei GOÄ-Leistungen

Der BGH erkennt an, dass § 6 Abs. 1 GOZ auf die GOÄ verweist und führt aus, dass Materialkosten für Leistungen, die nach GOÄ abzurechnen sind (z.B. Sinuslift), gesondert abrechenbar sind, soweit sich dies aus § 10 GOÄ ergebe. Eine allgemeine Analogie zu § 10 GOÄ, die unter anderem vom Justitiar des BDIZ/EDI seit langem befürwortet wird, lehnt er aber ab, weil dies nicht *„dem unterschiedlichen Aufbau beider Gebührenordnungen“* entspreche:

> Sind die Gebührenordnungen im zahnärztlichen Bereich so bemessen, dass eine gesonderte Berechnung von Materialien nur bei ganz bestimmten Leistungen vorgesehen ist, kann diese Entscheidung des Verordnungsgebers nicht durch eine ergänzende oder analoge Anwendung des § 10 Abs. 1 Nr. 1 GOÄ unterlaufen werden.

Worin der unterschiedliche Aufbau der Gebührenordnungen besteht, wird vom BGH nicht näher problematisiert. Dass gerade die grundlegenden allgemeinen Normen der §§ 3 und 4 GOZ/GOÄ identisch sind, wird von ihm nicht erkannt, jedenfalls nicht thematisiert.

4. Abrechnung von Einmalbohrersätzen

Der BGH erkennt dann allerdings, dass auf der Basis der von ihm vorgenommenen Abgrenzung zwischen Materialkosten nach GOZ und Materialkosten nach GOÄ sich das Problem ergibt, dass Einmalimplantatbohrersätze, weil im Abschnitt K des Gebührenverzeichnisses zu GOZ nicht aufgeführt, nicht abrechenbar wären, dies aber zu unvertretbaren Ergebnissen führte. Er berechnet, dass die Kosten für Implantatbohrersätze im konkreten Fall Anteile zwischen 75 und 89 % des 2,3-fachen Steigerungssatzes ausmachen und führt dann aus:

> Es erscheint dem Senat ausgeschlossen, dass der Verordnungsgeber Kosten in dieser Größenordnung, die zu den üblichen Kosten der Praxis und des Sprechstundenbedarfs hinzutreten, vor Augen hatte, als er (nur) die gesonderte Berechnungsfähigkeit von Implantaten und Implantatteilen regelte.

Nach Spekulationen darüber, warum dem vielleicht so sei (Neuheit der Implantologie, Zurückhaltung des Gesetzgebers gegenüber der Implantologie), heißt es dann weiter:

> Nach Auffassung des Senats begegnet die Gestaltung der Gebühren, die im Rahmen der 2,3-fachen Gebührensätze – ohne Berücksichtigung der allgemeinen Praxiskosten und des üblichen Sprechstundenbedarfs – zu Anteilen von 75 v.H. und mehr vom Einsatz einmalig verwendeter Werkzeuge aufgezehrt werden, insbesondere dann verfassungsrechtlichen Be-

denken, wenn – wie hier – ein Zahnarzt betroffen ist, dessen Tätigkeitsschwerpunkt auf dem Gebiet der Implantologie liegt. Eine solche Gebührengestaltung entfernt sich soweit von einer sachgerechten Regelung, dass es nicht erforderlich erscheint, die Gebührenkalkulation in Bezug auf Praxiskosten und Sprechstundenbedarf weiter aufzuklären und zu der positiven Feststellung zu gelangen, der Zahnarzt müsse bei Tätigkeiten der angesprochenen Art zulegen. Vielmehr ist das objektiv festzustellende Regelungsdefizit dahin zu schließen, dass so ins Gewicht fallende Kosten von Einmalwerkzeugen in Erweiterung der Auslegung der allgemeinen Bestimmung Nr. 2 des Abschnitts K gesondert berechnet werden dürfen.

5. Kritik

Zu diesen juristischen Klimmzügen sieht sich der BGH nur deshalb gezwungen, weil er sich mit seiner ersten Überlegung die Grundlage für eine sachgerechte Beurteilung entzogen hat.

Zunächst einmal ist festzustellen, dass der Gebührenrahmen der GOZ mit dem Steigerungsfaktor 1,0 beginnt. Die GOZ beruht auf § 15 ZHG als Rechtsgrundlage. § 15 ZHG bestimmt, was oft übersehen wird, dass bei der Festsetzung der Gebührensätze *„den berechtigten Interessen der Zahnärzte und der zur Zahlung der Entgelte Verpflichteten Rechnung zu tragen“* ist. Mit dieser für die Auslegung der GOZ entscheidenden Rechtsgrundlage befasst sich die Entscheidung des BGH nicht.

Die Vorstellung, dass die Gebührensätze zum 1,0-fachen Satz nicht in der Lage sind, die bei der Erbringung der Leistung entstehenden Materialkosten abzudecken, ist mit Rücksicht auf die Vorgabe des § 15 ZHG schon im Ansatz verfehlt.

Selbst beim 1,0-fachen Satz müssen noch die allgemeinen Praxiskosten und der Sprechstundenbedarf vom Grundsatz her mit abgedeckt sein können und die Materialkosten erst recht, wenn sie in der Gebührenziffer mit eingeschlossen sein sollen.

Die Erhöhung des Steigerungsfaktors dient nach § 5 GOZ/GOÄ nicht dazu, die Materialkosten abzudecken, sondern soll *„unter Berücksichtigung der Schwierigkeit und des Zeitaufwands der einzelnen Leistungen, der Umstände bei der Ausführung sowie der örtlichen Verhältnisse“* den besonderen **fachlichen** Anforderungen und Schwierigkeiten bei der Behandlung des Patienten Rechnung tragen. § 5 Abs. 2 GOZ setzt voraus, dass auch mit dem 1,0-fachen Satz die allgemeinen Praxiskosten und der Sprechstundenbedarf abgedeckt sind. Ebenso wenig wie es Aufgabe des § 2 GOZ/GOÄ ist, überhaupt erst ein angemessenes Honorar abrechnen zu können[488], ist es Aufgabe von § 5 Abs. 2 GOZ, die Möglichkeit zur Abdeckung der Materialkosten zu eröffnen.

Es kann auch keine Rolle spielen, ob nur in der Implantologie hohe Materialkosten auftreten oder ob auch in anderen Bereichen der Zahnheilkunde Materialkosten ebenfalls in großem Ausmaß als Folge der Neuentwicklungen der letzten Jahre zu Buche schlagen. Genauso wenig spielt eine Rolle, ob der Zahnarzt nun den Tätigkeitsschwerpunkt Implantologie führt, so angenehm es aus der Sicht des BDIZ/EDI auch ist, in den entsprechenden Ausführungen des BGH den Ausdruck hoher Wertschätzung für die auf seine Initiative zurückgehende Durchsetzung des Tätigkeitsschwerpunktes als *„schildfähige“* Bezeichnung zu erkennen. Es gibt eine Vielzahl von Gebühren, die ein auffälliges Missverhältnis zwischen Gebühren und den dabei entstehenden Materialkosten beinhaltet, insbesondere dann, wenn der Zahnarzt dem Patienten Leistungen nach dem wissenschaftlichen Stand von Zahnmedizin und Zahntechnik zukommen lassen will. Die Entscheidung des BGH würde für jede wesentliche zahnärztliche Leistung die Frage aufwerfen, wie das Verhältnis von Materialkosten zu den Honoraransätzen ist (man denke nur an die Parodontalbehandlung mittels Guided Tissue Regeneration), und je nachdem, zu welchem Ergebnis man kommt, die zusätzliche Abrechenbarkeit begründen oder nicht begründen. Damit ist aus der Sicherheit, die sich aus der analogen Anwendung des § 10 GOÄ mit seinen Einschlusskriterien (in Abs. 1) wie Ausschlusskriterien (in Abs. 2) ergab, nun die völlige Unsicherheit geworden.

---

[488] So zu Recht BGH, Urteil vom 13.05.2004 – III ZR 344/03 –, VersR 2004, 1135 = Kapitel U III.1, S. 360.

6. Laserbehandlung – GOZ 323 analog

Worum es im konkreten Fall bei der analogen Abrechnung der GOZ 323 für die **Laserbehandlung** wirklich ging, wird aus dem Urteil nicht deutlich. Was den Unterschied zwischen der „bloßen" nicht abrechenbaren Anwendung des Lasergeräts und der „nicht mehr bloßen" abrechenbaren (?) Anwendung des Lasergeräts ausmachen könnte, lässt sich also nicht sagen. Hierzu besagt das Urteil nichts, was für künftige Fälle präjudizierend wäre. Die analoge Abrechnung der GOÄ 441 wurde nicht thematisiert.

7. Fotographie – GOZ 600 analog

Auch zur GOZ 600 ist kritisch anzumerken, dass man dem BGH keine Rechtsfragen vorlegen sollte, ohne diese sorgfältigst aufzubereiten. Die GOZ 600 kann im Rahmen der Implantologie zwangsläufig nur analog abgerechnet werden, weil es sich um eine Gebührenziffer aus dem Bereich der kieferorthopädischen Behandlung handelt. Dass man zum Einsatz der **Fototechnik** im Bereich der Implantologie schreitet, hängt damit zusammen, dass es heute möglich ist, den Patienten so zu restaurieren, dass es keinen sichtbaren Unterschied zwischen dem Zustand vor und nach Behandlung gibt, sofern der Patient nicht darauf besteht, dass seine neuen Zähne „schöner" aussehen als seine früheren. Um ein solches Ergebnis zu erzielen, ist es aber unvermeidbar, den Zustand vor Beginn der implantologischen Behandlung fotografisch festzuhalten, um dann für die spätere prothetische Versorgung die Ausgangsbasis zu dokumentieren. Dass dies bei entsprechenden Ansprüchen des Patienten eine notwendige Leistung ist, an die man aber zur Zeit der Einführung der neuen GOZ noch nicht dachte, weil die Prothetik einfach noch nicht weit genug entwickelt war, um ein solches Ausmaß an Restauration zu erlauben, ist zahnärztliches Allgemeinwissen. Richtern muss dieses Wissen vermittelt werden.

VI. Analoge Anwendung der GOÄ-Regeln im zahnärztlichen Bereich

Alle vom BGH aufgeworfenen Probleme werden vermieden, wenn § 10 GOÄ im Rahmen der zahnärztlichen Behandlung analoge Anwendung findet. Damit würde man auch zugleich die Parallelwertung zum BEMA herstellen, der in der ab 01.01.2004 geltenden Nr. 5 der Allgemeinen Bestimmungen (früher Nr. 4) eine im wesentlichen § 10 GOÄ entsprechende Abgrenzung der von den Gebührensätzen abgedeckten zu den nicht abgedeckten Materialkosten vornimmt.

> Die allgemeinen Praxiskosten, auch die durch die Anwendung von zahnärztlichen Instrumenten und Apparaturen entstehenden Kosten, sind in den abrechnungsfähigen Leistungsansätzen enthalten. Nicht in den Leistungsansätzen enthalten sind die Kosten für Arzneimittel und Materialien, die Kosten für die Instrumente, Gegenstände und Stoffe, die der Kranke zur weiteren Verwendung behält oder die mit einer einmaligen Anwendung verbraucht sind, sowie die zahntechnischen Laborkosten, soweit nicht etwas anderes bestimmt ist, und die Versand- und Portokosten. Die Kosten der Röntgendiagnostik – mit Ausnahme der Versand- und Portokosten – sind in den Leistungsansätzen enthalten.

1. Diskussion ablehnender Gerichtsentscheidungen

Gerade vor dem Hintergrund der im vorstehenden Abschnitt V (S. 313 ff.) ausführlich referierten Entscheidung des Bundesgerichtshofs ist es interessant, sich einmal wesentliche Teile der bisherigen Rechtsprechung zu der Frage anzusehen, wie sie es denn mit der Abrechenbarkeit hielten.

Das **VG Stuttgart** führte in zwei Urteilen vom 07. und 08.12.1998[489] aus, dass Einmalbohrer weder nach § 4 GOZ noch nach § 10 Abs. 1 GOÄ berechnungsfähig seien und zwar ungeachtet der Tatsache, dass es sich dabei um relativ teure Teile handele.

---

[489] VG Stuttgart, Urteil vom 07.12.1998 – 17 K 2845/97 –; VG Stuttgart, Urteil vom 08.12.1998 – 17 K 223/98 –, beide – soweit ersichtlich – nicht veröffentlicht.

Das Gericht bildet sich in den beiden Urteilen keine eigene Meinung, sondern schreibt (teilweise im Wortlaut) die Ausführungen in der Kommentierung von *Meurer*[490] ab. Die Tatsache, dass in den Urteilen ausschließlich der Kommentar von *Meurer* zitiert wurde und eine Auseinandersetzung mit anderen Meinungen (s.u.) fehlt, deutet darauf hin, dass dem Gericht keine andere Literatur vorgelegt worden war.[491] Die Urteile haben über die Kommentierung von *Meurer* hinaus keinen eigenständigen Gehalt.

Der Bundesgerichtshof hat diesen Punkt in seinem Urteil vom 27.05.2004 im Ergebnis genau gegenteilig zugunsten der Abrechenbarkeit entschieden.[492]

Das **LG Augsburg**[493] hatte sich etwas ausführlicher mit der Frage befasst. Auch hierbei ging es um nach Herstellerangaben nur einmal zu verwendende Implantatbohrer. Das Landgericht hat ausgeführt:

> Entgegen der Auffassung des Klägers kann § 10 GOÄ bei der Auslegung des § 4 Abs 3 GOZ nicht entsprechend herangezogen werden. Es fehlt bereits an einer ausfüllungsbedürftigen Gesetzeslücke. ... Nach der früheren Regelung des § 5 Abs. 2 GOZ 1965 konnten die Kosten für Arzneimittel, Verbandmittel sowie die Kosten für Instrumente, Gegenstände und Stoffe, die der Kranke zur weiteren Verwendung behielt oder mit der einmaligen Verwendung verbraucht waren, gesondert berechnet werden. Der Verordnungsgeber wollte mit der Vorschrift des § 4 Abs. 3 GOZ 1988 eine systematisch neue Regelung schaffen. Diese lässt die gesonderte Berechnung von Materialkosten neben den Gebühren nur noch dann zu, wenn die gesonderte Berechnung von Materialkosten im Gebührenverzeichnis ausdrücklich vorgesehen ist. ... Daneben ist für die Anwendung der allgemein formulierten Ausnahmevorschrift des § 10 GOÄ kein Raum.

Bei diesem Urteil fällt auf, dass das Gericht zwar einiges mehr an Kommentarliteratur zitiert als das VG Stuttgart, diese aber falsch. Nach der Auffassung von *Tiemann/Grosse*[494], die vom Gericht als Bestätigung für seine eigene Auffassung zitiert wird, ist § 10 GOÄ gerade analog anwendbar. Aber auch zu diesem Urteil ist anzumerken, dass der Bundesgerichtshof diesen Punkt in seinem Urteil vom 27.05.2004[495] im Ergebnis genau gegenteilig zugunsten der Abrechenbarkeit entschieden hat.

Auch das **AG Überlingen**[496] hält für die Abrechnung von Vorbohrer, Spiralbohrer, Hohlfräser eine analoge Anwendung des § 10 GOÄ nicht für möglich und bezieht sich zum Beleg für seine Auffassung auf die Kommentarliteratur von *Tiemann/Grosse* und *Liebold/Raff/Wissing*. In beiden Kommentierungen ist jedoch das **Gegenteil** ausgeführt. Die genannten Kommentatoren gehen von einer analogen Anwendbarkeit des § 10 GOÄ aus.

Davon abgesehen hat das Amtsgericht übersehen, dass der klagende Behandler nicht nur Zahnarzt, sondern auch Arzt für Mund- Kiefer- und Gesichtschirurgie war und dass deshalb § 10 GOÄ unmittelbar Anwendung gefunden hätte, ohne dass es auf eine Analogie angekommen wäre.[497] Unklar bleibt nach der Lektüre des Urteils, ob es sich bei den genannten Materia-

---

490 Frau Dr. Anne Meurer ist die ehemals für GOZ-Fragen zuständige Ministerialrätin im Bundesministerium für Arbeit und Sozialordnung.

491 Es ist ein altes Dilemma, von dem die privaten Krankenversicherungen extensiv profitieren. Dort wird einschlägige Rechtsprechung in spezialisierten Abteilungen gesammelt und ausgewertet. Den meisten solche Prozesse führenden Anwälten auf Patientenseite, vielfach aber leider auch auf Zahnarztseite steht demgegenüber idR fast keine einschlägige Literatur zur Verfügung. Dieses Dilemma gab mit Anlass zur Schaffung dieses Abrechnungshandbuches.

492 BGH, Urteil vom 27.05.2004 – III ZR 264/03 –, VersR 2004, 1138 = Kapitel U IV.18, S. 368.

493 LG Augsburg, Urteil vom 27.03.1996 – 6 O 3174/93 –, VersR 1997, 1130 = GU, S. 69 f.

494 Tiemann/Grosse, Kommentierung zu § 4 GOZ.

495 BGH, Urteil vom 27.05.2004 – III ZR 264/03 –, VersR 2004, 1138 = Kapitel U IV.18, S. 368.

496 AG Überlingen, Urteil vom 04.07.1997 – 1 C 623/96 –, Kapitel U IV.11, S. 366 = BDIZ-konkret 1997, Heft 3, S. 38 = GHI, S. 288.

497 Vgl. AG Lüneburg, Urteil vom 09.06.1999 – 11 C 179/99 –. Das Urteil ist – soweit ersichtlich – nicht veröffentlicht.

lien tatsächlich um Einmalbohrer gehandelt hatte. Falls nein, wären sie gem. § 10 Abs. 1 GOÄ nicht abrechenbar, falls ja, wären sie nach der Entscheidung des BGH vom 27.05.2004[498] entgegen der Ansicht des AG Überlingen doch abrechenbar.

Das **AG Brilon**[499] hält einen Rückgriff auf § 10 GOÄ ebenfalls nicht für zulässig und beruft sich für seine Auffassung auf die Kommentierung bei *Meurer*. Davon abgesehen befasst sich das Urteil mit einem Fall, in dem nach den eigenen Ausführungen der Klägerin die fraglichen Bohrersätze durchschnittlich fünf Mal benutzt und dem Patienten mit 1/5 der Kosten in Rechnung gestellt wurden. Die Frage, ob echte Einmalartikel analog § 10 GOÄ abgerechnet werden können, hat das Gericht deshalb überhaupt nicht geprüft. Die Entscheidung ist im Ergebnis also richtig, nicht aber in der Begründung.

Zusammenfassend kann zu den vorstehend zitierten Urteilen, die eine analoge Anwendung von § 10 GOÄ ablehnen, gesagt werden, dass sie entweder die vorhandene Kommentarliteratur falsch zitieren oder sich mit Fragestellungen beschäftigen, die nicht der vorliegend zu Prüfenden entsprechen bzw. ihre Auffassung alleine auf die Kommentierung von *Meurer* stützen. In den meisten Fällen kommt hinzu, dass sie nach der Entscheidung des BGH vom 27.05.2004[500] gerade anders zu entscheiden gewesen wären. Bei der Anwendung älterer Rechtsprechung muss man also besonders vorsichtig sein.

Nachdem die Rechtsprechung in diesem Punkt fast stereotyp den Kommentar von *Meurer* bemüht, sollen die entsprechenden Passagen nachstehend im Wortlaut zitiert werden:

> Neben den Gebühren durften [nach § 5 Abs. 2 der GOZ von 1965] berechnet werden Materialien, die „der Kranke zur weiteren Verwendung behält oder die mit einer einmaligen Anwendung verbraucht sind.“
>
> Der Begriff der Praxiskosten wird in der GOZ nicht interpretiert, sondern nur anhand einiger Beispiele konkretisiert.
>
> Auf die Höhe der im Einzelfall entstehenden Praxiskosten kommt es nicht an. Bescheidene wie aufwändige Praxisausstattungen sind in gleicher Weise mit den Gebühren abgegolten. Der Kostenfaktor ist kein Kriterium für die Bemessung der Gebühr bei der Anwendung des Gebührenrahmens nach § 5 Abs. 2 GOZ. Er ist allerdings vom Verordnungsgeber selbst bei der Bewertung der Leistungen im Gebührenverzeichnis berücksichtigt worden als kalkulatorischer Anteil der Gebühr („Kostenanteil“) neben der Bewertung der eigentlichen zahnärztlichen Tätigkeit im engeren Sinne („Honoraranteil“) und unter Berücksichtigung des Zeitfaktors für die Erbringung der Einzelleistung („Zeitanteil“). Dabei ist der Verordnungsgeber von Erfahrungswerten ausgegangen, die nach dem Kostenniveau eines angemessenen Standards für den Zeitpunkt des Inkrafttretens der GOZ angesetzt werden mussten. ...
>
> Zu den abgegoltenen Kosten zählt schließlich die Benutzung von Instrumenten und Apparaten, wie z.B. Bohrer, Fräsen, Feilen, Politur-, Schneide- und Wurzelbehandlungsinstrumente. Sie können dem Patienten weder bei normalem Verschleiß noch bei Bruch gesondert in Rechnung gestellt werden. ...
>
> Praxiskosten und Auslagen sind für den Geltungsbereich der GOZ abschließend in den §§ 4 und 9 GOZ geregelt. Ein Rückgriff auf § 10 GOÄ ist bei Gebühren nach dem Gebührenverzeichnis der GOZ nicht zulässig. Damit würde § 4 GOZ seine Wirksamkeit verlieren, d.h. praktisch ausgehöhlt.

Grundlage für die Ausführungen von *Meurer* ist die Begründung zum Regierungsentwurf zu § 4 Abs. 3 GOZ 1988, die – auszugsweise – wie folgt lautet:

> [§ 4] Absatz 3 normiert in Anknüpfung an den bisherigen § 5 Abs. 1 GOZ den Grundsatz der Kostenabgeltung mit den Gebühren. Die Gebühren enthalten neben dem Anteil für die Leistung des Zahnarztes kalkulatorische Anteile für die Kosten der verschiedensten Art.

498 BGH, Urteil vom 27.05.2004 – III ZR 264/03 –, VersR 2004, 1138 = Kapitel U IV.18, S. 368.

499 AG Brilon, Urteil vom 31.01.1996 – 2 C 463/95 –, GU, S. 80.

500 BGH, Urteil vom 27.05.2004 – III ZR 264/03 –, VersR 2004, 1138 = Kapitel U IV.18, S. 368.

> Diese dienen unter anderem zur Deckung der Praxiskosten und der durch die Anwendung von Instrumenten und Apparaten entstehenden Kosten. Kosten dieser Art dürfen nicht gesondert berechnet werden. Zu den nicht gesondert berechnungsfähigen Kosten zählen z.B. die Kosten für Füllungsmaterial, das aus Vorräten des Praxisbedarfs entnommen wird. Zum Sprechstundenbedarf gehören z.B. die für den täglichen Bedarf notwendigen Einmalsachen, Desinfektionsmittel und dergleichen. Ausgenommen von dem Grundsatz der Kostenabgeltung sind lediglich Kosten, deren gesonderte Berechnungsfähigkeit neben den Gebühren nach den Vorschriften des Gebührenverzeichnisses ausdrücklich zugelassen wird, wie z.B. die Kosten für Verankerungselemente bei Stiftverankerungen oder die Kosten für Implantate oder Implantatteile.

Der Regierungsbegründung lässt sich zunächst entnehmen, dass eine Definition der Praxiskosten weder vorgenommen wurde noch werden sollte. Es werden lediglich einige Beispiele genannt, nämlich Kosten für Füllungsmaterial, das aus Vorräten des Praxisbedarfs entnommen wird sowie Einmalsachen, die für den täglichen Bedarf notwendig sind und Desinfektionsmittel. Allen Beispielsfällen ist gemeinsam, dass diese Materialien nach dem Kenntnisstand des Jahres 1987 jeweils aus großen Vorratsbeständen entnommen wurden. Warum Teilkostenberechnungen in diesem Bereich nicht zugelassen wurden, ist nicht ersichtlich. Das Problem gibt es auch anderswo, namentlich bei den Abdruckmaterialien, die nach der Allgemeinen Bestimmung Nr. 2 zu Abschnitt A GOZ dennoch gesondert abrechenbar sind. Eine systematische Konsistenz und Konsequenz in der Festlegung von Abrechenbarkeit fehlt der GOZ also. Unbekannt war damals auch die Entwicklung der Füllungswerkstoffe, die von der den Überlegungen des Verordnungsgebers ersichtlich zugrunde liegenden Amalgamen nicht mehr sachgerecht erfasst wird.

Diese Aufstellung zeigt jedoch, dass damit nur solche Materialien gemeint sind, die *„ohnehin in der Praxis sind“* und die zu den täglich verwendeten *„normalen“* Materialien wie Desinfektionsmittel etc. gehören. Bzgl. Einmalartikeln, die speziell für einen Patienten angeschafft werden, äußert sich die Regierungsbegründung nicht. Eine solche Beschaffungspraxis war 1987 noch die große Ausnahme, von BioTissue-Engineering[501] und dgl. hatte man noch nichts gehört.

Der ausdrücklichen Benennung von Implantatteilen in der Allgemeinen Bestimmung Nr. 2 zu Abschnitt K GOZ hätte es nicht bedurft, wenn damit nur die Bestandteile des eigentlichen Implantats gemeint worden wären, da dieses dann unproblematisch bereits unter den Begriff „Implantate“ hätte subsumiert werden können. Es lässt sich deshalb nicht von der Hand weisen, dass die Regierungsbegründung davon ausging, dass zu den Implantatteilen auch die zur Eingliederung des Implantats notwendigen „Teile“ gehören und dass diese damit gesondert berechnungsfähig sind.

Nicht außer Acht gelassen werden darf in diesem Zusammenhang auch, dass die Implantologie erst durch die Stellungnahme der DGZMK vom 24.9.1982 wissenschaftlich anerkannt worden war und in dieser Stellungnahme darauf hingewiesen wurde, dass ein weiterer Forschungs- und Erfahrungsbedarf in der Zukunft besteht. Hierauf nimmt die Regierungsbegründung zu Abschnitt K „Implantologische Leistungen“ ausdrücklich Bezug. Es war deshalb bei der Einführung der GOZ 1988 für den Bereich der Implantologie noch nicht klar, welche Kosten für Einmalteile auf den Zahnarzt zukommen können.

Dieser Gesichtspunkt wird auch vom BGH in der Entscheidung vom 27.05.2004 aufgegriffen.[502] Er kann sich das von ihm im Wege verfassungskonformer Auslegung korrigierte Ergebnis der primären Rechtsanwendung wohl nur so erklären, dass die Implantologie 1987 noch eine eher junge Disziplin war. Durchforstet man aber nach diesen Kriterien die Entwicklung der Zahnheilkunde in der Zeit ab 1987, dann kann man für alle Bereiche, sei es die Endodontie, die Parodontologie, die Kieferorthopädie, die Prothetik und selbst die verhältnismäßig alte Technik der Füllungen feststellen, dass sich so viel laufend verändert und verbessert, dass die Zahnheilkunde insgesamt eine junge Disziplin ist, die von 17 Jahre alten Gebührenordnungen auch nicht

501 S. dazu oben Kapitel R VII., S. 304 ff.

502 BGH, Urteil vom 27.05.2004 – III ZR 264/03 –, VersR 2004, 1138 = Kapitel U IV.18, S. 368.

ansatzweise korrekt abgebildet werden kann. Wie soll das denn auch funktionieren? Die Halbwertszeit medizinischen Wissens nimmt als Folge des Fortschritts medizinischer Erkenntnisse immer mehr ab, die Gebührenordnungen aber bleiben stehen.

Ausführungen zu einer direkten oder analogen Anwendung des § 10 GOÄ enthält die Regierungsbegründung nicht.

Zweifellos ist richtig, dass „*bescheidene wie aufwendige Praxisausstattungen*" in gleicher Weise mit den Gebühren abgegolten sein sollen. Selbstverständlich soll nicht derjenige Zahnarzt, der seine Praxis luxuriös ausstattet, per se höhere Gebühren erhalten als derjenige, der bei der Praxisausstattung Zurückhaltung übt. Darum geht es jedoch bei der Frage, ob bestimmte Einmalmaterialien abrechenbar sind, nicht. Auch wenn *Meurer* ausführt, dass der Verordnungsgeber von Erfahrungswerten ausgegangen sei, die nach dem Kostenniveau eines angemessenen Standards für den Zeitraum des Inkrafttretens der GOZ angesetzt werden mussten, so ist angesichts der zitierten Regierungsbegründung darauf hinzuweisen, dass bzgl. der implantologischen Leistungen 1987 gerade diese Erfahrungswerte noch fehlten und bezüglich der anderen Bereiche der modernen Zahnheilkunde, dass diese Erfahrungswerte nicht mehr gelten, weil durch die Entwicklung längst überholt. Wenn *Meurer* darauf hinweist, dass Kosten von Instrumenten und Apparaten weder bei normalem Verschleiß noch bei Bruch gesondert in Rechnung gestellt werden könnten, so bezieht sich dies auf die „*üblichen*" Bohrer, Fräsen, Schneideinstrumente etc., gibt aber keinen Hinweis auf Einmalartikel, die mit ihrer Anwendung **bestimmungsgemäß** verbraucht sind.

Bezüglich der Tatsache, dass § 10 GOÄ nicht analog anwendbar sein soll, erschöpft sich die Kommentierung bei *Meurer* in dem Hinweis, dass damit § 4 GOZ (der insoweit – wie gezeigt – identisch mit § 4 GOÄ ist[503]) seine Wirksamkeit verlöre, d.h. praktisch ausgehöhlt würde. **Dies ist nicht richtig**. Auch aus § 10 GOÄ ergibt sich keine grenzenlose Abrechenbarkeit von Praxiskosten. Die Vorschrift beschränkt die Abrechenbarkeit auf Artikel, die der Patient behält oder die mit einmaliger Anwendung verbraucht sind, wobei in § 10 Abs. 2 GOÄ sogar noch viele Einmalartikel von der Abrechenbarkeit explizit ausgeschlossen sind. Wenn aber § 4 GOÄ durch § 10 GOÄ nicht ausgehöhlt wird, kann dies genauso wenig für den praktisch wortgleichen § 4 GOZ und eine analoge Anwendung des § 10 GOZ gelten.

Zu beachten ist außerdem, dass nach der Regierungsbegründung zu § 4 Abs. 3 GOZ diese Vorschrift an den bisherigen § 5 Abs. 1 BUGO-Z 1965 anknüpft. Nach letztgenannter Vorschrift waren mit den Gebühren nur die „*allgemeinen*" Praxiskosten abgegolten. Wenn die Neuregelung an diese Vorschrift anknüpft, sollte hieran nach dem Willen des Gesetzgebers nichts verändert werden, ansonsten hätte er dies explizit regeln müssen.

Auch § 4 Abs. 3 GOZ kann sich deshalb nur auf die „*allgemeinen*" Praxiskosten beziehen, nicht aber auf die **besonderen einzelfallbezogenen** Praxiskosten. Für diese gilt der Grundsatz des § 3 GOZ, wonach der Zahnarzt als Vergütung grundsätzlich Anspruch auf Ersatz seiner Auslagen hat. § 4 Abs. 3 GOZ ist eine Ausnahmeregelung zu § 3 GOZ und als solche restriktiv auszulegen.[504]

Schließlich spricht gegen die von *Meurer* vertretene Auffassung auch die Tatsache, dass in Abkehr von dem Begriff der „*allgemeinen Praxiskosten*" des § 5 Abs. 1 BUGO-Z 1965 erstmals in § 10 GOÄ 1982 der Begriff der „*Auslagen*" aufgenommen wurde. Dadurch sollte aber ausweislich der amtlichen Begründung keine Änderung des bisherigen Rechtszustandes, d.h. der Unterscheidung zwischen allgemeinen und besonderen Praxiskosten, bewirkt werden.[505]

Die insofern wortgleiche Regelung in der GOZ 1988 kann nicht anders interpretiert werden als diejenige in der GOÄ.[506]

---

503 S. oben Abschnitt I. dieses Kapitels (S. 308).

504 Heberer, in Esser, Band I, Teil 4 Kap. 7, § 4 Anm. 11

505 BR-Drs. 295/82, S. 15.

506 Liebold/Raff/Wissing, § 4 GOZ Anm. 10

Liebold/Raff/Wissing weisen auf verfassungsrechtliche Probleme hin, welche die Auffassung von *Meurer* aufwerfe, da sie zu einer unterschiedlichen Interpretation identischer Begriffe in der GOZ einerseits und der GOÄ andererseits führt. § 10 GOÄ sehe im Gegensatz zu § 9 GOZ weiterhin eine gesonderte Berechnung von Materialien im Rahmen der bereits durch § 5 Abs. 1 BUGO-Ä 1965 gezogenen Grenzen grundsätzlich vor und schließe lediglich bestimmte Kleinmaterialien, Desinfektionsmittel und andere Einmalartikel von der Abrechnung aus.[507]

2. Heranziehung des § 10 GOÄ als Auslegungshilfe

Nach anderer Ansicht ist die Bestimmung des § 10 GOÄ zur Auslegung des § 4 Abs. 3 GOZ zwar nicht analog anzuwenden, zur Auslegung des § 4 Abs. 3 GOZ aber heranzuziehen.

So weist beispielsweise *Heberer*[508] darauf hin, dass der Zahnarzt nach § 3 GOZ als Vergütung grundsätzlich auch Anspruch auf Ersatz seiner Auslagen habe. § 4 Abs. 3 GOZ sei lex specialis zu § 3 GOZ und als dessen Grundsatz einschränkende Vorschrift eng auszulegen.

Heberer vertritt die Auffassung, dass es einer Analogie zu § 10 GOÄ nicht bedürfe, da schon eine Auslegung der GOZ-Vorschriften ergebe, dass besondere einzelfallbezogene Praxiskosten als Auslagen erstattungsfähig seien.

3. Auffassung des BDIZ/EDI

Eine unmittelbare Anwendung des § 10 GOÄ im zahnärztlichen Bereich scheidet aus. Fraglich – und wie oben dargestellt in Rechtsprechung und Literatur umstritten – ist die Frage, ob entgegen der Entscheidung des BGH vom 27.05.2004[509] § 10 GOÄ analog herangezogen werden kann.[510]

Eine Analogie ist dann möglich, wenn eine **Gesetzeslücke** gefüllt werden muss. Unter einer Analogie wird in der Rechtswissenschaft die Übertragung der für einen Tatbestand oder für mehrere untereinander ähnliche Tatbestände im Gesetz gegebenen Regel auf einen anderen vom Gesetz nicht geregelten, ihm aber ähnlichen Tatbestand. Die Übertragung gründet sich darauf, dass infolge ihrer Ähnlichkeit in der für die gesetzliche Bewertung maßgebenden Hinsicht Tatbestände gleich zu bewerten sind. Sie ist also eine Konsequenz der Forderung, Gleichartiges gleich zu behandeln.

Eine Analogie zu § 10 GOÄ kommt demnach (nur) in Betracht, wenn eine Lücke in der GOZ vorliegt, die durch diese Analogie geschlossen werden muss.

Das Problem soll an einem einfachen Beispiel demonstriert werden:

> Ein **Arzt für Mund-, Kiefer- und Gesichtschirurgie** setzt bei einem Patienten ein Einzelzahnimplantat. Er verwendet dafür u.a. eine Einmalfräse. Die Behandlung erfolgt unter Anästhesie. In diesem Fall sind gesondert abrechenbar

- das Implantat und die Implantatteile nach der Allgemeinen Bestimmung Nr. 2 zu Abschnitt K GOZ,
- das Anästhesiematerial und die Implantatfräse nach § 10 Abs. 1 Satz 1 Nr. 1 GOÄ.

---

507 Liebold/Raff/Wissing, aaO.

508 Heberer in Kastenbauer/Pillwein/Rat, § 4 GOZ Anm 8 ff.; ders., in Esser, GOZ § 4 Anm. 9 ff.

509 BGH, Urteil vom 27.05.2004 – III ZR 264/03 –, VersR 2004, 1138 = Kapitel U IV.18, S. 368.

510 So etwa LG Berlin, Urteil vom 02.03.1991 – 6 O 461/90 –, GU, S. 55; LG Duisburg, Urteil vom 09.06.1995 – 4 S 468/92 –, GU, S. 55 f.; LG Hamburg, Urteil vom 18.08.1995 – 302 S 47/95 – GHI, S. 288 = GU, S. 56; VG Mainz, Urteil vom 22.09.1993 – 7 K 2556/92 –, GU, S. 57; AG Geldern, Urteil vom 18.10.1991 – 3 C 124/90 –, GU, S. 60; AG Erkelenz, Urteil vom 29.07.1992 – 6 C 497/91 –, GU, S. 60; AG Krefeld, Urteil vom 30.11.1992 – 7 C 449/92 –, GU, S. 61; AG Hamburg, Urteil vom 22.09.1995 – 13b C 45/95 –, GU, S. 63; AG München, Urteil vom 02.05.1991 – 1154 C 8591/91 –, GU, S. 59; Liebold/Raff/Wissing, § 4 Rz. 7 ff.; Tiemann/Grosse, S. 29, 31; umfangreiche Nachweise zur Rechtsprechung finden sich bei Esser, Band I, Teil 5, Kap. 3.3.

Das Ergebnis ist eindeutig, denn der Mund-, Kiefer- und Gesichtschirurg kann als Arzt im Sinne der GOÄ diese Kosten nach § 10 GOÄ ganz unproblematisch abrechnen.[511]

Wird die identische Leistung durch einen **Zahnarzt** erbracht, ist für die Abrechenbarkeit von Anästhesiematerial und Implantatfräse Voraussetzung, dass § 10 GOÄ analog im Rahmen der zahnärztlichen Abrechnung angewendet werden kann.

Besonders schön demonstrieren lässt sich das Problem an der GOZ 009 (Infiltrationsanästhesie), die ein identisches Pendant in GOÄ 490 hat. Nicht nur ist die GOÄ-Ziffer um 0,19 € höher bewertet. Bei ihr kann auch zwanglos das Anästhesiematerial gesondert abgerechnet werden. Obwohl also die identische Leistung in der GOÄ sogar höher bewertet ist, soll nach den Grundsätzen des BGH-Urteils vom 27.05.2004 beim Zahnarzt das Material enthalten sein, beim Arzt nicht. Ein solches Ergebnis wäre, was keiner besonderen Begründung bedarf, grotesk.

Eine analoge Anwendung gesetzlicher Vorschriften auf gesetzlich nicht erfasste Sachverhalte ist – auch bei Ausnahmevorschriften – jedenfalls dann geboten, wenn die Regelungsabsicht des Gesetzgebers wegen der Gleichheit der zugrunde liegenden Interessenlage auch den nicht geregelten Fall hätte einbeziehen müssen. Allerdings darf die Analogie nicht zu einer Vereitelung der Regelungsabsicht des Gesetzgebers führen.[512]

Die Regierungsbegründung zur GOZ gibt keinen Hinweis darauf, dass der Gesetzgeber das Problem erkannt hat. Auf die zum Teil abweichende Regelung in § 10 GOÄ wird in der Regierungsbegründung zur GOZ nicht eingegangen, und zwar weder durch ausdrückliche Nennung dieser Vorschrift noch durch eine inhaltliche Bezugnahme oder Darlegung der Gründe für eine bewusst abweichende Regelung. **Eine der analogen Anwendung des § 10 GOÄ entgegenstehende Regelungsabsicht des Gesetzgebers ist** damit **nicht zu erkennen.**

Damit stellt sich die Frage, ob Interessen Dritter, vor allem der Patienten, einer solchen Analogie entgegenstehen. Dies wäre möglicherweise dann der Fall, wenn die Patienten mit Kosten belastet würden, die ansonsten nicht anfallen. Der erwähnte Beispielsfall zeigt jedoch, dass die Kosten für den Patienten anfallen, wenn er sich bei einem Arzt für Mund-, Kiefer- und Gesichtschirurgie behandeln lässt. Es lässt sich damit auch nicht sagen, dass der Gesetzgeber zugunsten des Patienten generell bestimmte Kosten von der Erstattungsfähigkeit ausgenommen hat.

Damit verbleibt es bei der Feststellung, dass hier **gleichartige Lebenssachverhalte** vorliegen. Gleichartige Lebenssachverhalte kann der Gesetzgeber nur in gleichartiger Weise regeln, ohne gegen das **Willkürverbot** des Art. 3 GG zu verstoßen.

Der Gesetzgeber hätte bei der Neufassung der GOÄ die Möglichkeit gehabt, den Auslagenersatz in § 10 GOÄ so restriktiv zu regeln wie dies nach Auffassung von *Meurer* in der GOZ geschehen ist.[513] Er hat dies nicht getan. § 10 GOÄ wurde zwar verändert. Die grundlegende, für den zahnärztlichen Bereich vor allem interessante Bestimmung zum Ersatz von Arzneimitteln und sonstigen Materialien, die der Patient zur weiteren Verwendung erhält oder die mit einer einmaligen Anwendung verbraucht sind, wurde von ihm jedoch inhaltlich mit der Neufassung der GOÄ nicht verändert. **Wenn** der Gesetzgeber die Analogiemöglichkeit hätte beschneiden wollen, **dann** hätte er den Auslagenersatz in § 10 GOÄ **ausdrücklich** abweichend vom früheren Recht regeln müssen. Dies ist nicht geschehen.

Die analoge Anwendung des § 10 GOÄ bringt die erforderliche Rechtssicherheit, die mit einer nur zur Auslegung des § 4 Abs. 3 GOZ heranziehenden Anwendung des § 10 GOÄ nicht erreicht wird. Der Begriff des Sprechstundenbedarfs kann aus § 10 Abs. 2 GOÄ erschlossen werden, die Abrechenbarkeit von Versandkosten aus § 10 Abs. 3 GOÄ. Für die Interpretation des gebührenrechtlichen Auslagenbegriffs kann jedoch nur § 10 Abs. 1 GOÄ herangezogen werden.

---

511 Vgl. AG Lüneburg, Urteil vom 09.06.1999 – 11 C 179/99 –, soweit ersichtlich nicht veröffentlicht.

512 Ständige Rechtsprechung, vgl. z.B. BSG, Urteil vom 27.01.1987 – 6 RKa 28/86 –, BSGE 61, 146 [147]; BSG, Urteil vom 16.07.1996 – 1 RS 1/94 –, NZS 1997, 172.

513 Vgl. Meurer, S. 106 ff.

Das OLG Köln hat in einem Urteil vom 06.06.2001[514] die sich aus der Entscheidung des BGH vom 27.05.2004[515] schon ergebenden Fragen vorweggenommen:

> Gemäß § 4 Abs. 3 GOZ sind unter anderem Füllungsmaterial, Praxiskosten und Sprechstundenbedarf nicht zusätzlich berechenbar. Wie der erstinstanzliche Sachverständige zutreffend ausgeführt hat, sind unter Sprechstundenbedarf unter anderem Desinfektionsmittel, Mittel zur Oberflächenanästhesie, Puder, Salben und Einmalkanülen, Einmalspritzen, Einmalhandschuhe, Einmalskalpelle zu verstehen. Vor diesem Hintergrund der eigenen Ausführungen des Sachverständigen erscheint es nicht nachvollziehbar und auch nicht begründbar, dass Einmalinstrumente, die teurer sind als die sonstigen Einmalmaterialien, gesondert berechnungsfähig sein sollen Es ist schlechterdings keine nachvollziehbare Begründung dafür ersichtlich, nach welchen Unterscheidungskriterien zwischen Sprechstundenbedarf im normalen Kostenumfang und in erhöhtem Kostenumfang im Rahmen des § 4 Abs. 3 GOZ sollte unterschieden werden können.

Es ist in der Tat schwierig, zu begründen, warum normale Materialkosten nicht, sondern nur erhöhte Materialkosten abrechnungsfähig sein sollen, vor allem aber, wo denn die Grenze zwischen *„normal“* und *„erhöht“* zu ziehen wäre. Diese Grenze ist in jedem Fall arbiträr, was gegen diese Grenzziehung und für die analoge Anwendung des § 10 GOÄ spricht, der die Grenzziehung in § 10 Abs. 2 GOÄ vornimmt.

Lässt man sich auf den Gedankengang des BGH ein, dann muss man als Minimum fordern, dass der jeweilige GOZ-1-fach-Satz ausreicht, um

nicht gesondert abrechenbare Materialkosten
\+ allgemeine Praxiskosten

abzudecken. Die Steigerungsfaktoren nach § 5 GOZ dienen nicht dazu, überhaupt erst einmal die Kosten abzudecken. Liegen die Kosten aber höher als der 1,0-fache Satz, dann muss man ihre gesonderte Abrechenbarkeit aus verfassungsrechtlichen Gründen bejahen. Rechnet man die allgemeinen Praxiskosten heraus, kommt man – mit erheblichem Sicherheitsaufschlag – auf einen Grenzwert von 30 %. Übersteigen die nach Ansicht des BGH eigentlich nicht gesondert abrechenbaren Materialkosten **30 %** des GOZ-Einfachsatzes, müssen sie als gesondert abrechenbar angesehen werden; denn in solchen Fällen würde die Leistungserbringung sonst per se defizitär.

Damit steht als Ergebnis fest, dass eine Analogie zu § 10 GOÄ zulässig und zur Vermeidung willkürlicher Ergebnisse geboten ist.

Will man sich dieser Ansicht nicht anschließen, muss für jede GOZ-Ziffer deren Ratio zwischen Kosten und Honorar festgestellt und in regelmäßigen Abständen überprüft werden, wobei eine Beschränkung auf Zahnärzte mit Tätigkeitsschwerpunkt Implantologie nicht weiterhilft. Tätigkeitsschwerpunkte gibt es mittlerweile in allen zahnärztlichen Disziplinen.[516]

Die Analogie zu § 10 GOÄ eröffnet dem Zahnarzt allerdings nicht nur Abrechnungsmöglichkeiten, sie begrenzt sie auf der anderen Seite auch. Der Zahnarzt kann nicht weitergehende Auslagen abrechnen als ein Arzt bzw. – hier konkret – der Arzt für Mund-, Kiefer- und Gesichtschirurgie.

---

514 OLG Köln, Urteil vom 06.06.2001 – 5 U 179/00 –. Das Urteil ist – soweit ersichtlich – nicht veröffentlicht.

515 BGH, Urteil vom 27.05.2004 – III ZR 264/03 –, VersR 2004, 1138 = Kapitel U IV.18, S. 368.

516 Dem dient die schon oben im Kapitel S V.1, S. 313 angesprochene Online-Umfrage des BDIZ/EDI.

4. Honorarvereinbarung nach § 2 GOZ

Man könnte daran denken, dass die Kosten der bei der Implantation verwandten Einmalartikel über eine Vereinbarung nach § 2 Abs. 1 oder § 2 Abs. 3 GOZ abgegolten werden könnten, ohne dass es auf die oben geschilderten Probleme ankäme.

4.1 Honorarvereinbarung nach § 2 Abs. 1 GOZ

Manche Zahnärzte sind auf die Idee gekommen, den bei der Implantation zu betreibenden Aufwand im Hinblick auf Lagerhaltungskosten und die Kosten von Einmalmaterialien durch die Vereinbarung gesondert abrechenbarer Kosten zu liquidieren.

Die Vereinbarungsmöglichkeiten mit Patienten sind jedoch begrenzt. § 2 Abs. 1 GOZ lässt keine völlige Abkehr von den Regelungen der GOZ zu, sondern lediglich eine höhere Vergütung als den 3,5-fachen Satz. Im Übrigen müssen die Regelungen der GOZ eingehalten werden, d.h. dass es weiterhin eine Abrechnung nach den Gebührenziffern der GOZ unter Angabe des verwendeten Steigerungssatzes geben muss.[517]

Nach § 4 Abs. 4 GOZ dürfen Kosten, die nach § 4 Abs. 3 GOZ mit den Gebühren abgegolten sind, nicht gesondert berechnet werden (Verbot der Doppelberechnung). Diese Norm stellt auch eine Sperre für Vereinbarungen nach § 2 Abs. 1 GOZ dar; denn wenn die Vergütung mit den Gebühren abgegolten ist, wäre die zusätzliche Vereinbarung einer Honorierung eine Erhöhung der Vergütung, die nach § 2 Abs. 1 GOZ nur durch die Erhöhung der Steigerungssätze zulässigerweise vereinbart werden kann.

Man kann deshalb mit einer Vereinbarung nach § 2 Abs. 1 GOZ dem eigentlichen Problem, der Frage der gesonderten Abrechenbarkeit nicht entrinnen. Wohl aber kann man einem erhöhten Kosteneinsatz durch die **Vereinbarung eines höheren Steigerungsfaktors** Rechnung tragen. **Dies ist der sachlich richtige Weg und daher vom BDIZ/EDI empfohlen**.

In der täglichen Praxis erkennen wir immer wieder, dass die meisten Abrechnungsprobleme nur deshalb entstehen, weil der Mut fehlt, mit höheren Steigerungsfaktoren abzurechnen oder gar eine Honorarvereinbarung nach § 2 Abs. 1 GOZ abzuschließen.

4.2 Vorsorgliche Honorarvereinbarung nach § 2 Abs. 1 GOZ

In diesem Zusammenhang sei noch einmal darauf hingewiesen, dass ein Ausweg aus dem Dilemma für vorsichtigere Zahnärzte, die beim Abschluss einer Honorarvereinbarung nach § 2 Abs. 1 GOZ besondere Akzeptanzprobleme in ihrer Klientel sehen, auch hier der Abschluss einer vorsorglichen Honorarvereinbarung nach § 2 Abs. 1 GOZ sein kann.[518]

4.3 Honorarvereinbarung nach § 2 Abs. 3 GOZ

Eine Vereinbarung nach § 2 Abs. 3 GOZ bzgl. der Kosten von Einmalmaterialien ist nicht möglich, da es sich bei den implantologischen Leistungen um Leistungen handelt, die im Gebührenverzeichnis enthalten sind. Eine gesonderte Vereinbarung zu den Kosten sähe sich wiederum mit dem Problem der Doppelabrechnung konfrontiert. § 4 Abs. 4 GOZ selbst lässt sich durch Vereinbarung mit dem Patienten nicht abdingen.

---

[517] Liebold/Raff/Wissing, § 2 Anm. 6 ff. m.w.N.

[518] S. dazu o. Kapitel B XI.2, S. 38.

VII. Berechnungsfähige Materialien lt. dem Beschlusskatalog der BZÄK (Stand Mai 2000)

Gesondert berechnungsfähig sind die in nachfolgender Checkliste aufgeführten Materialkosten. Diese halten wir auch nach der Entscheidung des BGH vom 27.05.2004[519] für im Zweifel abrechenbar. Die vorläufigen Ergebnisse der Online-Umfrage[520] belegen die Abrechenbarkeit.

Checkliste der gesondert berechnungsfähigen Materialkosten

☑ **A**nästhesiemittel
☑ Aufbaumaterial, plastisches (GOZ 218)
☑ Abformmaterial (Abschnitt A der GOZ, allgemeine Bestimmungen 2)
☑ Abformwachse
☑ Abformfäden
☑ Abformringe
☑ Alloplastisches Material (GOZ 411, Abschnitt D2 GOZ)
☑ Aluminium-Schutzkronen
☑ Apikale konfektionierte Stiftsysteme (GOZ 311, 312)

☑ **B**iss-Registrat-Material
☑ Bisswachse, vorgeformt (GOZ 215-217, 220-224, 500-508, 515, 516, 520-525)
☑ Bleichmittel
☑ Blutgerinnungsmaterial, steril (Abschnitt D2 GOZ)

☑ **D**raht (GOÄ 2696, 2697)
☑ Drahthäkchen (GOÄ 2696, 2697)

☑ **E**inmalabdrucklöffel
☑ Einmalabdecktücher, steril
☑ Einmalbohrer[521]
☑ Einmalfräsen[522]
☑ Einmalinstrumente in der Implantologie[523]
☑ Einmalumhänge, steril (z.B. bei Operationen)
☑ Einmalinterdentalbürsten bei Behandlung (§ 10 Abs. 1 Nr. 1 GOÄ analog)
☑ Einmalinterdentalfäden bei Behandlung (§ 10 Abs. 1 Nr. 1 GOÄ analog)
☑ Einmalmatrizen (GOZ 205, 207, 209, 211, 218; keine Meterware)
☑ Einmalzahnbürsten bei Behandlung (§ 10 Abs. 1 Nr. 1 GOÄ analog)
☑ Einmalwurzelkanalinstrumente (§ 10 Abs. 1 Punkt 1. GOÄ analog)
☑ Endodontische Verankerungselemente (GOZ 219, 315)

☑ **F**luoridierungsmaterial (GOZ 102)
☑ Fotographie, Material und Entwicklung (GOZ 600 bzw. gemäß § 4 Abs. 5 GOZ)
☑ Fremdknochenmaterial (§ 10 Abs. 1 Nr. 1 GOÄ analog)

☑ **H**eadgear (GOZ 616)
☑ Hülsen, konfektioniert (GOZ 226)

---

519 BGH, Urteil vom 27.05.2004 – III ZR 264/03 –, VersR 2004, 1138 = Kapitel U III.1, S. 360.

520 S. dazu oben Kapitel S V.1, S. 313.

521 BGH, Urteil vom 27.05.2004 – III ZR 264/03 –, VersR 2004, 1138 = Kapitel U III.1, S. 360.

522 BGH, Urteil vom 27.05.2004 – III ZR 264/03 –, VersR 2004, 1138 = Kapitel U III.1, S. 360.

523 So interpretieren wir jedenfalls das Urteil des BGH vom 27.05.2004 – III ZR 264/03 –, VersR 2004, 1138 = Kapitel U III.1, S. 360.

- ☑ **I**mplantate (Abschnitt K2 GOZ)
- ☑ Implantatteile (Abschnitt K2 GOZ)
- ☑ Injektionsmittel
- ☑ Interdentalkeile (GOZ 203, z.B. lichtleitende Keile), keine obligaten Keile
- ☑ Intra-/extraorale Verankerung (GOZ 616)

- ☑ **K**eramikklebebrackets (abzüglich der Kosten für Metallklebebrackets)
- ☑ Kinderkrone, konfektioniert (GOZ 225)
- ☑ Knochenkernbohrer[524]
- ☑ Kopf-Kinn-Kappe
- ☑ Kühlkissen
- ☑ Kunststoff für direkte Unterfütterung (GOZ 527, 528, 603-609, 618, 621, 703)
- ☑ Kunststoff für provisorische Brücken
- ☑ Kunststoff für provisorische Kronen
- ☑ Kunststoff für Schienungen (GOZ 707, GOÄ 2697)
- ☑ Kunststoff für Verblendung
- ☑ Kunststoff für Verblendschale (GOZ 232)
- ☑ Kunststoff zur Versiegelung (GOZ 200)
- ☑ Kupferringe

- ☑ **L**ack zur Fluoridierung (GOZ 102)

- ☑ **Membran** zur Geweberegeneration
- ☑ Metallfolie für gehämmerte Füllungen (GOZ 214)
- ☑ Mundvorhofplatte

- ☑ **N**ahtmaterial, atraumatisch

- ☑ **P**lastisches Aufbaumaterial (GOZ 218)
- ☑ Portokosten bei Laboruntersuchungen, Histologie-, Röntgen- und zahntechnischen Leistungen (nicht für die Gebührenabrechnung selbst)

- ☑ **S**alz zur Zahnreinigung, z.B. Airflow
- ☑ Schraubenaufbau (GOZ 219)
- ☑ Spanngummi (GOZ 204)
- ☑ Stiftsysteme
- ☑ Stiftverankerungselemente (GOZ 213, 219)
- ☑ Stifte für provisorische Kronen und Brückenanker (GOZ 228, 513, 708)

- ☑ **T**amponaden, steril, resorbierbar
- ☑ Transfixationsstifte

- ☑ **V**erankerungselemente, endodontische (GOZ 219, 315)
- ☑ Verbandmittel – auch bei PAR-Behandlung – außer Kleinmaterial (§ 10 Abs. 1 Nr. 1 GOÄ analog)
- ☑ Verpackungskosten bei Laboruntersuchungen, Histologie-, Röntgen- und zahntechnischen Leistungen
- ☑ Verschlussmaterial bei oberflächigen Blutungen (Abschnitt D2 GOZ),
- ☑ Verschlussmaterial bei hämorrhagischen Diathesen (Abschnitt D2 GOZ),
- ☑ Versiegelungsmaterial (GOZ 200)

[524] BGH, Urteil vom 27.05.2004 – III ZR 264/03 –, VersR 2004, 1138 = Kapitel U III.1, S. 360.

☑ **W**urzelkanalstifte, konfektionierte, gegossene (GOZ 244, 503)

☑ **Z**elluloidkäppchen

Allgemeine Kosten, Versandkosten, die im Verkehr mit den gewerblichen Laboratorien, mit Gutachtern, mit weiterbehandelndem Zahnarzt entstehen, sowie Versendungen auf Wunsch des Patienten können als Ersatz von Auslagen berechnet werden.

VIII. Nicht berechnungsfähige Materialien lt. dem Beschlusskatalog der BZÄK (Stand Mai 2000)

Nicht gesondert berechnungsfähig sind nach derzeitiger Ansicht die in nachfolgender Checkliste aufgeführten Materialkosten. Es bleibt abzuwarten, ob sich nach der Auswertung der Online-Umfrage[525] andere Empfehlungen aufdrängen, da die nachstehende Auflistung die analoge Anwendbarkeit des § 10 Abs. 2 GOÄ voraussetzt. Allerdings muss man zu der Entscheidung des Bundesgerichtshofs vom 27.05.2004[526] auch klar darauf hinweisen, dass die Ablehnung der Analogie zu § 10 GOÄ auch dessen zweiten Absatz mit umfasst. Nur aus diesem lässt sich aber eruieren, was denn der Gesetzgeber unter Praxis- und Sprechstundenbedarf versteht. Das Urteil wirft also auch hier eine Vielzahl von Fragen erneut auf, die für die Praxis der meisten privaten Krankenversicherer und der Beihilfe längst geklärt waren.

Checkliste der nicht gesondert berechnungsfähigen Materialkosten

∅ **A**bdrucklöffel, wiederverwendbare
∅ Absauger
∅ Absaugkanüle (§ 4 Abs. 3 GOZ – „Anwendung von Instrumenten“)
∅ Ätzgel
∅ Alkohol (§ 4 Abs. 3 GOZ – „Sprechstundenbedarf“)
∅ Amalgam (§ 4 Abs. 3 GOZ – „Füllungsmaterial“)
∅ Anästhesiemittel für Oberflächenanästhesie (§ 10 Abs. 2 Nr. 2 GOÄ)
∅ Arzneimittel (geringwertige) zur sofortigen Anwendung (§10 Abs. 2 Nr. 4 GOÄ analog)

∅ **B**änder (GOZ 612)
∅ Bogen (GOZ 614, 615)
∅ Bohrer
∅ Bondingmaterial
∅ Brackets aus Metall (GOZ 610)

∅ **C**p-Mittel (§ 4 Abs. 3 GOZ, § 10 Abs. 2 Nr. 4 GOÄ analog)

∅ **D**esinfektionsmittel (§ 10 Abs. 2 Nr. 3 GOÄ analog)
∅ Diamanten (§ 4 Abs. 3 GOZ), es sei denn, sie werden dem Patienten zur kosmetischen Veränderung eingesetzt. Das ist dann aber keine nach GOZ oder GOÄ abzurechnende Leistung.

∅ **E**inmalabsauger (§ 10 Abs. 2 Nr. 5 GOÄ analog)
∅ Einmalhandschuhe (§ 10 Abs. 2 Nr. 5 GOÄ analog)
∅ Einmalhandtücher (§ 4 Abs. 3 GOZ)

525 S. dazu oben Kapitel S V.1, S. 313.

526 BGH, Urteil vom 27.05.2004 – III ZR 264/03 –, VersR 2004, 1138 = Kapitel U III.1, S. 360.

∅ Einmalhygieneumhang (§ 10 Abs. 2 Nr. 5 GOÄ analog)
∅ Einmalkanülen (§ 10 Abs. 2 Nr. 5 GOÄ analog)
∅ Einmalspritzen (§ 10 Abs. 2 Nr. 5 GOÄ analog)
∅ Einmalmundschutz
∅ Einmal-OP-Maske
∅ Einmalskalpelle (§ 10 Abs. 2 Nr. 5 GOÄ analog)
∅ Einmalskalpellklingen (§ 10 Abs. 2 Nr. 5 GOÄ analog)
∅ Einmalspekula (§ 10 Abs. 2 Nr. 5 GOÄ analog)

∅ **F**ingerlinge (§ 10 Abs. 2 Nr. 5 GOÄ analog)
∅ Finierer
∅ Formularkosten (z.B. für Patientenrechnung)

∅ **G**eringwertige Arzneimittel zur sofortigen Anwendung (§ 10 Abs. 2 Nr. 4 GOÄ analog)
∅ Gewebeklebstoff auf Histoacrylbasis (§ 10 Abs. 2 Nr. 1 GOÄ analog)

∅ $\mathbf{H_2O_2}$
∅ Holzspatel (§ 10 Abs. 2 Nr. 1 GOÄ analog)
∅ Holzstäbchen (§ 10 Abs. 2 Nr. 1 GOÄ analog)

∅ **Implant**atbohrer, zur Wiederverwendung
∅ Implantatfräsen, zur Wiederverwendung
∅ Individuelle Frontzahnfüllung (GOZ 807)
∅ Isotonische Kochsalzlösung

∅ **K**ältespray (§ 10 Abs. 2 Nr. 1 GOÄ analog)
∅ Klebebrackets aus Metall (GOZ 610)
∅ Kunststoff für Füllungen (§ 4 Abs. 3 GOZ)
∅ Kunststoff für Restaurationen (§ 4 Abs. 3 GOZ)

∅ **M**atrizen, wiederverwendbare (§ 10 Abs. 1 Nr. 1 GOÄ analog)
∅ Mehrfach benutzbare Artikel und Instrumente (§ 10 Abs. 1 Nr. 1 GOÄ analog)
∅ Mullkompressen (§ 10 Abs. 2 Nr. 1 GOÄ analog)
∅ Mulltupfer (§ 10 Abs. 2 Nr. 1 GOÄ analog)

∅ **O**berflächenanästhesie-Mittel (§ 10 Abs. 2 Nr. 2 GOÄ analog)

∅ **P**insel
∅ Polierbürsten, wieder verwendbar (§ 10 Abs. 1 Nr. 1 GOÄ analog)
∅ Polierkörper, wieder verwendbar (§ 10 Abs. 1 Nr. 1 GOÄ analog)
∅ Poliermittel, wieder verwendbar (§ 10 Abs. 1 Nr. 1 GOÄ analog)
∅ Polierscheiben, wieder verwendbar (§ 10 Abs. 1 Nr. 1 GOÄ analog)
∅ Polierstreifen, wieder verwendbar (§ 10 Abs. 1 Nr. 1 GOÄ analog)
∅ Portokosten für den Versand der Gebührenabrechnung (§ 10 Abs. 3 Satz 4 GOÄ analog)
∅ Puder (§ 10 Abs. 2 Nr. 4 GOÄ analog)

∅ **R**eagenzien (§ 10 Abs. 2 Nr. 2 GOÄ analog)
∅ Registrierbehelfe, wenn vom Zahnarzt angefertigt (GOZ 802 – 804)
∅ Reinigungsmittel (§ 10 Abs. 2 Nr. 3 GOÄ analog)
∅ Röntgenentwicklerkosten

- ∅ Röntgenfilme

- ∅ Salben (§ 10 Abs. 2 Nr. 4 GOÄ analog)
- ∅ Schleifkörper
- ∅ Schnellverbandsmaterial (§ 10 Abs. 2 Nr. 1 GOÄ analog)
- ∅ Skalpellklingen
- ∅ Spray – alle Arten (§ 10 Abs. 2 Nr. 1 GOÄ analog)

- ∅ Tupfer (§ 10 Abs. 2 Nr. 1 GOÄ analog)

- ∅ Überkappungsmaterialien (§ 4 Abs. 3 GOZ)
- ∅ Unterfüllungsmaterial (§ 4 Abs. 3 GOZ)

- ∅ Verbandspray (§ 10 Abs. 2 Nr. 1 GOÄ analog)
- ∅ Versiegelungsmaterial neben den GOZ 611 und 613 (jedoch neben GOZ 200 berechnungsfähig)

- ∅ Watterollen (§ 10 Abs. 2 Nr. 1 GOÄ analog)
- ∅ Wattestäbchen (§ 10 Abs. 2 Nr. 1 GOÄ analog)
- ∅ Wurzelfüllpaste (§ 4 Abs. 3 GOZ)

- ∅ Zellstoff (§ 10 Abs. 2 Nr. 1 GOÄ analog)
- ∅ Zement (§ 4 Abs. 3 GOZ)

Kapitel T Auf- und Abschläge auf Materialkosten

I. Materialkostenaufschläge (Lagerhaltungskosten)

1. Einleitung

Zu den seit Jahren umstrittensten Fragen der GOZ (und GOÄ) gehört die Abrechenbarkeit von Regiekosten bzw. Lagerhaltungskosten genannten Aufschlägen, die im Bereich der zahnärztlichen Implantologie eine große Rolle spielen.

Die Berufsverbände der Mund-, Kiefer- und Gesichtschirurgen, der Oralchirurgen (BDO) und der Bundesverband der implantologisch tätigen Zahnärzte in Europa (BDIZ/EDI) vertreten in ihren Empfehlungen für die Behandlung implantologischer Leistungen im verwaltungstechnischen Verfahren der PKVen[527] gemeinsam die Auffassung, dass auf die Beschaffungskosten für **bestimmte** Materialien ein Aufschlag bis zu 50 % für Lagerhaltung, Regie, Beschaffung, Sicherstellung der ständigen Einsatzbereitschaft etc. gemacht werden darf. Abhängig ist die Höhe des Zuschlages von den Anforderungen an Hygiene und Infektionsprophylaxe, wie spezieller eigener OP-Raum.

Dieser Zuschlag betrifft Kosten, die von der GOZ nicht erfasst sind, insbesondere nicht unter den Begriff der Praxiskosten i.S. des § 4 Abs. 3 GOZ subsumiert werden können. Diese Kosten entstehen als Folge der sehr hohen Materialbeschaffungskosten und sind daher betriebswirtschaftlich Kosten der eingekauften Materialien. Sie sind nur umlagefähig, soweit sie **unvermeidbar** auftreten. Daher darf diese Empfehlung der drei Berufsverbände nicht schematisch angewandt werden. In der Empfehlung heißt es ausdrücklich:

> Hiernach sollte jeder implantologisch Tätige zusammen mit seinem **Steuerberater** die Quote des Aufschlages **nachvollziehbar** und **nachprüfbar** festlegen.[528]

Auf letzteres ist allergrößten Wert zu legen, wenn man die gerichtliche Auseinandersetzung nicht scheuen will. Allerdings erwecken die Fallgestaltungen, wie sie den Gerichten und den Gutachtern vorgelegt werden, den Eindruck, dass dieser Hinweis nur selten beachtet und umgesetzt wurde.

Nicht unerwähnt bleiben sollte, dass sowohl die gewerblichen Laboratorien als auch Praxislaboratorien berechtigt sind, für die Unterhaltung eines Zahnlagers 15 % und für die Vorratshaltung von zahntechnischen Hilfsteilen 8 % Aufschlag zu berechnen. Wenn in einer zahnärztlichen Praxis eine Vorratshaltung von Implantaten und Implantathilfsteilen für den reibungslosen Ablauf erforderlich ist, wird dieser prozentuale Lagerhaltungskostenaufschlag dagegen bestritten.

2. Die Rechtsentwicklung bis zum Urteil des BGH vom 27.05.2004 – III ZR 264/03 –

Die Rechtsprechung hat sich sehr uneinheitlich entwickelt. Prägend wurde insoweit das Jahr 1994 mit den ersten Entscheidungen des OLG Köln vom 01.12.1994[529], das die Abrechenbarkeit von Lagerhaltungskosten im Grundsatz für möglich angesehen hat und des AG Mannheim[530],

---

[527] S. GHI, Kapitel F, S. 103 ff.

[528] Darauf weist auch Ratajczak, Die GOZ-Abrechnung, Teil II, Zahnarztmagazin 1995, Heft 4, S. 7 [8] hin; ders. BDIZ-konkret 2000, Heft 1, S. 39 in einer Anmerkung zu der Entscheidung des OLG Celle vom 10.01.2000 – 1 U 100/98 –, Kapitel U V.8, S. 375.

[529] OLG Köln, Urteil vom 01.12.1994 – 5 U 131/94 –, Kapitel U V.2, S. 374 = GHI, S. 289 = GU, S. 379.

[530] AG Mannheim, Urteil vom 01.06.1994 – 7 C 1142/94 (40) –, Kapitel U V.1, S. 373 = GU, S. 381.

dann gefolgt Anfang 1996 vom AG Philippsburg[531], welches meinte „*dass die Auslagenkosten für Implantate und Implantatteile, die nicht mit dem Einkaufspreis der jeweiligen Herstellerfirma gleichzusetzen sind, mit den Gebühren der GOZ nicht abgegolten sind. Ein Aufschlag in dem hier vorliegenden Fall von 25 % ist nach Auffassung des Gerichts angemessen.*“[532]

2.1 BGH, 15.10.1991 – 4 StR 420/91 –: Abrechenbarkeit von Zusatzkosten

Der Bundesgerichtshof hatte sich in zwei Strafurteilen mit der Abrechenbarkeit von Kosten für die Beschaffung und Entsorgung von Radionukliden befasst. Für die Entsorgung gab es eine Vereinbarung, für die Beschaffung nicht. Zu den Beschaffungskosten führte er in der Entscheidung vom 15.11.1991[533] aus:

> Kosten für die Beschaffung und gegebenenfalls die Aufbereitung können den Netto-Substanzkosten zugeschlagen werden, wenn sie dem bezogenen Material im Einzelfall eindeutig zuzuordnen sind. Dagegen sind die Kosten des Praxispersonals und der Praxiseinrichtung ebenso wie die Kosten der Entsorgung Bestandteil der allgemeinen in den Gebühren enthaltenen Praxisunkosten.

Gleichzeitig hatte er aber schon damals betont, dass dieser Zuschlag, für den sich der Begriff der Lagerhaltungskosten bzw. Regiekosten eingebürgert hat, auf der Rechnung offen auszuweisen ist:

> Wer zur Angabe seiner individuell errechneten tatsächlichen Kosten verpflichtet ist, gleichwohl aber ohne jede Berechnung und ohne jede eigene substantiierte Kalkulation pauschal „Beträge geltend macht, die nach seiner Auffassung die tatsächlich entstandenen Kosten ausmachten“, der täuscht.

In dem Urteil heißt es weiter:

> Die gesonderte Erstattungsfähigkeit der Kosten verbrauchter Radionuklide und der spezifischen Nebenkosten sollte dem Arzt keine zusätzliche Verdienstquelle eröffnen. Sie sollte ihn lediglich in die Lage versetzen, **die seiner Praxis angemessenen tatsächlichen Unkosten** als durchlaufende, wenn auch auf den einzelnen Patienten aufgeteilte Kosten in Rechnung zu stellen.

Zulässig ist es nach Auffassung des BGH,

> Kosten für die Beschaffung und gegebenenfalls die Aufbereitung ... den Netto-Substanzkosten [zuzuschlagen], wenn sie dem bezogenen Material im Einzelfall eindeutig zuzuordnen sind. Dagegen sind die Kosten des Praxispersonals und der Praxiseinrichtung ebenso wie die Kosten der Entsorgung Bestandteil der allgemeinen in den Gebühren enthaltenen Praxisunkosten.

Der Begriff der tatsächlichen Kosten ist also – wie in dieser Entscheidung sehr klar zum Ausdruck kommt – nicht identisch mit dem Begriff der Anschaffungskosten.

---

531 AG Philippsburg, Urteil vom 19.01.1996 – C 480/94 –, Kapitel U V.3, 374 = GU, S. 381; **a.A.** z.B. AG Ravensburg, Urteil vom 14.07.1998 – 5 C 434/97 –, GHI, S. 290.

532 S. dazu Ratajczak, Ersatz von Auslagen – Zur (analogen) Anwendung des § 10 GOÄ, BDIZ-konkret 1997, Heft 2, S. 20.

533 BGH, Urteil vom 15.10.1991 – 4 StR 420/91 –, MedR 1992, 36 = GHI, S. 288.

2.2 BGH, 01.09.1993 – 2 StR 258/93 –: Abrechenbarkeit von Zusatzkosten

Diese Rechtsprechung wurde vom Bundesgerichtshof in einem weiteren Strafurteil vom 01.09.1993 bestätigt.[534] Darin heißt es:

> Ein Facharzt für Laboratoriumsmedizin täuscht die Kassenärztliche Vereinigung über die ihm zustehenden Kosten für die Beschaffung und Aufbereitung der radioaktiven Substanzen, wenn er insoweit auch Personal-, Raum- und Sachkosten, also allgemeine Praxiskosten, bei der von ihm vorgenommenen Kalkulation berücksichtigt.

Damit war höchstrichterlich anerkannt, dass Materialkosten nicht mit den Nettoeinkaufskosten notwendigerweise identisch sein müssen.

Der BDIZ/EDI hat aufgrund einer Expertise durch ein namhaftes Wirtschafts- und Steuerprüfungsunternehmen vom 25.09.1995 feststellen lassen, dass die sehr hohen Aufwendungen, die bei den spezifischen Implantaten und -teilen anfallen, in keinem auch nur annähernden Verhältnis zu dem anderen vorrätig gehaltenen Sprechstundenbedarf stehen und bei der Lagerhaltung nicht mit dem relativ geringfügigen Sprechstundenbedarf als allgemeine Praxiskosten gleichgesetzt werden können.[535] Es handelt sich dabei um Kosten, die bei nicht implantierenden Zahnärzten nicht anfallen. Nur um diese kann es sich auch handeln; denn über den Lagerhaltungskostenaufschlag sind nicht die allgemeinen Praxiskosten abzudecken.

In Kommentar von *Meurer* (S. 105) wird für ihre ablehnende Ansicht im Wesentlichen nur auf die Begründung zum Regierungsentwurf zu § 4 Abs. 3 verwiesen. Es fehlt der Hinweis, wie diese Kosten abrechnungsfähiger Materialien zu ermitteln sind. Um das Fehlen der Berechnung in einem Gebührenkommentar zu verstehen, muss bedacht werden, dass die wissenschaftliche Anerkennung der zahnärztlichen Implantologie in Deutschland 1982 erfolgte und 1988 implantologische Leistungen erstmals in die GOZ aufgenommen wurden. Hierbei waren bei den ersten Verhandlungen über die Aufnahme implantologischer Leistungen in die GOZ sogar die Materialkosten für die Implantate vernachlässigt worden, und daher wurde der Aufwand der mit den Implantaten verbundenen Implantatteile nicht bedacht. Dies bestätigt ein Schreiben der parlamentarischen Staatssekretärin im Bundesgesundheitsministerium im Zusammenhang mit der Novellierung der GOZ an den BDIZ vom 14.11.1994, „*dass für die Berechnung der Implantatfräsen ein Weg gesucht werden müsse, der sowohl den implantologisch tätigen Zahnärzten als auch den Patienten gerecht wird*“. In den Erläuterungen des Regierungsentwurfes zu § 4 Abs. 3 GOZ wird ausgeführt, dass die Gebühren neben dem Anteil für die Leistung des Zahnarztes kalkulatorische Anteile für Kosten verschiedenster Art enthalten.[536]

Welcher Teil der Praxiskosten und in welchem Umfang diese Kosten in den Gebühren enthalten sind, lässt sich keiner Bestimmung der GOZ entnehmen.[537] Auch die Regierungsbegründung zur GOZ[538] lässt sich nicht darüber aus, wie die Materialnebenkosten ermittelt wurden oder zu ermitteln sind. *Heberer* fordert eine kostendeckende Abrechnung bei der Vergütung. Dies können Vollkosten auf der einen oder nur unmittelbar berechenbare Kosten auf der anderen Seite sein.[539]

Wenn der Gesetzgeber bei der Ermittlung von Gebühren kalkulatorische Kosten verschiedenster Art zulässt, so können bei den Material- und Materialnebenkosten nicht nur die Anschaffungskosten des Materials anzusetzen sein. Daneben muss analog der Gebührenermittlung der Teil an Kosten berechnungsfähig sein, der mit der Verwendung und Berechnung des Mate-

[534] BGH, Urteil vom 01.09.1993 – 2 StR 258/93 –, NStZ 1994, 188.

[535] Das Gutachten kann über die Geschäftsstelle des BDIZ/EDI (Adresse s. S. II) gegen eine Schutzgebühr von 50 € angefordert werden.

[536] Meurer, S. 105 ff..

[537] Heberer, in Kastenbauer/Pillwein/Rat, Teil 2, Kapitel 4.5, § 4 Rz. 5.

[538] BR-Drs. 276/87.

[539] Heberer, in Kastenbauer/Pillwein/Rat, Teil 2, Kapitel 4.5, § 4 Rz. 5.

rials unmittelbar zusammenhängt. *Heberer*[540] sieht in den nach § 4 Abs. 3 GOZ abgegoltenen Praxiskosten die allgemeinen Kosten des Unterhaltens einer Zahnarztpraxis. Einzelfallbezogene Kosten können abgerechnet werden.

Das OLG Celle hat die Thematik in einer Entscheidung vom 10.01.2000[541] schließlich zusammengefasst:

> Das gilt letztlich auch für die umstrittenen Lagerhaltungskosten für die Implantatteile. Soweit der Beklagte darauf hinweist, diese seien in der Rechnung gar nicht ausgewiesen, liegt dies am Abrechnungsmodus des Zahnarztes. Der Sachverständige hat das sehr wohl gesehen, aber aus von ihm im Einzelnen genannten Gründen zu Recht angenommen, dass diese Position im Rahmen der gesamten Abrechnung Berücksichtigung finden muss. Mehrkosten für Lagerhaltung zwischen 17 % und 20 % gegenüber dem Einkaufspreis entsprechen der gängigen Praxis und sind auch aus betriebswirtschaftlicher Sicht durchaus nachvollziehbar.

Aus diesen Entscheidungen konnte man folgende **Schlussfolgerungen** ziehen:

- Ein Aufschlag von 20 % lässt sich gut begründen.
- Der Aufschlag muss auf der Materialkostenabrechnung gesondert ausgewiesen werden.[542]

3. Die Entscheidung des BGH vom 27.05.2004 – III ZR 264/03 –

Nur wenige Absätze ist dem BGH die Entscheidung zu den Lagerhaltungskosten wert: Er hält sie nicht für abrechenbar.[543] Auch hier hat man bei der Lektüre des Urteils den Eindruck, dass rechtlich wenig vorgetragen wurde. Weder befasst sich der BGH mit der Rechtsprechung des eigenen Gerichts[544] etwa in Zusammenhang mit Radionuklidkosten noch mit der Rechtsprechung der Instanzgerichte, etwa des OLG Köln[545], des OLG Celle[546] oder des OLG Karlsruhe[547], um die wichtigsten Oberlandesgerichtsurteile zu nennen, die sich mit dieser Thematik schon auseinandergesetzt haben. Auf die Literatur geht der BGH in Zusammenhang mit den Lagerhaltungskosten ebenfalls nicht ein.

4. Empfehlungen

Kritisch zu den Lagerhaltungskosten ist anzumerken, dass in ihrer praktischen Handhabung unzählige Probleme festzustellen sind, nicht zuletzt, dass die Lagerhaltungskosten auf den Rechnungen trotz der Hinweise[548] auf entsprechende Rechtsprechung – immerhin der Strafsenate des

---

540 Heberer, in Kastenbauer/Pillwein/Rat, Teil 2, Kapitel 4.5, § 4 Rz. 11.

541 S. OLG Celle, Urteil vom 10.01.2000 – 1 U 100/98 –, BDIZ-konkret 2000, Heft 1, S. 38 = BDIZ-Jahrbuch 2000, S. 60 = GHI, S. 290 = Kapitel U V.8, S. 375 = GU, S. 380.

542 BGH, Urteil vom 15.10.1991 – 4 StR 420/91 –, MedR 1992, 36 = GHI, S. 288; LG Nürnberg-Fürth, Urteil vom 31.03.1998 – 13 S 8012/97 –, Kapitel U IV.12, S. 367 = GHI, S. 290; **a.A.** OLG Celle, Urteil vom 10.01.2000 – 1 U 100/98 –, BDIZ-konkret 2000, Heft 1, S. 38 = BDIZ-Jahrbuch 2000, S. 60 = GHI, S. 290 = Kapitel U V.8, S. 375 = GU, S. 380.

543 BGH, Urteil vom 27.05.2004 – III ZR 264/03 –, VersR 2004, 1138 = Kapitel U V.10, S. 375.

544 BGH, Urteil vom 15.10.1991 – 4 StR 420/91 –, MedR 1992, 36 = GHI, S. 288; BGH, Urteil vom 01.09.1993 – 2 StR 258/93 –, NStZ 1994, 188 (s. oben Kapitel T I.2, S. 332).

545 OLG Köln, Urteil vom 01.12.1994 – 5 U 131/94 –, Kapitel U V.2, S. 374 = GHI, S. 289 = GU, S. 379.

546 OLG Celle, Urteil vom 10.01.2000 – 1 U 100/98 –, Kapitel U V.8, S. 375 = BDIZ-konkret 2000, Heft 1, S. 38 = BDIZ-Jahrbuch 2000, S. 60 = GHI, S. 290 = GU, S. 380.

547 OLG Karlsruhe, Urteil vom 11.01.2000 – 17 U 176/98 –, Kapitel U V.9, S. 375 = GHI, S. 283 [Volltext] = GU, S. 380.

548 S. z.B. GHI, Kapitel M XIV, S. 168; Ratajczak, BDIZ-konkret 2000, Heft 1, S. 39 in einer Anmerkung zu der Entscheidung des OLG Celle vom 10.01.2000 – 1 U 100/98 –, Kapitel U V.8, S. 375 = BDIZ-konkret 2000, Heft 1, S. 38 = BDIZ-Jahrbuch 2000, S. 60 = GHI, S. 290 = GU, S. 380.

Bundesgerichtshofs[549] – nie konkret ausgewiesen wurden[550] noch je ein Fall uns zu Gesicht kam, in dem diese konkret für die Praxis belegt werden konnten. Mit Ausnahme der Urteile wie des OLG Celle, welches Pauschalen akzeptiert, scheiterten die Verfahren alle an den mangelnden konkreten, auf die individuelle Praxis bezogenen Darlegungen zu diesem Punkt. Das gilt offenbar sogar für das vom BGH am 27.05.2004 entschiedene Verfahren.

Damit stand in allen diesen Fällen die Verletzung des Verbots im Raum, an durchzureichenden Kosten kein Geld zu verdienen, welches dem BEMA, dem EBM, der GOZ und der GOÄ zugrunde liegt.[551]

Wenn an sich berechtigte Forderungen wie die nach Lagerhaltungskosten in der Praxis entweder gar nicht oder aber ersichtlich ohne sich auch nur ansatzweise um das Problem für die eigene Praxis zu kümmern umgesetzt werden, dann muss man irgendwann erkennen, dass das auf der Basis von Urteilen des Bundesgerichtshofs zu der Abrechnung von Radionukliden vor vielen Jahren entwickelte gute Konzept entweder doch zu kompliziert war oder angesichts der Umsetzung auf Abrechnungsseminaren von Helferinnen für Helferinnen in seinen wesentlichen Teilen nicht oder falsch (oder beides) verstanden wurde.

Wer in seiner Praxis dazu mit soliden Zahlen aufwarten kann und diesen Aufschlag (gesondert ausgewiesen!) bisher durchsetzen konnte, soll ihn weiterhin verlangen. Vielleicht ergibt sich daraus ein Fall, um die Rechtsprechung des BGH mit soliden Zahlen neu aufzurollen. Wer die Lagerhaltungskosten bisher nicht gesondert ausgewiesen hat, sollte diese künftig erst recht weglassen.

II. Materialkostenabschläge (Rabatte, Skonti, Preisnachlässe)

1. Einführung

Zulässigkeit und Grenzen von Absprachen zwischen Zahnarzt und Labor hinsichtlich der zahntechnischen Preise bzw. Zahnarzt und Depot hinsichtlich der Materialkosten werden immer wieder in der juristischen Literatur einer kritischen Prüfung unterzogen.[552]

Die von den Autoren gefundenen Ergebnisse sind uneinheitlich und zeichnen sich oft durch eine vorgegebene Interessenlage aus. Weiter werden von den meisten nur bestimmte Konstellationen untersucht. Die wohl umfassendste Abhandlung stammt vom Justitiar des BDIZ/EDI.

Ein Zahnarzt kann wie jeder Unternehmer, sei er nun Freiberufler oder Gewerbetreibender, nur auf einem Wege zu einer Erhöhung seines Gewinns/Überschusses kommen: Er vergrößert das Delta zwischen Einnahmen und Ausgaben. Dazu bieten sich auch nur zwei Wege an (und die Kombination dieser Wege): Umsatzerhöhung und Kostensenkung. Es ist ein in der Wirtschaft völlig normaler Vorgang, dass man Kosten über Rabattgewährungen etc. senkt. Niemand

---

549 BGH, Urteil vom 15.10.1991 – 4 StR 420/91 –, MedR 1992, 36 = GHI, S. 288; ebenso LG Nürnberg-Fürth, Urteil vom 31.03.1998 – 13 S 8012/97 –, Kapitel U IV.12, S. 367 = GHI, S. 290.

550 S. die Fallgestaltungen OLG Köln, Urteil vom 01.12.1994 – 5 U 131/94 –, Kapitel U V.2, S. 374 = GHI, S. 289 = GU, S. 379; AG Überlingen, Urteil vom 04.07.1997 – 1 C 623/96 –, BDIZ-konkret 1997, Heft 3, S. 38 = GHI, S. 290; LG Nürnberg-Fürth, Urteil vom 31.03.1998 – 13 S 8012/97 –, Kapitel U IV.12, S. 367 = GHI, S. 290.

551 Vgl. BGH, Urteil vom 01.09.1993 – 2 StR 258/93 –, NStZ 1994, 188; BGH, Beschluss vom 27.04.2004 – 1 StR 165/03 –, GesR 2004, 371 = Kapitel U VI.7, S. 376.

552 Vgl. z.B. Pohl, Darf ein Zahnarzt Rabatte entgegennehmen, muss er sie weitergeben und versteuern?, ZM 1982, 2085; Adelt, Zur Gewährung von Preisnachlässen durch zahntechnische Laboratorien an Zahnärzte, BlStSozArbR 1983, 167; Müller-Wabnitz, Kriminalität oder Grauzone im Gesundheitswesen, NJW 1984, 1785; Tiemann, Kriminalität oder Grauzone im Gesundheitswesen, Entgegnung auf Müller-Wabnitz, NJW 1984, 2621; Schnapp, Die Stellung der Zahntechniker im Leistungssystem der gesetzlichen Krankenversicherung, SGb 1989, 361; Dahm, Zur Problematik der Gewährung von Preisnachlässen und Zuwendungen im Gesundheitswesen, MedR 1992, 250; Dahm, Rabattierung und Vorteilsgewährung bei Erbringung ärztlicher Laborleistungen, MedR 1994, 13; Ullmann, Einige rechtliche Aspekte zu dem Verteilungsmechanismus zwischen Zahnarzt und Zahntechniker, MedR 1996, 341; Ratajczak, Laborpreisabsprachen, Zahnarztmagazin 1998, Heft 1, S. 38.

käme auf die Idee, dass z.B. der Käufer eines Pkws einen direkten Anspruch auf Partizipation an diesen Rabatten hätte.

Die Dinge liegen aber dort anders, wo es, wie in § 10 GOÄ, § 9 GOZ und § 4 Abs. 3 GOZ/GOÄ sowie im BEMA Ansprüche auf unmittelbare Vergütung von konkreten Auslagen/Kosten, im weiteren Sinne von Aufwendungen gibt. Konkrete Auslagen sind zu trennen von Sachkostenpauschalen, deren bekannteste und für das Einkommen der betroffenen Ärzte bedeutendste die Sachkostenpauschale bei Dialyseleistungen ist. Wer Pauschalen abrechnen darf, muss nicht über seine Gestehungskosten Rechenschaft abgeben, wer konkrete Kosten abrechnen muss, muss dies dagegen grundsätzlich können.[553]

Skonti, Rabatte, Rückvergütungen und was man sich so alles schon hat einfallen lassen, verändern grundsätzlich die Gestehungskosten, sofern diese konkret abrechnungsfähig sind.

In der Rechtsprechung nehmen Rabattgewährungen zunehmend einen breiteren Raum ein, auch in Form von Strafgerichtsurteilen, wobei darauf hinzuweisen ist, dass sich die Rabatte meist im vertrags(zahn)ärztlichen Bereich abspielen und daher die Rechtsprechung bisher auch nur diesen Bereich ins Auge fasst.[554] Um die Entwicklung nachvollziehen zu können, soll deshalb zunächst auf die Rechtslage im Rahmen der vertragszahnärztlichen Versorgung eingegangen werden.

2. Gesamtvertragliche Vereinbarungen in der vertragszahnärztlichen Versorgung

Im Bereich der Kassenzahnärztlichen Vereinigungen gilt für den Ersatzkassenbereich die Regelung des § 11 EKV-Z und für den Primärkassenbereich eine Regelung, die mehr oder weniger wortlautidentisch mit der nachstehend wiedergegebenen Regelung in § 9 Abs. 2 Nr. 2 des Gesamtvertrages der KZV Bayerns mit den Primärkassen in Bayern ist:

> Der Kassenzahnarzt bescheinigt ..., dass die abgerechneten Materialien- und Laborkosten der gewerblichen Laboratorien tatsächlich entstanden sind und dass er **Rückvergütungen**, **Preisnachlässe**, **Rabatte**, **Umsatzbeteiligungen**, **Bonifikationen** oder **rückvergütungsgleiche Gewinnbeteiligungen** – mit Ausnahme von Skonti, höchstens bis zu 3 % bei Barzahlung innerhalb von 14 Tagen nach Rechnungseingang – des in Anspruch genommenen Laboratoriums an die Krankenkasse weitergeben wird.

Für den Bereich der Ersatzkassen bestimmt § 11 Nr. 2 lit. a EKV-Z:

> Mit der Unterschrift bestätigt der Vertragszahnarzt, dass die angerechneten Material- und Laborkosten der gewerblichen Laboratorien tatsächlich entstanden sind und dass er **Rückvergütungen** wie **Preisnachlässe**, **Rabatte**, **Umsatzbeteiligungen**, **Bonifikationen** und **rückvergütungsgleiche Gewinnbeteiligungen** mit Ausnahme von Barzahlungsrabatten an die Vertragskasse weitergibt.

Die Verträge verwenden übereinstimmend folgende Begriffe:

- Rückvergütungen (Kick backs)
- Preisnachlässe
- Rabatte
- Umsatzbeteiligungen
- Bonifikationen
- rückvergütungsgleiche Gewinnbeteiligungen

---

553 Die Frage der Erhöhung der Gestehungskosten durch Lagerhaltungskosten ist Gegenstand des vorigen Abschnitts I dieses Kapitels (S. 332 ff.), die Frage nach der Vorlage von Originalrechnungen wird u.a. im Kapitel Q II.4 , S. 284 diskutiert.

554 S. dazu die unten Kapitel U VI., S. 376 ff. wiedergegebenen Entscheidungen.

Dennoch kennen die Verträge einen kleinen Unterschied: Im **Primärkassenbereich** ist die Aufzählung **abschließend** formuliert, im **Ersatzkassenbereich beispielhaft**. Der Ersatzkassenvertrag verwendet das Wort „Rückvergütungen" als Überbegriff und bringt dann Aufzählungen, die durch die Voranstellung von „wie" als beispielhaft gekennzeichnet sind.

Die Zulässigkeit der **Skontogewährung** hatte das Bundessozialgericht in einem Urteil vom 07.01.1992[555] ausdrücklich bejaht:

> Vom Ergebnis der Kostensenkung her gesehen ist es unerheblich, ob der einzelne Zahntechniker sich von vornherein ohne Rücksicht auf die festgesetzten Preise mit dem Zahnarzt auf einen niedrigeren Preis einigt oder ob er dies in Form eines Nachlasses gegenüber den festgesetzten Preisen, als Rabatt, Bonifikation oder Rückvergütung zum Ausdruck bringt. Auch die Skontogewährung ist nur eine besondere Form eines Preisnachlasses, nämlich unter der Voraussetzung einer unverzüglichen Barzahlung des vereinbarten Preises (vgl. früher § 2 RabattG). Aus § 88 Abs. 2 Satz 2 SGB V lässt sich deshalb kein überzeugender Grund ableiten, dem Zahntechniker das Einräumen und dem Zahnarzt das Verlangen eines solchen Barzahlungsnachlasses zu untersagen. Die Zulässigkeit eines solchen Gebarens nach dem Rabattgesetz kann in diesem Zusammenhang außer Betracht bleiben. Auch die Klägerin bestreitet im Übrigen nicht, dass jedenfalls bei einem **Nachlass bis zu 3 %** Bedenken nach diesem Gesetz nicht bestehen.

Zur Zulässigkeit des Einbehalts der Skonti führt das BSG in dieser Entscheidung aus:

> Im Kern wendet sich die Klägerin auch nur dagegen, dass solche Rabatte **nicht** von dem Kassenzahnarzt an die Versicherten oder die Krankenkassen „**weitergegeben**" werden, sondern nach den gesamtvertraglichen Abmachungen einbehalten werden dürfen. Das SG hatte aus der Zielsetzung des KVEG gefolgert, dass die vereinbarten Preise nur insoweit keine Festpreise seien, als dies die Krankenkassen entlaste. Ein Wille zu einer solchen Einschränkung hat indes im Gesetzeswortlaut, der nur von Höchstpreisen spricht, keinen Niederschlag gefunden. Ob die Einbehaltung der Skonti im Verhältnis zu dem Eigenanteil der Versicherten rechtmäßig ist, kann hier offen bleiben. Ein rechtswidriges Verhalten eines Dritten, das keine eigenen Rechte verletzt, begründet keinen Unterlassungsanspruch.

Das BSG spricht in dieser Entscheidung einen Umstand an, der für die weiteren Überlegungen erhebliche Bedeutung erlangt, den die Krankenkassen in ihren Verträgen bisher aber nicht beachtet hatten. Die Zeiten, in denen die Krankenkassen noch den Zahnersatz voll bezahlt haben, sind lange schon vorbei. Dennoch sollten unzulässige Rabatte nach den Verträgen nur den Krankenkassen zugute kommen. Dass eine solche Vereinbarung zu Lasten Dritter, nämlich der Versicherten geht und damit in diesem Umfang nicht zulässig ist, versteht sich von selbst.

Unter dem geltenden Recht wie dem ab 01.01.2005 geltenden neuen Zahnersatzrecht spielt die Frage eine Rolle, inwieweit Nachlässe an die Patienten weiterzugeben sind. Die Krankenkassen erstatten – von Härtefallen abgesehen – schon lange nicht mehr die volle Leistung. Die bestehenden Klauseln können deshalb in keinem Fall so angewendet werden, wie sie lauten. Die Krankenkassen würden sich ansonsten an fremden Geldern bereichern.

Das BSG hat zu einem vergleichbaren Problem in einer Entscheidung vom 29.01.1997 Stellung genommen.[556] Es ging dabei um die Apothekenrabatte und Patientenzuzahlungen bei der Festsetzung eines Arzneikostenregresses im Rahmen der vertragsärztlichen Wirtschaftlichkeitsprüfung. Das BSG verpflichtete die Prüfinstanzen, diese Beträge in Abzug zu bringen, jedenfalls soweit dem Arzt nicht ein Arzneikostenbetrag belassen wird, der weiterhin im Bereich des offensichtlichen Missverhältnisses liegt.

---

[555] BSG, Urteil vom 01.07.1992 – 14a/6 RKa 22/91 –, NZS 1993, 35; ebenso schon Pohl, ZM 1982, 2085; Tiemann, NJW 1984, 2621; früher **a.A.** LSG Hamburg, Beschluss vom 26.11.1986 – II KABf 4/84 –; Müller-Wabnitz, NJW 1984, 1785; gegen die Auffassung des BSG wendet sich Ullmann, MedR 1996, 341 [347 f.].

[556] BSG, Urteil vom 29.01.1997 – 6 RKa 5/96 –, MedR 1997, 558.

Wichtig an den bundesvertraglichen (Ersatzkassenbereich) bzw. gesamtvertraglichen (Primärkassenbereich) Regelungen ist in diesem Zusammenhang jedoch vor allem zweierlei:

- Die darin vereinbarten Vertragsklauseln **billigen** die Vereinbarung von Rabatten, Nachlässen etc. **ausdrücklich**!
- Konsequenz dieser Klauseln ist nicht die Unzulässigkeit der vertraglichen Absprachen mit dem Labor, sondern die Verpflichtung zur Weiterleitung der Nachlässe, etc.

Ullmann hält allerdings diese immerhin in aufsichtsbehördlich genehmigten Gesamtverträgen nach §§ 82, 83 SGB V enthaltenen Vertragsklauseln für nach §§ 25, 35 Abs. 3 GWB unzulässige Preisempfehlungen.[557] Es ist durchaus interessant, die Konsequenzen einer Anwendung des Kartellrechts auf das Gesundheitswesen zu durchdenken. Der vertraglich vereinbarte BEL ist ausdrücklich als Höchstpreisliste deklariert und ist damit kartellrechtlich eine Preisempfehlung. Der vertraglich vereinbarte EBM und der BEMA wären kartellrechtlich Preisabsprachen. Allerdings hat der Gesetzgeber durch die Neufassung des § 69 SGB V mittlerweile diesen Regelungsbereich aus der Anwendung des Kartellrechts herausgenommen.[558] Die Frage kann heute also auf sich beruhen.

Diese harte Linie wurde außer von *Ullmann* in der sozialgerichtlichen Rechtsprechung nur vom 3. Senat des BSG in einigen Vorlagebeschlüssen aus dem Jahre 1995[559] vertreten.[560] Entsprechende Ansätze gab es lediglich in der wettbewerbs- und in der kartellrechtlichen Judikatur.[561]

3. Die Entscheidung des BGH vom 27.04.2004 – 1 StR 165/03 –

Der BGH hatte sich erstmals mit dem Fall sog. Kick backs (Rückvergütungen) zu befassen.[562] Es ging dabei um Augenärzte und die Lieferung von Augenlinsen der R. OHG sowie um über eine Apotheke bezogene Medikamente. Die Augenlinsen waren über eine Apotheke zu beziehen. Das Urteil ist in einem Strafverfahren ergangen. Nach den Feststellungen des erstinstanzlich tätigen LG Mannheim lieferte der Angeklagte R., augenscheinlich Mitgesellschafter der R. OHG, den mitangeklagten Augenärzten Augenlinsen und Medikamente, die diese für die von ihnen ambulant durchgeführten Operationen zur Behandlung des Grauen Star benötigten. Um eine dauerhafte Geschäftsbeziehung zu den Mitangeklagten zu sichern, bot R. ihnen umsatzbezogene Rückvergütungen (Kick backs) an, die von ihnen angenommen und in bar an sie ausgezahlt wurden. Die später für die verbrauchten Linsen und Medikamente den Kassenärztlichen Vereinigungen bzw. den gesetzlichen Krankenkassen (hier differenzierte das erstinstanzliche Urteil nicht sehr genau) belasteten Beträge enthielten die jeweiligen Rabattanteile der Ärzte und waren insoweit überhöht. Das Landgericht hat dies im Tatkomplex „Augenlinsen" als Betrug zum Nachteil der jeweiligen Kostenträger, im Tatkomplex „Medikamente" – wegen der unterschiedlichen Abrechnungsweise – als Untreue in Tateinheit mit Betrug, jeweils begangen durch die Ärzte als Täter gewertet. Der BGH bestätigte die Rechtsauffassung des Landgerichts im Wesentlichen, kritisierte aber die Genauigkeit der Tatsachenermittlungen.

---

557 Ullmann, MedR 1996, 341 [348]; für die Anwendbarkeit des Kartellrechts auf die gesamtvertraglichen Vereinbarungen des Gesundheitswesens kämpfte jahrelang der Kartellsenat des BGH, s. z.B. BGH, Urteil vom 25.06.1991 – KZR 19/90 –, NJW 1992, 1561.

558 BGH, Urteil vom 24.06.2003 – KZR 18/01 –, VersR 2003, 1188.

559 S. u.a. BSG, Beschluss vom 14.06.1995 – 3 RK 20/94 –, NZS 1995, 502; das BVerfG beschied die Vorlagefrage mit Urteil vom 17.12.2002 – 1 BvL 28/95 –, BVerfGE 106, 275 = NJW 2003, 1232 negativ.

560 Vgl. insbesondere Schelp, Zur Verfassungsmäßigkeit der Festbetragsregelung für Arzneimittel, NZS 1997, 155; LSG Nordrhein-Westfalen, Urteil vom 17.09.1998 – L 16 Kr 180/96 –.

561 S. z.B. OLG Düsseldorf, Urteil vom 10.11.1997 – W (Kart) 7/97 –, NZS 1998, 290; OLG Düsseldorf, Urteil vom 28.08.1998 – U (Kart) 19/98 –, NZS 1998, 567; OLG Hamburg, Urteil vom 26.11.1992 – 3 U 59/92 –, PharmaR 1993, 98; alle hier zitierten Urteile ergingen jeweils zu den Arzneimittelfestbeträgen.

562 BGH, Urteil vom 27.04.2004 – 1 StR 165/03 –, GesR 2004, 371 = Kapitel U VI.7, S. 377.

Der BGH stellt fest, dass die Abrechnung des vollen Preises je Augenlinse die stillschweigende Erklärung enthalte, dass diese Kosten tatsächlich und endgültig angefallen seien. Diese Erklärung sei falsch, wenn sie die Kick back-Zahlungen unberücksichtigt lässt. Das erfülle den Irrtumstatbestand des § 263 StGB und damit eine der wesentlichen Voraussetzungen für die Verurteilung wegen (Abrechungs-)Betruges. Hinsichtlich der Medikamente hielt er in Übereinstimmung mit einer Entscheidung des 4. Strafsenats vom 25.11.2003[563] den Straftatbestand der Untreue (§ 266 StGB) für gegeben.

4. Die Rechtslage bei Privatpatienten

4.1 § 9 GOZ

Die Abrechnung des zahnärztlichen Honorars erfolgt nach der GOZ. Für die Abrechnung der zahntechnischen Leistungen gilt § 9 GOZ. § 9 GOZ bestimmt:

> Neben den für die einzelnen zahnärztlichen Leistungen vorgesehenen Gebühren können als Auslagen die dem Zahnarzt **tatsächlich** entstandenen **angemessenen** Kosten für zahntechnische Leistungen berechnet werden, soweit diese nicht nach den Bestimmungen des Gebührenverzeichnisses mit den Gebühren abgegolten sind.

Die GOZ verwendet in § 9 zwei rechtlich eigenständige Begriffe zur Beschreibung der erstattungsfähigen zahntechnischen Laborkosten:

- tatsächliche Kosten,
- angemessene Kosten.

Tatsächlich entstandene Kosten sind nicht schon deshalb notwendigerweise angemessen. Angemessene Kosten können aber nur insoweit angerechnet werden, als sie tatsächlich angefallen (entstanden) sind.

Die Anwendung des § 9 GOZ führt immer wieder dann zu Problemen, wenn im Rahmen von Laborpreisabsprachen Vergünstigungen, z.B. in Form von Rabatten oder Rückvergütungen, an den Zahnarzt fließen. Im Mittelpunkt der nachstehenden Betrachtungen steht deshalb zunächst die Frage, inwieweit Rückvergütungen an Patienten weitergeben werden müssen.

4.2 Kartellrechtliche Fragen

Preisabsprachen im Laborbereich sind auf zweierlei Art und Weise denkbar.

Zunächst ist dabei an Preisabsprachen zwischen Zahnärzten mit Eigenlaboren untereinander bzw. zwischen Praxislaborgemeinschaften zu denken.

Beispiele:	Praxis A und Praxis B vereinbaren, Zahntechnikpreise nur auf der Basis des BEL II ./. 10 % zu verlangen. Praxislaborgemeinschaft C und Praxislaborgemeinschaft D vereinbaren bei Privatpatienten einen einheitlichen Geldfaktor für den BEB.

Solche Absprachen verstoßen gegen die allgemeinen kartellrechtlichen Bestimmungen des § 1 und des § 2 Abs. 1 Satz 2 GWB und sind deshalb **unzulässig**.

Ebenso **unzulässig** sind solche Preisabsprachen zwischen gewerblichen Laboren. Das Kartellrecht will verhindern, dass die Marktverhältnisse für den Verkehr mit Waren oder gewerblichen Leistungen durch Beschränkungen des Wettbewerbs beeinflusst werden. Eine abgestimmte

[563] BGH, Beschluss vom 25.11.2003 – 4 StR 239/03 –, NJW 2004, 454.

Preisgestaltung innerhalb des Geltungsbereiches dieses Gesetzes ist nichtig. Zahntechnische Dienstleistungen fallen unter den Gewerbebegriff des GWB.

Preisabsprachen zwischen einem einzelnen Zahnarzt und einem gewerblichen Labor sind dagegen grundsätzlich kartellrechtlich zulässig, **wenn** sie nicht zu einer unzulässigen Beeinflussung der Marktposition anderer Zahnärzte führen. Kartellrechtlich unzulässig wäre eine Preisabsprache, wenn das Labor z.B. verpflichtet wäre, den anderen mit ihm zusammenarbeitenden Zahnärzten um 10 % erhöhte Preise zu berechnen (§ 15 GWB). Handelt der Zahnarzt sich in einer Absprache mit dem Labor besondere Vorteile heraus, beeinflusst dies zwar u.U. auch die Wettbewerbsposition anderer Zahnärzte, die weniger hartnäckig oder weniger geschickt verhandelt haben. Kartellrechtlich ist dagegen jedoch nichts einzuwenden. Das Labor ist nicht verpflichtet, allen mit ihm zusammenarbeitenden Zahnärzten die gleichen Konditionen einzuräumen.

4.3 Preisabsprachen und die Erstattung nach § 9 GOZ

Die Zulässigkeit der Preisabsprache nach Kartellrecht führt nicht automatisch dazu, dass nach § 9 GOZ der Zahnarzt die ausgehandelten Vorteile auch für sich behalten kann.

Nach § 9 GOZ darf der Zahnarzt nur die ihm tatsächlich entstandenen Kosten abrechnen. Die überwiegende, jedoch dieses Problem nicht vertiefende Kommentierung zu § 9 GOZ betrachtet die Vorschrift als Aufwendungsersatzregelung i. S. d. § 670 BGB und geht ohne Differenzierung davon aus, dass Rabatte an den Patienten weiterzugeben sind, da der Zahnarzt sonst einen zusätzlichen Gewinn erhalten würde.[564] Ausgenommen davon werden Boni für eine schnelle Begleichung der Rechnung des Zahntechnikers, also idR die bisher übliche 3 %-ige Skonto-Regelung. Diese Boni werden als zulässige Vergütung angesichts des Umstandes angesehen, dass der Zahnarzt bei rascher Begleichung der Laborkosten fast immer mit zum Teil erheblichen Summen in Vorlage treten muss.[565]

Die bisherigen Betrachtungen zu dieser Thematik sind nicht sehr differenziert. Sie berücksichtigen nur den Fall, dass zwischen Zahnarzt und Labor als Vergünstigung ein Geldbetrag ausgehandelt wird. Dies ist aber keineswegs der einzig denkbare Fall.

Folgende Grundkonstellationen müssen unterschieden werden:

- Vergünstigungen in Geld
- Vergünstigungen in Form von Sachleistungen.

Innerhalb der beiden Grundkonstellationen lassen sich unterscheiden:

- Fixe Vergünstigungen

Beispiel:	10 % Nachlass auf jede Rechnung

- Zeitnahe variable Vergünstigungen

Beispiel:	Proportional zum Laborumsatz steigender Nachlass

- Zeitferne variable Vergünstigungen

Beispiel:	Abhängig vom Erreichen vereinbarter Laborumsatzgrößen steigender Nachlass

---

564 Vgl. Liebold/Raff/Wissing, § 9 GOZ, Rz. 5; Tiemann/Grosse, S. 47; Meurer, S. 128; Heberer, in Kastenbauer/Pillwein/Rat, § 9 GOZ Rz. 4.

565 So z.B. Liebold/Raff/Wissing, § 9 GOZ, Rz. 5.

Innerhalb der Grundkonstellationen ist weiter zu unterscheiden, ob die Vergünstigungen

- konkreten Behandlungsfällen zurechenbar sind
- oder keinen sachlichen Bezug zu konkreten Behandlungsfällen haben.

4.4 Vergünstigungen, die einem Behandlungsfall nicht zugeordnet werden können

Vergünstigungen, die einem Behandlungsfall **nicht** zugeordnet werden können, verändern **nicht** die tatsächlich entstandenen Kosten. Wenn das Labor dem Zahnarzt und seiner Ehefrau einmal im Jahr eine Urlaubsreise spendiert, dann reduziert dies nicht die tatsächlichen Kosten der dem Patienten *Jedermann* aus *Überall* gefertigten zahntechnischen Arbeit. In solchen Fällen stellt sich nicht die Frage nach den tatsächlichen entstandenen Kosten, sondern nach der Angemessenheit der vom Labor geltend gemachten Kosten. Dieses zweite Erfordernis des § 9 GOZ wird leider vielfach übersehen. Auch muss man sich fragen, ob nicht eine Kick back-Zahlung vorliegt.

4.5 Sachvergünstigungen

Bei Sachvergünstigungen sind sowohl Konstellationen denkbar, die ihre Zuordnung zu einem Behandlungsfall erlauben, als auch nicht zuordnungsfähige Konstellationen.

Beispiel 1:	Ein Depot vereinbart mit dem Zahnarzt, dass er jedes zehnte Implantat kostenlos erhält. Eigentlich ist dies ein Nachlass von 10 % (9 werden bezahlt, 1 ist gratis). Wie muss der Zahnarzt die 10 Implantate abrechnen?

Legt er die 10 % anteilig auf alle zehn Patienten um, kommt er beim zehnten Patienten in Konflikt mit § 10 Abs. 2 Nr. 6 GOZ. Für dieses Implantat kann er keine Kosten vorweisen. Stellt er es dem zehnten Patienten nicht in Rechnung, bezahlen das Implantat des Zehnten die ersten neun Patienten. Andererseits weiß der Zahnarzt erst beim zehnten Patienten, dass er dieses nicht wird bezahlen müssen.

Damit ist die eigentlich richtige Lösung, dass der Zahnarzt dem zehnten Patienten das Implantat nicht in Rechnung stellt; denn für diesen Patienten hatte er keine entsprechenden tatsächlichen Kosten.

Bleibt die Frage, ob die Preise für die ersten neun Implantate angemessen sein konnten. Die Frage ist schwierig zu beantworten. Die Hersteller bzw. Depots haben ein durchaus berechtigtes Interesse an der Einräumung mengenbezogener Nachlässe. Die Angemessenheit der Kostenkalkulation kann jedenfalls nicht schon allein aufgrund des Umstandes in Frage gestellt sein, dass mengenbezogene Nachlässe eingeräumt werden.

Beispiel 2:	Das Depot überlässt dem Zahnarzt als Gegenleistung für die Abnahme bestimmter Implantatmengen sonstiges Material kostenlos oder rabattiert, was zum allgemeinen Praxisbedarf gehört, also ohnehin nicht gesondert abrechnungsfähig ist.

Auch hierbei handelt es sich um eine Sachvergünstigung, die aber keinerlei direkten Bezug zu Patientenbehandlungen hat. Wäre das rabattierte Material gesondert abrechnungsfähig, müsste der Rabatt an die Patienten weitergegeben werden.

So stellt sich die Frage, wo man die Grenze zwischen sachgerechtem Unternehmerhandeln und unzulässigem Verlangen überhöhter (in Wirklichkeit nicht bezahlter) Preise zieht. Diese Grenzziehung muss großzügig sein, weil es eine Vielzahl von unzweifelhaft erlaubten Konstruktionen gibt:

- Wer ein Implantat erfindet, es von seiner eigens dafür gegründeten Firma herstellen lässt, wird sich selbst – vernünftigerweise – keinen Rabatt einräumen; denn der Gewinn der Firma ist im Ergebnis sein Gewinn. Dennoch muss er diesen Gewinn nach allgemeiner Ansicht nicht weitergeben.

- Nach gleicher Weise funktionieren die ärztlichen und zahnärztlichen Einkaufsgenossenschaften. Auch hierbei handelt es sich um legale Wege.
- Das Nachsehen hätte – folgt man manchen Gerichtsentscheidungen – nur der, welcher selbst Rabatte etc. vereinbart. Nur bei ihm kann man mit Rückforderungen ansetzen.

Will man dieses Dilemma lösen, dann muss man die branchenüblichen Rabatte als Kostensenkungsquelle der Zahnarztpraxis zulassen. Wo hier die Grenze liegen könnte, ist noch auszuloten. Das ist aber derzeit nicht der Weg, den die Rechtsprechung zu beschreiten scheint.

5. Die Rechtslage bei Kassenpatienten

Bei Kassenpatienten stellen sich dieselben Fragen wie bei Privatpatienten. Auf einige Besonderheiten ist aber wegen der bestehenden gesamtvertraglichen Regelungen näher einzugehen. Dabei lässt es sich sachlich nicht vermeiden, immer wieder auch Hinweise zu der weitgehend parallelen Lage bei den Privatpatienten zu geben.

5.1 Geldwerte Vergünstigungen, die einem konkreten Behandlungsfall zugerechnet werden können

Diese Art von Vergünstigungen haben die Regelungen in den Gesamtverträgen und in § 11 EKV-Z im Sinn. Denn nur Vergünstigungen in Form von Geld oder ihnen als gleichwertig zu erachtende Zuwendungen können an die Krankenkassen weitergegeben werden.

Um festzustellen, welcher Krankenkasse welcher Betrag zuzuordnen ist, muss die Vergünstigung Bezug zu einem konkreten Behandlungsfall haben. Nur dann kann festgestellt werden, welche Krankenkasse betroffen ist.

Klassische Fälle solcher **direkter geldwerter Vorteile** sind z.B.:

- x % **Nachlass** auf jede Laborleistung oder jedes vom Depot bezogene Material; der „offizielle“ Preis ist nicht der tatsächlich bezahlte Werklohn.
- x % (= feste) **Rückvergütung** zum Ende eines vereinbarten Zeitraums auf <u>jede</u> Laborleistung oder jedes vom Depot bezogene Material; auch hier ist der tatsächlich gezahlte Werklohn bzw. Kaufpreis wegen der ihrer Höhe nach bekannten Rückvergütung um diese x % niedriger als der „offizielle“ Rechnungsbetrag.
- x % **Gewinnbeteiligung** am Jahreslaborumsatz der Zahnarztpraxis mit dem Labor, <u>wenn</u> die Gewinnbeteiligung von vornherein in Höhe eines festen Prozentsatzes fixiert ist.

Beim letzten Beispiel entstehen aber bereits Zweifel, wenn die Gewinnbeteiligung nicht am Jahreslaborumsatz der Zahnarztpraxis mit dem Labor orientiert ist, sondern z.B. am Gewinn des Labors. Es ist dem Zahnarzt nicht verboten, sich als Gesellschafter an einer Labor-GmbH zu beteiligen. Die Gewinnbeteiligung des Gesellschafters ist nur dann „rückvergütungsgleich“, wenn sie im Gesellschaftsvertrag nach Kriterien bestimmt ist, die eine rückrechnende Zuordnung zu dem einzelnen Behandlungsfall zulässt. Das ist idR nur bei umsatzabhängiger Gewinnbeteiligung der Fall.

§ 9 GOZ erlaubt dem Zahnarzt, die tatsächlich entstandenen Kosten in Rechnung zu stellen. Ein Konfliktfall entsteht nur dann, wenn im Zeitpunkt der Rechnungsstellung die Rückrechnung bereits möglich ist <u>und</u> dies die Feststellung erzwingt, dass die Kosten schon zu diesem Zeitpunkt als tatsächlich niedriger anzusehen sind als der auf der Laborrechnung ausgewiesene Werklohn. Das setzt voraus, dass die Höhe der Gewinnbeteiligung schon zum Zeitpunkt der Rechnungserstellung zumindest soweit <u>bestimmbar</u> ist, dass daraus ein auf den einzelnen Behandlungsfall beziehbarer Abschlag kalkuliert werden kann. **Kann der Abschlag kalkuliert werden, muss der Abschlag vorgenommen werden.**

Ergebnis der vorstehenden Überlegungen ist, dass bei der Frage, welche Vereinbarungen zu einer Reduzierung der „offiziellen" Laborpreise führen und den Zahnarzt zu einer angepassten Abrechnung zwingen, differenziert werden muss.

5.2 Unternehmerische Voraussetzungen

Betrachtet man die unternehmerischen Interessen des Zahnarztes, so spielen mindestens folgende Faktoren eine Rolle, damit der Zahnarzt überhaupt günstigere Konditionen aushandeln kann:

- Persönliches Verhandlungsgeschick des Zahnarztes,
- persönlicher Verhandlungsaufwand (langwierige und schwierige Verhandlungen, Beratungskosten etc.),
- persönlicher Aufwand bei der Vertragsdurchführung,
- Ruf des Zahnarztes,
- u.U. das Interesse des Labors, für einen bestimmten Zahnarzt arbeiten zu dürfen, was als Akquisitionsargument bei anderen Praxen dienen kann.

Alle diese Faktoren sind auf das persönliche Interesse, Engagement und Können des Zahnarztes bezogen. Es ist kein moralisch zu missbilligendes Ansinnen, dass der Zahnarzt hiervon auch profitieren dürfen soll.

5.3 Folgerungen aus der Skonto-Entscheidung des BSG

Das BSG hat sich in der bereits angeführten Entscheidung vom 01.07.1992[566] mit der Zulässigkeit der Skontogewährung befasst. Die wesentliche Passage sei noch einmal zitiert:

> Auch die Skontogewährung ist nur eine besondere Form eines Preisnachlasses, nämlich unter der Voraussetzung einer unverzüglichen Barzahlung des vereinbarten Preises ... [Es] lässt sich deshalb kein überzeugender Grund ableiten, dem Zahntechniker das Einräumen und dem Zahnarzt das Verlangen eines solchen Barzahlungsnachlasses zu untersagen.

Dabei ging das Gericht noch vom Rabattgesetz aus, welches mittlerweile ersatzlos aufgehoben wurde. Rabatte sind zulässig, die Frage, ob Skonti nach dem Rabattgesetz unzulässige Rabatte sind, stellt sich heute nicht mehr.

Nach den dargelegten Kriterien wäre die Skontogewährung eine dem konkreten Behandlungsfall direkt zuordnungsfähige und damit grundsätzlich an den Patienten auszukehrende Leistung. Dennoch hat das BSG die entsprechenden gesamtvertraglichen Vereinbarungen mit den Krankenkassen zu Recht bestätigt.

Skontileistungen hängen von der direkten Barzahlungsbereitschaft des Zahnarztes, also einer Gegenleistung, ab. Der Zahnarzt geht durch die fristgerechte Barzahlung zinsbelastet in Vorleistung und muss demnach Aufwendungen tätigen. Folgerichtig besteht ein Weitergabeanspruch für diese Rückvergütungsform gegenüber dem Patienten nicht. Das verkennt das OLG Frankfurt/M. in seiner Entscheidung vom 16.02.2001[567]

Die Rechtsprechung des BSG akzeptiert dagegen als ein (alternatives) **Abgrenzungskriterium** demnach die **Gegenleistung des Zahnarztes**!

Eine Vergünstigung muss deshalb auch dann nicht an den Patienten weitergereicht werden, wenn ihr eine **bestimmbare Gegenleistung** des Zahnarztes oder ein besonderer, nur von ihm gewährleisteter Umstand oder Aufwand zugrunde liegt.

---

[566] BSG, Urteil vom 01.07.1992 – 14a/6 RKa 22/91 –, NZS 1993, 35; s. dazu oben Kapitel T II.2, S. 337.

[567] OLG Frankfurt/M., Urteil vom 16.02.2001 – 24 U 128/99 –, NJW-RR 2001, 1634, Kapitel U VI.4, S. 376.

6. Factoring-Vereinbarungen

Zur Vervollständigung unserer Überlegungen wollen wir auch die anderen derzeit am Markt diskutierten und teilweise auch praktizierten Lösungen ansprechen.

Seit einigen Jahren werden von verschiedenen Gesellschaften Factoring-Vereinbarungen angeboten, die im Ergebnis dazu führen, dass die dem Zahnarzt mit dem Inkasso der zahnärztlichen Gebührenrechnung und der zahntechnischen Werklohnforderung entstehenden Kosten ganz oder teilweise von einem Dentallabor getragen werden. Die Inkassokosten bewegen sich meist zwischen insgesamt 3 – 5 % der Gesamthonorarforderung, also in einem Bereich, der den nach dem – nicht mehr anwendbaren – Rabattgesetz üblichen Satz etwas übersteigt.

Diese Gestaltungsmöglichkeit ist u.E. grundsätzlich zulässig. Die Gegenleistung des Zahnarztes für das zahntechnische Labor ist mannigfach:

- Der Zahnarzt muss die Leistung des Labors dem Patienten „verkaufen".
- Der Zahnarzt fakturiert die Leistung und muss um die Beitreibung besorgt sein.
- Der Zahnarzt geht in aller Regel mit der Bezahlung der Laborrechnung in Vorleistung.
- Der Zahnarzt trägt das Risiko, mit seiner Forderung beim Patienten wegen dessen Illiquidität auszufallen, ohne dadurch von der Verpflichtung zur Bezahlung der Laborleistung frei zu werden.
- Reduziert der Zahnarzt das Vorleistungs- und Inkassorisiko durch Einschaltung einer Factoringgesellschaft, kommen ebenfalls besondere Kosten auf ihn zu.

Diese Überlegungen lassen sich entsprechend auf den Bereich der Implantatmaterialien übertragen. Sowohl in der Implantologie wie auch in der Prothetik machen die Materialkosten einen hohen Teil der Gesamtforderung aus. Der Zahnarzt *„verkauft"* nicht nur seine Leistung, sondern das Produkt des Herstellers und die Leistung des Dentallabors.

Der Zahnarzt erbringt also eine ganze Reihe von persönlichen Dienstleistungen und von Finanzdienstleistungen für das Labor und den Hersteller. Wenn er als Gegenleistung für das Kostenrisiko die Kosten des Inkassos abgenommen erhält, ist dies u.E. als ein **leistungsäquivalenter Vorteil** zu werten, der ihm erhalten bleiben muss.

Allerdings muss der Zahnarzt in diesen Fällen wählen, ob er Skonto oder Inkassokosten haben will. Denn die Argumente für den Skontoeinbehalt lassen sich auf die Inkassokosten übertragen. Ein zusätzlicher vereinbarter Skontoeinbehalt wäre dann aber nicht mehr als leistungsäquivalenter Vorteil zu bezeichnen.

7. Einige praktische Überlegungen

Vergünstigungen, die nicht zum Zeitpunkt der Rechnungsstellung dem konkreten Patienten zugeordnet werden können, weil sie zu diesem Zeitpunkt nicht zumindest vorausschauend in € konkret berechnet werden können, könnten nur ex post, ggf. nach Jahr und Tag und mit hohem Aufwand zugeordnet werden.

Wer trägt die Kosten eines umfangreichen Aufschlüsselungsverfahrens auf die einzelnen Patienten und die Kosten der Rücküberweisung u.U. kleinster Erstattungsbeträge? Sind diese Kosten Aufwendungen im Sinne des § 9 GOZ? Wo müsste man eine Geringfügigkeitsgrenze ziehen? Und nicht zuletzt, wie teilt man Sachleistungen?

Dies erfordert der Begriff der tatsächlichen Kosten in § 9 GOZ nicht. Wenn die Gegenleistung des Labors tatsächlich in Gesellschaftsreisen und dergleichen besteht, dann **indiziert** dies die **Unangemessenheit** der Laborpreise. Unangemessene Preise darf der Zahnarzt nicht fordern.

Kapitel U Urteile

I. Einleitung

Im Gutachterhandbuch Implantologie sind die Urteile alle im Kapitel U zusammen gefasst. Dieses Prinzip halten wir für das Abrechnungshandbuch Implantologie nur für bedingt sinnvoll. Die unmittelbar Gebührenziffern der GOZ oder der GOÄ betreffenden Entscheidungen sind deshalb alle bei der jeweiligen Kommentierung wiedergegeben. Erschlossen werden die Entscheidungen alle über das Entscheidungsregister (S. 387) und natürlich über das Inhaltsverzeichnis und das Sachregister. Besonders wichtige Entscheidungen und vor allem die ganz neuen Entscheidungen des Bundesgerichtshofs werden weitgehend vollständig veröffentlicht, weil es für die zahnärztlichen Nutzer dieses Abrechnungshandbuches nicht einfach sein dürfte, ansonsten diese Entscheidungen für sich nachlesen und nutzen zu können. Alle zitierten Entscheidungen wurden auch daraufhin überprüft, ob sie in der von der Zahnärztekammer Nordrhein herausgegebenen Sammlung GOZ-Urteile enthalten sind und dies ggf. vermerkt. Damit soll nicht nur der Nutzen für den Zahnarzt, der nicht ohne weiteres auf juristische Zeitschriften Zugriff hat – wenn wir uns auch bemühen, ihn im BDIZ-konkret mit allem wichtigen Entscheidungswissen zu versorgen – erhöht werden, sondern auch dieser verdienstvollen Sammelarbeit der ZÄK Nordrhein unser Respekt bezeugt werden.

Nicht aufgenommen wurden mit Rücksicht auf das nachstehend als erste Entscheidung abgedruckte Urteil des BGH vom 12.03.2003 die sog. Luxus-Rechtsprechung vor allem der Kölner Gerichte. Sie kann ggf. im Gutachterhandbuch Implantologie ab S. 258 nachgelesen werden.

Die in etwas kleiner Schrift gedruckten Texte sind Originalzitate.

II. Rechtsprechung zur medizinischen Notwendigkeit

1. BGH, 12.03.2003 – IV ZR 278/01 –: Grundsatzentscheidung zur medizinischen Notwendigkeit

Mit der nachstehend vollständig abgedruckten Entscheidung des Bundesgerichtshofs[568] sind die Entscheidungen zur sog. Luxus-Rechtsprechung des OLG Köln und einiger Instanzgerichte[569] überholt.

Leitsätze:
1. Zur Ermittlung eines auffälligen Mißverhältnisses zwischen den beiderseitigen Leistungen sind die von einer reinen Privatklinik berechneten Pauschalvergütungen mit den Entgelten zu vergleichen, die andere nicht der Bundespflegesatzverordnung unterworfene Privatkliniken für vergleichbare Krankenhausleistungen nach einem entsprechenden Abrechnungsmodus verlangen.
2. Mit der Wendung „medizinisch notwendige Heilbehandlung" in § 1 Abs. 2 Satz 1 MB/KK 76 hat der Versicherer keine Beschränkung seiner Leistungspflicht auf die kostengünstigste Behandlung erklärt.
3. Das Kürzungsrecht des Versicherers bei sog. Übermaßbehandlung gemäß § 5 Abs. 2 MB/KK 76 erstreckt sich nicht auch auf Übermaßvergütungen.

Tatbestand:
Der Kläger verlangt von der Beklagten die Erstattung von Krankenhauskosten.

Er ist zu 50 % beihilfeberechtigt und unterhält zur Abdeckung der anderen Hälfte seiner Krankheitskosten eine private Krankheitskostenversicherung bei der Beklagten. In den Versicherungsvertrag einbezogen sind die Allgemeinen Versicherungsbedingungen der Beklagten für die Krankheitskosten- und

568 BGH, Urteil vom 12.03.2003 – IV ZR 278/01 –, VersR 2003, 581 = GU 2003, S. 2.

569 S. dazu ausführlich GHI, Kapitel M VIII, S. 162 und Ratajczak, Medizinische Notwendigkeit implantatgetragener Versorgung, BDIZ-konkret 2003, Heft 2, S. 48.

Krankenhaustagegeldversicherung (AVB) – Teil I in der Fassung der Musterbedingungen 1976 des Verbandes der privaten Krankenversicherung (MB/KK 76, VerBAV 1976, 437) und als Teil II die Tarife mit Tarifbedingungen (TB/KK). Nach Ziffer 1.2.5. TB/KK werden für den Fall, daß Krankenhausleistungen nicht nach der Bundespflegesatzverordnung (BPflV) berechnet sind, in dem zwischen den Parteien vereinbarten Tarif B 3 „die Kosten der III. bzw. der allgemeinen (Mehrbettzimmer) ... Pflegeklasse der Erstattung zugrunde gelegt".

Der Kläger unterzog sich drei minimal-invasiven Bandscheibenoperationen in der von seiner Streithelferin betriebenen privaten Belegklinik, die nicht der BPflV unterliegt. Als Entgelt für die Klinikleistungen – ohne Arztkosten – stellte sie ihre mit ihm vereinbarten „selbstdefinierten Fallpauschalen" in Rechnung, und zwar für die beiden ersten stationären Behandlungen vom 28. bis 29.09.1999 und vom 10. bis 11.10.1999 jeweils 12.644,00 DM einschl. MWSt. und für den dritten Klinikaufenthalt vom 23. bis 29. Februar 2000 20.996,00 DM einschl. MWSt. Der Kläger beglich diese Rechnungen.

Die Beklagte erstattete dem Kläger pro Aufenthaltstag 50 % des früher von der Streithelferin berechneten tagesgleichen Pflegesatzes in Höhe von 810,61 DM, insgesamt 4.458,35 DM. Sie hält die zwischen dem Kläger und der Streithelferin abgeschlossenen Krankenhausaufnahmeverträge für nichtig, da die Fallpauschalen der Streithelferin im Vergleich zu tagesgleichen Pflegesätzen anderer Krankenhäuser um ca. 900 % sittenwidrig überhöht seien. Außerdem meint sie, sie sei nach § 1 Abs. 2 Satz 1 MB/KK 76 nur für die kostengünstigste Heilbehandlung erstattungspflichtig und dürfe ihre Leistungen auf dafür angemessene Beträge gemäß § 5 Abs. 2 MB/KK 76 herabsetzen.

Das Landgericht hat die u.a. auf Zahlung von 18.683,66 DM – der Hälfte der Fallpauschalen abzüglich der Teilleistungen der Beklagten – gerichtete Klage abgewiesen. Das Oberlandesgericht hat ihr in diesem Umfang stattgegeben (VersR 2002, 222 mit Anm. Patt).

Mit der – zugelassenen – Revision erstrebt die Beklagte die Wiederherstellung des landgerichtlichen Urteils.

Entscheidungsgründe:

Das Rechtsmittel hat keinen Erfolg.

I. Das Berufungsgericht wertet die von der Streithelferin berechneten Fallpauschalen als nach dem vereinbarten Tarif B 3 erstattungsfähige Kosten der allgemeinen Pflegeklasse. Das ergebe sich aus der in § 1 Abs. 1 Satz 2 lit. a und 2 Satz 1 MB/KK 76 enthaltenen Verpflichtung, die Aufwendungen medizinisch notwendiger Heilbehandlungen zu übernehmen, und der Zusage freier Klinikwahl (§ 4 Abs. 4 MB/KK 76). Allerdings habe die Beklagte nur die notwendigen Kosten zu ersetzen. Die Kosten einer Heilbehandlung, die diejenigen einer zum gleichen Erfolg führenden Behandlung um ein Vielfaches überstiegen, seien nicht notwendiger Luxus und deshalb nicht erstattungsfähig. Die insoweit darlegungspflichtige Beklagte habe nicht substantiiert dargelegt, daß die vom Kläger in Anspruch genommene Heilbehandlung in einem anderen Krankenhaus und/oder mit einer anderen Methode zum selben Heilerfolg bei geringeren Gesamtkosten geführt hätte. Sie habe auch nicht dargetan, von welcher Klinik die gleiche Behandlung wie die vom Kläger in Anspruch genommene zu einem Preis angeboten werde, der den von der Streithelferin geforderten erheblich unterschreite. Das Kürzungsrecht wegen sog. Übermaßbehandlung gemäß § 5 Abs. 2 MB/KK 76 sei nicht einschlägig, weil die drei Operationen des Klägers medizinisch notwendig gewesen seien.

Die zwischen dem Kläger und der Streithelferin getroffene Entgeltvereinbarung sei nicht sittenwidrig. Vergleichsmaßstab sei der objektive Wert der Leistungen, der anhand des üblichen Preises, d.h. des Marktpreises, ermittelt werden müsse. Dieser bilde sich durch die freie Konkurrenz verschiedener Anbieter. Die reine Privatklinik der Streithelferin stehe nicht im Wettbewerb mit öffentlich geförderten Krankenhäusern in privater oder öffentlicher Trägerschaft. Die von diesen nach der BPflV berechneten tagesgleichen Pflegesätze oder Fallpauschalen enthielten – anders als die Entgelte ausschließlich privatwirtschaftlich betriebener Kliniken – nicht sämtliche mit der Erbringung der Leistungen verbundene Kosten, insbesondere nicht die Investitionskosten Daher seien diese Vergütungen nicht geeignet zur Ermittlung des für die Streithelferin maßgeblichen Marktpreises. Vielmehr seien die Preise maßgeblich, die andere nicht geförderte Kliniken für vergleichbare Leistungen forderten. Insoweit habe die Beklagte ihrer Darlegungslast nicht genügt.

II. Das hält der revisionsrechtlichen Nachprüfung stand. Das Berufungsgericht hat ohne durchgreifende Rechts- oder Verfahrensfehler eine Verpflichtung der Beklagten zur hälftigen Erstattung der von der Streithelferin berechneten Fallpauschalen angenommen.

1. Aufwendungen für Heilbehandlung, die der Versicherer im Versicherungsfall in der Krankheitskostenversicherung nach § 1 Abs. 1 Satz 2 lit. a MB/KK 76 zu ersetzen hat, entstehen dem Versicherungs-

nehmer durch das Eingehen von Verbindlichkeiten (Schoenfeldt/Kalis in Bach/Moser, Private Krankenversicherung, 3.A., § 1 MB/KK Rz. 3).

Allerdings verpflichtet die Krankheitskostenversicherung als Passivenversicherung den Versicherer gegenüber dem Versicherungsnehmer nur zum Ersatz derjenigen Aufwendungen, die diesem in bezug auf das versicherte Risiko zur Erfüllung von Verpflichtungen aus berechtigten Ansprüchen Dritter erwachsen sind (BGH, Urteil vom 14.01.1998 – IV ZR 61/97 – ,VersR 1998, 350 unter I 1; OLG Stuttgart, VersR 2001, 491; Schoenfeldt/Kalis, aaO., § 1 MB/KK Rz. 4 m.w.N.). Der Kläger verpflichtete sich im Rahmen sog. gespaltener Krankenhausaufnahmeverträge zur Zahlung der Fallpauschalen gegenüber der Streithelferin. Dafür schuldete sie als Trägerin des Belegkrankenhauses die gesamten nichtärztlichen personellen und die sächlichen Klinikleistungen, insbesondere die Krankenpflege, Verwaltungsleistungen, die Bereitstellung der medizinisch-technischen Ausstattung einschließlich des Operationssaales, die Versorgung mit Arznei-, Heil- und Hilfsmitteln sowie Unterbringung und Verpflegung. Zur Erbringung der ärztlichen Leistungen waren die behandelnden Belegärzte nach Maßgabe besonderer Behandlungsverträge verpflichtet (vgl. BGH, Urteile vom 14.02.1995 – VI ZR 272/93 –, VersR 1995, 706 unter II 3 a aa m.w.N.; vom 19.02.1998 – III ZR 169/97 –, NJW 1998, 1778 unter 2 a; Genzel, in Laufs/Uhlenbruck, Handbuch des Arztrechts, 3.A, § 93 Rz. 4 f. m.w.N.). Die Revision macht ohne Erfolg geltend, die Krankenhausaufnahmeverträge seien wegen Wuchers nach § 138 Abs. 2 BGB oder als sog. wucherähnliche Rechtsgeschäfte gemäß § 138 Abs. 1 BGB nichtig.

a) Beide Tatbestände erfordern zunächst objektiv ein auffälliges Mißverhältnis zwischen Leistung und Gegenleistung (vgl. dazu: BGHZ 104, 102 [104] m.w.N.; BGHZ 128, 255 [257]; BGH, Urteile vom 30.05.2000 – IX ZR 121/99 –, NJW 2000, 2669 unter II 1 m.w.N.; vom 19.01.2001 – V ZR 437/99 –, NJW 2001, 1127 unter II 1 b m.w.N.). Das Berufungsgericht hat ein auffälliges Mißverhältnis zwischen den vom Kläger gezahlten „selbstdefinierten Fallpauschalen“ und den jeweiligen Krankenhausleistungen der Streithelferin verneint. Ein solches Mißverhältnis ergibt sich nicht – wie die Revision meint – schon ohne weiteres aus der Höhe der Vergütung für einen kurzen Krankenhausaufenthalt. Entscheidend ist nicht die Dauer der Gegenleistung, sondern ihr Wert. Dieser bestimmt sich nach den von der Streithelferin tatsächlich erbrachten Leistungen.

Nicht maßgeblich ist der erzielte Leistungserfolg. Deshalb ist es entgegen der Auffassung des Berufungsgerichts für die Bewertung der vereinbarten Fallpauschalen ohne Belang, wie hoch die von der Beklagten zu ersetzenden Kosten gewesen wären, wenn der Kläger seinen Bandscheibenvorfall im Wege einer herkömmlichen Schnittoperation hätte behandeln lassen und länger stationär untergebracht worden wäre (vgl. OLG Stuttgart, VersR 2001, 491 f.). Die dafür angemessenen Aufwendungen besagen nichts über den Wert der von der Streithelferin im Zusammenhang mit den minimal-invasiven Operationen erbrachten Krankenhausleistungen. Ebensowenig kommt es darauf an, ob nach herkömmlichen Bandscheibenoperationen zusätzliche Rehabilitationsmaßnahmen zu insgesamt gleich hohen oder höheren Kosten geführt hätten.

b) Als Maßstab für die Beurteilung der Gegenleistung hat das Berufungsgericht zutreffend den objektiven Wert herangezogen (vgl. BGH, Urteile vom 12.01.1996 – V ZR 289/94 –, NJW 1996, 1204 unter II a; vom 22.12.1999 – VIII ZR 111/99 –, NJW 2000, 1254 unter II 2 a; vom 19.01.2001 aaO unter II 2 a; jeweils m.w.N.). Ein geeignetes Mittel für die Bestimmung des objektiven Werts ist der Marktvergleich (BGHZ 80, 153, 162 ff.; vgl. Jung, Das wucherähnliche Rechtsgeschäft, 2001, S. 124 ff.). Dabei ist das vereinbarte Entgelt dem marktüblichen Preis, den die Mehrzahl der übrigen Anbieter für vergleichbare Leistungen fordert, gegenüberzustellen (vgl. BGHZ 104, 102 [105]; 125, 135 [137]; BGH, Urteile vom 22.12.1999 aaO; vom 30.05.2000 aaO; jeweils m.w.N.).

aa) Demgemäß sind die von der Streithelferin in Rechnung gestellten „selbstdefinierten Fallpauschalen“ mit den Entgelten zu vergleichen, die andere nicht der BPflV unterworfene Privatkliniken für einen stationären Aufenthalt im Zusammenhang mit den beim Kläger durchgeführten minimal-invasiven Bandscheibenoperationen nach einem entsprechenden Abrechnungsmodus verlangt hätten. Nur diese Vergütungen bilden sich im Wettbewerb verschiedener Anbieter von vergleichbaren Krankenhausleistungen. Zu Recht hat das Berufungsgericht daher die Vergütungen außer acht gelassen, die für solche stationären Behandlungen von öffentlich geförderten Krankenhäusern und Versorgungskrankenhäusern in privater oder öffentlicher Trägerschaft nach den Bestimmungen des Gesetzes zur wirtschaftlichen Sicherung der Krankenhäuser (Krankenhausfinanzierungsgesetz – KHG) und der BPflV – in der jeweils zur Zeit der streitgegenständlichen Operationen geltenden Fassung – berechnet worden wären.

Die allgemeinen Krankenhausleistungen solcher Krankenhäuser wurden seinerzeit gemäß § 10 Abs. 1 BPflV vergütet durch Pflegesätze nach § 11 BPflV (Fallpauschalen und Sonderentgelte) oder einen Gesamtbetrag nach § 12 BPflV (Budget) sowie tagesgleiche Pflegesätze nach § 13 BPflV, durch die das Budget den Patienten oder ihren Kostenträgern anteilig berechnet wurde.

Die zwischen den Trägern geförderter Krankenhäuser und den Sozialleistungsträgern gemäß § 18 Abs. 2 KHG auf der Grundlage des Budgets und der voraussichtlichen Belegung vereinbarten tagesgleichen Pflegesätze – Abteilungspflegesätze, Basispflegesatz und entsprechende teilstationäre Pflegesätze – (§§ 13, 14 Abs. 1 und 2, 17 BPflV) enthalten nicht sämtliche Kosten, die mit der Erbringung der Leistung verbunden sind. Das gilt auch für die zwischen den Vertragsparteien auf Bundes- und Landesebene vereinbarten Fallpauschalen für einen Behandlungsfall und Sonderentgelte für einen Leistungskomplex eines Behandlungsfalles (§§ 17 Abs. 2a KHG, 11, 15, 16, 17 BPflV). Insbesondere umfaßt die Kalkulation des Pflegesatzes nach § 17 Abs. 4, Hs. 1 Nr. 1 KHG bei nach diesem Gesetz voll geförderten Krankenhäusern von den Investitionskosten nur die Kosten der Wiederbeschaffung von Wirtschaftsgütern mit einer durchschnittlichen Nutzungsdauer bis zu drei Jahren (Gebrauchsgüter, § 2 Nr. 2 der Verordnung über die Abgrenzung der im Pflegesatz nicht zu berücksichtigenden Investitionskosten von den pflegesatzfähigen Kosten der Krankenhäuser, Abgrenzungsverordnung – AbgrV) und die Kosten der Finanzierung von Rationalisierungsinvestitionen nach § 18b KHG. Im übrigen sind Investitionskosten grundsätzlich nicht im Pflegesatz zu berücksichtigen. Investitionskosten sind gemäß § 2 Nr. 2, Hs. 1 lit. a KHG die Kosten der Errichtung (Neu-, Um-, Erweiterungsbau) von Krankenhäusern und der Anschaffung der zum Krankenhaus gehörenden Wirtschaftsgüter mit Ausnahme der Verbrauchsgüter (vgl. § 2 Nr. 3 AbgrV) sowie nach § 2 Nr. 2, Hs. 1 lit. b KHG die Kosten der Wiederbeschaffung der Güter des zum Krankenhaus gehörenden Anlagevermögens (Anlagegüter, § 2 Nr. 1 AbgrV). Für die nicht pflegesatzfähigen Investitionskosten und die ihnen nach § 2 Nr. 3 KHG gleichstehenden Kosten werden Fördermittel gemäß § 9 Abs. 1 Nr 1 und 2 KHG gewährt. Im Pflegesatz nicht zu berücksichtigen sind ferner die – nach § 2 Nr. 2, Hs. 2 KHG nicht zu den Investitionskosten zählenden – Kosten der Krankenhausgrundstücke, ihres Erwerbs, ihrer Erschließung sowie ihrer Finanzierung (§ 17 Abs. 4, Hs. 1 Nr. 2 KHG) sowie Anlauf- und Umstellungskosten (§ 17 Abs. 4, Hs. 1 Nr. 3 KHG).

Letztere werden bei innerbetrieblichen Änderungen ebenso wie die Kosten für Erwerb, Erschließung, Miete und Pacht von Grundstücken nach § 9 Abs. 2 Nr. 2 KHG nur gefördert, soweit ohne die Förderung die Aufnahme oder Fortführung des Krankenhausbetriebs gefährdet wäre. Versorgungskrankenhäuser, die einen Versorgungsvertrag mit den Landesverbänden der Krankenkassen und den Verbänden der Ersatzkassen abgeschlossen haben und damit zur Krankenhausbehandlung der gesetzlich Versicherten zugelassen sind (§§ 108 Nr. 3, 109 SGB V), werden zwar nach dem KHG nicht gefördert (§ 5 Abs. 1 Nr. 6 KHG) und sind daher bei der Kalkulation ihrer Pflegesätze nicht den Einschränkungen des § 17 Abs. 4, Hs. 1 Nr. 1-3 KHG unterworfen. Sie unterliegen aber im übrigen den für Plankrankenhäuser wesentlichen Bestimmungen über die Bemessung der Pflegesätze. So werden die Pflegesatzverhandlungen zwischen den Landesverbänden der Krankenkassen und den Verbänden der Ersatzkassen mit den Trägern der Versorgungskrankenhäuser nach Maßgabe des KHG und der BPflV geführt (§ 109 Abs. 4 S. 3 SGB V). Dabei sind Investitionskosten nur in dem von § 8 Abs. 1 und 2 BPflV vorgesehenen Umfang im Budget und in den Pflegesätzen zu berücksichtigen. Hingegen können und müssen nicht geförderte und nicht an einen Versorgungsvertrag gebundene Krankenhäuser – wie die von der Streithelferin betriebene Belegklinik – alle vorgenannten Kosten in die Berechnung ihrer Pflegesätze im Rahmen einer Vollkostenrechnung miteinbeziehen.

Infolgedessen müssen sie ihre Dienste auf einer anderen Kalkulationsgrundlage als Plan- oder Versorgungskrankenhäuser anbieten.

Außerdem werden sie durch § 17 Abs. 5 S. 1 KHG daran gehindert, den Investitionskostenanteil der Pflegesätze gegenüber Sozialleistungsträgern und sonstigen öffentlich-rechtlichen Kostenträgern geltend zu machen (BVerfGE 82, 209, 224). Sie erhalten die für gemeinnützige Einrichtungen in den §§ 5 Nr. 9 S. 1 KStG, 3 Nr. 6 S. 1 GewStG, 4 a Abs 1 S. 1 UStG sowie für Krankenhäuser im Sinne von § 67 Abs. 1 und 2 AO in den §§ 3 Nr. 20 lit. b GewStG, 4 Nr. 16 lit. b UStG vorgesehenen Steuervergünstigungen nicht – wie das Berufungsgericht richtig gesehen hat. Schon um die Gesamtkosten abdecken und die Steuernachteile ausgleichen zu können, sind reine Privatkliniken nicht in der Lage, ihre Preise so zu gestalten wie in den Krankenhausplan aufgenommene Krankenhäuser und Versorgungskrankenhäuser. Zudem haben sie wie jedes Wirtschaftsunternehmen ein legitimes Interesse an Gewinnerzielung, zumal sie das volle unternehmerische Risiko tragen.

bb) Zu keinem anderen Ergebnis führen die von der Revision angeführten Vorteile, die die Streithelferin gegenüber in den Krankenhausplan aufgenommenen oder an einen Versorgungsvertrag gebundenen Krankenhäusern genießt – keine Aufnahme- und Behandlungspflicht, keine Beteiligung an der Notfallversorgung (vgl. dazu Genzel aaO § 84 Rz. 26, 29), freies Leistungsangebot, keine Umsatzbegrenzung durch Budget oder Fallzahlen, keine Ausbildungsaufgaben. Diese Umstände belegen nur die unterschiedliche Ausgestaltung von Plan- und Versorgungskrankenhäusern einerseits und reinen Privatkliniken andererseits sowie die damit einhergehenden Unterschiede in der Abrechnung der stationären Leistungen.

cc) Mit Recht hat das Berufungsgericht die tatsächlichen Kosten der Streithelferin nicht zur Bestimmung des objektiven Wertes der von ihr erbrachten Leistungen herangezogen. Es brauchte das insoweit von der Beklagten beantragte Sachverständigengutachten nicht einzuholen. Bei der Prüfung, ob ein auffälliges Mißverhältnis zwischen den beiderseitigen Leistungen besteht, geht es nicht darum, ob die geforderte Leistung in Relation zu den Gestehungskosten der Gegenleistung angemessen ist.

Mit dem als Vergleichsmaßstab anerkannten Marktpreis ist es nicht vereinbar, individuelle Kriterien wie die Kosten des Anbieters einer Leistung, ein von diesem übernommenes Risiko und einen angemessenen Gewinn zu berücksichtigen und so einseitig auf die Seite des Anbieters einer Leistung abzustellen. Der Marktvergleich, der auf das üblicherweise für eine Leistung bezahlte Entgelt abstellt, bietet die Gewähr dafür, daß sich die juristische Äquivalenzkontrolle nicht abkoppelt von der marktwirtschaftlichen Preisbildung (Jung, aaO S. 53, 189). Der Marktpreis für die Gegenleistungen der Streithelferin kann auch nicht dergestalt ermittelt werden, daß auf die Pflegesätze geförderter Krankenhäuser außer den nicht pflegesatzfähigen Kosten ein Gewinnanteil aufgeschlagen wird. § 138 BGB bietet nach der zutreffenden Auffassung des Berufungsgerichts keine Grundlage für die Bestimmung eines im Verhältnis zu den Gesamtkosten der Gegenleistung angemessenen Gewinnaufschlags.

dd) Ferner kommt es entgegen der Auffassung der Revision nicht auf die frühere Abrechnungspraxis der Streithelferin an. Der Umstand, daß die Streithelferin selbst vorher einen Tagessatz in Höhe von 810,61 DM verlangt hatte, belegt nicht ein auffälliges Mißverhältnis der Klinikleistungen zu den nunmehr berechneten Fallpauschalen. Zum einen kann die Summe der tagesgleichen Pflegesätze, die für die tatsächliche Dauer des stationären Aufenthalts des Klägers angefallen wären, nicht ohne weiteres mit einer Fallpauschale, die sich an einer statistisch ermittelten durchschnittlichen Verweildauer orientiert, gleichgesetzt werden.

Verkürzt sich die Verweildauer des Patienten im konkreten Fall, so ergibt dies einen höheren Gewinn für die Streithelferin. Dagegen bedeutet es für sie eine Verringerung ihres Gewinns oder gar einen Verlust, wenn sich der tatsächliche stationäre Aufenthalt verlängert, weil sie dafür keine zusätzliche Vergütung verlangen kann. Diese Unwägbarkeiten müssen bei der Kalkulation der Fallpauschalen berücksichtigt werden, auch wenn mögliche längere Verweilzeiten durch unvorhersehbare kürzere Verweilzeiten ausgeglichen werden können. Dabei ist unerheblich, daß die in der Klinik der Streithelferin tätigen Belegärzte vergleichbare Bandscheibenoperationen früher ambulant ausgeführt haben. Auch wenn die Streithelferin aus dieser Erfahrung heraus ihren Fallpauschalen jeweils eine kurze Verweildauer zugrunde legt, bleibt die Kalkulation notwendigerweise mit einer gewissen Unsicherheit behaftet. Zum anderen deckt eine Fallpauschale die Gesamtheit der Krankenhausleistungen ab – bei einer Belegklinik mit Ausnahme der ärztlichen Leistungen. Damit werden auch die kostenintensiven Leistungen abgegolten, die im Zusammenhang mit der regelmäßig am Anfang der stationären Behandlung stehenden Operation erbracht werden, beispielsweise das Zurverfügungstellen eines betriebsbereiten Operationssaales. Diese Leistungen führen bei der Abrechnung mittels tagesgleicher Pflegesätze zunächst zu einem Verlust. Dieser kann erst im weiteren Behandlungsverlauf ausgeglichen werden, weil die Kosten mit fortschreitender Genesung des Patienten sinken (vgl. Schmidt-Graumann in Graumann/Schmidt-Graumann, Rechnungslegung und Finanzierung der Krankenhäuser S. 85 f.). Deshalb sind die „selbstdefinierten Fallpauschalen" der Streithelferin – ebenso wie die nach der BPflV vereinbarten, hier aber schon nach dem Leistungstatbestand nicht einschlägigen Fallpauschalen (vgl. den Bundesweiten Entgeltkatalog für Fallpauschalen und Sonderentgelte nach § 17 Abs. 2a KHG, abgedruckt bei Dietz/Bofinger, Krankenhausfinanzierungsrecht, Bundespflegesatzverordnung und Folgerecht Band 2 S. 50d/1 ff.) – zwangsläufig höher als die der regelmäßigen oder der tatsächlichen Verweildauer entsprechende Summe der durchschnittlichen Tagespflegesätze.

c) Die Darlegungs- und Beweislast dafür, daß die von der Streithelferin berechneten Fallpauschalen in einem auffälligen Mißverhältnis zum Marktpreis für vergleichbare Operationen in anderen reinen Privatkliniken stehen, hat das Berufungsgericht zutreffend der Beklagten auferlegt, da sie die Nichtigkeit der Krankenhausaufnahmeverträge gemäß § 138 BGB einwendet (vgl. BGHZ 53, 369 [379]; BGH, Urteile vom 04.07.1974 – III ZR 66/72 –, NJW 1974, 1821 unter II 3; vom 26.02.2002 – IX ZR 226/01 –, ZIP 2002, 701 unter II 2 m.w.N.). Die diesbezüglichen Behauptungen der Beklagten hat das Berufungsgericht zu Recht als unsubstantiiert gewertet. Die von ihr genannten Vergleichszahlen betreffen mit einer Ausnahme öffentlich geförderte Krankenhäuser aus dem Umfeld der Streithelferin und sind für diese aus den genannten Gründen ohne Bedeutung. Welche Vergütungen für vergleichbare Krankenhausleistungen andere nicht geförderte Krankenhäuser fordern, hat die Beklagte nicht aufgezeigt.

Ob – wie die Revision rügt – das Berufungsgericht die Beklagte auf die Notwendigkeit weiteren Sachvortrags gemäß §§ 139 Abs. 1, 278 Abs. 3 ZPO a.F. hinweisen mußte, kann offenbleiben. Jedenfalls ist nicht ersichtlich, daß das Berufungsurteil auf einer Verletzung der Hinweispflicht beruht. Damit das Revisionsgericht die Entscheidungserheblichkeit eines solchen Verfahrensfehlers prüfen kann, muß der Revisionsführer im einzelnen schlüssig vortragen, was er auf den entsprechenden Hinweis vorgebracht hätte (BGH, Urteile vom 08.10.1987 – VII ZR 45/87 –, NJW-RR 1988, 208 unter I 2; vom 03.03.1998 – X ZR 14/95 –, NJW-RR 1998, 1268 unter II 4 b, jeweils m.w.N.). Einen schlüssigen Vortrag zu den Voraussetzungen eines auffälligen Mißverhältnisses hat die Beklagte in ihrer Revisionsbegründung nicht nachgeholt. Die Nennung einer einzigen Privatklinik, die zudem auf der Grundlage nicht vergleichbarer tagesgleicher Pflegesätze abrechnet, ist nicht geeignet, die in nicht der BPflV unterliegenden Krankenhäusern übliche Vergütung für minimal-invasive Bandscheibenoperationen der beim Kläger durchgeführten Art darzutun. Weitere Beispiele, die ein evidentes Mißverhältnis zwischen den von der Streithelferin verlangten Fallpauschalen und den von anderen nicht geförderten Krankenhäusern für vergleichbare Leistungen in vergleichbarer Weise berechneten Vergütungen belegen sollen, hat die Beklagte nicht substantiiert.

2. Weiterhin wendet sich die Revision vergeblich dagegen, daß das Berufungsgericht die Fallpauschalen der Streithelferin als nach dem Krankheitskostenversicherungsvertrag erstattungsfähige Aufwendungen angesehen hat.

a) Der Umfang des Versicherungsschutzes ergibt sich gemäß § 1 Abs. 3 MB/KK 76 aus dem Versicherungsschein, späteren schriftlichen Vereinbarungen, den Allgemeinen Versicherungsbedingungen (Musterbedingungen, Tarif mit Tarifbedingungen) sowie den gesetzlichen Vorschriften.

Tarif und Tarifbedingungen konkretisieren den in § 1 Abs. 1 S. 2 lit. a MB/KK 76 beschriebenen Leistungsrahmen des Versicherers; sie schränken ihn ein (BGH, Urteil vom 14.12.1994 – IV ZR 3/94 –, VersR 1995, 328 unter II 1 m.w.N.). Ob – wie das Berufungsgericht meint – die Tarifbedingungen der Beklagten unter Ziffer 1.2.5. TB/KK die „selbstdefinierten Fallpauschalen" der Streithelferin als Kosten der allgemeinen Pflegeklasse erfassen, kann dahinstehen. Enthalten die Tarifbedingungen keine konkrete Leistungsbestimmung, so ist jedenfalls das allgemeine Leistungsversprechen nach § 1 Abs. 1 S. 2 lit. a MB/KK 76 maßgeblich. Vom Versicherer im Versicherungsfall zu ersetzende Aufwendungen für Heilbehandlung sind auch die zwischen dem Kläger und der Streithelferin wirksam vereinbarten Fallpauschalen. Weder dem allgemeinen Leistungsversprechen noch den TB/KK ist eine völlige Ausgrenzung von Pauschalvergütungen im Sinne eines Leistungsausschlusses zu entnehmen. Schließlich wäre eine auf tagesgleiche Pflegesätze beschränkte Erstattung unvereinbar mit der in § 4 Abs. 4 MB/KK 76 enthaltenen Zusage der freien Klinikwahl, die nicht unter dem Vorbehalt eines bestimmten Abrechnungsmodus steht.

b) Die Erstattungsfähigkeit der von der Streithelferin berechneten Fallpauschale steht auch im Einklang damit, daß § 1 Abs. 2 Satz 1 MB/KK 76 den Versicherungsfall als „medizinisch notwendige Heilbehandlung einer versicherten Person wegen Krankheit oder Unfallfolgen" beschreibt.

aa) Eine Heilbehandlungsmaßnahme ist nach ständiger Rechtsprechung des Senats medizinisch notwendig, wenn es nach den objektiven medizinischen Befunden und wissenschaftlichen Erkenntnissen im Zeitpunkt der Behandlung vertretbar war, sie als medizinisch notwendig anzusehen. Das ist im allgemeinen dann der Fall, wenn eine wissenschaftlich anerkannte Behandlungsmethode zur Verfügung steht, die geeignet ist, die Krankheit zu heilen oder zu lindern (BGHZ 99, 228 [233]; 133, 208 [212 f.]; BGH, Urteil vom 29.11.1978 – IV ZR 175/77 –, VersR 1979, 222 unter III; Schoenfeldt/Kalis, aaO., § 1 MB/KK, Rz. 42; Prölss, VVG, 26. Aufl., § 1 MB/KK 94 Rz. 25 ff.; jeweils m.w.N.). Nach herrschender Meinung in Rechtsprechung und Literatur muß die Heilbehandlung zusätzlich unter Kostenaspekten vertretbar sein. Seien zwei medizinisch gleichwertige, kostenmäßig aber um ein Vielfaches auseinanderliegende Möglichkeiten der Behandlung gegeben, so bestehe eine Leistungspflicht nur für die kostengünstigere. Eine zum gleichen Behandlungserfolg führende, erheblich teurere Heilbehandlung sei Luxus, jedoch keine notwendige Heilmaßnahme. Der Versichertengemeinschaft sei die Übernahme luxuriöser Behandlungen nicht zumutbar. Anderenfalls würden die versicherungstechnischen Kalkulationsgrundlagen gesprengt (OLG Köln, VersR 1995, 1177, 1178; r+s 1998, 34; r+s 1999, 82, 83; OLG Düsseldorf, VersR 1997, 217, 218; LG Münster, VersR 1981, 671; LG Hildesheim, r+s 2000, 34, 35; BK/Hohlfeld, VVG, § 178b, Rz. 7; Prölss, aaO., § 1 MB/KK 94, Rz. 50; Schoenfeldt/Kalis, aaO., § 1 MB/KK, Rz. 50; Bach, VersR 1979, 792 [794]). Diese Ansicht teilt der Senat nicht.

bb) Die Einbeziehung von Kostengesichtspunkten läßt sich § 1 Abs. 2 Satz 1 MB/KK 76 im Wege der Auslegung nicht entnehmen. Allgemeine Versicherungsbedingungen sind nicht „gesetzesähnlich" auszulegen, sondern so, wie ein durchschnittlicher Versicherungsnehmer sie bei verständiger Würdigung, aufmerksamer Durchsicht und Berücksichtigung des erkennbaren Sinnzusammenhangs verstehen muß. Dabei kommt es auf die Verständnismöglichkeiten eines Versicherungsnehmers ohne versicherungsrechtliche Spezialkenntnisse und damit – auch – auf seine Interessen an (BGHZ 123, 83 [85]; BGH, Urteile vom 17.05.2000 – IV ZR 113/99 –, VersR 2000, 1090 unter 2 a mit Anm. Lorenz; vom 03.07.2002 – IV ZR 145/01 –, VersR 2002, 1089 unter II 1 a bb m.w.N.; vom 30.10.2002 – IV ZR 60/01 –, VersR 2002, 1546 unter II 2 a). Ein solcher Versicherungsnehmer geht vom Wortlaut der auszulegenden Klausel aus und berücksichtigt ihren Zweck und den erkennbaren Sinnzusammenhang (BGHZ 123, 83 [85]; Senatsurteil vom 21.12.2001 – IV ZR 259/99 –, VersR 2001, 489 unter 3 a). Er kann aus dem Wortlaut des § 1 Abs. 2 S. 1 MB/KK 76 nicht ersehen, daß auch finanzielle Aspekte bei der Beurteilung der medizinischen Notwendigkeit der Heilbehandlung eine Rolle spielen sollen. § 1 Abs. 2 S. 1 MB/KK 76 stellt nur auf die „medizinisch notwendige" und nicht auf die „medizinische und notwendige", die „notwendige medizinische", die „medizinisch nur notwendige" oder gar auf die „medizinisch und wirtschaftlich notwendige" Heilbehandlung ab (vgl. Schmid, NJW 1981, 2504; Pauly, VersR 1996, 1323 [1326 f.]). „*Medizinisch*" bezieht sich gerade auf „*notwendig*".

Dieser sprachliche Zusammenhang macht bei verständiger Lektüre deutlich, daß die Notwendigkeit der Heilbehandlung allein aus medizinischer Sicht zu beurteilen ist. Daraus entnimmt der durchschnittliche Versicherungsnehmer, daß es auf seine laienhaften Vorstellungen oder die Einschätzung des behandelnden Arztes nicht ankommt (Schmid, aaO). Auch nach dem ihm erkennbaren Sinnzusammenhang wird er in diese Beurteilung Kostengesichtspunkte nicht hineinlesen. Er versteht wohl, daß ihm nicht die Kosten für jede beliebige Behandlungsmaßnahme erstattet werden, sondern nur für eine solche, die objektiv geeignet ist, sein Leiden zu heilen, zu bessern oder zu lindern. Daß darüber hinaus der Versicherer seine Leistungspflicht nur auf die billigste Behandlungsmethode beschränken will, erschließt sich dem Versicherungsnehmer dagegen nicht. Aus seiner Sicht verliert eine medizinisch anerkannte Heilbehandlung das qualifizierende Merkmal „notwendig" im Einzelfall nicht deshalb, weil sie teurer ist als eine nach Einschätzung des Versicherers gleichwertige, aber kostengünstigere Behandlung. Zudem ist für den Versicherungsnehmer nicht erkennbar, nach welchen Maßstäben die medizinische Gleichwertigkeit von Heilbehandlungen zu beurteilen sein soll.

Übernimmt der Versicherer – wie die Beklagte – die Kosten einer medizinisch notwendigen Heilbehandlung ohne für den durchschnittlichen Versicherungsnehmer erkennbare Einschränkung, so kann er ihn grundsätzlich nicht auf einen billigeren oder den billigsten Anbieter einer Heilbehandlung verweisen, die er für medizinisch gleichwertig hält.

c) Die Beklagte kann den Erstattungsanspruch des Klägers auch nicht entsprechend § 5 Abs. 2 MB/KK 76 kürzen.

aa) Diese Regelung räumt dem Versicherer lediglich die Befugnis ein, bei das medizinisch notwendige Maß übersteigenden Heilbehandlungen (sog. Übermaßbehandlungen) seine Leistungen auf einen angemessenen Betrag herabzusetzen. Will der Versicherer von dieser Einschränkung der Leistungspflicht Gebrauch machen, so hat er darzulegen und zu beweisen, daß bei einer an sich medizinisch notwendigen Heilbehandlung eine einzelne Behandlungsmaßnahme medizinisch nicht notwendig war (BGH, Urteil vom 29.05.1991 – IV ZR 151/90 –, VersR 1991, 987 unter 3 b; Schoenfeldt/Kalis, aaO., § 5 MB/KK, Rz. 65 f. m.w.N.). Die Übermaßregelung erstreckt sich nach herrschender Meinung auch auf einen im Verhältnis zum medizinisch notwendigen Behandlungsumfang überhöhten Vergütungsansatz des Arztes bzw. des Krankenhausträgers (OLG Köln, VersR 1986, 378; OLG Düsseldorf, VersR 1997, 217, 218; OLG Hamm, r+s 1999, 429; LG Düsseldorf, NJW-RR 1999, 1046 f.; Schoenfeldt/Kalis, aaO., § 5 MB/KK, Rz. 64 m.w.N.). Diese Ausdehnung der Kürzungsbefugnis geht auf die frühere Senatsrechtsprechung zurück, nach der es bei einer Übermaßvergütung ebenso wie bei der von § 5 Abs. 2 MB/KK 76 unmittelbar geregelten Übermaßbehandlung darum geht, die durch den Versicherungsfall verursachte Kostenbelastung in vertretbaren Grenzen zu halten (BGH, Urteil vom 30.11.1977 – IV ZR 69/76 –, VersR 1978, 267 unter II 3 f bb).

bb) An dieser Auffassung, die durch das damalige Verständnis von einer gesetzesähnlichen Auslegung Allgemeiner Versicherungsbedingungen geprägt gewesen sein mag, hält der Senat nicht fest. Der durchschnittliche Versicherungsnehmer kann schon dem Wortlaut des § 5 Abs. 2 MB/KK 76 nicht entnehmen, daß mit der Überschreitung des medizinisch notwendigen Maßes auch ein wirtschaftliches Übermaß gemeint ist. Ebenso wie in § 1 Abs. 2 S. 1 MB/KK 76 sind die Begriffe „medizinisch" und „notwendig" miteinander verbunden. Bei verständiger Würdigung dieses Zusammenhangs wird ein Durchschnittsversicherungsnehmer auch der Regelung des § 5 Abs. 2 MB/KK 76 entnehmen, daß sich das notwendige Maß nicht nach seinen subjektiven Vorstellungen oder denen seines Arztes, sondern nach objektiven medizinischen Gesichtspunkten bestimmt. Auch wenn er als Ziel der Übermaßregelung erkennen kann, daß der Versicherer sich vor einer unnötigen Kostenbelastung schützen will, bezieht er die Kürzungsbefugnis auf Heilbehandlungsmaßnahmen, die aus medizinischer Sicht nicht mehr oder nicht in dem abgerechneten Umfang notwendig waren. Ihm erhellt sich indes nicht, daß er trotz uneingeschränkter medizinischer Notwendigkeit der Heilbehandlung reduzierte Versicherungsleistungen erhalten soll.

d) Ferner ist die Beklagte nicht nach § 242 BGB zur Kürzung ihrer Leistungen gegenüber dem Kläger berechtigt. Das private Versicherungsverhältnis untersteht in besonderem Maße den Grundsätzen von Treu und Glauben. Der Versicherungsnehmer muß bei der Inanspruchnahme einer besonders kostenträchtigen und nicht vital lebensnotwendigen Behandlung in angemessener Weise Rücksicht auf den Versicherer und die Versichertengemeinschaft nehmen. Der Versicherer braucht deshalb jedenfalls ganz unverhältnismäßige Kosten dafür nicht zu erstatten (BGHZ 99, 228 [235]). So liegt der Fall hier nicht. Die Bandscheibenoperationen des Klägers waren vital lebensnotwendig.

3. Für die von der Revision (im Anschluß an Patt, MedR 2002, 180 ff.) geforderte allgemeine Billigkeits- und Angemessenheitskontrolle der Preisgestaltung von reinen Privatkliniken gibt es weder eine verfassungsrechtliche noch eine einfachgesetzliche Grundlage. Fragen der allgemeinen Handlungsfreiheit (Art. 2 Abs. 1 GG) oder des Gleichheitsgrundsatzes (Art. 3 Abs. 1 GG) sind ersichtlich davon nicht berührt.

a) § 315 BGB ist nicht unmittelbar einschlägig, weil eine Individualvereinbarung über die Höhe der Vergütung zwischen dem Kläger und der Streithelferin getroffen wurde. Die Vorschrift kommt grundsätzlich nur dann zum Zuge, wenn zwischen den Parteien ausdrücklich oder stillschweigend vereinbart worden ist, daß einer von ihnen ein Leistungsbestimmungsrecht zustehen soll. Das ist hier nicht der Fall.

Nicht in Betracht kommt auch eine Billigkeitskontrolle entsprechend § 315 Abs. 3 BGB für Leistungen der Daseinsvorsorge, auf deren Inanspruchnahme der andere Vertragspartner angewiesen ist (vgl. BGHZ 73, 114 [116]; BGH, Urteile vom 04.12.1986 – VII ZR 77/86 –, NJW 1987, 1828 unter II 2 b; vom 10.10.1991 – III ZR 100/90 –, NJW 1992, 171 unter II 5 a m.w.N.). Es ist nicht ersichtlich, daß der Kläger darauf angewiesen war, die Klinik der Streithelferin aufzusuchen, die zudem nicht in den staatlichen Sicherstellungsauftrag einbezogen ist.

b) Eine Anwendung des § 4 Abs. 1 WiStG auf medizinisch notwendige stationäre Krankenhausleistungen scheitert daran, daß die Beklagte weder eine Wettbewerbsbeschränkung im Bereich der minimal-invasiven Bandscheibenoperationen noch eine wirtschaftliche Machtstellung der Streithelferin noch eine Mangellage dargetan hat. Dafür genügt es nicht, daß die Zahl der Krankenhäuser, die einem behandlungsbedürftigen Patienten zur Verfügung stehen, regelmäßig aus medizinischen und persönlichen Gründen begrenzt ist.

2. LG Dresden, 01.12.2000 – 15 S 0334/98 –: Medizinische Notwendigkeit einer Implantatversorgung

Das Landgericht hatte darüber zu befinden, ob die implantologische Behandlung das medizinisch notwendige Maß gemäß der AVB (Allgemeine Versicherungsbedingungen) überschreitet. In seiner Urteilsbegründung definiert das Gericht die Begriffe[570]:

> Während es bei der medizinisch notwendigen Behandlung darum geht, ob es nach den objektiven medizinischen Befunden und Erkenntnissen in dem Zeitpunkt, in dem die Entscheidung getroffen wurde, vertretbar war, sie als notwendig anzusehen (...), ist bei dem medizinisch notwendigen Maß der Behandlung über die rechte Art und den rechten Umfang zu befinden, mit anderen Worten darüber, ob der mit der Behandlung bezweckte Erfolg nicht auf einem anderen Wege zu erreichen gewesen wäre.

Die DKV vertrat die Auffassung, dass eine brückenprothetische Versorgung mit Teleskopen ausgereicht hätte. Sie bezieht sich dabei auf das Urteil des OLG Köln vom 13.07.1995.[571] Das LG ließ den Vergleich nicht zu, da jeweils auf Grundlage der entsprechenden AVB zu entscheiden sei. Da der Sachverständige erklärte, dass es auf Grund des vorhandenen entzündlichen Abbauprozesses im Kiefer, der bereits zu einem massiven Knocheneinbruch geführt habe, erforderlich gewesen sei, eine implantologische Behandlung durchzuführen, erklärte das Gericht die Behandlung als vertragsmäßig.

3. LG Hechingen, 07.08.1998 – 1 O 51/95 –: Medizinische Notwendigkeit einer Implantatversorgung

Das Landgericht bestätigt die medizinische Notwendigkeit einer Implantatversorgung. In der Urteilsbegründung heißt es hierzu[572]:

570 LG Dresden, Urteil vom 01.12.2000 – 15 S 0334/98 –, BDIZ-konkret 2002, Heft 2, S. 39 = BDIZ Jahrbuch 2002, S. 96 = GU, S. 23 f.

571 OLG Köln, Urteil vom 13.07.1995 – 5 U 94/95 –, VersR 1995, 1177 = Kapitel U II.11, S. 355.

572 LG Hechingen, Urteil vom 07.08.1998 – 1 O 51/95 –, BDIZ-konkret 1998, Heft 4, S. 32 = GHI, S. 265.

> Die Notwendigkeit einer Heilmaßnahme richtet sich nach objektiven Kriterien. Dabei ist zu berücksichtigen, dass es zu einem Fall verschiedene gleichwertige Lehrmeinungen geben kann, von denen jede für sich zur Erreichung des Heilerfolges geeignet ist. Von daher muss dem behandelnden Arzt in objektivierten Grenzen ein Ermessensspielraum bei der Behandlung des Patienten eingeräumt werden. Eine Behandlungsmaßnahme ist danach medizinisch notwendig, wenn es nach den objektiven medizinischen Befunden und wissenschaftlichen Erkenntnissen zum Zeitpunkt der Behandlung vertretbar war, sie als medizinisch notwendig anzusehen.

In seinem Gutachten hat der Sachverständige zwar betont, dass es sich um eine anspruchsvolle Versorgung handeln würde, jedoch sei das Alter des Patienten (35 Jahre) zu beachten. In diesem Fall sei eine Implantatversorgung auf Dauer gesehen die wirtschaftlichere Versorgung.

4. AG Kiel, 05.06.1997 – 118 C 197/95 –: Festsitzender implantatgetragener Zahnersatz

In einer Feststellungsklage auf Leistungspflicht der PKV durch den Patienten wurde die PKV durch das Gericht verpflichtet, die Kosten für eine festsitzend implantatgetragene Zahnersatzversorgung auf 8 Implantaten in einem zahnlosen Oberkiefer zu erstatten. Die PKV sah eine herausnehmbare Prothese auf Implantaten als ausreichend und gleichwertig an. Das Amtsgericht folgte den Ausführungen des Gutachters, der die Versorgungen keinesfalls als gleichwertig ansah, sondern die festsitzende Versorgung als medizinisch indiziert bezeichnete.[573]

5. VG Arnsberg, 01.12.1999 – 2 K 2545/98 –: Anspruch auf Erstattung bei Implantatversorgung

Das VG vertritt die Auffassung, dass die Beihilferichtlinien nicht von vornherein den Anspruch auf Beihilfe für implantologische Behandlungen ausschließen. Wenn die Versorgung mit Implantaten die sinnvollste Maßnahme darstellt, sind die Kosten von der Beihilfe zu erstatten.[574]

6. KG Berlin, 21.09.1999 – 6 U 261/98 –: Beweislast

Im vorliegenden Fall hatte eine private Krankenversicherung vor Beginn der Behandlung Zweifel an der medizinischen Notwendigkeit der geplanten Behandlung geäußert. Der Zahnarzt begann trotzdem mit der Behandlung und sandte der Versicherung während der laufenden Behandlung die angeforderten Röntgenaufnahmen und Modelle zu. Der Zahnarzt unterließ es jedoch, den Patienten vor Beginn der Behandlung auf das mögliche Kostenrisiko hinzuweisen (wirtschaftliche Aufklärung). Im Nachhinein konnte, aufgrund fehlender Dokumentation, die medizinische Notwendigkeit nicht mehr festgestellt werden. Da der Zahnarzt somit sowohl die wirtschaftliche Aufklärungspflicht als auch die Dokumentationspflicht verletzt habe, entschied das Gericht zugunsten des Patienten: Dem Patienten stehe ein Schadensersatzanspruch zu, der in Höhe der Honorarforderung angesetzt wurde.[575]

7. LG Dresden, 06.05.1999 – 11 O 7277/97 –: Sinusbodenelevation

Das LG ist der Auffassung, dass die Versicherung die Kosten für eine Implantatversorgung und eine vorausgegangene Sinusbodenelevation zu erstatten hat, wenn durch die Behandlung die Gefahr einer späteren sprachfunktionellen Beeinträchtigung verhindert werden soll. Darüber hinaus spricht das Gericht dem Patienten das Recht zu, eine Behandlung zu wählen, die eine langfristige Funktionsfähigkeit garantiert.[576]

---

573 AG Kiel, Urteil vom 05.06.1997 – 118 C 197/95 –, GHI, S. 260 = GU, S. 25.

574 VG Arnsberg, Urteil vom 01.12.1999 – 2 K 2545/98 –, GHI, S. 271.

575 KG Berlin, Urteil vom 21.09.1999 – 6 U 261/98 –, VersR 2000, 89.

576 LG Dresden, Urteil vom 06.05.1999 – 11 O 7277/97 –, BDIZ-konkret 2002, Heft 2, S. 38 = GHI, S. 269.

8. LG Bochum, 14.08.1997 – 3 O 592/93 –: Erstattungspflicht bei Honorarvereinbarung

Die PKVen versuchen, eine Kostenübernahme bei Behandlungen zu verweigern, die gem. § 2 GOZ vereinbart wurden, mit der Begründung, dass es sich nicht um individuelle Vereinbarungen, sondern um Vereinbarungen als „Allgemeine Geschäftsbedingungen" handeln würde. Außerdem erklären die Versicherungen, dass die Behandlungen das Maß des Notwendigen übersteigen würden und daher nicht erstattungspflichtig seien. Im vorliegenden Fall wurden diese Argumente abgewiesen. Der Zahnarzt hatte vor Behandlungsbeginn mit dem Patienten eine individuelle Vereinbarung gem. § 2 GOZ getroffen, die sich auf die weit überdurchschnittliche Qualität und Präzision der angestrebten Leistung bezog. Das Sachverständigengutachten bestätigte die *„außergewöhnlich sorgfältige und äußerst gewissenhafte präzise Arbeit"*. *„Gerade die Präzision der Arbeit, die zeitaufwendig sei, sei die Ursache für die Dauerhaftigkeit der geleisteten zahnärztlichen Behandlung."* Das Gericht folgte der Auffassung des Gutachters, dass eine besonders gute Zahnerhaltung als medizinisch notwendig anzusehen sei. Auch konnte das Gericht nachvollziehen, dass das Honorar als angemessen anzusehen sei. Die PKV wurde zur Erstattung verpflichtet, da im Vertrag eine Überschreitung des 3,5-fachen Satzes nicht ausdrücklich ausgenommen wurde.[577]

9. OLG Düsseldorf, 07.05.1996 – 4 U 43/95 –: Notwendigkeit der Honorarvereinbarung

Das OLG Düsseldorf führt in seinem Urteil aus, dass zur Höhe der Erstattung nicht nur die Heilbehandlung selbst medizinisch notwendig sein muss, sondern auch die einzelnen Aufwendungen ihrerseits notwendig sein müssen. Das OLG gestattet es dem Versicherer, auch die Honorare zu überprüfen, die aufgrund einer Honorarvereinbarung berechnet werden: *„Denn der Versicherungsnehmer kann nicht zu Lasten des Versicherers mit dem behandelnden Arzt schrankenlos Honorarvereinbarungen treffen."* Damit die Angemessenheit der Gebühren festgestellt werden könne, müsse im Einzelnen entsprechend den Kriterien des § 5 Abs. 2 GOZ das geforderte Honorar begründet werden.[578]

10. OLG Karlsruhe, 21.03.1996 – 12 U 168/95 –: Medizinische Notwendigkeit einer Implantatversorgung

Die medizinische Notwendigkeit einer Implantatversorgung wurde vom Gericht anerkannt, obwohl die Kosten höher lagen als bei einer Teleskopkronenversorgung. Das Gericht sah eine Preisdifferenz von 11.900 DM als nicht groß genug an, um das Recht des Patienten auf freie Wahl der Behandlung zu beschneiden. Ein Verstoß gegen seine Schadenminderungspflicht konnte dem Patienten nicht vorgeworfen werden, da diese Pflicht den Patienten nicht in jedem Fall zwingt, die kostengünstigere Behandlungsmaßnahme in Anspruch zu nehmen.[579]

11. OLG Köln, 13.07.1995 – 5 U 94/93 –: Luxusbehandlung

Die nachstehend wiedergegebene Entscheidung des OLG Köln hat die sog. Luxusrechtsprechung begründet und wurde schließlich dogmatischer Ausgangspunkt zu der Entscheidung des BGH vom 12.03.2003.[580] Die Leitsätze des Urteils[581] lauten:

---

577 Nicht veröffentlicht; nachfolgend BGH, Urteil vom 09.03.2000 – III ZR 356/98 –, VersR 2000, 856 = GU, S. 28.

578 OLG Düsseldorf, Urteil vom 07.05.1996 – 4 U 43/95 –, VersR 1997, 217 = GU, S. 91.

579 OLG Karlsruhe, Urteil vom 21.03.1996 – 12 U 168/95 –, BDIZ-konkret 1998, Heft 1, S. 36 = VersR 1997, 562 = GHI, S. 258 = GU, S. 17.

580 BGH, Urteil vom 12.02.2003 – IV ZR 278/01 –, VersR 2003, 581 = GU 2003, S. 2.

581 OLG Köln, Urteil vom 13.07.1995 – 5 U 94/93 –, VersR 1995, 1177 = Kapitel U II.11, S. 355.

1. Vertretbar i. S. v. § 1 Abs. 2 MBKK 76 ist die medizinische Notwendigkeit einer Heilbehandlung, die in fundierter und nachvollziehbarer Weise das zugrundeliegende Leiden diagnostisch hinreichend erfaßt und eine ihm adäquate, geeignete Therapie anwendet.
2. Aus dem Gesichtspunkt der notwendigen Adäquanz der ärztlichen Maßnahme folgt, daß auch der Kostenaufwand in die Entscheidungsfindung einzufließen hat.
3. Bestehen zwei medizinisch gleichwertige, kostenmäßig aber um ein vielfaches auseinanderliegende Möglichkeiten der Behandlung, ist der kostengünstigeren der Vorzug zu geben; nur sie ist unter diesen Voraussetzungen als die in der betreffenden Behandlungssituation notwendige Heilmaßnahme anzusehen.
4. Eine zwar zum gleichen Behandlungserfolg führende, jedoch von ihrer Anlage her um ein vielfaches teurere Heilbehandlung stellt Luxus, jedoch keine notwendige Heilmaßnahme dar.
5. Der medizinische Behandlungserfolg einer Teleskopprothese hält sich mit dem einer implantatgestützten Unterkieferprothese in etwa die Waage (Tragekomfort, Kaukraft, Reinigung, Lebensdauer, Zustand und Belastung, Restzähne, Knochenschwund, Nachbehandlungsfrequenz, Fremdkörpergefühl).

Tatbestand:
Der 1926 geborene Kläger [Patient] war bei der Beklagten krankheitskostenversichert, und zwar für die Kosten zahnärztlicher Behandlung nach Tarif ZM 2, gemäß dem die Aufwendungen bei Zahnbehandlung, Zahnersatz, Zahnkronen, funktionsanalytischen, funktionstherapeutischen und implantologischen Leistungen nebst zahntechnischen Laborarbeiten und Materialien, soweit sie zu den üblichen Preisen berechnet sind, zu 75 % erstattet werden.

Ende 1988/Anfang 1989 begab sich der Kläger wegen Beschwerden mit dem vorhandenen festsitzenden Zahnersatz im Unterkiefer in die Behandlung des Streithelfers [sein behandelnder Zahnarzt]. Die Brücke mußte entfernt werden. Ferner mußten mehrere Zähne des Unterkiefers extrahiert werden. Aufgrund der Beratung durch den Streithelfer entschloß sich der Kläger, der für den Oberkiefer damals schon eine herausnehmbare Vollprothese hatte, zu einem auf Implantaten gestützten festsitzenden Zahnersatz im Unterkiefer unter Einbindung der restlichen Unterkieferzähne. Der Streithelfer erstellte im März 1988 einen Heil- und Kostenplan, den der Kläger bei der Beklagten einreichte.

Nachdem die Beklagte am 31.03.1988 die zugrundeliegenden Röntgenaufnahmen zur Einsichtnahme angefordert hatte, teilte sie dem Streithelfer - u. a. unter Hinweis darauf, daß die medizinische Notwendigkeit der vorgesehenen Behandlung nicht hinreichend belegt sei - mit, sie habe ein Gutachten in Auftrag gegeben. Dieses Gutachten wurde unter dem 07.07.1988 von Prof. Dr. S. erstattet mit dem Ergebnis, daß die Eingliederung zahnärztlicher Implantate beim Kläger aufgrund des guten Knochenangebots zwar grundsätzlich möglich, jedoch keiner der angeführten Indikationsbereiche gegeben sei und ein an den Zähnen 42, 43 und 44 verankerter, herausnehmbarer teleskopierender Zahnersatz geeignet und ausreichend sei.

Nachdem der Streithelfer dem Kläger mitgeteilt hatte, die Frage der Leistungsverpflichtung bei implantologischen Maßnahmen werde von anderen privaten Krankenversicherern nach Änderung der GOZ (Einführung der GOZ 1988) einhellig befürwortet, wurde am 26.08.1988 - die Leistung Nr. 900 GOZ war zuvor bereits im März 1988 erbracht worden - mit dem Präparieren der Knochenkavitäten begonnen.

Der Streithelfer stellte dem Kläger bis einschließlich 03.10.1989 insgesamt 77.724,99 DM in Rechnung, davon 33.051 DM mit dem Hinweis, daß die Krankenversicherung auf diese Leistung keine Erstattung vornehme. Der Kläger verlangte mit der Klage Erstattung von 75 % des verbleibenden Betrags, abzüglich der von der Beklagten - unter Zugrundelegung einer prothetischen Versorgung gemäß dem eingeholten Gutachten - vor und nach Rechtshängigkeit erbrachten Leistungen von insgesamt 5.675,99 DM, weil die Behandlung medizinisch notwendig gewesen sei.

Die Klage wurde abgewiesen.

Entscheidungsgründe:
Dem Kläger stehen die aus dem Versicherungsvertrag geltendgemachten Leistungsansprüche nicht zu. Keine der nach teilweisem Ausgleich durch die Beklagte noch im Streit befindlichen Zahnarztrechnungen des Streithelfers betrifft medizinisch notwendige Heilbehandlungen i.S. von § 1 Abs. 1 Satz 2, Abs. 2 Satz 1 MBKK 76, so daß die Beklagte zu deren Erstattung nicht verpflichtet ist.

Um eine Einstandspflicht des Versicherers nach den genannten Bestimmungen zu begründen, muß die von dem Versicherungsnehmer zur Abrechnung gebrachte Heilbehandlung als solche notwendig sein; Gleiches gilt für jede einzelne Maßnahme im Zuge dieser Behandlung. Entscheidend ist dabei weder die Sicht des Versicherungsnehmer, noch kommt es allein auf die Beurteilung des behandelnden Arztes an. Die Notwendigkeit der Heilmaßnahme richtet sich nach einhelliger Auffassung vielmehr nach objektiven

Kriterien. Dabei ist zu berücksichtigen, daß es zu einem Fall verschiedene gleichwertige Lehrmeinungen und insbesondere auch verschiedene Behandlungsmöglichkeiten geben kann, von denen jede für sich zur Erreichung des Heilungserfolgs geeignet ist. Von daher muß dem behandelnden Arzt in objektivierten Grenzen ein Ermessensspielraum bei der Behandlung des Patienten eingeräumt werden (vgl. dazu grundlegend BGH, VersR 1979, 221).

Eine Behandlungsmaßnahme ist danach medizinisch notwendig, wenn es nach den objektiven medizinischen Befunden und wissenschaftlichen Erkenntnissen zum Zeitpunkt der Behandlung vertretbar war, sie als medizinisch notwendig anzusehen (BGH, aaO.). Was in diesem Sinne vertretbar ist, beurteilt sich vom Standpunkt des Versicherungsvertrags. Vertretbar i.S. von § 1 Abs. 2 MBKK 76 ist die medizinische Notwendigkeit einer Heilbehandlung, die in fundierter und nachvollziehbarer Weise das zugrundeliegende Leiden diagnostisch hinreichend erfaßt und eine ihm adäquate, geeignete Therapie anwendet.

Aus dem Gesichtspunkt der notwendigen Adäquanz der ärztlichen Maßnahme folgt, daß auch der Kostenaufwand in die Entscheidungsfindung einzufließen hat. Bestehen zwei medizinisch gleichwertige, kostenmäßig aber um ein vielfaches auseinanderliegende Möglichkeiten der Behandlung, ist der kostengünstigeren der Vorzug zu geben; nur sie ist unter diesen Voraussetzungen als die in der betreffenden Behandlungssituation notwendige Heilmaßnahme anzusehen (Bach VersR 1979, 792 (794); Bach/Moser, aaO., Rz. 34; Prölss/Martin, aaO.).

Der entgegenstehenden Auffassung von Schmid (NJW 1981, 2504) und Schüssler (VersR 1986, 322 [323]), eine solche Unterscheidung sei von dem Wortlaut der Bedingungen nicht gedeckt, kann nicht beigetreten werden. Eine zwar zum gleichen Behandlungserfolg führende, jedoch von ihrer Anlage her um ein vielfaches teurere Heilbehandlung stellt Luxus, jedoch keine notwendige Heilmaßnahme dar. Zur Tragung der mit einer luxuriösen Behandlung verbundenen Kosten kann die Versichertengemeinschaft billigerweise nicht verpflichtet werden, weil hierdurch die versicherungstechnischen Kalkulationsgrundlagen gesprengt würden.

Die Beweislast dafür, daß die zur Leistungsabrechnung gebrachte Behandlungsmaßnahme den dargestellten Kriterien entsprochen hat, liegt bei dem Versicherungsnehmer (BGH, VersR 1979, 221 [222]). Diesen Beweis hat der Kläger jedoch nicht erbracht.

Auch nach der vom Senat angeordneten erneuten Begutachtung steht nicht fest, daß die von dem Streithelfer durchgeführte zahnprothetische Behandlung eine im Sinne der Bedingungen notwendige Heilmaßnahme war. In seinem in der Berufungsinstanz erstatteten schriftlichen Gutachten vom 30.11.1994 wie insbesondere auch im Zuge seiner mündlichen Erläuterungen im Termin hat der Sachverständige Prof. Dr. N. eine absolute Indikation für die hier zum Einsatz gekommene Unterkieferprothese klar verneint. Um die Kaufähigkeit bei dem Kläger wiederherzustellen, war es nicht notwendig, den Unterkiefer mit einer implantatgestützten Prothese zu versorgen. Nach der Extraktion von vier nicht erhaltungswürdigen Zähnen und der operativen Entfernung eines retinierten Zahns verblieben im Unterkiefer des Klägers noch genügend geeignete Zähne, um hieran z.B. einen teleskopierenden Zahnersatz mit Doppelkronen anzupassen, der die Kaufähigkeit des Klägers ebenso wiederhergestellt hätte. So war es auch schon in der von der Beklagten vorprozessual eingeholten Stellungnahme von Prof. S. vorgeschlagen worden.

Deutlicher noch als die bis dahin vorliegenden gutachterlichen Äußerungen des Sachverständigen haben seine mündlichen Erläuterungen vor dem Senat auch erkennbar gemacht, daß die implantatgestützte Unterkieferprothese für den Kläger zwar mit einem größeren Tragekomfort verbunden ist, ihr medizinischer Behandlungserfolg sich aber mit dem einer alternativ zum Einsatz kommenden Teleskopprothese in etwa die Waage hält. Zwar ist nach Darstellung des Sachverständigen bei implantatgestütztem Zahnersatz die Kaukraft größer. Dies gilt allerdings dann nicht, wenn der Oberkiefer des Patienten mit einer herausnehmbaren Vollprothese versorgt ist, wie es bei dem Kläger bis vor kurzem der Fall war.

Bei einer Teleskopprothese lassen sich die verbliebenen Restzähne besser reinigen, was grundsätzlich zur Verlängerung ihrer Lebensdauer beitragen kann. Vorliegend ließ sich hierzu indes keine konkrete Prognose anstellen, da die bei dem Kläger vorhandenen Restzähne zum Teil vorgeschädigt sind. Diese Tatsache hätte aber der Anpassung von teleskopierendem Zahnersatz nicht entgegengestanden, wie der Sachverständige zweifelsfrei klargestellt hat. Bei teleskopierendem Zahnersatz wird der Kieferknochen stärker belastet, was zu einer Entlastung für die Restzähne führt. Bei Implantaten werden demgegenüber die Restzähne mehr beansprucht. Soweit bei teleskopierendem Zahnersatz Knochenschwund in Richtung zu stellen ist, können die damit verbundenen Nachteile durch spätere Unterfütterungen aufgefangen werden. Auch im Hinblick auf die Vermeidung eines sog. alveolaren Kollapses ergab sich nach den mündlichen Erläuterungen des Sachverständigen kein gewichtiges Argument für die hier gewählte Versorgung: Nur ein Sofortimplantat ist, wie der Sachverständige schlüssig dargelegt hat, geeignet, den Kollaps aufzuhalten. Die ursprüngliche Dimension des Knochens bleibt nur erhalten, wenn unmittelbar in das Knochenfach ein Implantat eingesetzt wird. Hierfür sind Blattimplantate, wie sie der Streithelfer im Bereich der Zähne 35-37 und der Zähne 46-48 eingesetzt hat, nicht tauglich, sondern nur das eine im August 1988 in Regio 34 eingesetzte Sofortimplantat.

Zu grundlegenden Unterschieden in der voraussichtlichen Lebensdauer beider Versorgungsarten ließen sich von Seiten des Sachverständigen keine Aussagen treffen, ebensowenig zur Nachbehandlungsfrequenz. Demgegenüber hat der Sachverständige im Hinblick auf das Tragegefühl des Patienten eine implantatgestützte Lösung im Vorteil gesehen. Die Prothesenbasis, auf der teleskopierender Zahnersatz aufgebaut sei, erzeuge ein größeres Fremdkörpergefühl als eine implantatgestützte Prothese, die vom Patienten als der natürlichen Dentination ähnlicher empfunden werde. Vorliegend führe auch die Verteilung der Haltezähne dazu, daß der Kaukomfort für den Kläger besser sei.

Das Resümee des Sachverständigen ging dahin, daß unter Berücksichtigung aller für und wider sprechenden Erwägungen eine implantatgestützte Rehabilitation vorliegend nicht notwendig gewesen wäre, jedoch eine solche Rehabilitation vertretbar ist und vom Grundsatz her eine optimale Lösung bedeuten kann.

Aus all dem wird deutlich, daß dem Kläger mit der Eingliederung einer teleskopierenden Unterkieferprothese vollständig geholfen gewesen wäre. Die Prothetik, die tatsächlich zur Ausführung gekommen ist, war nicht erforderlich, um die Kaufähigkeit des Kläger wiederherzustellen. Der mit ihr verbundene größere Tragekomfort stellt in des Wortes eigener Bedeutung einen **Luxus** dar, der den Rahmen der notwendigen Heilbehandlung sprengt.

Da die prothetische Maßnahme selbst unter Berücksichtigung der Abzüge, die nach dem schriftlichen Gutachten des Sachverständigen vom 30.11.1994 u. a. mit Rücksicht auf die nicht notwendige Ozonbehandlung sowie eine Reihe von fälschlich in Ansatz gebrachten Gebühren - wie insbesondere die wiederholte Mehrfachberechnung für ein und dieselbe Leistung - zu machen wären, die Kosten, die für eine teleskopierende Unterkieferprothese angefallen wären, um ein Mehrfaches übersteigt, ist aus den eingangs dargestellten Gründen eine medizinische Notwendigkeit der hier gewählten Versorgung nicht gegeben.

12. BGH, 23.06.1993 – IV ZR 135/92 –: Wissenschaftlichkeitsklausel

In der PKV besteht nach § 5 Abs. 1 f der Versicherungsbedingungen der Gesellschaften keine Leistungspflicht für „*wissenschaftlich nicht allgemein anerkannte*“ Untersuchungs- oder Behandlungsmethoden und Arzneimittel. Da die „Wirtschaftlichkeitsklausel“ die Rechte des Versicherungsnehmers so stark einschränke, dass der Vertragszweck gefährdet sei und ein Verstoß gegen § 8 AGBG bestehe, wurde sie vom BGH für unwirksam erklärt. Nach dem BGH liege es zwar im Interesse der Versicherer, dass solche Kosten nicht erstattet werden, auch hätte der Versicherer ein berechtigtes Interesse daran, durch eine Abgrenzung der Leistungen seine Kosten kalkulierbar zu halten, mit dieser Klausel seien die Versicherer aber über das berechtigte Interesse weit hinausgegangen.[582]

13. AG Düsseldorf, 22.01.1992 – 24 C 13116/90 –: Gewährleistung einer dauerhaften und wirksamen Versorgung

Medizinisch notwendig im Sinne von § 1 Abs. 2 Satz 1 GOZ sind auch aufwändige und anspruchsvolle Maßnahmen, wenn sie eine dauerhafte und wirksame Versorgung gewährleisten. Wenn die medizinisch notwendige Heilbehandlung nur nach den objektiven medizinischen Befunden und Erkenntnissen zu vertreten ist, hat der Patient grundsätzlich die Möglichkeit, sich für eine Behandlung zu entscheiden, die besondere Präzision und Qualität beinhaltet, ohne seinen Erstattungsanspruch zu gefährden.[583]

14. BGH, 29.05.1991 – IV ZR 151/90 –: Definition und Voraussetzungen zahnmedizinischer Notwendigkeit

Schränkt das Versicherungsunternehmen seine Leistungspflicht ein, ist es für die tatsächlichen Voraussetzungen einer solchen Einschränkung der Leistungspflicht darlegungs- und beweispflichtig.[584]

---

582 BGH, Urteil vom 23.06.1993 – IV ZR 135/92 –,VersR 1993, 957 = GU, S. 405.

583 AG Düsseldorf, Urteil vom 22.01.1992 – 24 C 13116/90 –, GU, S. 25.

584 BGH, Urteil vom 29.05.1991 – IV ZR 151/90 –, VersR 1991, 987 = GHI, S. 256 = GU, S. 15.

15. AG München, 24.05.1991 – 171 C 671/91 –: Anspruch auf optimale Behandlung

Medizinisch notwendig im Sinne von § 1 Abs. 2 Satz 1 GOZ sind auch aufwendige und anspruchsvolle Maßnahmen, wenn sie eine dauerhafte und wirksame Versorgung gewährleisten. Bei dem Begriff „medizinisch notwendige Heilbehandlung" handelt es sich um einen unbestimmten Rechtsbegriff, bei dem also ein Ermessensspielraum herrscht, dessen Rahmen insbesondere von dem behandelnden Arzt abzustecken ist. Dies ergibt sich insbesondere daraus, dass die Rechtsprechung diesen Rechtsbegriff dahingehend interpretiert hat, dass es sich hierbei um solche Maßnahmen handelt, bei denen es zum Zeitpunkt, an dem die ärztliche Entscheidung getroffen wurde, nach objektiven medizinischen Befunden und Erkenntnissen zu vertreten ist, dies als notwendig anzusehen. Die indizierte Heilbehandlung hängt u.a. von den individuellen Wünsche und Vorstellungen des Patienten ab.... Die beklagte Versicherung irrt, wenn sie meint, der Kläger müsse sich mit einer Standardbehandlung begnügen und es hinnehmen, dass die Inlays bereits 5 Jahre früher ersetzt werden müssen als bei einer besonders passgenauen Arbeit. Der Patient hat durchaus einen Anspruch auf Behandlung nach den allgemein anerkannten Regeln der ärztlichen Kunst, das bedeutet aber auch, dass er Anspruch auf eine optimale Behandlung hat. ... Insbesondere ist zu berücksichtigen, dass dem behandelnden Arzt ein Beurteilungsspielraum zugestanden werden muss, welche Maßnahme er zur notwendigen Versorgung vornimmt.[585]

16. OLG Hamm, 03.06.1983 – 20 U 8/83 –: Feststellungsbefugnis

Eine Heilbehandlung ist dann als medizinisch notwendig anzusehen, wenn die Entscheidung des behandelnden bzw. einweisenden Arztes, bestimmte Heilmaßnahmen für notwendig zu erachten, unter Berücksichtigung der zur Zeit der Entscheidung vorliegenden Befunde und Erkenntnisse als vertretbar angesehen werden kann.[586]

17. OLG Düsseldorf, 05.05.1981 – 4 U 209/80 –: Objektive Befunde ausschlaggebend

Eine „notwendige Heilbehandlung" liegt bereits dann vor, wenn nach den objektiven medizinischen Befunden und Erkenntnissen zum Zeitpunkt der ärztlichen Maßnahme zu vertreten war, diese Maßnahme als notwendig anzusehen.[587]

18. BGH, 29.11.1978 – IV ZR 175/77 –: Objektive Befunde ausschlaggebend

Als notwendige Heilbehandlungen sind Maßnahmen jedenfalls dann anzusehen, wenn nach den objektiven medizinischen Befunden und Erkenntnissen diese als notwendig zu bezeichnen sind.[588] Die wesentlichen Leitsätze lauten:

> 1. Grundsätzlich hat der Versicherungsnehmer die medizinische Notwendigkeit der Heilbehandlung darzutun und im Bestreitensfalle auch zu beweisen, dass nach den medizinischen Befunden und Erkenntnissen zum Zeitpunkt der Behandlung vertretbar war, diese als medizinisch notwendig durchzuführen.
> 3. Eine notwendige Heilbehandlung im Sinne der MBKK liegt jedenfalls auch dann vor, wenn es nach den objektiven medizinischen Befunden und Erkenntnissen im Zeitpunkt der Vornahme der ärztlichen Maßnahmen vertretbar war, sie als notwendig anzusehen (hier: stationäre Behandlung der Adipositas durch sog Null-Diät).

19. Stellungnahme der Landeszahnärztekammer Baden-Württemberg

Ob eine Leistung im Einzelfall notwendig ist oder nicht, kann nur im Einvernehmen zwischen Zahnarzt und Patient nach der

- Aufklärung des Patienten über die indizierten verschiedenen individuellen Behandlungsmaßnahmen,
- Abklärung der individuellen Wünsche und Vorstellungen des Patienten,
- Abwägung der objektiven medizinischen Befunde und Erkenntnisse,

---

585 AG München, Urteil vom 24.05.1991 – 171 C 671/91 –, GU, S. 24.

586 Das Urteil ist – soweit ersichtlich – nicht veröffentlicht.

587 OLG Düsseldorf, Urteil vom 05.05.1981 – 4 U 209/80 –, GU, S. 15.

588 BGH, Urteil vom 29.11.1978 – IV ZR 175/77 –, VersR 1979, 221 = GU, S. 15.

- Berücksichtigung anspruchsvollerer Maßnahmen, wenn sie eine dauerhafte und wirksame Versorgung gewährleisten,

beurteilt und bestimmt werden. Die Beurteilung der Notwendigkeit einer zahnärztlichen Leistung steht allein dem Zahnarzt zu, auf Grund seiner Pflicht, die Zahnheilkunde nach dem Gebot der zahnärztlichen Kunst auszuüben.

III. Selbständige Leistung – Zielleistung

1. BGH, 13.05.2004 – III ZR 344/03 – Selbständige Leistungen (Grundsatzentscheidung)

Leitsätze:
1. Zur Anwendung des Zielleistungsprinzips bei Durchführung einer Operation nach der Nr. 2757 des Gebührenverzeichnisses.
2. Zur ergänzenden analogen Abrechenbarkeit von ärztlichen Leistungen, die in der Bewertung einer im Gebührenverzeichnis beschriebenen Zielleistung nicht berücksichtigt sind, weil sie dem Verordnungsgeber bei Erlass der Gebührenordnung noch nicht bekannt gewesen sind (hier: systematische Kompartmentausräumung mit weitgehender Freilegung von Blutgefäßen und Nervenbahnen im Zusammenhang mit einer Radikaloperation der bösartigen Schilddrüsengeschwulst).
3. Prinzipiell kommen alle im Gebührenverzeichnis beschriebenen Leistungen als selbständige ärztliche Leistungen in Betracht.
4. Eine selbständige (operative) Leistung liegt vor, wenn sie wegen einer eigenständigen medizinischen Indikation vorgenommen wird. Wird sie aus zwingenden medizinischen Gründen nur erbracht, um beim Erreichen des Operationsziels benachbarte Strukturen zu schonen und nicht zu verletzen, liegt keine gesondert abrechenbare Leistung vor.
5. Für die Anwendung des § 6 Abs. 2 GOÄ kommt es darauf an, dass die in Rede stehende Leistung eine andere als die im Leistungsverzeichnis beschriebene ist und nicht nur eine besondere Ausführung der letzteren. Wo die Grenze zwischen beidem liegt, lässt sich letztlich nicht ohne Einbeziehung wertender Gesichtspunkte bestimmen.
6. Dem Arzt kann nicht angesonnen werden, sich in Fällen, in denen die Anwendung der Gebührenordnung für Ärzte wegen eines möglichen Regelungsdefizits Zweifel aufwirft, durch Abschluss einer Vereinbarung ein angemessenes Honorar zu sichern.[589]

Tatbestand[590]:
Der Kläger, Direktor der Klinik für Allgemeinchirurgie eines Universitätskrankenhauses, macht gegen die Beklagte auf der Grundlage einer Wahlleistungsvereinbarung Honoraransprüche geltend, die im Zusammenhang mit einer am 12.05.1997 wegen eines sporadischen medullären Schilddrüsenkarzinoms durchgeführten Operation stehen. Soweit hier von Interesse, berechnete der Kläger für die Operation – jeweils nach dem 3,5-fachen des Gebührensatzes – **eine** Gebühr nach Nr. 2757[591] des Gebührenverzeichnisses der Gebührenordnung für Ärzte (GOÄ), **drei** Gebühren nach Nr. 2760[592], **zehn** Gebühren nach Nr. 2583[593] und **sechs** Gebühren nach Nr. 2803.[594] Auf die Rechnung – unter Einschluss weiterer unstreitiger Positionen – von insgesamt 7.522,24 DM zahlte der private Krankenversicherer der Beklagten **2.127,39 DM**, wobei dieser die Abrechnung der Gebühr nach Nr. 2757 und von zwei Gebühren nach Nr. 2583 für gerechtfertigt hielt. Die Differenz von 5.394,85 DM (= **2.758,34 €**) nebst Rechtshängigkeitszinsen ist Gegenstand der Klage.

---

589 BGH, Urteil vom 13.05.2004 – III ZR 344/03 –, VersR 2004, 1135; Leitsätze 1 und 2 sind amtliche Leitsätze des BGH, Leitsätze 3 – 6 formuliert durch Dr. Ratajczak.

590 Das Urteil ist vollständig abgedruckt.

591 Text: Radikaloperation, bösartige Schilddrüsengeschwulst, mit Ausräumung Lymphstromgebiete/Nachbarorgane, 3.700 Punkte = 215,66 € (Einfachsatz).

592 Text: Ausräumung, Lymphstromgebiet einer Halsseite, 1200 Punkte = 69,94 € (Einfachsatz).

593 Text: Neurolyse, als selbständige Leistung, 924 Punkte = 53,86 € (Einfachsatz).

594 Text: Freilegung/Unterbindung, Blutgefäß, Hals, 1480 Punkte = 86,27 € (Einfachsatz).

Das **Amtsgericht** hat dem Kläger über den anerkannten Betrag hinaus **drei** Gebühren nach Nr. 2760, weitere **sechs** Gebühren nach Nr. 2583 und **vier** Gebühren nach Nr. 2803 zugebilligt und der Klage in Höhe von 1.777,47 € nebst Zinsen entsprochen. Das Berufungsgericht hat die Berufung der Beklagten zurückgewiesen. Mit ihrer vom Berufungsgericht zugelassenen Revision verfolgt die Beklagte ihren Klageabweisungsantrag weiter.

Entscheidungsgründe:
Die Rechtsmittel der Beklagten haben teilweise Erfolg. Die Klage ist nur in Höhe von **469,88 €** nebst Zinsen begründet.

1. Vergeblich wendet sich die Beklagte mit dem Argument gegen ihre Inanspruchnahme, sie sei über die Entgelte der Wahlleistungen und deren Inhalt nicht im einzelnen in der nach § 22 Abs. 2 Satz 1 BPflV vorgeschriebenen Weise unterrichtet worden. Ob die zu den Akten gereichte Kopie der Vereinbarung vom 09.05.1997 für sich betrachtet den Anforderungen des § 22 Abs. 2 Satz 1 BPflV genügt (vgl. hierzu im einzelnen die Senatsurteile vom 27.11.2003 – III ZR 37/03 – NJW 2004, 684, zur Veröffentlichung in BGHZ vorgesehen; vom 08.01.2004 – III ZR 375/02 – NJW 2004, 686), mag zweifelhaft erscheinen. Der Kläger hat jedoch mit Schriftsatz vom 30.08.2000 behauptet, der Beklagten seien darüber hinausgehende Informationen erteilt worden. Dem hat die Beklagte weder widersprochen noch hat sie – etwa im Berufungsverfahren – Vorhalte gemacht, die Anlass für eine weitere Prüfung der Frage hätten geben können. Es ist daher rechtlich nicht zu beanstanden, dass das Berufungsgericht von einer wirksamen Wahlleistungsvereinbarung ausgegangen ist.

2. In der Sache ist die Frage zu beantworten, ob die in den Gebührennummern 2760, 2583 und 2803 angeführten Leistungen neben der in Nr. 2757 beschriebenen Leistung, der Radikaloperation der bösartigen Schilddrüsengeschwulst – einschließlich Ausräumung der regionären Lymphstromgebiete und gegebenenfalls der Nachbarorgane –, abgerechnet werden dürfen.

a) Nach § 4 Abs. 2 Satz 1 GOÄ kann der Arzt Gebühren, die nach Absatz 1 Vergütungen für die im Gebührenverzeichnis genannten ärztlichen Leistungen sind, nur für **selbständige** ärztliche Leistungen berechnen. Auch soweit das Gebührenverzeichnis eine bestimmte Leistung nicht aufführt, ist die in § 6 Abs. 2 GOÄ vorgesehene **Analogberechnung**, d.h. die Heranziehung einer nach Art, Kosten- und Zeitaufwand gleichwertigen Leistung des Gebührenverzeichnisses, nur für **selbständige** ärztliche Leistungen eröffnet. **Prinzipiell kommen alle im Gebührenverzeichnis beschriebenen Leistungen als selbständige ärztliche Leistungen in Betracht.** Für die Frage, welche von mehreren gleichzeitig oder im Zusammenhang erbrachten Leistungen selbständig berechungsfähig sind, ist – neben Berechnungsbestimmungen im Gebührenverzeichnis selbst – vor allem § 4 Abs. 2a GOÄ in der Fassung der Vierten Verordnung zur Änderung der Gebührenordnung für Ärzte vom 18.12.1995 (BGBl. I S. 1861) in den Blick zu nehmen. Nach dieser Bestimmung kann der Arzt für eine Leistung, die Bestandteil oder eine besondere Ausführung einer anderen Leistung nach dem Gebührenverzeichnis ist, eine Gebühr nicht berechnen, wenn er für die andere Leistung eine Gebühr berechnet. Dies gilt auch nach § 4 Abs. 2a Satz 2 GOÄ für die zur Erbringung der im Gebührenverzeichnis aufgeführten operativen Leistungen methodisch notwendigen operativen Einzelschritte. In den dem Abschnitt L (Chirurgie, Orthopädie) des Gebührenverzeichnisses vorangestellten Allgemeinen Bestimmungen werden Inhalt und Tragweite dieses als **Zielleistungsprinzip** bezeichneten Grundsatzes näher verdeutlicht. Es heißt dort:

„Zur Erbringung der in Abschnitt L aufgeführten typischen operativen Leistungen sind in der Regel mehrere operative Einzelschritte erforderlich. Sind diese Einzelschritte methodisch notwendige Bestandteile der in der jeweiligen Leistungsbeschreibung genannten Zielleistung, so können sie nicht gesondert berechnet werden."

b) Gemessen an diesen Grundsätzen ist dem Berufungsgericht darin zu folgen, dass die in den Nummern 2760, 2583 und 2803 des Gebührenverzeichnisses beschriebenen Leistungen bei einer Auslegung nach dem Wortlaut nicht neben der in Nr. 2757 angesprochenen Operation berechenbar sind.

aa) Der Kläger hat mit seiner Berechnung der Nr. 2757 des Gebührenverzeichnisses deutlich gemacht, dass er die dort beschriebene Radikaloperation der bösartigen Schilddrüsengeschwulst vorgenommen hat, die – wie sich aus der eindeutigen Formulierung dieser Gebührennummer ergibt – die Ausräumung der regionären Lymphstromgebiete und gegebenenfalls der Nachbarorgane ohne zusätzliche Berechnung einschließt. Die in der nachfolgenden Nr. 2760 beschriebene Ausräumung des regionären Lymphstromgebietes einer Halsseite ist daneben nicht berechenbar (vgl. Brück, Gebührenordnung für Ärzte, 3.A., Bd. 2, zu Nr. 2760; Hoffmann, Gebührenordnung für Ärzte, 3.A., Bd. 2, Nrn. 2750 bis 2760, Rz. 9). **Hierfür spricht zum einen, dass die in dieser Nummer beschriebene Leistung mit derselben Formulierung eingeschlossener Bestandteil der komplexen Leistung in Nr. 2757 ist, zum anderen, dass die Abrechnungsfähigkeit an dieser Stelle – ohne dass dies im Hinblick auf § 4 Abs. 2a Satz 1 und 2 GOÄ**

überhaupt nötig wäre –, noch einmal ausdrücklich an die selbständige Erbringung dieser Leistung geknüpft wird. Von einer selbständigen Erbringung kann jedoch nicht gesprochen werden, wenn die Leistung als Teil einer Leistung nach Nr. 2757 erbracht wird. Auch der von den Vorinstanzen hinzugezogene Sachverständige Privatdozent Dr. S. hat eingeräumt, unabhängig von einer anatomischen Klassifikation könne man alle zervikalen und mediastinalen Lymphknoten als regionäre Lymphstromgebiete bezeichnen, also auch die vom Kläger vorgenommene – und mit einer dreimaligen Anwendung der Nr. 2760 berechnete – Ausräumung der zervikozentralen und der auf der rechten und linken Seite befindlichen zervikolateralen Kompartimente.

bb) Was die verschiedenen im Halsbereich verlaufenden Nerven und Blutgefäße angeht, stehen die jeweils mehrfach abgerechneten **Neurolysen** (Nr. 2583) und die Freilegung und/oder Unterbindung von Blutgefäßen (Nr. 2803) ebenfalls mit der vorgenommenen Operation der Beklagten in notwendigem Zusammenhang, so dass es auch insoweit an einer – wie in den beiden Gebührennummern nochmals ausdrücklich hervorgehoben – für die Abrechenbarkeit erforderlichen selbständigen Leistung fehlt. Es sind zwar Fälle denkbar, in denen bei einer Ummauerung des Nervs durch Tumor- oder Narbengewebe eine eigenständige Indikation zur Neurolyse vorliegt, etwa beim Herauslösen des Nervus recurrens aus Narbengewebe bei Rezidiv-Struma (vgl. Brück, aaO zu Nr. 2584); möglicherweise beruht die vorprozessuale Anerkennung zweier Neurolysen für den Nervus recurrens durch den Krankenversicherer der Beklagten auf einer entsprechenden Würdigung. Es bestehen nach dem Ergänzungsgutachten des Sachverständigen jedoch keine Anhaltspunkte, dass den Neurolysen und den Freilegungen von Blutgefäßen eine eigenständige Indikation zugrunde lag. **Vielmehr hat der Sachverständige**, wenn auch unter Hinweis auf eine aus seiner Sicht suggestive Fragestellung, **eingeräumt, dass man als selbständige Leistung nur eine solche ansehen könne, die wegen einer eigenständigen medizinischen Indikation vorgenommen werde, und nicht, um beim Erreichen des Operationsziels benachbarte Strukturen zu schonen und nicht zu verletzen.** Im übrigen ergibt sich aus seinem Gutachten vom 15.07.2002 deutlich, dass die durchgeführte Kompartmentausräumung **zwingend die langstreckige Freilegung von Nervenbahnen und Blutgefäßen voraussetzte. Besteht jedoch ein solcher Zusammenhang mit der als Hauptleistung durchgeführten Operation, können die in Rede stehenden Teilleistungen als Bestandteil der Komplexleistung nicht gesondert abgerechnet werden** (vgl. Hoffmann, Nrn. 2580 bis 2604, Rz. 3, Nrn. 2800 bis 2810 ,Rz. 2).

3. Das Berufungsgericht gelangt gleichwohl im Umfang der Empfehlung des Sachverständigen Dr. S. zu einer Abrechenbarkeit der Leistungen nach den Gebührennummern 2760, 2583 und 2803, weil es insoweit im Anschluss an dessen Gutachten ein Regelungsdefizit der Gebührenordnung annimmt, das durch eine verfassungskonforme Auslegung von § 4 Abs. 2a, § 6 Abs. 2 GOÄ geschlossen werden müsse, um eine leistungsgerechte Honorierung der ärztlichen Leistung sicherzustellen. Die Leistungslegende zu Nr. 2757 sei bei Einführung der Gebührenordnung für Ärzte im Jahr 1982 definiert worden und beziehe sich auf die damals – und auch heute noch vielfach – übliche Operationsmethode der Thyreoidektomie mit einer unsystematischen Lymphadenektomie.

Demgegenüber habe der Kläger hier mit der Kompartmentausräumung eine Operationsmethode angewendet, die dem Verordnungsgeber noch nicht bekannt gewesen sei, weil sie erst in den neunziger Jahren des vorigen Jahrhunderts entwickelt worden sei. Diese Operationsmethode erfordere einen Umgang mit Gefäßen und Nerven, der in der Gebührennummer 2757 als solcher keinen Niederschlag gefunden habe. Dementsprechend habe der Sachverständige davon gesprochen, die in der Gebührennummer 2757 beschriebenen Leistungen stellten nur eine Teilmenge der hier vorgenommenen Operation dar. **Während die in Nr. 2757 beschriebene Leistung einen Zeitaufwand von zwei bis drei Stunden erfordere, gehe es hier um eine Spezialoperation, die nur in wenigen, auf endokrine Chirurgie spezialisierten Kliniken in Deutschland durchgeführt werde und die einen erheblichen zeitlichen und technischen Mehraufwand mit sich bringe.** Die Regelungen der Gebührenordnung für Ärzte, die im Bereich des hier operativ behandelten Organs der Schilddrüse seit 1982 unverändert geblieben seien, stünden bei ihrer starren Anwendung nicht nur der ausreichenden Berücksichtigung medizinischen Fortschritts entgegen, sondern würden auch dem Recht des einzelnen auf Leben und körperliche Unversehrtheit nicht gerecht und sicherten dem Arzt keine angemessene Vergütung seiner – gemessen an der Standardoperation 1982 – zusätzlichen Leistungen. Unter diesen Umständen sei es Aufgabe der Gerichte, eine leistungsgerechte Vergütung sicherzustellen. Da der Gebührenrahmen des § 5 GOÄ dem erhöhten Aufwand nicht Rechnung trage und Bedenken dagegen bestünden, den Arzt auf eine Honorarvereinbarung nach § 2 GOÄ zu verweisen, sei es gerechtfertigt, die Leistungen nach den Nummern 2760, 2583 und 2803 als selbständige anzuerkennen und sie im Wege der Analogberechnung für die Honorierung der neuen Operationsmethode mit heranzuziehen.

Diese Beurteilung hält der rechtlichen Überprüfung nicht in jeder Beziehung stand.

a) Gegen den tatsächlichen Ausgangspunkt des Berufungsgerichts sind allerdings keine durchgreifenden Einwände zu erheben. Richtig ist, dass der Verordnungsgeber bei der Novellierung der Gebührenordnung im Jahr 1982 ein neues Gebührenverzeichnis geschaffen hat, das sich in weiten Teilen an dem einheitlichen Bewertungsmaßstab der kassen-/vertragsärztlichen Versorgung orientiert hat. Mit der zum 01.01.1996 in Kraft getretenen Vierten Verordnung zur Änderung der Gebührenordnung für Ärzte vom 18.12.1995 (BGBl. I S. 1861) wurde das Gebührenverzeichnis in verschiedenen Teilen überarbeitet, wobei die bis zu diesem Zeitpunkt von der Bundesärztekammer empfohlenen analogen Bewertungen in das Verzeichnis aufgenommen wurden (vgl. Brück, Bd. 1 § 4 Rz. 2, Bd. 2 Analoge Bewertungen und Abrechnungsempfehlungen, S. 1203). Der Abschnitt L, an dessen Beginn im Zusammenhang mit der Neufassung in § 4 Abs. 2a Satz 2 GOÄ die oben zu 2a wiedergegebene allgemeine Bestimmung zum Zielleistungsprinzip gestellt wurde, blieb hingegen weitgehend unverändert. Hieraus ergibt sich das Problem, dass ein einer Zielleistung zuzuordnender Einzelschritt nicht abrechnungsfähig ist, andererseits die Zielleistung in ihrer Bewertung – das ist ja der wesentliche Sinn ihrer Beschreibung – den ihr methodisch zuzuordnenden Einzelschritt möglicherweise nicht umfasst (vgl. Brück, Bd. 1, § 4 Rz. 6; Hoffmann, Bd. 1, § 4 S. 24/2), etwa weil er bei ihrer Beschreibung noch nicht bekannt war. Eine Konstellation dieser Art hat das Berufungsgericht – sachverständig beraten – rechtsfehlerfrei festgestellt. Der Sachverständige hat die in der Gebührennummer 2757 beschriebene Operation anschaulich als Teilmenge der an der Beklagten vorgenommenen Operation bezeichnet und dabei insbesondere darauf hingewiesen, dass die systematische Kompartmentausräumung, die in den neunziger Jahren des vorigen Jahrhunderts für besondere klinische Konstellationen, vor allem bei fortgeschrittenen Karzinomen und für medulläre Schilddrüsenkarzinome entwickelt worden sei, einen Umgang mit Gefäßen und Nerven erfordere, den der Verordnungsgeber bei der Formulierung und der Bewertung der Gebührennummer 2757 nicht im Auge gehabt habe. Betrachte man als einen wesentlichen objektiv zu erhebenden Parameter den zeitlichen Mehraufwand einer solchen Operation, so liege dieser bei dem zwei- bis vierfachen der in der Gebührennummer 2757 beschriebenen Operation. Diesem Befund ist die Revision nicht entgegengetreten. Vielmehr hat der von dem privaten Krankenversicherer der Beklagten hinzugezogene Chirurg und Unfallchirurg Dr. M. in seiner Stellungnahme vom 22.08.2002 zugestanden, der Sachverständige habe sich ausführlich und sachlich korrekt mit der Frage auseinandergesetzt, inwieweit der Leistungsinhalt der Gebührennummer 2757 die an der Beklagten intraoperativ erbrachten Leistungen richtig widerspiegele. Er hat lediglich aus diesem Befund etwas andere Folgerungen als der Sachverständige gezogen, gleichwohl aber für nachvollziehbar gehalten, dass die erbrachte Leistung über den Inhalt der Nr. 2757 auch bei einer Berücksichtigung des 3,5-fachen des Gebührensatzes hinausgehe und eine zweimalige Berechnung der Nr. 2760 berechtigt sei.

b) Die Revision ist der Auffassung, aus diesem Befund lasse sich eine Abrechenbarkeit nach den Nummern 2760, 2583 und 2803 – auch im Wege einer Analogberechnung – nicht rechtfertigen. Es sei schon die Bewertung des Sachverständigen zu relativieren, wenn er von einer neuen, bei Schaffung der Gebührenordnung unbekannten Operationsmethode ausgehe. Dagegen spreche, dass der Kläger seine Operation selbst unter die Gebührennummer 2757 eingeordnet habe. Aus dem Gutachten des Sachverständigen, der von zusätzlichen relevanten Ausweitungen des operativen Standardeingriffs gesprochen habe, lasse sich nur die Folgerung ziehen, dass es sich hier um eine besondere Ausführungsform für eine in der Gebührenordnung bereits definierte Leistung handele. Dem könne – wie geschehen – nach § 5 Abs. 2 GOÄ Rechnung getragen werden. Demgegenüber schließe § 4 Abs. 2a Satz 1 GOÄ die selbständige Abrechenbarkeit einer „besonderen Ausführung" einer anderen Leistung aus. Eine Anwendung des § 6 Abs. 2 GOÄ scheitere daran, dass es an der Nichtaufnahme der Leistung in das Gebührenverzeichnis fehle.

c) Wie der Senat entschieden hat, ist es Sache des Verordnungsgebers, darüber zu befinden, wie ärztliche Leistungen, gegebenenfalls auch unter Berücksichtigung nach Erlass der Verordnung eingetretener Veränderungen des technischen Standards oder der Fortentwicklung wissenschaftlicher Erkenntnisse, zu bewerten sind. Eine Bindung an die Verordnung besteht nur dann nicht, wenn sie wegen Verstoßes gegen höherrangiges Recht – etwa Art. 3 oder Art. 12 GG – nichtig ist, was der Richter selbst feststellen kann (vgl. Senatsurteil vom 18.09.2003 – III ZR 389/02 –, NJW-RR 2003, 1639 [1641]). Darüber hinaus sieht die Gebührenordnung für Ärzte nach § 6 Abs. 2 eine Analogberechnung vor, wenn selbständige ärztliche Leistungen erbracht worden sind, die in das Gebührenverzeichnis nicht aufgenommen sind.

aa) Dass die alleinige Honorierung der Operationsleistung nach der Nr. 2757 unter Ausschöpfung des Gebührenrahmens das Grundrecht des Klägers aus Art. 12 GG verletzten würde, weil die Vergütung nicht „auskömmlich" wäre (vgl. BVerfG, ZInsO 2001, 463 f.; BGHZ 152, 18 [25]), lässt sich – wie das Berufungsgericht zutreffend angenommen hat – auf der Grundlage des klägerischen Vorbringens nicht feststellen. Hierfür genügt nicht die Gegenüberstellung von Punktwerten der Operationsleistung nach der Nr. 2757 einerseits und der in den Nummern 2760, 2583 und 2803 andererseits. Diese Gegenüberstellung mag zwar ein Indiz dafür darstellen, dass bestimmte hier erbrachte Leistungen in der Gebührennummer

2757 keine Bewertung erfahren haben, und insoweit die Frage nach einer angemessenen und leistungsgerechten Vergütung aufwerfen. **Dass die Vergütung objektiv nicht auskömmlich wäre, könnte jedoch nur beurteilt werden, wenn Aufwand und Kostenstrukturen näher dargestellt wären.** In diese Überlegungen müssten auch die Honorierung entsprechender Leistungen in der vertragsärztlichen Versorgung und der Umstand einbezogen werden, dass Leistungen der genannten Art für gesetzlich Versicherte und Patienten, die keine wahlärztlichen Leistungen in Anspruch nehmen, als allgemeine Krankenhausleistungen durch den Pflegesatz oder Fallpauschalen abgegolten werden.

Soweit das Berufungsgericht das Recht des Patienten auf Leben und körperliche Unversehrtheit betont und wegen der Berufspflichten und Grundrechte des Arztes die Pflicht des Staates, auch der Gerichte, hervorhebt, medizinischen Fortschritt nicht durch eine unangemessene Honorierung ärztlicher Leistungen zu behindern, werden Gesichtspunkte angesprochen, die der Verordnungsgeber bei seiner Tätigkeit im Auge haben muss, sich aber in dieser Allgemeinheit schwerlich für einen einzelnen Behandlungsfall nutzbar machen lassen. Es fehlt deshalb, soweit die Angemessenheit der Vergütung in Rede steht, an einer ausreichend begründeten und nachvollziehbaren Feststellung eines verfassungswidrigen Zustands, der die Gerichte berechtigen könnte, die Grundlagen für eine Honorierung ärztlicher Tätigkeiten, wie sie insbesondere in § 4 Abs. 2a GOÄ und in den allgemeinen Bestimmungen des Abschnitts L geregelt sind, im Wege verfassungskonformer Auslegung beiseite zu schieben. Der Senat folgt dem Berufungsgericht daher nicht darin, die vom Kläger erbrachte komplexe Operationsleistung in ihre Einzelschritte aufzugliedern und letztere, obwohl sie im Verhältnis zur Komplexleistung nicht selbständige Leistungen darstellen, im Wege einer Analogberechnung einzeln zu honorieren. Eine solche Lösung berücksichtigt nicht hinreichend die grundlegende Unterscheidung zwischen selbständigen und nicht selbständigen ärztlichen Leistungen und lässt daher außer Betracht, dass die Bewertung der Leistungen im Gebührenverzeichnis nicht in der Art eines Baukastensystems strukturiert ist.

Zwar lehnt sich eine Heranziehung der Gebührennummern 2760, 2583 und 2803 nahe an die dortige Beschreibung der ärztlichen Leistungen an; sie führt aber, legt man den Gesamtaufwand an Zeit zugrunde, den der Kläger für die Operation benötigte und den der Sachverständige für Operationen dieser Art im Vergleich zu der in Nr. 2757 beschriebenen Leistung allgemein für notwendig erachtet, zu einer **unverhältnismäßigen Überhonorierung**.

bb) Andererseits teilt der Senat nicht die Auffassung der Revision, der Kläger sei auf die Ausschöpfung des Gebührenrahmens nach § 5 Abs. 2 GOÄ beschränkt oder darauf zu verweisen, mit dem Patienten eine Honorarvereinbarung abzuschließen.

(1) Richtig ist im Ausgangspunkt die Auffassung der Revision, dass der Arzt nach **§ 5 Abs. 2 GOÄ** die Möglichkeit hat, die Gebühren innerhalb des Rahmens unter Berücksichtigung der Schwierigkeit und des Zeitaufwands der einzelnen Leistungen sowie der Umstände bei der Ausführung nach billigem Ermessen zu bestimmen. **Danach besteht durchaus die Möglichkeit, in dem durch den Rahmen begrenzten Umfang auch Besonderheiten Rechnung zu tragen, die auf eine neue Behandlungsmethode und Entwicklungen der medizinischen Wissenschaft zurückgehen. Es ist aber nicht die Aufgabe der Vorschrift, für eine angemessene Honorierung solcher Leistungen zu sorgen, für die eine Analogberechnung in Betracht kommt** (vgl. zum Verhältnis von § 6 Abs. 2 GOZ zu § 5 Abs. 2 GOZ Senatsurteil vom 23.01.2003 – III ZR 161/02 –, NJW-RR 2003, 636 [637]). **Ein solches Verständnis nähme dem Arzt die Möglichkeit, den Gebührenrahmen wegen anderer, gleichfalls vorliegender Umstände auszuschöpfen.**

(2) **Dem Arzt kann auch nicht angesonnen werden, sich in Fällen, in denen die Anwendung der Gebührenordnung für Ärzte wegen eines möglichen Regelungsdefizits Zweifel aufwirft, durch Abschluss einer Vereinbarung ein angemessenes Honorar zu sichern.** Da durch eine solche Vereinbarung nach § 2 Abs. 1 Satz 1 GOÄ lediglich eine abweichende Gebührenhöhe festgelegt werden kann, sind die im Gebührenverzeichnis beschriebenen Leistungen einschließlich der Punktzahlen und Punktwerte für die Abrechnung gleichermaßen verbindlich. Würde der Arzt eine analoge Berechnung von Leistungspositionen für berechtigt halten, auf eine entsprechende Abrechnung jedoch zur Vermeidung von Streit verzichten wollen, könnte er das aus seiner Sicht angemessene Honorar nur durch die Vereinbarung von Steigerungsfaktoren erreichen, die unter Umständen erheblich über den Rahmen des § 5 Abs. 2 GOÄ hinausreichen. Abgesehen davon, dass eine solche Verfahrensweise auf Widerstand der privaten Krankenversicherer stoßen würde, liefe sie auch auf eine scheinbare Kommerzialisierung ärztlicher Leistungen hinaus, die die Tätigkeit des Arztes unzumutbar erschweren könnte.

cc) **Der Senat hält es jedoch für zulässig, die Regelungslücke in bezug auf die hier vorgenommene Operation durch eine weitere, den Gebührenrahmen ausschöpfende Berechnung der Gebührennummer 2757 nach § 6 Abs. 2 GOÄ zu schließen. Insoweit folgt der Senat dem Gutachten in dem Befund, dass die in der Gebührennummer 2757 beschriebene Leistung nur eine Teilmenge der hier**

vorgenommenen ärztlichen Leistungen darstellt und dass die durchgeführte Operation ihrer Art nach den zwei- bis vierfachen zeitlichen Aufwand verlangt. § 4 Abs. 2a Satz 1 GOÄ verbietet zwar auch die Berechnung einer Leistung, die eine besondere Ausführung einer anderen Leistung nach dem Gebührenverzeichnis ist (vgl. hierzu Miebach, MedR 2003, 88 [90]; Lang/Schäfer/Stiel/Vogt, Der GOÄ-Kommentar, 1996, § 4 Rz. 41 f.). Für die Anwendung des § 6 Abs. 2 GOÄ kommt es daher darauf an, dass die in Rede stehende Leistung eine andere als die im Leistungsverzeichnis beschriebene ist und nicht nur eine besondere Ausführung der letzteren. **Wo die Grenze zwischen beidem liegt, lässt sich letztlich nicht ohne Einbeziehung wertender Gesichtspunkte bestimmen.** Auch wenn es bei der vorliegenden Operation im Ausgangspunkt um die in Nr. 2757 beschriebene Leistung ging, sind erhebliche Tätigkeiten im Bereich der Gebührennummern 2583 und 2803 erbracht worden, die die Leistungslegende der Nr. 2757 in ihrer Bewertung nicht umfasst. Die Operation hat ihre besondere Ausprägung durch die arbeits- und zeitaufwendige Ausräumung der Kompartimente erfahren, was bei einer wertenden Betrachtung von der in die Nr. 2757 als Nebenleistung einbezogenen Ausräumung der regionären Lymphstromgebiete so nicht umfasst wird. **Um dieses Defizit auszugleichen, andererseits dem Grundsatz der Nichtabrechenbarkeit unselbständiger Leistungen, die notwendiger Bestandteil der durchgeführten Operation sind, zu folgen, hält der Senat für die in der Bewertung der Komplexleistung nach der Nr. 2757 nicht hinreichend berücksichtigte Ausräumung der Kompartimente eine weitere – die Lücke füllende – analoge Abrechnung dieser Gebührennummer für gerechtfertigt.**

Der Kläger kann daher über die vorprozessualen Leistungen hinaus Zahlung von 469,88 € verlangen. Der Betrag errechnet sich wie folgt:

Nr. 2757 analog, Faktor 3,5 1.476,30 DM gemindert auf 83 v.H. gemäß § 1 der Vierten Gebührenanpassungsverordnung v. 27.09.1996 (BGBl. I, S. 1488) 1.225,33 DM abzüglich 25 v.H. wegen stationärer Behandlung (§ 6a GOÄ) 919,00 DM = 469,88 €.

IV. Abrechnung von Materialkosten

Die Entscheidungen sind in diesem Abschnitt chronologisch aufgeführt. Die in etwas kleiner Schrift gedruckten Texte sind Originalzitate.

1. Aus dem Regierungsentwurf zur GOZ 1987

In den Gebühren des Leistungsverzeichnisses der GOZ sind hohe Sachkostenanteile in der Art der ärztlichen Labor- oder Röntgenuntersuchungen nicht enthalten, da zahntechnische Material- und Laborkosten grundsätzlich als Auslagen neben den Gebühren abgerechnet werden.[595]

2. AG Neuss, 30.03.1990 – 36 C 6/90 –: § 10 GOÄ nicht analog anwendbar

Die gesonderte Inrechnungstellung von Materialien (hier: Anästhesielösung und Kunststoff für Provisorium), die mit einer einmaligen Anwendung verbraucht sind, ist nicht nach § 10 GOÄ analog gerechtfertigt.[596]

3. AG Tecklenburg, 14.04.1991 – 11 C 126/90 –: § 10 GOÄ analog anwendbar

Die gesonderte Inrechnungstellung von Materialien (hier: Anästhesielösung und Kunststoff für Provisorium), die mit einer einmaligen Anwendung verbraucht sind, ist nach § 10 GOÄ, der unter Berücksichtigung der amtlichen Begründung zur neuen GOZ analog anzuwenden ist, gerechtfertigt. Danach ist die Gleichbehandlung von Ärzten und Zahnärzten bei der Liquidation von Leistungen für die private Behandlung wiederherzustellen.[597]

4. AG München, 02.05.1991 – 1154 C 8591/91 –: § 10 GOÄ analog anwendbar

Die gesonderte Inrechnungstellung von Materialien (hier: Anästhesielösung und Kunststoff für Provisorium), die mit einer einmaligen Anwendung verbraucht sind, ist nach § 10 GOÄ, der unter Berücksichtigung der amtlichen Begründung zur neuen GOZ analog anzuwenden ist, gerechtfertigt. Danach ist die

[595] BR-Drs. 276/87 vom 26.06.1987, S. 56.

[596] AG Neuss, Urteil vom 30.03.1990 – 36 C 6/90 –, GHI, S. 287 = GU, S. 74, 182.

[597] AG Tecklenburg, Urteil vom 14.04.1991 – 11 C 126/90 –, GHI, S. 288 = GU, S. 59.

Gleichbehandlung von Ärzten und Zahnärzten bei der Liquidation von Leistungen für die private Behandlung wiederherzustellen.[598]

5. BGH, 15.10.1991 – 4 StR 420/91 –: Keine pauschalierte Abrechnung tatsächlicher Kosten

Wer tatsächliche Kosten abzurechnen hat, stattdessen aber pauschalierte Beträge abrechnet, ohne diese ausdrücklich kenntlich zu machen, täuscht.[599]

6. VGH Baden-Württemberg, 21.05.1992 – 4 S 1082/91 –: Narkosemittel abrechenbar

Die vom Zahnarzt gesondert in Rechnung gestellten Kosten für das Narkosemittel bei intraoraler Infiltrationsanästhesie und für das Kronenmaterial bei der Eingliederung einer provisorischen Krone sind neben den Gebühren für diese zahnärztlichen Leistungen beihilfefähig.[600]

7. VG Schleswig, 21.04.1995 – 11 A 251/94 –: § 10 GOÄ analog anwendbar, Einmalmaterialien

Kosten eines Zahnarztes für solche Werkzeuge, die dem einmaligen Gebrauch dienen (hier: Implantatwerkzeuge) bzw. die beim Patienten verbleiben oder nach der Behandlung vernichtet werden, können gesondert berechnet werden (Beihilfefähigkeit bejaht).[601]

8. LG Hamburg, 18.08.1995 – 302 S 47/95 –: § 10 GOÄ analog anwendbar

In diesem Urteil wurde bestätigt, dass implantologische ossäre Aufbereitungshilfen, z.B. Fräsen, nicht zum Sprechstundenbedarf zählen, sondern dem Zahnarzt neben den Gebühren auch der Ersatz von Auslagen (tatsächliche Kosten) zusteht.[602]

9. LG Augsburg, 27.03.1996 – 6 O 3174/93 –: § 10 GOÄ nicht analog anwendbar

1. Die Kosten für einen Implantatbohrersatz, der nach einmaliger Anwendung verbraucht ist, sind nach § 4 Abs. 3 S. 1 GOZ nicht gesondert berechnungsfähig. § 10 GOÄ ist nicht entsprechend anwendbar.[603]
2. § 3 GOZ stellt keine selbständige Anspruchsgrundlage dar.

10. AG Kiel, 05.06.1997 – 118 C 197/95 –: Implantatbohrer gesondert abrechenbar

Auch in diesem Urteil wurde entschieden, dass Auslagen für Implantatbohrer berechenbar sind. Die Auffassung der PKV, dass es sich um allgemeine Praxiskosten handeln würde, konnte vom Gericht nicht nachvollzogen werden.[604]

11. AG Überlingen, 04.07.1997 – 1 C 623/96 –: Vorbohrer, Spiralbohrer und Hohlfräser nicht gesondert abrechenbar

Vorbohrer, Spiralbohrer und Hohlfräser können dem Patienten nicht gesondert in Rechnung gestellt werden.[605]

---

[598] AG München, Urteil vom 02.05.1991 – 1154 C 8591/91 –, GHI, S. 288 = GU, S. 59.

[599] BGH, Urteil vom 15.10.1991 – 4 StR 420/91 –, MedR 1992, 36. Mit der Konsequenz der potentiellen Strafbarkeit wegen Betruges (§ 263 StGB)!

[600] VGH Baden-Württemberg, Urteil vom 21.05.1992 – 4 S 1082/91 –, GHI, S. 288, bestätigt durch BVerwG, Urteil vom 17.02.1994 – 2 C 25/92 –, GU, S. 53.

[601] VG Schleswig, Urteil vom 21.04.1995 – 11 A 251/94 –, GHI, S. 288.

[602] LG Hamburg, Urteil vom 18.08.1995 – 302 S 47/95 –, GHI, S. 288 = GU, S. 56.

[603] LG Augsburg, Urteil vom 27.03.1996 – 6 O 3174/93 –, VersR 1997, 1130 = GHI, S. 288 = GU, S. 69.

[604] AG Kiel, Urteil vom 05.06.1997 – 118 C 197/95 –, GHI, S. 260 = GU, S. 63.

[605] AG Überlingen, Urteil vom 04.07.1997 – 1 C 623/96 –, BDIZ-konkret 1997, Heft 3, S. 38 = GHI, S. 288.

12. LG Nürnberg-Fürth, 31.03.1998 – 13 S 8012/97 –: Abrechenbarkeit von Implantatfräsen offen gelassen

1. In der Gebührenrechnung müssen nach § 10 Abs. 2 Nr. 6 GOZ Art, Menge und Preis der verwendeten Materialien angegeben werden, soweit nach dem Gebührenverzeichnis die Kosten besonders berechnungsfähig sind. Werden auf den Preis **Zuschläge** erhoben, sind diese gesondert auszuweisen.

2. Es bleibt unentschieden, ob der Zahnarzt zusätzlich zum Preis für durch die Verwendung der Implantate entstehenden Kosten insbesondere auch die Kosten der Fräse Ersatz verlangen kann.[606]

13. OLG Karlsruhe, 15.10.1998 – 12 U 36/98 –: Mehrfach verwendbare Implantatbohrersätze nicht gesondert abrechenbar

1. Materialkosten können für die tatsächlich verbrauchten Materialien abgerechnet werden.
2. Mehrfach verwendbare Implantatbohrersätze sind nicht gesondert abrechenbar.[607]

14. LG Dresden, 06.05.1999 – 11 O 7277/97 –: Implantatbohrersatz, Spiralbohrer, Versenker und Abdeckset gesondert abrechenbar

1. Der Zahnarzt kann die Kosten für Implantatbohrersatz, Spiralbohrer, Versenker und Abdeckset gesondert in Rechnung stellen. § 4 Abs. 3 GOZ als Spezialnorm zu § 3 GOZ steht dem nicht entgegen.
2. Die Kosten für sterile OP-Handschuhe sind nicht gesondert nach § 4 Abs. 3 GOZ erstattungsfähig.
3. § 4 Abs. 3 GOZ erfasst lediglich Kleinmaterial und die Anwendungskosten für Instrumente und Apparate, nicht die Kosten für Einmalinstrumente.[608]

15. AG Lüneburg, 09.06.1999 – 11 C 179/99 –: Implantatbohrerset, Infusionsbesteck

Das Amtsgericht entschied, dass der Zahnarzt und Arzt für Mund-, Gesichts- und Kieferchirurgie zu Recht die Erstattung der Positionen Bohrerset und Infusionsbesteck in Rechnung gestellt hat. In der Urteilsbegründung heißt es dazu u.a.:

„*Zwar sind die rechtlichen Hinweise der Beklagten auf die von ihr zitierte Rechtsprechung durchaus einleuchtend, die Beklagte verkennt jedoch, dass der behandelnde Arzt nicht lediglich Zahnarzt, sondern zugleich auch Arzt mit doppelter akademischer Qualifikation ist und hier chirurgisch tätig geworden ist. Deshalb ist im Streitfall § 10 der Gebührenordnung für Ärzte direkt anzuwenden.*“

16. OLG Köln, 06.06.2001 – 5 U 179/00 –: Sprechstundenbedarf

Unter Sprechstundenbedarf sind unter anderem Desinfektionsmittel, Mittel zur Oberflächenanästhesie, Puder, Salben und Einmalkanülen, Einmalspritzen, Einmalhandschuhe, Einmalskalpelle zu verstehen.[609]

17. LG Stuttgart, 15.07.2002 – 27 O 304/01 –: Praxiskosten nach § 4 Abs. 3 GOZ

Zu den nach § 4 Abs. 3 GOZ mit den Praxiskosten abgegoltenen Materialien gehören nicht Medikamente und Nahtmaterial, sondern nur Materialien, die regelmäßig bereits für die Diagnose vorgehalten werden. Es ergibt sich aus dieser Norm jedenfalls nicht mit der erforderlichen Eindeutigkeit, dass hierunter auch Kosten aus Anlass der Behandlung im Einzelfall fallen sollen.[610]

---

606 LG Nürnberg-Fürth, Urteil vom 31.03.1998 – 13 S 8012/97 –, GHI, S. 290.

607 OLG Karlsruhe, Urteil vom 15.10.1998 – 12 U 36/98 –, BDIZ-konkret 1999, Heft 1, S. 34 = BDIZ-Jahrbuch 2000, S. 54, weitgehend abdruckt im GHI, S. 280 = GU, S. 65.

608 LG Dresden, Urteil vom 06.05.1999 – 11 O 7277/97 –, BDIZ-konkret 2002, Heft 2, S. 38 = GHI, S. 269.

609 Das Urteil ist – soweit ersichtlich – nicht veröffentlicht.

610 LG Stuttgart, Urteil vom 15.07.2002 – 27 O 304/01 –, weitgehend abgedruckt im GHI, S. 278. Das – nicht rechtskräftig gewordene, weil in zweiter Instanz verglichene – Urteil des LG Stuttgart schließt sich explizit der später durch das BVerwG im Urteil vom 17.02.1994 – 2 C 25/92 –, GU, S. 53 bestätigten Entscheidung des VGH Baden-Württemberg, Urteil vom 21.05.1992 – 4 S 1082/91 –, Kapitel U IV.5, S. 366 = GHI, S. 288 an.

18. BGH, 27.05.2004 – III ZR 264/03 –: Materialkosten (Grundsatzentscheidung)

Leitsätze:
1. Auslagenersatz nach § 10 GOÄ kann der Zahnarzt nur für solche Materialien verlangen, die im Zusammenhang mit einer nach § 6 Abs. 1 GOZ eröffneten ärztlichen Leistung verwendet worden sind. Außerhalb des durch § 6 Abs. 1 GOZ eröffneten Bereichs kommt eine entsprechende Anwendung des § 10 GOÄ für den Auslagenersatz im Zusammenhang mit zahnärztlichen Leistungen nicht in Betracht.
2. Sind Materialien nach dem Gebührenverzeichnis der Gebührenordnung für Zahnärzte nicht berechnungsfähig, sind die Kosten hierfür, soweit nicht § 9 GOZ eingreift, nach § 4 Abs. 3 GOZ mit den Gebühren abgegolten.
3. Zur Berechnungsfähigkeit von Einmalimplantatbohrersätzen, die mit einmaliger Anwendung verbraucht sind.
4. Kosten, die dem Zahnarzt durch eine Bevorratung von Implantaten entstehen, sind als Praxiskosten mit den Gebühren abgegolten.

Tatbestand[611]:
Die Klägerin macht aus abgetretenem Recht eines Zahnarztes mit Tätigkeitsschwerpunkt Implantologie, in dessen Behandlung sich die Beklagte befunden hat, restliche Vergütungsansprüche aus der Rechnung vom 12.05.2000 geltend. Die Beklagte hat auf der Grundlage einer Stellungnahme ihrer privaten Krankenversicherung, die dem Rechtsstreit im Revisionsverfahren auf deren Seite beigetreten ist, gegen mehrere Positionen dieser Rechnung Einwendungen erhoben und zugleich wegen einzelner Beanstandungen gegen eine weitere, von ihr bezahlte Rechnung vom 12.09.2000 die Aufrechnung mit einem Anspruch aus ungerechtfertigter Bereicherung erklärt. Nachdem die Beklagte einen Teilbetrag von 125,92 DM anerkannt hat, über den durch Teilanerkenntnisurteil entschieden ist, und nach Rücknahme der Klage in Höhe von 22,07 € hat die Klägerin zuletzt noch Zahlung von 1.805,33 € nebst Zinsen begehrt. Das Amtsgericht hat der Klage durch Schlussurteil in Höhe von 1.454,34 € nebst Zinsen stattgegeben und sie im übrigen abgewiesen. Auf die Berufung der Beklagten ist der Verurteilungsbetrag auf 89,74 € nebst Zinsen reduziert und die Klage in Höhe weiterer 1.364,60 € abgewiesen worden. Mit der vom Berufungsgericht zugelassenen Revision begehrt die Klägerin die Wiederherstellung des amtsgerichtlichen Urteils.

Entscheidungsgründe:
Die Revision ist teilweise begründet. Allerdings greift die Verfahrensrüge der Revision, in dem angefochtenen Urteil sei der Berufungsantrag der Beklagten nicht wiedergegeben (§ 540 ZPO), nicht durch. Zwar hat der Bundesgerichtshof mit Urteil vom 26.02.2003 (BGHZ 154, 99 [100 f.]) entschieden, der Berufungsantrag sei auch nach neuem Recht in das Berufungsurteil aufzunehmen. Das bedeutet aber nicht in jedem Fall, dass der Antrag des Berufungsklägers wörtlich wiederzugeben ist. Vielmehr kann es genügen, wenn aus dem Zusammenhang deutlich wird, was der Berufungskläger mit seinem Rechtsmittel erstrebt hat. So liegt es hier bei der Berufung der Beklagten, die weiterhin die volle Abweisung der Klage begehrt hat.

I.

1. Der wirtschaftliche Schwerpunkt des Rechtsstreits bezieht sich auf die Frage, ob der Zahnarzt bei der Behandlung verwendete Einmal-Bohrersätze (Implantatfräsen, ossäre Aufbereitungsinstrumente, Knochenkernbohrer) und andere Einmalartikel (OP-Kleidung für Patient und Team, OP-Set) gesondert berechnen darf, d.h. neben den Gebühren für seine ärztlichen Leistungen und neben der Berechnung von Implantaten und Implantatteilen, die nach Nr. 2 der Allgemeinen Bestimmungen des Abschnitts K (Implantologische Leistungen) der Gebührenordnung für Zahnärzte (GOZ) vom 22.10.1987 (BGBl. I S. 2316) eröffnet ist. Nach den nicht angegriffenen Feststellungen des Berufungsgerichts geht es insoweit aus beiden Rechnungen um einen Gesamtbetrag von 1.108,12 € (= 2.167,29 DM) für die Bohrersätze und um 75,12 € (= 146,93 DM) für die OP-Kleidung. Das Berufungsgericht verneint die Frage mit der Begründung, die Kosten seien mit den Gebühren abgegolten. Zu den abgegoltenen Praxiskosten im Sinn des § 4 Abs. 3 GOZ zählten auch die Kosten für die Anwendung von Instrumenten und Apparaten. Dass die hier in Rede stehenden Instrumente von vornherein dazu bestimmt seien, nur einmal benutzt zu werden, sei unerheblich, weil von dem Grundsatz der Kostenabgeltung lediglich die Aufwendungen ausgenommen seien, für die das Gebührenverzeichnis Entsprechendes bestimme. Die Kosten seien weder nach § 9 GOZ berechnungsfähig, weil diese Bestimmung nur den Auslagenersatz für zahntechnische Leistungen vorsehe, noch nach § 3 GOZ, der keine selbständige Anspruchsgrundlage darstelle. Auf § 10 der Gebüh-

[611] Das Urteil ist vollständig abgedruckt.

renordnung für Ärzte (GOÄ) könne sich die Klägerin nicht berufen, dessen Anwendung nur dann in Betracht komme, wenn der Zahnarzt die in § 6 Abs. 1 GOZ in Bezug genommenen ärztlichen Leistungen erbringe. Bei den Kosten für OP-Kleidung und OP-Sets handele es sich um Materialkosten, die als Praxiskosten durch die Gebühren abgegolten seien.

2. Diese Beurteilung hält der rechtlichen Überprüfung nur in ihrem grundsätzlichen Ausgangspunkt, nicht aber im Ergebnis stand.

a) Die Kostenabgeltung durch die Gebühren und die gesonderte Berechnungsfähigkeit von Artikeln, die der Arzt oder Zahnarzt im Rahmen der Behandlung seiner Patienten benötigt, hat sich für das jeweilige Gebührenrecht dieser Ärzte unterschiedlich entwickelt. Nach der Gebührenordnung für Ärzte vom 18.03.1965 (BGBl. I S. 89) und der Gebührenordnung für Zahnärzte vom gleichen Tag (BGBl. I S. 123) galten zunächst dieselben Grundsätze. Die „allgemeinen" Praxiskosten und die durch die Anwendung von ärztlichen/zahnärztlichen Instrumenten und Apparaturen entstehenden Kosten wurden mit den Gebühren abgegolten, soweit nicht etwas anderes bestimmt war (§ 5 Abs. 1 der Gebührenordnungen). Neben den für die einzelnen Leistungen festgesetzten Gebühren konnten nur die Kosten für Arzneimittel, Verbandmittel und Materialien, die Kosten für Instrumente, Gegenstände und Stoffe, die der Kranke zur weiteren Verwendung behielt oder die mit einer einmaligen Anwendung verbraucht waren, sowie bei den Zahnärzten die zahntechnischen Laborkosten berechnet werden, soweit nicht etwas anderes bestimmt war (§ 5 Abs. 2 der Gebührenordnungen). Die Gebührenordnung für Ärzte enthielt in § 5 Abs. 3 eine hier nicht weiter interessierende Sondervorschrift für die Laboratoriums- und Röntgendiagnostik. In den Einzelbegründungen zu den jeweiligen Verordnungsentwürfen ist zu § 5 Abs. 2 ausgeführt, die Einrechnung dieser von Fall zu Fall sehr unterschiedlichen Kosten in die Gebührensätze sei nicht möglich (BR-Drucks. 550/64 S. 7, BR-Drucks. 551/64 S. 7). Wären in der damaligen Gebührenordnung für Zahnärzte bereits Leistungen der Implantologie vorgesehen gewesen, hätten nach deren § 5 Abs. 2 Instrumente, die – wie hier – mit einer einmaligen Anwendung verbraucht waren, daher gesondert berechnet werden dürfen.

b) Die Gebührenordnung für Ärzte vom 12.11.1982 (BGBl. I S. 1522) knüpfte an diese Rechtslage im wesentlichen an (vgl. Begründung des Verordnungsentwurfs BR-Drs. 295/82 S. 13, 15). In weitgehender Übereinstimmung mit dem bisherigen § 5 Abs. 1 waren nach § 4 Abs. 3 Satz 1 dieser Gebührenordnung mit den Gebühren die Praxiskosten einschließlich der durch die Anwendung von Instrumenten und Apparaten entstehenden Kosten abgegolten, soweit nicht in dieser Verordnung etwas anderes bestimmt war. Der bisherige Grundsatz des § 5 Abs. 2 GOÄ 1965 wurde unter Straffung des Wortlauts nach § 10 Abs. 1 übernommen. Danach durften – vorbehaltlich einer anderen Bestimmung in der Verordnung – neben den für die einzelnen ärztlichen Leistungen vorgesehenen Gebühren nur die Kosten für diejenigen Arzneimittel, Verbandmittel und sonstigen Materialien berechnet werden, die der Patient zur weiteren Verwendung behielt oder die mit einer einmaligen Anwendung verbraucht waren. Eine Novellierung der Gebührenordnung für Zahnärzte scheiterte zu diesem Zeitpunkt daran, dass man – anders als in der ärztlichen Versorgung – den einheitlichen Bewertungsmaßstab für zahnärztliche Leistungen als Grundlage für ein neues Leistungsverzeichnis nicht für geeignet hielt (vgl. Begründung des Entwurfs der GOZ 1987, BR-Drs. 276/87, S. 51 f.).

c) Ehe die Gebührenordnung für Zahnärzte im Jahr 1987 novelliert wurde, hatte die Bundesregierung auf der Grundlage einer Entschließung des Bundesrates im Dezember 1985 über Erfahrungen mit der Gebührenordnung für Ärzte von 1982 einen Bericht erstattet (BR-Drs. 625/85). Zum Thema Praxiskosten und Auslagen wird in dem Bericht ausgeführt, die Berechnung von Auslagen nehme in der ärztlichen Abrechnungspraxis einen immer breiteren Raum ein, insbesondere was Verbrauchsmaterialien angehe. Bei Einzelauswertungen sei ermittelt worden, dass auch Einmalartikel berechnet würden, die dem allgemeinen Praxisbedarf zugeordnet werden müßten. Der Verband der privatärztlichen Verrechnungsstellen begründe die zunehmende Berechnung von Auslagen damit, dass es sich bei den meisten der berechneten Materialien um Sprechstundenbedarf im Sinn der kassenärztlichen Versorgung handele, der im Honorar für kassenärztliche Leistungen nicht enthalten sei. Die Erstattungsstellen würfen in diesem Zusammenhang die Frage auf, inwieweit die sich abzeichnende Tendenz zur Einzelabrechnung von Auslagen den Begriff der Praxiskosten in unzulässiger Weise aushöhle (aaO., S. 28 f.).

d) Vor diesem Hintergrund wurden die aufeinander bezogenen Vorschriften über die Abgeltung von Kosten durch die Gebühren und über den Ersatz von Auslagen geändert, wobei der Verordnungsgeber im Detail unterschiedlich vorging.

aa) In der Gebührenordnung für Zahnärzte vom 22.10.1987 wurde die Abgeltungsregelung in § 4 Abs. 3 erweitert. Hiernach sind mit den Gebühren die Praxiskosten einschließlich der Kosten für Füllungsmaterial, für den Sprechstundenbedarf sowie für die Anwendung von Instrumenten und Apparaten abgegolten. An die Stelle eines Vorbehalts anderweiter Regelung in der Verordnung trat der Vorbehalt einer anderen Bestimmung im Gebührenverzeichnis. Dies hat insbesondere für die zahlreichen Materialien Bedeutung, die in der zahnärztlichen Praxis verwendet werden, und zwar vorwiegend für die Behandlung von Patienten. Im Gebührenverzeichnis ist an verschiedenen Stellen die gesonderte, vom Grundsatz des § 4 Abs. 3 Satz 1 GOZ abweichende Berechnungsfähigkeit von Materialien vorgesehen (vgl. etwa Abschnitt A Allgemeine Bestimmungen Nr. 2; Abschnitt K Allgemeine Bestimmungen Nr. 2; Gebührennummer 213, 214, 219, 225, 226 und viele andere). Darüber hinaus ist hinsichtlich der zahntechnischen Leistungen – der Laborleistungen, die auch im Labor verarbeitete Materialien einschließen – in § 9 GOZ ein Auslagenersatzanspruch vorgesehen. Der auf einzelne im Gebührenverzeichnis aufgeführte zahnärztliche Leistungen bezogenen Regelung über die Berechnungsfähigkeit von Materialien muss man entnehmen, dass andere in der Praxis des Zahnarztes verwendete Materialien, die im Gebührenverzeichnis nicht genannt sind, mit den Gebühren abgegolten sind, ohne dass es im einzelnen darauf ankäme, die Begriffe der Praxiskosten und des Sprechstundenbedarfs für die Zwecke der Gebührenordnung begrifflich näher zu umreißen. Würde man die Auffassung vertreten, es gäbe im Gebührenverzeichnis nicht bezeichnete Materialien, die weder als Praxiskosten noch als Sprechstundenbedarf zu qualifizieren seien (so offenbar Heberer, in: Kastenbauer/Pillwein/Rat, Die richtige Honorarabrechnung des Zahnarztes, Kapitel 4.5 Rz. 11 *„einzelfallbezogene Kosten“*; Liebold/Raff/Wissing, GOZ, § 4 Rz. 8 ff.), damit durch die Gebühren nicht abgegolten und dementsprechend gesondert berechnungsfähig seien (vgl. § 4 Abs. 4 Satz 1 GOZ), wäre in die Abrechnung und Anwendung der Gebührenordnung eine Unsicherheit hineingetragen, die angesichts der im Bericht der Bundesregierung angesprochenen Erfahrungen gerade vermieden werden sollte und die in Nr. 3 der Allgemeinen Bestimmungen des Abschnittes A des Gebührenverzeichnisses und in der Begründung des Verordnungsentwurfs keine Stütze findet (vgl. BR-Drs. 276/87, S. 66 und S. 3). Auch die Hervorhebung der nach dem Gebührenverzeichnis gesondert berechnungsfähigen Materialien in § 10 Abs. 2 Nr. 6 GOZ fügt sich in die vorbeschriebene Systematik ein.

bb) Für den ärztlichen Bereich ist der Verordnungsgeber mit der Dritten Verordnung zur Änderung der Gebührenordnung für Ärzte vom 09.06.1988 (BGBl. I S. 797) einen anderen Weg gegangen. In die Abgeltung durch die Gebühren ist zwar ähnlich wie in der Gebührenordnung für Zahnärzte der Sprechstundenbedarf einbezogen worden. Eine anderweitige Bestimmung ergibt sich aber vor allem aus der Regelung des § 10 GOÄ über den Auslagenersatz, der das Konzept zugrunde liegt, die Voraussetzungen hierfür – bezogen auf den gesamten Bereich ärztlicher Leistungen, der seinem Umfang nach weit über den der Zahnärzte hinausgeht – in der Art einer an das frühere Recht angelehnten Generalklausel (Kosten für diejenigen Arzneimittel, Verbandmittel und sonstigen Materialien, die der Patient zur weiteren Verwendung behält oder die mit einer einmaligen Anwendung verbraucht sind) zu umschreiben und bestimmte Positionen des Sprechstundenbedarfs hiervon gezielt auszunehmen (vgl. § 10 Nr. 1 GOÄ in der Fassung der Neubekanntmachung vom 10.06.1988, BGBl. I 818). Durch die Vierte Verordnung zur Änderung der Gebührenordnung für Ärzte vom 18.12.1995 (BGBl. I S. 1861) ist die Bestimmung über den Auslagenersatz noch einmal neu geordnet worden, wobei die erwähnte Generalklausel jetzt in § 10 Abs. 1 Nr. 1 GOÄ enthalten ist und die einer Auslagenerstattung entzogenen Artikel in § 10 Abs. 2 GOÄ festgehalten sind.

cc) Während also in der Gebührenordnung für Ärzte Materialien, die der Patient zur weiteren Verwendung behält oder die mit einer einmaligen Anwendung verbraucht sind, über die Regelung des § 10 Abs. 1 Nr. 1 grundsätzlich gesondert berechnungsfähig sind, gilt dies für die Gebührenordnung für Zahnärzte nicht, die – abgesehen von der Regelung über den Auslagenersatz bei zahntechnischen Leistungen (§ 9 GOZ) – die gesonderte Berechnungsfähigkeit an eine entsprechende Bestimmung im Gebührenverzeichnis, also an einzeln beschriebene zahnärztliche Leistungen knüpft. Überlegungen in der Literatur (vgl. z.B. Tiemann/Grosse, GOZ, 2.A., § 4 Anm. 4; Liebold/Raff/Wissing, GOZ, § 4 Rz. 12; Heberer, aaO., Kapitel 4.5 Rz. 11), die Bestimmung des § 10 Abs. 1 Nr. 1 GOÄ auch außerhalb des für den Zahnarzt nach § 6 Abs. 1 GOZ eröffneten Wegs als Leitlinie heranzuziehen, ob bestimmte Artikel gesondert berechnungsfähig sind, entsprechen dem unterschiedlichen Aufbau beider Gebührenordnungen nicht. Sie lassen sich auch nicht – wie die Revision und der vom Gericht hinzugezogene Sachverständige Dr. L. meinen – unter dem Gesichtspunkt einer Gleichbehandlung von Ärzten und Zahnärzten rechtfertigen. Denn es führt kein Weg daran vorbei, dass der Verordnungsgeber durch die Anknüpfung der Berechnungsfähigkeit von Materialien an bestimmte zahnärztliche Leistungen im übrigen den Grundsatz der Kostenabgeltung durch die Gebühren verfolgt hat. Sind aber die Gebühren im zahnärztlichen Bereich so bemessen, dass eine gesonderte Berechung von Materialien nur bei ganz bestimmten Leistungen vorgesehen ist, kann diese Entscheidung des Verordnungsgebers nicht durch eine ergänzende oder analoge Anwendung des § 10 Abs. 1 Nr. 1 GOÄ unterlaufen werden.

e) Eine andere Beurteilung ergibt sich auch nicht aus § 3 GOZ, den die Revision als Grundlage für einen Auslagenersatzanspruch ansieht. Ähnlich wie § 1 GOZ 1965, § 1 GOÄ 1965 und § 3 GOÄ 1982 enthält § 3 GOZ nur eine Aufzählung der dem Zahnarzt zustehenden Vergütungsarten für seine eigentliche

Berufstätigkeit, zu denen das nähere in den folgenden Bestimmungen der Gebührenordnung geregelt ist. Eine eigenständige Anspruchsgrundlage für Auslagenersatz enthält § 3 GOZ nicht (vgl. Meurer, GOZ, 2.A., zu § 3; Heberer, aaO., Kapitel 4.4 Rz. 1, anders jedoch in Kapitel 4.5 Rz. 11). Zwar ist anerkannt, dass dem Zahnarzt aus dem Behandlungsvertrag auch ein Anspruch aus § 670 BGB zustehen kann. Dieser bezieht sich jedoch nur auf Gegenstände, die mit der zahnärztlichen Tätigkeit nichts zu tun haben und um die es im vorliegenden Rechtsstreit nicht geht.

3. Gemessen an diesen Grundsätzen kann die gesonderte Berechnungsfähigkeit der hier in Rede stehenden Materialien im Ergebnis nicht verneint werden.

a) Soweit es um die verwendeten Einmalbohrersätze geht, ist zu unterscheiden:

aa) Beide Rechnungen weisen als ärztliche Leistungen je einmal die Implantation von Knochen auf, bei der es sich um eine gemäß § 6 Abs. 1 GOZ auch für Zahnärzte eröffnete ärztliche Leistung aus dem Abschnitt L (Chirurgie, Orthopädie) Unterabschnitt V (Knochenchirurgie) der Gebührenordnung für Ärzte (Gebührenverzeichnis Nr. 2254) handelt, die mit dem 1,7-fachen des Gebührensatzes (143,23 DM) berechnet worden ist. Als Verbrauchsmaterial sind insoweit Knochenkernbohrer zum Preis von 354 DM und 307,50 DM berechnet worden. Soweit dem Zahnarzt die Gebührenordnung für Ärzte eröffnet ist, kann er auch nach § 10 Abs. 1 Nr. 1 GOÄ die Kosten dieses mit der einmaligen Anwendung verbrauchten Artikels berechnen (vgl. Meurer, § 6 Anm. 3; BR-Drs. 276/87, S. 71), der nicht zu den in § 10 Abs. 2 GOÄ aufgeführten Kleinartikeln gehört. Insoweit durfte das Berufungsgericht daher die Klage nicht abweisen.

bb) Demgegenüber wurden die ossären Aufbereitungsinstrumente (zweimal 594 DM in der Rechnung vom 12.05.2000; 317,79 DM einschließlich der gesetzlichen Mehrwertsteuer in der Rechnung vom 12.09.2000) im Zusammenhang mit den zahnärztlichen Leistungen aus dem Abschnitt K des Gebührenverzeichnisses erbracht, der lediglich die gesonderte Berechnung der verwendeten Implantate und Implantatteile zulässt. Dem Berufungsgericht ist darin zuzustimmen, dass insoweit § 10 Abs. 1 Nr. 1 GOÄ nicht – auch nicht analog – heranzuziehen ist, so dass man nach dem Wortlaut und den systematischen Zusammenhängen der Gebührenordnung von einer Abgeltung dieser Instrumente durch die Gebühren ausgehen müßte (in diesem Sinn etwa AG und LG Köln, r+s 1995, 313; LG Augsburg, NJW-RR 1997, 1006 f.; AG Weinheim, VersR 2002, 697; OVG Münster, NWVBl. 2003, 185 f. und NVwZ-RR 2004, 123 f.; OLG Karlsruhe, Urteil vom 15.10.1998 – 12 U 36/98 –; Meurer, aaO, Erläuterung zu Abschnitt K Allgemeine Bestimmungen Nr. 2, S. 224). Die Revision weist demgegenüber auf den Gesichtspunkt hin, angesichts des Wertes der verbrauchten Gegenstände könne dem Zahnarzt nicht zugemutet werden, die diesbezüglichen Kosten aus den allgemeinen Gebühren zu decken. Gerade bei teuren Instrumenten hätte dies zur Folge, dass der Zahnarzt bei der von ihm geschuldeten bestmöglichen Behandlung des Patienten kostenmäßig zusetzen müßte.

Der Revision ist zuzugeben, dass allein die Bohrersätze die Gebühren für die erbrachten implantologischen Leistungen zu einem beachtlichen Teil aufzehren. Die Streithelferin der Beklagten will zwar darauf abstellen, die streitgegenständlichen Verbrauchsmaterialien machten nur 6 v.H. des Gesamtrechnungsbetrages aus. Geht man jedoch davon aus, der Verordnungsgeber habe in bezug auf jede zahnärztliche Leistung bei Festlegung der Gebührenhöhe kalkulatorisch berücksichtigt, ob Materialien eingeschlossen oder gesondert berechnungsfähig sind, können die Kosten solcher Implantatbohrersätze sachgerechterweise nur den Leistungen gegenübergestellt werden, für die sie verwendet werden müssen. Betrachtet man die Rechnungen unter diesem Blickwinkel, stehen zahnärztliche Leistungen nach den Nummern 900 bis 903, hier jeweils berechnet nach dem 3,5-fachen des Gebührensatzes, folgenden Kosten für Bohrersätze gegenüber:

- Behandlung vom 25.08.1999: Leistungen von 1.085,70 DM bei Bohrerkosten von 594 DM,
- Behandlung vom 22.03.2000: Leistungen von 1.016,40 DM bei Bohrerkosten von 594 DM,
- Behandlung vom 30.08.2000: Leistungen von 646,80 DM bei Bohrerkosten von 317,79 DM.

Danach machen die Bohrerkosten zwischen rund 50 und 58 v.H. der berechneten Gebühren aus; hätte der Zahnarzt nur nach dem 2,3-fachen des Gebührensatzes abgerechnet, weil sich für ihn bei der Ausführung der Leistung keine besondere Erschwernis im Sinn des § 5 Abs. 2 GOZ gezeigt hätte, beliefen sich die Bohrerkosten auf Anteile zwischen 75 und 89 v.H.; das Einfache des Gebührensatzes hätte die Bohrerkosten nicht einmal gedeckt.

Es erscheint dem Senat ausgeschlossen, dass der Verordnungsgeber Kosten in dieser Größenordnung, die zu den üblichen Kosten der Praxis und des Sprechstundenbedarfs hinzutreten, vor Augen hatte, als er (nur) die gesonderte Berechnungsfähigkeit von Implantaten und Implantatteilen regelte. Für ein unbeabsichtigtes Regelungsdefizit könnte sprechen, dass die implantologischen Leistungen erstmals in die Gebührenordnung für Zahnärzte vom 22.10.1987 aufgenommen wurden, so dass es möglicherweise an hinreichenden Erfahrungen fehlte. Der Begründung des Verordnungsentwurfs ist eine gewisse Zurückhaltung in bezug auf die Implantologie anzumerken. Einerseits wird zwar in verschiedenen Zusammenhängen hervorgehoben, das Verfahren müsse in Verbindung mit eng eingegrenzten Indikationen als wissenschaftlich anerkannt gelten, andererseits wird eine Stellungnahme der Deutschen Gesellschaft für Zahn-, Mund- und Kieferheilkunde wiedergegeben, nach der es weiterer Forschungen und der kritischen Sichtung klinisch-praktischer Erfahrungen bedürfe, um längerfristige Erkenntnisse zu sammeln und Wege zu suchen, Mißerfolge noch weiter zu mindern (BR-Drucks. 276/87, S. 91). Es ist nicht fernliegend, dass die nur einmalige Verwendbarkeit solcher Bohrersätze, über die vielfach gestritten wurde, damals noch nicht dem allseits anerkannten Standard entsprochen hat, so dass sich die Frage der Berechnung solcher Instrumente noch nicht vollständig übersehen ließ. Unabhängig davon, ob man von einer wirklichen Regelungslücke auszugehen hätte oder nur von einer fehlerhaften Einschätzung der mit implantologischen Leistungen verbundenen Kosten, sind die Zahnärzte nicht auf eine Neuregelung durch den Verordnungsgeber zu verweisen. Denn nach Auffassung des Senats begegnet die Gestaltung von Gebühren, die im Rahmen der 2,3-fachen Gebührensätze – ohne Berücksichtigung der allgemeinen Praxiskosten und des üblichen Sprechstundenbedarfs – zu Anteilen von 75 v.H. und mehr vom Einsatz einmalig verwendbarer Werkzeuge aufgezehrt werden, insbesondere dann verfassungsrechtlichen Bedenken, wenn – wie hier – ein Zahnarzt betroffen ist, dessen Tätigkeitsschwerpunkt auf dem Gebiet der Implantologie liegt. Eine solche Gebührengestaltung entfernt sich so weit von einer sachgerechten Regelung, dass es nicht erforderlich erscheint, die Gebührenkalkulation in bezug auf Praxiskosten und Sprechstundenbedarf weiter aufzuklären und zu der positiven Feststellung zu gelangen, der Zahnarzt müsse bei Tätigkeiten der angesprochenen Art zulegen. Vielmehr ist das objektiv festzustellende Regelungsdefizit dahin zu schließen, dass so ins Gewicht fallende Kosten von Einmalwerkzeugen in erweiternder Auslegung der Allgemeinen Bestimmung Nr. 2 des Abschnitts K gesondert berechnet werden dürfen.

b) Soweit es um die Berechenbarkeit der OP-Kleidung und des OP-Sets geht, wäre dem Berufungsgericht zu folgen, wenn es um Materialien ginge, die der Zahnarzt bei einer in der Gebührenordnung für Zahnärzte beschriebenen Tätigkeit verbraucht hätte. Die verwendeten Materialien standen jedoch ausweislich der Rechnung vom 12.09.2000, die insoweit allein in Streit steht, in einem Zusammenhang mit der bereits erwähnten Implantation von Knochen nach der Gebührennummer 2254 des Gebührenverzeichnisses der Gebührenordnung für Ärzte, die zu den auch dem Zahnarzt nach § 6 Abs. 1 GOZ eröffneten ärztlichen Leistungen gehört. Insoweit kann der Auslagenersatz für mit der einmaligen Anwendung verbrauchte Materialien, was hier nicht weiter streitig gewesen ist, auf § 10 Abs. 1 Nr. 1 GOÄ gestützt werden.

II.

In bezug auf die weiteren Streitpunkte ist die Revision nicht begründet.

1. Die Klägerin hat der Beklagten in der Rechnung vom 12.05.2000 unter Hinweis auf § 6 Abs. 2 GOZ zweimal eine Laserbehandlung analog der Gebührennummer 323 mit dem 1,6-fachen des Gebührensatzes (77,44 DM) in Rechnung gestellt. Das Amtsgericht hat die Klage insoweit in Höhe von 77,40 DM abgewiesen, ohne dass die Klägerin hiergegen Berufung geführt hätte. Das Berufungsgericht hat auch bezüglich der zweiten Laserbehandlung die Klage abgewiesen. Es hat unter Bezugnahme auf das eingeholte Sachverständigengutachten ausgeführt, eine analoge Abrechenbarkeit scheitere daran, dass es sich bei der Laserbehandlung im Zusammenhang mit Nachbehandlungen nach operativen Eingriffen nicht um eine neue Leistung im Sinn des § 6 Abs. 2 GOZ handele.

Die Revision wendet hiergegen ein, das Berufungsgericht habe seine Pflicht verletzt, das Gutachten kritisch zu würdigen und zu begründen, weshalb es dem Sachverständigen und nicht der gegenteiligen Auffassung der Klägerin, die von der Literatur geteilt werde, gefolgt sei.

Die Rüge ist nicht begründet. Der Sachverständige hat sich zwar nur kurz – unter Hinweis auf eine Empfehlung der Bundeszahnärztekammer – zu der angesprochenen Frage geäußert, dabei aber – anders als bei der Frage nach der Berechnungsfähigkeit von Materialien – die zutreffenden rechtlichen Vorgaben des § 6 Abs. 2 GOZ zugrunde gelegt. Dass die Klägerin auch nach dem Gutachten an ihrer gegenteiligen Ansicht festgehalten hat, musste dem Berufungsgericht zu einer weiteren Befragung des Sachverständigen keinen Anlass geben, zumal in der Kommentierung von Kastenbauer/Pillwein/Rat in Kapitel 21, auf die die Klägerin hingewiesen hat, zum Ausdruck kommt, dass die bloße Anwendung eines Lasergeräts noch keine Analogabrechnung rechtfertigt. Inwieweit vorliegend – wie notwendig – gerade mit der hier erbrachten Laserbehandlung, deren Inhalt sich aus der Rechnung allein ohnehin nicht hinreichend erschloß, eine neue, selbständige zahnärztliche Leistung verbunden war, wird aus dem Vorbringen der Klägerin nicht deutlich.

2. Das Berufungsgericht hat hinsichtlich der in der Rechnung vom 12.09.2000 geltend gemachten Kosten für Implantate nur den Herstellerpreis für berechenbar gehalten, nicht jedoch Lagerhaltungskosten hierzu in Höhe von 161,04 DM einschließlich Mehrwertsteuer. Diese Kosten gehörten zu den mit den Gebühren abgegoltenen Praxiskosten. Auch § 9 GOZ gewähre dem Arzt nur einen Ersatz seiner tatsächlichen Kosten. Demgegenüber meint die Revision, im Sinn des § 9 GOZ seien nicht nur Kosten zu ersetzen, die der Zahnarzt an Dritte zahlen müsse, sondern auch solche, die ihm selbst entstanden seien. Da der Zahnarzt Eigenlaborkosten wie Kosten von Fremdlaboren abrechnen könne, müsse es ihm auch erlaubt sein, eine im Interesse des Patienten liegende Eigenlagerung von Implantaten zu berechnen.

Der von der Revision gezogene Vergleich zwischen der Berechnung von Fremd- und Eigenlaborkosten trifft den hier zu beurteilenden Sachverhalt nicht unmittelbar, weil es nicht um die Berechnung zahntechnischer Leistungen nach § 9 GOZ geht, sondern um die nach Nr. 2 der Allgemeinen Bestimmungen des Abschnitts K mögliche Berechung von Implantaten. Berührungspunkte weisen beide Bestimmungen jedoch insofern auf, als Gegenstand des Auslagenersatzes nach § 9 GOZ die „tatsächlich entstandenen angemessenen Kosten" sind, während sich aus der Berechnungsbestimmung in Abschnitt K ergibt, dass (nur) „verwendete" Implantate berechenbar sind. Soweit die Revision darauf abstellt, der Zahnarzt müsse bei der auf einen Behandlungsfall bezogenen Beschaffung von Implantaten von einem Fremdlabor diesem auch ein Entgelt für die Lagerung bezahlen, ist ein solcher Fall hier nicht zu beurteilen. Es kann daher auch offenbleiben, ob der daran geknüpfte Vergleich – wie die Streithelferin der Beklagten meint – nicht bereits daran scheitert, dass Implantate als industriell vorgefertigte standardisierte Materialien ohne Einschaltung eines zahntechnischen Labors unmittelbar vom Hersteller erworben werden. Der Revision kann eingeräumt werden, dass eine Bevorratung von Implantaten in der Zahnarztpraxis aus betriebswirtschaftlicher Sicht Kosten auslöst, die zu den Erwerbskosten für die Implantate hinzutreten. Dabei handelt es sich jedoch, wie auch bei der Bevorratung anderer für den Sprechstundenbedarf voraussichtlich erforderlicher Artikel, um typische Praxiskosten, die mit den Gebühren abgegolten sind.

3. Schließlich streiten die Parteien darüber, ob der Zahnarzt in der Rechnung vom 12.05.2000 analog der Gebührennummer 600 die Anfertigung von Fotos und die Kosten entsprechenden Materials abrechnen durfte. Das Amtsgerichts hat die Klage nur insoweit für begründet gehalten, als die Ausgangsposition des Kiefers der Beklagten festgehalten wurde, um dem Zahntechniker die Herstellung einer ästhetisch und funktionell befriedigenden Versorgung zu gewährleisten. Das Berufungsgericht hat die Klage auch insoweit abgewiesen, weil die Fotografie nur als diagnostische Maßnahme, nicht aber als Unterlage zur Dokumentation berechnungsfähig sei, und die Klägerin nicht behauptet habe, die Aufnahme sei zur kieferorthopädischen Auswertung gefertigt worden. Gegen diese Beurteilung wendet die Revision im Grunde genommen nur ein, die Gebührennummer 600 müsse auch im Rahmen von implantologischen Leistungen berechnungsfähig sein. Die Grundvoraussetzung für eine Analogbewertung gemäß § 6 Abs. 2 GOZ – nämlich die Entwicklung einer selbständigen zahnärztlichen Leistung aufgrund wissenschaftlicher Erkenntnisse nach Inkrafttreten der Gebührenordnung – wird jedoch nicht näher dargelegt. Darüber hinaus wären die Materialkosten ohnehin gemäß § 4 Abs. 3 GOZ mit den Gebühren abgegolten.

III.

Zu dem vom Berufungsgericht für begründet erachteten Betrag von 89,74 € treten damit die Kosten für die Knochenkernbohrer und die ossären Aufbereitungsinstrumente (1.108,12 € = 2.167,29 DM) und das OP-Material (75,12 € = 146,93 DM) hinzu, so dass die Klage – über den durch Anerkenntnisurteil erledigten Teil hinaus – in Höhe von 1.272,98 € nebst Zinsen und Nebenforderungen begründet ist.

V. Materialkostenaufschläge (Lagerhaltungskosten)

Die Entscheidungen sind in diesem Abschnitt chronologisch aufgeführt. Die in etwas kleiner Schrift gedruckten Texte sind Originalzitate.

1. AG Mannheim, 01.06.1994 – 7 C 1142/94 (40) –: Lagerhaltungskostenaufschlag von 25 % üblich

Zuschläge in Höhe von 25 % für Mehrwertsteuer und Bevorratungskosten für die vom Zahnarzt berechneten Eigenlabor- und Materialkosten sind allgemein üblich und liegen im Rahmen.[612]

[612] Das Urteil ist – soweit ersichtlich – nicht veröffentlicht.

2. OLG Köln, 01.12.1994 – 5 U 131/94 –: Lagerhaltungskostenaufschlag muss nachvollziehbar dargetan sein

Mit Recht hat das LG auch die Lagerhaltungskosten für Lyodura und demineralisierten Knochen, die mit 41 % und 36 % der Beschaffungskosten eingesetzt sind, abgelehnt. Bei Quadratzentimeter- und Grammpreisen von 215,95 DM und 161,00 DM sind so hohe Aufschläge auch nicht ansatzweise nachvollziehbar dargetan. Auch ist nicht ersichtlich, dass die Zahnarzthelferin mit messbaren Anteilen ihrer Arbeitskraft die Beschaffung und die Materialverwaltung dieser Materialien erst ermöglicht. Grundlagen für die Schätzung eines angemessenen Lagerkostenaufschlags fehlen deshalb nach wie vor, obwohl dies in dem angefochtenen Urteil bereits deutlich herausgestellt war.[613]

3. AG Philippsburg, 19.01.1996 – C 480/94 –: 25 % Lagerhaltungskostenaufschlag

Das Amtsgericht hat in seinem Urteil die Auffassung bestätigt, dass Kosten für Lagerhaltung, Bereitstellung, Regie usw. bei Implantaten und Implantatteilen nach § 3 GOZ mit einem 25-prozentigen Aufpreis berechnet werden können.[614]

Hinweis Das Urteil des AG Philippsburg wurde nach einem für den klagenden Patienten günstigen Vergleich durch Klagerücknahme gegenstandslos. Der Fall ist einer von vielen Belegen dafür, dass die privaten Krankenversicherer in einem abgestimmten Verhalten versuchen, dadurch Einfluss auf die Rechtsprechung zu nehmen, dass sie ihr günstig verlaufende Verfahren zum Urteil kommen lässt und ihr ungünstig erscheinende Urteile möglichst durch Vergleich verhindert. Im vorliegenden Fall betrug das Vergleichsangebot nach unseren Informationen 80 % der Klageforderung.

4. AG Brilon, 31.01.1996 – 2 C 463/95 –: Keine anteilige Abrechnung mehrfach einsetzbarer Instrumente und Materialien; Selbständige Leistungen

1. Aufschläge für Implantate, Berechnung von Implantatbohrern, Abdeck-Set und Neurolysen sind nicht abrechenbar. Die Kosten sind mit § 4 Abs. 3 GOZ abgegolten (hier wurde 1/5 der Kosten für Implantatbohrersätze abgerechnet).
2. Neurolysen sind nur als selbständige Zielleistung abrechenbar, also nicht im örtlichen oder zeitlichen Zusammenhang mit Operationen, bei denen ein Nerv tangiert wird. [615]

5. AG Überlingen, 04.07.1997 – 1 C 623/96 –: Kein pauschaler Lagerhaltungskostenaufschlag

Ein pauschaler, nicht auf den Einzelfall eingehender Regiekostenaufschlag ist nicht abrechnungsfähig. Die generelle Abrechnungsfähigkeit von Regiekostenaufschlägen bliebt unentschieden.[616]

6. AG Ravensburg, 14.07.1998 – 5 C 434/97 –: Kein pauschaler Lagerhaltungskostenaufschlag von 30 %

Ein Zahnarzt darf keine pauschalen prozentualen Aufschläge von 30 % und weit mehr für Beschaffungs- oder Lagerkosten fordern.[617]

7. OLG Karlsruhe, 15.10.1998 – 12 U 36/98 –: Kein pauschaler Lagerhaltungskostenaufschlag von 35 %

Ein pauschaler Aufschlag von 35 % für *„Lagerhaltung, Sterilisation, ständige Bereitstellung, Regie u.a. mehr"* kann nicht erhoben werden. Diese Kosten gehören zu den allgemeinen Praxiskosten, die nach § 4 Abs. 3 GOZ mit den Zahnarztgebühren abgegolten sind.[618]

---

[613] OLG Köln, Urteil vom 01.12.1994 – 5 U 131/94 –, GHI, S. 289 = GU, S. 379.

[614] AG Philippsburg, Urteil vom 19.01.1996 – C 480/94 –, GU, S. 381.

[615] AG Brilon, Urteil vom 31.01.1996 – 2 C 463/95 –, GHI, S. 290 = GU, S. 381.

[616] AG Überlingen, Urteil vom 04.07.1997 – 1 C 623/96 –, BDIZ-konkret 1997, Heft 3, S. 38 = GHI, S. 290.

[617] AG Ravensburg, Urteil vom 14.07.1998 – 5 C 434/97 –, GHI, S. 290.

8. OLG Celle, 10.01.2000 – 1 U 100/98 –: Lagerhaltungskostenaufschlag bis 20 %

Leitsatz:
Mehrkosten für Lagerhaltung zwischen 17 und 20 % gegenüber dem Einkaufspreis entsprechen der gängigen Praxis und sind auch aus betriebswirtschaftlicher Sicht durchaus nachvollziehbar.[619]

Aus den Entscheidungsgründen:
Das gilt letztlich auch für die umstrittenen **Lagerhaltungskosten** für die Implantatteile. Soweit der Beklagte darauf hinweist, diese seien in der Rechnung gar nicht ausgewiesen, liegt dies am Abrechnungsmodus des Zahnarztes. Der Sachverständige hat das sehr wohl gesehen, aber aus von ihm im Einzelnen genannten Gründen zu Recht angenommen, dass diese Position im Rahmen der gesamten Abrechnung Berücksichtigung finden muss. Mehrkosten für Lagerhaltung zwischen 17 % und 20 % gegenüber dem Einkaufspreis entsprechen der gängigen Praxis und sind auch aus betriebswirtschaftlicher Sicht durchaus nachvollziehbar.

9. OLG Karlsruhe, 11.01.2000 – 17 U 176/98 –: Kein Lagerhaltungskostenaufschlag von 41 %

Ein pauschaler Lagerhaltungskostenaufschlag von 41 % ist nicht abrechenbar.[620]

10. BGH, 27.05.2004 – III ZR 264/03 –: Lagerhaltungskosten (Grundsatzentscheidung)

Leitsatz:
Kosten, die dem Zahnarzt durch eine Bevorratung von Implantaten entstehen, sind als Praxiskosten mit den Gebühren abgegolten.[621]

Aus den Entscheidungsgründen:
Das Berufungsgericht hat hinsichtlich der in der Rechnung vom 12.09.2000 geltend gemachten Kosten für Implantate nur den Herstellerpreis für berechenbar gehalten, nicht jedoch Lagerhaltungskosten hierzu in Höhe von 161,04 DM einschließlich Mehrwertsteuer. Diese Kosten gehörten zu den mit den Gebühren abgegoltenen Praxiskosten. Auch § 9 GOZ gewähre dem Arzt nur einen Ersatz seiner tatsächlichen Kosten. Demgegenüber meint die Revision, im Sinn des § 9 GOZ seien nicht nur Kosten zu ersetzen, die der Zahnarzt an Dritte zahlen müsse, sondern auch solche, die ihm selbst entstanden seien. Da der Zahnarzt Eigenlaborkosten wie Kosten von Fremdlaboren abrechnen könne, müsse es ihm auch erlaubt sein, eine im Interesse des Patienten liegende Eigenlagerung von Implantaten zu berechnen.

Der von der Revision gezogene Vergleich zwischen der Berechnung von Fremd- und Eigenlaborkosten trifft den hier zu beurteilenden Sachverhalt nicht unmittelbar, weil es nicht um die Berechnung zahntechnischer Leistungen nach § 9 GOZ geht, sondern um die nach Nr. 2 der Allgemeinen Bestimmungen des Abschnitts K mögliche Berechung von Implantaten. Berührungspunkte weisen beide Bestimmungen jedoch insofern auf, als Gegenstand des Auslagenersatzes nach § 9 GOZ die „tatsächlich entstandenen angemessenen Kosten“ sind, während sich aus der Berechnungsbestimmung in Abschnitt K ergibt, dass (nur) „verwendete“ Implantate berechenbar sind. Soweit die Revision darauf abstellt, der Zahnarzt müsse bei der auf einen Behandlungsfall bezogenen Beschaffung von Implantaten von einem Fremdlabor diesem auch ein Entgelt für die Lagerung bezahlen, ist ein solcher Fall hier nicht zu beurteilen. Es kann daher auch offen bleiben, ob der daran geknüpfte Vergleich – wie die Streithelferin der Beklagten meint – nicht bereits daran scheitert, dass Implantate als industriell vorgefertigte standardisierte Materialien ohne Einschaltung eines zahntechnischen Labors unmittelbar vom Hersteller erworben werden. Der Revision kann eingeräumt werden, dass eine Bevorratung von Implantaten in der Zahnarztpraxis aus betriebswirtschaftlicher Sicht Kosten auslöst, die zu den Erwerbskosten für die Implantate hinzutreten. Dabei handelt

---

618 OLG Karlsruhe, Urteil vom 15.10.1998 – 12 U 36/98 –, BDIZ-konkret 1999, Heft 1, S. 34 = BDIZ-Jahrbuch 2000, S. 54, GHI, S. 290 = GU, S. 379.

619 OLG Celle, Urteil vom 10.01.2000 – 1 U 100/98 –, BDIZ-konkret 2000, Heft 1, S. 38 = BDIZ-Jahrbuch 2000, S. 60 = GHI, S. 290.

620 OLG Karlsruhe, Urteil vom 11.01.2000 – 17 U 176/98 –, GHI, S. 291 = GU, S. 380.

621 BGH, Urteil vom 27.05.2004 – III ZR 264/03 –, VersR 2004, 1138, vollständig abgedruckt oben Kapitel U IV.18, S. 368.

es sich jedoch, wie auch bei der Bevorratung anderer für den Sprechstundenbedarf voraussichtlich erforderlicher Artikel, um typische Praxiskosten, die mit den Gebühren abgegolten sind.

VI. Materialkostenabschläge (Rabatte, Skonti, Kick backs)

Die Entscheidungen sind in diesem Abschnitt chronologisch aufgeführt. Die in etwas kleiner Schrift gedruckten Texte sind Originalzitate.

1. BSG, 20.11.1986 – 6 RKa 7 – 9/96 –: Rabatte

Der Zahnarzt handelt pflichtwidrig, wenn er Rabatte, die ihm von Zahntechnikern gewährt werden, nicht an die KZV weitergibt.[622]

2. LBG für Heilberufe beim BayObIG, 24.11.1987 – LBG-Ä-1/87 –: Preisnachlass

Es verstößt gegen das Verbot der Zuweisung von Patienten gegen Entgelt, wenn eine Laborgemeinschaft Ärzten, die sie zugleich mit der Durchführung von Laborärzten vorbehaltenen Untersuchungen beauftragen, einen Preisnachlass verspricht.[623]

3. OLG Nürnberg, 14.12.1999 – 3 U 2283/99 –: Normalpreisstaffelung

Bietet ein zahntechnisches Labor seine Leistungen in drei Preis- und Leistungsverzeichnissen an, deren Preise nach dem Jahresumsatz des abnehmenden Zahnarztes gestaffelt sind, handelt es sich auch dann nicht um eine Rabattgewährung, sondern um drei verschiedene Normalpreise, wenn am Ende des Jahres eine Nachberechnung entsprechend den tatsächlich erfolgten Jahresumsätzen nicht stattfindet.[624]

4. OLG Frankfurt/M., 16.02.2001 – 24 U 128/99 –: Rabatte

1. Eine ausdrückliche Vereinbarung zwischen einem Zahntechniker und einem Zahnarzt, wonach der Zahntechniker regelmäßig den üblichen Vergütungssatz in Rechnung stellt und der Zahnarzt diesen Satz mit den Patienten bzw. den für sie eintretenden Krankenkassen abrechnet, während er an den Zahntechniker einen um einen Skontoabzug (hier: 3 %) verminderten Vergütungssatz zahlt, ist **sittenwidrig**.[625]
2. Wird die Skontovereinbarung dagegen (nur) durch schlüssiges Verhalten in der Weise begründet, dass der Zahntechniker den Abzug zur Vermeidung von Konfrontationen mit dem Zahnarzt nolens volens hinnimmt, so ist die Skontoabrede nicht unter dem Gesichtspunkt der Sittenwidrigkeit nichtig.
3. Akzeptiert der Zahntechniker im Rahmen ständiger Geschäftsbeziehungen über 22 Monate hinweg den Skontoabzug des Zahnarztes ohne nachhaltigen Widerspruch, so ist die Gewährung eines Skontoabzugs als schlüssig vereinbart anzusehen.[626]

In diesem die Behandlung von Kassenpatienten betreffenden Urteil findet sich keinerlei Hinweis darauf, dass das OLG die gegenteilige Rechtsprechung des BSG gekannt hat oder sie ihm vorgetragen wurde.

5. OLG Köln, 03.06.2002 – 11 W 13/02 –: Rückvergütungen

1. Eine Vereinbarung, in der sich der Inhaber eines medizinischen Labors gegenüber einem Zahnarzt verpflichtet, von allen Nettoumsätzen einen bestimmten Prozentsatz zurück zu gewähren, ist **sittenwidrig**, wenn es die Beteiligten mit dieser Verfahrensweise dem Zahnarzt ermöglichen, gegenüber den Patienten bzw. Kassen im Ergebnis höhere Laborkosten abzurechnen, als tatsächlich angefallen sind.

---

[622] BSG, Urteil vom 20.11.1986 – 6 RKa 7/96 –, ArztR 1987, 225; BSG, Urteil vom 20.11.1986 – 6 RKa 8/96 –, SozR 2200 § 368g Nr. 16; BSG, Urteil vom 20.11.1986 – 6 RKa 9/96 –, ArztR 1987, 225.

[623] LBG für die Heilberufe beim BayObLG, Urteil vom 24.11.1987 – LBG-Ä 1/87 –, HeilBGE A 2.10 Nr. 3.

[624] OLG Nürnberg, Urteil vom 14.12.1999 – 3 U 2283/99 –, MedR 2000, 230.

[625] Das OLG Frankfurt/M. unterstellt der Abrede „*betrügerischen Gehalt*".

[626] OLG Frankfurt/M., Urteil vom 16.02.2001 – 24 U 128/99 –, NJW-RR 2001, 1634.

2. Dem Inhaber des Labors kann ungeachtet der Vorschrift des § 817 BGB ein Bereicherungsanspruch gegen den Arzt zustehen, wenn er sich auf die sittenwidrige Vereinbarung eingelassen hat, um den vom Arzt angedrohten Entzug sämtlicher Aufträge zu verhindern.[627]

6. AG Minden, 30.09.2003 – 5 Ds 170 Js 904/01 –: Sondermüllentsorgung

1. Die Kosten für die Entsorgung von Sondermüll in einer Vertragsarztpraxis sind Praxiskosten.
2. Unterlässt es der Arzt, der Krankenkasse mitzuteilen, dass eine Lieferfirma für Kontrastmittel oder ein Großhändler die Kosten für die Entsorgung von Sondermüll übernommen hat, erfüllt er objektiv den Tatbestand des Betruges, begangen durch Unterlassen. Die Garantenstellung des Arztes ergibt sich dabei aus seiner besonderen Vertrauensstellung im Abrechnungssystem.[628]

Dieses Urteil ist scharf zu kritisieren. Wie der Arzt seine Praxiskosten reduziert, ist seine Sache. Er bekommt nicht mehr Honorar, wenn seine Praxiskosten besonders hoch liegen.

7. BGH, 27.04.2004 – 1 StR 165/03 –: Rückvergütungen (Grundsatzentscheidung)

Leitsätze:
1. Die Abrechnung des vollen Preises je Augenlinse enthält die stillschweigende Erklärung, dass diese Kosten tatsächlich und endgültig angefallen sind. Diese Erklärung ist falsch, wenn sie die Kick back-Zahlungen unberücksichtigt lässt. Das erfüllt den Irrtumstatbestand des § 263 StGB.
2. Die Kassenärzte treten bei der Verordnung von Arzneimitteln als Vertreter der Krankenkasse auf und geben mit Wirkung für und gegen die Krankenkasse Willenserklärungen zum Abschluß eines Kaufvertrages über die verordneten Medikamente ab. Die Verordnung von Medikamenten zum Praxisbedarf erfüllt den Tatbestand der Untreue (§ 266 StGB – Missbrauchstatbestand), wenn vereinbarte Rückvergütungen nicht an die Krankenkassen weitergeleitet werden. Ein darüber hinaus ggf. vorliegender Betrug gegenüber den Krankenkassen ist mitbestrafte Nachtat.[629]

Gründe[630]:
Das Landgericht hat den Angeklagten R. wegen Beihilfe zum Betrug in 66 Fällen sowie wegen Betrugs in Tateinheit mit Beihilfe zur Untreue in weiteren 108 Fällen zu der Gesamtfreiheitsstrafe von drei Jahren und sechs Monaten verurteilt. Den Angeklagten Dr. P. hat es wegen Betrugs in elf Fällen sowie wegen Betrugs in Tateinheit mit Untreue in weiteren 22 Fällen zu der Gesamtfreiheitsstrafe von neun Monaten sowie der Gesamtgeldstrafe von 330 Tagessätzen verurteilt. Die Vollstreckung der Gesamtfreiheitsstrafe wurde zur Bewährung ausgesetzt. Die Angeklagten Dr. St. und Dr. Sch. wurden wegen Betrugs in Tateinheit mit Untreue in 26 Fällen (Dr. St.) und 23 Fällen (Dr. Sch.) jeweils zu Gesamtgeldstrafen von 600 Tagessätzen verurteilt. Gegen dieses Urteil wenden sich die Angeklagten mit der Sachrüge; die Angeklagten Dr. P., Dr. R. und Dr. Sch. erheben zudem Formalrügen. Die Mitangeklagten Dr. Ra. und Dr. K. revidieren nicht.

Die Rechtsmittel haben mit der Sachrüge Erfolg, der teilweise auf die Mitangeklagten zu erstrecken ist (§ 357 StPO). Auf die Verfahrensrügen kommt es danach nicht mehr an.

I.

Nach den Urteilsfeststellungen lieferte der Angeklagte R. den Mitangeklagten – allesamt kassenärztlich zugelassene Augenärzte – Augenlinsen und Medikamente, die diese für die von ihnen ambulant durchgeführten Operationen zur Behandlung des Grauen Star benötigten. Um eine dauerhafte Geschäftsbeziehung zu den Mitangeklagten zu sichern, bot R. ihnen umsatzbezogene Rückvergütungen („kick-backs“) an, die von ihnen angenommen und in bar an sie ausgezahlt wurden. Die später für die verbrauchten Linsen und Medikamente den „Kostenträgern (Kassenärztliche Vereinigungen, gesetzliche Krankenkassen)“ belasteten Beträge enthielten die jeweiligen Rabattanteile der Ärzte und waren insoweit überhöht. Das Landgericht hat dies im Tatkomplex „Augenlinsen“ als Betrug zum Nachteil der jeweiligen Kostenträger; im Tatkomplex „Medikamente“ – wegen der unterschiedlichen Abrechnungsweise – als Untreue in Tateinheit mit Betrug, jeweils begangen durch die Ärzte als Täter gewertet. Die Tatbeiträge R.'s hat es im Tat-

[627] OLG Köln, Beschluss vom 03.06.2002 – 11 W 13/02 –, GesR 2002, 40.

[628] AG Minden, Urteil vom 30.09.2003 – 5 Ds 170 Js 904/01 –, MedR 2004, 165.

[629] BGH, Beschluss vom 27.04.2004 – 1 StR 165/03 –, GesR 2004, 371; Leitsätze formuliert durch Dr. Ratajczak; keine amtlichen Leitsätze veröffentlicht.

[630] Das Urteil ist vollständig abgedruckt.

komplex „Augenlinsen" als Beihilfe zum Betrug, im Tatkomplex „Medikamente" als Mittäterschaft des Betrugs angesehen. Im Hinblick auf das Fehlen einer Vermögensbetreuungspflicht in seiner Person (§ 28 StGB) hat es hinsichtlich der tateinheitlich verwirklichten Untreue im Tatkomplex „Medikamente" lediglich eine Gehilfenstellung R.'s angenommen.

II.

Die von Amts wegen gebotene Überprüfung der Verfahrensvoraussetzung einer ordnungsgemäßen Anklage (BGHR StPO § 200 Abs. 1 Satz 1 Tat 1, 2, 3 und 18) deckt ein Verfahrenshindernis nicht auf. Mängel der Anklageschrift, die die Informationsfunktion betreffen, berühren deren Wirksamkeit nicht (vgl. Tolksdorf, in KK, 5. Aufl., § 200 Rz. 34).

III.

Demgegenüber halten die Schuldsprüche rechtlicher Nachprüfung nicht stand.

1. Tatkomplex „Augenlinsen" (Revidenten R. und Dr. P.; Nichtrevidenten Dr. Ra. und Dr. K.)

Nach den Feststellungen bestellten die Augenärzte Dr. Ra., Dr. K. und Dr. P. „bzw. deren Praxispersonal", die von ihnen benötigten Augenlinsen bei Bedarf bei der R. oHG. Die Lieferungen erfolgten über den gutgläubigen Apotheker V. Der vorher zwischen R. und den Augenärzten abgesprochene Preis orientierte sich an dem von den gesetzlichen Krankenkassen und kassenärztlichen Vereinigungen als marktüblich eingestuften Betrag. Diesen Betrag wies R. in der von ihm dem Apotheker V. gestellten Rechnung als anzusetzenden Verkaufspreis aus. V. berechnete diesen Betrag den Augenärzten weiter. Im Rahmen ihrer turnusmäßigen, einzelfall-, das heißt patientenbezogenen Abrechnungen gegenüber den „jeweiligen Kostenträgern" ließen sich die Augenärzte diesen Betrag erstatten. Nach dem geltenden „Kostenerstattungsprinzip" standen ihnen indessen nur die tatsächlich verauslagten Kosten zu.

Das Landgericht hat dies im Ansatz rechtlich zutreffend als Täuschungshandlung der Ärzte im Sinne des Betrugstatbestandes zum Nachteil „der Kostenträger" bewertet, weil die Abrechnung des vollen Preises je Augenlinse die stillschweigende Erklärung enthielt, daß diese Kosten tatsächlich und endgültig angefallen waren. Diese Erklärung war falsch, weil sie die „kickback"- Zahlungen unberücksichtigt ließ.

a) Die weitergehenden Feststellungen sind jedoch nicht hinreichend individualisiert. Sie begegnen zudem hinsichtlich der Anzahl der Einzeltaten durchgreifenden rechtlichen Bedenken. Auch bei einer Tatserie ist es erforderlich, die Einzelakte so konkret und individualisiert zu ermitteln und festzustellen, daß sich daraus die Verwirklichung des objektiven und subjektiven Tatbestands für jede Einzeltat ergibt (vgl. BGHSt 40, 374 [376]; 36, 320 [321]; BGHR StGB § 263 Abs. 1 Täuschung 9 und 11). Sind nicht alle Einzelakte konkret feststellbar, so sind jedenfalls Mindestfeststellungen zu treffen, die – bei Zugrundelegung des Zweifelssatzes – auch auf tragfähigen Schätzgrundlagen beruhen können (vgl. BGHSt 10, 208; BGHR StGB vor § 1/Serienstraftaten Betrug 1; BGH, NStZ 1999, 581). Handelt es sich um Serienstraftaten des Betruges, müssen die Urteilsgründe regelmäßig darlegen, wer die schädigende Verfügung getroffen hat und welche Vorstellungen er dabei hatte. Dabei kann die tatrichterliche Überzeugung von betriebsinternen Vorgängen, insbesondere bei arbeitsteilig tätigen Unternehmen oder Körperschaften, je nach den Umständen, auch durch Vernehmung etwa eines Abteilungsleiters gewonnen werden (vgl. BGHR StGB § 263 Abs. 1 Irrtum 14). Die pauschale Feststellung des Landgerichts (UA S. 27) „der/die Mitarbeiter(in) des jeweiligen Kostenträgers, dem/der die tatsächlichen Umstände verborgen blieb, veranlaßte irrtumsbedingt die Auszahlung der geltend gemachten Sachkosten an den Augenarzt" genügt diesen Anforderungen hier nicht. Die Urteilsgründe lassen Ausführungen zum regelmäßigen internen Ablauf bei den „jeweiligen Kostenträgern" vermissen, aus denen sich eine täuschungsbedingte Vermögensverfügung zugunsten der Ärzte ergeben könnte. Insoweit entbehren die Feststellungen auch einer ausreichenden Beweisgrundlage. Die Urteilsgründe ergeben nicht, aufgrund welcher Beweismittel die Kammer ihre Überzeugung von einer täuschungsbedingten Vermögensverfügung durch den „jeweiligen Mitarbeiter" gewonnen hat. Soweit Mitarbeiter von Leistungsträgern vernommen wurden, geschah dies ersichtlich zu anderen Beweisthemen (UA S. 54).

Die Urteilsgründe verhalten sich auch nicht dazu, welche Leistungsträger konkret geschädigt worden sind. So bleibt offen, ob der Schaden bei den kassenärztlichen Vereinigungen oder den gesetzlichen Krankenkassen eingetreten ist (UA S. 27). Soweit die gesetzlichen Krankenkassen Geschädigte sind, fehlt es an Feststellungen, um welche Krankenkassen es sich handelt. Es liegt auch nahe, daß mehrere (Ersatz)Kassen betroffen sein können. b) Hinsichtlich des Angeklagten Dr. P. stellt die Strafkammer – im Rahmen der Beweiswürdigung – zwar fest, dieser habe die Augenlinsen quartalsmäßig gegenüber der kassenärztlichen Vereinigung Bayern abgerechnet (UA S. 50). An anderer Stelle geht die Kammer aber ersichtlich davon aus, daß die jeweiligen gesetzlichen Krankenkassen getäuscht und zur schädigenden Vermögensverfügung veranlaßt worden seien (UA S. 67 f.). Es bleibt somit unklar, ob insoweit die kassenärztliche Vereinigung Geschädigte war oder diese lediglich eine durch Dr. P. begangene Täuschung an die gesetzliche Krankenkasse vermittelte, die dann eine eigene schädigende Vermögensverfügung traf. Es bleibt offen, ob jedenfalls Mindestfeststellungen zur Ermittlung der Geschädigten möglich waren. Die Kammer führt aus, daß hinsichtlich des Angeklagten Dr. Ra. und Prof. T. /Frau T. die jeweils geschädigte Krankenkasse nicht festgestellt werden konnte (UA S. 52). Ob dies auch für die durch die übrigen Angeklagten Geschädigten gilt, bleibt offen. Überdies bezieht sich die Kammer in diesem Zusammenhang auf Angaben des Zeugen KHK E. über erfolglos gebliebene Durchsuchungen (UA S. 52). Alledem entnimmt der Senat, daß Erhebungen über den Schadensumfang bei den potentiell geschädigten Krankenkassen durchgeführt worden sind. Daß Feststellungen dazu von vorneherein aussichtslos gewesen wären, ist schon deshalb nicht ersichtlich, weil z.B die AOK Bayern im Zusammenhang mit den Tatvorwürfen konkret bezifferte Schadensersatzansprüche (900.000 DM) gegenüber dem Angeklagten Dr. K. geltend macht (UA S. 14). Dem Urteil läßt sich auch nicht entnehmen, daß die unterbliebene Feststellung der einzelnen Geschädigten auf einer Anwendung des Zweifelssatzes beruht (vgl. BGH, Urteil vom 22.04.2004 – 3 StR 28/04). Soweit die Kammer auf eine turnusmäßige Abrechnung abstellt (UA S. 69), ist dies auch erst nach Ausschöpfung aller Feststellungsmöglichkeiten zulässig.

Darüber hinaus fehlen Feststellungen zum konkreten Geschäftsablauf innerhalb der Arztpraxen im Zusammenhang mit der Erstellung der turnusmäßigen (monatlichen oder quartalsmäßigen) Abrechnungen. So bleibt offen, ob der jeweilige Augenarzt die Abrechnungen selbst vornahm oder dies – näherliegend – nach allgemeiner Anweisung seinem Praxispersonal überließ, was Einfluß auf die Zahl der Einzeltaten haben kann. Der Senat kann deshalb trotz des rechtsfehlerfrei festgestellten Gesamtschadens nicht ausschließen, daß der Angeklagte auch bei unverändertem Schuldumfang durch die unterbliebenen Feststellungen beschwert ist. Eine von den bisherigen Feststellungen abweichende (höhere) Anzahl von Einzeltaten kann sich auf die hierfür zu verhängenden Einzelstrafen auswirken. Da hieraus eine Gesamtstrafe zu bilden sein wird, kann der Strafausspruch nicht bestehen bleiben (vgl. BGH, Urteil vom 04.09.2001 – 1 StR 232/01 –, insoweit in NStZ 2002, 30 und StV 2002, 21 nicht abgedruckt).

c) Auch hinsichtlich des Angeklagten R., der jeweils wegen Beihilfe zu den Betrugshandlungen der Angeklagten Dr. Ra., Dr. K. und Dr. P. verurteilt worden ist, begegnet das Urteil durchgreifenden rechtlichen Bedenken. Die Kammer hat die Tathandlungen R. s nicht ausreichend tragfähig festgestellt. Sie hat insoweit die Beihilfetaten R. s mit den Haupttaten der Mitangeklagten Dr. K., Dr. Ra. und Dr P. anzahlmäßig gleichgesetzt. Dabei hat sie nicht bedacht, daß bei mehreren Tätern oder Tatbeteiligten für jeden gesondert nach seinem eigenen Tatbeitrag zu beurteilen ist, durch wie viele Handlungen im Sinne von §§ 52, 53 StGB er die Tat gefördert oder begangen hat (st. Rspr. vgl. nur BGHR StGB § 52 Abs. 1 in dubio pro reo 7; BGH, Urteil vom 03.07.2003 – 1 StR 453/02 –; BGH, Beschluß vom 30.03.2004 – 1 StR 99/04 –). Die einzelnen Tatbeiträge R. s hat sie – von pauschalen Feststellungen zur allgemeinen Vorgehensweise und zum Tatplan abgesehen (vgl. dazu BGHR StGB § 266 Mindestfeststellungen 1) – nicht näher festgestellt. Daß die Tatbeiträge R. s anzahlmäßig den Tathandlungen der Augenärzte entsprechen, liegt schon deshalb fern, weil dieser mit den turnusmäßigen Abrechnungen, in denen die Kammer im Grundsatz rechtsfehlerfrei die Tathandlungen der Ärzte erblickt hat, nichts zu tun hatte. Die Tatbeiträge R. s bestanden demgegenüber in den Lieferungen der Augenlinsen, der Inrechnungstellung überhöhter Verkaufspreise und der Auszahlung der „kickbacks“ aufgrund des zuvor abgesprochenen Tatplans. In wie vielen Einzelakten dies geschah, ist nicht festgestellt. Ohne die überhöhten Rechnungen R. s hätten die Ärzte die Täuschung nicht durchführen können. Ob diese Tatbeiträge als Mittäterschaft, Anstiftung oder Beihilfe zu bewerten sind, wird deshalb ebenfalls einer erneuten Überprüfung unterliegen.

2. Tatkomplex „Medikamente“

a) Nach den dazu getroffenen Feststellungen bestellten die Augenärzte die von ihnen benötigten Medikamente bei R. im Wege kassenärztlicher Verordnung. Die Auslieferung erfolgte über den Apotheker V., bei dem das Rezept verblieb. Anschließend reichte V. die Rezepte mit den von R. vorgegebenen überhöhten Preisen einmal monatlich bei der Verrechnungsstelle für Apotheker in München ein, die eine Aufteilung auf die jeweils betroffenen Krankenkassen vornahm. Diese überwiesen den fälligen Betrag an die Verrechnungsstelle, die ihn wiederum an V. auszahlte.

b) Die Strafkammer hat dies im Grundsatz zutreffend als Untreue der angeklagten Ärzte zum Nachteil der jeweiligen Krankenkassen gewertet. Das ergibt sich aus ihrer besonderen Stellung als Vertragsärzte der gesetzlichen Krankenkassen. Die Kassenärzte treten bei der Verordnung von Arzneimitteln als Vertreter der Krankenkasse auf und geben mit Wirkung für und gegen die Krankenkasse Willenserklärungen zum Abschluß eines Kaufvertrages über die verordneten Medikamente ab (vgl. BGH, Beschluß vom

25.11.2003 – 4 StR 239/03 –, zum Abdruck in BGHSt vorgesehen = NJW 2004, 454 = NStZ 2004, 276 = wistra 2004, 143).

Der Tatbestand der Untreue ist danach hier durch Mißbrauch der Vertretungsmacht erfüllt. Die einzelnen Mißbrauchstaten wurden nach dem festgestellten Grundkonzept von den Augenärzten im Zusammenwirken mit dem Angeklagten R. dadurch begangen, daß sie die Verordnungen über den Praxisbedarf ausstellten und dem Apotheker V. mit übersetzten Preisangaben durch R. zuleiten ließen. Dadurch verpflichteten sie die Krankenkassen, zu deren Lasten die Verordnungen ausgestellt wurden, die übersetzten Preise an V. zu zahlen und fügten ihnen durch Mißbrauch ihrer Vertretungsmacht Nachteile im Sinne von § 266 Abs. 1 StGB in Form der schadensgleichen Vermögensgefährdung zu. Da die Vorlage der Verordnung mit den Preisvorgaben in Kenntnis oder Erwartung der Rückvergütungen erfolgte, lag darin jeweils ein Verstoß gegen die Vermögensbetreuungspflicht, weil die verordneten Medikamente – wie die Ärzte wußten – um die Rabattanteile überteuert waren (vgl. BGHSt 47, 295 [298 f.]).

Der von der Strafkammer angenommene, jeweils tateinheitlich begangene Betrug zum Nachteil des Apothekers V., liegt demgegenüber nicht vor. Es fehlt an einer schadensgleichen Vermögensgefährdung gegenüber dem Apotheker. Der Apotheker, der sich an die ärztliche Verordnung hält, ist in seinem Vertrauen auf Bezahlung des Kaufpreises durch die Krankenkasse geschützt (vgl. BSG SozR 3-2500 § 132a Nr. 3). Von – hier nicht in Betracht kommenden – Ausnahmefällen abgesehen, ist er nicht verpflichtet, zu überprüfen, ob die ärztliche Verordnung sachlich richtig ist. Die jeweilige Krankenkasse kann dem Apotheker Einwendungen, die die ärztliche Verordnung betreffen, regelmäßig nicht entgegenhalten; ihr steht insoweit kein Leistungsverweigerungsrecht zu (BSGE 77, 194 [206]). Zu einer anderen rechtlichen Bewertung geben die bisher von der Kammer getroffenen Feststellungen zu den vertraglichen Beziehungen zwischen Landesapothekerverein und Ortskrankenkasse Baden-Württemberg (vgl. UA S. 54) keinen Anlaß. Die Verordnungen waren formal ordnungsgemäß ausgestellt. Auch handelte es sich nicht um Fälschungen. Da der Kaufvertrag zwischen dem Apotheker V. und der jeweiligen Krankenkasse unter Einschaltung des Vertragsarztes als Vertreter und Zuleitung des Rezeptes über R. mit überhöhten Preisen zustandekam, kann dahinstehen, ob die zeitlich nachfolgende Vorlage des Rezeptes durch den Apotheker als Tatmittler den Betrugstatbestand, sei es zum Nachteil der Krankenkassen oder der Apothekerverrechnungsstelle, erfüllt. Ein solcher Betrug wäre unter den hier vorliegenden Umständen jedenfalls mitbestrafte Nachtat der vorangegangen Untreue (vgl. BGHSt 6, 67; BGHR StGB § 263 Abs. 1 Täuschung 10). Sollte der neue Tatrichter insoweit ein betrügerisches Verhalten der Ärzte feststellen, das in deren Person als mitbestrafte Nachtat der Untreue anzusehen ist, so bleibt eine strafbare Tatbeteiligung R. s an dieser Nachtat – auch in Form der Mittäterschaft – grundsätzlich möglich (vgl. Stree, in Schönke/Schröder, StGB 26. A.., Vorbem. §§ 52 ff. Rz. 118).

c) Die der Verurteilung zugrundeliegende Anzahl der einzelnen Untreuehandlungen hat indessen keinen Bestand. Sie begegnet den gleichen rechtlichen Bedenken, die gegenüber den Feststellungen zur Anzahl der Einzeltaten im Tatkomplex „Augenlinsen“ bestehen. Im Ansatz zutreffend geht die Kammer davon aus, daß jede einzelne, dem Apotheker V. zugeleitete Verordnung eine Tat darstellt. Da sich zu der genauen Anzahl der Verordnungen jedoch keine Feststellungen mehr treffen ließen, hat die Kammer – insoweit ebenfalls im Ansatz rechtsfehlerfrei – die Anzahl der Einzeltaten nach dem jeweiligen Abrechnungsturnus bestimmt und eingeschränkt. Die Kammer hat aber auch insoweit keine Feststellungen dazu getroffen, zu Lasten welcher „Kostenträger“ die Verordnungen erfolgten.

Der Senat kann nicht ausschließen, daß ergänzende Feststellungen möglich sind und diese zu einer höheren Anzahl von Einzeltaten führen können.

d) Hinsichtlich des Angeklagten R. hat das Urteil keinen Bestand, weil die Kammer auch insoweit die Einzeltaten nicht nach dessen Tatbeiträgen festgestellt hat. Da das Angebot der Rückvergütungen von ihm ausging (UA S. 24 und 25) liegt eine Tatbeteiligung als Anstifter zur Untreue nahe. e) Der Wegfall des Betrugstatbestandes zum Nachteil des Apothekers V. wirkt sich auch auf die Verurteilung der nicht revidierenden Mitangeklagten Dr. Ra. und Dr. K. aus (§ 357 StPO). Die Erstreckung erfolgt nur insoweit, als die Kammer eine fehlerhafte Rechtsanwendung (Verwirklichung des Betrugstatbestandes) auf den festgestellten Sachverhalt vorgenommen hat. Die bezüglich der Nichtrevidenten durch das Landgericht getroffenen Feststellungen sind für das Revisionsgericht, auch im Hinblick auf die Zahl der Einzeltaten, bindend.

Die Änderung der Schuldsprüche führt hier nicht zur Aufhebung der Strafaussprüche hinsichtlich der Nichtrevidenten. Der Senat schließt aus, daß die Strafkammer bei im übrigen unverändertem Schuldumfang auf geringere Einzel- und Gesamtstrafen erkannt hätte. Die tateinheitliche Verwirklichung von zwei Straftatbeständen (Betrug und Untreue) wurde von ihr nicht strafschärfend berücksichtigt.

3. Die Sache bedarf nach alledem im Umfang der Aufhebung neuer Verhandlung und Entscheidung:

Für die neue Hauptverhandlung weist der Senat auf folgendes hin:

a) Das Verschlechterungsverbot steht einer etwaigen Verurteilung R. s als Mittäter oder Anstifter im Tatkomplex „Augenlinsen“ oder als Anstifter zur Untreue im Tatkomplex „Medikamente“ durch den neuen Tatrichter nicht entgegen. Die bisherigen Feststellungen legen eine solche Verschärfung des Schuldspruchs eher nahe, nachdem R. durch die Auszahlung der „kickbacks“ aufgrund des von ihm initiierten Tatplans in allen Fällen einen unverzichtbaren Tatbeitrag leistete.

b) Sollte die neue Hauptverhandlung zur Feststellung einer abweichenden Anzahl von Einzeltaten mit geändertem Unrechtsgehalt führen, steht das Verschlechterungsverbot der Verhängung von höheren als den bisherigen Einzelstrafen nicht entgegen. Der Unrechtsgehalt von dann gegebenenfalls zur Tateinheit verbundenen Taten ist erhöht. Das Verschlechterungsverbot gebietet bei dieser Sachlage nur, daß die Summe der jeweils betroffenen (bisherigen) Einzelstrafen bei der Bemessung der jeweils neu festzusetzenden Einzelstrafe nicht überschritten wird. Überdies darf auch die neue Gesamtstrafe nicht höher als die frühere ausfallen (BGH, Urteil vom 03.07.2003 – 1 StR 453/02 –).

c) Sollte der bisherige Schuldumfang bestehen bleiben, wäre der neue Tatrichter angesichts der äußerst milden Strafen auch im Hinblick auf die bisherige Verfahrensdauer nicht gehindert, auf Gesamtstrafen in gleicher Höhe zu erkennen.

Bildverzeichnis

Die Namen kennzeichnen die Urheber der Bilder.

Entscheidungsregister

In dies Register wurden die wesentlichen der im Abrechnungshandbuch (oft im Wortlaut zitierten) Entscheidungen aufgenommen. Es ist aber kein vollständiges Verzeichnis aller im Handbuch zitierten und verarbeiteten Urteile und Beschlüsse, da letzteres für den primären Nutzerkreis weder Erkenntnisgewinn noch zusätzlichen Nutzen für die Arbeit mit dem Handbuch brächte.

Sachregister

Das Sachverzeichnis bezieht sich auf die Seitenangaben. Unter den Stichworten Materialkosten und Lagerhaltungskosten finden sich hinter den einzelnen Kosten vielfach Zeichen. Diese haben folgende Bedeutung:

(+) abrechenbar,
(–) nicht abrechenbar,
(?) Abrechenbarkeit offen gelassen.

Die im Handbuch im Wortlaut wiedergegebenen Rechtstexte (mit Ausnahme der Entscheidungen) einschließlich der Gebührenordnungsauszüge sind jeweils durch einen Klammerzusatz Text gekennzeichnet. Ebenso gekennzeichnet sind die Gebührenpositionen, wenn es im Text spezifisch um die Abrechnung der jeweiligen Leistungsziffer geht.